Bitter

BGB – Allgemeiner Teil

BGB
Allgemeiner Teil

von

Dr. Georg Bitter
o. Professor an der Universität Mannheim

unter Mitwirkung von

Philipp Maurer
Rechtsanwalt in Mannheim

Sebastian Röder, LL.M.
Rechtsanwalt in Mannheim

2., neu bearbeitete Auflage

Verlag Franz Vahlen München 2013

www.vahlen.de

ISBN 978 38006 4577 0

Wilhelmstraße 9, 80801 München
Druck und Bindung: Nomos Verlagsgesellschaft mbH & Co. KG
In den Lissen 12, 76547 Sinzheim

Satz: Druckerei C. H. Beck Nördlingen

Umschlaggestaltung: Martina Busch, Grafikdesign, Homburg Kirrberg
Gedruckt auf säurefreiem, alterungsbeständigem Papier
(hergestellt aus chlorfrei gebleichtem Zellstoff)

Vorwort

Die neue Reihe der „Lern- und Fallbücher" hat in der ersten Auflage eine erfreulich gute Aufnahme bei den Leserinnen und Lesern gefunden. Trotz umgehenden Nachdrucks war die erste Auflage dieses Buches rasch vergriffen. Damit hat das hier verfolgte Konzept, juristische Inhalte in einer didaktischen, an den Bedürfnissen der Studierenden orientierten Weise zu vermitteln, großen Erfolg, der uns freut und Ansporn für weitere Auflagen ist.

Wie die praktische Lehrerfahrung aus meinen Veranstaltungen an den Universitäten Hamburg, Bonn und Mannheim zeigt, schätzen Studierende eine fallbezogene Lehrweise sehr, weil die Stoffvermittlung anhand von Fällen deutlich anschaulicher ist und so die juristischen Inhalte besser lern- und merkbar werden. Zugleich ist es jedoch erforderlich, die verschiedenen Fälle in einen theoretischen Gesamtzusammenhang zu stellen, um die systematischen Verknüpfungen erkennbar werden zu lassen. Mit der Reihe der „Lern- und Fallbücher" ist dieses Konzept der integrativen Vermittlung abstrakter Inhalte anhand konkreter Fälle in Buchform umgesetzt worden, um es einem größeren Publikum zugänglich zu machen.

Dementsprechend ist dieses Buch aufgebaut: In seinem ersten Teil wird der Stoff in Form eines knapp gehaltenen Lehrbuchs zunächst abstrakt dargestellt, dabei jedoch schon durch kleinere Beispiele anschaulich gemacht. Die wichtigsten Gegenstände der Rechtsgeschäftslehre werden insbesondere für die Studierenden der Anfangssemester kurz und prägnant erläutert. Dabei wird nach dem Motto „Weniger ist manchmal mehr" bewusst darauf verzichtet, den Leser mit zu vielen Einzelheiten und Details zu überfrachten. Stattdessen werden die wesentlichen Inhalte im Anschluss an die abstrakte Darstellung anhand konkreter, vollständig gutachtlich aufbereiteter Fälle und Lösungen anschaulich gemacht und zugleich vertieft. Auf diese Weise können sich die Studierenden den Stoff vollständig und abwechslungsreich erarbeiten und damit besser merken.

An den meisten Universitäten beginnen die zivilrechtlichen Vorlesungen mit dem Allgemeinen Teil des BGB, namentlich der Lehre von den Rechtsgeschäften. Der Einstieg ins Studium wird mit diesem Buch erleichtert, indem zu Beginn die verschiedenen Gattungen juristischer Literatur und sodann die Gutachten- und Fallbearbeitungstechnik vorgestellt werden. Die weitere Struktur des Buches folgt ebenfalls einem didaktischen, an den Lernfähigkeiten von Studierenden orientierten Prinzip: Zunächst wird der – gerade für Anfangssemester leichter zu erfassende – Vertragsschluss einschließlich der sehr wichtigen Unterscheidung zwischen schuldrechtlichen und dinglichen Rechtsgeschäften erläutert, um erst im Anschluss auf die Details der Willenserklärung und ihre möglichen Unwirksamkeitsgründe (einschließlich Anfechtung) einzugehen. Nachdem auf dieser Basis ein allgemeines Verständnis für die Theorie und Praxis der Rechtsgeschäfte geschaffen wurde, widmet sich die Darstellung spezielleren Themen wie der (beschränkten) Geschäftsfähigkeit oder der Stellvertretung. In dieser lernorientierten Struktur können sich die Studierenden den Stoff des Allgemeinen Teils des BGB Stück für Stück erarbeiten.

Die vorliegende 2. Auflage berücksichtigt aktuelle Literatur und Rechtsprechung, insbesondere jüngere Urteile des Bundesgerichtshofs zur Sittenwidrigkeit (§ 138 BGB), zur Fehlkalkulation, zum Zugang von Willenserklärungen, zur Auslegung von Willenserklärungen und Verträgen sowie zum Rechtsschein. Die sehr wichtige Entscheidung des BGH zur Ablehnung von Mängelansprüchen bei Werkleistungen in Schwarzarbeit vom 1.8.2013 erging erst zum Zeitpunkt der Drucklegung und konnte daher nur noch partiell berücksichtigt werden (siehe Fall Nr. 32, S. 226 ff.).

Ich würde mich freuen, wenn das hier verfolgte Konzept auch weiterhin bei der Leserschaft auf wohlwollende Zustimmung stößt. Über Anregungen freue ich mich gemeinsam mit den Herren *Philipp Maurer* und *Sebastian Röder, LL.M.*, die an der Entstehung dieses Buches maßgeblichen Anteil hatten. Für Zuschriften zur ersten Auflage danken wir herzlich. Auch weiterhin sind wir per E-Mail erreichbar über bgb-at@georg-bitter.de.

Mannheim, im Mai 2013

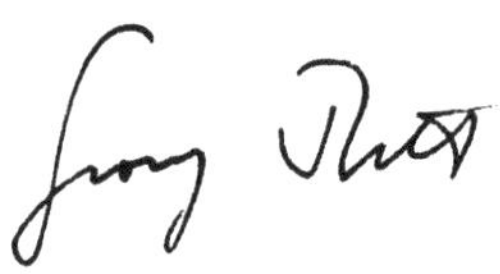

Prof. Dr. Georg Bitter

Inhaltsverzeichnis

Teil 2. Fälle und Lösungen

Abkürzungsverzeichnis

a.A.	anderer Ansicht
AcP	Archiv für die civilistische Praxis (juristische Fachzeitschrift)
ADHGB	Allgemeines Deutsches Handelsgesetzbuch
a.E.	am Ende
a.F.	alter Fassung
AG	Aktiengesellschaft; bei Entscheidungszitaten Amtsgericht
AGB	Allgemeine Geschäftsbedingungen
AGG	Allgemeines Gleichbehandlungsgesetz
AktG	Aktiengesetz
Allg.	Allgemeiner
Alt.	Alternative
arg.	Argument aus
Art.	Artikel
AT	Allgemeiner Teil
Aufl.	Auflage
Az.	Aktenzeichen
BAG	Bundesarbeitsgericht
BAGE	Entscheidungen des Bundesarbeitsgerichts
BB	Betriebsberater (juristische Fachzeitschrift)
BeckRS	Beck-Rechtsprechung
Begr.	Begründer
BeurkG	Beurkundungsgesetz
BGB	Bürgerliches Gesetzbuch
BGBl.	Bundesgesetzblatt
BGH	Bundesgerichtshof
BGHSt	Entscheidungen des Bundesgerichtshofs in Strafsachen
BGHZ	Entscheidungen des Bundesgerichtshofs in Zivilsachen
BT-Drs.	Bundestagsdrucksache
BtMG	Betäubungsmittelgesetz
BVerfG	Bundesverfassungsgericht
BVerfGE	Entscheidungen des Bundesverfassungsgerichts
BVerwGE	Entscheidungen des Bundesverwaltungsgerichts
bzw.	beziehungsweise
ca.	circa
c.i.c.	culpa in contrahendo
CISG	Convention on Contracts for the International Sale of Goods (Übereinkommen über Verträge über den internationalen Warenkauf)
DB	Der Betrieb (juristische Fachzeitschrift)
ders.	derselbe
d.h.	das heißt
DNotZ	Deutsche Notar-Zeitschrift (juristische Fachzeitschrift)
DR	Deutsches Recht (juristische Fachzeitschrift; bis 1945)
EFZG	Entgeltfortzahlungsgesetz
EGBGB	Einführungsgesetz zum Bürgerlichen Gesetzbuch
Einf v	Einführung vor
ErbbaurechtsG	Erbbaurechtsgesetz
ErbbauVO	Verordnung über das Erbbaurecht
evtl.	eventuell
f.	und die folgende
ff.	und die folgenden
Fn.	Fußnote
FS	Festschrift
GBO	Grundbuchordnung

GbR	Gesellschaft bürgerlichen Rechts
GewaltschutzG	Gewaltschutzgesetz
GewO	Gewerbeordnung
GG	Grundgesetz
ggf.	gegebenenfalls
GmbH	Gesellschaft mit beschränkter Haftung
GmbHG	Gesetz betreffend die Gesellschaften mit beschränkter Haftung
HeimG	Heimgesetz
HGB	Handelsgesetzbuch
h.L.	herrschende Lehre (= überwiegende Ansicht in der Rechtslehre)
h.M.	herrschende Meinung (= überwiegende Ansicht in Rechtslehre und Rechtsprechung)
Hrsg.	Herausgeber
Hs.	Halbsatz
i.d.R.	in der Regel
insbes.	insbesondere
InsO	Insolvenzordnung
i.S.d.	im Sinne des/der
i.S.v.	im Sinne von
i.V.m.	in Verbindung mit
JA	Juristische Arbeitsblätter (Ausbildungszeitschrift)
Jher.Jb.	Jherings Jahrbücher der Dogmatik des bürgerlichen Rechts
JR	Juristische Rundschau (juristische Fachzeitschrift)
Jura	Juristische Ausbildung (Ausbildungszeitschrift)
JuS	Juristische Schulung (Ausbildungszeitschrift)
JZ	Juristenzeitung (juristische Fachzeitschrift)
KG	Kommanditgesellschaft; bei Entscheidungszitaten Kammergericht Berlin
KSchG	Kündigungsschutzgesetz
LadschlG	Gesetz über den Ladenschluss
LAG	Landesarbeitsgericht
LG	Landgericht
LMK	Lindenmaier-Möhring – Kommentierte BGH-Rechtsprechung (elektr. publizierte juristische Fachzeitschrift, zu beziehen über Beck-Online)
m. Anm.	mit Anmerkung
m. zust. Anm.	mit zustimmender Anmerkung
MarkenG	Gesetz über den Schutz von Marken und sonstigen Kennzeichen
Mio.	Million/en
m.N.	mit Nachweisen
m.w.N.	mit weiteren Nachweisen
NJW	Neue Juristische Wochenschrift (juristische Fachzeitschrift)
NJW-RR	NJW-Rechtsprechungsreport (juristische Fachzeitschrift)
Nr.	Nummer
NZA	Neue Zeitschrift für Arbeitsrecht
OLG	Oberlandesgericht
OLGZ	Entscheidungen der Oberlandesgerichte in Zivilsachen
oHG	offene Handelsgesellschaft
OWiG	Gesetz über Ordnungswidrigkeiten
p.a.	per annum (= pro Jahr)
PartGG	Partnerschaftsgesellschaftsgesetz
ProdHaftG	Produkthaftungsgesetz
Rn.	Randnummer
RRa	ReiseRecht aktuell
Rspr.	Rechtsprechung
RGZ	Entscheidungen des Reichsgerichts in Zivilsachen
S.	Seite / siehe
SchwArbG	Gesetz zur Bekämpfung der Schwarzarbeit
SGB	Sozialgesetzbuch

s.o.	siehe oben
sog.	sogenannt
StGB	Strafgesetzbuch
str.	streitig
St. Rspr.	Ständige Rechtsprechung
s.u.	siehe unten
TVG	Tarifvertragsgesetz
TzBfG	Teilzeit- und Befristungsgesetz
Überbl v	Überblick vor
u.U.	unter Umständen
v.a.	vor allem
Var.	Variante
vgl.	vergleiche
Vor	Vorbemerkung, vor
VRR	Verkehrsrechtsreport
VVG	Gesetz über den Versicherungsvertrag
WarnRspr.	*Warneyer* (Hrsg.), Rechtsprechung des Reichsgerichts
WEG	Wohnungseigentumsgesetz
WM	Wertpapiermitteilungen – Zeitschrift für Wirtschafts- und Bankrecht (juristische Fachzeitschrift)
z.B.	zum Beispiel
ZHR	Zeitschrift für das gesamte Handelsrecht und Wirtschaftsrecht (juristische Fachzeitschrift)
ZIP	Zeitschrift für Wirtschaftsrecht (juristische Fachzeitschrift)
ZPO	Zivilprozessordnung

Teil 1. Kurzlehrbuch

Dieses Lern- und Fallbuch will den Stoff des Allgemeinen Teils des BGB, der oft im ersten Studiensemester unterrichtet wird, so aufbereiten, dass er auch für juristische Anfänger verständlich ist. 1

Soweit einzelne Teile dieses Buches bereits fortgeschrittene Kenntnisse im Zivilrecht voraussetzen oder sehr spezielle Fragestellungen betreffen, sind sie – wie dieser Absatz – durch eine senkrechte graue Linie am Rand gekennzeichnet.

Das sei keine Einladung, diese Stellen in Gänze zu überblättern, sondern soll verhindern, dass sich Studierende im Anfangssemester an Fragen verfangen, die sie nur mit übergroßem Aufwand werden erfassen können. Eine vertiefte Lektüre im Laufe des Studiums sei ihnen ans Herz gelegt.

§ 1. Einführung in die juristische Literatur

Gerade zu Beginn eines Studiums ist es wichtig, sich ein Bild von der vorhandenen Literatur zu machen. Diese erscheint für den Anfänger auf den ersten Blick etwas undurchsichtig: Lehrbücher, Fallbücher, Handbücher, Kommentare, Monographien, Festschriften, Zeitschriften, etc. 2

I. Lehrbücher

Lehrbücher dienen der systematischen Vermittlung des juristischen Stoffes, indem inhaltlich zusammenhängende Fragen gemeinsam behandelt und Querverbindungen hergestellt werden. Sie werden zumeist von Universitätsprofessoren verfasst und dienen als vorlesungsbegleitende Lektüre. Größere Lehrbücher werden auch von der Praxis (Gerichten, Anwälten etc.) zur Lösung konkreter Rechtsfragen herangezogen. 3

Zum Allgemeinen Teil des BGB, der sich ab § 103 BGB mit den Rechtsgeschäften befasst, existiert eine ganze Reihe von Lehrbüchern. Die nachfolgend aufgeführten Werke werden in den Fußnoten in der angegebenen Weise abgekürzt zitiert. 4

- *Bork, Reinhard*: Allgemeiner Teil des Bürgerlichen Gesetzbuchs, 3. Aufl. 2011, 767 Seiten, Preis: € 99,00 (zitiert: *Bork*, BGB AT)
- *Brox, Hans; Walker, Wolf-Dietrich*: Allgemeiner Teil des BGB, 36. Aufl. 2012, 379 Seiten, Preis: € 21,90 (zitiert: *Brox/Walker*, BGB AT)
- *Flume, Werner*: Allgemeiner Teil des Bürgerlichen Rechts, Zweiter Band: Das Rechtsgeschäft, 4. Aufl. 1992, 987 Seiten, Preis: € 119,95 (zitiert: *Flume*, AT II)

  Dieses Werk des 2008 hundertjährig verstorbenen, berühmten Zivilrechtslehrers *Flume* aus Bonn sollte insbesondere in Hausarbeiten immer noch zu Rate gezogen werden, weil es ein sehr wissenschaftlich angelegtes, grundlegendes Werk ist, in dem sich viele gute Ideen finden.
- *Köhler, Helmut*: BGB –Allgemeiner Teil, 36. Aufl. 2012, 322 Seiten, Preis: € 21,90 (zitiert: *Köhler*, BGB AT)
- *Wolf, Manfred; Neuner, Jörg*: Allgemeiner Teil des Bürgerlichen Rechts, 10. Aufl. 2012, 719 Seiten, Preis: € 79,00 (zitiert: *Wolf/Neuner*, BGB AT)

- *Leipold, Dieter*: BGB I –Einführung und Allgemeiner Teil, 7. Aufl. 2013, 550 Seiten, Preis: € 26,00 (zitiert: *Leipold*, BGB AT)
- *Medicus, Dieter*: Allgemeiner Teil des BGB, 10. Aufl. 2010, 518 Seiten, Preis: € 44,95 (zitiert: *Medicus*, BGB AT)
- *Rüthers, Bernd; Stadler, Astrid*: Allgemeiner Teil des BGB, 17. Aufl. 2011, 513 Seiten, Preis: € 19,90 (zitiert: *Rüthers/Stadler*, BGB AT)
- *Wertenbruch, Johannes*: BGB, Allgemeiner Teil, 2. Auflage 2012, 419 Seiten, Preis: € 29,80 (zitiert: *Wertenbruch*, BGB AT)

5 Neben den speziellen Lehrbüchern zum Allgemeinen Teil des BGB gibt es auch allgemeine Einführungen ins Zivilrecht, die sich u. a. auch mit der Rechtsgeschäftslehre befassen.

- *Bähr, Peter*: Grundzüge des Bürgerlichen Rechts, 12. Aufl. 2013, ca. 570 Seiten, Preis: ca. € 23,00
- *Däubler, Wolfgang*: BGB Kompakt (dtv), 3. Aufl. 2008, 1632 Seiten, Preis: € 29,00
- *Eisenhardt, Ulrich*: Einführung in das Bürgerliche Recht, 6. Aufl. 2010, 600 Seiten, Preis: € 29,90
- *Klunzinger, Eugen*: Einführung in das Bürgerliche Recht, 16. Aufl. 2013, 716 Seiten, Preis: € 27,90
- *Musielak, Hans-Joachim*: Grundkurs BGB, 12. Aufl. 2011, 613 Seiten, Preis: € 24,90
- *Schapp, Jan; Schur, Wolfgang*: Einführung in das Bürgerliche Recht, 4. Aufl. 2007, 272 Seiten, Preis: € 25,00
- *Schwab, Dieter*; *Löhnig, Martin*: Einführung in das Zivilrecht, 19. Aufl. 2012, 465 Seiten, Preis: € 24,95
- *Löwisch, Manfred; Neumann, Daniela*: Allgemeiner Teil des BGB, Einführung und Rechtsgeschäftslehre, 7. Aufl. 2004, 220 Seiten, Preis: € 20,00

6 Ein allgemeiner Klassiker des Zivilrechts tritt hinzu, der allerdings als Lehrbuch weniger dem Einstieg als der Vertiefung des Stoffes vor dem Examen dient:

- *Medicus, Dieter; Petersen, Jens*: Bürgerliches Recht, 23. Aufl. 2011, 515 Seiten, Preis: € 23,90 (zitiert: *Medicus/Petersen*, BürgR)

II. Fallbücher

7 Fallbücher sind ganz auf studentische Belange ausgerichtete Werke, in denen kleine oder große Musterfälle aufgeführt und gelöst werden. Die Lösung erfolgt dabei in manchen Werken eher stichwortartig, in anderen Werken ausführlich im Gutachtenstil, wie er auch in Klausuren und Hausarbeiten zu verwenden ist. Anders als in dieser Reihe der Lern- und Fallbücher sind die Fälle allerdings nicht mit einer systematischen Einführung verknüpft und die Auswahl der Fälle ist oft auch eher zufällig als vollständig systematisch.

- *Bähr, Peter*: Arbeitsbuch zum Bürgerlichen Recht, 2. Aufl. 2002, 543 Seiten, Preis: € 20,00
- *Braun, Johann*: Der Zivilrechtsfall, 5. Aufl. 2012, 345 Seiten, Preis: € 22,90
- *Eltzschig, Jan; Wenzel, Jens*: Die Anfängerklausur im BGB, 3. Aufl. 2007, 254 Seiten, Preis: € 19,95

- *Klunzinger, Eugen*: Übungen im Privatrecht, 10. Aufl. 2012, 679 Seiten, Preis: € 22,90
- *Fritzsche, Jörg*: Fälle zum BGB Allgemeiner Teil, 4. Aufl. 2012, 343 Seiten, Preis: € 22,90
- *Köhler, Helmut*: BGB Allgemeiner Teil (Prüfe Dein Wissen), 26. Aufl. 2011, 167 Seiten, Preis: € 14,90
- *Lindacher, Walter F.; Hau, Wolfgang*: Fälle zum Allgemeinen Teil des BGB, 5. Aufl. 2010, 117 Seiten, Preis: € 15,80
- *Fezer, Karl-Heinz*: Klausurenkurs zum BGB, Allgemeiner Teil, 8. Aufl. 2011, 308 Seiten, Preis: € 24,90
- *Schwab, Dieter; Löhnig, Martin*: Falltraining im Zivilrecht – Ein Übungsbuch für Anfänger, 5. Aufl. 2012, Preis: € 16,95
- *Werner, Olaf*: Fälle mit Lösungen für Anfänger im Bürgerlichen Recht, 12. Aufl. 2008, 170 Seiten, Preis: € 17,00
- *Marburger, Peter*: Klausurenkurs im BGB – Allgemeiner Teil, 8. Aufl. 2004, 154 Seiten, Preis: € 15,00

III. Handbücher

Handbücher sind – oftmals von Praktikern (z. B. Richtern, Anwälten, Unterneh- 8
mensjuristen etc.), teilweise aber auch von Professoren verfasste – Werke, die auf die Bedürfnisse der Praxis zugeschnitten und damit weniger für Studenten geeignet sind, jedenfalls nicht für Studenten der ersten Semester. Handbücher existieren insbesondere zu wirtschaftsrechtlichen Materien wie etwa zum Gesellschafts-, Arbeits-, Kreditsicherungs-, Bank- oder Kapitalmarktrecht.

IV. Kommentare

Als Kommentar wird ein Buch bzw. mehrbändiges Werk bezeichnet, das deutlich 9
anders als Lehrbücher aufgebaut ist. In einem Gesetzeskommentar wird der Stoff nicht systematisch, sondern nach dem Aufbau der jeweiligen Gesetze gegliedert. In der Regel wird jede Vorschrift der Reihe nach besprochen. Kommentare und Lehrbücher ergänzen sich in gewissem Maße in ihrer Funktion. Das Befassen mit beiden ist unerlässliche Voraussetzung, um die im Zivilrecht gestellten Anforderungen zu erfüllen. Insbesondere in Haus- und Studienarbeiten muss auch auf die Kommentarliteratur zurückgegriffen werden (in der jeweils aktuellen Auflage!). Nachfolgend sollen die Kommentare zum BGB kurz in einer dem Umfang der Werke folgenden aufsteigenden Reihenfolge vorgestellt werden. Bei mehrbändigen Werken werden die in diesem Lern- und Fallbuch herangezogenen Bände gesondert aufgeführt.

- *Kropholler, Jan (Begr.)*: Studienkommentar Bürgerliches Gesetzbuch, 13. Aufl. 2011, 893 Seiten, Preis: € 34,90; nunmehr verfasst von *Michael von Hinden* und *Florian Jacoby*

  Wie der Name bereits andeutet, handelt es sich um ein speziell auf die Bedürfnisse von Studenten ausgerichtetes Werk. Um Platz zu sparen, wurde auf die Kommentierung von während des Studiums selten behandelten Vorschriften verzichtet. Ein für den Anfänger wie für den Fortgeschrittenen uneingeschränkt zu empfehlender Kommentar.

- *Jauernig, Othmar (Hrsg.)*: Bürgerliches Gesetzbuch, 14. Aufl. 2011, 2205 Seiten, Preis: € 59,00 (zitiert: Jauernig/*Bearbeiter*)

  Ein knapp formulierter Kommentar, der sich auf das Wesentliche beschränkt und Schwerpunkte bei Fragestellungen setzt, die für das Studium besonders relevant sind. Er ist gut geeignet, um sich einen groben Überblick über vertretene Meinungen zu verschaffen und darauf aufbauend zusätzliche Werke zu Rate zu ziehen. Aufgrund des Preises ist er zur Anschaffung für die häusliche Bibliothek von Studierenden noch geeignet.

- *Schulze, Reiner; Dörner, Heinrich; Ebert, Ina (Hrsg.)*: Bürgerliches Gesetzbuch, Handkommentar, 7. Aufl. 2011, 2776 Seiten, Preis: € 59,00 (zitiert: HK-*Bearbeiter*)

  Wie der *Jauernig* ein knapp formulierter Kommentar, der inhaltlich vergleichbar und ähnlich empfehlenswert ist.

- *Palandt, Otto (Begr.)*: Bürgerliches Gesetzbuch, 72. Aufl. 2013, 3113 Seiten, Preis: € 109,00 (zitiert: Palandt/*Bearbeiter*)

  Der von *Otto Palandt* begründete Klassiker unter den BGB-Kommentaren, der in keinem Gericht und keiner Anwaltskanzlei fehlt. Er wird trotz seiner gut 3.000 Seiten umfassenden Kommentierung in – durchaus gewöhnungsbedürftiger Kurzschrift – noch als Kurz-Kommentar eingeordnet. Jedes Jahr erscheint eine neue Auflage, so dass die Kommentierung in der Regel hochaktuell ist und stets aktuelle Rechtsprechungsnachweise enthält. Gerade für den Praktiker ist dies unverzichtbar. Die Ausführungen sind in der Regel kurz gehalten und daher für den Anfänger eher schwer zu verstehen. Trotzdem ist der *Palandt* auch für den Studenten ein unverzichtbares Werk aufgrund der Dichte der vermittelten Information. Er ist im Preis-Leistungs-Verhältnis unschlagbar und daher – jedenfalls ab dem fortgeschrittenen Semester – durchaus zur Anschaffung für die häusliche Bibliothek zu empfehlen. Die jeweiligen Vorauflagen sind dabei deutlich günstiger zu erwerben.

- *Prütting, Hanns; Wegen, Gerhard; Weinrich, Gerd (Hrsg.)*, BGB Kommentar, 8. Aufl. 2013, 3740 Seiten, Preis: € 130,00

  Der *Palandt* hat in jüngerer Zeit mit diesem Werk Konkurrenz bekommen. Ob sich dieser neue Kommentar, der auf die Kurzschrift des *Palandt* verzichtet und deshalb einfacher lesbar ist, am Markt etablieren wird, bleibt noch abzuwarten.

- *Erman, Walter (Begr.)*; *Westermann, Harm Peter (Hrsg.)*: Bürgerliches Gesetzbuch, 13. Aufl. 2011 (zitiert: Erman/*Bearbeiter*)
  - Band 1 (§§ 1–811), 13. Aufl. 2011

  Kommentar in 2 Bänden. Er lässt sich weder in die Kategorie Groß- noch Kurzkommentar einordnen und füllt somit, ähnlich wie der nachfolgend aufgeführte *Bamberger/Roth*, die bestehende Lücke.

- *Bamberger, Heinz Georg; Roth, Herbert (Hrsg.)*: Kommentar zum Bürgerlichen Gesetzbuch, 3. Aufl. 2012 (zitiert: Bamberger/Roth/*Bearbeiter*)
  - Band 1 (§§ 1–610, CISG), 3. Aufl. 2012
  - Band 2 (§§ 611–1296, AGG, ErbbauVO, WEG), 3. Aufl. 2012

  Ein dreibändiger Kommentar, der trotz seiner „Kürze" (ca. 9.400 Seiten im Vergleich zu knapp 30.000 Seiten des Münchener Kommentars) die Streitstände umfassend und mit Hintergrundinformationen versehen darstellt.

- *Dauner-Lieb, Barbara; Heidel, Thomas; Ring, Gerhard (Hrsg.):* BGB, 2./3. Aufl. 2010 ff.

  Ein umfassender Kommentar, der in 6 Bänden auf insgesamt ca. 14.000 Seiten zu allen wesentlichen Streitständen ausführliche Informationen liefert. Mit seinem Umfang besetzt er die bestehende Lücke zwischen den Großkommentaren wie dem *Münchener Kommentar* und dem *Staudinger* auf der einen und den „kleineren" mehrbändigen Werken wie etwa *Bamberger/Roth* oder *Erman/Westermann* auf der anderen Seite. Gerade die hohe Informationsdichte im – für größere Kommentare – vergleichsweise geringen Umfang macht diesen Kommentar so wertvoll. Er ist sowohl für Anfänger als auch für Fortgeschrittene uneingeschränkt zu empfehlen.

- *Rebmann, Kurt; Säcker, Franz Jürgen (Hrsg.)*: Münchener Kommentar zum Bürgerlichen Gesetzbuch, 5./6. Aufl. 2006 ff. (zitiert: MünchKomm-BGB/*Bearbeiter*)
  - Band 1: Einleitung und Allgemeiner Teil (§§ 1–240, AGG), 6. Aufl. 2012;
  - Band 2: Schuldrecht Allgemeiner Teil (§§ 241–432), 6. Aufl. 2012;
  - Band 3: Schuldrecht Besonderer Teil I (§§ 433–610, CISG), 6. Aufl. 2012;
  - Band 4: Schuldrecht Besonderer Teil II (§§ 611–704, EFZG, TzBfG, KSchG), 6. Aufl. 2012;
  - Band 5: Schuldrecht Besonderer Teil III (§§ 705–853, PartGG, ProdHaftG), 5. Aufl. 2009;
  - Band 6: Sachenrecht (§§ 854–1296, WEG, ErbbaurechtsG), 6. Aufl. 2013;
  - Band 7, 1. Halbband: Familienrecht I (§§ 1297–1588, GewaltschutzG), 6. Aufl. 2013;
  - Band 9: Erbrecht (§§ 1922–2385, §§ 27–35 BeurkG), 5. Aufl. 2010

  Ein elfbändiges Werk, das sich umfassend mit den vorhandenen Streitständen befasst und sowohl für die Praxis als auch für Studenten ein wichtiges Nachschlagewerk darstellt.
- *Soergel, Hans Theodor (Begr.)*; *Siebert, Wolfgang (Hrsg.)*: Bürgerliches Gesetzbuch, 13. Aufl. 1999 ff. (zitiert: Soergel/*Bearbeiter*)
  - Band 2: Allgemeiner Teil II (§§ 104–240), 13. Aufl. 1999
  - Band 5/3: Schuldrecht 3/3 (§§ 328–432), 13. Aufl. 2010

  Ein ausführlicher Großkommentar, bestehend aus 32 handlichen Bänden. Als solcher eignet er sich insbesondere für eine in die Tiefe gehende Einarbeitung in juristische Probleme.
- BGB-RGRK, Das Bürgerliche Gesetzbuch mit besonderer Berücksichtigung der Rechtsprechung des Reichsgerichts und des Bundesgerichtshofs, Kommentar, 12. Aufl. 1974 ff.

  Der BGB-RGRK ist ein in jüngerer Zeit nicht mehr neu aufgelegter Großkommentar, der ursprünglich von den Richtern des Reichsgerichts (daher: RGRK = Reichsgerichtsräte-Kommentar), später von den Richtern des Bundesgerichtshofs bearbeitet wurde und folglich besonderes Gewicht auf die Rechtsprechung des obersten deutschen Zivilgerichts legt. Auch wenn der Kommentar inzwischen schon etwas „in die Jahre gekommen ist", sollte er nach wie vor bei gründlichen Recherchen herangezogen werden, damit das Meinungsbild vollständig gewürdigt wird.
- *Staudinger, Julius v. (Begr.)*: Bürgerliches Gesetzbuch (zitiert: Staudinger/*Bearbeiter*)

  Der *Staudinger* ist der größte Kommentar zum Bürgerlichen Gesetzbuch und einigen Nebengesetzen und umfasst derzeit 110 Bände, deren Seitenzahl über 60.000 hinausgeht. Seit 1993 erscheinen keine kompletten Neuauflagen mehr, sondern es werden einzelne Bände bei Bedarf überarbeitet. Der *Staudinger* ist der älteste und neben dem Münchener Kommentar, dem RGRK und dem *Soergel* der ausführlichste Kommentar zum BGB, weswegen er einen hohen Ruf in der Fachwelt genießt. Mit einem Ladenpreis aller Einzelbände von fast € 28.000 handelt es sich um den teuersten Kommentar zum BGB.

V. Monographien

In Monographien wird eine bestimmte Rechtsfrage oder ein eng begrenztes Gebiet fundiert wissenschaftlich bearbeitet. Es handelt sich vorrangig um Dissertationen, die zur Erlangung des Doktorgrades (Dr.) zu verfassen sind, seltener um Habilitationsschriften, die an deutschen Universitäten im Verfahren zur Erteilung der Lehrbefugnis (*venia legendi*) vorzulegen sind; die Habilitation (Erteilung der Lehrbefugnis) ihrerseits ist in der Regel Voraussetzung für den Zugang zum Professorenamt an deutschen Universitäten. 10

11 Monographien werden aber auch außerhalb der Promotions- und Habilitationsverfahren verfasst, wenn sich ein Autor vertieft wissenschaftlich mit bestimmten Problemen/Problemkomplexen befassen will.

VI. Festschriften

12 Festschriften werden aus Anlass besonderer Geburtstage[1] bekannter juristischer Persönlichkeiten (früher insbesondere Professoren, heute zunehmend auch [vorsitzende] Richter an Bundesgerichten oder Anwälte) von Freunden und Kollegen dieser Persönlichkeiten herausgegeben und verfasst. Am Anfang der Festschriften finden sich regelmäßig ein Foto der geehrten Persönlichkeit und eine Würdigung seiner (wissenschaftlichen) Leistungen. Sodann folgen wissenschaftliche Beiträge der Freunde und Kollegen. Am Ende steht oft ein Verzeichnis der Veröffentlichungen des Geehrten. Die wissenschaftlichen Beiträge in Festschriften sind oft etwas grundlegender angelegt und vom aktuellen Tagesgeschehen losgelöst.

VII. Zeitschriften

13 Im juristischen Bereich gibt es eine unübersehbare Vielzahl von Zeitschriften, in denen vor allem aktuelle Rechtsfragen in Aufsätzen erörtert und neue Urteile veröffentlicht werden. Eine Besonderheit sind die sog. Archivzeitschriften, die i. d. R. im Format DIN A 5 statt DIN A 4 gehalten und deren Aufsätze deutlich länger und damit tiefgehender angelegt sind.

1. Allgemeine juristische Zeitschriften

14 Die Zeitschriftenlandschaft lässt sich im Übrigen in allgemeine juristische Zeitschriften und Spezialzeitschriften einteilen, die nur bestimmten Rechtsgebieten gewidmet sind. Mit dem ganzen Zivilrecht befassen sich folgende Zeitschriften, die deshalb in zivilrechtlichen Haus- und Studienarbeiten in jedem Fall heranzuziehen sind:
- AcP = Archiv für die civilistische Praxis (Archivzeitschrift)
- JR = Juristische Rundschau
- JZ = Juristenzeitung
- MDR = Monatsschrift für Deutsches Recht
- NJW = Neue Juristische Wochenschrift

2. Ausbildungszeitschriften

15 Ferner gibt es spezielle Ausbildungszeitschriften für Studierende, in denen nur solche Rechtsfragen behandelt werden, die im Studium sowie im Examen eine besondere Rolle spielen. Die Anschaffung und regelmäßige Lektüre einer solchen Ausbildungszeitschrift ist sehr zu empfehlen.
- JA = Juristische Arbeitsblätter
- Jura = Juristische Ausbildung
- JuS = Juristische Schulung

[1] Eine Ehrung vor dem 65. Geburtstag erfolgt i. d. R. nicht. Bei Professoren, die – anders als etwa Richter – mit 65 Jahren oft noch nicht aus dem aktiven Dienst ausscheiden, ist der 70. Geburtstag der regelmäßige Zeitpunkt für die Herausgabe einer Festschrift. Verstirbt eine bedeutende Persönlichkeit vor dem Erreichen solcher Geburtstage, werden teilweise auch Gedächtnisschriften herausgegeben.

3. Wirtschaftsrechtliche Zeitschriften (Auswahl)

Im Wirtschaftsrecht gibt es eine Vielzahl von Zeitschriften, die entweder ganz speziellen Materien gewidmet sind (z.B. ZInsO = Zeitschrift für das gesamte Insolvenzrecht; noch enger ZVI = Zeitschrift für Verbraucherinsolvenz) oder in der Thematik breiter angelegt sind. Häufig gelesen und zitiert werden insbesondere die folgenden: 16

- BB = Betriebs-Berater
- DB = Der Betrieb
- DZWIR = Deutsche Zeitschrift für Wirtschafts- und Insolvenzrecht
- WM = Wertpapiermitteilungen – Zeitschrift für Wirtschafts- und Bankrecht
- ZGR = Zeitschrift für Unternehmens- und Gesellschaftsrecht (Archivzeitschrift)
- ZHR = Zeitschrift für das gesamte Handelsrecht und Wirtschaftsrecht (Archivzeitschrift)
- ZIP = Zeitschrift für Wirtschaftsrecht (früher: Zeitschrift für die gesamte Insolvenzpraxis)

VIII. Amtliche Entscheidungssammlungen

Neben den Zeitschriften, die sich regelmäßig durch einen Aufsatz- und einen Rechtsprechungsteil auszeichnen, werden Urteile auch in reinen Entscheidungssammlungen abgedruckt. Diese werden teilweise von Oberlandesgerichten herausgegeben, teilweise auch von Zeitschriftenverlagen (z.B. NJW-RR = Neue Juristische Wochenschrift Rechtsprechungs-Report). Besonders wichtig sind jedoch die amtlichen Entscheidungssammlungen der Bundesgerichte, in denen diese Gerichte solche Entscheidungen (Urteile und Beschlüsse) veröffentlichen, die sie – über den konkreten Fall hinaus – für grundlegend erachten: 17

- BAGE = Sammlung der Entscheidungen des Bundesarbeitsgerichts
- BFHE = Sammlung der Entscheidungen des Bundesfinanzhofs
- BGHSt = Sammlung der Entscheidungen des Bundesgerichtshofs in Strafsachen
- BGHZ = Sammlung der Entscheidungen des Bundesgerichtshofs in Zivilsachen
- BSGE = Sammlung der Entscheidungen des Bundessozialgerichts
- BVerfGE = Sammlung der Entscheidungen des Bundesverfassungsgerichts
- BVerwGE = Sammlung der Entscheidungen des Bundesverwaltungsgerichts
- EuGHE oder EuGH Slg. = Sammlung der Entscheidungen des Gerichtshofs der Europäischen Gemeinschaften

Ist eine Entscheidung in der amtlichen Sammlung abgedruckt, sollte sie in Haus- und Studienarbeiten mit dieser Fundstelle, ggf. ergänzt um eine Fundstelle aus einer gängigen Zeitschrift, zitiert werden. Da solche Entscheidungen, die für die amtliche Sammlung vorgesehen sind, regelmäßig schon vorher in den schneller erscheinenden Zeitschriften veröffentlicht werden, markieren die Redaktionen dieser Zeitschriften diese wichtigen Urteile besonders.[2] Der Leser der Zeitschrift kann dann anhand der Markierung erkennen, dass es sich um eine für den späteren Abdruck in der amtlichen Sammlung vorgesehene Entscheidung handelt. Entsprechend wird er solchen Entscheidungen besondere Aufmerksamkeit widmen. 18

---

[2] Die zum Abdruck in der amtlichen Entscheidungssammlung vorgesehenen Entscheidungen werden in der NJW in der Kopfzeile mit einem Sternchen (*), in der ZIP mit einem Pluszeichen (+) und in der WM mit einer Raute (◆) versehen.

§ 2. Grundlagen

I. Die klassische Dreiteilung des Rechts

1 Üblicherweise wird in der Rechtswissenschaft zwischen drei Rechtsgebieten unterschieden. Diese sind das Öffentliche Recht, das Strafrecht und das Privatrecht.

1. Öffentliches Recht

2 Das Öffentliche Recht regelt das Verhältnis des Staates zu seinen Bürgern bzw. das Verhältnis der einzelnen Hoheitsträger untereinander (z.B. das Verhältnis zwischen Bund und Ländern). Materien des Öffentlichen Rechts sind etwa das Staats- oder Verfassungsrecht, das Verwaltungs- und Polizei-, aber auch das Steuer-, Bau- und Sozialrecht. Weiterhin zählt das Europarecht zu den bekannteren Materien, das allerdings in erheblichem Umfang auch auf das Privatrecht einwirkt.

3 Das Staatsrecht, um nur ein Beispiel näher zu erläutern, befasst sich mit der Organisation des Staates und seinen Kompetenzen sowie mit den im Grundgesetz (GG) festgeschriebenen Grundrechten. Das GG regelt ferner die Befugnisse des Bundes v.a. im Verhältnis zu den Ländern. Letztlich baut die gesamte Rechtsordnung auf den im GG verankerten Werten und Positionen auf. So können etwa Grundrechte, die grundsätzlich nur zwischen Staat und Bürger Wirkung entfalten, ausnahmsweise über die sogenannte **Drittwirkung der Grundrechte** in Verhältnisse zwischen einzelnen Bürgern einstrahlen.[3] „Einfallstore" für die Grundrechte sind in diesen Fällen die Generalklauseln und die unbestimmten Rechtsbegriffe, bei deren Auslegung die in den Grundrechten zum Ausdruck kommenden Wertungen mit einbezogen werden können (z.B. die Sittenwidrigkeit in § 138 BGB; dazu § 6 Rn. 35 ff.).

4 Charakteristisch für das Öffentliche Recht ist ein Über-/Unterordnungsverhältnis. Ein solches besteht aber nicht immer im Verhältnis zu Hoheitsträgern, denn auch der Staat kann auf der Nachfrage- oder Angebotsseite im Wirtschaftsverkehr auftreten und erscheint dort als gleichgeordneter Teilnehmer (z.B. Kauf von Büromöbeln durch eine Behörde oder Beschaffung von Löschfahrzeugen für die Feuerwehr). Beispielhafte Rechtsquellen des Öffentlichen Rechts sind das Grundgesetz (GG), die Verwaltungsgerichtsordnung (VwGO), das Verwaltungsverfahrensgesetz (VwVfG), die Landesbauordnung Baden-Württemberg (LBO-BW) oder das Sozialgesetzbuch Zweites Buch (SGB II).

2. Strafrecht

5 Systematisch zum Öffentlichen Recht zu zählen ist das Strafrecht. Hier sanktioniert der Staat Verhalten, welches gegen Strafgesetze verstößt. Der Staat wird also auch hoheitlich tätig, was erkennen lässt, warum die Zuordnung zum Öffentlichen Recht erfolgt. Nichtsdestotrotz wird das Strafrecht als eigene Materie begriffen, da es eigene Regeln aufweist, insbesondere im Gebiet des Rechtsschutzes. Die Eingriffsintensität ist im Bereich des Strafrechts aufgrund der möglichen empfindlichen Sanktionen – Freiheits- oder Geldstrafe, Untersuchungshaft etc. – am stärksten, so dass dort eigene, den Bürger noch stärker vor Willkür sichernde Mittel erforderlich sind. Weiterhin ist vor allem ein hohes Maß an Rechtssicherheit vonnöten, welches

---

[3] Siehe das berühmte Lüth-Urteil des Bundesverfassungsgerichts in BVerfGE 7, 198.

sich in dem Satz *nulla poena sine lege* (Keine Strafe ohne Gesetz) ausdrückt. Dieser in Art. 103 II GG, § 1 StGB kodifizierte Satz enthält das strafrechtliche Bestimmtheitsgebot, aus dem wiederum einzelne Grundsätze abgeleitet werden. Beispielsweise muss ein Strafgesetz hinreichend klar formuliert sein und darf nicht im Wege der Analogie auf vom Wortlaut der Vorschrift nicht erfasste Fallgestaltungen angewendet werden (Analogieverbot). Die das Strafrecht zum größten Teil bestimmenden Regelungswerke sind das Strafgesetzbuch (StGB) und die Strafprozessordnung (StPO).

3. Privatrecht

Im Gegensatz zu den bisher genannten Teilgebieten des Rechts beschäftigt sich das Privatrecht mit den Verhältnissen der Bürger untereinander. Prinzipiell ist dabei von einer Gleichordnung der Personen auszugehen. Gleichwohl finden sich auch im Privatrecht Fälle der Über- und Unterordnung, beispielsweise im Arbeitsrecht, die aber nicht mit einer Über-/Unterordnung im Sinne des Öffentlichen Rechts vergleichbar sind, sondern auf der privatautonomen Entscheidung der Parteien beruhen. So hat etwa der Arbeitgeber nur deshalb ein Weisungsrecht gegenüber dem Arbeitnehmer, weil dieser zuvor im Gleichordnungsverhältnis freiwillig den Arbeitsvertrag abgeschlossen hat. 6

Das Privatrecht wird von der h.M. weiter unterteilt in das **Bürgerliche Recht** (auch als Zivilrecht bezeichnet) **und** das **Sonderprivatrecht.**[4] Der Unterschied zwischen den genannten Bereichen besteht darin, dass das Bürgerliche Recht, dessen Rechtsquelle das Bürgerliche Gesetzbuch (BGB) ist, grundsätzlich für jedermann gilt, während das Sonderprivatrecht besondere Anwendungsbereiche hat und daher nicht jedermann betrifft. Hervorzuheben sind dabei zum Beispiel das Handelsrecht als Sonderprivatrecht der Kaufleute (bzw. Unternehmen), das Arbeitsrecht und auch das Gesellschaftsrecht. Die Unterscheidung in Sonderprivatrecht und Privatrecht soll aber nicht darüber hinwegtäuschen, dass die Grundsätze des Bürgerlichen Rechts auch in den Bereichen des Sonderprivatrechts gelten, zumindest solange dort keine eigenständige Regelung getroffen ist. Die in diesem Buch behandelte allgemeine Rechtsgeschäftslehre ist Teil des Privatrechts, genauer: des Bürgerlichen Rechts. 7

II. Historische Entwicklung des BGB

Das BGB trat am 1.1.1900 in Kraft. Vor dieser Zeit existierte in Deutschland keine einheitliche Kodifikation zum Bürgerlichen Recht. Vielmehr galten in den einzelnen Ländern Partikularrechte, so etwa in Baden das an den von Napoleon eingeführten Code Civil angelehnte „Badische Landrecht" und in Preußen das „Allgemeine Landrecht für die preußischen Staaten". Nur auf dem Gebiet des Handelsrechts wurde die Rechtseinheit bereits im Jahr 1871 hergestellt. In diesem Jahr trat das Allgemeine Deutsche Handelsgesetzbuch (ADHGB) in Kraft, das heute noch in vielen Bereichen des Handelsgesetzbuchs (HGB) fortwirkt. 8

Bis ins Jahr 1873 besaß der Reichstag nicht die notwendige Gesetzgebungskompetenz für eine das gesamte Bürgerliche Recht umfassende Kodifikation. Die Gesetzgebungskompetenz bestand zuvor ausschließlich für das Schuldrecht und somit nur für 9

---

[4] *Bork*, BGB AT, Rn. 15f.; Palandt/*Sprau*, Einleitung Rn. 1; MünchKomm-BGB/*Säcker*, Einleitung Rn. 1; a.A. *Medicus*, BGB AT, Rn. 13ff.; ebenfalls kritisch zum Begriff des Sonderprivatrechts *Wolf/Neuner*, BGB AT, § 6 Rn. 6ff.

einen Ausschnitt des Bürgerlichen Rechts. Durch die sogenannte *Lex-Miquel-Lasker* (benannt nach den damaligen Initiatoren des Antrags) wurde die entscheidende Ausweitung der Gesetzgebungskompetenz erreicht. Nachdem eine Vorkommission zu Beginn des Jahres 1874 innerhalb kurzer Zeit erste Grundzüge erarbeitet hatte, nahm die 1. Kommission, bestehend aus Professoren, Richtern und Ministerialbeamten Mitte 1874 die Arbeiten auf. 1887 wurde ein erster Entwurf fertig gestellt, der dann auch veröffentlicht und zur Diskussion gestellt wurde. Weitere Arbeiten wurden von der Ende 1890 eingesetzten 2. Kommission, in der jetzt auch Nichtjuristen saßen, vorgenommen, was zahlreiche Änderungen mit sich brachte. Weitgehend unangetastet blieb allerdings der als „hölzern" kritisierte Sprachstil und das als „lebensfremd" bezeichnete hohe Abstraktionsniveau der Bestimmungen. Die Arbeiten am zweiten Entwurf dauerten bis Ende 1895 und wurden dann dem Bundesrat vorgelegt, der geringfügige Änderungen einarbeitete und diesen Entwurf als Reichstagsvorlage (bzw. dritten Entwurf) in den Reichstag einbrachte. Am 1.7.1896 wurde diese Vorlage verabschiedet und am 18.8.1896 durch Kaiser Wilhelm II. ausgefertigt; sie trat am 1.1.1900 in Kraft.[5]

10 Im Jahre 1899 veröffentliche *Benno Mugdan* „Die gesammten Materialien zum Bürgerlichen Gesetzbuch für das Deutsche Reich". Dieses Werk erschien in fünf Bänden und enthielt die gesamten Protokolle der Reichstagsberatungen und Motive, die zu den einzelnen Bestimmungen geführt hatten. Die Besonderheit dieses Werkes ist darin zu sehen, dass die Protokolle und Motive nicht in ihrer chronologischen Reihenfolge geordnet, sondern den jeweils besprochenen Paragraphen zugeordnet wurden. Auch heute noch wird „der Mugdan" im Rahmen der historischen Auslegung als Auslegungsgrundlage herangezogen.

III. Der Aufbau des BGB

11 Das BGB ist in fünf Bücher unterteilt:

- Allgemeiner Teil (§§ 1–240 BGB)
- Recht der Schuldverhältnisse (§§ 241–853 BGB)
- Sachenrecht (§§ 854–1296 BGB)
- Familienrecht (§§ 1297–1921 BGB)
- Erbrecht (§§ 1922–2385 BGB)

12 Der Allgemeine Teil ist vorangestellt, da er Vorschriften enthält, die auch für die nachfolgenden Bücher gelten. Dieses Prinzip wird auch als **„Klammerprinzip"** bezeichnet, weil es ähnlich wie das in der Mathematik bekannte Distributivgesetz funktioniert: Die vor die Klammer gezogenen Elemente beziehen sich auf alles, was in der Klammer steht. Diese Vorgehensweise hat große Vorteile, aber auch nicht zu übersehende Nachteile. Ein Vorteil liegt darin, dass der Gesetzgeber mit wenigen Wiederholungen oder Verweisungen arbeiten muss. Dadurch wird das Gesetz übersichtlich und nicht unnötig umfangreich, da etwa die für alle Rechtsgeschäfte geltenden Prinzipien zentral zu Beginn zusammengefasst sind. Der Nachteil besteht darin, dass die allgemeine Geltung dieser Regelungen mit abstrakten Formulierungen „erkauft" werden muss, denn nur so kann gewährleistet werden, dass die Begriffe auf alle Rechtsgeschäfte anwendbar sind.

---

[5] Zur historischen Entwicklung des BGB siehe auch *Bork*, BGB AT, Rn. 27ff.; Palandt/*Sprau*, Einleitung Rn. 4f.; *Leipold*, BGB AT, § 2 Rn. 1ff.

Probleme ergeben sich auch deshalb, weil der Allgemeine Teil nicht isoliert betrachtet werden kann, sondern immer als im System des BGB eingeordnet zu verstehen ist. Häufig enthält etwa das Besondere Schuldrecht Abweichungen vom Allgemeinen Teil, so dass sich die Lösung erst aus dem Zusammenspiel der Vorschriften ergibt. Schließt A mit B beispielsweise einen Kaufvertrag über ein Fahrrad und ist die Kaufsache mangelhaft, so könnte sich die Lösung für die Verjährung der Mängelansprüche aus §§ 194, 195 BGB (= Allgemeiner Teil) ergeben. Die Verjährungsfrist betrüge dann drei Jahre (regelmäßige Verjährungsfrist, § 195 BGB). Allerdings regelt § 438 I Nr. 3 BGB (= Besonderes Schuldrecht), dass Mängelansprüche i. d. R. nach zwei Jahren verjähren. Die speziellere Regelung im Besonderen Schuldrecht geht der allgemeinen Regelung im Allgemeinen Teil vor (*lex specialis derogat legi generali* = das spezielle Gesetz geht dem allgemeinen Gesetz vor[6]). Die Mängelansprüche verjähren also in zwei Jahren. Nichtsdestotrotz gelten für den Kaufvertrag andere Vorschriften des Allgemeinen Teils, wie etwa §§ 145 ff. BGB, die den Vertragsschluss regeln und die nicht durch speziellere Regeln der §§ 433 ff. BGB verdrängt werden. Dieses Zusammenspiel von allgemeinen und speziellen Regeln bereitet große Schwierigkeiten, weil es umfassende Kenntnisse des BGB und ein Verständnis der Zusammenhänge erfordert. Beides fällt gerade zu Beginn des Studiums naturgemäß schwer. 13

Die allgemeinen Regelungsgegenstände des Familien- und Erbrechts erklären sich weitgehend aus sich selbst heraus und bedürfen daher keiner eingehenden Erläuterung. Das Recht der Schuldverhältnisse regelt die rechtlichen Sonderbeziehungen zwischen Personen, kraft derer diese gegeneinander Ansprüche haben, sie sich also etwas „schulden". Aufgeteilt wird wiederum in das Allgemeine Schuldrecht, welches die §§ 241–432 BGB umfasst, und das Besondere Schuldrecht (§§ 433–853 BGB). Letzteres wiederum lässt sich noch einmal unterteilen in die vertraglichen Schuldverhältnisse wie z. B. Kauf (§§ 433 ff. BGB) oder Miete (§§ 535 ff. BGB) und die gesetzlichen Schuldverhältnisse wie Ansprüche aus Geschäftsführung ohne Auftrag (§§ 677 ff. BGB), ungerechtfertigter Bereicherung (§§ 812 ff. BGB) und unerlaubter Handlung (§§ 823 ff. BGB). 14

Das Sachenrecht (§§ 854–1296 BGB) schließlich regelt die Rechtszuordnung in Bezug auf eine Sache (nicht nur bewegliche Sachen, sondern auch Grundstücke). An diesen Sachen können übertragbare Eigentumsrechte bestehen und die Sachen können im Besitz (§§ 854 ff. BGB) einer Person sein. Weiterhin werden sonstige dingliche Rechte wie zum Beispiel die Hypothek (§§ 1113 ff. BGB) oder die Grundschuld (§§ 1191 ff. BGB) an Grundstücken, aber auch das Pfandrecht an beweglichen Sachen (§§ 1205 ff. BGB) im Sachenrecht geregelt. Die Trennlinie zwischen Schuld und Sachenrecht markiert das sog. Trennungs- und Abstraktionsprinzip (dazu unten § 5 Rn. 79 ff.). 15

IV. Der Grundsatz der Privatautonomie

Das BGB und das gesamte Privatrecht bauen auf dem Grundsatz der Privatautonomie auf. Dieser besagt, dass jede Person ihre Rechtsverhältnisse nach ihrem Willen frei bestimmen können soll.[7] Dieses Prinzip ist Ausdruck der freiheitlichen und liberalen Grundwertung des BGB und geht von einem vernünftig handelnden Individuum aus, welches sich mit rechtlich gleichgeordneten Individuen verständigen kann und imstande ist, seine Interessen in eigener Verantwortung wahrzunehmen. 16

[6] Dazu allgemein aus methodischer Sicht *Bitter/Rauhut*, JuS 2009, 289, 293.

[7] *Bork*, BGB AT, Rn. 99; *Medicus*, BGB AT, Rn. 174; *Köhler*, BGB AT, § 5 Rn. 1.

Letztlich soll so der Leistungs- und Güteraustausch durch die Bürger untereinander geregelt werden und nicht etwa durch den Staat. Dem liegt die Annahme zugrunde, dass ein Markt sich selbst reguliert und wirtschaftlich angemessene Ergebnisse erzielt werden, wenn er nur frei von staatlicher Einflussnahme ist.

17 Im BGB zeigt sich die Privatautonomie vor allem in Gestalt der **Vertragsfreiheit**, die als Einzelausprägungen die Abschlussfreiheit, die Inhaltsfreiheit und die Formfreiheit ausweist.

18 Die **Abschlussfreiheit** bezeichnet dabei zweierlei: Zum einen kann sich eine Person aussuchen, ob sie einen Vertrag schließen möchte, und zum anderen, mit wem. Es besteht also kein Kontrahierungszwang (= Zwang, mit einer Person oder überhaupt „kontrahieren" [= einen Vertrag schließen] zu müssen), sondern die Individuen sind frei in ihrer Entscheidung und können grundsätzlich ohne Angabe von Gründen bestimmte Vertragspartner oder den Vertragsschluss an sich ablehnen.

19 Die **Inhaltsfreiheit** hat zum Gegenstand, dass die Parteien im Grundsatz alles vertraglich regeln dürfen und können, wobei sie nicht an die vom BGB vorgegebenen Vertragsarten gebunden sind. Es können also auch andere als die im BGB geregelten Verträge abgeschlossen werden (z. B. Kreditkartenvertrag, Internet-Provider-Vertrag, Leasingvertrag, Franchisevertrag). Auch eine Bewertung danach, ob die Rechtsgeschäfte wirtschaftlich sinnvoll sind, unterbleibt; wenn von vernünftigen Verkehrsteilnehmern ausgegangen wird, die ihre Angelegenheiten selbstständig regeln können, erübrigt sich eine solche. Grenzenlos ist die Inhaltsfreiheit hingegen nicht: Nichtig sind etwa sittenwidrige Verträge nach § 138 I BGB (A verkauft seine Schwester an B; dazu unten § 6 Rn. 35 ff.) und in der Regel nach § 134 BGB auch solche Verträge, die gegen ein Verbotsgesetz verstoßen (B verspricht A € 5.000, wenn er C ermordet; der Vertrag ist nach § 134 BGB i. V. m. § 211 StGB [Mord] nichtig; dazu unten § 6 Rn. 25 ff.).

20 Die **Formfreiheit** schließlich bedeutet, dass Rechtsgeschäfte grundsätzlich ohne Einhaltung einer bestimmten Form, insbesondere mündlich abgeschlossen werden können. Nur wenige Rechtsgeschäfte, wie etwa der Grundstückskaufvertrag (§ 311b BGB), sind formbedürftig (dazu § 6 Rn. 2 ff.). Die Privatautonomie ist Teil der allgemeinen Handlungsfreiheit und als solche über Art. 2 I GG gesichert.

§ 3. Der Aufbau eines juristischen Gutachtens

I. Wer will was von wem woraus?

1 Klausuren und Hausarbeiten während des Studiums sind als Gutachten anzufertigen. Diese Gutachten beziehen sich auf eine Frage, die am Ende des Sachverhalts in der Regel ausdrücklich gestellt wird (z. B.: „Kann A von B Zahlung von € 1.000 verlangen?"). Um sich den Inhalt der zu prüfenden Anspruchsbeziehung(en) klarzumachen und einen gedanklichen Einstieg zu finden, sollte man sich folgende Frage stellen: Wer will was von wem woraus? Diese Frage verdeutlicht die Struktur der gedanklichen Herangehensweise.

2 Die Frage „**wer von wem**" ist darauf ausgerichtet, die zu untersuchende Personenbeziehung zu bestimmen. Ist etwa nach dem Verhältnis von A und B gefragt, ist nicht auch noch das Verhältnis zu einer dritten Person zu untersuchen, selbst wenn eine solche im Sachverhalt auftaucht. Sollte also auch C eventuell Ansprüche gegen B haben, so sind diese nicht zu prüfen, wenn danach nicht gefragt ist! Das gedankliche Erfas-

sen der genauen Personenbeziehungen ist wichtig, um in Sachverhalten, in denen häufig mehrere Personen vorkommen, den Durchblick zu behalten. Es empfiehlt sich daher generell die Anfertigung einer Skizze, welche die im Sachverhalt genannten Personen umfasst und deren Beziehungen zueinander mittels Pfeilen deutlich macht.

Sodann ist das tatsächliche Begehren der Parteien zu ermitteln („**will was**"). Es 3
sind ganz unterschiedliche Begehren möglich: So kann etwa eine Kaufpreiszahlung (§ 433 II BGB) gewollt sein, die Duldung einer Zwangsvollstreckung in ein Grundstück (§ 1147 BGB), eine Schadensersatzzahlung (z.B. §§ 280ff. BGB oder § 823 BGB) oder die Herausgabe einer Sache (§ 985 BGB oder §§ 812ff. BGB). Was gewollt ist, ergibt sich in der Regel direkt aus der Frage. Wenn etwa nach dem Anspruch auf Kaufpreiszahlung gefragt ist, ist nicht ein Anspruch auf Schadensersatz zu prüfen. Komplizierter wird es, wenn die Frage etwa wie folgt formuliert ist: „Was kann B von A verlangen?" Dann ist der Sachverhalt mit in die Ermittlung des Begehrens einzubeziehen und im Verhältnis zwischen A und B – aber auch nur in diesem Verhältnis – all das zu prüfen, was sinnvollerweise in Betracht kommt. So kann zunächst zu klären sein, ob aus einem Kaufvertrag Übereignung einer Sache gefordert werden kann und falls dieser Anspruch infolge Unmöglichkeit (§ 275 BGB) weggefallen sein sollte, ob dann eventuell ein Schadensersatzanspruch nach §§ 280 I, III, 283 BGB besteht. Ist die Fragestellung noch allgemeiner, etwa „Wie ist die Rechtslage?", ist der Sachverhalt sowohl hinsichtlich der Personenbeziehungen als auch hinsichtlich des tatsächlichen Begehrens umfassend auszuwerten.

Generell gilt **bei offenen Fragestellungen**: Abwegiges muss und darf nicht geprüft 4
werden, denn es kostet einerseits Zeit und kann andererseits fehlendes Verständnis und falsche **Schwerpunktsetzung** aufzeigen. Das bedeutet aber nicht, dass nur Ansprüche geprüft werden sollten, die am Ende der Prüfung ein für den Begehrenden positives Ergebnis bereithalten. Häufig bestehen auch keine Ansprüche und die Versagung eines zu prüfenden Anspruchs kann unter Umständen ebenso interessant und schwierig sein wie die Bejahung eines Anspruchs. Beides ist im Gutachten gleichermaßen von Interesse.

Nachdem die Personenbeziehungen und das tatsächliche Begehren der jeweiligen 5
Partei ermittelt wurden, ist schließlich eine Gesetzesvorschrift zu finden, welche das Begehren der Partei auf der Rechtsfolgenseite bereithält („**woraus**"); es ist eine sogenannte **Anspruchsgrundlage** zu suchen. Typischerweise besteht eine Vorschrift aus Tatbestand und Rechtsfolge, vergleichbar mit einer Wenn-Dann-Beziehung. Ist der Tatbestand erfüllt, dann tritt die Rechtsfolge ein. Nicht immer hält die Rechtsfolgenseite allerdings einen Anspruch bereit. Als Anspruch wird das Recht bezeichnet, von einer anderen Person ein Tun oder Unterlassen zu fordern (Legaldefinition des Anspruchs in § 194 BGB). Nur solche Vorschriften, die einen Anspruch geben – dies sind nur wenige der im BGB vorhandenen –, kommen als Anspruchsgrundlage in Betracht. Zum Beispiel geben die §§ 119–121, 123f., 142f. BGB aus dem Anfechtungsrecht keinen Anspruch und sind daher *überhaupt keine* Anspruchsgrundlagen, wohl aber § 122 BGB. § 535 I BGB gibt keinen Anspruch auf Übereignung und Übergabe einer Sache und wäre folglich für ein solches Begehren die *falsche* Anspruchsgrundlage, § 433 I BGB hingegen die *richtige*. Die in Frage kommenden Vorschriften sind also zu identifizieren und dann zu prüfen.

II. Anspruch entstanden?

6 Sind die soeben genannten Vorüberlegungen abgeschlossen, geht es an die Prüfung der konkreten Anspruchsgrundlage. Dabei ist zunächst zu fragen, ob der Anspruch entstanden ist. Die Vorgehensweise lässt sich gut an der **Prüfung eines vertraglichen Anspruchs**, etwa an einem Kaufvertrag nach § 433 BGB, illustrieren.

1. Einigung

7 Voraussetzung eines vertraglichen Anspruchs ist die Einigung zwischen den Parteien. Sie müssen sich „vertragen" (§ 5 Rn. 10 ff.). Ein Anspruch auf Übereignung und Übergabe einer Sache nach § 433 I BGB setzt voraus, dass ein wirksamer Kaufvertrag besteht. Ein Vertrag kommt durch zwei korrespondierende Willenserklärungen zustande, von denen die zeitlich frühere als Angebot, die spätere als Annahme bezeichnet wird. Wichtig ist der **Konsens der Parteien.** Haben sich die Parteien geeinigt, so ist ein Kaufvertrag zustande gekommen, der die in § 433 BGB genannten Verpflichtungen der Parteien hervorruft. Der Verkäufer muss die Kaufsache übereignen und übergeben (Absatz 1), der Käufer muss den Kaufpreis zahlen (Absatz 2). Ist es zu einer Einigung gekommen, ist mit der weiteren Prüfung fortzufahren; anderenfalls ist die Prüfung bereits zu diesem Zeitpunkt mit dem Ergebnis abzubrechen, dass kein vertraglicher Anspruch besteht.

8 **Beachte:** Es existieren auch andere als vertragliche Schuldverhältnisse (s.o. § 2 Rn. 14, z.B. § 823 BGB). Bei diesen ist die Prüfung nicht mit der Einigung zu beginnen. An dieser Stelle wird nur beispielhaft auf die Prüfung eines vertraglichen Anspruchs eingegangen, weil diese Ansprüche im Mittelpunkt der Lehre von den Rechtsgeschäften stehen. Das Schema ist insoweit – bezogen auf die Prüfung der Einigung – nicht verallgemeinerungsfähig! Allgemeingültig ist allerdings die Trennung in die drei Fragen: Anspruch entstanden? Anspruch untergegangen? Anspruch durchsetzbar? Diese Dreiteilung gilt für jede Anspruchsprüfung.

2. Nichtigkeit

9 Wurde die Einigung bejaht, ist zu untersuchen, ob Nichtigkeitsgründe vorliegen, die dazu führen, dass Ansprüche gar nicht erst entstehen bzw. als nie entstanden gelten (= **rechtshindernde Einwendungen**[8]). In Betracht kommen:

- Geschäftsunfähigkeit (§ 105 I i.V.m. § 104 BGB)[9]
- Bewusstlosigkeit bzw. Störung der Geistestätigkeit (§ 105 II BGB)[10]
- geheimer Vorbehalt und Kenntnis des Dritten (§ 116 Satz 2 BGB)[11]
- Scheingeschäft (§ 117 BGB)[12]
- Scherzerklärung (§ 118 BGB)[13]
- Formmangel (§ 125 BGB)[14], z.B. §§ 311 b, 518, 766 BGB
- Gesetzesverstoß (§ 134 BGB)[15]

---

[8] Zur Wirkungsweise der Einwendungen siehe sogleich Rn. 19.
[9] Siehe dazu unten § 9 Rn. 5 ff.
[10] Siehe dazu unten § 9 Rn. 19 f.
[11] Siehe dazu unten § 7 Rn. 37 ff.
[12] Siehe unten § 7 Rn. 43 ff.
[13] Siehe unten § 7 Rn. 40 ff.
[14] Siehe unten § 6 Rn. 15 ff.
[15] Siehe unten § 6 Rn. 25 ff.

- Verstoß gegen die guten Sitten (§ 138 I BGB), Wucher (§ 138 II BGB)[16]
- Nichteintritt einer aufschiebenden Bedingung (§ 158 I BGB)[17]
- Anfechtung (§ 142 BGB [Rechtsfolge] i.V.m. §§ 119, 120, 123 BGB)[18]

Beachte: Die Anfechtung weist insoweit eine Besonderheit auf, als sie gemäß § 142 I BGB zurück wirkt (*ex tunc*), diese Wirkung aber – anders als bei den sonstigen rechtshindernden Einwendungen – erst nachträglich durch die Anfechtungserklärung (= Gestaltungsrecht) eintritt. Sie kann deshalb auch unter dem nachfolgenden Prüfungspunkt „Anspruch erloschen" angesprochen werden mit dem Hinweis auf die Rückwirkung. 10

Zeigt sich, dass eine rechtshindernde Einwendung eingreift, ist die Prüfung an dieser Stelle mit dem Ergebnis abzubrechen, dass kein vertraglicher Anspruch vorliegt. Ansonsten ist in der Prüfung fortzufahren. 11

III. Anspruch erloschen?

Steht nach der bisherigen Prüfung fest, dass der Anspruch entstanden ist, so ist anschließend zu fragen, ob ihm nicht rechtsvernichtende Einwendungen[19] entgegenstehen. Als rechtsvernichtend werden diese Einwendungen deshalb bezeichnet, weil sie einen ursprünglich entstandenen Anspruch nachträglich beseitigen. Daher ist die Nichtigkeit des Anspruchs stets vorrangig zu prüfen: ein ohnehin infolge Nichtigkeit nicht begründeter Anspruch kann nicht mehr erlöschen. Denkbar sind viele, hier nur aufgelistete und ganz überwiegend erst im Schuldrecht näher behandelte Erlöschensgründe: 12

- Erfüllung (§ 362 BGB)
- Erfüllungssurrogate: Hinterlegung (§§ 372 ff. BGB, insbes. § 378 BGB); Aufrechnung (§§ 387 ff. BGB, insbes. § 389 BGB)
- Erlass (§ 397 BGB)
- Rücktritt (§ 346 BGB)
- nachträglich objektive oder subjektive Unmöglichkeit (§§ 275 I, 326 I BGB)
- Eintritt einer auflösenden Bedingung (§ 158 II BGB)[20]
- Ausübung eines Widerrufsrechts (§§ 312 ff. BGB)[21]
- Verwirkung (§ 242 BGB)[22]
- Störung der Geschäftsgrundlage (§ 313 BGB)

Auch hier gilt wieder das bereits Gesagte: Liegt eine rechtsvernichtende Einwendung vor, so ist die Prüfung an dieser Stelle mit dem Ergebnis abzubrechen, dass kein Anspruch gegeben ist. 13

---

[16] Siehe unten § 6 Rn. 35 ff., insbesondere Rn. 51 f. zum Wuchertatbestand.
[17] Siehe zu Bedingungen und Befristungen unten § 8 Rn. 1 ff.
[18] Siehe unten § 7 Rn. 55 ff. zur Anfechtung allgemein, insbesondere zur Anfechtung gemäß § 119 BGB Rn. 75 ff., zur Anfechtung gemäß § 120 BGB Rn. 122 ff. und zur Anfechtung gemäß § 123 BGB Rn. 139 ff.
[19] Zur Wirkungsweise der Einwendungen siehe sogleich Rn. 19.
[20] Siehe zu Bedingungen und Befristungen unten § 8 Rn. 1 ff.
[21] Siehe dazu Fall Nr. 28 – Mamas Messerset.
[22] Siehe unten Rn. 43 ff.

IV. Anspruch durchsetzbar?

14 Ist der Anspruch entstanden und zwischenzeitlich auch nicht erloschen, ist abschließend zu fragen, ob der Anspruch durchsetzbar ist. Dem Anspruch können nämlich Einreden der Vertragsparteien entgegenstehen, die die Durchsetzung für immer ausschließen (**peremptorische Einreden**), sie zumindest für eine gewisse Zeit verhindern (**dilatorische Einreden**), oder die **anspruchsbeschränkend** wirken.[23]

15 Peremptorisch wirkt die Erhebung der Einrede der Verjährung, die nach § 214 BGB zu einem Leistungsverweigerungsrecht führt. Ist der Anspruch nach §§ 195ff. BGB verjährt, so kann der Schuldner die Erfüllung des Anspruchs nach § 214 BGB auf Dauer verweigern (s.u. Rn. 30ff.).[24] Wird eine solche peremptorische Einrede berechtigterweise geltend gemacht, wird die Klage als **unbegründet** abgewiesen.

16 Die Erhebung einer aufschiebenden (dilatorischen) Einrede führt zur Abweisung der Klage als **zurzeit unbegründet**. Beispiele sind etwa §§ 519, 526, 770, 771 BGB oder die Stundung einer Forderung.

17 Anspruchsbeschränkende Einreden lassen die Anspruchsdurchsetzung nur unter ganz bestimmten Voraussetzungen zu. Sie führen zu einer **einschränkenden** Verurteilung. Beispiele sind vor allem die Einreden der §§ 273, 274, 320, 322 BGB, die zu einer Verurteilung zur Leistung Zug um Zug führen. Verlangt etwa der Verkäufer einer Sache Zahlung des Kaufpreises und hat er selbst bislang die Sache noch nicht geliefert, wird der Käufer nur Zug um Zug gegen Übereignung und Übergabe der Sache zur Kaufpreiszahlung verurteilt (§§ 320, 322 BGB).

V. Wirkungsweise von Einwendungen und Einreden

18 Die Unterteilung in Einwendungen und Einreden ist kein Selbstzweck. Auf den ersten Blick könnte es als unerheblich erscheinen, ob ein Anspruch nun deshalb abzulehnen ist, weil er an einem oben als „Einwendung" bezeichneten Hindernis scheitert, oder ob ihm eine der genannten „Einreden" entgegensteht: In jedem Fall kann ja der Anspruchsteller keine Leistung verlangen. Bei genauerer Betrachtung zeigen sich jedoch Unterschiede in der rechtlichen Wirkung:

1. Einwendungen

19 Mit der Einwendung wird bestritten, dass ein Anspruch überhaupt entstanden ist (rechtshindernde Einwendungen) bzw. noch besteht (rechtsvernichtende Einwendungen). Einwendungen richten sich damit gegen die Existenz eines Anspruchs und werden deshalb in den Prüfungspunkten „Anspruch entstanden?" und „Anspruch erloschen?" geprüft (s.o. Rn. 9ff. und 12f.). Sie müssen vom Gericht **von Amts wegen berücksichtigt** werden. Dies bedeutet: Derjenige, dem die Einwendung zusteht, muss sich nicht auf sie berufen, sondern das Gericht wird sie von sich aus ohne gesonderten Hinweis berücksichtigen. Selbstverständlich kann das Gericht die Einwendungen nur von Amts wegen berücksichtigen, wenn die einwendungsbegründenden Tatsachen vorgetragen und unstreitig bzw. bewiesen sind.

---

[23] Zur Wirkungsweise der Einreden siehe auch noch Rn. 21ff.

[24] Weitere dauernde Einreden enthalten §§ 438 IV 2, 634a IV 2, 821, 853 BGB.

Beispiel: A verklagt B unter Hinweis auf eine Bürgschaft (§ 765 BGB), die dieser für einen Kredit übernommen haben soll, den A dem X gewährt hat. A trägt vor, B habe ihm gegenüber vor Zeugen erklärt: „Wenn X den Kredit nicht zurückzahlen kann, werde ich selbst für die Schuld aufkommen." Das Gericht wird die Klage des A gegen B abweisen, weil der mündlichen Bürgschaft die vom Gesetz geforderte Schriftform (§ 766 BGB) fehlt und der Vertrag deshalb nichtig ist (§ 125 BGB).[25] Auf diesen Mangel der Schriftform muss sich B im Prozess nicht berufen. 20

2. Einreden

Mit der Erhebung einer Einrede wird nicht – wie beim Vorliegen einer Einwendung – die Existenz eines Anspruchs angegriffen, sondern lediglich die **Durchsetzbarkeit** eines bestehenden Anspruchs **gehemmt.** Daher werden die Einreden im Prüfungspunkt „Anspruch durchsetzbar?" geprüft (s. o. Rn. 14 ff.). 21

Der wichtigste prozessuale Unterschied zu den Einwendungen besteht darin, dass sich der Berechtigte im Prozess auf die Einrede berufen muss, damit sie ihre anspruchshemmende Wirkung entfalten kann.[26] Sie ist ein einseitiges Leistungsverweigerungs*recht*, das der Schuldner ausüben kann, aber nicht ausüben muss. Das Gericht beachtet die Einrede deshalb **nicht von Amts wegen**, auch wenn es alle Tatsachen kennt, aus denen sich der Tatbestand einer Einrede ergibt. Wird die Einrede nicht geltend gemacht, bleibt sie unberücksichtigt. Der Beklagte kann und muss einen einredebehafteten Anspruch also erfüllen, wenn er die Einrede nicht erhebt. 22

Beispiel: Käufer K verklagt im August 2010 Verkäufer V, weil in einem am 1.5.2008 von V an K verkauften und übergebenen Neuwagen ein Motorschaden eingetreten sei, der auf einer 2010 vom ADAC aufgedeckten Fehlkonstruktion des Motors dieser Baureihe beruhe. K verlangt deshalb von V Nachbesserung (§ 439 BGB) durch Einbau eines neuen, mangelfreien Motors. Das Gericht wird die Klage des K gegen V nur dann abweisen, wenn sich V auf die Einrede der Verjährung aus § 438 BGB beruft. Nach dieser Vorschrift wird bei Mängeln grundsätzlich nur für zwei Jahre ab Übergabe auf Gewährleistung gehaftet.[27] Macht V die Einrede im Prozess nicht geltend, wird er zur Nachbesserung verurteilt. 23

3. Materielle Folgen der Unterscheidung

Der Unterschied zwischen Einwendungen und Einreden ist jedoch nicht allein prozessrechtlicher Natur (Berücksichtigung im Prozess von Amts wegen oder nicht). Ein weiterer wichtiger Unterschied zeigt sich bei der Rückabwicklung von Leistungen: Eine **Einwendung** wirkt auf den Bestand des Anspruchs ein (Rn. 19). Wird eine Leistung erbracht, obwohl ihr eine Einwendung entgegensteht, ist diese **Leistung ohne Rechtsgrund** i. S. v. § 812 BGB erfolgt und daher rückabzuwickeln. 24

Beispiel: Der Verkäufer ficht einen Kaufvertrag wegen Erklärungsirrtums nach § 119 I BGB an, nachdem er den Kaufvertrag durch Übereignung und Übergabe der Kaufsache erfüllt hat. Die Leistung des Verkäufers – Übereignung der Sache – erfolgte rechtsgrundlos, denn der Kaufvertrag wurde durch die Anfechtung gemäß § 142 I BGB rückwirkend nichtig.[28] Der Käufer muss die Sache nach § 812 I 1 Alt. 1 BGB (Leistungskondiktion) an den Verkäufer zurückübereignen. 25

---

[25] Zur Nichtigkeit wegen Formmängeln siehe unten § 6 Rn. 2 ff.

[26] Von dieser anspruchshemmenden Wirkung sind bestimmte materiell-rechtliche Wirkungen zu trennen, die schon vor Ausübung der Einrede bestehen. So ist z. B. die Aufrechnung mit einer einredebehafteten Forderung nicht möglich (§ 390 BGB). Auch kann ein Schuldner, dem eine Einrede gegen die Forderung des Gläubigers zusteht, nicht in Verzug (§ 286 BGB) geraten.

[27] Eingehender zur Verjährung sogleich unten Rn. 30 ff.

[28] Siehe zur Anfechtung gemäß § 119 I BGB und deren Rechtsfolgen unten § 7 Rn. 131 ff.

26 Liegt hingegen bloß eine **Einrede**, also ein einseitiges Leistungsverweigerungsrecht vor, so wirkt sich diese nicht auf den Bestand des Anspruchs aus. Erbringt der Schuldner seine Leistung, ohne sich auf die Einrede zu berufen, ist diese **Leistung nicht ohne Rechtsgrund** erbracht und wird daher auch nicht gemäß § 812 I 1 Alt. 1 BGB rückabgewickelt. Im Regelfall führt dies dazu, dass er die Leistung auch nicht mehr mit der Begründung zurückfordern kann, er habe sich damals bei der Erbringung der Leistung auf eine Einrede berufen können.

27 **Beispiel:** Die Parteien eines gegenseitigen Vertrags, z. B. eines Kaufvertrags, müssen ihre Leistungen gemäß § 320 BGB nur Zug um Zug erbringen (Rn. 17). Jede Seite kann also die ihr obliegende Pflicht solange verweigern, bis auch die andere Seite leistet. Hat nun der Verkäufer dem Käufer die Kaufsache übereignet, ohne im Zeitpunkt der Übereignung auf gleichzeitige Kaufpreiszahlung zu bestehen, kann er nicht später die Sache mit der Begründung zurückfordern, ihm habe die Einrede des § 320 BGB zur Verfügung gestanden. Eine Leistung ohne Rechtsgrund i. S. v. § 812 BGB liegt nicht vor, weil der Anspruch des Käufers auf Übereignung aus § 433 I 1 BGB bestand und der Verkäufer nur ein einseitiges Leistungsverweigerungsrecht hatte, von dem er im Moment der Übereignung keinen Gebrauch gemacht hatte.

28 Von dem Grundsatz, dass eine trotz bestehender Einrede erbrachte Leistung nicht zurückgefordert werden kann, macht allerdings § 813 BGB eine Ausnahme für dauernde (= peremptorische) Einreden.[29] Diese Ausnahme hat allerdings in der Praxis keine so große Bedeutung, weil für die wichtigste dauernde Einrede – die Verjährung – sogleich wieder eine Rückausnahme besteht (§§ 813 I 2, 214 II BGB). Erbringt also ein Schuldner seine Leistung, ohne sich auf die Einrede der Verjährung zu berufen, kann er später die erbrachte Leistung nicht mehr mit dem Hinweis auf die schon vorher eingetretene Verjährung zurückfordern. Dafür ist unerheblich, ob er von der Verjährung Kenntnis hatte oder nicht (§ 214 II BGB).

29 **Beispiel:** In dem oben in Rn. 23 angeführten Fall mit dem Motorschaden beruft sich der Verkäufer nicht auf die Verjährung des § 438 BGB und tauscht den Motor aus. Erfährt er jetzt, dass er nach Ablauf von zwei Jahren die Leistung hätte verweigern können, kann er das Erbrachte nicht mehr zurückfordern. Der neue Motor verbleibt beim Käufer, weil die Leistung vom Verkäufer nicht ohne Rechtsgrund i. S. v. § 812 BGB erbracht wurde.

4. Verjährung

30 Da die Verjährung eine besonders wichtige Einrede darstellt, soll auf sie noch etwas näher eingegangen werden:

a) Begriff und Funktion der Verjährung

31 Ansprüche können im Interesse von **Rechtssicherheit** und **Rechtsfrieden** nach dem Ablauf einer bestimmten Zeitspanne nicht mehr geltend gemacht werden, sofern sich der Schuldner berechtigterweise auf den Zeitablauf beruft. Diesen Zeitablauf nennt man Verjährung. Die Einrede der Verjährung bewirkt, dass der Anspruch des Gläubigers dauerhaft nicht mehr durchgesetzt werden kann.[30] Es handelt sich – wie gesagt – um eine peremptorische Einrede (Rn. 15, 28). Der Schuldner ist berechtigt, die Leistung zu verweigern (§ 214 I BGB). Der Schuldner soll irgendwann Klarheit darüber erhalten, ob er noch leisten muss oder den geschuldeten Gegenstand anderweitig verwenden kann. Zudem sollen die Gerichte vor Beweisproblemen geschützt werden, wie sie sich oft bei lange zurückliegenden Sachverhalten

[29] Zur Unterscheidung zwischen dilatorischen und peremptorischen Einreden s. o. Rn. 14 ff.

[30] Davon zu unterscheiden ist die fehlende Fälligkeit eines Anspruchs. Ist ein Anspruch nicht fällig, so bedeutet dies, dass er *noch nicht* durchgesetzt werden kann.

stellen.[31] Wichtig ist allerdings, dass die Durchsetzbarkeit des Anspruchs nicht schon mit dem Zeitablauf selbst entfällt, sondern erst, wenn sich der Schuldner auf den Eintritt der Verjährung beruft, er also die Einrede auch tatsächlich erhebt. Verklagt also der Gläubiger den Schuldner vor Gericht und erhebt dieser die Einrede nicht, muss das Gericht den Schuldner zur Leistung verurteilen, obwohl die Verjährung schon eingetreten ist.[32]

b) Gegenstand der Verjährung

Gemäß § 194 I BGB unterliegt das Recht, von einem anderen ein Tun oder Unterlassen zu verlangen (= **Anspruch**), der Verjährung. Gegenstand der Verjährung sind alle Ansprüche, sofern das Gesetz selbst nicht etwas anderes bestimmt (vgl. z.B. §§ 194 II, 758, 898, 902, 924, 2042 II BGB). 32

c) Beginn und Dauer der Verjährungsfristen

Die regelmäßige Verjährungsfrist beträgt gemäß § 195 BGB **drei Jahre**. Sie gilt immer dann, wenn das Gesetz für den konkreten Anspruch keine speziellere Verjährungsfrist vorsieht. Praxis- und klausurwichtige spezielle Verjährungsfristen gelten beispielsweise für die kauf- und werkvertraglichen Gewährleistungsansprüche (§§ 438, 634a BGB).[33] 33

Die regelmäßige Verjährungsfrist beginnt gemäß § 199 I BGB mit dem **Schluss des Jahres**, in dem der Anspruch entstanden ist **und** der Gläubiger von den anspruchsbegründenden Tatsachen und der Person des Schuldners **Kenntnis** erlangt hat oder aufgrund grober Fahrlässigkeit nicht erlangt hat. Tatsächlich werden dem Gläubiger deshalb häufig mehr als drei Jahre bleiben, seinen Anspruch zu verfolgen, sofern er nicht zufällig an „Silvester" Kenntnis von den gerade genannten Umständen erlangt. Anspruchsentstehung bedeutet, dass der Anspruch erfolgreich gerichtlich geltend gemacht werden konnte, was Fälligkeit voraussetzt.[34] 34

Unabhängig vom Verjährungsbeginn sind in § 199 II–IV BGB im Interesse des Rechtsfriedens kenntnisunabhängige Höchstfristen normiert. Selbst wenn also der Anspruchsinhaber bis zum Ablauf dieser Höchstfristen noch gar keine Kenntnis von seinem Anspruch erlangt hatte, kann der Schuldner nach deren Ablauf die Leistung verweigern. 35

Wenn das Gesetz bestimmte Ansprüche einer speziellen Verjährungsfrist unterwirft, dann regelt es oft auch deren Beginn spezieller. So beginnt die Verjährung bei kauf- und werkvertraglichen Gewährleistungsvorschriften etwa mit der Übergabe/Ablieferung der Kaufsache (§ 438 II BGB) bzw. der Abnahme des Werks (§ 634a II BGB). Die Verjährung von Ansprüchen, die nicht der regelmaßigen Verjährungsfrist unterliegen und für die das Gesetz keinen speziellen Beginn vorschreibt, beginnt **taggenau** mit der Entstehung des Anspruchs und zwar **kenntnisunabhängig** (§ 200 I BGB).[35] 36

Sofern das Gesetz es nicht verbietet (vgl. z.B. §§ 202, 309 Nr. 8 lit. b) ee) ff), 475 II BGB), können Verjährungsfristen durch Parteivereinbarung grundsätzlich abgekürzt und verlängert werden. Die Verjährung kann jedoch nicht von vorneherein ausgeschlossen werden (arg. § 202 II BGB).[36] 37

---

[31] *Wertenbruch*, BGB AT, § 36 Rn. 4f.
[32] BGHZ 184, 128, 135 = WM 2010, 986, 988f. (Rn. 27).
[33] Siehe zu § 438 BGB schon den Beispielsfall oben Rn. 23; weitere spezielle Verjährungsfristen enthalten z.B. §§ 196f., 651g, 852 Satz 2 BGB.
[34] BGHZ 113, 188, 191 = NJW 1991, 836.
[35] Jauernig/*Jauernig*, § 200 Rn. 1.
[36] *Bork*, BGB AT, Rn. 331.

d) Hemmung, Ablaufhemmung und Neubeginn der Verjährung

38 In bestimmten Fällen schützt das Gesetz den Gläubiger vor der Verjährung seines Anspruchs. Die Verjährung kann zum einen **gehemmt** sein. Hemmungsgründe enthalten v.a. die §§ 203–208, 497 III 3, 771 Satz 2 BGB. Die Hemmung bewirkt, dass die „Uhr angehalten wird"[37] und der Zeitraum, in dem die Verjährung gehemmt ist, nicht in die Verjährungsfrist eingerechnet wird (§ 209 BGB). Die Verjährungsfrist verlängert sich dann um ebendiesen Zeitraum.

39 Der **Ablauf** der Verjährung ist z.B. nach § 210 BGB **gehemmt**, wenn der Gläubiger geschäftsunfähig oder beschränkt geschäftsfähig ist und keinen gesetzlichen Vertreter hat. Um dem Gläubiger die Möglichkeit zu geben, seinen Anspruch gerichtlich geltend zu machen, läuft die Verjährung deshalb frühestens sechs Monate nach Bestellung eines gesetzlichen Vertreters bzw. dem Eintritt der vollen Geschäftsfähigkeit ab. Einen weiteren Fall der Ablaufhemmung enthält § 211 BGB.

40 Bei einer Anerkennung des Anspruchs durch den Schuldner, bei Abschlagszahlungen, Sicherheitsleistung oder der Vornahme bzw. Beantragung von gerichtlichen oder behördlichen Vollstreckungshandlungen ordnet § 212 BGB einen **Neubeginn der Verjährungsfrist** an. Bittet etwa ein Schuldner seinen Gläubiger nach Beginn der Verjährungsfrist um Stundung, so enthält diese Bitte stillschweigend ein Anerkenntnis der Zahlungspflicht.[38] Die Verjährungsfrist beginnt erneut zu laufen.

e) Ausschlussfristen

41 Gestaltungsrechte (= solche Rechte, deren Ausübung ein bestehendes Rechtsgeschäft umgestaltet, insbes. Anfechtung, Rücktritt und Kündigung) sind keine Ansprüche und unterliegen daher nicht der Verjährung. Gleichwohl können auch sie oftmals nur zeitlich beschränkt ausgeübt werden. Sie unterliegen in diesem Fall einer Ausschlussfrist, deren Ablauf zum **Erlöschen des Gestaltungsrechts** führt (vgl. z.B. §§ 121 II, 124 III, 350, 626 II BGB). Es liegt dann eine von Amts wegen zu berücksichtigende Einwendung vor.

42 Einen erwähnenswerten, insbesondere im Leistungsstörungsrecht relevanten und dort näher zu behandelnden Sonderfall regelt § 218 I 1 BGB: Wird beispielsweise eine mangelhafte Sache geliefert – etwa das oben in Rn. 23 erwähnte Auto mit fehlkonstruiertem Motor –, kann der Käufer im Rahmen der Gewährleistung zunächst Nacherfüllung (§ 439 BGB) verlangen. Kommt der Verkäufer diesem Verlangen trotz Fristsetzung nicht nach, so kann der Käufer vom Vertrag zurücktreten (§§ 437 Nr. 2, 323 I BGB). Beim Rücktritt handelt es sich – anders als bei der Nachbesserung (etwa durch Einbau eines neuen, mangelfreien Motors, Rn. 23) – nicht um einen Anspruch i.S.v. § 194 I BGB, sondern um ein Gestaltungsrecht, das folglich auch nicht i.S.v. §§ 194ff. BGB verjähren kann. Da der Gesetzgeber jedoch alle Gewährleistungsrechte – auch den Rücktritt – nach Ablauf von zwei Jahren ausschließen will, knüpft § 218 BGB die Möglichkeit des Rücktritts wegen mangelhafter Lieferung in einer für den juristischen Laien nicht leicht verständlichen Konstruktion an die Verjährung des Anspruchs auf Nacherfüllung. Da der Anspruch auf Nacherfüllung aus § 439 BGB gemäß § 438 BGB im Grundsatz nach zwei Jahren verjährt, ist damit auch ein nach Ablauf von zwei Jahren erklärter Rücktritt wegen mangelhafter Lieferung unwirksam, wenn der Schuldner sich hierauf beruft (= Einrede). Es handelt sich also um eine Art „Gestaltungsverjährung".

---

[37] *Bork*, BGB AT, Rn. 326.
[38] *BGH* NJW 1978, 1914f.

f) Verwirkung

Von der Verjährung zu unterscheiden ist die Verwirkung, die nicht im BGB geregelt ist, sondern sich aus dem Grundsatz von **Treu und Glauben (§ 242 BGB)** ableitet.[39] Die Verwirkung ist ein spezieller Fall des rechtsmissbräuchlichen *venire contra factum proprium*: Die Ausübung eines Rechts ist dem Berechtigten untersagt, wenn er über einen längeren Zeitraum hinweg ein ihm zustehendes Recht nicht geltend gemacht hat und sich der Verpflichtete berechtigterweise darauf eingerichtet hat, dass dies auch in Zukunft nicht mehr geschehen werde.[40] Verwirkt werden können grundsätzlich alle subjektiven Rechte. So unterliegt etwa auch das Recht, die Einrede der Verjährung zu erheben, der Verwirkung. 43

Wie die Verjährung führt auch die Verwirkung dazu, dass der Rechtsinhaber ein an sich bestehendes Recht nicht mehr geltend machen kann.[41] Trotz gewisser Parallelen bestehen gewichtige Unterschiede zur Verjährung sowohl in materieller als auch in prozessualer Hinsicht. Anders als bei der Verjährung ist das **Zeitmoment** bei der Verwirkung nicht exakt bestimmt. Wie lange der Rechtsinhaber nichts zur Durchsetzung seines Rechts getan haben muss, damit eine Verwirkung Platz greift, ist einzelfallabhängig. Nur so viel lässt sich im Grundsatz sagen: Unterliegt das in Rede stehende Recht der Verjährung – handelt es sich also um einen Anspruch –, wird die für eine Verwirkung zu fordernde Zeitspanne regelmäßig kürzer sein als die entsprechende Verjährungsfrist, wenn der Verwirkung überhaupt eigenständige Bedeutung zukommen soll.[42] 44

Daraus lässt sich zugleich folgern, dass ein Recht nicht durch bloßen Zeitablauf verwirkt werden kann, will man nicht das Verjährungsrecht und die darin enthaltene gesetzgeberische Wertung unterlaufen. Dem Berechtigten kann die Ausübung seines Rechts daher nur als widersprüchlich vorgeworfen werden, wenn besondere Umstände hinzutreten, aufgrund derer der Verpflichtete darauf vertrauen durfte, dass das Recht auch weiterhin nicht ausgeübt wird (**Umstandsmoment**); das gilt unabhängig davon, ob es sich um ein verjährungsfähiges Recht handelt. Geht es aber um die mögliche Verwirkung eines Anspruchs, so sind die Anforderungen an die vertrauensbegründenden Umstände umso höher, desto kürzer die entsprechende Verjährungsfrist ist.[43] 45

Beispiel: Nach ordentlicher Kündigung seines Arbeitsvertrags verlangt Arbeitnehmer A von seinem Arbeitgeber B die Ausstellung eines Arbeitszeugnisses, das ihm auch umgehend zugesandt wird. Innerhalb der nächsten zwei Monate mahnt A insgesamt drei Mal Unvollständigkeiten des Zeugnisses an, woraufhin er jedes Mal ein neues Zeugnis erhält. Nach weiteren 18 Monaten moniert A berechtigterweise erneut Unvollständigkeiten des Arbeitszeugnisses. B verweigert jedoch die Ausstellung eines neuen Zeugnisses. Der Anspruch auf Erteilung eines Arbeitszeugnisses (§ 630 BGB) ist hier verwirkt: Wer innerhalb von zwei Monaten mehrfach die Korrektur seines Arbeitszeugnisses betreibt (Umstandsmoment) und sich dann erst wieder nach 18 Monaten meldet (Zeitmoment), erweckt bei dem Verpflichteten den schutzwürdigen Eindruck, seinen Anspruch nicht weiter geltend zu machen. 46

---

[39] Das Institut der Verwirkung findet mittlerweile in einigen spezialgesetzlichen Vorschriften Bestätigung, vgl. z. B. §§ 4 IV 2 TVG, 21 MarkenG.

[40] BGHZ 105, 290, 298 = NJW 1989, 836, 838.

[41] Vgl. MünchKomm-BGB/*Roth/Schubert*, § 242 Rn. 346, 349 ff.; für einen Untergang des Rechts etwa Palandt/*Grüneberg*, § 242 Rn. 96.

[42] MünchKomm-BGB/*Roth/Schubert*, § 242 Rn. 349. Ausnahmsweise kann die für eine Verwirkung erforderliche Zeitspanne auch einmal länger als die Verjährungsfrist sein. Das ist etwa der Fall, wenn der Rechtsinhaber auf die Einrede der Verjährung verzichtet hat.

[43] Palandt/*Grüneberg*, § 242 Rn. 92 f.; Erman/*Hohloch*, § 242 Rn. 126.

47 Auch in prozessualer Hinsicht wirken Verjährung und Verwirkung unterschiedlich. Nach ganz h. M. ist letztere im Prozess von Amts wegen zu beachten; es handelt sich also nicht – wie bei der Verjährung – um eine Einrede, sondern um eine Einwendung.[44]

§ 4. Technik der juristischen Fallbearbeitung

1 Wie bereits erwähnt, hat man sich die Fallfrage mit dem Merksatz „Wer will was vom wem woraus?" zu vergegenwärtigen (§ 3 Rn. 1 ff.). Die Antwort auf die Fallfrage ist in der Form eines Gutachtens anzufertigen, dessen sprachliche Form als **Gutachtenstil** bezeichnet wird. In Urteilen wird dagegen der so genannte Urteilsstil verwendet.

2 In der Universitätsausbildung ist die Fallfrage stets in Form eines Gutachtens zu erarbeiten und nicht in der Form eines Urteils. Während der Urteilsstil das Ergebnis voranstellt („Der Kläger hat gegen den Beklagten einen Anspruch auf Zahlung von € 500") und es anschließend begründet („da/weil der Beklagte mit dem Kläger einen wirksamen Kaufvertrag geschlossen hat."), wird im Gutachten in der umgekehrten Form vorgegangen. Das Ergebnis steht am Ende der Prüfung; die Begründung, wie es zu diesem Ergebnis kommt, steht vorweg. Dabei sind vier Schritte nötig:

- Zunächst wird eine Hypothese formuliert (**Fallfrage bzw. Obersatz**).
- Sodann wird abstrakt gefragt, welche Voraussetzungen erfüllt sein müssen, damit die Hypothese zutrifft (**Voraussetzungen und Definitionen**).
- Danach muss untersucht werden, ob diese abstrakten Voraussetzungen nach der Sachverhaltsschilderung auch tatsächlich erfüllt sind (**Subsumtion**).
- Abschließend kann der Schluss gezogen werden, dass die eingangs aufgestellte Hypothese zutrifft oder nicht (**Folgerung, Antwort bzw. Schlusssatz**).

3 Zur Verdeutlichung des Unterschieds zwischen Urteils- und Gutachtenstil ein kurzes Beispiel:

Urteilsstil	**versus**	**Gutachtenstil**
a) Zwischen A und B ist ein Kaufvertrag zustande gekommen. (Feststellung)		a) Fraglich ist, ob zwischen A und B ein Kaufvertrag über das Fahrrad zustande gekommen ist. (Frage aufwerfen; Obersatz)
b) Denn sie haben sich am 1.1. geeinigt, dass B von A dessen Fahrrad für € 500 erwerben solle. (Begründung)		b) Voraussetzung ist eine entsprechende vertragliche Einigung zwischen A und B. (Voraussetzung bzw. Definition)
		c) Am 1.1. haben sich A und B dahingehend geeinigt, dass B von A dessen Fahrrad für € 500 erwerben sollte. (Subsumtion)
		d) Folglich ist zwischen den Parteien ein Kaufvertrag zustande gekommen. (Folgerung)

4 Weist eine Hypothese (Schritt 2) mehrere Voraussetzungen bzw. Tatbestandsmerkmale auf, die gleichzeitig erfüllt sein müssen, so werden diese Voraussetzungen einzeln und abhängig von der zu prüfenden Norm/Anspruchsgrundlage in bestimmter Reihenfolge untersucht. Wichtig ist dabei jedoch, dass die Prüfung der einzelnen

---

[44] Vgl. nur Palandt/*Grüneberg*, § 242 Rn. 96. Zu den materiellen und prozessualen Unterschieden zwischen Einrede und Einwendung s. o. Rn. 18 ff.

Tatbestandsmerkmale immer alle vier gutachtlichen Schritte enthält, und zwar in der richtigen Reihenfolge. Stößt eine sofortige Subsumtion auf Schwierigkeiten, so muss ein neuer „Subsumtionsblock" durch einen neuen Obersatz eingeleitet werden, der dann innerhalb der ersten Subsumtion gesondert geprüft wird.

Dies sei anhand des folgenden Beispiels demonstriert: A bestellt aus dem aktuel- 5
len Katalog des Versandhauses Otto (O) mit der beiliegenden Bestellkarte einen Pullover, der € 100 kosten soll. Das Versandhaus teilt ihm daraufhin mit, dass es sich in dem Katalog um einen Druckfehler handelt. Das bestellte Modell koste tatsächlich € 150. Zu diesem Preis könne eine Lieferung erfolgen. A ist empört und möchte wissen, ob er die Lieferung des Pullovers für € 100 verlangen kann.

Lösungsvorschlag: 6

Hinweis: Der Vorschlag ist bewusst formalisiert und daher unelegant, um die zugrunde liegende logische Struktur deutlich werden zu lassen.

1. **Obersatz:** Fraglich ist, ob A einen Anspruch gegen O auf Lieferung des Pullovers für € 100 hat. Anspruchsgrundlage hierfür kann § 433 I 1 BGB sein.
2. **Voraussetzung:** Dies setzt voraus, dass ein wirksamer Kaufvertrag zwischen A und O zustande gekommen ist (einzige Voraussetzung des § 433 I 1 BGB).
3. **Subsumtion:**

   Problem: Eine sofortige Subsumtion stößt auf Schwierigkeiten. Deshalb muss an dieser Stelle ein neuer Obersatz gebildet werden.

   a) **Obersatz:** Fraglich ist, ob ein Kaufvertrag zustande gekommen ist.

   b) **Voraussetzung:** Ein Kaufvertrag kommt durch übereinstimmende Willenserklärungen, also ein entsprechendes Vertragsangebot und dessen Annahme durch den Vertragspartner, zustande (§ 5 Rn. 11 ff.).

   Hinweis: Hier werden beide Voraussetzungen (Angebot und Annahme) sofort zu Beginn genannt, um dem Leser zu verdeutlichen, welche Prüfungsschritte im Gutachten folgen. Es kann auch nach Voraussetzungen getrennt und an dieser Stelle nur gesagt werden: „Voraussetzung für das Zustandekommen eines Kaufvertrages ist zunächst ein entsprechendes Vertragsangebot."

   c) **Subsumtion:**

   Problem: Eine sofortige Subsumtion stößt erneut auf Schwierigkeiten. Wieder muss ein neuer Obersatz gebildet werden. Für die Prüfung hängt alles von der richtigen Bildung dieser Obersätze ab, also davon, dass die richtigen Fragen aufgeworfen werden.

   aa) Erste Voraussetzung: Angebot 7

   aaa) Angebot in dem Katalog von O?

   (1) **Obersatz:** Fraglich ist, ob ein Angebot bereits in dem Katalog von O zu sehen ist.

   (2) Erste **Voraussetzung:** Ein wirksames Angebot setzt voraus, dass die wesentlichen Vertragsinhalte (sog. *essentialia negotii*) inhaltlich so bestimmt sind, dass der Vertrag vom Gegenüber durch ein schlichtes „Ja" zustande gebracht werden kann.

   Hinweis: Zu den wesentlichen Vertragsinhalten eines Kaufvertrags gehören die Ware, der Preis und die Vertragsparteien (§ 5 Rn. 13). Falls problematisch, müssten diese Aspekte jeweils getrennt erörtert werden.

   (3) **Subsumtion:** Der Katalog beschreibt die Ware (ggf. mit Abbildung) und nennt den Preis; die erforderliche Bestimmtheit liegt insoweit vor; die Gegenpartei kann offen bleiben, wenn sich das Angebot an jedermann richtet (§ 5 Rn. 19 f.).

(4) Zweite **Voraussetzung:** Erforderlich für ein wirksames Angebot ist zweitens der Rechtsbindungswille.

(5) **Subsumtion:** Diese Voraussetzung ist bei O nicht erfüllt. Der Katalog stellt nur eine sog. *invitatio ad offerendum* dar, eine Einladung zur Abgabe von Angeboten (§ 5 Rn. 14ff.).

Hinweis: Diese Feststellung wäre in einer Klausur ausführlich zu begründen (Schwerpunkt der Bearbeitung). Daher hätte in einem weiteren Schritt der Rechtsbindungswille noch weiter definiert werden und erst nach dessen Definition die Feststellung getroffen werden können, dass nur ein unverbindliches Angebot zur Abgabe einer Willenserklärung vorliegt.

(6) **Schlussfolgerung:** In dem Katalog von O ist noch kein Angebot zu sehen.

8 bbb) Bestellung von A als Angebot?

(1) **Obersatz:** Fraglich ist, ob ein Angebot in der Bestellung von A zu erblicken ist.

(2) Erste **Voraussetzung:** Auch insoweit ist die inhaltliche Bestimmtheit zu prüfen.

(3) **Subsumtion:** Die Bestellung nennt Stückzahl und Bestell-Nummer; durch diesen Bezug auf den Katalog wird die Bestimmtheit bezüglich der konkreten Ware und des Preises hergestellt. Die Vertragsparteien ergeben sich daraus, dass A seine Bestellung an O adressiert.

(4) Zweite **Voraussetzung:** Zu prüfen ist zweitens der Rechtsbindungswille.

(5) **Subsumtion:** A wollte kaufen, sich also vertraglich binden. Damit hatte er Rechtsbindungswillen.

(6) **Schlussfolgerung:** Da inhaltliche Bestimmtheit und Rechtsbindungswille vorliegen, ist in der Bestellung des A ein Vertragsangebot zu sehen.

9 bb) Zweite Voraussetzung: Annahme

aaa) **Obersatz:** Fraglich ist, ob eine Annahme in dem Brief von O liegt.

bbb) **Voraussetzung:** Eine Annahme ist die rechtzeitige, unbedingte Erklärung des Einverständnisses mit dem Angebot (§§ 147, 150 BGB).

Hinweis: Auch hier muss die Prüfung bei Bedarf ggf. in die Erklärung des Einverständnisses und die Rechtzeitigkeit aufgespalten werden.

ccc) **Subsumtion:** O gab die Erklärung ab, der Pullover koste € 150, und hat sich damit nicht mit dem Angebot des A einverstanden erklärt. Vielmehr ist in dieser Annahme mit Änderungen ein neues Angebot zu sehen (§ 150 II BGB), welches A seinerseits nicht annehmen will.

ddd) **Schlussfolgerung:** Es fehlt an einer wirksamen Annahme.

d) **Schlussfolgerung:** Daher ist kein Kaufvertrag zustande gekommen.

4. **Schlussfolgerung:** Ein Anspruch von A aus § 433 I 1 BGB auf Lieferung des Pullovers für € 100 besteht nicht.

§ 5. Rechtsgeschäfte

I. Systematisierung der Rechtsgeschäfte

Rechtsgeschäfte können in den unterschiedlichsten Variationen auftreten. Die wohl bekanntesten Rechtsgeschäfte sind die zweiseitigen (= Verträge). Neben diesen Rechtsgeschäften existieren aber noch andere, die einseitigen, die keine Einigung (keinen Konsens) zwischen den Parteien erfordern. Bei ihnen genügt die Willenserklärung einer Person. Weiterhin gibt es die sogenannten mehrseitigen Rechtsgeschäfte. 1

1. Zweiseitige Rechtsgeschäfte (= Verträge)

Die zweiseitigen Rechtsgeschäfte können ihrerseits noch einmal aufgeteilt werden. 2 So gibt es die **zweiseitig verpflichtenden Verträge.** Darunter fallen etwa Kauf-, Miet- und Werkverträge. Zweiseitig verpflichtend sind die Verträge insofern, als beiden Vertragsparteien Leistungspflichten auferlegt werden[45]: die Parteien leisten jeweils nur um der Gegenleistung willen („**Do ut des.**" = Ich gebe, damit du gibst.). Die Gegenseitigkeit der Verpflichtung im Sinne der §§ 320 ff. BGB (vgl. die Überschrift im Gesetz: „Gegenseitiger Vertrag") wird juristisch als *Synallagma* bezeichnet, die gegenseitigen Verträge entsprechend als *synallagmatische* Verträge. Der Abschluss eines Kaufvertrages nach § 433 BGB führt etwa dazu, dass der Verkäufer einer Sache verpflichtet ist, diese zu übereignen, während der Käufer im Gegenzug verpflichtet wird, den Kaufpreis zu zahlen.

Zu beachten ist, dass es auch bei den gegenseitigen Verträgen Pflichten gibt, die 3 nicht im Gegenseitigkeitsverhältnis stehen. So ist etwa der Mietvertrag (§ 535 BGB) ein gegenseitiger Vertrag. Im Gegenseitigkeitsverhältnis (*Synallagma*) stehen die Pflicht des Vermieters, dem Mieter die Sache zu überlassen, und die Pflicht des Mieters, den dafür vereinbarten Mietzins zu zahlen. Die außerdem bestehende Pflicht des Mieters, am Ende der Mietzeit die Sache zurückzugeben (§ 546 BGB), steht jedoch nicht im Gegenseitigkeitsverhältnis. Auf diese Pflicht finden daher die Regeln über gegenseitige Verträge (§§ 320 ff. BGB) auch keine Anwendung.

Anders als die zweiseitig verpflichtenden Verträge besteht bei den **einseitig verpflichtenden Verträgen** nur für eine der Vertragsparteien eine Leistungspflicht.[46] Als Beispiele können die Bürgschaft (§ 765 BGB) oder die Schenkung (§ 516 BGB) genannt werden. Verwunderlich erscheint auf den ersten Blick, dass die Schenkung ein Vertrag ist. Vor dem Hintergrund jedoch, dass man nicht jedes Geschenk annehmen muss (etwa weil die Instandsetzung schlicht zu teuer ist), wird ersichtlich, dass eine Einigung zwischen den Parteien erforderlich ist, die nicht durch eine einseitige Erklärung ersetzt werden kann. Niemand muss sich also ein Geschenk aufdrängen lassen. 4

Als **unvollkommen zweiseitig verpflichtende Rechtsgeschäfte** schließlich werden 5 solche Rechtsgeschäfte bezeichnet, bei denen beiden Parteien Leistungspflichten auferlegt werden, diese Leistungen aber nicht im Verhältnis von Leistung und Gegenleistung (*Synallagma*) zueinander stehen.[47] Als Beispiele können genannt werden die Leihe (§ 598 BGB) oder der Auftrag (§ 662 BGB). Bei der Leihe (§ 598 BGB)

---

[45] MünchKomm-BGB/*Emmerich*, § 311 Rn. 8.
[46] Palandt/*Grüneberg*, Einf v § 320 Rn. 4.
[47] Palandt/*Grüneberg*, Einf v § 320 Rn. 4 a.

etwa wird der Gebrauch der Sache unentgeltlich gewährt; es erfolgt also keine Gegenleistung für die Überlassung. Nichtsdestotrotz treffen den Entleiher auch Pflichten: Er muss die gewöhnlichen Erhaltungskosten nach § 601 BGB tragen und die Sache nach § 604 BGB zurückgeben.

2. Einseitige Rechtsgeschäfte

6 Anders als bei den zweiseitigen Rechtsgeschäften bedarf es für einseitige Rechtsgeschäfte nur einer Willenserklärung.[48] Das Testament (§ 2247 BGB) oder die Auslobung (§ 657 BGB) sind nicht empfangsbedürftige Willenserklärungen und bedürfen folglich zu ihrer Wirksamkeit nicht des Zugangs.[49] Andere einseitige Rechtsgeschäfte wie zum Beispiel die Anfechtung nach § 119 BGB oder eine Kündigung (Gestaltungsrechte) sind empfangsbedürftig und müssen daher dem Empfänger zugehen.

3. Mehrseitige Rechtsgeschäfte

7 Unter die mehrseitigen Rechtsgeschäfte fallen der mehrseitige Vertrag und nach h. M. auch der Beschluss:[50]

8 Der **mehrseitige Vertrag** unterscheidet sich vom zweiseitigen Vertrag dadurch, dass sich mehrere Personen einigen: Verkauft A eine Sache an das Ehepaar M und F, so liegt ein dreiseitiger Vertrag vor[51]; gründen A, B, C und D eine Gesellschaft bürgerlichen Rechts (§ 705 BGB), liegt ein vierseitiger Vertrag vor.[52]

9 Der **Beschluss** setzt sich nach traditioneller, freilich umstrittener Sicht aus einer Vielzahl gleichlautender Willenserklärungen zusammen.[53] Insofern unterscheidet er sich vom Vertrag, der einander entsprechende Willenserklärungen verlangt.[54] Auch müssen nicht alle Personen gleichlautende Erklärungen abgegeben haben; es ist ggf. ausreichend, wenn die Mehrheit der Abstimmenden beschließt. Alle anderen werden an diesen Beschluss gebunden, auch wenn sie dagegen stimmen. Anzutreffen sind Beschlüsse zum Beispiel im Vereinsrecht (§ 32 I 1 BGB), bei der Gesellschafterversammlung einer Personenhandelsgesellschaft (§ 119 I HGB) oder Gesellschaft mit beschränkter Haftung (§§ 47 f. GmbHG) sowie bei der Hauptversammlung einer Aktiengesellschaft (§§ 118 f., 133 I AktG). Details dazu werden im Lern- und Fallbuch zum Gesellschaftsrecht behandelt.

II. Der zweiseitige Vertrag als klassisches Beispiel eines Rechtsgeschäfts

10 Als – gerade für Studienanfänger – besonders wichtiger Fall eines Rechtsgeschäfts wird im Folgenden ausführlich auf den Vertrag eingegangen.[55]

---

[48] *Medicus*, BGB AT, Rn. 202; zum Tatbestand der „Willenserklärung" siehe unten § 7 Rn. 4 ff.

[49] Siehe dazu unten Rn. 48 ff.

[50] *Bork*, BGB AT, Rn. 431 ff.; anders *Ernst*, FS Leenen, 2012, S. 1, 39 ff., der den Beschluss als einseitigen Rechtsakt einstuft.

[51] *Bork*, BGB AT, Rn. 434.

[52] *Bork*, BGB AT, Rn. 434.

[53] *Bork*, BGB AT, Rn. 436; a. A. mit beachtlichen Gründen *Ernst*, FS Leenen, 2012, S. 1 ff., insbes. S. 39 ff.: Beschluss als Organakt.

[54] *Medicus*, BGB AT, Rn. 205.

[55] Zur Systematisierung der Rechtsgeschäfte siehe soeben Rn. 1 ff.

1. Zustandekommen

Ein Vertrag kommt zustande durch zwei korrespondierende Willenserklärungen[56], von denen die zeitlich frühere als **Angebot**, die spätere als **Annahme** bezeichnet wird. Sprachlich leitet sich der Vertrag ab von „sich vertragen" und ist das Ergebnis einer Einigung (= Konsens) zwischen den Parteien. 11

⇨ *Fall Nr. 1 – „Vertragen" die sich?*

⇨ *Fall Nr. 2 – Schlechtes Timing*

a) Das Angebot (§§ 145, 146 BGB)

Das Gesetz bezeichnet in § 145 BGB das Angebot als Antrag, wobei dieser Begriff in der rechtswissenschaftlichen Literatur seltener verwendet wird. Definiert wird der Begriff des Angebots im Gesetz nicht, auch wenn dazu Regelungen in §§ 145, 146 BGB bestehen. Folgende Definition wird üblicherweise verwendet: Ein Angebot ist eine empfangsbedürftige Willenserklärung, durch die eine Person einer anderen den Vertragsschluss in einer Weise anträgt, dass das Zustandekommen des Vertrages nur von deren Einverständnis abhängt.[57] Eine Willenserklärung ist eine private Willensäußerung, die auf die Herbeiführung einer Rechtsfolge gerichtet ist.[58] 12

Wirksamkeitsvoraussetzung eines Angebots ist einerseits die inhaltliche Bestimmtheit, andererseits der Rechtsbindungswille. Die **inhaltliche Bestimmtheit** setzt voraus, dass zumindest die ***essentialia negotii***, also die wesentlichen Vertragsmerkmale, enthalten sein müssen.[59] Wesentliche Vertragsmerkmale sind der Vertragsgegenstand und die Vertragsparteien sowie bei entgeltlichen Verträgen die Gegenleistung.[60] Bei einem Kaufvertrag müssen also Kaufgegenstand, Kaufpreis sowie Käufer und Verkäufer aus dem Angebot ersichtlich sein. 13

aa) Invitatio ad offerendum

Abzugrenzen ist das Angebot von der *invitatio ad offerendum* (= Einladung zur Abgabe eines Angebots). Bei dieser handelt es sich nicht um eine verbindliche Willenserklärung, sondern um eine Aufforderung an andere Personen, ihrerseits ein Angebot, eine Offerte, abzugeben. Die Unterscheidung ist danach zu treffen, ob die Erklärung mit oder ohne Rechtsbindungswillen abgegeben wurde.[61] 14

Der **Rechtsbindungswille** beschreibt den Willen einer Person, sich rechtsgeschäftlich zu binden, also eine rechtliche Verpflichtung einzugehen. Ob dieser Rechtsbindungswille bei Abgabe der Erklärung und somit ein Angebot im rechtlichen Sinne vorlag, ist durch Auslegung nach dem objektiven Empfängerhorizont (§§ 133, 157 BGB) zu bestimmen. Es ist zu fragen, ob ein objektiver Empfänger bei verständiger Würdigung aller erkennbaren Umstände mit Rücksicht auf Treu und Glauben und die Verkehrssitte das Verhalten als Willenserklärung verstanden hätte (§ 7 Rn. 22). Beispiele für eine *invitatio ad offerendum* sind etwa Versandkataloge, Warenauszeichnungen im Schaufenster oder bloße Werbematerialien. 15

Die ganz herrschende Meinung nimmt bei diesen Erklärungen keinen Rechtsbindungswillen an, da ansonsten die **Gefahr einer Mehrfachverpflichtung** des Erklä- 16

---

[56] *Medicus*, BGB AT, Rn. 203; *Brox/Walker*, BGB AT, Rn. 77; *Rüthers/Stadler*, BGB AT, § 19 Rn. 1.

[57] *Köhler*, BGB AT, § 8 Rn. 9; *Bork*, BGB AT, Rn. 704.

[58] Siehe ausführlich zur Willenserklärung unten § 7.

[59] *Köhler*, BGB AT, § 8 Rn. 8; *Bork*, BGB AT, Rn. 712.

[60] *Rüthers/Stadler*, BGB AT, § 19 Rn. 3.

[61] *Bork*, BGB AT, Rn. 705; *Leipold*, BGB AT, § 14 Rn. 5.

renden bestünde. Ginge man nämlich davon aus, dass beispielsweise ein Versandkatalog schon rechtlich verbindliche Erklärungen, also Angebote, enthielte, so käme mit jeder Person, die die Annahme erklärt, ein Vertrag zustande. Ein Versandunternehmen könnte beispielsweise 1.000 Annahmeschreiben erhalten haben, die zu 1.000 Verträgen führten, obwohl von dem Artikel überhaupt nur 500 Stück vorhanden sind. Nicht erfüllte Verträge führen aber unter Umständen zu Schadensersatzverpflichtungen. Vernünftigerweise wird man dem Erklärenden in diesen Fällen deshalb einen fehlenden Rechtsbindungswillen zugestehen müssen, selbst wenn seine Erklärung sogar mit „Angebot" bezeichnet ist. Seine Erklärung soll nur Vertragsbereitschaft signalisieren und den möglichen Gegenstand sowie die sonstigen Konditionen eines möglichen Geschäfts darlegen. Eine rechtliche Bindung soll durch die Erklarung hingegen noch nicht herbeigefuhrt werden.

17 Gegen die Einordnung als verbindliches Angebot spricht weiterhin auch die Überlegung, dass dem Erklärenden die **Freiheit der Vertragspartnerwahl** genommen wäre. Jede Person könnte nämlich die Annahme erklären und so einen Vertrag zustande bringen. Dem „Anbietenden" muss aber nicht daran gelegen sein, mit jeder Person einen Vertrag zu schließen, sondern er möchte sich in der Regel seine Vertragspartner aussuchen können (Privatautonomie; Abschlussfreiheit). An dieser Auswahlmöglichkeit besteht ein vor allem wirtschaftliches Interesse, denn einen Vertragsschluss mit einer bekanntermaßen zahlungsunfähigen Person wird der Erklärende nicht wollen.

18 Ob auch das Auslegen von Waren im Selbstbedienungsladen (≠ Auslage im Schaufenster) eine *invitatio ad offerendum* oder bereits ein Angebot darstellt, ist umstritten. Teile der Literatur vertreten, dass es sich um eine *invitatio ad offerendum* handle, der Kunde also das Angebot mache, indem er die Ware an der Kasse vorweise. Das Kassenpersonal nehme dieses Angebot durch Eintippen des Kaufpreises an.[62] Mittlerweile finden sich jedoch viele Autoren, die vertreten, die Auslage stelle bereits ein verbindliches Angebot dar, das der Kunde durch Vorweisen an der Kasse annehme[63], zumindest solange der Ladeninhaber nicht ausdrücklich zu verstehen gebe, dass er sich den Vertragsschluss vorbehalte. Dies könne etwa durch den Hinweis „Abgabe nur in Haushaltsmengen" erfolgen.[64] Gegen diese Ansicht spricht jedoch, dass nicht einzusehen ist, worin der Unterschied zwischen einer Schaufensterauslage, die einhellig als *invitatio* verstanden wird (Rn. 15), und der Auslage im Supermarkt besteht. Weiterhin erscheint es inkonsequent, die Auslage von Waren allein deshalb anders zu beurteilen, weil sie mit einem Hinweis wie „Abgabe nur in Haushaltsmengen" versehen ist. Es wäre demnach möglich, dass Waren nebeneinander im Regal liegen, aber aufgrund eines solchen Hinweises nur die eine Auslage von beiden Waren als Angebot, die andere als *invitatio* zu verstehen wäre. Das überzeugt nicht.

⇨ *Fall Nr. 3 – Der Fußballer*
⇨ *Fall Nr. 4 – E-Mail-Bombardement*

bb) Offerta ad incertas personas

19 Im Gegensatz zur *invitatio ad offerendum* stellt eine *offerta ad incertas personas* (= Angebot an unbestimmte Personen) ein **verbindliches Angebot** dar. Es ist allerdings nicht an eine konkrete Person gerichtet, sondern an einen unbestimmten Per-

---

[62] MünchKomm-BGB/*Busche*, § 145 Rn. 12; *Rüthers/Stadler*, BGB AT, § 19 Rn. 5; *Köhler*, BGB AT, § 8 Rn. 11; Jauernig/*Jauernig*, § 145 Rn. 3.
[63] *Medicus*, BGB AT, Rn. 363; *Leipold*, BGB AT, § 14 Rn. 9; Palandt/*Ellenberger*, § 145 Rn. 8; Bamberger/Roth/*Eckert*, § 145 Rn. 43.
[64] *Medicus*, BGB AT, Rn. 363.

sonenkreis. Die Aufstellung eines Warenautomaten wird in der Regel als derartiges Angebot angesehen. Der Kunde erklärt die Annahme, indem er die Münze einwirft.[65] Das Angebot des Aufstellers ist aber dreifach bedingt: Zunächst durch den ausreichenden Warenbestand, weiterhin durch den Einwurf der korrekten Münzen und schließlich durch das Funktionieren des Automaten. Andere sehen im Aufstellen des Automaten nur eine *invitatio ad offerendum* und betrachten den Einwurf der Münzen als Angebot des Kunden.[66] Dies entspreche eher der Verkehrsauffassung. Problematisch erscheint dabei die weiterhin erforderliche Annahme. Sie erfolgt nämlich automatisiert ohne Bildung eines Willens durch den selbst nicht willensfähigen Automaten. Man müsste also das Aufstellen des Automaten als durch ein Angebot bedingte Annahme interpretieren, was dann aber in Wahrheit ein Angebot ist. Auch das Aufstellen einer Zapfsäule an einer Tankstelle wird von der Rechtsprechung – freilich nicht ausdrücklich – als *offerta ad incertas personas* eingestuft.[67] Dementsprechend soll der Vertrag auch bereits mit Einfüllen des Benzins in den Tank und nicht erst an der Kasse geschlossen werden.[68]

Wie vorhin erwähnt wurde, sind die Vertragsparteien Teil der *essentialia negotii.* 20
Dazu steht nicht in Widerspruch, dass die *offerta ad incertas personas* gleichwohl als verbindliches Angebot verstanden wird, obwohl sie die Vertragspartner gerade nicht eindeutig benennt. Denn die Vertragsparteien sind immerhin bestimmbar und der Erklärende kann auf die Kenntnis vom Vertragspartner verzichten, wenn ihm diese gleichgültig ist.

⇨ *Fall Nr. 5 – Heißhunger*

cc) Erlöschen des Angebots

Grundsätzlich ist man an ein einmal abgegebenes Angebot gebunden, wie § 145 21
BGB zeigt. Im Sinne der Rechtssicherheit kann diese Bindung aber nicht ewig dauern, denn der Anbietende muss, um gegebenenfalls anders zu disponieren, erkennen können, ob sein Angebot noch annahmefähig ist oder nicht. Ein Angebot erlischt nach § 146 BGB auf zwei Wegen: Entweder wird das Angebot dem Anbietenden gegenüber abgelehnt oder es erlischt infolge nicht rechtzeitiger Annahme.

Die Ablehnung des Angebots kann ausdrücklich oder konkludent erfolgen. Wei- 22
terhin werden bestimmte Annahmeerklärungen bereits vom Gesetz als Ablehnung interpretiert. So bestimmt § 150 II BGB, dass die nicht einschränkungslose Annahme als Ablehnung, verbunden mit einem neuen Angebot, verstanden wird.

Die Frist, innerhalb derer das Angebot angenommen werden kann, wird in erster 23
Linie durch den Anbietenden selbst bestimmt (§ 148 BGB). Trifft er keine Entscheidung über die Frist, so gilt § 147 BGB, welcher zwischen Erklärungen unter Anwesenden und unter Abwesenden unterscheidet. Demnach können Erklärungen unter Anwesenden nur sofort angenommen werden (§ 147 I 1 BGB); das Gleiche gilt für mittels Fernsprecher übermittelte Erklärungen (§ 147 I 2 BGB). Erklärungen unter Abwesenden hingegen können bis zu dem Zeitpunkt angenommen werden, bis zu dem mit dem Eingang der Antwort unter regelmäßigen Umständen gerechnet werden konnte (§ 147 II BGB). Der Erklärende hat bei dieser Frist den gewählten Transportweg, eine gewisse Überlegungszeit beim Empfänger und die Transportzeit

---

[65] Staudinger/*Bork* (2010), § 145 Rn. 8; *Brox/Walker*, BGB AT, Rn. 167; MünchKomm-BGB/*Busche*, § 145 Rn. 12; *Leipold*, BGB AT, § 14 Rn. 6, 64f.

[66] *Medicus*, BGB AT, Rn. 362; Bamberger/Roth/*Eckert*, § 145 Rn. 41; *Köhler*, BGB AT, § 8 Rn. 10.

[67] *BGH* NJW 2011, 2871.

[68] Zustimmend *Faust*, JuS 2011, 929, 930; *Lorenz*, LMK 2011, 319864.

für die Antwort zu berücksichtigen.[69] Wird die Annahme nach dem Ablauf der jeweiligen Fristen erklärt, so kommt kein Vertrag zustande, denn das Angebot ist infolge nicht rechtzeitiger Annahme erloschen. Allerdings gilt die verspätete Annahme gemäß § 150 I BGB als neues Angebot.

24 Eine Besonderheit stellt § 149 BGB dar. Nach dieser Vorschrift kann eine Annahmeerklärung, die dem Anbietenden zu spät zugeht, noch Folgen haben: Konnte der Anbietende nämlich die rechtzeitige Absendung erkennen und daraus schließen, dass bei regelmäßiger Beförderung die Erklärung rechtzeitig zugegangen wäre, so muss er dem Annehmenden unverzüglich die Verspätung mitteilen. Tut er dies nicht, so gilt (Fiktion!) die Annahme als nicht verspätet (§ 149 Satz 2 BGB); der Vertrag kommt also zustande.

⇨ *Fall Nr. 6 – Wie jetzt?*

b) Die Annahme

25 Die Annahme ist eine grundsätzlich empfangsbedürftige Willenserklärung, durch die das vorbehaltlose Einverständnis mit dem Angebot erklärt wird.

aa) Schweigen als Annahme

26 Grundsätzlich lässt ein **Schweigen** nicht auf einen bestimmten Rechtsbindungswillen schließen und kann daher auch **nicht als Willenserklärung** verstanden werden.[70] Schweigen bedeutet dabei, dass überhaupt keine Äußerung erfolgt, denn auch non-verbale Kommunikation – etwa durch Gesten – kann konkludent (= schlüssig) einen Rechtsfolgewillen zum Ausdruck bringen und ist daher nicht als Schweigen im rechtlichen Sinn zu klassifizieren.

27 Gleichwohl gibt es **Ausnahmen** von dem Grundsatz, dass Schweigen nicht als Willenserklärung zu verstehen ist. Zum einen können die Parteien vereinbaren, dass Schweigen auf eine Erklärung als Willenserklärung verstanden wird. Eine einseitige Ankündigung, ein Schweigen derart zu verstehen, ist allerdings nicht ausreichend. Aber auch eine Vereinbarung über die Bedeutung des Schweigens in Allgemeinen Geschäftsbedingungen (AGB) ist nur unter erhöhten Voraussetzungen möglich, wie § 308 Nr. 5 BGB zeigt. Neben der privatautonomen Vereinbarung der Parteien gibt es aber auch Fälle, in denen das Gesetz das Schweigen auf einen Antrag als Annahme versteht, so etwa in § 516 II BGB für die Schenkung oder in § 362 HGB für einen Antrag auf Geschäftsbesorgung im Rahmen einer laufenden Geschäftsbeziehung.[71] Zwar nicht als Vertragsannahme, aber immerhin als Fiktion einer Willenserklärung sind die §§ 108 II 2[72], 177 II[73], 416 I 2 BGB zu verstehen.

28 Eine weitere Ausnahme bildet das **Schweigen auf ein kaufmännisches Bestätigungsschreiben**. Es kommt häufig vor, dass ein zwischen Kaufleuten mündlich geschlossener Vertrag von der einen Partei schriftlich fixiert und der anderen Partei zugeleitet wird, um Missverständnisse zu vermeiden. Reagiert die andere Seite nicht auf dieses Schreiben, so gilt deren Schweigen als Zustimmung und der Vertrag kommt mit dem Inhalt des Schreibens zustande. Allerdings sind gewisse Voraussetzungen zu beachten: Die Parteien müssen Kaufleute im Sinne der §§ 1 ff. HGB sein; dem stehen Unternehmer gemäß § 14 BGB gleich, sofern ein kaufmännischer Umgang mit dem Schreiben zu er-

[69] Staudinger/*Bork* (2010), § 147 Rn. 10 ff.
[70] *Bork*, BGB AT, Rn. 574; *Medicus*, BGB AT, Rn. 387 ff.
[71] Zu § 362 HGB siehe *Bitter/Schumacher*, HandelsR, § 7 Rn. 5 ff.
[72] Dazu unten § 9 Rn. 64.
[73] Dazu unten § 10 Rn. 242.

warten ist. Ferner müssen zwischen den Vertragsparteien Vertragsverhandlungen stattgefunden haben und der Absender des Schreibens muss den Vertrag für bereits geschlossen halten. Letzteres muss dem Schreiben entnommen werden können. Widerspricht der Empfänger des Bestätigungsschreibens dem Inhalt nicht unverzüglich, tritt die Bindung an das Bestätigungsschreiben ein, dies allerdings nur, wenn der Bestätigende schutzwürdig ist. Die hier nur kurz erläuterte Problematik des kaufmännischen Bestätigungsschreibens wird im Lern- und Fallbuch zum Handelsrecht ausführlicher behandelt.[74]

⇨ *Fall Nr. 7 – Schweigen ist Gold*

bb) Entbehrlichkeit des Zugangs der Annahmeerklärung (§ 151 BGB)

Die Annahmeerklärung ist eine grundsätzlich empfangsbedürftige Willenserklärung. Solche Erklärungen bedürfen zu ihrer Wirksamkeit grundsätzlich des Zugangs beim Empfänger (§ 130 I BGB; s.u. Rn. 48ff.). Nach § 151 BGB bedarf es aber dann nicht des Zugangs der Annahmeerklärung, wenn dieser nach der Verkehrssitte nicht zu erwarten ist oder auf ihn ausdrücklich verzichtet wurde. Zu beachten ist, dass § 151 BGB nur den Zugang der Annahmeerklärung und **nicht** auch **die Annahme als solche entbehrlich** macht. Dies ergibt sich aus dem Sinn und Zweck der Regelung. § 151 BGB will den Vertragsschluss nur beschleunigen und nicht die diesbezüglichen Regeln ändern. Deshalb wird ein nach außen in Erscheinung tretender Annahmewille verlangt. An diesen werden aber keine allzu hohen Anforderungen gestellt. Es genügt ein schlichtes nach außen in Erscheinung tretendes Verhalten, das auf einen Annahmewillen schließen lässt.[75] 29

Eine entsprechende Verkehrssitte besteht vor allem bei unentgeltlichen Zuwendungen und bei sonstigen für den Antragsempfänger lediglich vorteilhaften Geschäften, wie zum Beispiel Bürgschaften (§ 765 BGB) oder Garantieversprechen.[76] Weiterhin ist eine solche Verkehrssitte auch im Versandhandel anzutreffen. 30

⇨ *Fall Nr. 8 – Das Ölgemälde*

cc) Annahme bei Tod des Antragenden (§ 153 BGB)

Eine Annahme ist nach § 153 BGB auch dann möglich, wenn der Anbietende nach der Abgabe, aber vor ihrem Zugang verstorben ist, es sei denn, ein anderer Wille des Erklärenden ist anzunehmen. Die Vorschrift ist im Zusammenhang mit § 130 II BGB zu sehen, der bestimmt, dass der Tod des Erklärenden für die Wirksamkeit einer Willenserklärung ohne Bedeutung ist. Sie wird daher mit Zugang wirksam, wenn der Erklärende sie noch vor seinem Tod abgegeben hat. § 153 BGB regelt dann die Frage, ob das Angebot noch annahmefähig ist, während § 130 II BGB nur die Frage der Wirksamkeit betrifft. 31

Nach einer in der Literatur vertretenen Ansicht ist für die Frage der Annahmefähigkeit der tatsächliche bzw. hypothetische Wille des Erklärenden ausschlaggebend. Dieser Wille sei durch Auslegung nach dem objektiven Empfängerhorizont (§§ 133, 157 BGB; dazu § 7 Rn. 22) zu ermitteln, wobei zu fragen sei, was der Erklärende, hätte er Kenntnis von seinem Tod gehabt, gewollt hätte.[77] In der Regel wird ein der Annah- 32

---

[74] Siehe *Bitter/Schumacher*, HandelsR, § 7 Rn. 10ff. mit Fall Nr. 21 – Pommes frites.

[75] *BGH* NJW 2004, 287, 288; Staudinger/*Bork* (2010), § 151 Rn. 15; *Medicus*, BGB AT, Rn. 382.

[76] *BGH* NJW 2000, 276, 277.

[77] *Brox/Walker*, BGB AT, Rn. 174; *Bork*, BGB AT, Rn. 735; *Rüthers/Stadler*, BGB AT, § 19 Rn. 29.

mefähigkeit entgegenstehender Wille des Erklärenden bei stark personenbezogenen Leistungen vorliegen. Andere Stimmen in der Literatur wollen dagegen auf den objektiven Sinn der Erklärung abstellen.[78] Letztere Ansicht ist wohl als Reaktion auf die ehemals vertretene Ansicht zu verstehen, welche den Willen durch Auslegung ermitteln und dabei sogar – entgegen sonstigen Grundsätzen der Auslegung – dem Erklärungsempfänger nicht bekannte Umstände berücksichtigen wollte.[79] Diese Ansicht wird aber heute nicht mehr vertreten.[80] Mit der Aufgabe der letztgenannten Ansicht dürften sich auch die Unterschiede zwischen den Ansichten erledigt haben. Der objektive Sinn einer Erklärung wird durch die erkennbaren Umstände geprägt und genau diese werden bei der Auslegung nach dem objektiven Empfängerhorizont auch berücksichtigt.

33 Viel problematischer erscheint ein ganz anderer Punkt: Nach der vorherrschenden Sichtweise soll das Angebot schon dann nicht mehr annahmefähig sein, wenn der Empfänger erkennen kann, dass der Anbietende für den Fall seines Todes den Vertragsschluss nicht wünscht, während der Empfänger nicht zugleich auch den Tod selbst kennen muss.[81] Der Tod soll also ein vom Empfänger zu tragendes Risiko sein. Auch ein – teilweise im Grundsatz für möglich gehaltener[82] – Anspruch des Empfängers analog § 122 BGB[83] auf das negative Interesse (den Schaden, den er erleidet, weil er auf die Gültigkeit der Erklärung vertraut) wird jedenfalls bei objektiv erkennbarem Personenbezug verneint.[84] Trifft der Empfänger also bei Erkennbarkeit des Personenbezugs, aber in Unkenntnis des Todes des Absenders Dispositionen, soll er die Kosten dafür selbst tragen müssen.

34 Wie in der Lösung zu Fall Nr. 9 zu zeigen sein wird, kann diese Risikoverteilung nicht überzeugen. Der Empfänger kann nicht schon dann davon ausgehen, dass die bestellte Leistung für den Absender ihren Sinn verloren hat, wenn er die Personenbezogenheit erkennt, sondern erst dann, wenn er zusätzlich weiß, dass der Absender verstorben ist. Erst dann ist nach dem maßgeblichen objektiven Empfängerhorizont[85] „ein anderer Wille" des Absenders i. S. v. § 153 BGB anzunehmen. Die Erben des Verstorbenen sind dadurch zu schützen, dass ihnen ein Anfechtungsrecht analog § 119 I BGB zuzusprechen ist, dies allerdings nur um den Preis der Schadensersatzpflicht gemäß § 122 BGB. Seine Aufwendungen erhält der Empfänger also ersetzt, wenn er den Tod nicht kannte und auch nicht kennen musste.

35 Ist kein der Annahmefähigkeit entgegenstehender Wille des Erklärenden anzunehmen – und dies ist nach hier vertretener Ansicht auch bei fehlender Kenntnis vom Tod der Fall –, muss die Annahme den Erben gegenüber erklärt werden.[86]

⇨ *Fall Nr. 9 – Bei Annahme Tod*

c) Sonderfall: Vertragsschluss im Internet am Beispiel von eBay und Amazon

36 Der Vertragsschluss bei Internetangeboten wie denen von Amazon wirft keine besonderen Fragen auf. Letztlich sind die dort verfügbaren Angebotsseiten mit einem

---

[78] MünchKomm-BGB/*Kramer*, § 153 Rn. 3; *Medicus*, BGB AT, Rn. 377; Palandt/*Ellenberger*, § 153 Rn. 2.

[79] Palandt/*Heinrichs*, 65. Aufl. 2006, § 153 Rn. 2.

[80] Siehe nunmehr Palandt/*Ellenberger*, § 153 Rn. 2.

[81] *Bork*, BGB AT, Rn. 736.

[82] *Rüthers/Stadler*, BGB AT, § 19 Rn. 29; *Köhler*, BGB AT, § 8 Rn. 19.

[83] Zur Schadensersatzpflicht aus § 122 BGB siehe unten § 7 Rn. 135 ff.

[84] *Rüthers/Stadler*, BGB AT, § 19 Rn. 29; *Bork*, BGB AT, Rn. 736; MünchKomm-BGB/*Busche*, § 153 Rn. 4; Bamberger/Roth/*Eckert*, § 153 Rn. 10; *Flume*, AT II, § 35 I 4 (S. 647).

[85] Dazu allgemein unten § 7 Rn. 22.

[86] Dazu allgemein *Wertenbruch*, BGB AT, § 8 Rn. 39; Palandt/*Ellenberger*, § 153 Rn. 1.

Versandkatalog vergleichbar. Das führt dazu, dass das Beschreiben und Ausstellen der Ware oder Dienstleistung auf der Internetseite noch nicht als verbindliches Angebot auszulegen ist, sondern als *invitatio ad offerendum*.[87] Das Angebot geht dann vom Kunden aus, wenn er den Artikel seiner Wahl bestellt. Die Annahme erfolgt durch den Betreiber der Seite, wobei zu beachten ist, dass Unternehmer, die sich eines Tele- oder Mediendienstes zum Vertragsabschluss bedienen, nach § 312g I 1 Nr. 3 BGB verpflichtet sind, dem Kunden eine Bestellbestätigung zukommen zu lassen. Diese stellt wohl in der Regel noch nicht die Annahmeerklärung dar, kann aber bei entsprechender Formulierung als eine solche nach dem objektiven Empfängerhorizont zu verstehen sein. Die meisten Anbieter weisen in ihrer Bestellbestätigung ausdrücklich darauf hin, dass es sich nicht um die Annahme des Angebots handle, sondern dass nur der Eingang der Bestellung bestätigt werde. Regelmäßig wird die Annahmeerklärung erst in der Zusendung der Ware zu sehen sein oder in der gesonderten Mitteilung, dass der Versand erfolgt ist.[88]

Handelt es sich hingegen um Internet-Versteigerungen wie beim Anbieter eBay, so 37
ist die Frage nach dem Vertragsschluss stärker umstritten. Eine Ansicht sieht in der Freischaltung der Angebotsseite (die Verwendung des Ausdrucks „Angebotsseite" sollte nicht als Hinweis darauf genommen werden, dass es sich auch im rechtlichen Sinne um ein Angebot handelt) ein verbindliches Angebot, gerichtet an denjenigen, der innerhalb der vorgegebenen Zeit das höchste Gebot abgebe[89] und damit die Annahme erkläre. Andere dagegen gehen davon aus, dass der Verkäufer eine vorweggenommene Annahme des höchsten Angebotes erkläre und der Käufer das Angebot abgebe.[90] Der Verkäufer gebe kein Angebot ab, denn die Erklärung könne nicht durch ein einfaches „Ja" angenommen werden.[91]

§ 156 BGB (Vertragsschluss bei Versteigerungen) findet nach Ansicht des Bun- 38
desgerichtshofs keine Anwendung auf Internetversteigerungen.[92] Diese Vorschrift regele eine Sonderform des Vertragsschlusses, indem der Vertrag durch Gebot und Zuschlag zustande kommt. Bei Internetversteigerungen wie auf der Plattform eBay ergehe allerdings kein Zuschlag, denn weder eBay noch der Verkäufer erteilten einen solchen. Auch ein Zuschlag durch Zeitablauf ergehe nicht, denn dieser sei eine – wenn auch nicht empfangsbedürftige[93] – Willenserklärung, die nicht durch bloßen Zeitablauf ersetzt werden könne.[94]

Hintergrund dieser Rechtsprechung dürfte sein, dass § 312d IV Nr. 5 BGB das 39
Widerrufsrecht bei Fernabsatzverträgen ausschließt, wenn es sich um eine Versteigerung nach § 156 BGB handelt. Ein Fernabsatzvertrag gemäß § 312b BGB ist ein Vertrag zwischen einem Unternehmer (§ 14 BGB) und einem Verbraucher (§ 13 BGB), der unter ausschließlicher Verwendung von Fernkommunikationsmitteln abgeschlossen wurde. Darunter fallen auch Verträge, die über das Internet

---

[87] Siehe *BGH* MDR 2013, 141 (Rn. 14) für Internetseiten zur Buchung von Flügen.

[88] In *BGH* NJW 2005, 976 wurde eine Versandbestätigung verschickt, nachdem wenige Stunden zuvor eine Bestellbestätigung auf dem E-Mailkonto des Kunden eingegangen war. Den Vertragsschluss bejahte der *BGH* in dem Moment, in dem die Versandbestätigung beim Kunden eintraf. Auf die Bestellbestätigung indes ging der *BGH* nicht ein.

[89] *BGH* NJW 2005, 53, 54; offen gelassen in BGHZ 149, 129, 133 = NJW 2002, 363, 364; *Köhler*, BGB AT, § 8 Rn. 60.

[90] Palandt/*Ellenberger*, § 156 Rn. 3; *Wolf/Neuner*, BGB AT, § 37 Rn. 7.

[91] Palandt/*Ellenberger*, § 156 Rn. 3.

[92] BGHZ 149, 129, 133 = NJW 2002, 363, 364; *BGH* NJW 2005, 53, 54.

[93] BGHZ 138, 339, 342 = NJW 1998, 2350.

[94] *BGH* NJW 2005, 53, 54.

abgeschlossen wurden. Fände also § 156 BGB Anwendung, so stünde Verbrauchern bei Internetversteigerungen kein Widerrufsrecht zu. Angesichts der Vielzahl der im Internet zwischen Unternehmern und Verbrauchern abgeschlossenen Verträge kann dies rechtspolitisch nicht erwünscht sein. Dies ist, wenn auch vielleicht unausgesprochen, der tiefere Grund für diese im Ergebnis zutreffende Rechtsprechung. Daher ist, zumindest solange die Ausnahme in § 312d IV Nr. 5 BGB besteht, daran festzuhalten, dass Internetversteigerungen nicht § 156 BGB unterfallen.

⇨ *Fall Nr. 10 – Zu früh gefreut*
⇨ *Fall Nr. 11 – 3...2...1...Meins?*

2. Wirksamwerden von Willenserklärungen

40 Bevor darauf einzugehen ist, wie Willenserklärungen wirksam werden, ist noch einmal daran zu erinnern, dass Willenserklärungen nicht immer nur auf den Abschluss von Verträgen gerichtet sein müssen, sondern auch andere Inhalte haben können. Kündigungen, Anfechtungs- oder Rücktrittserklärungen sowie Testamente sind nicht auf den Abschluss eines Vertrages gerichtet, aber gleichwohl Willenserklärungen. Die Frage der Wirksamkeit von Willenserklärungen stellt sich folglich nicht nur bei Erklärungen, die auf einen Vertragsschluss abzielen.

41 Zu unterscheiden ist hinsichtlich des Zeitpunkts des Wirksamwerdens zwischen empfangsbedürftigen und nicht empfangsbedürftigen Willenserklärungen.

a) Empfangsbedürftige Willenserklärungen

42 Empfangsbedürftige Willenserklärungen sind solche, die gegenüber einer anderen Person abzugeben sind. Sie werden wirksam mit Zugang beim Empfänger (§ 130 I 1 BGB). Die meisten Willenserklärungen sind empfangsbedürftig. Nur dort, wo keine Interessen Dritter betroffen sind, gibt es auch nicht empfangsbedürftige Willenserklärungen.

aa) Abgabe

aaa) Definition

43 Eine Willenserklärung ist abgegeben, wenn sie so in Richtung auf den Empfänger in Bewegung gesetzt ist, dass unter normalen Umständen mit ihrem Zugang zu rechnen ist.[95] Die Abgabe kann auch unter Einsatz eines Erklärungsboten erfolgen. Ein Erklärungsbote ist eine Person, die eine fremde Erklärung überbringt; ein Stellvertreter hingegen gibt eine eigene Willenserklärung ab, die für und gegen den Vertretenen wirkt (§ 164 I BGB, s. u. § 10 Rn. 20 ff.). Die Erklärung ist aber nicht bereits mit Mitteilung an den Boten abgegeben, sondern erst dann, wenn der Erklärende den Boten losschickt.[96] Erst in diesem Zeitpunkt hat der Erklärende alles getan, was seinerseits zum Wirksamwerden der Erklärung notwendig ist.

⇨ *Fall Nr. 12 – Wenn der Vater mit dem Sohne*

bbb) Scheinbare Abgabe (abhandengekommene Willenserklärung)

44 Im Zusammenhang mit der Abgabe ist die Behandlung der scheinbaren Abgabe bzw. der abhandengekommenen Willenserklärung stark umstritten. Gemeint sind damit Konstellationen, in denen die Willenserklärung ohne Wissen und Wollen des Erklärenden in den Rechtsverkehr gelangt. So kann etwa ein Brief, der eine Willenserklärung

[95] *Leipold*, BGB AT, § 12 Rn. 7.
[96] *Bork*, BGB AT, Rn. 1355; *Köhler*, BGB AT, § 6 Rn. 12.

enthält, zum Überdenken auf den Schreibtisch gelegt und anschließend von der Sekretärin abgesendet worden sein, weil sie davon ausging, er sei irrtümlich liegen geblieben.

Teile der Literatur sowie die Rechtsprechung verlangen als Voraussetzung einer wirksamen Abgabe ein willentliches Inverkehrbringen der Erklärung.[97] Daher liegt im Fall der abhandengekommenen Willenserklärung nach dieser Ansicht mangels Abgabe keine wirksame Erklärung vor. Als Beleg für diese Ansicht wird § 172 I BGB zitiert, aus dem sich die Wertung ergebe, dass der Aussteller einer Urkunde sich deren Inhalt nur dann zurechnen lassen müsse, wenn er sie einem anderen ausgehändigt habe. Als „Ausgleich" für die fehlende Wirksamkeit gewährt diese Ansicht teilweise dem Empfänger der Erklärung einen verschuldensabhängigen Schadensersatzanspruch aus §§ 280 I, 241 II, 311 II BGB (*culpa in contrahendo* = Verschulden bei Vertragsschluss).[98] Dieser Anspruch ist gerichtet auf **Ersatz des negativen Interesses** und stellt den Gläubiger so, wie er stehen würde, wenn er nicht auf die Gültigkeit der Erklärung vertraut hätte.[99] Der Gegenbegriff zum negativen Interesse ist das positive Interesse.[100] Besteht darauf ein Anspruch, so ist der Gläubiger so zu stellen, wie er stünde, hätte der Schuldner ordnungsgemäß erfüllt.[101] 45

Nach Ansicht der herrschenden Lehre ist die Erklärung indes wirksam, wenn der Erklärende es zu vertreten hat, dass die Erklärung in den Verkehr gelangt ist.[102] Habe er das Inverkehrgeraten fahrlässig (§ 276 II BGB) verursacht, so sei der Empfänger schutzwürdig und die Erklärung müsse daher wirksam sein. Der Empfänger könne regelmäßig nicht die Umstände erkennen, unter denen die Erklärung abgegeben wurde. Teilweise wird die Parallele zu Fällen des fehlenden Erklärungsbewusstseins gezogen.[103] In diesen Fällen will der Erklärende gar keine Rechtsfolge herbeiführen, verhält sich jedoch so, dass die Auslegung nach dem objektiven Empfängerhorizont (§§ 133, 157 BGB) ergibt, dass ein Rechtsbindungswille besteht (§ 7 Rn. 12ff.). Die Vergleichbarkeit mit dem Fall der abhandengekommenen Erklärung sei darin zu sehen, dass jeweils (noch) keine Rechtsfolge herbeigeführt werden soll.[104] 46

Folge der h.L. ist, dass der Erklärende sich aufgrund der Wirksamkeit der Willenserklärung von dieser nur durch Anfechtung lösen kann. Dem Anfechtungsgegner wird dann aber aus § 122 BGB[105] bzw. aus §§ 280 I, 241 II, 311 II BGB (*culpa in contrahendo*)[106] ein Anspruch auf das negative Interesse gewährt. Ist das Inver- 47

---

[97] *BGH* NJW-RR 2006, 847, 849; HK-*Dörner*, § 130 Rn. 2; *Leipold*, BGB AT, § 12 Rn. 8; *Köhler*, BGB AT, § 6 Rn. 12; *Bork*, BGB AT, Rn. 615; *Brox/Walker*, BGB AT, Rn. 147; *Wolf/Neuner*, BGB AT, § 32 Rn. 17.

[98] *Leipold*, BGB AT, § 12 Rn. 8; *Köhler*, BGB AT, § 6 Rn. 12; *Bork*, BGB AT, Rn. 615. Die Haftungsgrundlage der *culpa in contrahendo* wird in den Lehrbüchern zum Schuldrecht behandelt.

[99] BGHZ 57, 137, 139 = NJW 1972, 36.

[100] Zur Unterscheidung zwischen positivem und negativem Interesse siehe unten § 7 Rn. 135f.

[101] *BGH* NJW 1998, 2901, 2902.

[102] Palandt/*Ellenberger*, § 130 Rn. 4; MünchKomm-BGB/*Einsele*, § 130 Rn. 14; Bamberger/Roth/*Wendtland*, § 130 Rn. 6; *Rüthers/Stadler*, BGB AT, § 17 Rn. 38; *Medicus*, BGB AT, Rn. 266; *Flume*, AT II, § 23 I (S. 449f.); sowie Jauernig/*Jauernig*, § 130 Rn. 1, der zum Schutze des Empfängers sogar auf ein Vertretenmüssen verzichtet.

[103] Palandt/*Ellenberger*, § 130 Rn. 4; *Medicus*, BGB AT, Rn. 266.

[104] *Medicus*, BGB AT, Rn. 266.

[105] MünchKomm-BGB/*Einsele*, § 130 Rn. 14.

[106] *Medicus*, BGB AT, Rn. 266 i.V.m. Rn. 605ff.; Palandt/*Ellenberger*, § 130 Rn. 4: Anspruch aus § 122 BGB und §§ 280 I, 241 II, 311 II BGB.

kehrgeraten der Erklärung hingegen nicht zu vertreten (wenn etwa ein Dritter unbefugtermaßen das Schreiben in Verkehr bringt und dies nicht vorhersehbar war), so ist die Willenserklärung auch nach der h. L. nicht abgegeben.[107] Teilweise wird aber selbst dann, wenn das Inverkehrgeraten vom vermeintlich Erklärenden nicht zu vertreten ist, ein Anspruch des Empfängers analog § 122 BGB gewährt.[108] In dieser Konstellation einen verschuldensunabhängigen Anspruch wie § 122 BGB zu gewähren, erscheint jedoch als zu weitgehend.

⇨ *Fall Nr. 13 – Kater und andere Tiere*

bb) Zugang

48 Empfangsbedürftige Willenserklärungen werden wirksam, wenn sie dem Empfänger zugehen (§ 130 I 1 BGB). Zugang bedeutet, dass die Willenserklärung so in den Machtbereich des Empfängers gelangt, dass unter normalen Umständen mit einer Kenntnisnahme zu rechnen ist.[109] Zu differenzieren ist beim Zugang danach, ob es sich um eine Erklärung unter Anwesenden oder unter Abwesenden handelt.

aaa) Unter Abwesenden

49 Liegt eine Erklärung unter Abwesenden vor (eine Erklärung am Telefon ist – sofern sie nicht auf den Anrufbeantworter gesprochen wird – zwar zwischen räumlich entfernten Personen abgegeben, gleichwohl aber eine Erklärung unter Anwesenden), so wird diese mit Zugang beim Empfänger wirksam. Die Erklärung muss nur in den **Machtbereich des Empfängers** gelangen **und** es muss die **Möglichkeit der Kenntnisnahme** bestehen. Nicht notwendig ist, dass der Empfänger der Erklärung sie auch tatsächlich wahrnimmt; es kommt nur darauf an, ob unter normalen Umständen mit Kenntnisnahme gerechnet werden konnte. Deshalb geht ein Schreiben, welches beispielsweise um 23.00 Uhr nachts in den Briefkasten geworfen wird, erst am nächsten Morgen zu. Denn frühestens zu diesem Zeitpunkt ist mit Kenntnisnahme zu rechnen.

50 Wird allerdings die Erklärung tatsächlich wahrgenommen, bevor nach den normalerweise zu erwartenden Umständen dazu die Möglichkeit bestand, geht die Erklärung bereits mit Kenntnisnahme zu.[110] Die Definition des Zugangs ist also ein Kompromiss: der Absender der Erklärung trägt das Transportrisiko, denn solange die Erklärung nicht in den Machtbereich des Empfängers gelangt, wird sie unter keinen Umständen wirksam. Ist sie aber in den Machtbereich gelangt, so obliegt es dem Empfänger, von der Erklärung Kenntnis zu nehmen. Dass er von der Erklärung möglicherweise keine Kenntnis erlangt – etwa weil er nicht regelmäßig in seinen Briefkasten schaut –, ist sein Risiko.[111]

51 Die Machtbereiche lassen sich nach dem sachlichen und dem persönlichen Herrschaftsbereich aufgliedern. Der **sachliche Machtbereich** umfasst etwa den Briefkasten, das E-Mailkonto und den Anrufbeantworter. Die Erklärung geht also dann zu, wenn sie dort eingeht und der Empfänger die Möglichkeit der Kenntnisnahme hat.

---

[107] MünchKomm-BGB/*Einsele*, § 130 Rn. 14.

[108] *Rüthers/Stadler*, BGB AT, § 17 Rn. 38; a. A. MünchKomm-BGB/*Einsele*, § 130 Rn. 14; zur Schadensersatzpflicht aus § 122 BGB siehe unten § 7 Rn. 135 ff.

[109] *BGH* NJW 1980, 990; NJW 2004, 1320; kritisch zum Element der „gewöhnlichen" Kenntnisnahme jetzt *Leipold*, FS Medicus, S. 251, 261 ff.

[110] *Medicus*, BGB AT, Rn. 276; MünchKomm-BGB/*Einsele*, § 130 Rn. 16; *Leipold*, BGB AT, § 12 Rn. 13.

[111] *Bork*, BGB AT, Rn. 619.

Interessanter ist der **persönliche Machtbereich**. Dazu wird zum einen der Empfänger selbst gerechnet, zum anderen Personen, die seinem Herrschaftsbereich zuzurechnen sind. Diese Personen können als Empfangsvertreter (§ 164 III BGB) oder als Empfangsboten (das Gegenstück zum Erklärungsboten) auftreten. Die Unterscheidung zwischen einem Empfangsvertreter und einem Empfangsboten ist insofern schwierig, als das herkömmliche Unterscheidungsmerkmal – der Stellvertreter gibt eine eigene Willenserklärung ab, der Bote übermittelt eine fremde (§ 10 Rn. 20ff.) – beim Empfang von Willenserklärungen untauglich ist. Vorgeschlagen wird, von einem Empfangs*vertreter* auszugehen, wenn „im Verhältnis zum Geschäftsherrn eine gewisse Selbstständigkeit für einen bestimmten Bereich mit eigener Verantwortung und Entscheidungsgewalt besteht".[112] Empfangs*bote* einer Person ist, wer von ihr zum Empfang von Erklärungen ermächtigt wurde. Gleichwohl kann sich auch ohne besondere Ermächtigung durch Auslegung ergeben, dass die Person zum Empfang von Erklärungen ermächtigt und somit Empfangsbote ist. Maßgeblich ist dabei die Verkehrsanschauung. Nach dieser sind solche Personen als Empfangsboten anzusehen, die etwa mit dem Adressaten in Hausgemeinschaft leben, dessen Ehegatten oder Eltern sind.[113] Zu berücksichtigen sind die Schwierigkeit der Erklärung, das Alter der Hilfsperson und ihre soziale Stellung. So ist etwa der zufällig im Haus arbeitende Handwerker kein geeigneter Empfangsbote. 52

Ganz unbedeutend ist die Unterscheidung zwischen Empfangsbote und -vertreter nicht, denn sie bestimmt, wann eine Erklärung beim Empfänger als zugegangen gilt. Eine Erklärung gegenüber einem Empfangsvertreter geht dem Hintermann in dem Moment zu, in dem sie dem Vertreter zugeht.[114] Die Erklärung, welche gegenüber einem Empfangsboten erklärt wird, geht dagegen erst dann zu, wenn unter normalen Umständen mit der Weiterleitung zu rechnen war.[115] Auch hier ist wieder zu beachten, dass der Adressat die Erklärung nicht tatsächlich wahrnehmen muss. Es reicht, dass die Erklärung in seinen persönlichen Machtbereich gelangt ist. Dass Erklärungen tatsächlich nicht zu seiner Kenntnis gelangen, stellt ein vom Empfänger zu tragendes Risiko dar. 53

bbb) Unter Anwesenden

Wann empfangsbedürftige Willenserklärungen *unter Anwesenden* wirksam werden, ist im Gesetz nicht geregelt. Wird einem Anwesenden ein **Schriftstück** überreicht, so kann allerdings davon ausgegangen werden, dass dieses mit Zugang (der mit der Abgabe zusammenfällt, denn ab diesem Zeitpunkt besteht die Möglichkeit zur Kenntnisnahme) wirksam wird.[116] 54

Umstritten ist jedoch die Frage, wann eine **mündliche Erklärung** unter Anwesenden wirksam wird. Teilweise wird nur auf den Empfänger der Erklärung abgestellt und die Erklärung dann als wirksam behandelt, wenn er sie akustisch vernommen hat (reine Vernehmungstheorie).[117] Begründet wird dies damit, dass sich der Erklärende vergewissern könne, ob die Erklärung verstanden wurde oder nicht. Dagegen wendet sich allerdings die wohl herrschende Lehre, die davon ausgeht, dass die Erklärung schon dann wirksam ist, wenn der Erklärende keinen vernünftigen Zweifel 55

---

[112] MünchKomm-BGB/*Schramm*, § 164 Rn. 134.
[113] Siehe *BAG* NJW 2011, 2604 = JuS 2012, 68 (*Faust*) zur Empfangsbotenschaft eines Ehegatten.
[114] *BGH* NJW 2002, 1041, 1042.
[115] *BGH* NJW 2002, 1565, 1567; *Leipold*, BGB AT, § 12 Rn. 14.
[116] *Brox/Walker*, BGB AT, Rn. 155.
[117] *BGH* WM 1989, 650, 652.

daran haben konnte, dass die Erklärung vernommen wurde (eingeschränkte Vernehmungstheorie).[118] Letztere Ansicht erscheint vorzugswürdig, da ansonsten das Risiko, dass die Erklärung tatsächlich nicht verstanden wurde, allein dem Erklärenden auferlegt wird. Die reine Vernehmungstheorie widerspricht der Auffassung vom Zugang nach § 130 I BGB, denn nach diesem kommt es auch nicht auf die tatsächliche Kenntnisnahme an.[119]

ccc) Zugangshindernisse

56 Der Zugang einer Erklärung kann durch vielerlei Ereignisse behindert werden. Gelangt die Willenserklärung nicht in den Machtbereich des Empfängers, so ist grundsätzlich davon auszugehen, dass der Zugang nicht erfolgte. Bei diesem Grundsatz bleibt es auch dann, wenn der Empfänger der Erklärung berechtigterweise – also mit vernünftigen Gründen – die **Entgegennahme verweigert**, etwa weil der Brief nicht ausreichend frankiert ist und ein Strafporto vom Adressaten gezahlt werden soll.[120] In diesen Fällen ist es gerechtfertigt, den Zugang zu verneinen, denn letztlich handelt es sich um einen Umstand, den der Erklärende beherrschen kann.

57 Denkbar ist, dass die Verhinderung des Zugangs nicht bewusst geschieht, sondern auf eine **fehlende oder fehlerhafte Empfangsvorrichtung** zurückzuführen ist. Beispiele könnten ein fehlender Briefkasten oder ein überfülltes und infolgedessen keine weiteren Nachrichten akzeptierendes E-Mailkonto sein. In diesen Fällen liegt der Grund für den nicht erfolgten Zugang jeweils in der Sphäre des Empfängers. Es bleibt dabei, dass die Erklärung in diesen Fällen nicht zugegangen ist. Grundsätzlich hat nach der Rechtsprechung ein zweiter Versuch der Zustellung zu erfolgen[121], was auch für den Erklärenden sinnvoll ist, weil er sich so überlegen kann, ob er an der Erklärung festhalten will. Gelingt der Zugang beim zweiten Zustellungsversuch, ist jedoch inzwischen eine vom Erklärenden einzuhaltende Frist (z. B. eine Kündigungsfrist) verstrichen, so wird gemäß § 242 BGB der Zugang als rechtzeitig fingiert.[122] In der Regel wird damit der Zeitpunkt des Zugangs der Erklärung auf den des ersten Zustellungsversuches vorverlegt. Misslingt auch der zweite Zustellungsversuch aus Gründen, die in der Sphäre des Empfängers liegen, so wird teilweise vertreten, dass der Zugang selbst fingiert wird: Die Erklärung soll danach als in dem Moment zugegangen gelten, in dem sie ohne das Zugangshindernis zugegangen wäre.[123]

58 Der angesprochene zweite Zustellungsversuch ist jedoch dann entbehrlich, wenn der Empfänger den **Zugang** bewusst oder **arglistig vereitelt** hat.[124] Die Erklärung gilt als in dem Zeitpunkt zugegangen, in dem sie ohne die Verweigerung zugegangen wäre.[125] Solche Fälle der arglistigen oder bewussten Zugangsvereitelung sind vor allem im Arbeitsrecht gut vorstellbar: Der Arbeitnehmer verweigert in Erwartung einer Kündigung die Entgegennahme eines Schreibens seines Arbeitgebers.

⇨ *Fall Nr. 14 – Netter Versuch*
⇨ *Fall Nr. 15 – Silvesterknaller*

---

[118] MünchKomm-BGB/*Einsele*, § 130 Rn. 28; *Bork*, BGB AT, Rn. 631; *Medicus*, BGB AT, Rn. 289.
[119] *Brox/Walker*, BGB AT, Rn. 156.
[120] *Rüthers/Stadler*, BGB AT, § 17 Rn. 57.
[121] BGHZ 137, 205, 209 = NJW 1998, 976, 977.
[122] *Bork*, BGB AT, Rn. 637.
[123] *Brox/Walker*, BGB AT, Rn. 157.
[124] BGHZ 137, 205, 209 f. = NJW 1998, 976, 977.
[125] *Brox/Walker*, BGB AT, Rn. 157.

b) Nicht empfangsbedürftige Willenserklärungen

Im Unterschied zu empfangsbedürftigen müssen nicht empfangsbedürftige Willenserklärungen dem Empfänger nicht zugehen, um wirksam zu werden. Es reicht für ihre Wirksamkeit vielmehr aus, dass sie abgegeben wurden, was wiederum bedeutet, dass ihre Rechtsfolgen unabhängig davon eintreten, ob eine andere Person die Erklärung vernommen hat. Nicht empfangsbedürftige Willenserklärungen sind selten, werden aber dann verwendet, wenn keine schutzwürdigen Interessen Dritter von der Willenserklärung betroffen sind. Als Beispiele sind das Testament (§§ 2229 ff. BGB), die Auslobung (§ 657 BGB) sowie die Dereliktion (§ 959 BGB; s. u. Rn. 83) zu nennen. Die nicht empfangsbedürftigen Willenserklärungen stellen indes die Ausnahme dar, da in der Regel Rechtsfolgen gegenüber bestimmten Personen angestrebt sind und diese in die Lage versetzt werden sollen, sich mit der Erklärung auseinander zu setzen. Dazu bedarf es des Zugangs. Natürlich zeitigt auch das Testament Rechtsfolgen gegenüber bestimmten Personen. Diese sind jedoch nicht schutzwürdig, da kein Anspruch auf Erbeinsetzung besteht. Der Erblasser ist – abgesehen vom Pflichtteilsrecht (§§ 2303 ff. BGB) – frei in seiner Entscheidung darüber, wer sein Rechtsnachfolger wird. 59

⇨ *Fall Nr. 16 – Der ehrliche Finder*

3. Widerruf von Willenserklärungen

Nach Abgabe einer Willenserklärung kann eine Person diese bereuen. Daraus ergibt sich die Frage, ob die Person verhindern kann, dass diese Erklärungen wirksam werden. § 130 I 2 BGB hält hierfür die Antwort bereit. Ist dem Empfänger eine Willenserklärung einmal zugegangen, so kann sie nicht mehr widerrufen werden. Dieser Grundsatz ist in § 145 BGB noch einmal für ein abgegebenes Vertragsangebot bekräftigt.[126] Für den Empfänger eines Vertragsangebots ist diese Situation komfortabel: Er kann sich in Ruhe überlegen, ob er das Angebot annehmen will, während der Erklärende sein Angebot nicht widerrufen kann. 60

a) Vorheriger oder gleichzeitiger Widerruf (§ 130 I 2 BGB)

Um das Wirksamwerden einer Willenserklärung zu verhindern, bedarf es eines dem Empfänger vorher oder gleichzeitig zugehenden Widerrufs (§ 130 I 2 BGB). Wie auch sonst beim Zugang kommt es nicht auf die tatsächliche Kenntnisnahme an, sondern es reicht, dass der Widerruf in den Machtbereich des Empfängers gelangt ist und unter normalen Umständen mit Kenntnisnahme zu rechnen war. Erfährt der Empfänger vom vorher zugegangenen Widerruf also erst, nachdem er beispielsweise das später zugegangene Angebot zur Kenntnis genommen hat, so kann das Angebot nicht angenommen werden, da es infolge des Widerrufs nicht wirksam wurde. Voraussetzung ist aber, dass der Widerruf spätestens mit der Willenserklärung zusammen zugeht. Ein verspätet zugehender Widerruf ist folglich bedeutungslos. Der Widerruf kann formlos erfolgen, selbst wenn die Willenserklärung an sich formbedürftig war, und muss auch nicht in der Form der Erklärung ergehen.[127] 61

Beispiel: A sendet B per Brief eine Bürgschaftserklärung, welche die nach § 766 BGB erforderliche Form wahrt; bevor der Brief bei B in den Briefkasten geworfen wird, widerruft A bei B telefonisch seine Willenserklärung. 62

---

[126] Hintergrund dieser Regelung ist, dass im früheren Gemeinen Recht das Vertragsangebot bis zur Annahme frei widerruflich war, vgl. *Bork*, BGB AT, Rn. 724. Dies ist heute noch so im internationalen UN-Kaufrecht (vgl. dazu *Bitter/Schumacher*, HandelsR, § 10 Rn. 41).

[127] *Medicus*, BGB AT, Rn. 299.

b) Verspätet zugehender Widerruf, aber gleichzeitige oder vorherige Kenntnisnahme

63 Problematisch ist die Konstellation, in der dem Empfänger der Widerruf später als die Willenserklärung zugeht, der Empfänger aber zuerst tatsächliche Kenntnis vom Widerruf erlangt. Eine Mindermeinung in der Literatur vertritt die Ansicht, dass der Grund für die Unwiderruflichkeit einer zugegangenen Erklärung im Vertrauensschutz des Empfängers liege. Wo sich allerdings ein solches Vertrauen mangels Kenntnis nicht habe bilden können, sei dem Erklärenden nicht die Widerrufsmöglichkeit zu versagen.[128] Die herrschende Meinung hält dagegen zu Recht daran fest, dass auf den Zugang und nicht auf die Kenntnisnahme als solche abzustellen ist.[129] Schon allein die Chance, über einen zugegangenen Antrag zu entscheiden, ist zum Vermögen des Empfängers zu rechnen.[130] Weiterhin ist kein Grund ersichtlich, warum abweichend von den sonstigen Regeln zum Zugang die tatsächliche Kenntnisnahme ausschlaggebend sein soll. Dadurch wird der Erklärende in nicht nachvollziehbarer Weise privilegiert.

⇨ *Fall Nr. 17 – Riesling-Rangeleien*

4. Probleme beim Vertragsschluss

64 Probleme können beim Vertragsschluss in den unterschiedlichsten Variationen auftreten.

a) Vertrag durch sozialtypisches Verhalten

65 Eines dieser Probleme wurde im berühmten Hamburger Parkplatzfall[131] virulent. Eine Frau war auf einen Parkplatz gefahren und hatte den anwesenden Ordnern erklärt, dass sie die Bewachung ihres Fahrzeuges und die Bezahlung eines Entgelts ablehne. Die Klägerin (die Betreiberin des Parkplatzes) verlangte von der Beklagten Zahlung von 25 DM aus ungerechtfertigter Bereicherung (§§ 812 ff. BGB). Der Anspruch aus ungerechtfertigter Bereicherung setzt voraus, dass kein Rechtsgrund – zum Beispiel ein Vertrag zwischen den Parteien – vorlag. In seiner Entscheidung nahm der *BGH* allerdings einen Vertragsschluss an. Dieser Vertrag war nach Ansicht des *BGH* nicht durch eine rechtsgeschäftliche Einigung zwischen den Parteien zustande gekommen; vielmehr sollte durch „sozialtypisches Verhalten" ein **„faktisches Vertragsverhältnis"** entstanden sein.

66 Diese zusätzliche Möglichkeit eines Vertragsschlusses war in den Jahren zuvor in der rechtswissenschaftlichen Literatur entwickelt worden und zwar vor dem Hintergrund, dass der sonst übliche Vertragsschluss durch Angebot und Annahme im modernen Massenverkehr gekünstelt, eine Illusion sei und nicht der Realität entspreche, weswegen eine andere Art des Vertragsschlusses zu suchen sei. Der Vertrag sollte schlicht durch die Inanspruchnahme einer angebotenen Leistung zustande kommen, durch sozialtypisches Verhalten. Demnach sollte etwa auch der Vertrag bei einer Bahnfahrt nicht durch ein Angebot des Betreibers und die Annahme des Fahrgastes geschlossen werden, sondern durch das Einsteigen und Benutzen der Bahn. Diese Rechtsprechung wurde heftig kritisiert, da sie mit den Grundprinzipien

---

[128] *Rüthers/Stadler*, BGB AT, § 17 Rn. 65.

[129] *BGH* NJW 1975, 382, 384; MünchKomm-BGB/*Einsele*, § 130 Rn. 40; Palandt/*Ellenberger*, § 130 Rn. 11; *Bork*, BGB AT, Rn. 649; *Medicus*, BGB AT, Rn. 300; *Wertenbruch*, BGB AT, § 8 Rn. 20.

[130] *Medicus*, BGB AT, Rn. 300.

[131] BGHZ 21, 319 = NJW 1956, 1475.

der Privatautonomie nicht vereinbar sei, nach denen eine Person ihre Rechtsgeschäfte durch ihren Willen regeln soll. Weiterhin sei das Verständnis dieser Ansicht vom Vertragsschluss mit dem BGB unvereinbar.

Der Lehre vom Vertragsschluss durch sozialtypisches Verhalten bedarf es nicht 67 und sie wird auch heute nicht mehr vertreten. Es lässt sich nämlich mit allgemeinen Auslegungsmethoden (§§ 133, 157 BGB) und § 242 BGB ein Vertragsschluss bejahen. Im Hamburger Parkplatzfall wäre der Beklagten die Berufung auf ihre Aussage, sie möchte keinen Vertrag schließen, mit Hinweis auf den aus Treu und Glauben (§ 242 BGB) folgenden Grundsatz ***protestatio facto contraria*** (= Verbot widersprüchlichen Verhaltens) zu verwehren. Die Auslegung ihres tatsächlichen Verhaltens nach dem objektiven Empfängerhorizont (§§ 133, 157 BGB) fördert nämlich einen Rechtsbindungs*willen* zutage und steht im Widerspruch zu ihrer ausdrücklichen Aussage. Eine rechtsgeschäftliche Einigung durch Angebot und Annahme ist in diesem Fall möglich: Das Angebot an jedermann ist in der Bereitstellung der Parkmöglichkeit zu sehen; die konkludente Annahme ist dem Verhalten durch Auslegung zu entnehmen. Hierbei wird auch der Unterschied zwischen der Lehre vom Vertragsschluss durch sozialtypisches Verhalten und der heutigen Sichtweise augenfällig. Die Lehre vom sozialtypischen Verhalten verzichtete vollkommen auf die Ermittlung eines Willens, während die heutige Lehre in Übereinstimmung mit den Grundsätzen der Privatautonomie diesen zum maßgeblichen Kriterium macht, auch wenn dieser Wille eventuell erst durch Auslegung des Verhaltens zu ermitteln ist. Auch andere, von der Idee der Lehre vom Vertragsschluss durch sozialtypisches Verhalten umfasste Fälle lassen sich in die Kategorien von Angebot und Annahme einordnen. So kann das Bereitstellen einer (Straßen-)Bahn als konkludentes Vertragsangebot gewertet werden, welches der Fahrgast wiederum konkludent durch das Besteigen der Bahn annimmt.

⇨ *Fall Nr. 18 – Hamburger Parkplatzfall*

b) Falsa demonstratio non nocet

Probleme zeigen sich auch dann, wenn die Parteien sich vertraglich einigen, aber 68 bewusst oder unbewusst Vertragsgegenstände falsch bezeichnen. In diesen Fällen kommt in der Regel der Grundsatz *falsa demonstratio non nocet* (= falsche Bezeichnung schadet nicht) zum Tragen.[132] Demgemäß **gilt das von den Parteien übereinstimmend Gewollte** und nicht das tatsächlich Erklärte. Zu unterscheiden sind allerdings zwei Konstellationen: die Falschbezeichnung bei formfreien und formbedürftigen Rechtsgeschäften.

aa) Formfreie Rechtsgeschäfte

Die formfreien Geschäfte bereiten keine besonderen Probleme. Bezeichnen die 69 Parteien hier Vertragsgegenstände oder gar den Vertragstyp falsch, können die Ergebnisse mit dem Grundsatz der *falsa demonstratio* korrigiert werden. Der berühmteste Fall in diesem Zusammenhang ist der vom Reichsgericht entschiedene **„Haakjöringsköd"-Fall.**[133] Dort wollte ein Käufer Walfleisch kaufen und vereinbarte mit dem Verkäufer die Lieferung von „Haakjöringsköd". Allerdings bedeutet das norwegische Wort „Haakjöringsköd" nicht Walfleisch, wie beide Parteien meinten, sondern „Haifischfleisch". Nach der *falsa-demonstratio*-Regel war die falsche Bezeichnung unerheblich und der Vertrag deshalb nicht, wie ausdrücklich erklärt, über

---

[132] Dazu *Medicus*, BGB AT, Rn. 327; *Brox/Walker*, BGB AT, Rn. 133; *Bork*, BGB AT, Rn. 518 ff.; *Wolf/Neuner*, BGB AT, § 27 Rn. 27 f.

[133] RGZ 99, 147.

„Haifischfleisch“ geschlossen worden, sondern über „Walfleisch“. Sinn und Zweck dieser Regel ist es, die Parteien nicht an einem Vertragsinhalt festzuhalten, den keiner von beiden wollte.[134] Der übereinstimmende Wille soll sich auch gegen eine anderslautende Bezeichnung durchsetzen. Dies unterstreicht wieder einmal die Privatautonomie, die den Willen der Personen als das maßgebliche Kriterium versteht und dem auf diese Weise Geltung verschafft wird.

70 Ein weiteres **Beispiel:** A leiht beim Fahrradverleih von B ein Fahrrad zum Preis von € 20 pro Tag. Beide Parteien unterzeichnen ein mit „Leihvertrag“ überschriebenes Schriftstück. Allerdings ist die im BGB geregelte Leihe nach § 598 BGB unentgeltlich. Die Parteien gingen aber übereinstimmend davon aus, dass die Überlassung auf Zeit nur gegen Entgelt gewollt war. Der *falsa-demonstratio*-Grundsatz führt hier also dazu, dass der Vertrag trotz der Bezeichnung „Leihvertrag“ tatsächlich ein Mietvertrag nach § 535 BGB ist, denn dieser hat die entgeltliche Überlassung einer Sache auf Zeit zum Gegenstand. Bei nicht formbedürftigen Rechtsgeschäften gilt dieser Grundsatz auch bei absichtlicher Falschbezeichnung.[135] So können die Parteien etwa einen Kaufvertrag über die „Rakete“ schließen, wenn dies zwischen den Parteien die scherzhafte Bezeichnung für das Fahrrad der einen Partei ist. Der Vertrag kommt dann über das Fahrrad und nicht über eine Rakete zustande.

71 Im Verhältnis zwischen dem Grundsatz *falsa demonstratio non nocet* und der Auslegung nach dem objektiven Empfängerhorizont gemäß §§ 133, 157 BGB (s. dazu unten § 7 Rn. 22 ff.) gilt das Folgende: Es besteht kein Bedarf, eine Erklärung nach dem objektiven Empfängerhorizont auszulegen, wenn der Empfänger sie so verstanden hat, wie der Erklärende sie gemeint hat. Die Auslegung nach dem objektiven Empfängerhorizont ist nämlich für den Empfänger von Vorteil, da – wenn auch objektiviert – seine Sicht der Dinge maßgeblich ist. Sie fragt, wie die Erklärung von einem verständigen Dritten nach Treu und Glauben mit Rücksicht auf die Verkehrssitte unter Berücksichtigung aller bekannten Umstände verstanden worden wäre. Für diese Frage besteht aber erst dann Bedarf, wenn der Empfänger die Erklärung nicht im gewollten Sinne verstanden hat.[136] Liegt also ein übereinstimmender Parteiwille vor, muss nicht ausgelegt werden.

⇨ *Fall Nr. 19 – Haakjöringsköd*

bb) Formgebundene Rechtsgeschäfte

72 Kommt es bei formgebundenen Rechtsgeschäften (z. B. Grundstückskaufvertrag nach § 311b BGB; Bürgschaftserklärung nach § 766 BGB oder Testament nach § 2247 BGB) zu einer irrtümlichen oder gar einer bewussten Falschbezeichnung, so kommt der Grundsatz *falsa demonstratio non nocet* in Konflikt mit dem Formgebot. Wo liegt der Sinn des Formgebots, wenn der Vertragsinhalt durch besagten Grundsatz verändert werden kann?

73 Grundsätzlich ist festzuhalten, dass die *falsa-demonstratio*-Regel gilt, wenn der jeweilige **Sinn und Zweck der Formvorschrift** nicht entgegenstehen. So hat die Schriftform der Bürgschaft (§ 766 BGB) etwa den Sinn, dem Bürgen die Tragweite seines Handelns klarzumachen (Übereilungsschutz) und Streitigkeiten in einem späteren Prozess schneller erledigen zu können (Beweisfunktion). Auch die Formbedürftigkeit des Grundstückskaufvertrages (§ 311b BGB) soll vor Übereilung schützen, Beweiszwecken dienen und darüber hinaus eine Beratung durch den Notar absichern. Das Formgebot beim Testament schließlich soll eine Zuordnung des Inhalts zum Erblasser ermöglichen und ebenfalls vor Übereilung schützen. Wenn in

[134] *Medicus*, BGB AT, Rn. 327; *Bork*, BGB AT, Rn. 519.
[135] *Bork*, BGB AT, Rn. 519.
[136] *Bork*, BGB AT, Rn. 518.

diesen Fällen eine **irrtümliche Falschbezeichnung** gewählt wird, so wird in der Regel nur die Beweiskraft beeinträchtigt, hingegen werden die sonstigen Zwecke, insbesondere der Schutz vor Übereilung, in der Regel erfüllt. Eine Beeinträchtigung der Beweiskraft ist aber grundsätzlich hinzunehmen, wenn dadurch dem übereinstimmenden Willen der Parteien zur Geltung verholfen werden kann.

Anders stellt sich die Situation dar, wenn durch eine **bewusste übereinstimmende Fehlbezeichnung** Interessen Dritter betroffen sind. Ein Beispiel hierfür ist etwa der „Schwarzkauf" eines Grundstücks. Die Parteien lassen vor dem Notar einen niedrigeren Kaufpreis beurkunden als zwischen ihnen tatsächlich vereinbart wurde. Gewählt wird diese Vorgehensweise, um Notargebühren und Grunderwerbssteuer zu sparen. Bei einem solchen Scheingeschäft i.S.v. § 117 BGB (dazu § 7 Rn. 43ff.) würde die Anwendung des Grundsatzes *falsa demonstratio non nocet* zu nicht hinnehmbaren Ergebnissen führen; er gilt daher nicht. 74

Wird allerdings in einem Testament beispielsweise bewusst eine falsche Bezeichnung gewählt – in einem Vermächtnis wird dem Bedachten „die Bibliothek" zugewandt, was die Bezeichnung sowohl des Erblassers als auch des Bedachten für den Weinkeller des Erblassers war –, so sind keine schutzwürdigen Interessen Dritter betroffen. Was mit dem Nachlass geschieht, ist Sache des Erblassers. Folglich setzt sich der Grundsatz *falsa demonstratio* durch. 75

⇨ *Fall Nr. 20 – Der kleine Unterschied und Fall Nr. 36 – Steuersparversuch*[137]

c) Dissens (§§ 154, 155 BGB)

Ein Vertragsschluss setzt grundsätzlich voraus, dass eine Einigung (= Konsens) über die wesentlichen Vertragsmerkmale, die *essentialia negotii*, erzielt wurde. Diese Einigung kann sich auch erst im Wege der Auslegung nach dem objektiven Empfängerhorizont (§§ 133, 157 BGB) ergeben. Lässt sich aber selbst durch Auslegung keine Einigung über die *essentialia negotii* erkennen, so kommt schon nach allgemeinen Regeln ein Vertrag nicht zustande. Die §§ 154, 155 BGB sind dann nicht anwendbar. Vielmehr betreffen diese Vorschriften nur solche Fälle, in denen – ggf. auch durch Auslegung – **keine Einigung über die** *accidentalia negotii,* also die Nebenpunkte eines Vertrages, gefunden werden kann. Bezeichnet werden diese Fälle als Dissens. § 154 BGB regelt den Fall, dass den Parteien die fehlende Einigung über einen Nebenpunkt – bei ansonsten bestehender Einigung über die *essentialia negotii* – bewusst ist, was auch als „offener Dissens" bezeichnet wird. Als „versteckter Dissens" wird dagegen die in § 155 BGB geregelte Konstellation bezeichnet, in der den Parteien die fehlende Einigung nicht bewusst ist, sie also irrtümlich von einer solchen ausgehen. 76

aa) Offener Dissens (§ 154 BGB)

§ 154 I 1 BGB bestimmt, dass bei einer den Parteien bewussten, nicht erzielten Einigung über einen Nebenpunkt der Vertrag im Zweifel nicht geschlossen ist. Allerdings kann sich durch Auslegung des Parteiverhaltens ergeben, dass die Parteien den Vertrag bereits als wirksam behandelt wissen wollen. Ein Indiz dafür ist insbesondere in der Erfüllung der jeweiligen vertraglichen Verpflichtungen zu sehen. Liefert ein Maschinenhersteller eine Maschine, obwohl bekanntermaßen noch keine Einigung über die Garantie erzielt wurde, und bezahlt der Empfänger, so ist entgegen der Zweifelsregelung davon auszugehen, dass der Vertrag von den Parteien be- 77

[137] Dazu unten § 7 Rn. 49.

reits als rechtlich verbindlich angesehen wird.[138] Die Parteien hätten den Leistungsaustausch nämlich nicht vorgenommen, wenn sie nicht von der Wirksamkeit des Vertrages ausgegangen wären.

⇨ *Fall Nr. 21 – Mietertraum*

bb) Versteckter Dissens (§ 155 BGB)

78 Wie beim offenen Dissens liegt auch beim versteckten Dissens eine fehlende Einigung über *accidentalia negotii* vor. Allerdings bleibt den Parteien verborgen, dass tatsächlich keine Einigung erzielt wurde; sie glauben dies irrtümlich. Die Rechtsfolge, welche § 155 BGB vorsieht, ist etwas missverständlich formuliert. Auch in dieser Vorschrift wird davon ausgegangen, dass der Vertrag nicht geschlossen wurde. Etwas anderes soll nur dann gelten, wenn anzunehmen ist, dass der Vertrag auch ohne eine Bestimmung über diesen Punkt geschlossen sein würde. Zu fragen ist, ob die Parteien sich bereits für gebunden gehalten hätten, wäre ihnen der Dissens bei Vertragsschluss bekannt gewesen. Um diese Frage zu beantworten, ist wiederum das Verhalten der Parteien auszulegen und insbesondere die Bedeutung des Punktes, über den keine Einigung erzielt wurde, zu berücksichtigen.

⇨ *Fall Nr. 22 – Ortsübliche Streitigkeiten*

5. Das Trennungs- und das Abstraktionsprinzip und deren Wirkweise

a) Trennungsprinzip

79 „Kauft" eine Person eine Sache, so geht der Laie in der Regel davon aus, dass die Sache jetzt dieser Person gehöre. Meistens handelt es sich um einen einheitlichen Vorgang, bei dem diese Sichtweise durchaus nachvollziehbar erscheint. Rechtlich werden jedoch beim Abschluss eines Kaufvertrages und dessen Erfüllung mehrere Geschäfte abgeschlossen. Genau dies besagt das Trennungsprinzip: Es ist zwischen **Verpflichtungs- und Verfügungsgeschäften zu trennen**.[139] Um die Tragweite dieser Unterscheidung zu verstehen, müssen die Begrifflichkeiten geklärt werden.

aa) Verpflichtungsgeschäft

80 Als Verpflichtungsgeschäft wird ein mehrseitiges Rechtsgeschäft bezeichnet, durch das mindestens eine Seite einen Anspruch, die andere Seite eine entsprechende Pflicht auferlegt bekommt, den Anspruch zu erfüllen.[140] Der Begriff des „Anspruchs" ist in § 194 BGB legal definiert und bezeichnet das Recht, von einem anderen ein Tun oder Unterlassen verlangen zu können (siehe auch § 3 Rn. 5, 32). So begründet der Kaufvertrag – ein typisches Verpflichtungsgeschäft – für den Verkäufer die Pflicht, die Kaufsache an den Käufer zu übereignen (§ 433 I 1 BGB), während der Käufer verpflichtet wird, den Kaufpreis zu zahlen (§ 433 II BGB).

81 Ein Verpflichtungsgeschäft ist zugleich ein Schuldverhältnis im Sinne des § 241 BGB. Aus der Verwendung des Wortes „verpflichten" lässt sich ableiten, dass mit dem Abschluss eines Verpflichtungsgeschäfts noch keine Änderung der dinglichen Güterzuordnung (Eigentum an der Sache) verbunden ist. Vielmehr sollen die Parteien verpflichtet werden, eine Änderung der Güterzuordnung vorzunehmen. Sie *schulden* einander etwas, weshalb die sich ergebenden Ansprüche auch als „schuld-

[138] *Köhler*, BGB AT, § 8 Rn. 38.

[139] *Medicus*, BGB AT, Rn. 220 ff.; *Bork*, BGB AT, Rn. 445 ff.; *Rüthers/Stadler*, BGB AT, § 16 Rn. 15 ff.; *Brox/Walker*, BGB AT, Rn. 103 ff.

[140] *Bork*, BGB AT, Rn. 448.

rechtlich“ bezeichnet werden. Wer einen Kaufvertrag über eine Sache abgeschlossen hat, hat folglich die Sache noch nicht zu Eigentum und Besitz; er hat zunächst nur einen Anspruch auf Übereignung und Übergabe der Sache (**Erfüllungsanspruch**) erlangt. Dieser Anspruch muss vom Anspruchsgegner erfüllt werden, und zwar durch ein Verfügungsgeschäft. Ob es dazu aber auch tatsächlich kommt, ist eine andere Frage. Das Verpflichtungsgeschäft vollendet demnach keinen wirtschaftlichen Vorgang, sondern leitet diesen erst ein.

bb) Verfügungsgeschäft

Ein Verfügungsgeschäft ist ein Rechtsgeschäft, das auf ein bestehendes Recht einwirkt, indem es dieses Recht aufhebt, belastet, überträgt oder inhaltlich verändert.[141] Klassische Beispiele für Verfügungen sind die Eigentumsübertragung nach § 929 BGB oder § 873 BGB, aber auch die Abtretung einer Forderung nach § 398 BGB oder die Verpfändung einer Sache nach § 1205 BGB. Dabei wird jeweils über ein *Recht* verfügt und nicht über die Sache selbst (bei der Abtretung einer Forderung existiert ohnehin keine Sache). So wird das Eigentumsrecht an einer Sache übertragen oder das Recht, von einem anderen ein Tun oder Unterlassen zu verlangen (= Abtretung des Anspruchs). 82

Das Verfügungsgeschäft ist in der Regel auch ein **Vertrag**, und zwar ein **dinglicher, kein schuldrechtlicher.** Er kommt wie andere Verträge durch zwei korrespondierende Willenserklärungen zustande. Allerdings setzt nicht jede Verfügung einen Vertrag voraus, wie die Dereliktion (= Eigentumsaufgabe) nach § 959 BGB zeigt. Auch sie ist eine Verfügung, weil auf das Eigentumsrecht an der Sache eingewirkt wird, indem es *einseitig*, also ohne vertragliche Einigung, aufgehoben wird. 83

Häufig ist die vom Trennungsprinzip bezeichnete systematische Unterscheidung zwischen Verpflichtungs- und Verfügungsgeschäft nicht leicht zu erkennen, gerade bei einem einheitlichen Vorgang. Zur Verdeutlichung sei dies noch einmal an einem Beispiel erläutert: Käufer K läuft wie jeden Morgen am Kiosk von V vorbei. Er legt wortlos einen Euro auf den Tresen, den V einsteckt, und lässt sich von ihm ebenso wortlos die Tageszeitung reichen, die er sodann in seiner Aktentasche verstaut. 84

Bei diesem Vorgang, der sich in einem äußerst kurzen Zeitraum abspielt, sind drei Verträge geschlossen worden, die aus jeweils zwei, also insgesamt sechs Willenserklärungen, bestehen: Zum einen wurde zwischen V und K ein Kaufvertrag i.S.v. § 433 BGB, also ein Verpflichtungsgeschäft, zustande gebracht. Das Angebot auf Abschluss eines Kaufvertrages war konkludent darin enthalten, dass K die Münze auf den Tresen legte, und wurde ebenso konkludent durch V angenommen, indem er K die Zeitung reichte und so sein Einverständnis mit dem Angebot ausdrückte. Dieser so zwischen K und V zustande gekommene Kaufvertrag ist der schuldrechtliche Vertrag. Ein zweiter, diesmal jedoch dinglicher Vertrag kam dadurch zustande, dass K das Münzstück auf den Tresen legte, und somit – wiederum konkludent – ein Angebot auf Übereignung der Münze i.S.v. § 929 BGB machte. Dieses Angebot war *nicht* auf den Abschluss eines schuldrechtlichen Vertrages, sondern auf Abschluss eines *dinglichen* Vertrages gerichtet und sollte das Eigentumsrecht an der Münze auf V übertragen. V nahm dieses dingliche Angebot an und vollendete die dingliche Einigung, indem er die Münze einsteckte. Er wurde durch Einigung und Übergabe Eigentümer der Münze. Schließlich ist auch im Herüberreichen der Zeitung ein Angebot, diesmal von Seiten des V, auf Abschluss eines *dinglichen* Vertrages zu sehen. K erklärte die Annahme dieses dinglichen Vertrages konkludent, indem er 85

[141] *Bork*, BGB AT, Rn. 450.

die Zeitung entgegennahm und einsteckte und brachte so den insgesamt dritten Vertrag zustande. Durch die Einigung und die Übergabe der Zeitung wurde K ihr Eigentümer nach § 929 BGB. Bildlich lassen sich die zu unterscheidenden Ebenen wie folgt darstellen:

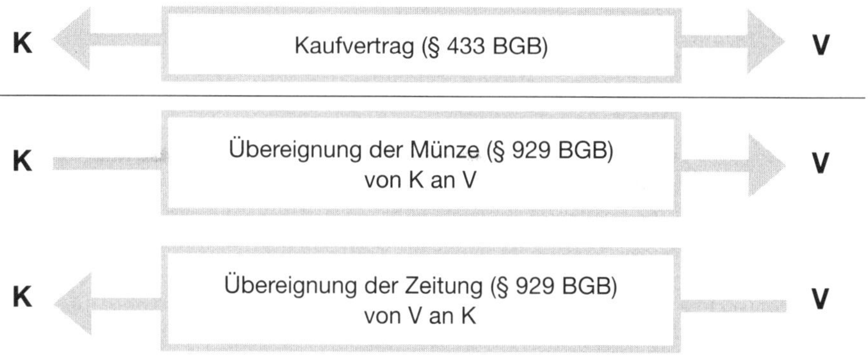

86 Für das, was laienhaft als Kaufvertrag bezeichnet wird, sind also insgesamt drei Verträge notwendig: ein schuldrechtlicher und zwei sachenrechtliche. Es müssen folglich insgesamt sechs Willenserklärungen abgegeben werden. Aus juristischer Sicht wird dabei nur das Verpflichtungsgeschäft als Kaufvertrag bezeichnet. Dieses Verständnis der Trennung von Verpflichtungs- und Verfügungsgeschäft ist enorm wichtig, da auch die Systematik des BGB darauf aufbaut. In Klausuren und Hausarbeiten werden diesbezügliche Fehler als gravierend eingestuft und mit erheblichen Punktabschlägen, wenn nicht gar mit dem Nichtbestehen der Prüfungsleistung sanktioniert.

⇨ *Fall Nr. 23 – Feine Freunde*

b) Abstraktionsprinzip

aa) Inhalt

87 Das Abstraktionsprinzip baut auf dem Trennungsprinzip auf und fügt diesem einen weiteren wichtigen Aspekt hinzu. Die Geschäfte sind nicht nur voneinander zu trennen, sondern auch in ihrer Wirksamkeit jeweils gesondert zu betrachten.[142] Das bedeutet: Fehler in einem Geschäft haben keine Auswirkungen auf die anderen Geschäfte. Die Wirksamkeit ist also abstrakt zu beurteilen – daher der Begriff „Abstraktionsprinzip". Der Gegenbegriff zum Abstraktionsprinzip ist das in vielen anderen Ländern geltende Kausalprinzip. Bei ihm schlagen Mängel im Verpflichtungsgeschäft auf das Verfügungsgeschäft durch und bewirken ebenfalls dessen Unwirksamkeit. Genau dies wird durch das Abstraktionsprinzip verhindert: Verfügungen sollen unabhängig davon wirken, ob ihnen eine wirksame Verpflichtung zugrunde liegt oder nicht. Letztlich dient das Abstraktionsprinzip so der Leichtigkeit und Sicherheit des Rechtsverkehrs.[143] Vor allem bei Verkaufsketten ist dies ersichtlich: Verkauft und übergibt A eine Sache an B und verkauft und übergibt dieser an C, so könnte, wenn das Kausalprinzip gelten würde, C nicht sicher sein, die Sache zu Eigentum erworben zu haben. Sollte das Verpflichtungsgeschäft zwischen A

[142] *Rüthers/Stadler*, BGB AT, § 16 Rn. 18 ff.; *Brox/Walker*, BGB AT, Rn. 118 ff.; *Bork*, BGB AT, Rn. 476 ff.; *Medicus*, BGB AT, Rn. 224 ff.
[143] *Bork*, BGB AT, Rn. 480.

und B nämlich aus irgendeinem Grunde unwirksam sein, so wäre auch das Verfügungsgeschäft unwirksam, womit C nicht mehr vom Berechtigten B erwerben könnte. C als Letzter in der Kette hat indes keine Möglichkeit zu erfahren, ob das Verpflichtungsgeschäft zwischen A und B an einem Mangel leidet. Das Kausalprinzip ist also mit größeren Unwägbarkeiten für den Rechtsverkehr verbunden.[144] Diese Unsicherheiten begrenzt das Abstraktionsprinzip: C muss sich nicht darum kümmern, ob das Verpflichtungsgeschäft zwischen A und B wirksam ist, denn es ist ohne Auswirkungen auf das Verfügungsgeschäft. Er kann also unabhängig von der Unwirksamkeit des Verpflichtungsgeschäfts vom Eigentümer B erwerben und damit selbst Eigentümer der Sache werden.[145]

Das Abstraktionsprinzip hat auch zur Folge, dass die Verfügungsgeschäfte nicht 88
angeben müssen, warum sie vorgenommen werden. Sie sind gewissermaßen „neutral", da sie zur Erfüllung beliebiger Verpflichtungen dienen können.[146] So ist etwa die Übereignung einer Sache nach § 929 BGB exakt gleich, liege ihr nun ein Kauf- oder Schenkungsvertrag zugrunde. Dies soll nicht darüber hinwegtäuschen, dass die Verfügungsgeschäfte meistens gleichwohl konkrete Verpflichtungsgeschäfte erfüllen.

bb) Ausgleich über Bereicherungsrecht

Ist ein Kaufvertrag (= Verpflichtungsgeschäft!) – etwa infolge einer Anfechtung 89
nach § 119 I 1 Alt. 2 BGB (Erklärungsirrtum) gemäß § 142 BGB[147] – nichtig, das Verfügungsgeschäft aber wirksam, so muss ein Ausgleich erfolgen. Die Verfügung wurde dann nämlich ohne Rechtsgrund vorgenommen und wird rückabgewickelt. Die Rückabwicklung erfolgt nach den Vorschriften über die **ungerechtfertigte Bereicherung** (§§ 812 ff. BGB). Der Käufer wurde durch „*Leistung*" des Verkäufers Eigentümer und Besitzer der Kaufsache; er hat damit „*etwas erlangt*" im Sinne des § 812 I 1 Alt. 1 BGB (Leistungskondiktion). Da das Verpflichtungsgeschäft nichtig ist, erfolgte die Verfügung „*ohne rechtlichen Grund*". Rechtsfolge von § 812 I 1 Alt. 1 BGB ist, dass der Bereicherte (= derjenige, der etwas ohne rechtlichen Grund erlangt hat), diese Sache – genauer: Eigentum und Besitz daran – herausgeben muss. Selbstverständlich muss nicht nur der Käufer die empfangene Leistung durch Rückübereignung herausgeben. Auch der Verkäufer hat vom Käufer „etwas durch Leistung ohne rechtlichen Grund erlangt", nämlich den Kaufpreis – genauer: Eigentum und Besitz am Geld bei Barzahlung. Diesen muss er ebenfalls zurückgewähren.

⇨ *Fall Nr. 24 – Das ist alles so abstrakt …*

cc) Rücktrittsrecht

Zu beachten ist, dass die Rückabwicklung schuldrechtlicher Verträge nicht nur 90
nach § 812 I 1 Alt. 1 BGB vorgenommen werden kann, sondern es daneben das im Schuldrecht geregelte Rücktrittsrecht der §§ 346 ff. BGB als spezielles „Rückbeförderungsinstitut" gibt. Erhält etwa ein Käufer mangelhafte Ware, so kann er vom Vertrag zurücktreten, wenn er dem Verkäufer eine angemessene Frist zur Nacherfüllung gesetzt hat (gesetzliches Rücktrittsrecht aus §§ 437 Nr. 2, 434, 323 I Alt. 2 BGB). Der Kaufvertrag wird dann umgewandelt in ein Rückgewährschuldverhältnis und die jeweils empfangenen Leistungen sind gemäß § 346 BGB zurückzugewähren.

---

144 Freilich bleibt auch auf der Basis des Abstraktionsprinzips eine Unwägbarkeit, falls das Verfügungsgeschäft ebenfalls – für C ggf. unerkennbar – unwirksam sein sollte. Dann hilft C nur noch der gutgläubige Erwerb gemäß §§ 932 ff. BGB.

145 Siehe aber auch die vorangehende Fußnote.

146 *Rüthers/Stadler*, BGB AT, § 16 Rn. 17.

147 Zu den Rechtsfolgen der Anfechtung siehe unten § 7 Rn. 131 ff.

Die Regelung in § 346 BGB geht – wenn sie zur Anwendung kommt – dem Bereicherungsrecht vor.

dd) Unwirksamkeit des Verpflichtungsgeschäfts bei gleichzeitiger Unwirksamkeit des Verfügungsgeschäfts

91 Obwohl Verpflichtungs- und Verfügungsgeschäft in ihrer Wirksamkeit gesondert zu betrachten sind, können Fälle auftreten, in denen beide unwirksam sind, dann nämlich, wenn sich der gleiche Fehler sowohl auf das Verpflichtungs- wie auch das Verfügungsgeschäft bezieht (sog. **Fehleridentität**).[148] Das kommt häufig bei Mängeln der Geschäftsfähigkeit (§§ 104, 106 BGB) vor, weil sich der Geschäftsunfähige weder wirksam verpflichten noch wirksam die Verpflichtung erfüllen kann. Aber auch bei einem Irrtum (§ 7 Rn. 74 ff.) sind unter Umständen beide Geschäfte anfechtbar, so wenn beide Geschäfte in einem Willensakt zusammenfallen (str.).[149] Bei der Anfechtung nach § 123 BGB wegen arglistiger Täuschung oder Drohung (§ 7 Rn. 139 ff.) bezieht sich das Anfechtungsrecht in der Regel auch auf das Verfügungsgeschäft.[150]

92 Ausnahmsweise kann auch bei § 134 BGB (§ 6 Rn. 25 ff.) und § 138 I BGB (§ 6 Rn. 35 ff.) eine Erstreckung der Nichtigkeit des Kausalgeschäfts auf das Erfüllungsgeschäft in Betracht kommen. Zu fragen ist dann, ob der Sinn des Verbotsgesetzes i. V. m. § 134 BGB die Verfügung verbietet[151] bzw. ob sich die Sittenwidrigkeit gerade in der Verfügung manifestiert.[152] Ein gesetzlich geregelter Fall, in dem die Nichtigkeit auf das Verfügungsgeschäft erstreckt wird, ist § 138 II BGB („versprechen oder gewähren lässt"; s. u. § 6 Rn. 51 f.). Die Fälle der Fehleridentität sind **keine Ausnahmen vom Abstraktionsprinzip**, sondern vielmehr Beweis der konsequenten Durchführung.[153] Die Geschäfte werden getrennt auf ihre Wirksamkeit untersucht, wobei sich ergeben kann, dass die Geschäfte an dem identischen Fehler leiden.

93 Weiterhin kann die Wirksamkeit des Verpflichtungsgeschäfts ausdrücklich oder konkludent zur Bedingung (§ 158 BGB) der Wirksamkeit des Verfügungsgeschäfts gemacht werden (§ 8 Rn. 9).

94 **Beispiel:** Aufstellen eines Warenautomaten (Rn. 19 f., *offerta ad incertas personas*). Bei diesen sog. Realofferten ist das Übereignungsangebot aufschiebend bedingt (§ 158 I BGB) durch die Annahme des Kaufangebots.

95 Umstritten ist, ob Verpflichtungs- und Verfügungsgeschäft eine Einheit im Sinne des § 139 BGB bilden können. Entgegen der Rechtsprechung[154] lehnt die Literatur dies als unzulässige Umgehung des Abstraktionsprinzips ab.[155]

96 Allgemein gilt es zu beachten, dass die genannten Einschränkungen des Abstraktionsprinzips nur Ausnahmecharakter haben und nicht zu einer generellen Durchbrechung des Prinzips führen dürfen.

97 Ist die Verfügung – etwa eine Übereignung – in diesen Fällen unwirksam, bleibt die bisherige Rechtsinhaberschaft – etwa das Eigentum – unverändert. Es kann dann z. B. der nach wie vor berechtigte Eigentümer aus § 985 BGB Herausgabe der Sache verlangen. Er ist insoweit nicht auf das Bereicherungsrecht angewiesen. Hinsichtlich des auf den Vertragspartner übertragenen Besitzes kann er aber zusätzlich

---

[148] *Medicus*, BGB AT, Rn. 231 ff.; *Bork*, BGB AT, Rn. 482 ff.; siehe auch § 7 Rn. 64 f.

[149] Siehe einerseits RGZ 66, 385, 390, andererseits *Bork*, BGB AT, Rn. 486.

[150] RGZ 70, 55, 57 f.; *Medicus*, BGB AT, Rn. 234; *Bork*, BGB AT, Rn. 487.

[151] *Medicus*, BGB AT, Rn. 236.

[152] *Bork*, BGB AT, Rn. 1200.

[153] *Bork*, BGB AT, Rn. 482.

[154] BGHZ 31, 321, 323 = NJW 1960, 621, 622; *BGH* NJW 1967, 1128, 1130.

[155] *Bork*, BGB AT, Rn. 488; *Medicus*, BGB AT, Rn. 241; *Brox/Walker*, BGB AT, Rn. 122.

aus Bereicherungsrecht gemäß §§ 812ff. BGB vorgehen. Besteht die Verfügung in der Abtretung einer Forderung (§ 398 BGB), muss nicht einmal eine Rückgabe verlangt werden, weil die Forderung besitzlos ist. Die nichtige Verfügung ist in diesem Fall schlicht wirkungslos.

⇨ *Fall Nr. 25 – Matador*

§ 6. Schranken der Wirksamkeit von Rechtsgeschäften

Im BGB gilt der Grundsatz der Privatautonomie (§ 2 Rn. 16ff.). Dieser ist aller- 1
dings aus unterschiedlichen Gründen nicht schrankenlos gewährt. Rechtsgeschäfte können wegen Verstoßes gegen Formgebote gemäß § 125 BGB nichtig sein oder wegen eines Verstoßes gegen Verbotsgesetze (§ 134 BGB). Weiterhin sind auch sittenwidrige Rechtsgeschäfte gemäß § 138 BGB nichtig.[156] Von diesen rechtlichen Schranken der Wirksamkeit von Rechtsgeschäften sind ethische Richtlinien zu unterscheiden, die in diversen Wirtschaftsbereichen aufgestellt werden und die eine (nur) moralische Bindung der Beteiligten bewirken sollen.[157]

I. Verstoß gegen Formgebote

1. Grundsatz der Formfreiheit sowie Sinn und Zweck der Formgebote

Aus der Privatautonomie folgt, dass Rechtsgeschäfte grundsätzlich formfrei abge- 2
schlossen werden können (§ 2 Rn. 20). Erklärungen können mündlich, schriftlich oder mittels Gesten abgegeben werden; die Parteien sind frei in der Gestaltung ihrer Rechtsbeziehungen. Nichtsdestotrotz besteht ausnahmsweise bei einigen Rechtsgeschäften ein Formzwang. Dieser erfüllt, je nach Art der Form, unterschiedliche Zwecke.

Zum einen soll häufig eine **Warnfunktion** erfüllt werden.[158] Dem Erklärenden soll 3
vor Augen geführt werden, dass er etwas rechtlich Erhebliches erklärt; er soll also vor Übereilung und unüberlegten Handlungen bewahrt werden. Besonders deutlich wird diese Funktion, wenn man den formbedürftigen Grundstückskauf (§ 311b BGB) oder die formbedürftige Bürgschaft (§ 766 BGB) betrachtet. Beide Geschäfte können weit reichende Folgen haben und sollen daher nicht unüberlegt vorgenommen werden. Wegen der elementaren Bedeutung von Grund und Boden als Ernährungsgrundlage (zur Zeit der Schaffung des BGB war dies der vorrangige Zweck eines Grundstücks) und Wohnstätte muss die Verpflichtung zur Übertragung oder zum Erwerb sogar notariell beurkundet, die Übertragung des Eigentums (Verfügung) ferner in der Form des § 925 BGB erklärt werden.

Weiterhin tritt in der Regel eine **Beweisfunktion** neben die Warnfunktion. Durch 4
die Einhaltung einer Form werden Streitigkeiten vermieden und der Inhalt des Rechtsgeschäfts lässt sich leichter nachweisen.[159] Auf diese Weise kann des Weiteren kontrolliert werden, ob schon ein Vertrag geschlossen wurde oder die Verhandlungen noch nicht abgeschlossen waren.

---

[156] Weitere Nichtigkeitsgründe siehe oben § 3 Rn. 9.

[157] Siehe zur Ethik im Bank- und Kapitalmarktrecht und zum Verhältnis von Recht und Ethik z. B. *U. H. Schneider*, ZIP 2010, 601 m. w. N.

[158] *Rüthers/Stadler*, BGB AT, § 24 Rn. 4.

[159] *Brox/Walker*, BGB AT, Rn. 299.

5 Die *notarielle Beurkundung* hat schließlich auch **Aufklärungsfunktion**. Verlangt wird sie etwa in § 311b I 1 BGB. Die notarielle Beurkundung soll den Notar in die Lage versetzen, über Risiken aufzuklären und das von den Parteien tatsächlich Gewollte in die juristisch korrekte sprachliche Form zu bringen.

2. Gesetzliche Formgebote

a) Schriftform (§ 126 BGB)

6 Die Schriftform des § 126 BGB wird beispielsweise vorgeschrieben in §§ 111 S. 2, 492, 623, 766, 1154 BGB. Sie verlangt, dass der Aussteller einer **Urkunde** diese **eigenhändig oder mittels notariell beglaubigten Handzeichens unterzeichnet** (§ 126 I BGB). Nicht die gesamte Urkunde muss eigenhändig abgefasst werden, sondern nur die Unterschrift. Bei einem Vertrag müssen die Parteien auf derselben Urkunde unterschreiben, es sei denn, es werden mehrere gleichlautende Urkunden erstellt (§ 126 II BGB). In diesem Fall reicht die Unterschrift auf der jeweils für den anderen vorgesehenen Ausfertigung. Letztere ist räumlich so zu platzieren, dass sie die Urkunde abschließt.[160] Sie ist eine Unterschrift und keine Oberschrift.

7 Eigenhändig bedeutet, dass die Unterschrift **handschriftlich** anzubringen ist. Eine Ersetzung der eigenhändigen Unterschrift durch einen Faksimilestempel oder durch eine eingescannte Unterschrift ist nicht möglich. Ebenso wenig reicht die Übermittlung durch Telefax aus. Diese ist nur das Abbild jenes Schreibens, welches die Schriftform wahrt. Soll diese Willenserklärung wirksam werden, muss sie aber zugehen, was nicht durch Zusendung eines Telefax geschieht, weil in diesem Fall nur die Kopie, nicht aber das Original beim Empfänger eintrifft. Es ist auch möglich, die Unterschrift durch einen Stellvertreter vornehmen zu lassen, wobei der Vertreter sowohl mit dem Namen des Vertretenen als auch mit seinem Namen unterschreiben kann.[161] Im letzteren Fall muss aber ein Zusatz beigefügt werden, der die Vertretung anzeigt (z. B. „i. V." = in Vertretung).

8 Eine Formerleichterung enthält § 492 I 3 BGB für den Verbraucherkredit: Während § 492 I 1 BGB die Schriftform und somit eine eigenhändige Unterschrift verlangt, verzichtet § 492 I 3 BGB für die Erklärung des Darlehensgebers (i.d.R. ein Kreditinstitut) auf dessen Unterschrift, wenn seine Erklärung durch eine automatische Einrichtung – etwa mittels Computerausdrucks[162] – erstellt wurde. Auf die eigenhändige Unterschrift des Darlehensnehmers kann indes nicht verzichtet werden. Dessen **Unterschrift auf einem elektronischen Schreibtablett** erfüllt selbst dann nicht die Anforderungen an die Schriftform, wenn das Vertragsformular anschließend mit dieser Unterschrift ausgedruckt wird.[163] Die Unterschrift auf dem Ausdruck ist keine eigenhändige Unterschrift, sondern eine elektronische Kopie derselben. Das Vertragsformular, welches auf dem elektronischen Tablett unterschrieben wurde, ist hingegen nicht in der erforderlichen Art und Weise verkörpert, um einen Schutz gegen nachträgliche Manipulationen zu bilden. Will man den modernen Rechtsverkehr insoweit erleichtern, muss der Gesetzgeber tätig werden und dabei auch die technischen Anforderungen an Geräte bestimmen, mit denen wirksam Unterschriften elektronisch aufgenommen werden können.

---

160 BGHZ 113, 48, 51 = NJW 1991, 487.

161 BGHZ 176, 301 = NJW 2008, 2178, 2180.

162 Bamberger/Roth/*Möller*, § 492 Rn. 6.

163 *OLG München* NJW 2012, 3584, 3585 mit zust. Anm. *Roßnagel*, NJW 2012, 3586.

§ 350 HGB beinhaltet nicht nur eine Formerleichterung, sondern weitergehend sogar eine (**bedeutsame**) **Ausnahme vom Schriftformerfordernis:** Bürgschaften, die auf Seiten des Bürgen ein Handelsgeschäft sind, bedürfen nicht der Schriftform. Kaufleute werden generell als im geschäftlichen Verkehr erfahren angesehen, so dass sie nicht des gleichen Schutzes durch die Schriftform bedürfen wie eine Privatperson.[164] Bei ihnen kann daher auf die Schriftform und den damit verbundenen Schutz verzichtet werden. Im Detail werden diese Fragen im Lern- und Fallbuch zum Handelsrecht behandelt.[165] 9

⇨ *Fall Nr. 26 – Papas Bester*

b) Elektronische Form (§ 126a BGB)

Nach § 126 III BGB kann die Schriftform durch die elektronische Form nach § 126a BGB ersetzt werden, sofern sich aus dem Gesetz – wie in §§ 623 I Is. 2, 766 S. 2 BGB – nichts anderes ergibt. Die elektronische Signatur ersetzt hierbei eine Unterschrift, wobei mittels einer komplizierten Verschlüsselungstechnik sichergestellt wird, dass die elektronische Signatur vom Ersteller des elektronischen Dokuments stammt und dass zwischen Abgabe und Zugang keine Änderung des Inhalts vorgenommen wurde.[166] Die Erklärung muss den Namen des Erklärenden enthalten und mit einer qualifizierten Signatur nach dem Signaturgesetz versehen sein. Weiterhin muss der Empfänger sein Einverständnis gegeben haben, rechtsgeschäftliche Erklärungen auf elektronischem Wege zu erhalten.[167] Es reicht bereits ein schlüssiges Einverständnis.[168] 10

⇨ *Fall Nr. 27 – Miete & Mails*

c) Textform (§ 126b BGB)

Die in § 126b BGB geregelte Textform ist wie die elektronische Form ein neuartiger Formtyp. Es genügt eine lesbare, aber unterschriftslose Erklärung[169], die in einer Urkunde oder sonst zur dauerhaften Wiedergabe in Schriftzeichen geeigneten Weise abgegeben ist. „Zur dauerhaften Wiedergabe in Schriftzeichen" sind auch elektronische Dokumente wie E-Mail oder Computerfax geeignet[170], nicht aber eine Downloadmöglichkeit im Internet.[171] Die Textform hat aufgrund des Verzichts auf eine eigenhändige Unterschrift nur einen geringeren Beweiswert; auch die Warnfunktion ist nicht erwähnenswert. Letztlich erfüllt sie eine Dokumentations- bzw. Informationsfunktion.[172] Verlangt wird die Textform etwa in §§ 355 I, II, 504 II, 505 I, II BGB. 11

⇨ *Fall Nr. 28 – Mamas Messerset*

---

164 Ebenroth/Boujong/Joost/Strohn/*Hakenberg*, HGB, Band 2, 2. Auflage 2009, § 350 Rn. 1.
165 Siehe *Bitter/Schumacher*, HandelsR, § 7 Rn. 20ff. mit Fällen Nr. 2, 3 – Altstadtkneipe I und II und Fall Nr. 22 – Partnerschaftsvermittlung.
166 Näheres zur verwendeten Verschlüsselungstechnik bei *Rüthers/Stadler*, BGB AT, § 24 Rn. 17.
167 *Rüthers/Stadler*, BGB AT, § 24 Rn. 16.
168 Palandt/*Ellenberger*, § 126a Rn. 6.
169 Palandt/*Ellenberger*, § 126b Rn. 1.
170 *Rüthers/Stadler*, BGB AT, § 24 Rn. 19.
171 *OLG Hamburg* ZIP 2007, 186, 187; *KG* NJW 2006, 3215, 3216.
172 MünchKomm-BGB/*Einsele*, § 126b Rn. 7.

d) Notarielle Beurkundung (§ 128 BGB)

12 Die notarielle Beurkundung ist die strengste im BGB vorgesehene Form. Sie richtet sich nach dem Beurkundungsgesetz (BeurkG). Beispiele für Rechtsgeschäfte, die der notariellen Beurkundung bedürfen, sind der Grundstückskauf nach § 311b BGB sowie die Schenkung nach § 518 BGB. Auf die Schenkung indes findet § 128 BGB keine Anwendung, da die Vorschrift voraussetzt, dass die Erklärungen beider Parteien formbedürftig sind.[173] Gemäß § 518 I 1 BGB muss jedoch nur der Schenkende seine Erklärung notariell beurkunden lassen. § 128 BGB vereinfacht den Vertragsschluss vor dem Notar, indem er festlegt, dass die Erklärungen nicht bei gleichzeitiger Anwesenheit der Parteien beurkundet werden müssen (sukzessive Beurkundung).

⇨ *Fall Nr. 29 – Das Geschwätz von gestern*

e) Öffentliche Beglaubigung (§ 129 BGB)

13 Die öffentliche Beglaubigung nach § 129 BGB geht in der Weise vonstatten, dass der Notar die Unterschrift unter einer schriftlich abgefassten Erklärung beglaubigt. Bestätigt wird unter anderem, dass die Erklärung von demjenigen herrührt, der sie unterschrieben hat. Die öffentliche Beglaubigung wird relativ selten verlangt. Man findet sie etwa in § 77 BGB, § 29 GBO oder § 12 HGB.

3. Vereinbarte Formgebote

14 Die Parteien können auch nicht formbedürftige Rechtsgeschäfte durch Vereinbarung formbedürftig machen. § 127 I BGB ordnet insofern an, dass dann im Zweifel die §§ 126, 126a, 126b BGB, also die gesetzlichen Formvorschriften, gelten sollen. Die Parteien können aber auch eine ganz andere Form wählen; dies erlaubt die Privatautonomie. Die Absätze 2 und 3 des § 127 BGB enthalten Erleichterungen für gewisse Formen. So reicht nach § 127 II BGB trotz einer rechtsgeschäftlich vereinbarten schriftlichen Form die telekommunikative Übermittlung, sofern diesbezüglich kein anderer Wille anzunehmen ist. Ein Telefax erfüllt danach die gewillkürte Schriftform, nicht aber die gesetzliche (Rn. 7).

4. Rechtsfolge bei Formverstößen

15 Das Gesetz unterscheidet in § 125 BGB zwischen Verstößen gegen gesetzliche und vereinbarte Formgebote.

a) Verstoß gegen gesetzliche Formgebote

aa) Grundsatz und Ausnahmen

16 Wird bei der Vornahme eines Rechtsgeschäfts gegen ein gesetzliches Formgebot verstoßen, so bestimmt § 125 S. 1 BGB, dass dieses **Rechtsgeschäft nichtig** ist. § 125 BGB stellt damit eine rechtshindernde Einwendung dar (§ 3 Rn. 9), weshalb mit dieser Norm in die Prüfung eines Formverstoßes einzusteigen ist.

17 Jedoch werden von der strengen Nichtigkeitsfolge in besonders gelagerten Fällen **Ausnahmen** gemacht, die sich aus Treu und Glauben (§ 242 BGB) ableiten. Um von der Nichtigkeitsfolge absehen zu können, verlangen die Rechtsprechung und Teile der Literatur, dass die Nichtigkeitsfolge **nicht nur ein hartes, sondern ein schlechthin**

---

[173] Palandt/*Ellenberger*, § 128 Rn. 2.

untragbares Ergebnis darstellt.[174] Besonders in zwei Fallgruppen soll dies möglich sein: schwere Treupflichtverletzung und Existenzgefährdung.

Schwere **Treupflichtverletzungen** lägen vor allem dann vor, wenn die eine Seite die andere arglistig über das Formerfordernis täusche und sich dann später auf die Formunwirksamkeit berufe. Arglist sei aber nicht unbedingt vonnöten, es genüge auch ein in besonders hohem Maße treuwidriges Verhalten.[175] 18

Die Fallgruppe der **Existenzgefährdung** betrifft vor allem Fälle, in denen zumindest eine der Parteien in fahrlässiger Unkenntnis der Formbedürftigkeit einen Vertrag abgeschlossen hat und dann später unter Berufung auf den Formmangel eine Leistung verweigert wird. So hatte etwa ein Rentner seine Ersparnisse allesamt in den Kauf eines Eigenheims gesteckt und einen Kaufanwärtervertrag geschlossen.[176] Die notwendige notarielle Beurkundung (§ 311b BGB) war auf Betreiben der gemeinnützigen Wohnungsbaugesellschaft unterblieben. Als der Rentner, nachdem er einige Jahre das Haus bewohnt hatte, die Auflassung verlangte, weigerte sich die Gesellschaft unter Berufung auf den Formmangel und die daraus folgende Nichtigkeit. Der Kaufpreis, welchen er dann zurückerhalten hätte, wäre für den Erwerb einer Eigentumswohnung nicht mehr ausreichend gewesen. Aufgrund dieser Folgen sah der *BGH* davon ab, streng an der Nichtigkeit des Vertrages festzuhalten. Teile der Literatur wollen hingegen von der Nichtigkeitsfolge nur in Fällen der arglistigen Täuschung absehen. In allen anderen Fällen, wenn also beiden Parteien das Formerfordernis bekannt war oder die Unkenntnis auf Fahrlässigkeit beruhte, sei der Vertrag nicht wirksam.[177] 19

Zu beachten ist allerdings, dass es sich beim Absehen von der Nichtigkeitsfolge um echte Ausnahmen handelt. Diese müssen **restriktiv angewendet** werden, weil ansonsten Sinn und Zweck der Formvorschriften ausgehöhlt würden. Es bleibt also im Grundsatz bei der Nichtigkeit nach § 125 Satz 1 BGB. 20

⇨ *Fall Nr. 30 – Edelmannswort*

bb) Heilung

Bestimmte formnichtige Rechtsgeschäfte können geheilt werden, wenn die Voraussetzungen dafür erfüllt sind. In der Regel verhält es sich bei den Heilungsvorschriften so, dass durch die Erfüllung der formunwirksam eingegangenen Verpflichtung die Heilung eintritt. Die bekanntesten Beispiele sind §§ 311b I 2, 518 II, 766 Satz 3 BGB. Allen Vorschriften ist gemein, dass die Erfüllung (= Verfügung) das formnichtige Verpflichtungsgeschäft wirksam macht. Der Grund wird darin gesehen, dass die sonst mit einer Form verbundene Warnfunktion durch die Vornahme der Erfüllung gewahrt werde. Bei diesem Vorgang werde dem Erfüllenden sein Tun vor Augen geführt und bewusst gemacht. 21

b) Verstoß gegen vereinbarte Form

Der Verstoß gegen eine zwischen den Parteien vereinbarte Form hat nach § 125 I 2 BGB im Zweifel gleichfalls Nichtigkeit zur Folge. Die Parteien können eine einmal gewählte Form auch wieder aufheben. Dies kann sowohl ausdrücklich als auch konkludent geschehen. 22

---

[174] BGHZ 45, 179, 184 f. = NJW 1966, 1067, 1068; *BGH* NJW 2004, 3330, 3331; *Rüthers/Stadler*, BGB AT, § 24 Rn. 24 ff.; *Köhler*, BGB AT, § 12 Rn. 17.

[175] BGHZ 85, 315, 319 = NJW 1983, 563, 564.

[176] *BGH* NJW 1972, 1189, 1190 f.

[177] *Medicus*, BGB AT, Rn. 633; *Brox/Walker*, BGB AT, Rn. 313, 315; *Bork*, BGB AT, Rn. 1079.

23 Ein Beispiel dafür bildet die sogenannte **betriebliche Übung**. In Arbeitsverträgen fanden sich häufig einfache Schriftformklauseln, die besagten, dass Änderungen des Vertrages der Schriftform bedürfen. Unter bestimmten Umständen (etwa dreimalige Zahlung eines vertraglich nicht vereinbarten Weihnachtsgelds ohne Freiwilligkeitsvorbehalt) wurde aber das Verhalten des Arbeitgebers als konkludentes Angebot auf Vertragsänderung aufgefasst, versehen mit einer konkludenten Aufhebung des Formgebots. Der Arbeitnehmer wiederum nahm dieses Angebot konkludent durch Entgegennahme der Leistung an. Die Leistung war also plötzlich Vertragsbestandteil, obwohl Änderungen eigentlich der Schriftform bedürfen sollten. Die Rechtsprechung entschied, dass die verwendete einfache Schriftformklausel der formlosen Aufhebung der Schriftform und damit der Entstehung einer betrieblichen Übung nicht entgegenstehe.[178]

24 Darauf wurde von vielen Arbeitgebern mit Einführung der **doppelten Schriftformklausel** in den Arbeitsverträgen reagiert; sie lautet etwa wie folgt: „Die Änderung des Vertrages bedarf der Schriftform. Auch Änderungen dieser Klausel bedürfen der Schriftform." Die Rechtsprechung ging zunächst davon aus, dass eine doppelte Schriftformklausel wirksam die Entstehung einer betrieblichen Übung verhindern könne.[179] Das *BAG* geht jedoch nunmehr davon aus, dass jedenfalls eine durch Allgemeine Geschäftsbedingungen (AGB) eingefügte doppelte Schriftformklausel die Entstehung betrieblicher Übung nicht verhindern könne.[180] Dies unterstreicht die große praktische Bedeutung, welche die Aufhebung einer gewillkürten Form hat.

II. Der Verstoß gegen Verbotsgesetze (§ 134 BGB)

25 Nach § 134 BGB sind Rechtsgeschäfte, die gegen ein Verbotsgesetz verstoßen, nichtig, sofern sich nicht aus dem Gesetz etwas anderes ergibt (rechtshindernde Einwendung). Es handelt sich auch hierbei um eine Schranke der Privatautonomie. Dahinter steht der Gedanke der Einheit der Rechtsordnung: Was gesetzlich an der einen Stelle verboten ist, soll nicht durch eine schuldrechtliche Verpflichtung zum Gebot erhoben werden können.[181]

1. Vorliegen eines Verbotsgesetzes

26 Die Prüfung der Frage, ob ein Verstoß gegen ein Verbotsgesetz vorliegt, muss logischerweise damit beginnen, ob überhaupt ein Verbotsgesetz betroffen ist. „Gesetz" kann nach Art. 2 EGBGB jede Rechtsnorm sein, also jedes materielle Gesetz, mithin auch Rechtsverordnungen und Satzungen. Ob das Gesetz tatsächlich ein Verbotsgesetz ist, ist durch Auslegung zu ermitteln. Zu fragen ist, ob die jeweilige Vorschrift gerade den Inhalt oder den Abschluss des Rechtsgeschäfts als solchen verhindern will. Der Wortlaut der Vorschriften gibt in der Regel für die Auslegung wenig her, denn selten enthalten die Vorschriften Wörter wie „ist verboten" oder „ist unzulässig". Daher sind immer Sinn und Zweck der Vorschrift zu ermitteln. So sind vor allem Strafgesetze häufig Verbotsgesetze, aber auch etwa § 1 SchwArbG (Gesetz zur Bekämpfung der Schwarzarbeit und illegalen Beschäftigung).

---

178 *BAG* ZIP 2012, 385, 386 = NZA 2012, 81 (Rn. 17) m. w. N.
179 BAGE 106, 345 = NZA 2003, 1145.
180 *BAG* NJW 2009, 316 ff.
181 *Medicus*, BGB AT, Rn. 647.

2. Rechtsfolgen eines Verstoßes

Liegt tatsächlich ein Verstoß gegen ein Verbotsgesetz vor, ist weiter nach der Rechtsfolge des Verstoßes zu fragen. Grundsätzlich enthält § 134 BGB eine widerlegliche Vermutung dahingehend, dass das Rechtsgeschäft nichtig ist. Teilweise wird in der Literatur zwischen Inhaltsverboten und Vornahmeverboten[182], absoluten und relativen Verboten[183] oder einseitigen und beiderseitigen Verboten[184] unterschieden. 27

Das **Inhaltsverbot** richte sich gegen den mit einem Rechtsgeschäft bezweckten Erfolg, während das **Vornahmeverbot** sich dadurch auszeichne, dass es die Rechtsfolgen wegen der missbilligten Begleitumstände nicht gelten lassen will.[185] Ein prägnantes Beispiel für ein Inhaltsverbot sei der Mordauftrag: In § 211 StGB ist der Erfolg, auf den dieses Rechtsgeschäft abzielt, missbilligt. Wolle die Rechtsordnung diesen Erfolg nicht, so könne die Folge eines Verstoßes gegen ein Inhaltsverbot nur die Nichtigkeit des Rechtsgeschäfts sein.[186] Werde gegen ein Vornahmeverbot verstoßen, so sei die Rechtsfolge zwar in der Regel auch Nichtigkeit, jedoch komme hier schon eher eine Alternative zur Nichtigkeitssanktion in Betracht. Die Ausnahme von der Nichtigkeitssanktion könne aber nicht pauschal beurteilt werden, sondern nur „die besonderen Umstände des konkreten Falles und die Interessen des durch das Verbotsgesetz Geschützten [könnten] zu einem gegenteiligen Ergebnis führen.“[187] 28

So wird etwa bei Rechtsgeschäften, die unter Verstoß gegen § 3 LadschlG zustande kommen, regelmäßig keine Nichtigkeit anzunehmen sein.[188] Bei § 3 LadschlG handelt es sich allenfalls um ein Vornahmeverbot, da der Abschluss von Austauschgeschäften – der Erfolg – an sich nicht missbilligt wird. Es soll den Arbeitnehmern lediglich das pünktliche Ende ihrer Arbeitszeit sichern. Außerhalb der Ladenschlusszeiten abgeschlossene und vollzogene Verträge bleiben aber gleichwohl wirksam. Die zivilrechtliche Nichtigkeitsfolge würde dem Gesetzeszweck in den allermeisten Fällen gerade zuwiderlaufen, weil die durch die Nichtigkeit bedingte Rückabwicklung sogar zu einer Ausdehnung der Arbeitszeiten führen könnte.[189] Im Übrigen würde eine Rückabwicklung in der Praxis wohl auch so gut wie nie erfolgen, weil sie die Parteien gar nicht wollen. Die allgemeine Ordnungsfunktion des LadschlG kann durch öffentlich-rechtliche Sanktionen gesichert werden. 29

Die Unterscheidung zwischen **absoluten und relativen Verboten** meint im Grundsatz das gleiche wie die Differenzierung zwischen Inhalts- und Vornahmeverboten. Die absoluten Verbote – so liest man – missbilligten den Inhalt des Rechtsgeschäfts; der Verstoß gegen diese Verbote führe regelmäßig zur Nichtigkeit.[190] Die relativen Verbote richteten sich gegen die Umstände, unter denen ein Rechtsgeschäft vorgenommen wurde; allerdings sei das Rechtsgeschäft bei Verstoß gegen ein relatives Verbot zivilrechtlich grundsätzlich wirksam.[191] 30

---

182 *Bork*, BGB AT, Rn. 1113 ff.
183 *Rüthers/Stadler*, BGB AT, § 26 Rn. 4 ff.
184 Palandt/*Ellenberger*, § 134 Rn. 8 f.
185 *Bork*, BGB AT, Rn. 1093 f.
186 *Bork*, BGB AT, Rn. 1113.
187 *Bork*, BGB AT, Rn. 1115.
188 Erman/*Palm/Arnold*, § 134 Rn. 60.
189 *Medicus*, BGB AT, Rn. 648.
190 *Rüthers/Stadler*, BGB AT, § 26 Rn. 7.
191 *BGH* NJW-RR 2003, 1203, 1205.

31 Schließlich ist noch auf die Differenzierung zwischen **einseitigen und beiderseitigen Verboten** einzugehen. Ist das Rechtsgeschäft nur für einen Teil verboten, so wird von einseitigen Verboten gesprochen. Der Verstoß gegen ein einseitiges Verbot soll in der Regel nicht zur Nichtigkeit des Rechtsgeschäfts führen, das Geschäft vielmehr wirksam sein.[192] § 56 I Nr. 6 GewO etwa verbietet im Reisegewerbe die für den Darlehensnehmer provisionspflichtige Vermittlung von Darlehen. Werde trotzdem durch einen reisenden Vermittler eine provisionspflichtige Vermittlung vereinbart, so sei das Rechtsgeschäft nicht zwingend nichtig, denn der Darlehensnehmer sei durch die §§ 312ff. i.V.m. § 355 BGB (Widerrufsrecht bei Haustürgeschäften) ausreichend geschützt.[193] Anders ist die Rechtslage bei einem Verstoß gegen § 85 SGB IX. Diese Norm schreibt die Zustimmung des Integrationsamtes für die Kündigung des Arbeitsverhältnisses eines Schwerbehinderten vor. Die Kündigung ist ein einseitiges Rechtsgeschäft (§ 5 Rn. 6), so dass § 85 SGB IX ebenfalls nur ein einseitiges Verbot, gerichtet an den Arbeitgeber, enthält. Hier kehrt sich das Regel-Ausnahme-Verhältnis in Bezug auf die Nichtigkeitsfolge um: Kündigt der Arbeitgeber unter Missachtung des § 85 SGB IX das Arbeitsverhältnis, ist die Kündigung regelmäßig nach § 134 BGB nichtig,[194] obwohl es sich um ein einseitiges Verbot handelt. Nur in Ausnahmefällen ist die Kündigung gleichwohl wirksam.[195] Der Verstoß gegen ein beiderseitiges Verbotsgesetz, also ein solches, welches das Rechtsgeschäft für beide Teile verbietet, soll hingegen regelmäßig zur Nichtigkeit des Rechtsgeschäfts führen.[196] Ein beiderseitiges Verbot liege etwa vor, wenn die Handlung für beide Parteien mit Strafe bedroht sei.[197]

32 Grundsätzlich hat ein Verstoß – unabhängig von der Systematisierung der Verbotsgesetze – nur die Nichtigkeit des Verpflichtungsgeschäfts zur Folge (Abstraktionsprinzip). Vom Gesetz kann aber auch die Änderung der Güterzuordnung missbilligt werden, was dann zur Folge hat, das zusätzlich auch Verfügungsgeschäfte unwirksam sind. Das ist etwa bei Drogengeschäften der Fall. Der Käufer wird also wegen Verstoßes gegen ein gesetzliches Verbot (§ 29 I BtMG) nicht zum Eigentümer der Drogen.

⇨ *Fall Nr. 31 – Pablo Escobars Erben*

⇨ *Fall Nr. 32 – Schwarzes Bad*

3. Gesetzesumgehung

33 Unter § 134 BGB werden auch Fälle der Gesetzesumgehung subsumiert. Darunter versteht man Rechtsgeschäfte, die den vom Verbotsgesetz missbilligten Erfolg auf einem Weg zu erreichen versuchen, den die Verbotsnorm nicht erfasst.[198] Teilweise regeln gesetzliche Vorschriften den Fall ihrer Umgehung selbst (§§ 306a, 475 I 2 BGB), so dass kein Rückgriff auf den allgemeinen Grundsatz der Gesetzesumgehung notwendig ist. Teilweise wird die Gesetzesumgehung auch nicht als eigenständiges Problem anerkannt, denn letztlich sei der Gesetzesumgehung mittels Auslegung des Verbotsgesetzes zu begegnen.[199]

---

[192] BGHZ 143, 283, 287 = NJW 2000, 1186, 1187; BGHZ 118, 142, 145 = NJW 1992, 2021.

[193] BGHZ 131, 385, 389f. = NJW 1996, 926, 928.

[194] BAGE 76, 142, 144 = *BAG* NZA 1994, 879, 880.

[195] Zu einem solchen Ausnahmefall wegen widersprüchlichen Verhaltens (§ 242 BGB) *BAG* NZA 2012, 555 = ZIP 2012, 1572 (Rn. 52ff.).

[196] Palandt/*Ellenberger*, § 134 Rn. 8.

[197] Palandt/*Ellenberger*, § 134 Rn. 8.

[198] *Brox/Walker*, BGB AT, Rn. 328.

[199] *Medicus*, BGB AT, Rn. 660.

Als häufig genanntes **Beispiel** taucht folgender Fall auf: Ein Erblasser vererbt seinen Nachlass an den Ehepartner seines Pflegers, welcher ihn in den letzten Jahren im Altersheim betreut hatte. § 14 V HeimG verbietet die testamentarische Einsetzung von Pflegepersonal als Erben. Daher ist auch die Einsetzung eines Ehepartners von Pflegepersonal als Umgehungsgeschäft gemäß § 134 BGB nichtig.[200] 34

III. Der Verstoß gegen die guten Sitten (§ 138 BGB)

1. Zweck des § 138 BGB

Sinn und Zweck des § 138 BGB liegen darin, im Rechtsverkehr das ethische Minimum zu sichern, welches als unentbehrlich erachtet wird. Rechtsgeschäfte, die gegen die guten Sitten verstoßen, sind nach § 138 I BGB nichtig. Es wird also in die Privatautonomie eingegriffen, um zu verhindern, dass Rechtsgeschäfte in den Dienst des Unsittlichen gestellt werden.[201] 35

2. Der Begriff der guten Sitten

Der Begriff der guten Sitten ergibt sich nicht aus dem Gesetz. Es handelt sich bei § 138 I BGB um eine ausfüllungsbedürftige Generalklausel. Nach einer alten Formel des Reichsgerichts[202], welche heute immer noch verwendet wird[203], verstößt ein Rechtsgeschäft gegen die guten Sitten, wenn es **gegen das Anstandsgefühl aller billig und gerecht Denkenden verstößt**. Aus dieser Formulierung ergibt sich, dass die herrschende Sozialmoral als maßgeblich erachtet wird und nicht das Verständnis des Richters. Die Ermittlung dieser herrschenden Sozialmoral wirft aber und warf schon immer große Probleme auf. Gerade in einer heterogenen und pluralistischen Gesellschaft unterscheiden sich Wertvorstellungen deutlich voneinander. 36

Klar muss allerdings sein, dass nicht die moralisch hochstehenden Anschauungen als Maßstab gelten, ebenso wenig wie ein etwa eingerissener sittlicher „Schlendrian"[204] ausschlaggebend sein soll. Eine Orientierung soll am „anständigen Durchschnittsmenschen" erfolgen. Die jeweils geltenden Vorstellungen können sich durchaus wandeln, wie sich vor allem im Bereich der Sexualmoral zeigt. So wurden früher etwa die sogenannten **Mätressen-Testamente**, in denen ein verheirateter Erblasser seine Geliebte als Erbin einsetzte, zumindest teilweise als sittenwidrig erachtet[205]; heutzutage wird darauf abgestellt, ob die Einsetzung nur als Belohnung der geschlechtlichen Beziehung („Hergabe für Hingabe"[206]) geschah, was zur Sittenwidrigkeit führen soll. Werden hingegen auch anerkennenswerte Zwecke wie die Würdigung einer aufopfernden Pflege verfolgt, soll das Testament wirksam sein. 37

Trotz der mittlerweile bestehenden Rechtsprechung und der Fallgruppenbildung lässt sich doch ein deutlich subjektiver Einschlag festmachen, wenn es um die Frage der Sittenwidrigkeit geht. Daher sollte mit der Beurteilung eines Rechtsgeschäfts als sittenwidrig äußerst restriktiv verfahren werden. 38

---

[200] Anderes gilt im umgekehrten Fall, in dem ein Angehöriger des Heimbewohners den Heimträger als Erben einsetzt; hier ist das Testament nicht nach § 14 I HeimG i.V.m. § 134 BGB nichtig (*BGH* NJW 2012, 155 = JuS 2012, 255 [*Wellenhofer*]).

[201] *Medicus*, BGB AT, Rn. 680.

[202] RGZ 48, 114, 124.

[203] St. Rspr., siehe nur BGHZ 141, 357, 361 = NJW 1999, 2266, 2267.

[204] *Bork*, BGB AT, Rn. 1181.

[205] BGHZ 52, 17, 23 = NJW 1969, 1343, 1346.

[206] *Bork*, BGB AT, Rn. 1192.

3. Erfordernis eines subjektiven Elements

39 Im Rahmen von § 138 I BGB ist umstritten, welche Anforderungen an den subjektiven Tatbestand zu stellen sind. Zumindest besteht insofern Einigkeit, als nicht verlangt wird, dass den Parteien die Verwerflichkeit ihres Handelns bewusst war. Die Rechtsprechung und Teile der Literatur verlangen, dass die Parteien aber wenigstens die Umstände kannten, die das Sittenwidrigkeitsurteil stützen[207]; andere hingegen wollen auf die Kenntnis der Umstände nur ausnahmsweise abstellen.[208] Das subjektive Element sei entbehrlich, wenn der Vertag einen unerträglichen Inhalt habe, denn er werde nicht dadurch erträglicher, dass die Parteien einem Irrtum unterlägen.[209] Auch sei die Kenntnis der Umstände nicht vonnöten, wenn sich die Sittenwidrigkeit aus dem Verhalten gegenüber einer der Parteien ergebe (so beim wucherähnlichen Geschäft).[210] Allerdings schwächt auch die Rechtsprechung beim wucherähnlichen Geschäft ihre Anforderungen an den subjektiven Tatbestand ab, indem sie die subjektiven Voraussetzungen vermutet, wenn die objektiven erfüllt sind (Beispiel: Kredit mit überhöhten Zinsen; dazu Rn. 42 f.).[211]

4. Rechtsfolge eines Verstoßes

40 Liegt ein Verstoß gegen die guten Sitten vor, so ist das Rechtsgeschäft nichtig (§ 138 I BGB). In der Regel werden von der Nichtigkeit jedoch nur die Verpflichtungsgeschäfte erfasst, nicht auch die Verfügungsgeschäfte (Abstraktions- und Trennungsprinzip). Diese sind grundsätzlich als sittlich neutral zu erachten. Anders ist es hingegen, wenn sich die Sittenwidrigkeit gerade in der Veränderung der Güterzuordnung manifestiert. In diesen Fällen ist auch von der Nichtigkeit des Verfügungsgeschäfts auszugehen.[212]

⇨ *Fall Nr. 33 – Die Geliebte*

5. Ausgewählte Fallgruppen

41 Um bei der Fülle von Entscheidungen den Überblick zu behalten und eine gewisse Systematisierung auch bei einer Generalklausel wie § 138 I BGB zu erreichen, werden häufig Fallgruppen gebildet. Einige dieser Fallgruppen sollen nachstehend kurz erläutert werden.

a) Kredite mit überhöhten Zinsen (wucherähnliches Geschäft)

42 Wirtschaftliche Zwänge können Personen dazu bringen, einen Kredit zu überhöhten Zinsen aufzunehmen. Häufig scheidet die Annahme von Wucher gemäß § 138 II BGB (Absatz 2 des § 138 BGB ist im Verhältnis zu Absatz 1 eine Spezialvorschrift und daher im Gutachten vorrangig zu prüfen) daran, dass die erforderlichen subjektiven Voraussetzungen des Wuchers nicht gegeben sind bzw. nicht bewiesen werden können. In diesen Fällen wird häufig auf § 138 I BGB zurückgegriffen, auch wenn dies im Hinblick auf den Spezialitätsgrundsatz nicht unproblematisch ist. In der Regel führt die Nichtanwendbarkeit der spezielleren Vorschrift nämlich dazu, dass

---

207 *BGH* NJW 2005, 2991, 2992; *Brox/Walker*, BGB AT, Rn. 330.
208 *Medicus*, BGB AT, Rn. 690; *Bork*, BGB AT, Rn. 1199.
209 *Medicus*, BGB AT, Rn. 690.
210 *Bork*, BGB AT, Rn. 1199.
211 *BGH* NJW 1984, 2292, 2294.
212 *Bork*, BGB AT, Rn. 1200.

der Rückgriff auf die allgemeinere Vorschrift nicht mehr möglich ist (*lex specialis derogat legi generali* = die speziellere Norm verdrängt die allgemeinere).[213]

43 Der objektive Tatbestand des wucherähnlichen Geschäfts erfordert ein auffälliges Missverhältnis zwischen Leistung und Gegenleistung. Dieses Missverhältnis wird dann bejaht, wenn der vereinbarte Zins um 12% absolut oder um 100% relativ den Marktzins überschreitet.[214] Werden also bei 9% Marktzins 19% Zinsen vereinbart, so ist bereits ein auffälliges Missverhältnis gegeben, denn die Überschreitung beträgt relativ mehr als 100 %. Die Rechtsprechung vermutet dann, dass auch die erforderlichen subjektiven Voraussetzungen gegeben sind (Rn. 39). Diese für Wucherdarlehen entwickelten Grundsätze sind auch bei anderen Vertragstypen – etwa Grundstückskaufverträgen – anwendbar, weshalb Sittenwidrigkeit i. S. v. § 138 I BGB auch dort bei einem um 100% überhöhten Preis angenommen wird.[215]

b) Lohnwucher

44 Die Grenzen zum Lohnwucher zieht das Bundesarbeitsgericht (*BAG*) anders. In einer Entscheidung vom 22.4.2009[216] hielt das Gericht fest, dass von Lohnwucher bereits dann auszugehen sei, wenn der gezahlte Lohn weniger als zwei Drittel des üblichen Lohns betrage. Zwar legte sich das Gericht nicht darauf fest, ob der Tatbestand des § 138 II BGB oder der des § 138 I BGB erfüllt ist, weil ihm zu den subjektiven Voraussetzungen keine Angaben vorlagen. Es schloss sich aber auch der Ansicht des *BGH* an, dass ein besonders auffälliges Missverhältnis den Schluss auf die verwerfliche Gesinnung des Begünstigten zulasse.

c) Bürgschaften von Familienangehörigen

45 Häufig kommt es vor, dass Familienangehörige Bürgschaften übernehmen und dabei in den Ruin getrieben werden, insbesondere bei selbstständiger unternehmerischer Tätigkeit eines Ehegatten und Verbürgung für dessen Kreditverbindlichkeiten durch den anderen Ehegatten. Grundsätzlich ist es jeder Person im Rahmen der Privatautonomie zwar erlaubt, sich bis an die Grenzen der eigenen Leistungsfähigkeit und darüber hinaus zu verschulden. Jedoch wird eine Angehörigenbürgschaft dann als sittenwidrig erachtet, wenn eine **krasse Überforderung des Bürgen** droht, eine gleichsam existenzvernichtende Haftung. Von einer krassen Überforderung wird ausgegangen, wenn der Bürge aus seinem (pfändbaren) Vermögen und Einkommen voraussichtlich nicht einmal die Zinsen der Hauptschuld aufzubringen vermag.[217] In diesen Fällen wird vermutet, dass nicht der freie Entschluss des Bürgen den Ausschlag für die Übernahme der Bürgschaft gab, sondern dass familiäre Bindungen ausgenutzt und instrumentalisiert wurden.

---

[213] Dazu allgemein aus methodischer Sicht *Bitter/Rauhut*, JuS 2009, 289, 293.

[214] BGHZ 110, 336, 338 ff. = NJW 1990, 1595, 1596. Nach *BGH* NJW-RR 2012, 416 (Rn. 13) sind die Kosten einer Restschuldversicherung im Rahmen der Sittenwidrigkeitsprüfung des Effektivzinssatzes allerdings nicht zu berücksichtigen, weil von der Versicherung auch der Darlehensnehmer profitiere; versicherte Kredite sind folglich nicht mit marktüblichen Krediten ohne Versicherungsschutz vergleichbar. Der Preis der Versicherung kann aber an § 138 I BGB gemessen werden.

[215] *BGH* NJW 2012, 1570 (Rn. 8): Wert der Leistung knapp doppelt so hoch wie der Wert der Gegenleistung; siehe auch *BGH* NJW-RR 2010, 1529 (Rn. 12) m. w. N.

[216] *BAG* DB 2009, 1599 = MDR 2009, 1117 = JuS 2010, 259.

[217] St. Rspr.; s. nur BGHZ 146, 37, 42 = NJW 2001, 815, 816; *BGH* NJW 2000, 1182. Bei Höchstbetragsbürgschaften errechnet sich die Zinslast aus der Bürgschaftssumme und nicht aus der (höheren) Hauptschuld, vgl. *BGH* ZIP 2013, 664 (Rn. 10).

46 Am Beispiel der Angehörigenbürgschaft lässt sich auch gut die eingangs genannte **Drittwirkung der Grundrechte** erläutern (§ 2 Rn. 3). Die Kernaussage dieser Drittwirkung kann wie folgt beschrieben werden: Grundrechte, die aufgrund ihrer Entstehungsgeschichte als Abwehrrechte gegen den Staat zu verstehen sind und daher nur im Verhältnis Staat – Bürger gelten, strahlen über Generalklauseln in das Verhältnis Bürger – Bürger ein, obwohl sie dort grundsätzlich keine Geltung beanspruchen. In diesem Sinne korrigierte das Bundesverfassungsgericht (*BVerfG*) unter Hinweis auf die Grundrechte eine Entscheidung des *BGH*, in der dieser die Bürgschaft einer volljährigen vermögenslosen Tochter für millionenschwere Kredite des Vaters unter Hinweis auf die Privatautonomie nicht als sittenwidrig eingestuft hatte.[218] Die Grundrechte seien bei der Auslegung der Generalklausel des § 138 I BGB, einer bürgerlich-rechtlichen Vorschrift, die im Verhältnis zwischen zwei Privatpersonen – hier Bank und Bürgin – gilt, heranzuziehen.

47 Das *BVerfG* störte sich vor allem daran, dass eine **strukturelle Unterlegenheit** der Tochter im Verhältnis zur Bank vorgelegen habe. Zwar sei sie volljährig gewesen, aber die konkrete Ausgestaltung des Bürgschaftsvertrages und die daraus resultierenden Folgen waren nach Ansicht des *BVerfG* selbst für geschäftlich erfahrene Personen kaum absehbar.[219] Die Argumentation des Gerichts ist dabei hervorhebenswert: Die Privatautonomie sei über die allgemeine Handlungsfreiheit aus Art. 2 I GG (ein Grundrecht) abgesichert. Mittlerweile sei jedoch klar, dass die Privatautonomie von einer formalen Gleichheit der Teilnehmer am Rechtsverkehr ausgehe, welche häufig nicht gegeben sei. Es bestehe daher Einigkeit, dass der **Ausgleich gestörter Vertragsparität** zur Erreichung eines angemessenen Interessenausgleichs zu den Hauptaufgaben des Zivilrechts zähle und auf diesem Wege die Privatautonomie auch für unterlegene Parteien gesichert werden müsse. Von daher sei „bei der Auslegung und Anwendung von Generalklauseln darauf zu achten, dass Verträge nicht als Mittel der Fremdbestimmung dienen."[220] Damit dreht das *BVerfG* die Argumentation des *BGH* gleichsam um: Die Privatautonomie kann in bestimmten Fällen nur durch Eingriffe in die Privatautonomie gesichert werden.

48 Die Tochter sei aufgrund ihrer Vermögensverhältnisse niemals in der Lage gewesen, die Verbindlichkeit abzulösen. Folglich sei sie – auf der Basis der *BGH*-Entscheidung – dauerhaft dazu gezwungen, am Existenzminimum zu leben, weil ihr restliches Einkommen gepfändet würde. Da sie dann aber weitgehend fremdbestimmt sei, werde ihr die Privatautonomie in Wahrheit vollständig genommen. Dies habe der *BGH* verkannt.[221]

49 Das *BVerfG* hat damit dem *BGH* grundrechtliche Vorgaben für die Anwendung der zivilrechtlichen Generalklausel gemacht, die dieser seither anwendet. Da die Funktion des *BVerfG* im deutschen Gerichtssystem dem Studienanfänger wenig bekannt sein dürfte, sei zur Klarstellung kurz angemerkt: Das *BVerfG* gehört – anders als *AG*, *LG*, *OLG* und *BGH* – nicht den Instanzenzügen der ordentlichen Ge-

---

[218] BVerfGE 89, 214 = NJW 1994, 36.

[219] BVerfGE 89, 214, 235 = NJW 1994, 36, 39.

[220] BVerfGE 89, 214, 234 = NJW 1994, 36, 39.

[221] Im konkreten Fall kam noch hinzu, dass der Tochter vor Unterzeichnung der Bürgschaftserklärung gesagt wurde: „Hier bitte, unterschreiben Sie mal, Sie gehen dabei keine große Verpflichtung ein, ich brauche das für meine Akten." (vgl. BVerfGE 89, 214, 235 = NJW 1994, 36, 37). Dies hat nach Ansicht des *BVerfG* – neben der auch ansonsten für den Laien undurchsichtigen Gestaltung des Bürgschaftsvertrags – das zu erwartende Risiko verschleiert und mit dazu beigetragen, die Vereinbarung als sittenwidrig anzusehen.

richtsbarkeit an und entscheidet damit nicht etwa in allen Streitigkeiten in letzter Instanz über die Auslegung des einfachen (Zivil-)Rechts. Häufig wird dazu die Formel verwendet, das *BVerfG* sei **keine „Superrevisionsinstanz"**. Die dem *BVerfG* vorgelegten Urteile werden nur auf ihre **Vereinbarkeit mit dem Grundgesetz** geprüft; das *BVerfG* ist der „Hüter des Grundgesetzes". Da die Grundrechte grundsätzlich nur im Verhältnis Staat – Bürger gelten (Rn. 46), werden zivilrechtliche Streitigkeiten (= Verhältnis Bürger – Bürger) selten vor dem *BVerfG* verhandelt. Nur in Ausnahmefällen, in denen etwa Generalklauseln ausschlaggebend sind, bei deren Auslegung Grundrechte berücksichtigt werden müssen, oder aus sonstigen Gründen ein Verstoß gegen die Verfassung möglich ist (wenn etwa ein Gericht gegen den in Art. 103 I GG verankerten Grundsatz des rechtlichen Gehörs verstoßen hat), prüft das *BVerfG* ein Urteil auf seine Vereinbarkeit mit dem Grundgesetz.

d) Knebelverträge

Verträge, die den Schuldner in einer Art und Weise binden, dass ihm kein wirt- 50
schaftlicher oder persönlicher Handlungsspielraum mehr bleibt und deshalb die eine Seite der anderen in einem nicht mehr hinnehmbaren Übermaß „auf Gedeih und Verderb" ausgeliefert ist, sind sittenwidrig.[222] Betroffen hiervon sind in der Regel nur langfristig abgeschlossene Verträge. Zu beachten ist gleichwohl, dass nicht jede langfristige vertragliche Bindung *per se* sittenwidrig ist. Paradigmatisch für ein sittenwidriges Übermaß, das einen Eingriff in die Privatautonomie erfordert, sind die sogenannten „Bierlieferungsfälle". Brauereien verpflichteten Wirte häufig, im Gegenzug für die Gewährung von Darlehen, für 30 Jahre nur das von ihnen vertriebene Bier abzunehmen. Dies schränkt den Wirt in seiner wirtschaftlichen Entscheidungsfreiheit über Gebühr ein. Als noch hinnehmbar wurden Verträge bezeichnet, deren Laufzeit 15 Jahre beträgt.[223] In anderen Entscheidungen wird auf die Nennung einer zulässigen Höchstdauer verzichtet und stattdessen eine Abwägung der schutzwürdigen Interessen beider Parteien anhand des Inhalts, der Motive und des Zwecks des jeweiligen Vertrages vorgenommen.[224] Knebelungen kommen außerdem im Bereich der Kreditsicherung vor, insbesondere in Gestalt der Übersicherung des Kreditgebers durch vom Kreditnehmer gestellte Sicherheiten, deren Wert den Kreditbetrag deutlich übersteigt.[225] Der Kreditnehmer hat dann keine wirtschaftliche Bewegungsfreiheit mehr, sein Sicherungsgut anderweitig zur Kreditsicherung einzusetzen.

e) Wucher als Sonderfall des sittenwidrigen Rechtsgeschäfts (§ 138 II BGB)

§ 138 II BGB ist die Spezialvorschrift zu § 138 I BGB. Auch hier ist wieder zu unter- 51
scheiden zwischen einem objektiven und einem subjektiven Tatbestand. Objektiv erforderlich ist das auffällige Missverhältnis von Leistung und Gegenleistung. Subjektiv sind die Anforderungen allerdings höher als bei § 138 I BGB. Verlangt wird nämlich das Ausbeuten einer Zwangslage, der Unerfahrenheit, des Mangels an Urteilsvermögen oder der erheblichen Willensschwäche. „Ausbeuten" wird dahingehend verstanden, dass ein bewusstes Ausnutzen der Situation erfolgt. Dieses ist jedoch in der Regel nicht nachzuweisen, weswegen häufig, insbesondere von der Rechtsprechung, bei wucherähnlichen Geschäften, insbesondere Darlehen, auf § 138 I BGB zurückgegriffen wird. Dieser Rückgriff ist aus methodischer Sicht nicht unproblematisch, weil § 138 II BGB eine Spezialvorschrift im Verhältnis zu § 138 I BGB ist (Rn. 42).

---

[222] *BGH* NJW-RR 2012, 1242, 1244 (Rn. 13).
[223] BGHZ 74, 293, 298.
[224] BGHZ 147, 279, 282 f.
[225] Dazu *BGH* NJW 1998, 2047; *BGH* NJW-RR 2010, 1529 = WM 2010, 834.

52 Anders als ein Verstoß gegen § 138 I BGB hat ein Verstoß gegen § 138 II BGB auch die Nichtigkeit der Verfügung des Bewucherten zur Folge (§ 5 Rn. 92). Dies ergibt sich aus dem Wortlaut der Vorschrift („gewähren lässt").

⇨ *Fall Nr. 34 – Pecunia non olet*

f) Kollusion

53 Sittenwidrig sind weiterhin solche Geschäfte, durch welche die Vertragsparteien einen Dritten bewusst und gewollt schädigen. Ein solches Verhalten wird als „Kollusion" bezeichnet (zum kollusiven Zusammenwirken von Vertreter und Vertragspartner siehe unten § 10 Rn. 226 ff.). Nach der Rechtsprechung reicht es allerdings nicht aus, dass die Vertragsschließenden eine gemeinsame *subjektive* Schädigungsabsicht – einen „bösen Willen" – haben, wenn das Geschäft objektiv für den Dritten nicht nachteilig ist.[226]

6. Maßgeblicher Zeitpunkt

54 Die Sittenwidrigkeit eines Rechtsgeschäfts bemisst sich grundsätzlich nach dem Zeitpunkt seiner Vornahme, nicht nach dem Zeitpunkt des späteren Leistungsaustausches. Daher werden für die Feststellung des groben Missverhältnisses von Leistung und Gegenleistung deren objektive Werte im Zeitpunkt des Vertragsschlusses zugrunde gelegt.[227] Steigen also beispielsweise nach Vertragsschluss die Marktzinsen für Darlehen derart, dass ein grobes Missverhältnis zwischen Marktzins und vereinbartem Zins nun nicht mehr auszumachen ist, bleibt es gleichwohl bei der Sittenwidrigkeit des ursprünglich geschlossenen Vertrags.

55 Von einer solchen Veränderung der äußeren Umstände zu unterscheiden ist die spätere inhaltliche Änderung der Hauptleistungen durch die Parteien. Modifizieren diese nachträglich das Pflichtengefüge des ursprünglich sittenwidrigen Vertrags, so ist dies im Rahmen des § 138 BGB durchaus zu berücksichtigen.[228] Die Beurteilungsgrundlage, nämlich das Verhältnis von Leistung und Gegenleistung, ist dann eine andere: der neue Vertrag. Voraussetzung ist allerdings, dass die von den Parteien vorgenommenen Änderungen auch wirksam sind. Davon ist nach der Rechtsprechung nur dann auszugehen, wenn die Parteien den ursprünglich nichtigen Vertrag über die reine Vertragsänderung hinaus in Kenntnis der Unwirksamkeit oder jedenfalls im Zweifel über dessen Wirksamkeit gemäß § 141 I BGB bestätigen oder sie den Vertrag insgesamt neu abschließen.[229]

§ 7. Die Willenserklärung: Auslegung und Anfechtung

I. Grundlegendes zur Willenserklärung

1. Begriff

1 Notwendiger Bestandteil eines jeden Rechtsgeschäfts ist die Willenserklärung. Als Willenserklärung bezeichnet man eine private Willensäußerung, die auf die Herbeiführung einer Rechtsfolge gerichtet ist. Durch sie bringt der Erklärende einen bestimmten **Rechtsfolgewillen** zum Ausdruck. Die Willenserklärung ist das von der

---

[226] *BGH* NJW-RR 2012, 18.
[227] *BGH* NJW 2012, 1570 (Rn. 13) = JuS 2012, 1027 (*Schwab*).
[228] *BGH* NJW 2012, 1570 (Rn. 14).
[229] *BGH* NJW 2012, 1570 (Rn. 16 ff.).

Rechtsordnung vorgesehene Mittel zur Verwirklichung der Privatautonomie des Einzelnen. Mit ihrer Hilfe kann der Erklärende seine rechtlichen Beziehungen kraft Willensausübung beeinflussen. Auch wenn eine Fülle von Rechtsfolgen im Gesetz bestimmt ist, so werden diese doch regelmäßig erst durch die vorhergehende Betätigung eines Rechtsfolgewillens ausgelöst. Die Rechtsfolge tritt somit allein deshalb ein, weil sie gewollt und nicht, weil sie gesetzlich angeordnet ist.

2. Abgrenzung

Von der Willenserklärung sind verschiedene andere Handlungsformen abzugrenzen. Die sogenannten **geschäftsähnlichen Handlungen**[230] setzen zwar auch eine Willensäußerung voraus. Allerdings tritt die anschließende Rechtsfolge *kraft Gesetzes* ein, ohne dass sie vom Willen des Handelnden umfasst sein muss. So ist etwa die Leistungsaufforderung des Gläubigers an den Schuldner, eine fällige Leistung zu erbringen (Mahnung), auf einen tatsächlichen Erfolg gerichtet, die den Schuldner zugleich in Verzug (§ 286 BGB) setzt. Der Verzug tritt dabei völlig unabhängig von einem hierauf gerichteten Rechtsfolgewillen ein. Da der Eintritt der Rechtsfolge zumindest mittelbar auch von einer Willensäußerung abhängt, werden die für Rechtsgeschäfte geltenden Vorschriften häufig *analog* angewandt.[231] 2

Realakte hingegen sind rein tatsächliche Vorgänge, an die das Gesetz – wiederum unabhängig vom Willen des Handelnden – eine bestimmte Rechtsfolge knüpft. Wer etwa einen fremden Bullen zu Wurst verarbeitet, wird allein aufgrund dieser Verarbeitung Eigentümer der Wurst (§ 950 I 1 BGB). Ob ein diesbezüglicher Wille existierte oder geäußert wurde, spielt für den Eigentumserwerb keine Rolle. Von der geschäftsähnlichen Handlung unterscheiden die Realakte sich dadurch, dass *keinerlei Willensäußerung* erforderlich ist. Deshalb sind die rechtsgeschäftlichen Vorschriften auch meist *nicht analog* anwendbar.[232] 3

3. Bestandteile einer Willenserklärung

Wie schon der Wortlaut vermuten lässt, setzt sich eine Willenserklärung aus einem äußeren Tatbestand (Erklärung) und einem inneren Tatbestand (Wille) zusammen. 4

a) Äußerer Erklärungstatbestand

Allein der gedachte Rechtsfolgewille vermag keine rechtlichen Veränderungen zu bewirken. Man muss irgendwie deutlich machen, was man will. Wo schon eine nach außen erkennbare Willensbetätigung fehlt, die auf einen Rechtsfolgewillen schließen lässt, ist eine Willenserklärung zu verneinen. Es fehlt der notwendige äußere Erklärungstatbestand. Der Rechtsfolgewillen kann auf zweierlei Arten zum Ausdruck gebracht werden: 5

aa) Ausdrückliche Erklärung

Er kann ausdrücklich erklärt werden und lässt sich dann unmittelbar aus der mündlichen oder schriftlichen Erklärung entnehmen. Auf eine korrekte juristische Ausdrucksweise kommt es nicht an, solange nur der Rechtsfolgewillen eindeutig bestimmbar ist. 6

---

[230] Z. B. §§ 108 II, 177 II BGB (Aufforderung zur Erklärung über die Genehmigung), § 323 I BGB (Fristsetzung zur Nacherfüllung), § 409 BGB (Abtretungsanzeige).

[231] Dies gilt etwa für die Vorschriften über die Geschäftsfähigkeit, §§ 104 ff. BGB, oder den Zugang, §§ 130 ff. BGB; vgl. *Bork*, BGB AT, Rn. 416 ff.

[232] *Bork*, BGB AT, Rn. 407.

bb) Konkludente Erklärung

7 Das Gewollte muss nicht durch Wort oder Schrift geäußert werden. Ausreichend ist auch jedes andere Verhalten, durch das der Rechtsfolgewille **konkludent** (= schlüssig) zum Ausdruck gebracht wird. Ob ein bestimmtes Verhalten die Betätigung eines Rechtsfolgewillens darstellt, lässt sich nicht generell sagen. Vielmehr muss dies für jeden Einzelfall unter Berücksichtigung der konkreten Umstände im Wege der Auslegung gesondert ermittelt werden (Rn. 16ff.). So wird man etwa das Kopfnicken auf ein Kaufangebot regelmäßig als schlüssig erklärte Annahme werten können, während genau dasselbe Verhalten, etwa im Rahmen einer Diskussion, rechtlich völlig unerheblich ist.

8 Sofern das Gesetz nichts anderes bestimmt[233], ist die konkludente Willensbetätigung völlig ausreichend. Für den speziellen Fall der Stellvertretung wird dies sogar in § 164 I 2 BGB ausdrücklich klargestellt. Dem **Schweigen** kommt dagegen grundsätzlich keine rechtlich relevante Bedeutung zu (§ 5 Rn. 26ff.).

b) Innerer Erklärungstatbestand

9 In subjektiver Hinsicht muss ein Rechtsfolgewille auch tatsächlich vorhanden sein. Dieser innere Erklärungstatbestand setzt sich aus drei Elementen zusammen, wobei das Fehlen einer dieser Komponenten unterschiedliche Konsequenzen hat.

aa) Handlungswille

10 Der Erklärende muss den äußeren Tatbestand bewusst gesetzt haben, d.h. er muss sich so verhalten haben, wie er sich verhalten wollte. Dieser so genannte Handlungswille ist *notwendiger Bestandteil* jeder Willenserklärung. Ohne ein bewusstes, willensgesteuertes Verhalten kann der äußere Erklärungstatbestand dem Handelnden nicht zugerechnet werden. Eine Willenserklärung liegt dann nicht vor.

11 Um – in Klausur und Praxis allerdings nur selten vorkommende – Fälle fehlenden Handlungswillens handelt es sich etwa bei Reflexbewegungen, Handlungen im Schlaf sowie bei Verhalten, das durch Hypnose oder *vis absoluta* (Rn. 165) bewirkt wurde.

bb) Erklärungsbewusstsein

12 Zweite Komponente des inneren Tatbestandes ist das Erklärungsbewusstsein.[234] Erforderlich ist das Bewusstsein des Erklärenden, dass sein Verhalten *irgendeine* rechtserhebliche Erklärung darstellt. Nicht notwendig ist das Bewusstsein, eine ganz konkrete Rechtsfolge herbeizuführen. Das generelle Wissen, sich im rechtsgeschäftlichen Bereich zu bewegen, genügt.

13 Fehlt das Erklärungsbewusstsein entgegen dem äußeren Anschein, so ist fraglich, ob dieser Umstand eine Willenserklärung ausschließt. Eine Willenserklärung ist unproblematisch ausgeschlossen, wenn dem Erklärenden kein Vorwurf hinsichtlich des fehlenden Erklärungsbewusstseins gemacht werden kann, der Erklärende also nicht erkennen konnte, dass sein Verhalten im maßgeblichen Rechtsverkehr als Willenserklärung aufgefasst würde.

---

[233] Vgl. z.B. §§ 244 I, 700 II BGB.

[234] Kritisch zu diesem Terminus *Wolf/Neuner*, BGB AT, § 32 Rn. 20, die den Begriff des „Partikulationswillens" bevorzugen; ebenso Staudinger/*Singer* (2011), vor § 116 Rn. 38.

Anders verhält es sich nach h. M.[235], wenn der Erklärende bei Anwendung der im Verkehr erforderlichen Sorgfalt hätte erkennen und vermeiden können, dass seine Erklärung als Willenserklärung aufgefasst wird (**potentielles Erklärungsbewusstsein**). Diese **Erklärungsfahrlässigkeit** rechtfertige es, dem Erklärenden den äußeren Erklärungstatbestand als von ihm veranlasst zuzurechnen. Dem Vertrauensschutz des Erklärungsempfängers gebühre der Vorrang, soweit er auch tatsächlich auf das objektiv Erklärte vertraut habe (**Schutzwürdigkeit**). Für ihn mache es keinen Unterschied, ob der Erklärende eine Willenserklärung überhaupt nicht oder mit einem anderen Inhalt abgeben wollte. Im zweiten Fall liege aber – wie sich den §§ 119 ff. BGB entnehmen lasse – eine Willenserklärung vor. Dem Interesse des Erklärenden, nicht an einer ungewollten Willenserklärung festgehalten zu werden, werde durch die Möglichkeit der Beseitigung der Bindung *analog* § 119 I BGB Rechnung getragen (Rn. 85). Nach dieser h. M. genügt also das potentielle Erklärungsbewusstsein, um eine (zunächst) wirksame Willenserklärung zu bejahen. 14

⇨ *Fall Nr. 35 – Die Trierer Weinversteigerung*

cc) Geschäftswille

Der Geschäftswille ist der Wille, eine ganz *konkrete* Rechtsfolge herbeizuführen. Der Geschäftswille ist *kein notwendiger Bestandteil* einer Willenserklärung. Stimmen die objektiv erklärte und die gewollte Rechtsfolge nicht überein, so kann die Willenserklärung aber unter Umständen nach Maßgabe der §§ 119 ff. BGB beseitigt werden (Rn. 55 ff.). 15

II. Die Auslegung

Die Auslegung ist die Methode, den hinter einer Erklärung stehenden Willen zu ermitteln. Dabei ist zwischen der Gesetzesauslegung als Teil der Methodenlehre[236] und der Auslegung von Willenserklärungen und Rechtsgeschäften zu unterscheiden. Nachfolgend geht es allein um die Auslegung von Willenserklärungen und Rechtsgeschäften. 16

1. Die einfache (ergänzende) Auslegung

Ziel der einfachen Auslegung ist es, den rechtlich relevanten Sinn menschlichen Verhaltens zu ermitteln. Dazu muss der jeweilige konkrete Geschäftswille der Partei(en) festgestellt werden. Aufgrund der vielfältigen Möglichkeiten, seinen Rechtsfolgewillen kundzutun, insbesondere der Möglichkeit konkludenten Verhaltens, sind Missverständnisse nicht ausgeschlossen.[237] Der Empfänger einer Erklärung kann ihr einen vom wirklichen Rechtsfolgewillen des Erklärenden abweichenden Sinn beimessen. Daraus ergibt sich zwangsläufig ein **Interessenkonflikt**. Einerseits ist es ver- 17

[235] BGHZ 184, 35, 40 = ZIP 2010, 270, 271 (Rn. 19); BGHZ 109, 171, 177; 91, 324, 327 ff.; *Wertenbruch*, BGB AT, § 6 Rn. 7 f.; *Medicus*, BGB AT, Rn. 607 ff.; *Brox/Walker*, BGB AT, Rn. 137; *Leipold*, BGB AT, § 17 Rn. 18; MünchKomm-BGB/*Armbrüster*, § 119 Rn. 101; a. A. *OLG Düsseldorf* OLGZ 1982, 240, 241 ff.; *Wolf/Neuner*, BGB AT, § 32 Rn. 21 ff.; wohl auch *Singer* JZ 1989, 1030, 1034 ff.

[236] Zur juristischen Methodik vgl. *Bitter/Rauhut*, JuS 2009, 289 ff.

[237] Schönes Beispiel bei *AG Stuttgart-Bad Cannstatt* RRa 2012, 181: Eine Frau aus Sachsen wollte bei einem Reiseunternehmen einen Flug nach Porto buchen; dialektbedingt verstand ihr Gegenüber jedoch Bordeaux. Das Gericht gab diesem Verständnis den Vorzug und verurteilte die Frau zur Zahlung des Entgelts für eine Reise nach Bordeaux.

ständlich, dass der Erklärende nicht mit Rechtsfolgen belastet werden will, die er überhaupt nicht oder zumindest nicht so gewollt hat. Andererseits erscheint der Erklärungsempfänger, der auf den von ihm verstandenen Inhalt der Erklärung vertraut hat, schutzwürdig. Dies gilt allein schon deshalb, weil es in der Hand des Erklärenden liegt, seinen Rechtsfolgewillen klar und deutlich zum Ausdruck zu bringen (**Erklärungssorgfalt**). Die Bewältigung dieses Konflikts zwischen Gewolltem und Verstandenem durch Ermittlung des Sinns einer Willenserklärung, den sie von Rechts wegen haben soll, ist das Ziel der einfachen Auslegung.

a) §§ 133, 157 BGB als einheitlicher Ausgangspunkt

18 Das BGB behandelt im allgemeinen Teil in zwei Paragraphen Fragen der Auslegung. Nach der Gesetzesformulierung wird zwischen der Auslegung von Willenserklärungen (§ 133 BGB) und Verträgen (§ 157 BGB) unterschieden. Bei der Auslegung einer einzelnen Willenserklärung soll es nach § 133 BGB auf den wirklichen Willen des Erklärenden ankommen. § 157 BGB hingegen rückt bei der Auslegung von Verträgen den Vertrauensschutz des Empfängers in den Vordergrund, indem die typische Verständnismöglichkeit des Empfängers für maßgeblich erklärt wird.

19 Diese Differenzierung zwischen der Auslegung der einzelnen Willenserklärung einerseits und der Vertragsauslegung andererseits ist sachlich nicht gerechtfertigt. Auch bei einzelnen Willenserklärungen (z.B. einseitigen Rechtsgeschäften) kann ein Bedürfnis bestehen, den Empfänger der Erklärung in seinem Vertrauen auf den von ihm verstandenen Inhalt zu schützen. Ein solcher Vertrauensschutz könnte aber nicht gewährleistet werden, wenn man gemäß § 133 BGB den wirklichen Willen des Erklärenden für ausschlaggebend hielte. Auch bei auf Vertragsschlüsse gerichteten Willenserklärungen sowie sonstigen mehrseitigen Rechtsgeschäften wäre die Unterscheidung sinnlos.[238]

20 Nach allgemeiner Ansicht sind §§ 133, 157 BGB daher als funktionale Einheit zu verstehen, die den Ausgangspunkt der Auslegung sowohl von einzelnen Willenserklärungen als auch von Vertragsbestimmungen darstellt.[239] Die eigenständige Bedeutung des § 133 BGB liegt dabei in seiner Aussage, dass es bei der Auslegung nicht auf den Wortlaut, sondern den (normativen) Sinn der Erklärung ankommt.[240]

21 Je nach Schutzbedürftigkeit kann es im einen Fall mehr auf den wirklichen Willen des Erklärenden, im anderen Fall mehr auf das verkehrstypische Verständnis ankommen. Der **Unterscheidung zwischen empfangsbedürftigen und nicht empfangsbedürftigen Willenserklärungen** kommt hierbei entscheidende Bedeutung zu.

aa) Auslegung empfangsbedürftiger Willenserklärungen

22 Im Regelfall sind Willenserklärungen empfangsbedürftig und berühren daher die unter Umständen schutzwürdigen Interessen des Erklärungsempfängers. Schon aus diesem Grund kann der wirkliche Wille des Erklärenden nicht ausschlaggebend sein. Andererseits kann es auch nicht allein auf das vom Empfänger tatsächlich Verstandene ankommen, wenn dieser die Willenserklärung – z.B. aus Unachtsamkeit – missverstanden hat. Zwischen diesen beiden Interessenpolen muss ein **Kompromiss** gefunden werden. Er wird dadurch erreicht, dass der Inhalt einer empfangsbedürftigen Willenserklärung *normativ*, d.h. aufgrund einer Wertung zu bestimmen ist. Es kommt darauf an, wie der Erklärungsempfänger die Erklärung verstehen durfte. Die

---

238 Vgl. *Medicus*, BGB AT, Rn. 319ff.; *Rüthers/Stadler*, BGB AT, § 18 Rn. 5.

239 *Bork*, BGB AT, Rn. 500; Palandt/*Ellenberger*, § 133 Rn. 1.

240 Vgl. *BGH* WM 2010, 986, 989 (Rn. 33); MDR 2013, 141 (Rn. 18): objektiv erklärter Parteiwille.

Willenserklärung gilt mit dem Inhalt, den ihr ein sorgfältiger, objektiver Beobachter unter Berücksichtigung aller erkennbaren auslegungsrelevanten Umstände (z. B. Wortlaut der Erklärung, Vorverhandlungen, Vertragszweck), der Verkehrssitte und des Grundsatzes von Treu und Glauben in der konkreten Situation beigelegt hätte (**Lehre vom „objektiven Empfängerhorizont"**).[241] Stimmen der so ermittelte Inhalt und das konkret Verstandene überein, ist der Empfänger grundsätzlich schutzwürdig. Der Erklärende muss die Erklärung mit diesem Inhalt gegen sich gelten lassen. Hätte der Empfänger dagegen bei gehöriger **Auslegungssorgfalt** den Willen des Erklärenden erkennen können, darf er sich nicht auf den konkret verstandenen Inhalt berufen. Die Lehre vom objektiven Empfängerhorizont kann sich somit sowohl zu Gunsten als auch zu Lasten des Erklärungsempfängers auswirken.

Wichtig zu verstehen ist, dass ein Rückgriff auf den objektiven Empfängerhorizont 23
ausgeschlossen ist, wenn der Erklärungsempfänger die Erklärung im Sinne des Erklärenden verstanden hat. Dies gilt auch dann, wenn ein objektiver Dritter die Erklärung anders interpretiert hätte. Wo sich Gewolltes und Verstandenes decken, besteht für Vertrauensschutz kein Bedarf. Eine besondere Ausprägung des Vorrangs des übereinstimmenden Parteiverständnisses ist der Grundsatz *falsa demonstratio non nocet* (§ 5 Rn. 68 ff.).

Die Lehre vom objektiven Empfängerhorizont ist nach ganz h. M. nicht nur an- 24
wendbar, wenn es um die Ermittlung des Inhalts einer Willenserklärung geht,[242] sondern auch, wenn es um die Frage geht, ob überhaupt eine Willenserklärung vorliegt.[243] In beiden Fällen könne das Vertrauen des Empfängers gleichermaßen schutzwürdig sein.

⇨ *Fall Nr. 35 – Die Trierer Weinversteigerung*

bb) Auslegung nicht empfangsbedürftiger Willenserklärungen

Bei der Auslegung nicht empfangsbedürftiger Willenserklärungen, also solcher, die 25
ohne Zugang bei einem Empfänger wirksam werden, spielt der Aspekt des Vertrauensschutzes naturgemäß nur selten eine Rolle. Wo ein Bedürfnis nach Vertrauensschutz nicht besteht, kommt es nicht auf die Sicht eines objektiven Empfängers an. Maßgeblich ist vielmehr der wirkliche Wille des Erklärenden (§ 133 BGB). Zu dessen Ermittlung können alle – nicht nur die für einen objektiven Dritten erkennbaren – Umstände herangezogen werden. Diesen Vorgang bezeichnet man auch als **natürliche Auslegung**. So muss etwa bei der Auslegung eines Testaments nicht auf das Vertrauen irgendwelcher Personen Rücksicht genommen werden. Es gibt keinen Erklärungsempfänger. Ein Recht auf Zuwendungen von Todes wegen existiert nicht. Es kommt deshalb allein auf den wirklichen Willen des Erblassers an, auch wenn dieser Wille im Wortlaut der Erklärung nicht zum Ausdruck gekommen ist.[244]

b) Die Auslegung formgebundener Erklärungen

Bei der Auslegung formgebundener Erklärungen ist stets in **zwei Schritten** vor- 26
zugehen. Zunächst ist der Sinn des formbedürftigen Rechtsgeschäfts im Wege der Auslegung zu ermitteln. Es kann – wie immer bei der Auslegung – auf alle er-

---

[241] Auch dazu *BGH* WM 2010, 986, 989 (Rn. 33); MDR 2013, 141 (Rn. 18) m. w. N.

[242] Schönes Beispiel bei OLG Schleswig VRR 2012, 427: Auto mit Schleife als Schenkung und Übereignung oder (nur) als unentgeltliche Überlassung zur Nutzung.

[243] *BGH* NJW 1984, 721; BAGE 23, 213, 220 f. = NJW 1971, 1422, 1423.

[244] Zur Frage, ob der im Wege der Auslegung ermittelte Wille formgerecht erklärt wurde, siehe sogleich im Anschluss.

kennbaren auslegungsrelevanten Umstände zurückgegriffen werden. Dazu zählen auch außerhalb der Urkunde liegende Gegebenheiten.[245]

27 Im Anschluss daran ist in einem zweiten Schritt zu fragen, ob die so ermittelte Erklärung die vorgeschriebene Form wahrt. Nach der Rechtsprechung soll dies dann der Fall sein, wenn das Gewollte wenigstens andeutungsweise im Wortlaut der Erklärung enthalten ist (so genannte **Andeutungstheorie**).[246] Eine Ausnahme gelte bei einer versehentlichen übereinstimmenden Falschbezeichnung. Hier könne mit Rücksicht auf das Interesse der Parteien an dem wirklich Gewollten auf eine Andeutung verzichtet werden.[247]

28 Die h. L. differenziert.[248] Sie fragt nach dem **Sinn und Zweck der jeweiligen Formvorschrift**. Sofern die wesentlichen Ziele der Formvorschrift erreicht worden seien, sei eine Andeutung entbehrlich. So könne man in der Regel annehmen, dass keine Andeutung im Wortlaut der Urkunde nötig sei, wenn die Einhaltung der Form den Schutz allein der beiden Vertragsparteien bezwecke. Ist etwa bei einem Grundstückskauf im Kaufvertrag die falsche Parzelle angegeben worden, besteht aber Einigkeit über die zu verkaufende Parzelle, so ist der Vertrag formwirksam. Die Parteien sind von einem Notar über Folgen und Risiken eines Grundstückskaufs beraten und aufgeklärt worden. Der wesentliche Formzweck ist daher erreicht.

29 Wo die Formvorschrift hingegen eine der beiden Parteien gerade durch die Beurkundung des korrekten Wortlauts warnen will oder Drittinteressen geschützt werden sollen, sei eine Andeutung erforderlich. Wird etwa schriftlich die Übernahme einer Bürgschaft erklärt, ohne dass in der Urkunde die zu sichernde Hauptforderung angegeben ist, so wird man Formnichtigkeit annehmen müssen, auch wenn sich die Hauptforderung durch einen Rückgriff auf außerhalb der Urkunde liegende Umstände feststellen lässt. Durch die Formvorschrift des § 766 BGB soll der Bürge vor der Übernahme der Bürgschaft für eine *konkrete* Verbindlichkeit gewarnt werden. Er soll „schwarz auf weiß" vor Augen haben, in welcher Höhe er mit einer Inanspruchnahme zu rechnen hat. Deshalb ist eine Andeutung in der Urkunde zu verlangen.[249]

30 Dieser Ansicht ist der Vorzug zu geben, weil sie eine an der Funktion der jeweiligen Formvorschrift orientierte Einzelfallbetrachtung ermöglicht.

2. Die ergänzende Auslegung von Rechtsgeschäften

31 Manchmal trifft ein Rechtsgeschäft zu bestimmten, regelungsbedürftigen Punkten keine Aussage. Mit Hilfe der ergänzenden Auslegung kann ein solch unvollständiges Rechtsgeschäft ergänzt werden. Die ergänzende Vertragsauslegung spielt in der Praxis eine ungleich größere Rolle als in Klausuren. Es ist in folgenden Arbeitsschritten vorzugehen:

32 Zunächst muss gefragt werden, ob ein wirksames Rechtsgeschäft vorliegt. Diese Frage kann erst beantwortet werden, wenn mittels der einfachen Auslegung der In-

[245] St. Rspr., BGHZ 142, 158, 164 = NJW 1999, 2591, 2592 m. w. N.

[246] BGHZ 80, 242, 245; 80, 246, 250; *BGH* NJW 2008, 1658, 1659 (Rn. 13); ebenso *Wolf/Neuner*, BGB AT, § 35 Rn. 37.

[247] BGHZ 74, 116, 119; 87, 150, 153 ff.; *BGH* NJW 2008, 1658, 1659 (Rn. 13); siehe auch *Leipold*, BGB AT, § 15 Rn. 31; zur Anwendung des Grundsatzes *falsa demonstratio non nocet* bei formbedürftigen Erklärungen siehe schon oben § 5 Rn. 72 ff.

[248] *Bork*, BGB AT, Rn. 562; *Rüthers/Stadler*, BGB AT, § 18 Rn. 18; *Köhler*, BGB AT, § 9 Rn. 15.

[249] Vgl. *BGH* NJW 1989, 1484, 1486; *Bork*, BGB AT, Rn. 563.

halt der einzelnen Willenserklärungen und Vertragsbestimmungen ermittelt worden ist. In einem zweiten Schritt muss – ebenfalls im Wege einfacher Auslegung – geklärt werden, ob eine **ausfüllungsbedürftige Lücke** vorliegt. So mögen die Parteien das Erfordernis einer vertraglichen Vereinbarung über einen bestimmten Punkt von vorneherein übersehen haben. Denkbar ist aber auch, dass sie eine Regelung getroffen haben, diese jedoch von einem Gericht als unwirksam angesehen wird und deshalb eine Vertragslücke besteht.[250]

Wird eine Lücke bejaht, kann sie möglicherweise schon durch **Anwendung des dispositiven Gesetzesrechts** geschlossen werden. Entspricht die konkrete Interessenlage der einer gesetzlichen Bestimmung zugrunde gelegten, bedarf es keiner ergänzenden Auslegung. Haben etwa die Parteien eines Kaufvertrages nicht geregelt, was beim Auftreten eines Sachmangels geschehen soll, finden automatisch die Vorschriften der §§ 434 ff. BGB Anwendung. 33

Handelt es sich dagegen um eine atypische Interessenlage oder existiert kein diesen Punkt betreffendes dispositives Recht, ist der so genannte **hypothetische Parteiwille** zu ermitteln. Der im Streitfall zur Entscheidung berufene Richter hat danach zu fragen, was die Parteien unter Berücksichtigung des Rechtsgeschäftszwecks und der Interessenlage vernünftiger- und redlicherweise vereinbart hätten, wenn sie den offen gebliebenen Punkt geregelt hätten.[251] Die jeweils geltende Verkehrssitte ist hierbei ebenso zu beachten wie der Grundsatz von Treu und Glauben (§§ 157, 242 BGB).[252] Es ist jedoch Vorsicht geboten. Den Parteien darf nichts aufgezwungen werden, was sie nicht gewollt haben. Dies gilt auch dann, wenn ein tatsächlicher Wille zwar erkennbar, aber offensichtlich unvernünftig ist. Die ergänzende Vertragsauslegung dient nicht der Verbesserung von Rechtsgeschäften. Der Richter hat die privatautonome Entscheidung der Parteien zu respektieren. Auf seinen eigenen Willen – mag er auch noch so vernünftig sein – kommt es nicht an.[253] 34

Kann ein eindeutiger hypothetischer Parteiwille festgestellt werden, so füllt dieser die Lücke. Gibt es keine Lösung, von der anzunehmen ist, dass sich die Parteien bei Kenntnis der Sachlage für sie entschieden hätten, bleibt die Lücke offen. Gleiches gilt, wenn es mehrere Lösungen gibt und nicht geklärt werden kann, für welche sich die Parteien entschieden hätten.[254] 35

III. Bewusstes Auseinanderfallen von Wille und Erklärung

Es kann so sein, dass der Erklärende *bewusst* den äußeren Tatbestand einer Willenserklärung setzt, ohne das Erklärte tatsächlich zu wollen. Regelmäßig wird der Empfänger der Erklärung auf den äußeren Anschein vertrauen und deshalb schutzbedürftig sein. Der Vertrauensschutz bei solchen Willensvorbehalten wird durch die §§ 116–118 BGB auf unterschiedliche Weise bewerkstelligt. Die Willensvorbehalte unterscheiden sich dabei vor allem auf subjektiver Ebene. 36

---

250 Zu einem solchen Fall *BGH* NJW 2012, 1865: Unwirksamkeit einer Preisänderungsklausel im Energielieferungsvertrag.

251 *BGH* NJW 2009, 2443, 2446 (Rn. 46); *BGH* NJW-RR 2013, 494, 495 (Rn. 12); *BGH* NJW-RR 1989, 1490, 1491; demgegenüber lehnen *Wolf/Neuner*, BGB AT, § 35 Rn. 68 ff. eine ergänzende Vertragsauslegung generell ab.

252 BGHZ 158, 201, 207 = NJW 2004, 1590, 1591; *BGH* NJW 2012, 1865, 1866 (Rn. 24); *Bork*, BGB AT, Rn. 537.

253 *Medicus*, BGB AT, Rn. 344; *Bork*, BGB AT, Rn. 537.

254 BGHZ 90, 69, 80 = NJW 1984, 1177, 1179; *BGH* NJW 2012, 1865, 1868 (Rn. 35).

1. Der geheime Vorbehalt – „Mentalreservation“ (§ 116 BGB)

37 Eine Willenserklärung ist nicht deshalb nichtig, weil sich der Erklärende insgeheim vorbehält, das Erklärte nicht zu wollen (§ 116 S. 1 BGB).[255] Die Vorschrift setzt zweierlei voraus: Nach außen hin muss ein Rechtsfolgewille zum Ausdruck gebracht werden, ohne dass ein korrespondierender Geschäftswille vorliegt. Zudem muss der Erklärende die Absicht haben, dass der andere den Vorbehalt nicht erkennt (**Täuschungs- oder Geheimhaltungsabsicht**). Als Beispiel kann man die Pizzabestellung an eine nicht vorhandene Adresse nennen. Nach § 116 S. 1 BGB wäre ein wirksamer Kaufvertrag zu bejahen. Im Beispiel handelt es sich um einen **„bösen Scherz“**, der den Hauptanwendungsfall des § 116 BGB darstellt. Hierbei hofft der Erklärende, der andere werde auf die nicht ernst gemeinte Erklärung hereinfallen.

38 Salopp gesprochen ist derjenige, der den Tatbestand des § 116 S. 1 BGB erfüllt, ein Lügner. Der Grund für diese „Lüge“ spielt keine Rolle, mag das Motiv auch noch so altruistisch sein. Der Vertrauensschutz des Erklärungsgegners hat absoluten Vorrang. Rechtsfolge des § 116 S. 1 BGB ist daher – vorbehaltlich sonstiger Nichtigkeitsgründe – die Wirksamkeit der Willenserklärung. Der Lügner wird also beim Wort genommen. Ein anderes Ergebnis wäre auch systemwidrig. Wenn schon derjenige, der fahrlässig den Anschein einer Willenserklärung setzt, hieran festgehalten werden kann (Rn. 14), muss das *erst recht* für jemanden gelten, der diesen Anschein vorsätzlich verursacht hat.[256]

39 Das Vertrauen des Gegenübers ist hingegen nicht schutzwürdig, wenn der Vorbehalt positiv erkannt wurde. Für den **erkannten Vorbehalt** ordnet § 116 S. 2 BGB deshalb die Nichtigkeit der Willenserklärung an.

⇨ *Fall Nr. 37 – Aus Spaß wird Ernst*

2. Mangel der Ernstlichkeit (§ 118 BGB)

40 § 118 BGB, der auch mit „Scherzerklärung“ überschrieben werden könnte, unterscheidet sich vom geheimen Vorbehalt allein im subjektiven Tatbestand. Wie bei § 116 BGB werden auch hier Rechtsfolgen erklärt, die nicht gewollt sind. Allerdings hegt der Erklärende bei der „Scherzerklärung“ die Erwartung, dass der Erklärungsgegner die mangelnde Ernstlichkeit der Erklärung erkennen werde (**„guter Scherz“**). Ihm fehlt die Absicht, über seinen wirklichen Geschäftswillen zu täuschen. Kann der Erklärende diese fehlende Absicht im Streitfall beweisen, so ist die Willenserklärung gemäß § 118 BGB nichtig. Das gilt auch dann, wenn der Erklärungsgegner den Scherz nicht erkannt hat, ja sogar dann, wenn er ihn objektiv nicht erkennen konnte (arg. § 122 II BGB). Damit steht § 118 BGB, der allein die Willensrichtung des Erklärenden über die Nichtigkeit entscheiden lässt, im Widerspruch zur Lehre vom objektiven Empfängerhorizont (dazu Rn. 22). Die Norm ist als absolute **Ausnahmevorschrift** anzusehen.[257]

---

[255] Den Grundsatz der Unbeachtlichkeit mentaler Vorbehalte bestätigt auch § 164 II BGB. Hiernach ist der Wille des Vertreters, für den Vertretenen handeln zu wollen, unbeachtlich, wenn er diesen Willen nicht hinreichend zum Ausdruck bringt. Er wird dann selbst Vertragspartner. Zugleich will die Vorschrift eine Anfechtung durch den Vertreter ausschließen, wenn er über diese Konsequenz im Irrtum war (vgl. zur Stellvertretung unten § 10, speziell zu § 164 II BGB siehe § 10 Rn. 32). Wenn im umgekehrten Fall der Vertreter für sich handeln will, nach außen aber im Namen des Vertretenen auftritt, ist dieser Wille nach § 116 S. 1 BGB unbeachtlich.

[256] *Rüthers/Stadler*, BGB AT, § 25 Rn. 3.

[257] § 118 I BGB geht noch auf die reine „Willenstheorie“ zurück, vgl. *Rüthers/Stadler*, BGB AT, § 25 Rn. 10. Nach der Lehre vom „objektiven Empfängerhorizont“ müsste man eigent-

Dem Vertrauen des Erklärungsgegners wird erst auf der sekundären Ebene durch einen Anspruch auf Schadensersatz Rechnung getragen. Hat er auf die Gültigkeit der Erklärung vertraut, kann er gemäß § 122 BGB Ersatz des negativen Interesses verlangen, wenn er den Mangel der Ernstlichkeit weder kannte noch kennen musste (Rn. 135 ff.). Kannte er ihn, so geht u. U. – das Einverständnis des Erklärungsempfängers vorausgesetzt – § 117 I BGB vor. 41

Ein **klausurrelevanter Anwendungsfall** des § 118 I BGB ist der des **misslungenen Scheingeschäfts**. Bei diesem geht der Erklärende fälschlicherweise davon aus, dass das Einverständnis des Erklärungsempfängers bezüglich der Nichtgeltung der erklärten Rechtsfolgen vorliegt.[258] Auch hier erfolgt die Abgabe der Erklärung in der Erwartung, dass die mangelnde Ernstlichkeit erkannt werde. Die Erklärung ist nach § 118 I BGB nichtig. 42

⇨ *Fall Nr. 37 – Aus Spaß wird Ernst (Abwandlung 1)*
⇨ *Fall Nr. 36 – Steuersparversuch (Abwandlung 2)*

3. Das Scheingeschäft (§ 117 BGB)

Eine Willenserklärung, die im Einvernehmen mit dem Erklärungsempfänger nur zum Schein abgegeben wird, ist nichtig (§ 117 I BGB). Wird hierdurch ein anderes Rechtsgeschäft verdeckt, finden die für dieses geltenden Vorschriften Anwendung (§ 117 II BGB). 43

a) Nichtigkeit der „simulierten" Erklärungen

§ 117 I BGB setzt dreierlei voraus. (1) Bei der abgegebenen Willenserklärung muss es sich um eine *empfangsbedürftige* handeln. (2) Die nach außen erklärten Rechtsfolgen sind in Wahrheit nicht gewollt. (3) Erklärender und Empfänger stimmen darin überein, dass die erklärten Rechtsfolgen keine Wirkung entfalten sollen.[259] Das Einverständnis ist mehr als bloße Kenntnis. Es ist eine tatsächliche – wenngleich keine rechtsgeschäftliche – Einigung über die Nichtgeltung des Erklärten erforderlich (**„Simulationsabrede"**).[260] Die Absprache muss nicht ausdrücklich erfolgen. 44

Die Abgabe von Scheinerklärungen geschieht meist zur Täuschung eines Dritten. Ein „Klassiker" ist der Grundstückskauf, bei dem ein zu niedriger Kaufpreis angegeben wird, um Grunderwerbssteuern und Notargebühren zu sparen (s. o. § 5 Rn. 74). Tatbestandsvoraussetzung ist eine derartige Täuschungsabsicht aber nicht. 45

Rechtsfolge ist die Nichtigkeit der Scheinerklärung gegenüber jedermann (§ 117 I BGB). In bestimmten Konstellationen kann es sein, dass die gesetzlich angeordnete Nichtigkeit des simulierten Geschäfts dem getäuschten Dritten mehr schadet als nutzt. Dann kann man ihm unter Umständen über eine *analoge* Anwendung des § 116 S. 1 BGB dadurch helfen, dass man das Rechtsgeschäft im Verhältnis zu ihm als wirksam ansieht.[261] 46

---

lich darauf abstellen, ob ein außenstehender Dritter den „Scherzcharakter" der Erklärung erkannt hätte. Wäre dem nicht so, läge an sich eine zunächst wirksame Willenserklärung vor.

[258] Das Beispiel des „misslungenen Scheingeschäfts" zeigt, dass es sich nicht zwingend um einen „Scherz" im Sinne des allgemeinen Sprachgebrauchs handeln muss. Entscheidend ist allein, ob eine Erklärung in der von § 118 BGB geforderten Erwartungshaltung abgegeben wird.

[259] Sofern die Erklärung mehreren gegenüber abzugeben ist, muss der Scheingeschäftswille bei allen am Geschäft Beteiligten vorliegen, um die Nichtigkeitsfolge des § 117 I BGB auszulösen.

[260] *BGH* NJW 1999, 2882.

[261] Vgl. *BGH* NJW 1999, 2882 f.

47 Wird ein Rechtsgeschäft unter Einschaltung eines Vertreters (§ 164 I BGB) vorgenommen, so kommt es gemäß § 166 I BGB auf die Willensmängel, d.h. auf den Scheingeschäftswillen des Vertreters an.[262] Der Scheingeschäftswille anderer in die Vertragsverhandlungen eingeschalteter Personen kann *nicht* über eine (analoge) Anwendung des § 166 I BGB zugerechnet werden.[263]

b) Behandlung des „dissimulierten" Rechtsgeschäfts nach den allgemeinen Vorschriften

48 Wird durch das Scheingeschäft ein anderes Rechtsgeschäft verdeckt, bestimmt sich dessen Wirksamkeit nach den allgemeinen für Rechtsgeschäfte geltenden Vorschriften (§ 117 II BGB). Die Vorschrift bestätigt den Vorrang des übereinstimmend Gewollten vor dem objektiv Erklärten. Wo ein übereinstimmender Rechtsfolgewille festgestellt werden kann, soll er auch Wirkung entfalten, sofern andere Nichtigkeitsgründe sowie schutzwürdige Belange Dritter nicht entgegenstehen.

49 In **Klausuren** ist hier regelmäßig an eine Formnichtigkeit gemäß §§ 125 S. 1, 311b I 1, 117 II BGB und die Heilungsmöglichkeit des § 311b I 2 BGB zu denken. Auch die Frage, ob der Grundsatz der *falsa demonstratio non nocet* bei formgebundenen Rechtsgeschäften zur Anwendung kommt (§ 5 Rn. 72ff.), kann eine Rolle spielen.

⇨ *Fall Nr. 36 – Steuersparversuch*

c) Abgrenzung

50 Charakteristisch für das Scheingeschäft ist, dass die erklärten Rechtsfolgen nicht gewollt sind.[264] Darin unterscheidet es sich von den folgenden Konstellationen.

51 Beim **Strohmanngeschäft** schließt jemand als mittelbarer Stellvertreter[265] für Rechnung eines im Hintergrund bleibenden Hintermanns im Außenverhältnis **im eigenen Namen** einen wirksamen Vertrag. Darin unterscheidet es sich vom Vertretergeschäft, bei dem der (unmittelbare) Stellvertreter eine Erklärung in fremdem Namen abgibt. Da der Hintermann beim Strohmanngeschäft nicht in Erscheinung tritt, treffen die Rechtsfolgen grundsätzlich nur den Strohmann. Allerdings soll der wirtschaftliche Erfolg des Rechtsgeschäfts im Innenverhältnis letztlich dem Hintermann zu Gute kommen (Handeln für fremde Rechnung), der sich des Strohmanns nur bedient, um z.B. seine Identität nicht aufdecken zu müssen. Die Rechtsfolgen werden hier nicht „zum Schein" erklärt. Allenfalls wird der Anschein erweckt, dass der wirtschaftliche Erfolg den Strohmann treffen soll. Dies ist aber kein Fall des § 117 I BGB, da jedenfalls der Eintritt der erklärten Rechtsfolgen gewollt, ja sogar unverzichtbare Voraussetzung für das Aufgehen des Plans des Hintermannes ist.

52 Ganz allgemein darf das **Treuhandgeschäft**, als dessen Unterfall sich das Strohmanngeschäft darstellt, nicht mit dem Scheingeschäft verwechselt werden. Bei einer Treuhand hält jemand (der Treuhänder) einen Vermögenswert (z.B. das Eigentum) zur Verwaltung für einen Dritten (den Treugeber). Bei der dadurch begründeten Rechtsträgerschaft für fremde Rechnung ist der Treuhänder im zivilrechtlichen Sinne – formal – berechtigt, während das Treugut dem Hintermann wirtschaftlich zusteht.[266] Die Rechtsinhaberschaft des Treuhänders am Treugut ist jedoch nicht „simuliert" i.S.v. § 117 I BGB, sondern bewusst von den Parteien gewollt.

---

[262] *Wolf/Neuner*, BGB AT, § 40 Rn. 16.
[263] BGHZ 144, 331, 333 = NJW 2000, 3127, 3128.
[264] *BGH* NJW-RR 2012, 18 (Rn. 9).
[265] Definition in Abgrenzung zum unmittelbaren Stellvertreter unten § 10 Rn. 6.
[266] Dazu eingehend *Bitter*, Rechtsträgerschaft für fremde Rechnung, 2006.

Dies gilt in ganz besonderem Maße bei der sog. **Sicherungstreuhand**, bei der z. B. ein Kreditnehmer einen Gegenstand – etwa einen PKW – als Sicherheit für einen Kredit an seine Bank übereignet. Wenn auch die Bank mit dem Gegenstand nicht nach Belieben verfahren, sondern das Eigentum nur dann durch Verkauf verwerten darf, wenn der Kreditnehmer den Kredit nicht zurückzahlt, ist die Vollrechtsübertragung der Sicherheit (PKW) auf die Bank nicht „simuliert", sondern von den Parteien gewollt. Nur durch die echte Rechtsübertragung auf den Kreditgeber ist dieser nämlich für den Fall gesichert, dass der Kreditnehmer insolvent wird (§§ 50, 51 Nr. 1 InsO). 53

Wenn Parteien einen bestimmten gesetzlichen Tatbestand vermeiden, gleichwohl aber durch Wahl einer anderen juristischen Konstruktion genau jenen wirtschaftlichen Erfolg herbeiführen wollen, den der Tatbestand nach seinem Sinn und Zweck verbieten will, so spricht man von einem **Umgehungsgeschäft**. Ziel des Rechtsgeschäfts ist es, die Anwendbarkeit eines bestimmten Gesetzes – etwa eines Steuertatbestandes – auszuschließen. Die erklärten Rechtsfolgen sind indes gewollt. § 117 I BGB ist auch hier nicht einschlägig. Fraglich ist allein, ob das (formal) umgangene Gesetz dennoch auf das Umgehungsgeschäft anzuwenden ist (vgl. dazu im Steuerrecht z. B. § 42 Abgabenordnung [AO]). 54

IV. Die Anfechtbarkeit von Willenserklärungen

1. Grundlagen

Das Anfechtungsrecht lässt sich grundsätzlich in zwei Kategorien einteilen: die Anfechtung wegen Irrtums (§§ 119 f. BGB) und die Anfechtung wegen einer unzulässigen Willensbeeinflussung (§ 123 BGB). Für beide gelten einige gemeinsame Grundlagen. 55

a) Zweck und Anwendungsbereich der Anfechtung

Hat man durch Auslegung das Vorliegen und den Inhalt einer Willenserklärung festgestellt, ist der Erklärende grundsätzlich hieran gebunden. Dabei führt die (normative) Auslegung bisweilen zu dem Ergebnis, dass der Erklärende eine Willenserklärung gegen sich gelten lassen muss, obwohl ein dementsprechender/s Geschäftswille/Erklärungsbewusstsein nicht bestand. Diesem tatsächlichen Geschäftswillen tragen die in den **§§ 119 f. BGB abschließend** aufgeführten Anfechtungsgründe Rechnung, indem sie es dem Erklärenden unter bestimmten Voraussetzungen ermöglichen, sich rückwirkend (*ex tunc*) von seiner Willenserklärung durch Anfechtung zu lösen.[267] In all diesen Fällen handelt es sich um **Irrtümer**, bei denen **Wille und Erklärung** – mit Ausnahme des § 119 II BGB, der einen Irrtum im Stadium der Willensbildung behandelt – im Zeitpunkt der Abgabe der Erklärung **unbewusst auseinanderfallen** (Rn. 74 ff.). In dem *unbewussten* Auseinanderfallen von Wille und Erklärung liegt der entscheidende Unterschied zu den §§ 116–118 BGB. 56

Das Vertrauen des Erklärungsgegners wird durch bestimmte **Ausschlussfristen** und vor allem durch die **Schadensersatznorm** des § 122 BGB weiterhin geschützt. 57

Davon zu trennen sind Fälle, in denen zwar ein der Erklärung entsprechender Geschäftswille existiert, dieser aber aufgrund einer unzulässigen Willensbeeinflussung 58

[267] Die BGB-Anfechtung hat nichts mit der Anfechtung nach dem Anfechtungsgesetz oder der Insolvenzordnung (§§ 129 ff. InsO) zu tun. Letztere erlauben es einem Gläubiger bzw. dem Insolvenzverwalter, bestimmte gläubigerbenachteiligende Rechtshandlungen des Schuldners im Interesse der Befriedigung des/der Gläubiger/s rückgängig zu machen.

zustande gekommen ist. Vor solchen Willensbeeinflussungen wird der Erklärende durch die Vorschrift des § 123 BGB geschützt (Rn. 139ff.). Einen Schadensersatzanspruch des Erklärungsgegners gibt es in diesem Fall nicht; wohl aber gibt es auch hier Ausschlussfristen.

59 Gegenstände der Anfechtung können – vorbehaltlich gesetzlicher Spezialregelungen – alle Arten von Willenserklärungen und u. U. – aufgrund analoger Anwendung – geschäftsähnliche Handlungen sein. Auch bereits **nichtige Willenserklärungen können** noch bzw. noch einmal **angefochten werden** (Kipp´sche Lehre von der Doppelwirkung im Recht).[268] Dies kann z. B. zur Vermeidung einer Schadensersatzpflicht nach § 122 BGB nützlich sein. Wer sich etwa geirrt und bereits angefochten hat, muss u. U. Schadensersatz nach § 122 I BGB leisten. Wurde der Irrtum aber durch eine Täuschung verursacht, kann er die nach § 142 I BGB nichtige Erklärung nochmal nach § 123 I Alt. 1 BGB anfechten. Eine Schadensersatzpflicht besteht dann nicht.

60 Entgegen der ungenauen Formulierung in § 142 I BGB ist Anfechtungsgegenstand immer die einzelne Willenserklärung.[269] Deren Beseitigung hat dann freilich auch die Hinfälligkeit des Rechtsgeschäfts zur Folge.

b) Vorrang der Auslegung

61 Der Anfechtung geht die Auslegung denklogisch vor. So ist z. B. die Anfechtung nach § 119 I BGB nur dort zulässig, wo Gewolltes und Erklärtes unbewusst auseinanderfallen. Erst wenn das Vorliegen bzw. der konkrete Inhalt einer Willenserklärung durch Auslegung festgestellt und mit dem wahren Willen des Erklärenden verglichen worden sind, lässt sich beurteilen, ob dies der Fall ist. Wo schon die Auslegung ergibt, dass das wirklich Gewollte rechtlich gilt, scheidet ein Irrtum – und damit auch eine Anfechtung – aus.

c) Die Unbeachtlichkeit von Motivirrtümern

62 Nicht jeder Irrtum kann zur Anfechtung berechtigen. Das gebieten die Grundsätze der **Rechtssicherheit** und des **Vertrauensschutzes.** Viel zu schnell und viel zu oft können sich die Gründe, die den Erklärenden zur Abgabe einer Willenserklärung veranlasst haben, ändern. Das Risiko dieser Veränderungen darf nicht dem Erklärungsgegner aufgebürdet werden. Deshalb sind so genannte Motivirrtümer, bei denen dem Erklärenden der **Irrtum im Stadium der Willensbildung** unterläuft, grundsätzlich **unbeachtlich.** Das Anfechtungsrecht darf nicht dazu „missbraucht" werden, sich von unliebsam gewordenen rechtsgeschäftlichen Verpflichtungen zu lösen. Nach dem Willen des Gesetzgebers sollen Irrtümer nur dann zur Anfechtung berechtigen, wenn Erklärtes und Gewolltes *im Zeitpunkt der Abgabe* der Erklärung auseinanderfallen. An dieser Voraussetzung fehlt es gerade bei Motivirrtümern, bei denen der Wille nur fehlerhaft gebildet, sodann aber völlig korrekt nach außen mitgeteilt wurde. Das Erklärte ist gewollt. Die Fehlvorstellung bezieht sich auf außerhalb der Erklärung liegende Umstände. So kann etwa jemand, der ein Geschenk in Erwartung einer bevorstehenden Hochzeit erworben hat, dieses nicht dem Verkäufer unter Hinweis auf einen Irrtum zurückbringen, wenn später die Hochzeit kurzfristig abgesagt wird.

⇨ *Fall Nr. 38 – Der doppelte Golf*

---

[268] Diese Lehre wurde durch *BGH* NJW 2010, 610 bestätigt. In dieser Entscheidung ließ der *BGH* den auf § 312d BGB gestützten Widerruf eines nach § 138 BGB nichtigen Fernabsatzvertrages zu; ablehnend *Bork*, BGB AT, Rn. 929a.

[269] Vgl. den Wortlaut der §§ 119, 120, 123 BGB.

Vom Grundsatz der Unbeachtlichkeit von Motivirrtümern weicht das Gesetz nur in den §§ 119 II, 123 I Alt. 1 BGB ab. Ausnahmsweise berechtigt hier auch ein Motivirrtum zur Anfechtung. 63

d) Trennung von Verpflichtungs- und Verfügungsgeschäft

Prüft man, ob ein Willensmangel vorliegt, so hat man dies unbedingt für die Willenserklärungen des Verpflichtungs- und Verfügungsgeschäfts getrennt zu untersuchen! Gerade in den Irrtumskonstellationen wird sich der Irrtum oft nur auf eines der beiden Rechtsgeschäfte beziehen. Der Irrtum war dann auch nur für die Abgabe der das schuldrechtliche oder das dingliche Rechtsgeschäft betreffenden Willenserklärung kausal. Dementsprechend ist auch die Anfechtungsmöglichkeit auf das mangelbehaftete Rechtsgeschäft beschränkt. 64

Eine **Ausnahme** gilt nur **bei** der sog. **Fehleridentität** (dazu § 5 Rn. 91). Hier leiden Verpflichtungs- und Verfügungsgeschäft unter demselben Fehler, so dass beide angefochten werden können. Von der Frage, welches Rechtsgeschäft anfechtbar ist, hängt dann später auch ab, ob bereits erbrachte Leistungen nach Bereicherungsrecht (§§ 812 ff. BGB) oder nach den Vorschriften zum Eigentümer-Besitzer-Verhältnis (§ 985 BGB) zurückzufordern sind (dazu § 5 Rn. 79ff.). Dies spielt wiederum in der Insolvenz des Schuldners eine wichtige Rolle.[270] 65

⇨ *Fall Nr. 45 – Die Schnapsdrossel*

e) Anfechtungserklärung und Anfechtungsgegner (§ 143 BGB)

Die Anfechtung ist ein **Gestaltungsrecht** und ein einseitiges Rechtsgeschäft. Bei der Anfechtungserklärung handelt es sich um eine empfangsbedürftige Willenserklärung. Um die Wirkung des § 142 I BGB entfalten zu können, muss sie gegenüber dem **richtigen Anfechtungsgegner** (ggf. auch konkludent) erklärt werden. Bei Verträgen ist dies grundsätzlich der Vertragspartner (§ 143 II Alt. 1 BGB)[271], beim einseitigen Rechtsgeschäft, wenn es sich um eine empfangsbedürftige Erklärung gehandelt hat, der Adressat der Erklärung (§ 143 III 1 BGB). Die Anfechtung sonstiger einseitiger Rechtsgeschäfte erfolgt gegenüber demjenigen, der auf Grund des Rechtsgeschäfts unmittelbar einen rechtlichen Vorteil erlangt hat (§ 143 IV 2 BGB). Für „amtsempfangsbedürftige" Willenserklärungen gilt § 143 III 2 BGB. 66

Angefochten werden kann immer nur die eigene Willenserklärung. Anders ist dies bei der **Stellvertretung**. Weil die Rechtsfolgen hier unmittelbar in der Person des Vertretenen eintreten (§ 164 I BGB), ist er der Anfechtungsberechtigte bzw. der Anfechtungsgegner bei einem durch Stellvertreter für ihn abgeschlossenen Vertrag. 67

Der Anfechtende braucht das Wort „Anfechtung" nicht zu verwenden. Es genügt, dass der Wille, sich rückwirkend vom Rechtsgeschäft zu lösen, zweifelsfrei zu ermitteln ist.[272] Weiterhin muss der Anfechtungsgrund nach wohl h. M. für den Anfechtungsgegner irgendwie erkennbar sein.[273] 68

---

[270] Bereicherungsrechtliche Ansprüche sind bloße Insolvenzforderungen, auf die der Gläubiger oft nur einen Bruchteil ihres ursprünglichen Wertes – die so genannte „Quote" – erhält. Der Anspruch aus § 985 BGB ist dagegen dinglicher Natur und gibt dem Gläubiger ein Aus- oder Absonderungsrecht, d. h. er erhält die Sache selbst zurück oder zumindest deren Wert erstattet.

[271] Eine Ausnahme gilt im Falle einer „Vierttäuschung" beim hier nicht behandelten Vertrag zu Gunsten Dritter (vgl. § 143 II Alt. 2 BGB).

[272] BGHZ 91, 324, 331 f. = NJW 1984, 2279, 2280.

[273] Die Frage spielt vor allem beim „Nachschieben" von Anfechtungsgründen in Bezug auf die Wahrung der Anfechtungsfrist eine Rolle, vgl. *Medicus*, BGB AT, Rn. 723 f.; *Bork*, BGB AT, Rn. 906; a. A. *Brox/Walker*, BGB AT, Rn. 433.

f) Ausschluss der Anfechtung

69 Das Anfechtungsrecht selbst nennt zwei Fälle, in denen eine Anfechtung ausgeschlossen ist. Die Anfechtung ist zum einen ausgeschlossen, wenn der Anfechtungsberechtigte das anfechtbare Rechtsgeschäft – in Kenntnis der Anfechtungsmöglichkeit – bestätigt (§ 144 I BGB). Dem Anfechtungsberechtigten soll es unbenommen bleiben, durch diesen – nach wohl h.M. nicht empfangsbedürftigen[274] – **„Verzicht"** am Rechtsgeschäft festzuhalten.

70 Zum anderen gelten die **absoluten Ausschlussfristen** der §§ 121 II, 124 III BGB. Im Interesse der Rechtssicherheit ist die Anfechtung ausgeschlossen, wenn seit Abgabe der Willenserklärung zehn Jahre vergangen sind. Dem liegt die gesetzgeberische Wertung zugrunde, dass danach niemand mehr mit einer Anfechtung zu rechnen braucht.

71 Des Weiteren kann die Anfechtung auch nach § 242 BGB ausgeschlossen sein. Dies wird z.B. für den Fall angenommen, dass der Anfechtungsberechtigte die Anfechtung erklärt, obwohl er zuvor die anstehende Rückabwicklung vorsätzlich vereitelt hat.[275]

g) Möglichkeit der Teilanfechtung

72 Wenn ein Rechtsgeschäft teilbar ist und sich der Willensmangel nur auf einen Teil dieses Rechtsgeschäfts bezieht, hat der Erklärende die Möglichkeit, die Anfechtung von vornherein auf den fehlerbehafteten Teil der Erklärung zu beschränken. Das Rechtsgeschäft ist dann **teilnichtig**. Allerdings wird bei einer solchen Teilnichtigkeit gemäß § 139 BGB im Grundsatz vermutet, dass die Teilnichtigkeit zur **Gesamtnichtigkeit** des Rechtsgeschäfts führt. Lässt sich aber ein entgegenstehender Parteiwille feststellen, so ist die Vermutung entkräftet und der Rest des Geschäfts wirksam.

h) Sonderregeln

73 Insbesondere im Erb- und Familienrecht finden sich zahlreiche Vorschriften, die die §§ 119ff. BGB teils verdrängen, teils modifizieren (vgl. z.B. §§ 1313, 1314 II Nr. 2–4, 1954ff. BGB).

2. Die Irrtumsanfechtung

a) Die einzelnen Anfechtungsgründe

74 Ein zur Anfechtung berechtigender Irrtum kann in verschiedener Weise auftreten. Die einzelnen Fälle sind in § 119 I und II BGB benannt. Bisweilen kann die Zuordnung problematisch sein.

aa) Erklärungsirrtum (§ 119 I Alt. 2 BGB)

75 Kennzeichnend für den Erklärungsirrtum ist, dass Gewolltes und Erklärtes auseinanderfallen, weil sich der Erklärende eines Erklärungszeichens bedient, dessen er sich nicht bedienen wollte. Als Merksatz gilt: „Er weiß nicht, was er sagt". Typische Fälle sind das **Verschreiben oder Versprechen**. Schon der äußere Erklärungstatbestand der Erklärung ist nicht gewollt. Es liegt ein Irrtum in der Erklärungshandlung

---

[274] Vgl. RGZ 68, 398, 399; *Brox/Walker*, BGB AT, Rn. 437; Palandt/*Ellenberger*, § 144 Rn. 2; a.A. MünchKomm-BGB/*Busche*, § 144 Rn. 4; *Bork*, BGB AT, Rn. 946; *Medicus*, BGB AT, Rn. 534.

[275] *Bork*, BGB AT, Rn. 953; *Wolf/Neuner*, BGB AT, § 41 Rn. 151.

vor. Teilweise kann die Abgrenzung zum Inhaltsirrtum schwierig sein. Aufgrund der identischen Voraussetzungen und Rechtsfolgen hat eine fehlerhafte Einordnung aber regelmäßig keine praktischen (!) Auswirkungen.

Werden Erklärungen automatisch durch ein Computerprogramm abgegeben, ist 76
ebenfalls eine Anfechtung wegen Erklärungsirrtums möglich.[276] Der Irrtum kann dabei zum einen darauf beruhen, dass die Daten (z. B. ein Kaufpreis) schon falsch in das Programm eingespeist wurden, zum anderen darauf, dass das Programm die richtig eingegebenen Daten (z. B. störungsbedingt) verfälscht hat. Der äußere Erklärungstatbestand der Erklärung wird dann ebenfalls nicht von einem entsprechenden Geschäftswillen getragen. Hiervon zu trennen ist nach h. M. der Fall, dass das Computerprogramm als Rechenmaschine verwendet wird. Dann finden die Grundsätze über den Kalkulationsirrtum Anwendung (Rn. 91 ff.). So verhält es sich etwa, wenn ein Angebotspreis mittels eines EDV-Programms errechnet wird. Rechnet das Programm die richtig eingegebenen Daten falsch zusammen und gibt anschließend automatisch ein Angebot an den Empfänger ab, so liegt nach Ansicht des *BGH* ein Irrtum im Stadium der Willensbildung und kein Erklärungsirrtum vor.[277]

⇨ *Fall Nr. 39 – Zahlendreher*
⇨ *Fall Nr. 47 – Zu viele Brezeln*
⇨ *Fall Nr. 48 – Judex calculat*

bb) Inhaltsirrtum (§ 119 I Alt. 1 BGB)

Beim Inhaltsirrtum irrt der Erklärende über den Sinn seiner Erklärung. Er verwen- 77
det zwar das gewollte Erklärungszeichen, verbindet mit dem bewusst gewählten Wortlaut aber eine andere Bedeutung als sie ihm nach der Auslegung zukommt. Hier gilt der Merksatz: „Er weiß, was er sagt, aber er weiß nicht, was er damit sagt."

Relevant wird dieser Irrtum insbesondere bei der Verwendung von Fremdsprachen, 78
Dialekten und Fachausdrücken. Bestellt etwa ein Engländer in einem deutschen Bistro eine Portion „Chips" (engl. = Pommes Frites) und erhält daraufhin eine Tüte „Chips" im Sinne des deutschen Sprachgebrauchs, so liegt ein Inhaltsirrtum vor. Sofern bereits ein Kaufvertrag geschlossen wurde, kann er diesen gemäß § 119 I 1 Alt. 1 BGB anfechten.

⇨ *Fall Nr. 40 – Jede Menge Toilettenpapier*
⇨ *Fall Nr. 48 – Judex calculat*

cc) Dem Inhaltsirrtum zuzuordnende Fallgruppen

aaa) Identitätsirrtum

Ein Inhaltsirrtum ist auch gegeben, wenn sich die Fehlvorstellung auf die Identität 79
des Geschäftspartners bzw. Geschäftsgegenstandes bezieht (*error in persona vel objecto*). Der Erklärende meint eine andere Person/Sache als er objektiv zum Ausdruck bringt, wobei der Wortlaut seiner Erklärung gewollt ist.

Der Identitätsirrtum ist – vor allem wenn es sich um Irrtümer handelt, die Sachen 80
betreffen – **vom Eigenschaftsirrtum nach § 119 II BGB abzugrenzen.** Bei Letzterem hat der Erklärende die Sache körperlich korrekt identifiziert, schreibt ihr aber fälschlicherweise eine tatsächlich nicht vorhandene Eigenschaft zu. Der Identitätsirrtum dagegen beruht auf einer fehlerhaften körperlichen Auswahl des Vertragspartners oder Geschäftsgegenstandes. Die Abgrenzung ist deshalb so wichtig, weil sich

[276] *OLG Hamm* NJW 1993, 2321; *Wolf/Neuner*, BGB AT, § 41 Rn. 39.

[277] *BGH* NJW 2005, 976, 977; kritisch zu dieser Differenzierung *Spindler*, JZ 2005, 793, 794; *Leipold*, BGB AT, § 18 Rn. 13.

nur beim Eigenschaftsirrtum die Frage nach dem **Konkurrenzverhältnis zum Gewährleistungsrecht** stellt (Rn. 108ff.) Eine Anfechtung wegen eines Inhalts-, und damit auch Identitätsirrtums, ist dagegen immer möglich.

⇨ *Fall Nr. 41 – Die Verwechslung*

bbb) Rechtsfolgenirrtum

81 Beim Rechtsfolgenirrtum will der Erklärende eine ganz bestimmte Rechtsfolge herbeiführen. Er verkennt aber die rechtliche Bedeutung seiner Erklärung, weshalb eine andere bzw. eine zusätzliche, von ihm nicht gewollte Rechtsfolge eintritt. Dieser Irrtum ist als Inhaltsirrtum nur beachtlich, wenn die Auslegung ergibt, dass eine bestimmte, nach dem Willen des Erklärenden **wesentliche Rechtsfolge unmittelbar zum Inhalt der Erklärung gemacht** werden sollte, dies aber – vom objektiven Empfängerhorizont ausgehend – tatsächlich nicht geschehen ist. Als Beispiel wird der Fall genannt, dass ein Gastwirt seine Gaststätte „nebst Zubehör" in dem Glauben verkauft, der Begriff des Zubehörs (vgl. § 97 BGB) erfasse nur fest eingebaute Gegenstände.[278] Hier kann wegen Inhaltsirrtums angefochten werden.

82 An bestimmte erklärte Rechtsfolgen knüpft das Gesetz zusätzliche Rechtsfolgen. Eine **Anfechtung** der Erklärung **wegen Irrtums über** diese mittelbaren, gesetzlichen **Nebenfolgen ist ausgeschlossen.** Ansonsten würde es zu einer nicht überschaubaren Anzahl an Anfechtungsmöglichkeiten und daher zu großer Rechtsunsicherheit kommen.

83 Wer z.B. eine Sache verkauft, aber verkennt, dass er für Mängel grundsätzlich nach den §§ 434ff. BGB einstehen muss, kann seine schuldrechtliche Erklärung nicht wegen dieses Irrtums anfechten. Alles was erklärt ist, ist auch so gewollt. Der Verkäufer wollte sich durch seine Erklärung zur Übergabe und Übereignung einer bestimmten Sache verpflichten und genau das hat er getan. Dass Mängelrechte nicht gewollt waren, ist in keiner Weise in der Erklärung zum Ausdruck gekommen. Der Irrtum betrifft nicht den unmittelbaren Inhalt seiner Erklärung, sondern nur deren mittelbare Rechtsfolgen.

⇨ *Fall Nr. 42 – Erwerb mit Folgen*

ccc) Irrtum über die Geschäftsart

84 Will der Erklärende einen ganz anderen Vertragstyp herbeiführen, als er es nach dem objektiven Empfängerhorizont getan hat, spricht man von einem Irrtum über die Geschäftsart (*error in negotio*). Es handelt sich um einen Spezialfall des Rechtsfolgenirrtums. Wer etwa einem Bekannten sein Auto „*leiht*" (Unentgeltlichkeit der Leihe, § 598 BGB), obwohl er es ihm eigentlich gegen ein Entgelt *vermieten* wollte (§ 535 II BGB), kann den Leihvertrag gemäß § 119 I Alt. 1 BGB anfechten, wenn die Erklärung objektiv als unentgeltliche Gebrauchsüberlassung verstanden werden durfte. Erklärter und gewollter Vertragstyp stimmen nicht überein.

ddd) Fahrlässig fehlendes Erklärungsbewusstsein

85 Der Handelnde, der nach außen den Anschein einer Erklärung gesetzt hat, muss sich nach h.M. daran festhalten lassen, wenn ihm das Fehlen des Erklärungsbewusstseins vorwerfbar und der Erklärungsgegner schutzwürdig ist (Rn. 14). In einem solchen Fall gesteht die h.M. dem Erklärenden allerdings ein Anfechtungsrecht analog § 119 I Alt. 1 BGB zu. Nach § 119 I BGB kann sogar angefochten werden, wenn nur ein dem objektiv Erklärten entsprechender Geschäftswille fehlt. Das An-

[278] Beispiel nach *Wolf/Neuner*, BGB AT, § 41 Rn. 88.

fechtungsrecht muss deshalb erst recht bestehen, wenn dem Erklärenden zusätzlich das Erklärungsbewusstsein fehlt.[279]

⇨ *Fall Nr. 35 – Die Trierer Weinversteigerung (Abwandlung)*

dd) Irrtümer mit zweifelhafter Einordnung

aaa) Unterschriftsirrtum

Wer eine Urkunde ungelesen unterschreibt und deren Inhalt später nicht gegen sich gelten lassen will, kann nur unter bestimmten Voraussetzungen anfechten: 86

Unterschreibt er das Schriftstück in dem Bewusstsein, eine rechtserhebliche Erklärung abzugeben, ohne von dem Inhalt Kenntnis zu nehmen und ohne sich darüber Gedanken zu machen, scheidet eine Anfechtung mangels Irrtums aus.[280] Wille und Erklärung weichen nicht voneinander ab. Durch den Verzicht auf die Kenntnisnahme identifiziert er sich mit dem konkreten Inhalt der Erklärung. 87

Anders verhält es sich, wenn der Unterschreibende mit der Urkunde einen bestimmten Inhalt verbindet. Unterschreibt er beispielsweise die Urkunde A in dem Glauben, es handele sich um Urkunde B, weichen Wille und Erklärung unbewusst voneinander ab. Eine Anfechtung ist möglich. Gleiches gilt, wenn er die Formulierung der Urkunde einem Dritten überlässt und sich dieser dann verschreibt. Wird ihm die Urkunde nun vorgelegt und unterschreibt er sie ungelesen, dann steht ihm ein Anfechtungsrecht zu, weil die Erklärung nicht in vollem Umfang von seinem Willen gedeckt ist. Die wohl h.M. nimmt in beiden Fällen einen Erklärungsirrtum an, weil schon der äußere Erklärungstatbestand nicht gewollt ist.[281] Die Gegenansicht behandelt sie als Inhaltsirrtum.[282] 88

Praxis- und klausurrelevant ist auch der Fall, dass ein Blankettformular unterschrieben und dann durch einen Dritten abredewidrig ausgefüllt wird. Als Blankett bezeichnet man eine Urkunde, die schon die Unterschrift des Ausstellers enthält, aber absichtlich noch nicht vollständig ausgefüllt ist. 89

Es liegt ein Erklärungsirrtum vor, da eine Erklärung dieses Inhalts niemals abgegeben werden sollte. Schon das Erklärungszeichen ist nicht gewollt. Dennoch kommt eine Anfechtung i.d.R. nicht in Betracht: Eine Anfechtung ist zum einen *nicht nötig*, wenn der Ausfüllende selbst Rechte aus der Urkunde gegen den Erklärenden herleiten will. Er ist nicht schutzwürdig. Sofern das eigentlich Gewollte festgestellt werden kann, gilt dies.[283] Eine Anfechtung ist zum anderen *nicht möglich*, wenn ein gutgläubiger Dritter auf die Urkunde vertraut hat.[284] Wer ein Blankettformular in Verkehr bringt, schafft automatisch das Risiko eines Missbrauchs und begründet den Rechtsschein, dass er hinter der Erklärung steht. Auf einen Missbrauch kann er sich daher entsprechend dem **Rechtsgedanken der §§ 172 II, 173 BGB**[285] gegenüber einem gutgläubigen Dritten nicht berufen. Er haftet dem Dritten auf Erfüllung und nicht nur auf Ersatz des Vertrauensschadens. 90

⇨ *Fall Nr. 43 – Socken statt Töpfe*

---

[279] Zu diesem Erst-recht-Schluss aus methodischer Sicht *Bitter/Rauhut*, JuS 2009, 289, 297f.

[280] *BGH* NJW 2002, 956, 957.

[281] *Brox/Walker*, BGB AT, Rn. 421.

[282] *Leipold*, BGB AT, § 18 Rn. 15; differenzierend *Medicus*, BGB AT, Rn. 755.

[283] *Brox/Walker*, BGB AT, Rn. 422.

[284] BGHZ 40, 65, 67f.; 40, 297, 304f.; 113, 48, 53f.; Palandt/*Ellenberger*, § 172 Rn. 5; *Medicus*, BGB AT, Rn. 913f.; *Wolf/Neuner*, BGB AT, § 50 Rn. 103ff.; *Brox/Walker*, BGB AT, Rn. 422.

[285] Zur Rechtsscheinhaftung aus §§ 170ff. BGB siehe unten § 10 Rn. 131ff.

bbb) Kalkulationsirrtum

91 Von einem Kalkulationsirrtum spricht man, wenn der Erklärende bei der Berechnung eines Betrags – beispielsweise eines Kaufpreises – einen Fehler gemacht hat und deshalb gegenüber einem Dritten ein falsches, in der Regel zu niedriges Angebot abgibt. Es kann sich um einen schlichten **Rechenfehler** handeln. Der Fehler kann aber auch darauf beruhen, dass der Erklärende von einer unzutreffenden **Kalkulationsgrundlage** ausgegangen ist. Gibt etwa ein Maler, weil er von einer zu geringen Quadratmeterzahl zu streichender Fläche ausgeht und deshalb die Materialkosten falsch veranschlagt, ein zu niedriges Angebot ab, irrt er über einen Umstand, den er seiner Berechnung zugrunde gelegt hat.

92 In beiden Fällen liegt der Fehler schon im Stadium der Willensbildung. Der Wille kommt zwar fehlerhaft zustande, wird aber im Anschluss völlig korrekt geäußert, so dass sich Wille und Erklärung decken. Schon vorab sei deshalb gesagt, dass ein Kalkulationsirrtum nach h. M. niemals zur Anfechtung berechtigt.[286] Es liegt ein **unbeachtlicher Motivirrtum** vor. Hinsichtlich der weitergehenden rechtlichen Behandlung solcher Kalkulationsirrtümer muss allerdings zwischen zwei verschiedenen Erscheinungsformen differenziert werden.

(1) Verdeckter Kalkulationsirrtum

93 Wird dem Erklärungsempfänger **nur das Ergebnis der Berechnung**, z. B. ein Angebotspreis, nicht aber die Berechnungsgrundlage selbst **mitgeteilt**, spricht man von einem verdeckten bzw. internen Kalkulationsirrtum. Der Empfänger vertraut auf den ihm gegenüber abgegebenen Angebotspreis. In diesem Vertrauen muss er geschützt werden. Die fehlerfreie Berechnung des Preises fällt prinzipiell allein in den Risikobereich des Erklärenden. Eine Anfechtung scheidet aus.

94 Nach h. M.[287] gilt dies auch dann, wenn der **Empfänger** das Angebot annimmt, obwohl er **den Kalkulationsirrtum** – aus welchen Gründen auch immer – **positiv gekannt** hat bzw. sich dieser Kenntnis bewusst verschlossen hat. Im Unterschied hierzu lässt die Gegenauffassung[288] mangels Schutzwürdigkeit des Empfängers bei positiver Kenntnis eine Anfechtung analog § 119 I BGB zu.

95 Die h. M. ist aus praktischen und systematischen Gründen vorzuziehen. Nach der Gegenauffassung wäre die positive Kenntnis des Empfängers eine Voraussetzung des Anfechtungsgrundes. Nach der Gesetzessystematik soll eine etwaige Kenntnis aber erst im Rahmen der Anfechtungsfolgen Bedeutung erlangen (vgl. § 122 II BGB). In der Praxis würde zudem die Bestimmung der Anfechtungsfrist (§ 121 I BGB) erschwert. Sie würde in dem Moment beginnen, in dem der Erklärende Kenntnis von der Kenntnis des Anfechtungsgegners vom Irrtum des Erklärenden erlangt hat. Im Interesse der Rechtssicherheit und einer sinnvollen Handhabung des § 121 I BGB sollten Anfechtungsgründe daher nicht mit ungeschriebenen subjektiven Tatbestandsmerkmalen überfrachtet werden.

96 Einen gewissen Schutz des Erklärenden erreicht auch die h. M. dadurch, dass es in bestimmten Konstellationen **treuwidrig** sein kann (§ 242 BGB), das Angebot trotz positiver Kenntnis vom Irrtum anzunehmen und dann auf Erfüllung zu bestehen.[289] Unter Umständen kann der Erklärungsempfänger auch zur Aufklärung über den

---

[286] BGHZ 139, 177, 180 ff. = NJW 1998, 3192, 3193; *BGH* NJW 2002, 2312 f.; *Wolf/Neuner*, BGB AT, § 41 Rn. 79 ff.; *Rüthers/Stadler*, BGB AT, § 25 Rn. 45.

[287] BGHZ 139, 177, 180 ff. = NJW 1998, 3192, 3193; *Bork*, BGB AT, Rn. 837; *Rüthers/Stadler*, BGB AT, § 25 Rn. 41; Soergel/*Hefermehl*, § 119 Rn. 29.

[288] *Singer*, JZ 1999, 342, 347; *Wieser*, NJW 1972, 708, 709 f.

[289] BGHZ 139, 177, 184 f.; *OLG München* NJW 2003, 367.

erkannten Irrtum verpflichtet sein, so dass bei einer Verletzung dieser Pflicht Schadensersatzansprüche aus *culpa in contrahendo*[290] in Betracht zu ziehen sind.[291]

(2) Offener Kalkulationsirrtum

Beim offenen oder externen Kalkulationsirrtum wird dem Empfänger neben dem Ergebnis auch dessen **Berechnungsgrundlage mitgeteilt**. Eine Anfechtung scheidet nach h.M. auch hier aus.[292] Allein die Tatsache, dass der Erklärende dem anderen die Berechnungsgrundlage – vielleicht sogar ungefragt – mitteilt, macht sie nicht automatisch zum Inhalt der Erklärung. Es bleibt dabei, dass der Fehler schon im Stadium der Willensbildung entstand und folglich unbeachtlich ist. Allerdings sind folgende andere Lösungswege denkbar: 97

Schon die **Auslegung** kann ergeben, dass das Gewollte gelten soll. Das ist der Fall, wenn *beide gemeinsam* von einer bestimmten Preisgestaltung ausgegangen sind und die richtige Berechnung für beide im Vordergrund stand. So liegt es etwa, wenn Einigkeit darüber herrschte, dass 20 Fässer Bier „wie immer" zu je € 10,50 gekauft werden sollten. Verrechnet sich der Verkäufer dann und verlangt € 200 statt € 210, so gelangt man schon nach dem Grundsatz ***falsa demonstratio non nocet*** (s.o. § 5 Rn. 68ff.) dazu, dass € 210 geschuldet sind. Der Formulierung „wie immer" kann man entnehmen, dass der Stückpreis die entscheidende Rolle spielen sollte. 98

Unter Umständen kommt auch eine **Vertragsanpassung nach § 313 I BGB** in Betracht, wenn die Kalkulation Geschäftsgrundlage des Vertrags war. Dabei ist jedoch zu beachten, dass die richtige Berechnung des Preises regelmäßig allein in den Risikobereich des Anbietenden fällt, was einer Anwendung des § 313 BGB entgegensteht.[293] Anders kann dies z.B. sein, wenn die Preisgestaltung nach dem Willen beider einem neutralen Dritten (z.B. einem Gutachter) überlassen wurde. Verkalkuliert sich der Dritte und einigen sich die Parteien sodann auf dieser fehlerhaften Grundlage, kommen eine Vertragsanpassung, ansonsten ein Rücktritt (§ 313 III 1 BGB) in Betracht. Gleiches gilt u.U. auch, wenn die Berechnung von beiden gemeinsam vorgenommen wurde oder wenn der Auftraggeber unzutreffende Mengenangaben macht, die erhebliche Bedeutung für die Kalkulation eines Pauschalpreises durch den Auftragnehmer haben.[294] 99

Lässt sich durch Auslegung nicht ermitteln, ob es den Parteien entscheidend auf den Rechnungsfaktor oder den Endpreis ankam, haben beide also die gleiche Bedeutung, so kann die Erklärung wegen **Perplexität** nichtig sein. Dann lässt sich nämlich gar nicht ermitteln, wo der Fehler liegt, weshalb die Erklärung in sich widersprüchlich ist. Unterbreitet im obigen Beispiel der Bierlieferant dem Wirt zum ersten Mal und von sich aus ein Angebot mit den Worten: „20 Fässer Bier zu je € 10,50, also € 279", dann kommt kein Vertrag zustande. Es ist nicht eindeutig bestimmbar, ob der Stückpreis oder der Endpreis gewollt ist. 100

⇨ *Fall Nr. 44 – Falsch gerechnet*

---

290 Zur *culpa in contrahendo* siehe die Lehrbücher zum Schuldrecht.

291 BGHZ 139, 177, 186f. = NJW 1998, 3192, 3194; *BGH* NJW 2006, 3139; Palandt/*Ellenberger*, § 119 Rn. 18.

292 *BGH* NJW 2002, 2312, 2313; 2001, 2464, 2465; *Medicus*, BGB AT, Rn. 758; *Wolf/Neuner*, BGB AT, § 41 Rn. 81; *Brox/Walker*, BGB AT, Rn. 424; *Rüthers/Stadler*, BGB AT, § 25 Rn. 42; MünchKomm-BGB/*Armbrüster*, § 119 Rn. 89f.; a.A. RGZ 64, 266, 268.

293 Vgl. z.B. *BGH* NJW 2011, 3287, 3289 (Rn. 23).

294 *BGH* NJW 2011, 3287, 3289 (Rn. 24); ggf. ist auch eine Haftung aus *c.i.c.* möglich, wenn der Auftraggeber einen Vertragsschluss mit zu niedrigem Preis durch schuldhaft falsche Angaben veranlasst hat.

ee) Eigenschaftsirrtum (§ 119 II BGB)

101 Gemäß § 119 II BGB gilt ein Irrtum über die Eigenschaft einer Person oder Sache als Irrtum über den Inhalt einer Erklärung. Schon der Gesetzeswortlaut („gilt" = Fiktion) zeigt, dass sich der Eigenschaftsirrtum nicht nahtlos in das bisher dargestellte Irrtumsschema einfügt. Im Gegensatz zu allen bisher behandelten Anfechtungsgründen erklärt der Handelnde beim Eigenschaftsirrtum nämlich genau das, was er erklären wollte; Wille und Erklärung decken sich. Der Erklärende hat den Willen lediglich fehlerhaft gebildet, weil er sich falsche Vorstellungen über bestimmte Eigenschaften einer Sache oder Person gemacht hat. Das Gesetz erklärt in § 119 II BGB unter bestimmten Voraussetzungen **ausnahmsweise** auch einen **Motivirrtum** für **beachtlich**. Gerade dem Umstand, dass der Gesetzgeber nur einen ganz bestimmten Motivirrtum dem Erklärungsirrtum gleichstellt, kann man im Umkehrschluss entnehmen, dass er bei allen anderen Motivirrtümern eine Anfechtung nicht zulassen wollte.

aaa) Eigenschaft

102 Der vom Anfechtungswilligen zu beweisende Irrtum muss sich auf die Eigenschaft einer Sache oder natürlichen oder juristischen Person beziehen.[295] Der Begriff der Sache ist untechnisch zu verstehen und meint nicht nur körperliche Gegenstände im Sinn des § 90 BGB. Erfasst werden auch Irrtümer, die Rechte und Sachgesamtheiten betreffen.[296]

103 Unter einer Eigenschaft versteht man alle gegenwärtigen, (wert)prägenden Merkmale tatsächlicher oder rechtlicher Art, die der Person oder der Sache selbst **unmittelbar** und für eine gewisse Dauer anhaften.[297] Dazu gehören nicht nur die körperliche Beschaffenheit einer Sache, sondern auch Merkmale, die in den tatsächlichen oder rechtlichen Beziehungen der Sache zu ihrer Umwelt wurzeln (z. B. die Bebaubarkeit eines Grundstücks aufgrund eines Bebauungsplans). Eigenschaften von Personen sind etwa Sachkunde, Geschlecht, Kreditwürdigkeit und Statur. Eigenschaften von Sachen sind beispielsweise die Lage eines Grundstücks, der Kilometerstand und das Baujahr bei einem Auto oder die Herkunft und Echtheit bei Kunstgegenständen. **Wert und Preis** einer Sache sind dagegen **keine Eigenschaften**. Beide sind erst das Ergebnis der Addition aller wertprägenden Faktoren und der freien Preisbildung am Markt.[298]

104 Ob es sich um eine Eigenschaft handelt, ist immer im Hinblick auf das konkrete Rechtsgeschäft zu beurteilen. Stellt sich etwa kurz nach der Kündigung eines Arbeitsverhältnisses durch die Arbeitnehmerin heraus, dass sie schwanger war, so kann sie nicht nach § 119 II BGB wegen eines sie selbst betreffenden Eigenschaftsirrtums anfechten. Die Schwangerschaft haftet ihr – bezogen auf das Arbeitsverhältnis – nicht auf Dauer an.[299]

bbb) Verkehrswesentlichkeit

105 Nicht jeder Irrtum über eine Eigenschaft berechtigt zur Anfechtung. Die Eigenschaft muss im Verkehr als wesentlich angesehen werden. Es ist danach **zu fragen, worauf der**

---

[295] Der Anfechtende muss beweisen, dass er bei Vertragsschluss eine ganz bestimmte Vorstellung von der Sache oder Person hatte, die sich später als unzutreffend herausstellte. Der Antritt dieses Beweises ist gerade bei solchen vergangenen Tatsachen des Innenlebens schwierig.

[296] *Bork*, BGB AT, Rn. 845.

[297] *BGH* NJW 2001, 226, 227.

[298] *Wolf/Neuner*, BGB AT, § 41 Rn. 56; MünchKomm-BGB/*Armbrüster*, § 119 Rn. 131.

[299] *BAG* NJW 1992, 2173, 2174.

Rechtsverkehr bei Geschäften dieser Art **typischerweise Wert legt.** Das Kriterium der Verkehrswesentlichkeit beschränkt die Anfechtungsmöglichkeiten und macht das Risiko einer Anfechtung berechenbarer. Wo eine vorgestellte, verkehrswesentliche Eigenschaft fehlt, würde sich nämlich jeder durchschnittliche Verkehrsteilnehmer vom Rechtsgeschäft lösen wollen. Die Eigenschaft muss stets im Hinblick auf das konkrete Rechtsgeschäft verkehrswesentlich sein. So ist etwa die Zahlungsfähigkeit des Mieters eine verkehrswesentliche Eigenschaft einer Person, wenn es um den Abschluss eines Mietvertrags geht, nicht aber die des Arbeitnehmers bei Abschluss eines Arbeitsvertrags. Diese konkret-objektive Betrachtungsweise ist die der h. M.[300]

Der *BGH* verlangt zum Schutz des Geschäftspartners zusätzlich, dass es für ihn 106
irgendwie erkennbar war, dass die Vorstellung von einer bestimmten Eigenschaft den Erklärenden bei seiner Willensbildung beeinflusst hat.[301] Die Frage der Erkennbarkeit ist aber keine des Anfechtungsgrundes, sondern – wie sich aus § 122 II BGB ergibt – eine der Anfechtungsfolgen.[302]

Wichtig zu erwähnen ist ferner, dass es den Parteien auf jeden Fall unbenommen 107
bleibt, durch eine ausdrückliche oder konkludente **Vereinbarung** festzulegen, ob die Eigenschaft verkehrswesentlich sein soll. Eine Anfechtung ist hier auch dann möglich, wenn der Rechtsverkehr die Eigenschaft als unwesentlich ansehen würde.

ccc) Verhältnis zur Sachmängelhaftung

Das Verhältnis der Anfechtung wegen Eigenschaftsirrtums zur Sachmängelhaf- 108
tung ist ein absoluter „Klassiker“ in Prüfungen, weil Systemverständnis abgefragt werden kann. Dieses Systemverständnis kann von Studierenden im Anfangssemester naturgemäß noch nicht verlangt werden. Gleichwohl soll bereits an dieser Stelle kurz auf einige – ggf. erst im späteren Studienverlauf – wichtige Dinge hingewiesen werden:

Vielfach wird z. B. bei einem Kaufvertrag (§ 433 BGB) im Falle eines Eigen- 109
schaftsirrtums auch ein **Sachmangel** i. S. d. § 434 I BGB vorliegen. Eine Sache ist mangelhaft, wenn ihre Ist-Beschaffenheit zum Nachteil des Käufers von der Soll-Beschaffenheit abweicht. Hat der Käufer etwa ein Bild als Original eines bestimmten Künstlers erworben und stellt sich später heraus, dass es sich nur um eine Kopie handelt, dann hat sich der Käufer i. S. v. § 119 II BGB über eine verkehrswesentliche Eigenschaft des Bildes (die Echtheit) geirrt. Zugleich begründet die fehlende Echtheit einen Sachmangel i. S. v. § 434 I BGB.

Wegen dieses Sachmangels stehen dem Käufer des Bildes die in § 437 BGB be- 110
zeichneten Mängelrechte (Nacherfüllung, Minderung, Rücktritt, Schadensersatz) zu. Dabei sind die einzelnen Gewährleistungsrechte an bestimmte Voraussetzungen geknüpft. Nachfolgend wird auf die hier relevanten kurz eingegangen, wobei zugleich die Unterschiede, die sich bei Anwendung des Anfechtungsrechts ergeben, herausgestellt werden:

- Bevor der Käufer Minderung, Rücktritt und Schadensersatz statt der Leistung 111
  verlangen kann, muss er dem Verkäufer grundsätzlich eine Frist zur Nacherfüllung setzen (§§ 281 I 1, 323 I, 441 I BGB). ⇔ Die Anfechtung setzt dagegen keine vorhergehende Fristsetzung voraus.

---

[300] *Brox/Walker*, BGB AT, Rn. 419; *Bork*, BGB AT, Rn. 846; *Köhler*, BGB AT, § 7 Rn. 21; *Wolf/Neuner*, BGB AT, § 41 Rn. 62; a. A. auf die Geschäftswesentlichkeit abstellend v. a. *Flume*, AT II, § 24 2 d (S. 481); *Medicus*, BGB AT, Rn. 770.

[301] *BGH* NJW 2001, 226, 227.

[302] *Bork*, BGB AT, Rn. 847.

112 – Ein Rücktritt ist nur dann möglich, wenn die Pflichtverletzung nicht unerheblich ist (§ 323 V 2 BGB). ⇔ Die Anfechtung könnte u.U. auch erklärt werden, wenn der Sachmangel unerheblich war.

113 – Die Mängelrechte des Käufers sind grundsätzlich bei grob fahrlässiger Unkenntnis des Käufers vom Mangel ausgeschlossen (§ 442 I BGB). ⇔ Die Anfechtung ist auch möglich, wenn der Irrtum auf grober Fahrlässigkeit beruhte.

114 – Die Mängelrechte können nur innerhalb der kurzen kaufrechtlichen Verjährungsfristen geltend gemacht werden (§ 438 BGB). ⇔ Für das Anfechtungsrecht nach § 119 II BGB gilt die Frist des § 121 I 1 BGB. Sie beginnt mit Kenntnis vom Irrtum und kann damit u.U. deutlich länger sein als die Verjährungsfristen des § 438 BGB.

115 Die gewährleistungsrechtlichen Vorschriften dienen vor allem dem **Schutz des Verkäufers**. Vergleichbare Schutzvorschriften kennt das Anfechtungsrecht nicht. Es kann sie auch nicht kennen, weil es im Allgemeinen Teil des BGB steht, damit für alle Vertragstypen gilt und auch nicht auf Gewährleistungsfälle zugeschnitten ist. Wenn aber Rechte und Pflichten aus einem ganz bestimmten Vertrag nach dem Willen des Gesetzgebers nur unter ganz bestimmten Voraussetzungen geltend gemacht werden können, dann dürfen diese Voraussetzungen nicht umgangen werden. Zu einer solchen **Umgehung** käme es jedoch, wenn man dem Käufer die Anfechtung gemäß § 119 II BGB gestatten würde. Deshalb entspricht es ganz h.M.[303], dass die Anfechtung durch den Käufer gemäß § 119 II BGB – eine Anfechtung aus anderen Gründen bleibt unberührt – dort ausgeschlossen ist, wo der entsprechende Sachverhalt spezieller durch das Gewährleistungsrecht geregelt ist.[304] Dies gilt nicht nur im Kauf-, sondern auch im Werkvertragsrecht.[305]

116 Nur soweit das Gewährleistungsrecht anwendbar ist, schließt es eine **Anfechtung durch den Käufer** wegen Eigenschaftsirrtums aus. Deshalb kann nach h.M.[306] gemäß § 119 II BGB angefochten werden, wenn die Sache dem Käufer noch nicht übergeben wurde. Erst ab diesem „Gefahrübergang“ (§ 446 BGB) greifen die Gewährleistungsvorschriften ein. Davor besteht kein echtes Konkurrenzverhältnis.

117 Eine **Anfechtung durch den Verkäufer** ist dagegen i.d.R. möglich, da die umgehungsbedrohten Vorschriften allesamt seinen Schutz bezwecken. Etwas anderes gilt aber dann, wenn er sich durch die Anfechtung bestehenden Mängelrechten des Käufers entziehen will.[307]

ddd) Problem: Der beidseitige Eigenschaftsirrtum

118 Nicht selten wird es so sein, dass beide Vertragsparteien demselben Eigenschaftsirrtum unterliegen. Soweit keine spezielleren – insbesondere gewährleistungsrechtliche – Vorschriften eingreifen, sieht die wohl h.M.[308] im Ansatz die Möglichkeit, dass beide Parteien gemäß § 119 II BGB anfechten könnten. Tatsächlich anfechten

---

[303] BGHZ 34, 32, 33ff.; MünchKomm-BGB/*Armbrüster*, § 119 Rn. 28ff.; *Bork*, BGB AT, Rn. 856; *Rüthers/Stadler*, BGB AT, § 25 Rn. 70; *Medicus*, BGB AT, Rn. 775; a.A. Bamberger/Roth/*Faust*, § 437 Rn. 182f.

[304] Siehe dazu aus methodischer Sicht *Bitter/Rauhut*, JuS 2009, 289, 293 mit Beispiel 12.

[305] Palandt/*Sprau*, Vorb v § 633 Rn. 15. Umstritten ist dieser Vorrang dagegen beim Mietvertrag, vgl. *Medicus*, BGB AT, Rn. 776 m.w.N.

[306] *Bork*, BGB AT, Rn. 856; *Rüthers/Stadler*, BGB AT, § 25 Rn. 70; a.A. *Medicus*, BGB AT, Rn. 775.

[307] Nach *BGH* NJW 1988, 2597, 2598 stellt die Ausübung des Anfechtungsrechts dann einen Rechtsmissbrauch dar.

[308] *Rüthers/Stadler*, BGB AT, § 25 Rn. 95f.

werde jedoch nur der, der seinen Irrtum zuerst bemerke (§ 121 I 1 BGB). Die Kenntniserlangung hinge dann aber oft nur von Zufälligkeiten ab. Obwohl sich beide Parteien über denselben Umstand irrten, träfe damit nur einen die Schadensersatzpflicht des § 122 I BGB. Weil diese einseitige und zufällige Risikoverteilung von der h. M. als ungerecht empfunden wird, will sie die Fälle des beiderseitigen Eigenschaftsirrtums über die Vorschrift des § 313 BGB (Störung der Geschäftsgrundlage) lösen. Die gemeinsame Fehlvorstellung falle in den Risikobereich beider Parteien. Durch die Lösung über § 313 BGB werde die einseitige Schadensersatzpflicht vermieden und – wenn der konkrete Fall es zulasse – eine Vertragsanpassung an die tatsächlichen Umstände ermöglicht.

Die Gegenansicht[309] wendet die Anfechtungsregeln hingegen auch beim beidseiti- **119**
gen Eigenschaftsirrtum an. Die von der h. M. angemahnten Zufälligkeiten existierten überhaupt nicht. Tatsächlich werde nämlich immer nur der anfechten, zu dessen Nachteil die Wirklichkeit von der Vorstellung abweiche. Diese Vorhersehbarkeit schließe einen Zufall aus. Des Weiteren sei es alles andere als ungerecht, denjenigen, der den Vorteil aus der Anfechtung ziehe, mit der Pflicht zum Ersatz des Vertrauensschadens des Anfechtungsgegners zu belasten.

Richtig scheint eine **Differenzierung.** In der Mehrzahl der Fälle wird beim beid- **120**
seitigen Eigenschaftsirrtum in der Tat nur einer zur Anfechtung berechtigt sein. Wo nämlich die Abweichung von Vorstellung und Realität für einen der beiden objektiv und subjektiv eindeutig vorteilhaft ist, kann dieser aus rechtlichen Gründen nicht anfechten. Voraussetzung einer jeden Irrtumsanfechtung ist nämlich die subjektive und objektive *Kausalität* des Irrtums für die Abgabe der Willenserklärung (Rn. 129). Diese wird in den beschriebenen Fällen regelmäßig fehlen. Vielmehr hätte der bevorteilte Vertragsteil die Erklärung bei Kenntnis der tatsächlichen Umstände erst recht abgegeben. Dann scheidet eine Anfechtung durch ihn aber mangels Kausalität aus. Der Zufall spielt in dieser Konstellation also keine Rolle. Den Vorteil der Anfechtung muss der Anfechtende – wie immer – mit der Pflicht zum Schadensersatz bezahlen. Mit der Gegenansicht sind diese Fälle über das Anfechtungsrecht zu lösen.

Etwas anderes gilt aber, falls die Kausalität des Irrtums für die Abgabe der Willens- **121**
erklärung auf beiden Seiten zu bejahen ist. Dies kann in – gewiss eher seltenen Konstellationen – der Fall sein, in denen beide Parteien unterschiedliche Präferenzen haben und daher beide in dem irrtumsbedingt abgeschlossenen Vertrag einen (subjektiven) Nachteil für sich sehen. Dann ist nicht vorhersehbar, wer anfechten wird. Um diesen Zufall auszuschalten, sollten solche Fälle mit der h. M. über § 313 BGB gelöst werden.

⇨ *Fall Nr. 45 – Die Schnapsdrossel*

ff) Übermittlungsirrtum (§ 120 BGB)

Gemäß § 120 BGB kann eine Willenserklärung, die durch die zur Übermittlung ein- **122**
gesetzte Person oder Einrichtung unrichtig übermittelt wurde, unter den gleichen Voraussetzungen angefochten werden wie nach § 119 BGB eine irrtümlich abgegebene Willenserklärung. Es handelt sich um einen **Sonderfall des Erklärungsirrtums.** Auch hier entspricht der äußere Tatbestand der Erklärung nicht dem Geschäftswillen des Erklärenden. Allerdings unterläuft der Irrtum nicht schon dem Erklärenden, sondern erst der zur Übermittlung eingesetzten Person bzw. Einrichtung. Da der Irrtum aus der

---

309 *Medicus*, BGB AT, Rn. 778; *Medicus/Petersen*, BürgR, Rn. 162; *Wertenbruch*, BGB AT, § 12 Rn. 28.

Übermittlungssphäre des Erklärenden stammt, muss er sich den Erklärungsinhalt (zunächst) zurechnen lassen, wenn der Empfänger schutzwürdig ist. Gleichzeitig soll der Erklärende – anfechtungsrechtlich – nicht schlechter stehen, als wenn er selbst sich geirrt hätte. Deshalb kann er unter folgenden Voraussetzungen anfechten:

123 Es muss sich um die Übermittlung einer *fremden* Willenserklärung handeln. Hinsichtlich der Übermittlung durch eine Person bedeutet das, dass sie **Erklärungsbote** sein muss. Für den Irrtum eines Stellvertreters, der eine eigene Erklärung in fremdem Namen abgibt, gilt nicht § 120 BGB, sondern § 166 I BGB.[310]

124 Die Erklärung muss *unrichtig* übermittelt worden sein. Dies kann darauf beruhen, dass der Übermittelnde die Erklärung falsch verstanden, sie bei der Weitergabe verfälscht oder sie an den falschen Empfänger übermittelt hat.[311]

125 Die h.M. verlangt als ungeschriebenes Tatbestandsmerkmal weiterhin eine *unbewusste* Falschübermittlung.[312] Von einem Irrtum, dem § 120 BGB die fehlerhafte Übermittlung gleichstelle, könne bei einer absichtlichen Falschübermittlung nicht die Rede sein. Nach der Gegenansicht soll § 120 BGB auch dann anwendbar sein, wenn der Bote die Erklärung *bewusst unrichtig* übermittelt. Die bewusste Falschübermittlung falle in den Risikobereich des Erklärenden, weshalb ihm die Erklärung zunächst – bis zur Anfechtung – zugerechnet werde.[313] Das gelte allerdings nur dann, wenn er den Dritten zur Übermittlung auch tatsächlich eingeschaltet habe. In den Fällen des **„Boten ohne Botenmacht"** hingegen hält auch die Gegenansicht eine Anfechtung für nicht erforderlich, da jegliche Zurechnungsgrundlage fehle.[314] Dabei ist es unerheblich, ob ein Übermittlungsauftrag niemals erteilt oder ein ursprünglich bestehender Auftrag vor Weiterleitung der Erklärung wirksam widerrufen wurde.[315]

126 Die h.M. erscheint vorzugswürdig. Wo der Erklärungsbote seinen eigenen Willen eigenmächtig an die Stelle des Geschäftsherrn setzt, kann Letzterem der Inhalt der Erklärung nicht mehr – auch nicht vorläufig bis zur Anfechtung – zugerechnet werden. Eine Anfechtung ist in den Fällen der bewussten Falschübermittlung von vorneherein nicht nötig. Das Vertrauen des Erklärungsempfängers kann durch eine **analoge Anwendung der §§ 177 ff. BGB**, insbesondere durch die Schadensersatzpflicht des Boten analog § 179 I BGB, geschützt werden.

127 Nach beiden Ansichten kommt aber eine Haftung des Absenders wegen *culpa in contrahendo*[316] in Betracht, wenn er schuldhaft einen unzuverlässigen Boten ausgewählt hat. Das kann wichtig sein, weil keine „Deckelung" des Ersatzanspruchs durch das positive Interesse wie bei § 122 I BGB (Rn. 136) erfolgt.

128 Sofern erst eine Hilfsperson des Adressaten (Empfangsbote oder Empfangsvertreter) die Erklärung fehlerhaft weitergibt, greift § 120 BGB überhaupt nicht. Dieses Risiko muss der Empfänger tragen. Gegebenenfalls kann er aber wegen Inhaltsirrtums anfechten, wenn er später auf Grundlage der fehlerhaften Übermittlung eine Erklärung abgegeben hat.

⇨ *Fall Nr. 46 – Die falsche Pizza*

---

[310] Zu den Voraussetzungen wirksamer Stellvertretung siehe unten § 10 Rn. 8ff., zu § 166 BGB siehe § 10 Rn. 171ff.

[311] MünchKomm-BGB/*Armbrüster*, § 120 Rn. 4ff.

[312] *Rüthers/Stadler*, BGB AT, § 25 Rn. 55; *Leipold*, BGB AT, § 18 Rn. 48: „Pseudobote"; offen gelassen in *BGH* NJW 2008, 2702, 2704f. = WM 2008, 1700, 1703 (Rn. 35).

[313] *Bork*, BGB AT, Rn. 1361; *Medicus*, BGB AT, Rn. 748; *Wolf/Neuner*, BGB AT, § 33 Rn. 43 und § 41 Rn. 18.

[314] *Wolf/Neuner*, BGB AT, § 41 Rn. 40.

[315] *BGH* NJW 2008, 2702, 2704f. = WM 2008, 1700, 1703 (Rn. 35f.).

[316] Zur *culpa in contrahendo (c.i.c.)* siehe die Lehrbücher zum Schuldrecht.

b) Erheblichkeit des Irrtums

In allen Irrtumskonstellationen ist die Anfechtung nur möglich, wenn anzunehmen ist, dass der Erklärende die Erklärung bei Kenntnis der Sachlage und verständiger Würdigung des Falles nicht abgegeben haben würde (§ 119 I a.E. BGB). Für den Eigenschaftsirrtum nach § 119 II BGB ergibt sich das aus der Formulierung „Als Irrtum über den Inhalt der Erklärung *gilt* auch...“; hierdurch wird an den Tatbestand des § 119 I BGB angeknüpft. Die Vorschrift des § 120 BGB verweist unmittelbar auf die Voraussetzungen des § 119 BGB. Der Irrtum muss also in subjektiver („bei Kenntnis der Sachlage“) und objektiver Hinsicht („verständiger Würdigung des Falles“) erheblich, d.h. kausal für die Abgabe der Erklärung gewesen sein. Durch die Voraussetzung objektiver Kausalität soll sichergestellt werden, dass nicht aufgrund völlig unvernünftiger und eigensinniger Motive angefochten wird. Zu fragen ist, ob eine vernünftig handelnde Person in der Situation des Irrenden die Erklärung ebenfalls nicht abgegeben hätte.[317] 129

c) Anfechtungsfrist

Die Anfechtung muss nach der Legaldefinition des § 121 I 1 BGB ohne schuldhaftes Zögern (unverzüglich) erfolgen, nachdem der Berechtigte Kenntnis vom Anfechtungsgrund erlangt hat. Rechtssicherheit und Vertrauensschutzgesichtspunkte verlangen eine rasche Ausübung des Anfechtungsrechts. 130

d) Rechtsfolgen

aa) Nichtigkeit der angefochtenen Erklärung

Eine angefochtene Erklärung ist nichtig. Diese primäre Rechtsfolge ergibt sich *nicht* aus den §§ 119f., 123 BGB. Hier sind lediglich die Anfechtungsgründe geregelt. Sie folgt vielmehr aus § 142 I BGB. Diese Norm stellt die Einwendung dar und sollte deshalb in Klausuren stets zu Beginn genannt werden, wenn man auf die Nichtigkeitsfolge der Anfechtung zu sprechen kommt. 131

aaa) Grundsatz: Nichtigkeit ex tunc

Ist die Anfechtung erfolgt, gilt das Rechtsgeschäft als **von Anfang an nichtig.** Es wird unwiderruflich, ersatzlos und im Grundsatz vollständig „kassiert“, d.h. beseitigt. Alles soll sein, wie es vor Abgabe der fehlerbehafteten Erklärung war. Bereits erbrachte Leistungen sind je nachdem, ob das Verpflichtungs- und/oder das Verfügungsgeschäft angefochten wurden, nach Bereicherungsrecht (§§ 812ff. BGB) und/oder Eigentümer-Besitzer-Verhältnis (§ 985 BGB) zurückzugewähren.[318] Um dem wahren Geschäftswillen des Anfechtenden zur Geltung zu verhelfen, muss das Rechtsgeschäft grundsätzlich neu vorgenommen werden. Die **Anfechtung reformiert nicht** das fehlerhafte Rechtsgeschäft, sondern kassiert es nur. 132

Von diesem Grundsatz gibt es eine **wichtige Ausnahme.** Durch das Anfechtungsrecht soll der Erklärende die Folgen seines Irrtums beseitigen können. Der Erklärende darf die Anfechtung hingegen nicht zu einem allgemeinen Reurecht umfunktionieren, mit dem er sich von im Nachhinein nicht mehr gewollten Rechtsgeschäften löst. Ansonsten würde man – gleichsam durch die Hintertür – doch eine Loslösung von rechtsgeschäftlichen Verpflichtungen aufgrund von Motivirrtümern 133

---

[317] RGZ 62, 201, 206; *BGH* NJW 1988, 2597, 2599.
[318] Zum Trennungs- und Abstraktionsprinzip siehe oben § 5 Rn. 79ff.

zulassen. Deshalb entspricht es ganz überwiegender Ansicht[319], dass der Erklärende treuwidrig (§ 242 BGB) handelt, wenn er die Erklärung nicht wenigstens in dem von ihm gemeinten Sinn gegen sich gelten lässt. Sofern der Geschäftspartner den Vertrag mit dem eigentlich gewollten Inhalt sofort akzeptiert, kann sich der Erklärende nicht auf die Gesamtnichtigkeit berufen. Er soll durch die Anfechtung nicht besser gestellt werden als bei irrtumsfreier Äußerung des Geschäftswillens. Der Sache nach hat die Anfechtung in diesen Fällen also über § 242 BGB doch reformatorische Wirkung.

⇨ *Fall Nr. 47 – Zu viele Brezeln*

bbb) Ausnahme: Nichtigkeit ex nunc

134 Der Grundsatz der rückwirkenden Nichtigkeit erfährt bei bestimmten Dauerschuldverhältnissen – namentlich bei **Gesellschafts- und Arbeitsverträgen** – eine Einschränkung. Beide sind dadurch gekennzeichnet, dass Leistungen nicht nur einmalig, sondern häufig und oft über Jahre und Jahrzehnte hinweg erbracht werden. Bei Gesellschaften kommt noch hinzu, dass eine Vielzahl von Rechtsbeziehungen sowohl unter den Gesellschaftern als auch zu Dritten begründet wurde. Eine bereicherungsrechtliche Rückabwicklung würde bei diesen Verträgen auf große Schwierigkeiten stoßen und wäre teilweise sogar unmöglich. Deshalb entspricht es allgemeiner Ansicht, dass die Auflösung dieser bereits **in Vollzug gesetzten Dauerschuldverhältnisse** nur mit Wirkung für die Zukunft möglich ist. Für diese Lehre vom fehlerhaften Arbeits- bzw. Gesellschaftsvertrag sei auf die jeweilige Spezialliteratur verwiesen.[320]

bb) Schadensersatzpflicht gemäß § 122 I BGB

135 Regelmäßig durfte der Anfechtungsgegner auf die Gültigkeit des Geschäfts vertrauen. Nicht selten hat er im Zusammenhang mit dem Rechtsgeschäft Aufwendungen getätigt, die sich aufgrund der Anfechtung nun als nutzlos erweisen. Deshalb bestimmt § 122 I BGB, dass derjenige, der seine Erklärung nach §§ 119, 120 BGB angefochten hat, dem Anfechtungsgegner dessen **Vertrauensschaden (= negatives Interesse)** zu ersetzen hat.[321] Das bedeutet: Der Zustand ist herzustellen, der bestehen würde, wenn der Anfechtungsgegner nicht auf die Gültigkeit der Erklärung vertraut, d.h. nie etwas von dem Geschäft gehört hätte. Die Pflicht zum Schadensersatz ist der „Preis", den der Anfechtungsberechtigte für die Anfechtungsmöglichkeit „zahlen" muss.[322] Auch wenn den Anfechtenden kein Verschulden (§ 276 BGB) an seinem Irrtum trifft, haftet er. Er haftet allein, weil der Irrtum seiner „Sphäre" entspringt. § 122 I BGB regelt eine **verschuldensunabhängige Schadensersatzpflicht.** Auf der anderen Seite kann er aber sogar dann anfechten, wenn er hinsichtlich seines Irrtums grob fahrlässig handelte.

136 Der Umfang des Schadensersatzes ist allerdings der Höhe nach **durch das Erfüllungsinteresse (= positives Interesse) begrenzt.** Dies ist der Zustand, der bestehen

---

[319] *Bork*, BGB AT, Rn. 954 f.; *Medicus*, BGB AT, Rn. 781; *Wolf/Neuner*, BGB AT, § 41 Rn. 149 f.; MünchKomm-BGB/*Armbrüster*, § 119 Rn. 141; a.A. *Spieß*, JZ 1985, 593.

[320] Zur Lehre vom fehlerhaften Arbeitsvertrag vgl. z.B. *Hromadka/Maschmann*, Arbeitsrecht Band 1: Individualarbeitsrecht, 5. Aufl. 2012, § 5 Rn. 136 ff.; zur Lehre von der fehlerhaften Gesellschaft vgl. z.B. MünchKomm-BGB/*Ulmer*, § 705 Rn. 323 ff.; ausführlich *Schäfer*, Die Lehre vom fehlerhaften Verband, 2002.

[321] Bei der Stellvertretung ist Anspruchsverpflichteter nicht der Erklärende (= Stellvertreter), sondern der Vertretene, denn er ist anfechtungsberechtigt (siehe oben Rn. 67).

[322] *Medicus*, BGB AT, Rn. 783.

würde, wenn die Erklärung gültig gewesen, der Vertrag also ordnungsgemäß erfüllt worden wäre. Ist das negative ausnahmsweise einmal höher als das positive Interesse, kann der Anfechtungsgegner gleichwohl nur Ersatz des positiven Interesses verlangen. Er soll nämlich nicht besser gestellt werden als er bei Erfüllung des Rechtsgeschäfts stehen würde. Ihm soll aus der Anfechtung kein Vorteil erwachsen.

Eine Schadensersatzpflicht ist allerdings ausgeschlossen, wenn der Anfechtungsgeg- 137
ner nicht auf die Gültigkeit der Erklärung vertrauen durfte. Daher besteht die Pflicht zum Schadensersatz zum einen dort nicht, wo der Anfechtungsgegner die Anfechtbarkeit positiv kannte (§ 122 II Alt. 1 BGB). Zum anderen scheidet ein Schadensersatzanspruch aus, wenn der Anfechtungsgegner die Anfechtbarkeit infolge von Fahrlässigkeit nicht kannte (kennen musste, § 122 II Alt. 2 BGB). Den Begriff der Fahrlässigkeit definiert § 276 II BGB. Hiernach handelt fahrlässig, wer die im Verkehr erforderliche Sorgfalt außer Acht lässt. Im BGB gilt ein objektiv-abstrakter Sorgfaltsmaßstab. Entscheidend ist, wie sich ein ordentlicher und gewissenhafter Teilnehmer des entsprechenden Verkehrskreises in der konkreten Situation verhalten haben würde.[323]

Das Kennenmüssen i. S. v. § 122 II BGB wird regelmäßig auch zu bejahen sein, wenn 138
der Anfechtungsgegner den **Irrtum schuldhaft (mit-)verursacht** hat. Ein Anspruch nach § 122 I BGB ist dann ausgeschlossen. Es sind jedoch auch Fälle denkbar, in denen der Anfechtungsgegner den **Irrtum** zwar nicht kennen musste, er ihn aber zumindest **objektiv (mit-)verursacht** hat. Dann kommen nach h. M.[324] eine Minderung oder sogar ein Ausschluss des Anspruchs analog § 254 BGB[325] in Betracht.

⇨ *Fall Nr. 48 – Judex calculat*

3. Die Anfechtung wegen unzulässiger Willensbeeinflussung

In § 123 BGB erkennt das BGB zwei weitere Anfechtungsgründe an. Es liegt zwar 139
keine Divergenz von Wille und Erklärung vor. Der Fehler liegt vielmehr schon im der Erklärung vorgelagerten Stadium der Willensbildung (Rn. 58). Im Rahmen des § 123 BGB sind solche Fehler ausnahmsweise beachtlich: Der Erklärende soll anfechten können, weil sein erklärter Geschäftswille aufgrund einer **unzulässigen Willensbeeinflussung** – Täuschung oder Drohung – durch einen Dritten gebildet wurde. Eine derart manipulierte Willenserklärung kann dem Erklärenden nicht mehr verantwortlich zugerechnet werden, weshalb er sie beseitigen können muss.

Der Eingriff in die Willensbildungsfreiheit wird als so gravierend erachtet, dass 140
das Gesetz in den Fällen der Täuschung und Drohung von einer Schadensersatzpflicht des Anfechtenden abgesehen hat. Ist die Erklärung wirksam angefochten, wird das Vertrauen des Anfechtungsgegners auf sekundärer Ebene nicht mehr geschützt und zwar unabhängig davon, ob er selbst getäuscht oder gedroht hat. Das ist auch konsequent. Der Schadensersatzpflicht des § 122 BGB liegt – wie oben dargestellt – der „Sphärengedanke" zugrunde. Täuschung und Drohung entspringen aber gerade nicht der Sphäre des Erklärenden, sondern der des Anfechtungsgegners.

---

323 Erman/*H. P. Westermann*, § 276 Rn. 10.

324 *Wolf/Neuner*, BGB AT, § 41 Rn. 153; *Rüthers/Stadler*, BGB AT, § 25 Rn. 67; a. A. *Bork*, BGB AT, Rn. 939.

325 Eine direkte Anwendung des § 254 BGB scheidet u. a. deshalb aus, weil der Anspruch aus § 122 I BGB auch besteht, wenn den Erklärenden kein Verschulden an seinem Irrtum trifft. Von einem *Mit*verschulden kann dann keine Rede sein.

a) Anfechtung wegen arglistiger Täuschung (§ 123 I Alt. 1, II BGB)

141 Eine Anfechtung wegen arglistiger Täuschung ist unter folgenden Voraussetzungen möglich:

aa) Täuschung

142 Der Erklärende muss getäuscht worden sein. Täuschung ist das bewusste Erregen, Aufrechterhalten oder Verstärken eines Irrtums durch **Vorspiegeln falscher Tatsachen.**[326] Werturteile, die im Unterschied zu Tatsachen nicht dem Beweis zugänglich sind, können dagegen nicht Gegenstand einer Täuschung sein.

143 Die Täuschung kann durch ein **aktives – ausdrückliches oder konkludentes – Verhalten**, aber auch durch ein **Unterlassen** begangen werden. Letzteres setzt aber voraus, dass eine **Aufklärungspflicht**, also eine „Pflicht zu reden" besteht. Sie kann sich direkt aus dem Gesetz ergeben.

144 **Beispiel:** Der Versicherungsnehmer ist nach § 19 I 1 VVG bis zur Abgabe seiner Vertragserklärung verpflichtet, die ihm bekannten Gefahrumstände, die für den Entschluss des Versicherers, den Vertrag mit dem vereinbarten Inhalt zu schließen, erheblich sind, dem Versicherer anzuzeigen (z. B. bestehende Vorerkrankungen beim Abschluss einer Krankenversicherung).

145 Es gibt aber auch ungeschriebene Aufklärungspflichten. Bei der Annahme einer solchen Aufklärungspflicht ist aber gerade bei Austauschverträgen Vorsicht geboten. Jede Partei verfolgt hier überwiegend ihre eigenen Interessen. Deshalb kann man nicht verlangen, dass jeder den anderen über alle Umstände aufklärt, die für dessen Entscheidung irgendwie von Bedeutung sein könnten. Nur wo der andere aufgrund der besonderen Umstände des Einzelfalls unter Berücksichtigung von Treu und Glauben und der Verkehrssitte eine Aufklärung erwarten durfte, darf man nicht schweigen. Dies kann bei Umständen der Fall sein, die für die Willensbildung des anderen offensichtlich ausschlaggebend sind.[327] So ist etwa beim Gebrauchtwagenkauf ein Unfallschaden, der keine bloße Bagatelle ist, auch dann zu offenbaren, wenn der Interessent nicht danach gefragt hat.[328] Aufklärungspflichten bestehen auch bei besonderen Vertrauensverhältnissen, insbesondere solchen, die die Wahrnehmung fremder Interessen zum Gegenstand haben. Auch aus der besonderen Sachkunde des Vertragspartners, auf die der andere ersichtlich vertraut hat, kann sich eine Offenbarungspflicht ergeben.[329]

146 Des Weiteren gilt: **Zulässige Fragen** durch den Vertragspartner sind vollständig und korrekt zu beantworten.

bb) Rechtswidrigkeit der Täuschung

147 Das Merkmal der Widerrechtlichkeit in § 123 BGB bezieht sich der Stellung nach eigentlich nur auf die Drohungsalternative. Der Gesetzgeber ging davon aus, dass eine Täuschung stets rechtswidrig sei. Der Tatbestand ist aber nach allgemeiner Ansicht um dieses **ungeschriebene Tatbestandsmerkmal** zu ergänzen.[330] Auch eine Täuschung kann gerechtfertigt und damit rechtmäßig sein. Das Merkmal erlangt vor allem bei falschen Antworten auf Fragen Bedeutung. Sofern der Fragende an der Beantwortung

---

[326] Jauernig/*Jauernig*, § 123 Rn. 3.

[327] Vgl. z. B. *BGH* NJW 2010, 3362 (Rn. 22 ff.); Aufklärungspflicht des Gewerberaummieters über den von ihm beabsichtigten Verkauf von überwiegend in der rechtsradikalen Szene verwendeten „Thor Steinar"-Produkten im „Hundertwasserhaus" in Magdeburg; vgl. auch *BAG* NJW 2013, 1115, 1116 (Rn. 25).

[328] Vgl. *BGH* NJW 1982, 1386; Palandt/*Ellenberger*, § 123 Rn. 7 m. w. N.

[329] *Rüthers/Stadler*, BGB AT, § 25 Rn. 77.

[330] Vgl. nur *Bork*, BGB AT, Rn. 873.

seiner Frage ein berechtigtes und schützenswertes Interesse hat, muss sie korrekt beantwortet werden. Fehlt dieses Interesse hingegen, handelt es sich um eine **unzulässige Frage**. Sie muss nicht korrekt beantwortet werden. Es existiert ein „**Recht zur Lüge**". Die Problematik spielt v.a. bei Fragen während eines Einstellungsgesprächs eine Rolle (z.B. Fragen nach einer bestehenden Schwangerschaft oder Vorstrafen[331]), so dass auf die Literatur zum Arbeitsrecht verwiesen sei.[332]

cc) Doppelte Kausalität

Zum einen muss die Täuschung für den Irrtum zumindest (mit-)ursächlich gewesen sein.[333] Dieser Irrtum muss dann zum zweiten kausal für die Abgabe der konkreten Willenserklärung gewesen sein. Hätte der Getäuschte die Erklärung auch bei Kenntnis der Wahrheit abgegeben, fehlt es an der Kausalität. Im Unterschied zu den §§ 119f. BGB kommt es allerdings nicht darauf an, ob die Erklärung auch bei verständiger Würdigung des Falles abgegeben worden wäre.[334] Es genügt eine rein **subjektive Kausalität**. Unerheblich ist daher, ob die Täuschung einen vernünftigen Dritten ebenfalls zur Abgabe der Willenserklärung veranlasst hätte. Auch der besonders Leichtgläubige soll geschützt werden. 148

dd) Arglist

In subjektiver Hinsicht muss der Täuschende arglistig gehandelt haben. Es genügt, dass der Täuschende **bedingt vorsätzlich**[335] hinsichtlich aller genannten objektiven Tatbestandsmerkmale gehandelt hat. Er muss zumindest die Unwahrheit seiner Angaben für möglich halten und billigen, dass er beim Gegenüber eine falsche Vorstellung hervorruft, die diesen zur Abgabe einer Erklärung veranlasst, die er sonst nicht (so) abgegeben hätte. Arglistig handelt deshalb auch, wer in bewusster Unkenntnis des Wahrheitsgehalts seiner **Angaben** Tatsachen einfach so „**ins Blaue hinein**" behauptet.[336] Schädigungsvorsatz ist dagegen nicht erforderlich. 149

ee) Dritttäuschungen (§ 123 II BGB)

Nicht immer wird die Täuschung durch denjenigen verübt, demgegenüber die Erklärung abzugeben war. Für den Erklärungsempfänger ist es daher oft nicht erkennbar, dass die Erklärung unzulässig durch die Täuschung eines Dritten beeinflusst wurde. Deshalb bestimmt § 123 II 1 BGB, dass die Erklärung dem Erklärungsempfänger gegenüber nur dann anfechtbar ist, wenn dieser die Täuschung des Dritten **kannte oder kennen musste**. „Kennen müssen" ist ebenso wie in § 122 II BGB als fahrlässige Unkenntnis zu verstehen (Rn. 137). War die Täuschung durch einen Dritten nicht erkennbar, konnte und durfte der Erklärungsempfänger auf die Gültigkeit der Erklärung vertrauen. 150

---

[331] Zu einem solchen Fall *BAG* NJW 2013, 1115.

[332] Siehe etwa *Hromadka/Maschmann*, Arbeitsrecht Band 1: Individualarbeitsrecht, 5. Aufl. 2012, § 5 Rn. 39ff.

[333] BGHZ 2, 287, 299; *BGH* NJW-RR 2005, 1083.

[334] *BGH* NJW 1967, 1222.

[335] Generell wird zwischen drei Erscheinungsformen des Vorsatzes unterschieden. Bei der **Absicht** (= dolus directus 1. Grades) *will* der Handelnde *zielgerichtet* den gesetzlichen Tatbestand verwirklichen. Mit **direktem Vorsatz** (= dolus directus 2. Grades) handelt derjenige, der *weiß* oder als *sicher voraussieht*, dass sein Handeln zur Verwirklichung des gesetzlichen Tatbestandes führt. Wer es *ernstlich für möglich hält* und sich *damit abfindet*, dass sein Verhalten einen gesetzlichen Tatbestand verwirklicht, handelt mit **bedingtem Vorsatz** (= dolus eventualis). Der Unterscheidung kommt insbesondere im Strafrecht Bedeutung zu. Im Zivilrecht ist häufig die schwächste Vorsatzform, also bedingter Vorsatz, ausreichend.

[336] BGHZ 138, 199f. = NJW 1998, 2360, 2361; *BGH* NJW 2006, 2839, 2840.

151 **Beispiel:** A will B eins auswischen, indem er ihm auf dem Flohmarkt vor einem Stand ins Ohr flüstert, eine dort für € 5 zum Verkauf ausliegende Münze sei nach seiner Kenntnis ein gesuchtes Sammlerstück, das laut Münzkatalog mindestens € 100 wert sei. Der gutgläubige B erwirbt daraufhin die Münze, ohne dem Verkäufer etwas von dem „Tipp" des A zu erzählen. B kann diesen Kaufvertrag nicht wegen arglistiger Täuschung anfechten, weil A und nicht der Verkäufer (= Erklärungsempfänger) ihn getäuscht hat und der Verkäufer diese Dritttäuschung auch nicht kannte oder kennen musste.

152 Die Regelung des § 123 II BGB gilt nur für **empfangsbedürftige Willenserklärungen.** Für nicht empfangsbedürftige Erklärungen bleibt es bei der uneingeschränkten Anfechtungsmöglichkeit nach § 123 I Alt. 1 BGB.

153 Der Anwendungsbereich von § 123 II 1 BGB hängt entscheidend davon ab, wie man den **Begriff des „Dritten"** versteht. Je enger die Definition ist, umso häufiger kann erfolgreich angefochten werden. Ist der Täuschende nämlich kein Dritter, richtet sich die Anfechtungsmöglichkeit automatisch nach § 123 I Alt. 1 BGB, ohne dass es auf die Kenntnis oder das Kennenmüssen des Erklärungsempfängers ankommt.

154 Unstreitig genügt die bloße Personenverschiedenheit nicht, um die Eigenschaft als Dritter i. S. d. § 123 II 1 BGB zu begründen. Überwiegend wird der Begriff des Dritten eng ausgelegt.[337] Kein Dritter ist, wer **„im Lager"** des Erklärungsempfängers steht und am Vertragsschluss mitwirkt.[338] Dazu gehören insbesondere Hilfspersonen (z. B. Vertreter[339] und Verhandlungsgehilfen), die im überwiegenden Interesse des Erklärungsempfängers tätig werden.[340] Sie gehören seiner Risikosphäre an. Ihr Verhalten muss er sich zurechnen lassen. Er wird so behandelt, als ob er selbst getäuscht hätte. Die Anfechtung richtet sich allein nach § 123 I Alt. 1 BGB.

155 **Beispiel:** K sieht im Schaufenster der Antiquitätenhandlung A-GmbH eine Truhe, die nach einem originalen Barockstück aussieht. Im Laden fragt er die dort aushilfsweise beschäftigte Studentin S, ob es ein Original sei. S, die keine großen Kenntnisse von Möbeln hat, sich gegenüber K aber keine Blöße geben will, sagt „Selbstverständlich!". K will sich die Sache noch einmal überlegen und kommt am nächsten Tag zurück. Mit dem an diesem Tag anwesenden G, dem Geschäftsführer der A-GmbH, macht er den Vertrag über die Truhe „perfekt", ohne noch einmal über die Echtheit zu sprechen. Erst nach dem Kauf stellt sich heraus, dass es sich nicht um ein originales Barockstück handelt. Die arglistige Täuschung durch Angaben „ins Blaue hinein" ging von S, nicht von dem Geschäftsführer (Organ der A-GmbH) aus. Gleichwohl kann K den mit der A-GmbH geschlossenen Kaufvertrag anfechten, weil S als (Aushilfs-)Verkäuferin „im Lager" der A-GmbH steht und sie damit nicht „Dritte" i. S. v. § 123 II BGB ist.[341] Dass G keine Kenntnis von der Täuschung hatte und diese wohl auch nicht kennen musste, ist unerheblich, weil sich die Anfechtung allein nach § 123 I Alt. 1 BGB richtet.

ff) Anfechtungsfrist

156 Nach § 124 I BGB beträgt die Anfechtungsfrist ein Jahr und beginnt mit Entdeckung der Täuschung (§ 124 II 1 BGB). Die im Vergleich zu § 121 I 1 BGB deutlich längere Anfechtungsfrist ist gerechtfertigt, weil derjenige, der getäuscht hat bzw. die

---

[337] *Medicus*, BGB AT, Rn. 800 ff.; MünchKomm-BGB/*Armbrüster*, § 123 Rn. 64.

[338] *BGH* NJW 2001, 358; 1996, 1051; *Bork*, BGB AT, Rn. 879.

[339] Die Anfechtungsmöglichkeit bei der Täuschung durch einen Vertreter ergibt sich eigentlich schon aus § 166 I BGB, wonach sich der Vertretene die Kenntnis des Vertreters zurechnen lassen muss.

[340] Zu weit ging die Ansicht des *BGH* (NJW 1962, 1907 f.), der bei der Anfechtung einer Bürgschaftserklärung den Darlehensnehmer nicht als Dritten ansah und deshalb die Anfechtung gegenüber der Bank zugelassen hat. Der Darlehensnehmer wird vor allem im eigenen Interesse tätig und steht deshalb grundsätzlich nicht „im Lager" der Bank. Richtig wieder *BGH* NJW-RR 1992, 1005, 1006.

[341] Hätte S den K nicht nur beraten, sondern anschließend die A-GmbH auch beim Vertragsschluss vertreten, ergäbe sich die Anfechtungsmöglichkeit bereits aus § 166 I BGB.

Täuschung kannte oder kennen musste, keinen so starken Schutz vor unsicheren Verhältnissen verdient.

gg) Rechtsfolge

Die angefochtene Willenserklärung ist gemäß § 142 I BGB von Anfang an nichtig. 157
Bei einer arglistigen Täuschung wird regelmäßig die **Anfechtbarkeit von Verpflichtungs- und Verfügungsgeschäft** angenommen. Es liegt eine sog. Fehleridentität vor (dazu § 5 Rn. 91). Wegen der unzulässigen, teils sogar strafbaren[342] Willensbeeinflussung soll der Betroffene durch die Anfechtung des Verfügungsgeschäfts auf jeden Fall wieder Rechtsinhaber (z.B. Eigentümer) werden können.[343] Ob und welche(s) Geschäft(e) er anfechten will, ist dann allerdings Sache des Getäuschten. Eine Pflicht zum Schadensersatz des Anfechtenden besteht nicht.

hh) Konkurrenzen

Auch im Rahmen des § 123 BGB stellt sich die Frage nach dem Konkurrenz- 158
verhältnis der Anfechtung zu anderen Regelungen. Die Anfechtungsmöglichkeit nach § 123 I Alt. 1 BGB ist anders als die nach § 119 II BGB[344] nicht durch das Gewährleistungsrecht – sofern es anwendbar ist – ausgeschlossen.[345] Wenn also die Täuschung einen Irrtum über eine Eigenschaft bewirkt und zugleich ein Sachmangel bei Gefahrübergang nach § 434 I 1 BGB vorliegt, dann ist zwar die Anfechtung nach § 119 II BGB, nicht aber die wegen arglistiger Täuschung ausgeschlossen. Der Vorrang des Gewährleistungsrechts bezweckt vor allem den Schutz des Verkäufers. Sofern er den Käufer aber arglistig über einen Sachmangel getäuscht hat, ist er nicht schutzwürdig. Der Käufer hat dann die Wahl, ob er nach Gewährleistungsrecht vorgehen oder anfechten will.

Beispiel: Im Fall der Barocktruhe aus Rn. 155 stellt die fehlende Echtheit auch einen Sach- 159
mangel i. S. v. § 434 I BGB dar, weil die Ist-Beschaffenheit negativ von der Soll-Beschaffenheit abweicht. K kann wählen, ob er den Kaufvertrag wegen arglistiger Täuschung anficht oder Gewährleistungsrechte (§ 437 BGB) geltend macht.

Des Weiteren kommen bei einer arglistigen Täuschung oft Ansprüche aus 160
§ 823 II BGB i.V.m. § 263 StGB (Betrug) oder aus § 826 BGB in Betracht. Ferner ist an Ansprüche aus *culpa in contrahendo*[346] zu denken, die nach h.M. nicht ausgeschlossen sind.[347]

⇨ *Fall Nr. 49 – Immer diese Gebrauchtwagenhändler*

---

[342] Sofern die Täuschung zu einem Irrtum führt, aufgrund dessen der Getäuschte eine Vermögensverfügung vornimmt, kommt eine Strafbarkeit gemäß § 263 StGB (Betrug) in Betracht, wenn der Getäuschte in Folge der Vermögensverfügung einen Vermögensschaden erleidet.

[343] BGHZ 58, 257, 258; *Rüthers/Stadler*, BGB AT, § 25 Rn. 90; *Grigoleit*, AcP 199 (1999), 379, 404ff.; dies ist für ihn insbesondere dann wichtig, wenn der Anfechtungsgegner zwischenzeitlich insolvent geworden ist.

[344] Siehe zum Konkurrenzverhältnis von § 119 II BGB zum Gewährleistungsrecht Rn. 108ff.

[345] Sofern das Gewährleistungsrecht nicht anwendbar ist, ist zusätzlich auch die Anfechtung nach § 119 II BGB möglich. Es greifen mehrere Anfechtungsgründe nebeneinander, wobei die Anfechtung nach § 123 BGB regelmäßig vorteilhafter ist, weil keine Schadensersatzpflicht besteht und die Anfechtungsfrist länger ist.

[346] Zur *culpa in contrahendo (c.i.c.)* siehe die Lehrbücher zum Schuldrecht.

[347] BGHZ 137, 255, 265; *Bork*, BGB AT, Rn. 886. Deutlich umstrittener ist, ob Ansprüche aus *c.i.c.* im Fall der fahrlässigen Falschinformation möglich sind, vgl. *Bork*, BGB AT, Rn. 886 und *Wolf/Neuner*, BGB AT, § 41 Rn. 115ff. m.N. zum Streitstand.

b) Anfechtung wegen widerrechtlicher Drohung (§ 123 I Alt. 2 BGB)

161 In § 123 I Alt. 2 BGB ist der einzige Anfechtungsgrund geregelt, der keinen Irrtum voraussetzt. Eine Anfechtung ist unter folgenden Voraussetzungen möglich:

aa) Drohung

162 Dem Erklärenden muss gedroht worden sein. Unter einer Drohung versteht man das zumindest konkludente In-Aussicht-Stellen eines künftigen Übels, auf das der Drohende Einfluss zu haben vorgibt.[348] Es ist völlig unerheblich, wer droht. Eine dem § 123 II 1 BGB entsprechende Vorschrift existiert bei der Anfechtung wegen Drohung nicht. Dem Schutz des Bedrohten gebührt absoluter Vorrang.

163 Für die Ernsthaftigkeit der Drohung kommt es auf die **Sicht des Bedrohten** an. Er muss den ihm angedrohten Nachteil als **psychische Zwangslage** empfinden. Deshalb kann eine Drohung z. B. auch dann vorliegen, wenn nicht der Erklärende, sondern eine ihm nahestehende Person bedroht wird. Eine Drohung liegt etwa vor, wenn ein Dritter dem wohlhabenden Familienvater ankündigt, dessen Sohn zu entführen, falls nicht ein bestimmter Geldbetrag gezahlt werde. Sofern der Vater der Drohung Glauben schenkt, spielt es keine Rolle, ob der Dritte tatsächlich die Absicht hat, sein Vorhaben in die Tat umzusetzen.

164 Der Drohende muss behaupten, dass er selbst auf den Eintritt des Übels Einfluss habe. Wo auf durch Dritte drohende Gefahren oder Übel hingewiesen wird, liegt eine **bloße Warnung** vor. Soll etwa die Mutter eines unehelichen Kindes durch den Hinweis ihres Bruders auf bei ihrem gemeinsamen Vater vorhandene Selbstmordabsichten dazu bewegt werden, das Kind zur Adoption freizugeben, so liegt keine Drohung vor. Der angekündigte Selbstmord des Vaters ist kein Übel, das vom Willen des Bruders abhängig ist.

165 § 123 I Alt. 2 BGB schützt die Willensentschließungsfreiheit. Wo keine Entscheidungsmöglichkeit besteht, ist der Schutzzweck der Norm von vorneherein nicht betroffen. Notwendige Voraussetzung des § 123 I Alt. 2 BGB ist daher in jedem Fall die Abgabe einer *Willens*erklärung. Es bedarf keiner Anfechtung, wenn die Erklärung unter dem Einfluss von **vis absoluta** abgegeben wird. Wer solche unwiderstehliche körperliche Gewalt anwendet, nimmt dem anderen jede Freiheit, einen eigenen Willen zu bilden. Es besteht nur der äußere, aber – **mangels Handlungswillens** – nicht der innere Tatbestand einer *Willens*erklärung (Rn. 10 f.). So verhält es sich etwa, wenn ein Altenpfleger einer gebrechlichen Heimbewohnerin gewaltsam die Hand führt, um die Unterschrift unter einen vorformulierten Vertrag zu erzwingen.

bb) Rechtswidrigkeit der Drohung

166 Die Drohung muss rechtswidrig sein. Die Rechtswidrigkeit kann resultieren aus
- der Rechtswidrigkeit des Mittels,
- der Rechtswidrigkeit des Zwecks,
- der Rechtswidrigkeit der Zweck-Mittel-Kombination.

167 Wird einer Person etwa damit gedroht, ihr Gewalt anzutun, wenn sie nicht einen bestimmten Vertrag unterschreibt, folgt die Rechtswidrigkeit schon aus dem angedrohten Mittel. Die Anwendung körperlicher Gewalt steht nämlich unter Strafe, ist also per se verboten (vgl. die in §§ 223 ff. StGB geregelten Delikte der Körperverletzung), sofern nicht ausnahmsweise ein Rechtfertigungsgrund, z. B. Notwehr (§ 32 StGB) eingreift. Ergibt sich die Rechtswidrigkeit aufgrund des verfolgten Zwecks,

---

[348] *BGH* NJW-RR 1996, 1281, 1282.

wird das Rechtsgeschäft häufig bereits nach **§§ 134, 138 BGB** nichtig sein, so etwa, wenn sich der Erklärende unter dem Eindruck der Drohung zu Vornahme einer strafbaren oder unsittlichen Handlung verpflichtet.[349] Die Willenserklärung bleibt gleichwohl anfechtbar, denn auch nichtige Willenserklärungen sind einer Anfechtung zugänglich (Rn. 59).

Sind Mittel und Zweck für sich genommen beide rechtmäßig, kann die Drohung doch aufgrund der Kombination der beiden rechtswidrig sein. Das ist insbesondere der Fall, wenn zwischen Drohung und Mittel überhaupt **kein sachlicher Zusammenhang** besteht. Die Rechtswidrigkeit beruht hier auf einer Wertung.[350] 168

Beispiel: Die Drohung mit einer Strafanzeige, um dadurch den Bedrohten zu einer Geldzahlung zu bewegen, ist nicht per se rechtswidrig. Weder ist das eingesetzte Mittel, die Strafanzeige, noch der angestrebte Zweck, die Geldzahlung, für sich genommen rechtswidrig – dies jedenfalls dann nicht, wenn der Drohende auf das Geld einen Anspruch hat. Die Rechtswidrigkeit der Drohung kann sich aber aus der Kombination ergeben, wenn etwa der Vermieter seinem säumigen Mieter mit einer Anzeige wegen einer von ihm zufällig beobachteten Trunkenheitsfahrt mit Unfallflucht droht, um jenen zur Zahlung der ausstehenden Miete zu bewegen. Die erstrebte Geldzahlung, auf die der Vermieter einen Anspruch hat, steht in diesem Fall mit der Straftat oder Ordnungswidrigkeit, die zur Anzeige gebracht werden soll, in keinerlei Zusammenhang. 169

cc) Kausalität

Die Drohung muss kausal für die Abgabe der konkreten Willenserklärung gewesen sein. Daran fehlt es, wenn die Erklärung mit diesem Inhalt auch ohne die Drohung abgegeben worden wäre. Unter Umständen kann die Kausalität auch bei völliger Geringfügigkeit des angedrohten Übels ausgeschlossen sein.[351] 170

dd) Drohungsvorsatz

Der Drohende muss den Vorsatz gehabt haben, den Bedrohten durch die Übelsankündigung zur Abgabe der Willenserklärung zu veranlassen. Meist wird sogar Absicht[352] vorliegen. Schädigungsvorsatz ist auch hier nicht erforderlich. 171

ee) Anfechtungsfrist

Die Anfechtungsfrist beträgt ebenfalls ein Jahr (§ 124 I BGB). Sie beginnt mit dem Zeitpunkt, in welchem die Zwangslage aufhört (§ 124 II 1 Hs. 2 BGB). 172

ff) Rechtsfolge

Die angefochtene Erklärung ist nach § 142 I BGB von Anfang an nichtig. Eine Schadensersatzpflicht des Anfechtenden besteht auch hier nicht. 173

⇨ *Fall Nr. 50 – Drohgebärden*

§ 8. Bedingung und Befristung

I. Die Bedingung

1. Begriff und Zweck

Charakteristisch für eine Bedingung im Sinne der §§ 158 ff. BGB ist, dass bestimmte Rechtsfolgen erst durch den Eintritt eines **zukünftigen Ereignisses** ausgelöst 1

[349] Zu den Vorschriften der §§ 134, 138 BGB siehe oben § 6 Rn. 25 ff. und 35 ff.
[350] *BGH* NJW 2005, 2766, 2771; 1983, 384, 385; *Wolf/Neuner*, BGB AT, § 41 Rn. 135.
[351] *Bork*, BGB AT, Rn. 889.
[352] Vgl. zu den verschiedenen Vorsatzformen den Hinweis in der Fußnote bei Rn. 149.

werden, dessen Eintritt **objektiv ungewiss** ist.[353] Soll z.B. der Enkel von seinem Großvater für den Fall des Bestehens der noch nicht absolvierten Orientierungsprüfung ein Auto geschenkt bekommen, so steht der Schenkungsvertrag – die Einhaltung der Form unterstellt – unter einer Bedingung, da das Bestehen objektiv noch ungewiss ist. Soll dagegen der Tod einer bestimmten Person Voraussetzung für die Wirksamkeit eines Rechtsgeschäfts sein, so liegt keine Bedingung i.S.v. § 158 BGB vor, da der Todeseintritt ein objektiv gewisses Ereignis ist. Es kann sich allenfalls um eine Befristung handeln.

2 Grundsätzlich treten Rechtsfolgen sofort mit wirksamer Vornahme des Rechtsgeschäfts ein. Die Vereinbarung einer Bedingung ermöglicht es den Parteien, rechtsgeschäftliche Bindung und Eintritt der Rechtsfolgen zu trennen. Durch die Bedingung kann das Wirksamwerden oder der Fortbestand eines Rechtsgeschäfts vom Eintritt oder Ausbleiben bestimmter Umstände abhängig gemacht werden. Auf diese Weise können ungewisse Ereignisse und Entwicklungen, auf die die Parteien Wert legen, schon bei Vertragsschluss berücksichtigt werden.

2. Arten der Bedingung

3 § 158 BGB unterscheidet zwischen der aufschiebenden und der auflösenden Bedingung. Bei einer **aufschiebenden Bedingung** treten die Rechtsfolgen erst mit Eintritt des Ereignisses ein (§ 158 I BGB). Bis zum Bedingungseintritt ist das Geschäft **schwebend unwirksam**. Ein wichtiger Anwendungsfall ist der Kauf unter Eigentumsvorbehalt (§§ 433, 449 BGB).[354] Der Kaufvertrag (§ 433 BGB) ist unbedingt; es wird aber vereinbart, dass das Eigentum erst auf den Käufer übergeht, wenn dieser den Kaufpreis vollständig gezahlt hat (§§ 929, 158 I BGB). Hier steht das Verfügungsgeschäft unter der aufschiebenden Bedingung vollständiger Kaufpreiszahlung.

4 Bestehen die Rechtswirkungen dagegen zunächst und fallen mit dem Eintritt des Ereignisses wieder weg, spricht man von einer **auflösenden Bedingung** (§ 158 II BGB). So kann z.B. der Vertrag mit einem Profifußballer unter der Bedingung geschlossen werden, dass der Verein nicht absteigt.

5 Wo die Parteien nur subjektiv davon ausgehen, dass der Eintritt des Ereignisses ungewiss ist, objektiv aber schon feststeht, dass es eintritt oder ausfällt, handelt es sich um eine **unechte Bedingung**. Die §§ 158ff. BGB gelten unmittelbar nur für echte Bedingungen. Nach verbreiteter Ansicht sollen die Vorschriften jedoch **analog** gelten, wenn die Interessenlage der bei einer echten Bedingung entspricht.[355] Wenn in dem soeben angeführten Beispiel die Orientierungsklausuren schon korrigiert sind, Enkel und Großvater dies aber bei Abschluss des Schenkungsvertrags über das Auto nicht wissen, liegt eine unechte Bedingung vor. Die vergleichbare Interessenlage spricht hier freilich für eine Analogie.

6 Nicht um eine Bedingung im Sinne der §§ 158ff. BGB handelt es sich auch bei der **Rechtsbedingung**. Bei ihr ist der Eintritt der Rechtsfolge schon **kraft Gesetzes** und nicht erst kraft rechtsgeschäftlicher Vereinbarung vom Eintritt eines bestimmten Ereignisses abhängig. So ist etwa die Erteilung der Genehmigung des gesetzlichen Vertreters Rechtsbedingung für die Wirksamkeit von Geschäften des Minderjährigen (§ 108 BGB; dazu unten § 9 Rn. 21ff.).

---

[353] Palandt/*Ellenberger*, Einf v § 158 Rn. 1.

[354] Der Eigentumsvorbehalt wird ausführlich in der Literatur zum Sachen- bzw. Kreditsicherungsrecht behandelt, siehe etwa *Vieweg/Werner*, 5. Aufl. 2011, § 11 Rn. 1ff.

[355] *Brox/Walker*, BGB AT, Rn. 481.

3. Zulässigkeit der Bedingung

Im Grundsatz gilt, dass Bedingungen bei allen Willenserklärungen und Rechtsgeschäften vereinbart werden können. Weil aber in bestimmten Fällen die mit einer Bedingung einhergehende **Rechtsunsicherheit** nicht hinnehmbar wäre, gibt es Ausnahmen von diesem Grundsatz. Zum Teil beruhen sie auf dem Gesetz[356], zum Teil auf dem Wesen bestimmter Rechtsgeschäfte. So sind etwa **Gestaltungsrechte** (Rücktritt, Anfechtung, Kündigung, Aufrechnung[357]) in aller Regel **bedingungsfeindlich**. Sie sind dadurch gekennzeichnet, dass der Erklärende einseitig auf die Rechtsposition eines anderen einwirken kann, ohne dass dieser eine Mitwirkungsmöglichkeit hat. Aus der einseitigen Gestaltungsmöglichkeit folgt, dass der Erklärungsempfänger mit Ausübung des Rechts Klarheit haben muss, ob, wie und wann sich die Rechtslage ändert. Zum Schutz des Empfängers können Gestaltungsrechte daher nicht durch Bedingungen eingeschränkt werden. 7

Anders ist dies nur, wenn der Empfänger die Bedingung akzeptiert, da er dann gewissermaßen auf den Schutz verzichtet, oder wenn der Bedingungseintritt allein in sein Belieben gestellt ist (**Potestativbedingung**).[358] Er hat es hier in der Hand, für den Eintritt des Ereignisses zu sorgen, weshalb kein Zustand der Rechtsunsicherheit besteht, vor dem man ihn schützen müsste.[359] Schreibt etwa der Käufer, der eine Ware nicht rechtzeitig erhalten hat, seinem Verkäufer „Wenn Sie nicht bis zum 1. November liefern, erkläre ich schon hiermit den Rücktritt vom Vertrag", besteht keine Rechtsunsicherheit, weil der Verkäufer selbst weiß, ob er bis zu dem genannten Zeitpunkt geliefert hat oder nicht. 8

Des Weiteren können Bedingungen unzulässig sein, wenn durch deren Vereinbarung zwingendes Gesetzesrecht unterlaufen werden soll. Umstritten ist vor allem, ob das Abstraktionsprinzip durch die Vereinbarung unterlaufen werden kann, dass die Wirksamkeit des Verpflichtungsgeschäfts (unechte) Bedingung für die Wirksamkeit des Verfügungsgeschäfts sein soll. Die h.M. bejaht die Zulässigkeit einer solchen Vereinbarung (§ 5 Rn. 93).[360] 9

4. Bedingungseintritt/Bedingungsausfall

Tritt die Bedingung ein, ändert sich die Rechtslage **automatisch** (*ipso jure*). Für den Eintritt einer auflösenden Bedingung heißt das, dass die Rechtswirkungen entfallen, während bei Eintritt einer aufschiebenden Bedingung die vereinbarten Rechtswirkungen entstehen. Wie der Wortlaut des § 158 BGB zeigt („mit dem Eintritt der Bedingung"), wirkt der Bedingungseintritt dabei nur **für die Zukunft** (***ex nunc***). Dies ergibt sich im Übrigen auch aus der Vorschrift des § 159 BGB. Hiernach können die Parteien vereinbaren, dass die an den Bedingungseintritt geknüpften Folgen auf einen früheren Zeitpunkt zurückbezogen werden sollen. Die Vorschrift, die rein *schuldrechtlich* wirkt, wäre überflüssig, wenn man nicht von einer *ex-nunc*-Wirkung ausgehen würde. 10

---

[356] Z.B. §§ 925 II, 1311 S. 2, 1594 III BGB.

[357] Für die Aufrechnung ist dies sogar ausdrücklich in § 388 S. 2 BGB klargestellt.

[358] Die Potestativbedingung ist von der *Wollensbedingung* abzugrenzen. Bei Letzterer hängt die Gültigkeit eines Rechtsgeschäfts allein von der Willensäußerung einer Partei ab. Ob und in welchem Umfang solche Wollensbedingungen – außer in den gesetzlich vorgesehenen Fällen, vgl. § 454 I 2 BGB – zulässig sind, ist umstritten, vgl. *Wolf/Neuner*, BGB AT, § 52 Rn. 17 ff.

[359] *Bork*, BGB AT, Rn. 1258.

[360] *Bork*, BGB AT, Rn. 489 m. w. N.

11 Es ist wichtig, die eben beschriebenen Wirkungen *ipso jure* einerseits sowie *ex nunc* andererseits sauber zu unterscheiden, insbesondere bei dinglichen Rechtsgeschäften. Bisweilen wird § 159 BGB nämlich dahingehend missverstanden, bei einer bedingten Verfügung seien die Parteien nach Eintritt der Bedingung nur schuldrechtlich zur Herstellung des der Bedingung entsprechenden Zustandes verpflichtet.[361] Doch befasst sich die Vorschrift mit dieser Frage nicht, vielmehr allein mit der Wirkung *ex nunc* oder *ex tunc*. Selbstverständlich verändert sich deshalb auch bei dinglichen Geschäften der Rechtszustand *ipso jure* mit Eintritt der Bedingung.

12 **Beispiel:** Hat jemand unter einer auflösenden Bedingung Eigentum übertragen, etwa ein Treugeber an einen Treuhänder unter der auflösenden Bedingung verfügt, dass Gläubiger des Treuhänders die Sache pfänden oder der Treuhänder insolvent wird[362], dann fällt das Eigentum bei Eintritt dieser Bedingungen *ipso jure* an den Treugeber zurück. Nicht etwa hat der Treugeber nur einen schuldrechtlichen Anspruch auf Rückübereignung gegen den Treuhänder. Für die auflösende Bedingung gilt insoweit das Gleiche wie für die aufschiebende, etwa bei dem in Rn. 3 erwähnten Eigentumsvorbehalt; auch dort geht das Eigentum mit Kaufpreiszahlung automatisch auf den Käufer über.

13 Steht endgültig fest, dass die Bedingung nicht mehr eintreten kann, so spricht man von einem **Bedingungsausfall**. Fällt eine auflösende Bedingung aus, bleibt es endgültig bei der Wirksamkeit des Rechtsgeschäfts. Fällt eine aufschiebende Bedingung aus, ist das Rechtsgeschäft endgültig unwirksam. Der Schwebezustand ist damit beendet.

14 § 162 I BGB stellt dem Bedingungseintritt den Fall gleich, dass der Bedingungseintritt durch die Partei, zu deren Nachteil er gereichen würde, treuwidrig verhindert wird.

15 **Beispiele:** Lehnt der Eigentumsvorbehaltsverkäufer die vom Käufer angebotene Zahlung der letzten Kaufpreisrate unberechtigterweise ab, so wird der Käufer nach § 162 I BGB gleichwohl Eigentümer der Sache.[363] Ebenso greift § 162 I BGB, wenn ein Mietaufhebungsvertrag unter der Bedingung der Stellung eines geeigneten Ersatzmieters geschlossen wird und der Vermieter den Ersatzmieter ohne berechtigten Grund ablehnt.

16 § 162 I BGB gilt entsprechend, wenn der Bedingungseintritt treuwidrig um eine bestimmte Zeit verzögert wurde.[364] Die Bedingung gilt als unverzögert eingetreten.

17 Wird der Bedingungseintritt durch die Partei, zu deren Vorteil er gereichen würde, treuwidrig herbeigeführt, gilt die Bedingung als ausgefallen (§ 162 II BGB).

18 **Beispiel:** Ein Handelsvertretervertrag steht unter der auflösenden Bedingung, dass der Jahresumsatz € 1 Mio. unterschreitet. Verfehlt der Handelsvertreter dieses Umsatzziel nur deshalb, weil ihm der Unternehmer kein Werbematerial zur Gewinnung neuer Kunden zur Verfügung stellt, dann gilt die auflösende Bedingung gemäß § 162 II BGB als nicht eingetreten. Der Handelsvertretervertrag besteht fort.

5. Schutz des bedingt Berechtigten

19 Bis zum Eintritt bzw. Ausfall der Bedingung besteht ein Schwebezustand, währenddessen der bedingt Berechtigte geschützt werden muss. Diesen Schutz haben die §§ 160, 161 BGB im Auge.

---

[361] So etwa *Holzer*, ZIP 2009, 2324, 2328.

[362] Zu der Frage, ob eine solche Bedingung auch konkludent in jedes Treuhandverhältnis hineingelesen werden kann, siehe *Bitter*, Rechtsträgerschaft für fremde Rechnung, 2006, S. 272 ff.

[363] BGHZ 75, 228.

[364] Soergel/*Wolf*, § 162 Rn. 12.

§ 161 BGB enthält ein **absolutes Verfügungsverbot** und damit eine Schutzregel für *dingliche* Verfügungsgeschäfte. Derjenige, der einen Gegenstand unter Vereinbarung einer *aufschiebenden* Bedingung erwirbt, wird erst mit Eintritt der Bedingung Berechtigter. Bis zum Bedingungseintritt bleibt der Veräußerer verfügungsberechtigt. Er kann den Gegenstand wirksam auf Dritte übertragen. Um den bedingt Berechtigten vor solchen **Zwischenverfügungen des Noch-Berechtigten** zu schützen, bestimmt § 161 I BGB, dass sie mit Bedingungseintritt unwirksam sind, soweit sie die von der Bedingung abhängige Wirkung vereiteln oder beeinträchtigen würden. Mit Bedingungseintritt werden Zwischenverfügungen **gegenüber jedermann unwirksam**. Dies gilt gemäß §§ 161 III, 932ff., 892f. BGB aber nur dann, wenn der Dritte die bedingte Verfügung zu Gunsten des bedingt Berechtigten kannte oder – bei einer Verfügung über *bewegliche Sachen* – grob fahrlässig nicht kannte (vgl. § 932 II BGB). War der Dritte dagegen in **gutem Glauben** hinsichtlich der bedingten Verfügung, ist die Zwischenverfügung endgültig wirksam.[365] 20

Beispiel: V leiht sich bei K ein Auto, das V zuvor an K unter Eigentumsvorbehalt verkauft und übergeben hatte. V veräußert es während der Leihzeit an einen Dritten D. Diese Zwischenverfügung des V an D, die den Eigentumserwerb des K vereiteln könnte, ist mit Zahlung der letzten Rate von K an V gemäß § 161 I 1 BGB endgültig unwirksam. D kann jedoch gemäß § 932 I 1 BGB gutgläubig erwerben, wenn er von dem früheren Vorbehaltsverkauf des V an K nichts wusste und in Bezug auf jenen Verkauf auch nicht grob fahrlässig unwissend war (vgl. § 932 II BGB). 21

Denselben Schutz bietet § 161 II BGB für den Fall, dass unter einer *auflösenden* Bedingung verfügt wurde. Mit Bedingungseintritt ist die Zwischenverfügung desjenigen, dessen Recht mit Eintritt der Bedingung endigt, unwirksam. 22

Beispiel: Als Anreiz für gute Studienleistungen schenkt und übergibt V seinem Sohn S eine Uhr der Marke ROLEX. Es wird vereinbart, dass die Übereignung unter der auflösenden Bedingung des von S nicht bestandenen Examens steht. Übereignet S als (auflösend bedingter) Eigentümer die Uhr an einen Dritten D, greift § 161 II BGB: Die Zwischenverfügung von S an D, die den Rückerwerb des V vereiteln könnte, wird mit dem endgültigen Nichtbestehen des Examens endgültig unwirksam. D kann allerdings die Uhr gemäß § 932 BGB erwerben, wenn er hinsichtlich der Vereinbarung zwischen V und S gutgläubig war. 23

Besteht die Beeinträchtigung während der Schwebezeit nicht in einer Verfügung, steht dem bedingt Berechtigten ein Schadensersatzanspruch gegen den anderen Teil gemäß § 160 BGB zu, wenn diesen ein Verschulden (§ 276 BGB) an der Beeinträchtigung oder Vereitelung des von der Bedingung abhängigen Rechts trifft. Zwischen den Parteien besteht nämlich ab Vornahme des Rechtsgeschäfts ein Schuldverhältnis, das die Parteien während der Schwebezeit zu gegenseitiger Rücksichtnahme verpflichtet. Der Anspruch besteht allerdings nur, wenn die Bedingung auch tatsächlich eintritt. 24

Beispiel: A hat B Anfang August seine Uhr im Wert von € 80 für nur € 50 unter der Bedingung verkauft, dass er von seiner Oma zu seinem Geburtstag (20.8.) eine neue geschenkt bekommt. Bei einem Segeltörn am 15.8. spielt A nachlässig mit der Uhr herum und sie fällt ins Wasser. B kann (jedenfalls auch[366]) aus § 160 BGB Schadensersatz i. H. v. € 30 verlangen. 25

---

[365] Zu Einzelheiten des gutgläubigen Erwerbs sei auf die Lehrbücher zum Sachenrecht verwiesen.

[366] Bei bedingten *schuldrechtlichen* Geschäften kommt daneben immer auch ein Schadensersatzanspruch wegen Verletzung dieses Schuldverhältnisses in Betracht, bei Untergang der Sache z.B. aus § 283 BGB. § 160 BGB hat insoweit nur klarstellende Funktion. Bei isolierten und bedingten *dinglichen* Geschäften hätte § 160 BGB eigenständige Bedeutung, jedoch dürften bedingte Verfügungen ohne schuldrechtliche Grundlage selten sein.

II. Die Befristung

26 Die Befristung (§ 163 BGB) ist dadurch gekennzeichnet, dass der Eintritt der Rechtsfolgen von einem zukünftigen Ereignis abhängt, dessen Eintritt **objektiv gewiss** ist.[367] Ausreichend ist es, wenn *sicher* feststeht, *dass* das **Ereignis** irgendwann eintreten wird. Wann genau es eintritt, ist demgegenüber unerheblich.

27 **Beispiel:** Wird die Wirkung eines Rechtsgeschäfts – etwa die Erbringung einer Leistung – an den Tod einer Person geknüpft, handelt es sich um eine Befristung, da bei jedem Menschen sicher feststeht, dass der Tod irgendwann eintreten wird. Wird demgegenüber an die Hochzeit einer Person oder das 50jährige Firmenjubiläum angeknüpft, liegt eine Bedingung vor, da unsicher ist, ob es zur Hochzeit kommt bzw. das Unternehmen bis zu dem genannten Jubiläum noch existiert.

28 Handelt es sich bei dem Ereignis um ein bestimmtes oder durch Angabe einer konkreten Dauer bestimmbares Datum, so spricht man von einem **Anfangs- oder Endtermin.**

29 Auf befristete Geschäfte finden die für die aufschiebende bzw. auflösende Bedingung geltenden Vorschriften der §§ 158, 160, 161 BGB entsprechende Anwendung. Obwohl § 163 BGB nicht auf § 159 BGB verweist, können die Parteien eine schuldrechtliche Rückbeziehung der Rechtsfolgen vereinbaren.[368] Ebenso gilt **§ 162 II BGB analog**, wenn nur der Eintritt eines Ereignisses, nicht aber dessen genauer Zeitpunkt sicher feststeht und der andere Teil es treuwidrig vorzeitig herbeiführt.[369] War etwa ein Rechtsgeschäft durch den Tod eines Menschen befristet und wird der Tod vorzeitig treuwidrig herbeigeführt, so gilt dieser analog § 162 II BGB als nicht eingetreten. Ein sicher feststehender Zeitpunkt kann dagegen nicht treuwidrig vereitelt oder herbeigeführt werden.

30 Weiterhin gilt, dass bedingungsfeindliche Rechtsgeschäfte auch **befristungsfeindlich** sind.

§ 9. Die Geschäftsfähigkeit

I. Begriff und Abgrenzung

1 Mit dem Begriff der Geschäftsfähigkeit wird die Fähigkeit bezeichnet, Rechtsgeschäfte selbstständig vollwirksam vorzunehmen.[370] Der Grundsatz der Privatautonomie erlaubt die freie Gestaltung von Rechtsverhältnissen (§ 2 Rn. 16ff.). Das Zugeständnis dieser Freiheit ergibt aber nur dann einen Sinn, wenn den Personen auch die Verantwortung für ihr rechtsgeschäftliches Handeln übertragen werden kann. Dies erfordert ein Mindestmaß an Urteilsvermögen, geistiger Reife und Willenskraft, welches etwa Kleinkindern oder unter Umständen auch psychisch kranken Menschen fehlen kann. Diese Personen müssen vor den Folgen ihres rechtsgeschäftlichen Handelns bewahrt werden, da sie die Folgen nicht einschätzen können. In den §§ 104ff. BGB finden sich daher Vorschriften zum Schutz solcher Personen, die der Gesetzgeber als schutzwürdig ansieht. Dabei verwendet der Gesetzgeber ein ge-

[367] Palandt/*Ellenberger*, § 163 Rn. 1.
[368] *Bork*, BGB AT, Rn. 1286.
[369] *Bork*, BGB AT, Rn. 1286; MünchKomm-BGB/*H. P. Westermann*, § 163 Rn. 6.
[370] Palandt/*Ellenberger*, Einf v § 104 Rn. 2.

stuftes System, welches die volle Geschäftsfähigkeit (als ungeschriebenen Grundsatz) und die Geschäftsunfähigkeit (§§ 104, 105 BGB) als Extrempunkte vorsieht, dazwischen die beschränkte Geschäftsfähigkeit (§ 107 BGB) und die partielle Geschäftsfähigkeit (§§ 112, 113 BGB). Abzugrenzen vom Begriff der Geschäftsfähigkeit sind die Begriffe der Rechtsfähigkeit und der Deliktsfähigkeit.

Rechtsfähigkeit meint die Fähigkeit, Träger von Rechten und Pflichten zu sein. Natürliche Personen erwerben diese gemäß § 1 BGB mit Vollendung der Geburt. Der Unterschied zur Geschäftsfähigkeit ist nicht sofort erkennbar: Die Geschäftsfähigkeit betrifft die Frage, ob über Rechte und Pflichten selbstständig wirksam verfügt oder Verpflichtungen zu solchen Verfügungen eingegangen werden können. Demgegenüber bezieht sich die Rechtsfähigkeit darauf, ob Rechte und Pflichten überhaupt begründet werden, sie einer Person also zustehen können. Rechtsfähig sind neben den natürlichen auch die juristischen Personen, nicht hingegen Tiere und Sachen. Juristische Personen sind dagegen nicht selbstständig geschäftsfähig. Sie werden durch ihre Organe vertreten: So vertritt zum Beispiel der Geschäftsführer einer GmbH diese nach § 35 I GmbHG. 2

Mit **Deliktsfähigkeit** wird die Fähigkeit bezeichnet, für einen Schaden zu haften, der einem anderen zugefügt wurde (§§ 827 f. BGB). Wer nicht die geistige Reife hat, sein Verhalten zu überdenken und die Konsequenzen abzuschätzen, kann für einen Schaden nicht verantwortlich gemacht werden. Die Deliktsfähigkeit bezieht sich somit nicht auf rechtsgeschäftliches, sondern auf unerlaubtes tatsächliches, deliktisches Handeln.[371] 3

II. Geschäftsunfähigkeit

1. Grundsatz der vollen Geschäftsfähigkeit

Das BGB geht von dem Grundsatz aus, dass jeder Mensch geschäftsfähig ist. Dies lässt sich aus der Formulierung des § 104 BGB ersehen, der anordnet, wer geschäftsunfähig ist. Geschäftsfähigkeit wird demnach stillschweigend vorausgesetzt, soweit eine Person nicht in ihrer Geschäftsfähigkeit beschränkt ist. Der Grundsatz der vollen Geschäftsfähigkeit, der eng mit dem Grundsatz der Privatautonomie verknüpft ist, erfährt aber durch die gesetzlichen Regelungen teilweise weitreichende Einschränkungen. 4

2. Vollständige Geschäftsunfähigkeit

Die stärkste Einschränkung bedeutet die (vollständige) Geschäftsunfähigkeit. Geschäftsunfähige Personen können weder wirksam Willenserklärungen abgeben (§§ 104, 105 I BGB), noch werden Willenserklärungen mit Zugang bei ihnen wirksam (§ 131 I BGB). 5

a) Voraussetzungen

Geschäftsunfähig sind zum einen **Minderjährige**, die das **7. Lebensjahr nicht vollendet** haben (§ 104 Nr. 1 BGB). Minderjährig sind Personen, die das 18. Lebensjahr noch nicht vollendet haben. Dies ergibt sich aus einem Umkehrschluss[372] zu § 2 BGB, der den Beginn der Volljährigkeit auf die Vollendung des 18. Lebensjahres, also den Tag des 18. Geburtstags, legt. Die vollständige Geschäftsunfähigkeit endet 6

[371] *Bork*, BGB AT, Rn. 973.
[372] Zum Umkehrschluss siehe *Bitter/Rauhut*, JuS 2009, 289, 296.

am 7. Geburtstag um 0.00 Uhr. Ab diesem Zeitpunkt ist der Minderjährige dann nicht mehr geschäftsunfähig, sondern beschränkt geschäftsfähig (dazu Rn. 21 ff.). Vor diesem Zeitpunkt wird Minderjährigen von gesetzgeberischer Seite die geistige Reife abgesprochen, die rechtlichen Folgen ihres rechtsgeschäftlichen Handelns auch nur ansatzweise zu überblicken. Der tatsächliche Reifegrad des Kindes ist insofern nicht von Bedeutung. Es handelt sich hierbei um eine starre, pauschalierende Altersgrenze, durch die Rechtssicherheit erzeugt werden soll. So wird vermieden, dass jeweils im Einzelfall die intellektuellen Voraussetzungen der Geschäftsfähigkeit vor Abschluss eines Rechtsgeschäfts festgestellt werden müssen.

7 Nach § 104 Nr. 2 BGB sind auch solche Personen geschäftsunfähig, die sich in einem die freie Willensbestimmung ausschließenden **Zustand krankhafter Störung der Geistestätigkeit** befinden, sofern nicht der Zustand seiner Natur nach ein vorübergehender ist. Damit wird einerseits klargestellt, dass nicht so sehr die Frage des Verstandes ausschlaggebend ist für die Geschäftsfähigkeit, sondern die Freiheit des Willensentschlusses. Entscheidend soll nach der Rechtsprechung des *BGH* sein, „ob eine freie Entscheidung auf Grund einer Abwägung des Für und Wider [und] einer sachlichen Prüfung der in Betracht kommenden Gesichtspunkte möglich ist oder ob umgekehrt von einer freien Willensbildung nicht mehr gesprochen werden kann, etwa weil der Betroffene fremden Willenseinflüssen unterliegt oder die Willensbildung durch unkontrollierte Triebe und Vorstellungen ähnlich einer mechanischen Verknüpfung von Ursache und Wirkung ausgelöst wird“.[373] Zum anderen bringt § 104 Nr. 2 BGB zum Ausdruck, dass die Störung dauerhafter Art sein muss. Ein Drogenrausch oder Fieberwahn sind ihrer Natur nach vorübergehende Störungen der Geistestätigkeit und sind daher nicht unter § 104 Nr. 2 BGB zu subsumieren.

8 Trotz der grundsätzlichen Geschäftsunfähigkeit bei dauerhafter krankhafter Störung der Geistestätigkeit sind diese Personen während sog. lichter Momente (***lucida intervalla***) geschäftsfähig. Während des lichten Moments kann eine ansonsten geschäftsunfähige Person wirksam Willenserklärungen abgeben. Sie befindet sich dann nicht in einem „Zustand krankhafter Störung der Geistestätigkeit“ und fällt somit für diesen Zeitraum nicht unter § 104 Nr. 2 BGB.[374] Dies gilt nur für volljährige Geschäftsunfähige. Beruht die Geschäftsunfähigkeit noch auf einem weiteren Grund (Minderjährigkeit), kann während eines lichten Moments selbstverständlich keine Geschäftsfähigkeit eintreten.

b) Rechtsfolgen

aa) Nichtigkeit der Willenserklärungen nach § 105 I BGB

9 Gemäß § 105 I BGB ist die Willenserklärung eines Geschäftsunfähigen nichtig. Dies gilt für alle Willenserklärungen, die der Geschäftsunfähige abgibt; *schuldrechtliche und dingliche Willenserklärungen*[375] sind gleichermaßen betroffen. Darauf, ob die Erklärung rechtlich[376] oder wirtschaftlich lediglich vorteilhaft ist, kommt es nicht an.

10 Da aber auch die Interessen der Geschäftsunfähigen gewahrt werden müssen und diese immerhin rechtsfähig sind, werden sie durch **gesetzliche Vertreter** vertreten.[377] Bei Kindern sind die Eltern gesetzliche Vertreter (§§ 1626, 1629 BGB) bzw. der

---

[373] *BGH* NJW 1970, 1680, 1681.
[374] Palandt/*Ellenberger*, § 104 Rn. 4.
[375] Zur Unterscheidung und zum Trennungsprinzip siehe oben § 5 Rn. 79 ff.
[376] Zur rechtlichen Vorteilhaftigkeit siehe unten Rn. 23.
[377] Zur gesetzlichen Vertretung siehe unten § 10 Rn. 66 ff.

Vormund (§§ 1793 ff. BGB). Für volljährige Geschäftsunfähige kann nach §§ 1896 ff. BGB ein Betreuer bestellt werden. Diese Vertreter können rechtsgeschäftlich mit Wirkung für die Vertretenen handeln. Unerkannt Geisteskranke haben dagegen keinen gesetzlichen Vertreter, da dieser erst durch ein Gericht per Betreuungsanordnung bestellt werden muss (§§ 1896 ff. BGB).

bb) Zugang von Willenserklärungen (§ 131 I BGB)

11 Das BGB bringt durch seine Regelungen in den §§ 104 ff. BGB zum Ausdruck, dass Geschäftsunfähige vor dem Rechtsverkehr geschützt werden sollen. Eine Gefährdung der Geschäftsunfähigen droht ihnen jedoch nicht nur, wenn sie selbst Erklärungen abgeben, sondern auch dann, wenn ihnen Erklärungen zugehen. Insofern ist auf die Vorschrift des § 131 I BGB zu verweisen, die anordnet, dass Willenserklärungen gegenüber einem Geschäftsunfähigen erst wirksam werden, wenn sie seinem gesetzlichen Vertreter zugehen.[378] So ist etwa die nur gegenüber einem Geschäftsunfähigen ausgesprochene Kündigung eines Mietverhältnisses unwirksam, wenn sie nicht auch dem gesetzlichen Vertreter zugeht. Ebenso kommt es für die Kündigung des Arbeitsverhältnisses eines Minderjährigen – von Fällen des § 113 BGB abgesehen (Rn. 71) – auf den Zugang der Kündigung beim gesetzlichen Vertreter an.[379]

c) Geschäft des täglichen Lebens (§ 105a BGB)

12 § 105a BGB sieht für volljährige Geschäftsunfähige eine Ausnahme vor. Ein von ihnen geschlossener Vertrag gilt als wirksam, wenn es sich um ein Geschäft des täglichen Lebens handelt, die Leistung mit geringwertigen Mitteln bewirkt werden kann und auch bewirkt wurde. Sinn und Zweck der Vorschrift ist die **soziale Emanzipation volljähriger Geschäftsunfähiger.**[380] Der dadurch ebenfalls partiell erreichte Schutz des Rechtsverkehrs ist allenfalls sekundär. Die Vorschrift erfasst hingegen nicht den minderjährigen Geschäftsunfähigen. Dieser kann also auch keine alltäglichen Geschäfte abschließen.

13 Ob es sich um ein **Geschäft des täglichen Lebens** handelt, bestimmt sich nach der Verkehrsauffassung.[381] Alltägliche Geschäfte sind etwa der Kauf von Lebensmitteln, der Erwerb von Presseerzeugnissen (Zeitung, Zeitschriften etc.) oder die Inanspruchnahme von einfachen Dienstleistungen wie Friseur oder Kino.

14 Die **Geringwertigkeit der Mittel** richtet sich nicht nach den individuellen Verhältnissen des Geschäftsunfähigen, sondern nach dem durchschnittlichen Preis- und Einkommensniveau.[382] Der geschäftsunfähige Multimillionär kann also beispielsweise, auch wenn es für seine Verhältnisse ein geringer Betrag sein mag, nicht gemäß § 105a BGB selbstständig einen Kaufvertrag über einen neuen Mittelklassewagen abschließen.

15 Allerdings ist die **Wirkung der Vorschrift streitig.** Ein Teil der Stimmen in der Literatur geht davon aus, dass § 105a BGB lediglich den Zweck habe, die Rückabwicklung des Vertrages über § 812 I 1 Alt. 1 BGB zu verhindern; der Vertrag als Ganzes werde aber nicht wirksam.[383] So stünden dem Geschäftsunfähigen beispiels-

---

378 Zu § 131 BGB ausführlich *Boemke/Schönfelder*, JuS 2013, 7 ff.

379 *BAG* NZA 2012, 495, 496 (Rn. 18) = JuS 2012, 641 (*Boemke*).

380 *Köhler*, BGB AT, § 10 Rn. 8.

381 Palandt/*Ellenberger*, § 105 a Rn. 3.

382 BT-Drs. 14/9266 S. 43; kritisch dazu *Casper*, NJW 2002, 3425, 3426.

383 *Köhler*, BGB AT, § 10 Rn. 8; *Bork*, BGB AT, Rn. 989 a; *Rüthers/Stadler*, BGB AT, § 23 Rn. 5 a.

weise bei einem Kaufvertrag auch keine Gewährleistungsrechte zu.[384] Auch die Gesetzesbegründung[385] könnte in diese Richtung verstanden werden.

16 Abweichende Stimmen in der Literatur wollen hingegen den Sinn und Zweck von § 105a BGB nicht auf einen Rückforderungsausschluss beschränkt wissen; ansonsten hätte der Gesetzgeber diese Norm bei §§ 813, 814 BGB eingeordnet.[386] So sollen etwa auch kaufrechtliche Gewährleistungsansprüche (§§ 437ff. BGB) zu Gunsten des Geschäftsunfähigen gelten. Umgekehrt soll er aber, wenn er nicht als Käufer, sondern als Verkäufer tätig geworden ist, diesen Ansprüchen nicht ausgesetzt sein, ebenso wenig wie er Schuldner sonstiger Schadensersatzansprüche (z.B. §§ 280 I, 241 II BGB) werden können soll. Dies läuft im Ergebnis auf eine halbseitige Wirksamkeit des Vertrags zugunsten des volljährigen Geschäftsunfähigen hinaus.[387]

3. Sonderfälle der Geschäftsunfähigkeit

a) Partielle Geschäftsunfähigkeit

17 Neben der alle Lebensbereiche umfassenden Geschäftsunfähigkeit ist auch die partielle Geschäftsunfähigkeit für ansonsten geschäftsfähige Personen anerkannt.[388] Hierbei wird den Personen nur für **bestimmte Geschäftskreise** die Geschäftsfähigkeit aufgrund bestimmter individueller Defizite versagt. Für die sonstigen Bereiche bleibt es bei der vollen Geschäftsfähigkeit. Die partielle Geschäftsunfähigkeit wurde bereits in Fällen des „Querulantenwahns"[389] oder für Fragen betreffend Angelegenheiten der Ehe und eines diesbezüglichen Scheidungsrechtsstreits angenommen.[390]

b) Relative Geschäftsunfähigkeit

18 Nicht anerkannt wird – im Gegensatz zur partiellen Geschäftsunfähigkeit – die relative Geschäftsunfähigkeit. Mit diesem Begriff wird eine Geschäftsunfähigkeit bezeichnet, die nur für besonders **komplizierte Rechtsgeschäfte** gelten soll (zur Erinnerung: die partielle Geschäftsunfähigkeit bezieht sich auf bestimmte Lebensbereiche und nicht auf den Schwierigkeitsgrad eines Geschäftes). Ein solches Konstrukt wird einhellig abgelehnt, da es ohne Not zu einer großen Rechtsunsicherheit führen würde.[391] Die Abgrenzung eines zu schwierigen Rechtsgeschäfts von einem gerade noch machbaren Geschäft ist seitens des Rechtsverkehrs nicht zu leisten. Weiterhin besteht dafür keine Notwendigkeit. Personen, die nicht in der Lage sind, ihre Angelegenheiten selbst wahrzunehmen, kann ein Betreuer bestellt werden (§ 1896 BGB).

c) Bewusstlosigkeit und vorübergehende Störung der Geistestätigkeit (§ 105 II BGB)

19 Nicht zu verwechseln mit Geschäftsunfähigkeit ist die Rechtsfolge des § 105 II BGB. Nach dieser Vorschrift sind Willenserklärungen nichtig, wenn sie im Zustand der Bewusstlosigkeit oder einer vorübergehenden Störung der Geistestätigkeit abgegeben werden. Da es sich jedoch um einen vorübergehenden Zustand handelt, bleiben die betroffenen Personen geschäftsfähig; lediglich die von ihnen abgegebenen Willenserklärungen sind nichtig. Insofern werden die Rechtsfolgen denen der Wil-

---

384 *Heim*, JuS 2003, 141, 143.
385 BT-Drs. 14/9266, S. 43.
386 Palandt/*Ellenberger*, § 105a Rn. 6.
387 MünchKomm-BGB/*Schmitt*, § 105a Rn. 20; *Casper*, NJW 2002, 3425, 3427.
388 *BGH* BeckRS 2001, 30181556; *BGH* NJW 1970, 1680, 1681.
389 BVerwGE 30, 24, 25.
390 BGHZ 18, 184, 186.
391 *BGH* NJW 1953, 1342; MünchKomm-BGB/*Schmitt*, § 104 Rn. 18; *Bork*, BGB AT, Rn. 984.

lenserklärung eines Geschäftsunfähigen angepasst, was die systematische Einordnung bei § 105 II BGB erklärt. Ein Unterschied zeigt sich allerdings beim Zugang von Willenserklärungen: § 131 I BGB gilt nicht, da die Personen, welche unter § 105 II BGB fallen, nicht geschäftsunfähig sind. Ihnen **können** also, anders als den Geschäftsunfähigen, **Willenserklärungen zugehen.**

Die **Bewusstlosigkeit** im Sinne des § 105 II BGB erfordert nicht eine Ohnmacht, 20 was der natürliche Sprachgebrauch nahelegen würde.[392] In diesem Falle läge schon mangels Handlungswillens tatbestandlich keine Willenserklärung vor (§ 7 Rn. 10f.). Es sind vielmehr Zustände wie Hypnose oder Fieberdelirium gemeint[393], wobei in derartigen Fällen je nach Sachverhalt auch schon das Handlungsbewusstsein fehlen kann und sich dann die Frage der (Un-)Wirksamkeit gemäß § 105 II BGB nicht mehr stellt. Die andere Alternative des § 105 II BGB, nämlich die **vorübergehende Störung der Geistestätigkeit**, liegt zum Beispiel vor bei starker Trunkenheit, Drogen- oder Medikamentenrausch. Die Übergänge zur Bewusstlosigkeit sind insofern fließend; wegen der gleichen Rechtsfolge besteht aber auch kein Bedürfnis für eine genauere begriffliche Eingrenzung.

III. Beschränkte Geschäftsfähigkeit

Als „Mittelweg" zwischen Geschäftsunfähigkeit und Geschäftsfähigkeit wird in 21 §§ 106ff. BGB die beschränkte Geschäftsfähigkeit verwendet. Beschränkt geschäftsfähig sind nach dieser Vorschrift **Minderjährige, die das 7. Lebensjahr vollendet haben.** Nicht nach §§ 106ff. BGB beschränkt geschäftsfähig werden hingegen Minderjährige, die ohnehin bereits nach § 104 Nr. 2 BGB geschäftsunfähig sind.

1. Grundsatz der Einwilligungsbedürftigkeit (§ 107 BGB)

Gemäß § 107 BGB bedarf ein Minderjähriger zu einer Willenserklärung, durch 22 die er nicht lediglich einen rechtlichen Vorteil erlangt, der Einwilligung (vgl. § 183 I BGB: vorherige Zustimmung) seines gesetzlichen Vertreters. Der Minderjährige kann eine wirksame Willenserklärung also nur dann abgeben, wenn es sich um ein lediglich rechtlich vorteilhaftes Geschäft handelt oder wenn die gesetzlichen Vertreter – in der Regel die Eltern (§§ 1626, 1629 BGB) – zugestimmt haben. Es ist also zwischen zustimmungsbedürftigen und zustimmungsfreien Rechtsgeschäften zu unterscheiden.

Der **rechtliche Vorteil** im Sinne des § 107 BGB bestimmt sich ausschließlich nach 23 den rechtlichen Folgen einer Willenserklärung; die wirtschaftlichen Folgen werden nicht berücksichtigt. Für die Frage der Wirksamkeit einer Willenserklärung eines beschränkt Geschäftsfähigen kommt es also nicht darauf an, ob dieser ein „gutes Geschäft" gemacht, z.B. ein Auto im Wert von € 10.000 für nur € 7.000 gekauft hat. Der Minderjährige soll vor einer Belastung mit rechtlichen Verpflichtungen, insbesondere vor Vermögenseinbußen, geschützt werden, im Beispiel des Autokaufs etwa vor der Verpflichtung, € 7.000 bezahlen zu müssen.

Wenn das Gesetz allein auf die rechtliche und nicht auf die wirtschaftliche Vor- 24 teilhaftigkeit abstellt, dient dies auch dem Interesse des Rechtsverkehrs an einer leicht vorzunehmenden Abgrenzung. Würde auf die wirtschaftliche Vorteilhaftigkeit abgestellt, wäre die Abgrenzung sehr zweifelhaft, weil der Wert einer Leistung nicht

---

[392] MünchKomm-BGB/*Schmitt*, § 105 Rn. 39.
[393] Palandt/*Ellenberger*, § 105 Rn. 2.

objektiv feststeht, sondern von der subjektiven Bewertung und den konkreten Marktgegebenheiten abhängt.

a) Verpflichtungsgeschäfte

25 Die rechtliche Vorteilhaftigkeit der *Verpflichtungsgeschäfte* (in Abgrenzung zu den Verfügungsgeschäften[394]) ist nicht einheitlich zu bestimmen. Es ist vielmehr nach der Art des Geschäfts zu unterscheiden.

26 **Zweiseitig verpflichtende Verträge** (wie etwa ein Kauf-, Miet- oder Werkvertrag) sind für beschränkt Geschäftsfähige **niemals rechtlich vorteilhaft.** Durch diese Verträge werden beiden Parteien Leistungspflichten auferlegt (beim Kaufvertrag etwa ist der Verkäufer gemäß § 433 I BGB zur Übereignung und Übergabe der Kaufsache verpflichtet, der Käufer gemäß § 433 II BGB zur Zahlung des Kaufpreises). Gerade vor rechtlichen Verpflichtungen sollen beschränkt Geschäftsfähige aber geschützt werden.

27 Nicht rechtlich vorteilhaft sind auch die **unvollkommen zweiseitigen Verträge.** Bei ihnen werden Leistungspflichten für eine Partei begründet, während die Gegenseite nur unter bestimmten Voraussetzungen etwas leisten muss. So ist beispielsweise der Beauftragte nach § 662 BGB verpflichtet, ein übernommenes Geschäft unentgeltlich zu besorgen. Den Auftraggeber trifft also keine entsprechende Hauptleistungspflicht. Allerdings kann der Auftraggeber nach § 670 BGB zum Aufwendungsersatz verpflichtet sein; insofern liegt eine Nebenleistungspflicht vor, die sich als rechtlicher Nachteil darstellt. Der unvollkommen zweiseitige Vertrag hält demnach für den Gläubiger der Hauptleistung nicht ausschließlich rechtliche Vorteile bereit. Ein beschränkt Geschäftsfähiger kann also selbst dann, wenn er (einseitiger) Gläubiger der Hauptleistung ist – und erst recht als Schuldner der Hauptleistung –, einen solchen Vertrag nicht alleine abschließen.

28 Anders verhält es sich dagegen mit den **einseitig verpflichtenden Verträgen.** Solche Verträge begründen Leistungspflichten nur für eine der beiden Parteien. Das Paradebeispiel dafür ist die Schenkung (§§ 516ff. BGB). Ein einseitig verpflichtender Vertrag hält für den Gläubiger der Leistung – den Beschenkten – rechtlich betrachtet nur Vorteile bereit. Demzufolge kann also ein beschränkt Geschäftsfähiger, sofern er nicht Schuldner der Leistung (z.B. der Schenker) ist, einen einseitig verpflichtenden Vertrag abschließen. Aber auch hier ist kein Automatismus dergestalt angebracht, dass jeder Abschluss eines einseitig verpflichtenden Vertrages wirksam ist. Es sind auch immer die Umstände des Einzelfalles zu betrachten. So werden zum Beispiel unter Rücktrittsvorbehalt abgeschlossene Schenkungsverträge allgemein als nicht lediglich rechtlich vorteilhaft eingestuft.[395] Der Minderjährige hätte nämlich für den Fall der Ausübung des Rücktrittsrechts unter Umständen Wertersatz oder Schadensersatz zu leisten (§ 346 II, III, IV BGB). Das dingliche Verfügungsgeschäft hingegen ist in diesen Fällen in der Regel rechtlich vorteilhaft und daher zustimmungsfrei (Trennungs- und Abstraktionsprinzip!).

b) Verfügungsgeschäfte

29 Verfügungsgeschäfte *zugunsten* eines beschränkt Geschäftsfähigen sind in der Regel wirksam. Durch sie erlangt der beschränkt Geschäftsfähige nur rechtliche Vorteile, denn er wird beispielsweise gemäß § 929 BGB zum Eigentümer einer Sache oder gemäß § 398 BGB zum Forderungsinhaber. Werden Verfügungsgeschäfte je-

---

[394] Zu dieser Unterscheidung und zum Trennungsprinzip siehe oben § 5 Rn. 79ff.

[395] BGHZ 161, 170, 173 = NJW 2005, 415, 416; BGHZ 162, 137, 142 = NJW 2005, 1430, 1431; *Bork*, BGB AT, Rn. 1000.

doch *zulasten* eines beschränkt Geschäftsfähigen vorgenommen, so handelt es sich um ein rechtlich nachteilhaftes Geschäft. Der Minderjährige erleidet dadurch eine Verminderung von Rechten und kann derartige Geschäfte daher nicht alleine vornehmen, sondern muss sich entweder durch seine gesetzlichen Vertreter vertreten lassen oder bedarf deren Zustimmung für sein Handeln (§§ 107, 108 BGB!).

Auch hier ist wieder die Vorteilhaftigkeit rechtlich und nicht saldierend-wirtschaftlich zu ermitteln. Die Erfüllung einer Verbindlichkeit durch den beschränkt Geschäftsfähigen mittels Verfügung ist auch nicht deshalb vorteilhaft, weil er dadurch von seiner Verpflichtung befreit würde (§ 362 BGB). Es kommt allein auf den durch die Verfügung eintretenden Rechtsverlust an. Umgekehrt wird eine Verfügung zugunsten eines beschränkt Geschäftsfähigen nicht deshalb rechtlich nachteilhaft, weil dieser dadurch seinen Anspruch verlieren könnte (§ 362 BGB). Dies ist zum einen Folge des Abstraktionsprinzips und zum anderen Folge der h. M., die ohnehin keine Erfüllungswirkung bei Leistungsbewirkung gegenüber einem nicht empfangszuständigen Minderjährigen eintreten lässt (dazu sogleich Rn. 36 ff.). 30

⇨ *Fall Nr. 51 – „Skifoan" (Frage 1)*

Bei **Grundstücksschenkungen** stellt sich häufig die Frage, ob die Verfügung über das Grundstück auch dann noch vorteilhaft ist, wenn dieses dinglich belastet ist oder Grunderwerbssteuer gezahlt werden muss. 31

Die **dingliche Belastung eines Grundstücks** mit einer Hypothek (§ 1113 BGB) oder Grundschuld (§ 1192 BGB) führt nicht dazu, dass dessen Erwerb durch einen beschränkt Geschäftsfähigen rechtlich nachteilig wird. Der Minderjährige haftet nämlich nicht persönlich mit seinem sonstigen Vermögen, sondern muss nur die Zwangsvollstreckung in das Grundstück dulden (§ 1147 BGB). Schlimmstenfalls wird also der im Eigentumserwerb zu sehende Vermögensvorteil wieder aufgezehrt. Nachteile entstehen dadurch aber nicht. 32

Die bei einem Grundstückserwerb anfallenden **öffentlich-rechtlichen Lasten** könnten freilich anders zu bewerten sein. Diese Abgaben müsste der beschränkt Geschäftsfähige aus seinem sonstigen Vermögen begleichen, was strenggenommen als rechtlicher Nachteil zu werten wäre. Teilweise werden diese Verpflichtungen aber deshalb nicht berücksichtigt, weil sie nicht als unmittelbare Folge des Rechtsgeschäfts angesehen werden, sondern als eine jedermann kraft Gesetzes treffende Verpflichtung.[396] Diese Unterscheidung wird aber ganz überwiegend abgelehnt,[397] da auch durch die mittelbaren Folgen einer Erklärung beschränkt Geschäftsfähige ernsthaft gefährdet werden können.[398] 33

Der *BGH*[399] hat deshalb einen anderen, wenn auch teilweise problematischen Weg beschritten. Nach seiner Ansicht, die in der Literatur vielfach geteilt wird,[400] ist der **Schutzzweck des § 107 BGB**, Minderjährige vor Vermögensgefährdungen zu bewahren, **ausschlaggebend.** Man könne zwar nicht das gesetzlich festgeschriebene Tatbestandsmerkmal des rechtlichen Vorteils durch den wirtschaftlichen Vorteil ersetzen. Es sei aber möglich, Rechtsnachteile, die typischerweise ein ganz unerhebliches Gefahrenpotential bergen, als von der Vorschrift nicht erfasst anzusehen. Dies 34

---

396 *Rüthers/Stadler*, BGB AT, § 23 Rn. 13.

397 *Bork*, BGB AT, Rn. 1001; *Medicus*, BGB AT, Rn. 563.

398 BGHZ 161, 170, 178 ff. = NJW 2005, 415, 418.

399 BGHZ 161, 170, 178 ff. = NJW 2005, 415, 418.

400 Palandt/*Ellenberger*, § 107 Rn. 3; *Köhler*, BGB AT, § 10 Rn. 16; *Medicus*, BGB AT, Rn. 563.

gelte „jedenfalls für solche den Minderjährigen kraft Gesetzes treffenden persönlichen Verpflichtungen, die ihrem Umfang nach begrenzt und wirtschaftlich derart unbedeutend sind, dass sie unabhängig von den Umständen des Einzelfalls eine Verweigerung der Genehmigung durch den gesetzlichen Vertreter oder durch einen Ergänzungspfleger nicht rechtfertigen könnten.“[401] Anfallende öffentlich-rechtliche Grundstückslasten könnten in der Regel aus den laufenden Erträgen der Grundstücke bestritten werden und führten daher typischerweise zu keiner Vermögensgefährdung. Der hinter § 107 BGB stehende Schutzzweck rechtfertigt dieses Ergebnis in der Tat; allerdings darf nicht aus den Augen verloren werden, dass es sich bei der Lösung des *BGH* letztlich doch um eine wirtschaftliche Bestimmung des Vorteils handelt, die strenggenommen unzulässig ist. Jedenfalls ist die Entscheidung nicht in dem Sinne zu verstehen, dass vorschnell aufgrund der geringen Bedeutung der zu erwartenden wirtschaftlichen Nachteile der rechtliche Vorteil bejaht wird. Diese Rechtsprechung ist also keinesfalls zu verallgemeinern.

35 Für einen beschränkt Geschäftsfähigen nicht vorteilhaft ist die Einigung zur Übertragung des Eigentums an einem Grundstück (Auflassung i. S. v. § 925 BGB) an ihn, wenn das erworbene **Grundstück vermietet** ist. In diesem Fall würde der beschränkt Geschäftsfähige nämlich mit dem Erwerb des Grundstückeigentums auch in den bestehenden Mietvertrag eintreten (§ 566 BGB) und haftete für die sich aus dem Mietvertrag ergebenden Pflichten persönlich. Auch hier zeigt sich, dass die Unterscheidung in mittelbare und unmittelbare Folgen nicht glücklich ist. Es ist – wenn überhaupt – nur schwer bestimmbar, ob das gesetzlich angeordnete Eintreten in den Mietvertrag nach § 566 BGB als mittelbare oder unmittelbare Folge des rechtsgeschäftlichen Grundstückserwerbs anzusehen ist.

⇨ *Fall Nr. 63 – Vorteil oder Nachteil?*

c) **Erfüllung gegenüber Minderjährigen**

36 Umstritten ist die Frage, ob durch Bewirkung der geschuldeten Leistung – etwa durch Übereignung der Kaufsache – gegenüber einem Minderjährigen schuldrechtlich Erfüllung i. S. v. § 362 BGB eintritt. Das dingliche Rechtsgeschäft ist wirksam, denn der Minderjährige erlangt dadurch nur Vorteile. Allerdings würde mit der dinglichen Übertragung im Grundsatz Erfüllung eintreten, weil damit exakt jene Leistung i. S. v. § 362 BGB an den Gläubiger – den Minderjährigen – bewirkt wird, die diesem gemäß dem schuldrechtlichen Anspruch geschuldet ist. Die h. M. will den **Minderjährigen vor** diesem nachteiligen **Anspruchsverlust bewahren**.

37 Dieses Ergebnis wird jedoch auf unterschiedliche Weise zu erreichen versucht. Wurde früher noch die Ansicht vertreten, die Erfüllung setze einen Erfüllungsvertrag (Theorie der Erfüllungsvereinbarung) oder eine Einigung über den Zweck der Leistung (Zweckvereinbarungstheorie) voraus, so wird heute überwiegend vertreten, es handle sich bei der Erfüllung um einen bloßen Realakt[402] (**Theorie der realen Leistungsbewirkung**).

38 Nach allen Meinungen erlischt der schuldrechtliche Anspruch durch die Vornahme der Verfügung nicht: Ein Erfüllungsvertrag wäre ebenso wie eine Einigung über den Zweck der Leistung aufgrund des eintretenden Anspruchsverlusts nachteilhaft, so dass der Minderjährige derartige Verträge nicht alleine abschließen bzw. sich nicht über den Zweck der Leistung einigen könnte. Folgt man hingegen der Theorie der realen Leistungsbewirkung, so ist dem Minderjährigen in entsprechender

[401] BGHZ 161, 170, 179 = NJW 2005, 415, 418.
[402] Zum Begriff des Realaktes siehe oben § 7 Rn. 3.

(= analoger) Anwendung von § 107 BGB die **Empfangszuständigkeit zu versagen.** Die beiden Voraussetzungen einer Analogie[403] liegen vor: § 107 BGB erfasst nur Rechtsgeschäfte, weshalb das Gesetz im Hinblick auf Realakte eine Regelungslücke enthält. Die vergleichbare Interessenlage ist insofern gegeben, als dem Minderjährigen hier durch tatsächliches Handeln – nach der Theorie der realen Leistungsbewirkung ist die Erfüllung ein Realakt – ein rechtlicher Nachteil zu entstehen droht, was § 107 BGB ausdrücklich verhindern will.

Die h.M. führt also unabhängig von der Begründung dazu, dass die schuldtilgende Leistung nur an den gesetzlichen Vertreter selbst oder den Minderjährigen mit Zustimmung der gesetzlichen Vertreter erbracht werden kann. Anderenfalls **erlischt der Anspruch des Minderjährigen nicht** und er kann, ggf. vertreten durch seine Eltern, nochmalige Erfüllung verlangen. Dies kann unter Umständen für denjenigen, der bereits geleistet hat, hart sein, wenn der Minderjährige dem Kondiktionsanspruch des Leistenden aus § 812 I 1 Alt. 1 BGB die Einrede der Entreicherung (§ 818 III BGB) entgegenhalten kann. 39

Eine Mindermeinung sieht in der Erfüllung keinen rechtlichen Nachteil für den Minderjährigen. Der Forderungsverlust sei lediglich mittelbare Folge des Tilgungsakts und lasse diesen nicht i.S.d. § 107 BGB nachteilig werden.[404] Andere stellen darauf ab, dass der Minderjährige für das Erlöschen des Forderungsrechtes ein gleichwertiges Surrogat erhalte, nämlich den geleisteten Gegenstand. Es liege also kein nachteiliges, sondern ein neutrales Geschäft im Sinne der in Rn. 47ff. dargelegten Grundsätze vor.[405] 40

Gegen die Mindermeinung spricht aber entscheidend der **pädagogische Zweck des Minderjährigenrechts.** Der Minderjährige soll nicht in die Lage versetzt werden, ohne Wissen der gesetzlichen Vertreter einen empfangenen Gegenstand verbrauchen zu können.[406] Besonders deutlich wird dies bei Geldschulden, wenn der Minderjährige das ihm übergebene Geld ohne Kenntnis der Eltern „verprasst". In diesem Fall besteht zwar grundsätzlich die Möglichkeit, das vom Minderjährigen weggegebene Geld oder einen sonstigen Gegenstand vom Empfänger zugunsten des Minderjährigen zurückzuverlangen (§§ 985, 812 BGB), weil dieser weder eine rechtsgeschäftliche Verpflichtung eingehen noch wirksam zu seinen eigenen Lasten verfügen konnte. Doch rechtfertigt dies keine andere Betrachtung: Die Rückforderung ist mit großen Unwägbarkeiten belastet und der Minderjährige trüge – jedenfalls in Bezug auf den Anspruch aus § 812 BGB – das Risiko der Entreicherung.[407] Weiterhin ist zu beachten, dass die elterliche Sorge auch die Vermögenssorge umfasst (§ 1626 I 2 BGB), wozu auch die Erfüllung eines Anspruchs gerechnet werden kann. Ohne Zustimmung der Eltern tritt daher keine Erfüllung ein. 41

d) Einseitige Rechtsgeschäfte (§ 111 BGB)

Die Wirksamkeit eines einseitigen Rechtsgeschäfts, das durch einen Minderjährigen vorgenommen wird, beurteilt sich nach § 111 BGB. Einseitige Rechtsgeschäfte sind solche, die nur aus einer Willenserklärung bestehen (§ 5 Rn. 6). Als Beispiele lassen sich die Aufrechnung (§ 387 BGB), die Anfechtung (§§ 119ff. BGB) oder eine Kündigung nennen. Wie sich aus dem Wortlaut des § 111 BGB ergibt, der auf die – 42

---

403 Dazu *Bitter/Rauhut*, JuS 2009, 289, 297f.

404 Soergel/*Schreiber*, vor § 362 Rn. 7.

405 So *Harder*, JuS 1977, 149, 151f., der „mit der Forderung und dem Leistungsgegenstand gewissermaßen eine Saldierung" vornehmen will.

406 *Medicus*, BGB AT, Rn. 566.

407 *Köhler*, BGB AT, § 10 Rn. 18.

gemäß § 107 BGB – „erforderliche" Einwilligung des gesetzlichen Vertreters abstellt, findet die Vorschrift nur auf einseitige Erklärungen Anwendung, die für den Minderjährigen nicht lediglich rechtlich vorteilhaft sind. Die Kündigung eines zinslosen Darlehens durch den minderjährigen Darlehensgeber ist z. B. rechtlich lediglich vorteilhaft[408], während dies bei einer Aufrechnungserklärung nicht der Fall ist: Sie bringt Ansprüche zum Erlöschen (§ 389 BGB).

43 Für diese nicht lediglich rechtlich vorteilhaften einseitigen Rechtsgeschäfte ordnet § 111 BGB die **unbedingte Unwirksamkeit** an, während nach den allgemeinen Regeln bei fehlender Einwilligung eine schwebende Unwirksamkeit eintritt, die eine spätere Genehmigung (§ 108 BGB; s. u. Rn. 60 ff.) durch den gesetzlichen Vertreter ermöglicht. Diese unbedingte Unwirksamkeit liegt in der Natur der einseitigen Rechtsgeschäfte begründet: Der Empfänger kann sich der einseitigen Erklärung – anders als einem Vertrag, den er mit einem Minderjährigen nicht abschließen muss – nicht entziehen und müsste den Schwebezustand deshalb zwangsweise hinnehmen.[409] Dies will der Gesetzgeber vermeiden, indem er die vorherige Zustimmung (Einwilligung) des gesetzlichen Vertreters verlangt und die nachträgliche Zustimmung (Genehmigung) ausschließt.

44 Gleichwohl werden von dem Grundsatz, dass eine Genehmigung nicht möglich ist, **Ausnahmen** gemacht. Zeigt sich der Geschäftsgegner einverstanden mit dem einseitigen Rechtsgeschäft, verzichtet er auf den Schutz vor dem unsicheren Schwebezustand, den § 111 BGB ihm gewährt. Die einseitige Erklärung kann dann entsprechend § 108 BGB durch Genehmigung wirksam werden.[410]

45 Trotz tatsächlich vorliegender Einwilligung ist das Geschäft gemäß § 111 S. 2 BGB dann unwirksam, wenn der Geschäftsgegner das Rechtsgeschäft mit der Begründung zurückweist, es liege keine schriftliche Einwilligung vor.[411] Die Einwilligung muss dem Minderjährigen also entweder schriftlich erteilt werden oder dem Geschäftsgegner vom gesetzlichen Vertreter selbst mitgeteilt werden.

46 **Umstritten ist die Vollmachtserteilung[412] durch einen Minderjährigen.** Da die Bevollmächtigung an sich ein einseitiges Rechtsgeschäft ist, wird von der wohl h. L. vertreten, die Wirksamkeit einer Bevollmächtigung bestimme sich nach § 111 BGB.[413] Dies bedeutet insbesondere, dass eine Genehmigung der Bevollmächtigung ausscheidet. Andere erblicken in der Bevollmächtigung sowie dem sich anschließenden Vertretergeschäft einen Gesamttatbestand. Die Bevollmächtigung sei daher, wenn sie auf einen Vertragsschluss abziele, nach § 108 BGB genehmigungsfähig.[414] Als Argument wird vorgebracht, der gesetzliche Vertreter könne einen Vertrag, den ein Vertreter ohne Vertretungsmacht geschlossen habe, nachträglich nach § 177 I BGB genehmigen. Wenn dies möglich sei, müsse der gesetzliche Vertreter auch die Bevollmächtigung genehmigen können; alles andere sei Formalismus.

⇨ *Fall Nr. 52 – Bayerische Backwaren*

---

[408] Palandt/*Ellenberger*, § 111 Rn. 1.

[409] *Bork*, BGB AT, Rn. 1035.

[410] Palandt/*Ellenberger*, § 111 Rn. 3.

[411] Vgl. auch die Parallelvorschrift § 174 BGB im Stellvertretungsrecht (dazu § 10 Rn. 247 ff.).

[412] Zur Vollmacht siehe unten § 10 Rn. 71 ff.

[413] Staudinger/*Knothe* (2011), § 111 Rn. 3; Palandt/*Ellenberger*, § 111 Rn. 1; MünchKomm-BGB/*Schmitt*, § 111 Rn. 10; Bamberger/Roth/*Wendtland*, § 111 Rn. 3; *Bork*, BGB AT, Rn. 1461.

[414] *Wolf/Neuner*, BGB AT, § 50 Rn. 18.

2. Sonderfälle zur Einwilligungsbedürftigkeit

a) Neutrale Geschäfte

Ein Minderjähriger kann sogenannte neutrale Geschäfte abschließen. Als „neutral" werden Geschäfte bezeichnet, durch die eine Person weder einen rechtlichen Vorteil erlangt noch einen Nachteil erleidet. Indes scheint der Gesetzeswortlaut des § 107 BGB eindeutig zu sein: Zustimmungsbedürftig sind alle Rechtsgeschäfte, durch die der Minderjährige „nicht lediglich einen rechtlichen Vorteil erlangt" (§ 107 BGB). Neutrale Geschäfte wären demnach, da sie keinen Vorteil bringen, zustimmungsbedürftig. Jedoch wird die **zu weit geratene Gesetzesformulierung** allgemein im Wege der teleologischen Reduktion[415] eingeschränkt.[416] Der Zweck des Minderjährigenschutzes (Schutz vor Verminderung an Rechten oder der Auferlegung von rechtsgeschäftlichen Pflichten) wird auch erreicht, wenn neutrale Geschäfte zustimmungsfrei sind, weil durch sie die Rechtsposition des Minderjährigen nicht verändert wird. 47

Als Beispiele für neutrale Geschäfte kommen sowohl schuldrechtliche als auch dingliche Rechtsgeschäfte in Betracht. Ein beschränkt Geschäftsfähiger kann etwa als **Stellvertreter** eine andere Person schuldrechtlich verpflichten (§ 165 BGB); ihn treffen dadurch keine Pflichten. Aber auch die – im eigenen Namen erfolgende – Verfügung über einen Gegenstand, dessen Eigentümer der Minderjährige nicht ist, ist jedenfalls dann wirksam, wenn sie mit Zustimmung des Berechtigten (§ 185 I, II BGB) geschieht. 48

Umstritten sind aber die Fälle, in denen ein **Minderjähriger als Nichtberechtigter über einen fremden Gegenstand verfügt** und keine Zustimmung des Berechtigten vorliegt. Nach h. M.[417] kann der Erwerber in diesen Fällen gutgläubig Eigentum an der Sache erwerben (§§ 929, 932 BGB). Die Wirksamkeit der dinglichen Einigung scheitere nicht an der beschränkten Geschäftsfähigkeit des Minderjährigen, weil es sich um ein neutrales Geschäft handle. Weil der Minderjährige zuvor nicht Eigentümer der Sache gewesen sei, verliere er durch den gutgläubigen Erwerb keine Rechte. 49

Teilweise wird in der Literatur eine andere Ansicht für vorzugswürdig gehalten.[418] Der Erwerber hätte, wenn seine Vorstellung richtig und der Minderjährige tatsächlich Eigentümer gewesen wäre, das Eigentum an der Sache wegen § 107 BGB niemals erwerben können, weil es ein für den Minderjährigen nachteiliges Geschäft gewesen wäre. Ist der Minderjährige dagegen in Wirklichkeit nicht der Eigentümer, so könne der Erwerb sich nicht nach §§ 932, 929 BGB vollziehen: Diese Vorschriften schützten nur den guten Glauben an das Eigentum. Der Erwerber müsse sich nach § 932 BGB so behandeln lassen, als ob seine Vorstellung über die Berechtigung des Veräußerers zutreffend wäre. Dann müsse aber auch der gutgläubige Erwerb vom Nichtberechtigten scheitern, wenn schon der Erwerb vom Berechtigten bei dessen Minderjährigkeit nicht möglich sei. 50

Diese Beschränkung des Verkehrsschutzes ist jedoch nicht geboten. Die §§ 107 f. BGB schützen den Minderjährigen, nicht den Eigentümer einer dem Minderjährigen fremden Sache. Die beschränkte Geschäftsfähigkeit soll nur bei solchen Geschäften 51

[415] Dazu *Bitter/Rauhut*, JuS 2009, 289, 294 f.

[416] MünchKomm-BGB/*Schmitt*, § 107 Rn. 33 ff.; *Bork*, BGB AT, Rn. 997; *Köhler*, BGB AT, § 10 Rn. 20.

[417] MünchKomm-BGB/*Schmitt*, § 107 Rn. 34; Palandt/*Ellenberger*, § 107 Rn. 7; *Bork*, BGB AT, Rn. 1008; *Brox/Walker*, BGB AT, Rn. 277; *Köhler*, BGB AT, § 10 Rn. 20.

[418] *Medicus*, BGB AT, Rn. 568.

die (schwebende) Unwirksamkeit nach sich ziehen, bei denen es der Schutz des Minderjährigen erfordert. Das ist bei neutralen Geschäften nicht der Fall. Zudem stellt sich das von der Mindermeinung aufgeworfene Problem nur, solange nicht der gesetzliche Vertreter die Übereignung nach § 108 I BGB genehmigt oder gar vorab die Einwilligung erklärt hat. Dem Erwerber die Hoffnung hierauf zu verbieten, besteht kein Anlass. Wäre der Minderjährige der Berechtigte, würde der Erwerber nämlich das Eigentum nicht – wie die Mindermeinung unterstellt – gar nicht, sondern allenfalls schwebend unwirksam erwerben. Der Sorgeberechtigte kann aber nicht dazu berufen sein, über den Verlust fremden Eigentums zu entscheiden. Der Gutglaubensschutz gilt deshalb auch beim Erwerb vom Minderjährigen.

52 Dass sich der Minderjährige, der über fremdes Eigentum verfügt, dadurch je nach Einsichtsfähigkeit einem Schadensersatzanspruch des Eigentümers ausgesetzt sehen kann, ist kein relevanter rechtlicher Nachteil i. S. v. § 107 BGB.[419] Der Schadensersatzanspruch ist nämlich keine spezifische Folge *rechtsgeschäftlichen* Handelns des Minderjährigen, auf das die §§ 106 ff. BGB allein zugeschnitten sind. Auch durch sonstige rechtswidrige Handlungen – etwa die Beschädigung oder Zerstörung der fremden Sache – kann sich ein Minderjähriger nach §§ 823 ff. BGB schadensersatzpflichtig machen, ohne dass ihn die §§ 106 ff. BGB davor schützen könnten oder wollten.

⇨ *Fall Nr. 51 – „Skifoan" (Frage 4)*

b) „Taschengeldparagraph" (§ 110 BGB)

53 Als Sonderfall ist § 110 BGB einzustufen, der oft salopp auch als „Taschengeldparagraph" bezeichnet wird. Gemäß § 110 BGB gilt ein „von dem Minderjährigen ohne Zustimmung des gesetzlichen Vertreters geschlossener Vertrag [...] als von Anfang an wirksam, wenn der Minderjährige die vertragsmäßige Leistung mit Mitteln bewirkt, die ihm zu diesem Zweck oder zu freier Verfügung von dem Vertreter oder mit dessen Zustimmung von einem Dritten überlassen worden sind." Trotz des Wortlautes „ohne Zustimmung" wird § 110 BGB allgemein als besonderer Anwendungsfall des § 107 BGB verstanden[420], der die Einwilligung (= [vorherige] Zustimmung) des gesetzlichen Vertreters betrifft.

54 § 110 BGB gilt nur, wenn die Einwilligung der gesetzlichen Vertreter erforderlich gewesen wäre, weil die Willenserklärung des Minderjährigen für diesen rechtliche Nachteile mit sich bringt. Für rechtlich vorteilhafte Geschäfte bedarf es daher keines Rückgriffes auf § 110 BGB. Diese sind sogleich wirksam, weil § 107 BGB keine Anwendung findet.

55 Die **Überlassung von Mitteln** – in der Regel Geldmittel – an den Minderjährigen zur freien Verfügung oder zu einem bestimmten Zweck stellt der Sache nach eine **konkludente** – ggf. pauschale – **Einwilligung des gesetzlichen Vertreters** in solche Geschäfte dar, die der Minderjährige unter Einsatz dieser Mittel abschließt. Daher wird § 110 BGB teilweise auch nur als Auslegungsregel verstanden.[421] Ist die Mittelüberlassung an einen bestimmten Zweck gebunden, so sind andere Geschäfte von der Zweckbestimmung nicht umfasst. Erhält der Minderjährige zum Beispiel Geld, um damit Schulbücher zu erwerben, so liegt darin keine Einwilligung in den Kauf einer Musik-CD.

---

[419] So MünchKomm-BGB/*Schmitt*, § 107 Rn. 35 ohne Begründung; jurisPK-BGB/*Lange*, Band 1, 6. Aufl. 2012, § 107 Rn. 15 a.E. mit der – allgemein zweifelhaften (vgl. oben Rn. 33) – Begründung, der Nachteil sei ein nur mittelbarer.

[420] Palandt/*Ellenberger*, § 110 Rn. 1; MünchKomm-BGB/*Schmitt*, § 110 Rn. 5.

[421] *Köhler*, BGB AT, § 10 Rn. 25; *Bork*, BGB AT, Rn. 1020.

Wurden die Mittel zur freien Verfügung überlassen, kann der Minderjährige aber auch nicht alle Geschäfte abschließen. Gerade weil es sich bei der Mittelüberlassung i. S. v. § 110 BGB letztlich nur um einen **Spezialfall der Einwilligung** handelt, kann der gesetzliche Vertreter diese Einwilligung auch beschränken, und zwar ebenfalls konkludent. In der Regel wird der gesetzliche Vertreter z. B. dagegen sein, dass der Minderjährige mit dem ihm zur freien Verfügung überlassenen Taschengeld Alkohol oder Zigaretten kauft. Ein Verständnis, das nur die beiden Extreme akzeptierte, nämlich entweder die zweckgebundene oder die uneingeschränkt freie Verfügung über die Mittel, widerspräche der Erziehungsfunktion der §§ 106 ff. BGB.[422] Die Erziehungsfunktion des § 110 BGB wird auch daran deutlich, dass ein Minderjähriger über Mittel, die ihm von Dritten überlassen wurden, nur mit Zustimmung der Eltern frei verfügen kann (vgl. § 110 BGB a. E.). 56

Leicht übersehen, aber bedeutsam ist das Wort „bewirkt" im Tatbestand des § 110 BGB. Die Wirksamkeit des Vertrages wird erst dann (*ex tunc*) angeordnet, wenn der Minderjährige nicht nur das schuldrechtliche Grundgeschäft abgeschlossen und damit eine Verpflichtung begründet hat, sondern er die geschuldete **Leistung** auch **tatsächlich erbringt.** Das Geschäft muss also schon abgewickelt sein, was in der Regel vollständige Erfüllung bedeutet. Der alleinige Abschluss eines Verpflichtungsgeschäfts durch einen Minderjährigen kann also niemals wegen § 110 BGB wirksam sein. 57

Längerfristige Verträge wie etwa Miet- oder Ratenzahlungsverträge sind, wie sich aus dem Erfordernis der vollständigen Leistungsbewirkung ergibt, nicht ohne weiteres wirksam. Zu differenzieren ist nach der Teilbarkeit der Leistung. Ein Ratenzahlungsvertrag etwa wird erst mit Begleichung der letzten Rate wirksam; zuvor ist er schwebend unwirksam (§ 108 I BGB). Mietverträge dagegen können teilbare wiederkehrende Leistungen zum Gegenstand haben. Werden bei einem solchen Mietvertrag die geschuldeten Leistungen für einen bestimmten Zeitraum unter den Voraussetzungen des § 110 BGB bewirkt, so ist der Vertrag für den zurückliegenden Zeitraum wirksam.[423] Bezüglich der zukünftig noch zu erbringenden Leistungen ist der Vertrag noch schwebend unwirksam, da er noch nicht vollständig erfüllt wurde. 58

Da § 110 BGB schon vom Tatbestand die „Bewirkung" der Leistung voraussetzt, sind von der Einwilligung, die in der Mittelüberlassung zu sehen ist, auch die Erfüllungshandlungen von Seiten des Minderjährigen erfasst[424], die der Minderjährige ansonsten zu seinen Lasten nicht vornehmen könnte. 59

⇨ *Fall Nr. 51 – „Skifoan" (Fragen 2 und 3)*

3. Vertragsschluss ohne Einwilligung

Schließt ein Minderjähriger ein rechtlich nachteiliges Geschäft ohne Einwilligung seiner gesetzlichen Vertreter ab, so bestimmt sich die Wirksamkeit dieses Geschäfts nach §§ 108 ff. BGB. 60

a) Genehmigungsfähigkeit nach § 108 BGB

Ein Vertrag, der ohne die erforderliche Einwilligung der gesetzlichen Vertreter abgeschlossen wurde, ist nach § 108 I BGB schwebend unwirksam. Allerdings kann der Vertrag durch Genehmigung der gesetzlichen Vertreter wirksam gemacht werden. Als Genehmigung wird – im Unterschied zur Einwilligung – die nachträgliche Zustimmung bezeichnet (§ 184 I BGB). Die **Schwebezeit** ist **grundsätzlich unbe-** 61

[422] MünchKomm-BGB/*Schmitt*, § 110 Rn. 26.
[423] MünchKomm-BGB/*Schmitt*, § 110 Rn. 14.
[424] *Köhler*, BGB AT, § 10 Rn. 26; *Bork*, BGB AT, Rn. 1018.

grenzt; wird die Genehmigung verweigert, ist der Vertrag endgültig unwirksam. Wird er hingegen genehmigt, wird er rückwirkend (*ex tunc*) wirksam.

62 Die **Genehmigung** ist eine einseitige empfangsbedürftige Willenserklärung[425], deren Inhalt grundsätzlich nach dem objektiven Empfängerhorizont (§§ 133, 157 BGB; s.o. § 7 Rn. 22) durch Auslegung zu ermitteln ist. Umstritten ist dies aber für den Fall, in dem der **Minderjährige die Eltern** über die Modalitäten eines Vertragsschlusses **falsch informiert** und diese daraufhin im Glauben an die Richtigkeit der Information eine Genehmigung gegenüber dem Vertragspartner erklären. Der Vertragspartner müsste nach allgemeinen Auslegungsregeln davon ausgehen, dass die Eltern die Genehmigung zum tatsächlichen Inhalt des Vertrags erklären wollten.[426] Die Genehmigung wäre dann wirksam, weil sie sich aus Sicht eines objektiven Empfängers mit dem Vertragsschluss deckt; jedoch wäre sie wegen eines Inhaltsirrtums der gesetzlichen Vertreter nach § 119 I Alt. 1 BGB anfechtbar.

63 Der überwiegende Teil der Literatur will in einem solchen Fall hingegen nicht auf allgemeine Auslegungsregeln zurückgreifen, sondern eine am Minderjährigenschutz orientierte Risikoverteilung vornehmen. Der Vertragspartner dürfe sich nicht darauf verlassen, dass die Information durch den Minderjährigen richtig weitergeleitet werde.[427] Wenn er insofern sicher gehen wolle, müsse er den gesetzlichen Vertreter selbst informieren. Daher sei das Verständnis der gesetzlichen Vertreter maßgeblich, so dass etwa die erteilte Genehmigung zu einem angeblichen „Schnäppchenkauf" durch den Minderjährigen nicht das tatsächlich abgeschlossene Geschäft zum höheren Preis decke und der Vertrag daher nach wie vor schwebend unwirksam sei.

⇨ *Fall Nr. 53 – Lügen haben kurze Beine*

64 Um das unter Umständen lange Warten auf eine Genehmigung abzukürzen, gibt § 108 II BGB dem Geschäftsgegner die **Möglichkeit, den gesetzlichen Vertreter zur Erklärung über die Genehmigung aufzufordern.**[428] Die Genehmigung kann dann in Abweichung von § 182 I BGB (Erklärung gegenüber dem einen oder anderen Teil) nur noch gegenüber dem Geschäftsgegner erfolgen und nicht mehr gegenüber dem Minderjährigen. Als weitergehende Folge wird sogar eine bereits dem Minderjährigen gegenüber erteilte Genehmigung unwirksam. Für den Geschäftsgegner bedeutet § 108 II BGB daher ein gewisses Risiko: Der bereits dem Minderjährigen gegenüber genehmigte Vertragsschluss wird durch seine Aufforderung wieder schwebend unwirksam und die Genehmigung könnte nun wieder versagt werden. In der Mehrheit der Fälle wird § 108 II BGB aber für den Geschäftsgegner insofern vorteilhaft sein, als er auf diese Weise Gewissheit über seine Vertragsverhältnisse erlangen kann. Der gesetzliche Vertreter muss sich innerhalb von zwei Wochen über die Genehmigung erklären; ansonsten gilt der Vertrag als nicht geschlossen (§ 108 II 2 BGB). Eine nach Ablauf der **Zwei-Wochen-Frist** erklärte Genehmigung führt dann nicht mehr zur Wirksamkeit des Vertrages.

65 Der Minderjährige selbst kann die Genehmigung dann erteilen, wenn er unbeschränkt geschäftsfähig geworden ist (§ 108 III BGB); der Vertrag wird also nicht automatisch mit Erreichen der Volljährigkeit wirksam. Eine Genehmigung des (früheren) gesetzlichen Vertreters nach Eintritt der Volljährigkeit ist gegenstandslos und auch die

---

[425] MünchKomm-BGB/*Schmitt*, § 108 Rn. 9.

[426] Soergel/*Hefermehl*, § 108 Rn. 4.

[427] Staudinger/*Knothe* (2011), § 108 Rn. 8; *Medicus*, BGB AT, Rn. 575; *Flume*, AT II, § 13, 7 (S. 201).

[428] Zur Parallelvorschrift des § 177 II BGB im Stellvertretungsrecht siehe unten § 10 Rn. 242.

Aufforderung zur Erklärung über die Genehmigung ist an den Minderjährigen zu richten.[429]

b) Widerrufsrecht des Vertragspartners (§ 109 BGB)

Will der Vertragspartner des Minderjährigen Klarheit über die Vertragsverhältnisse erlangen, kann er nicht nur – wie soeben dargelegt – den gesetzlichen Vertreter nach § 108 II BGB zur Erklärung über die Genehmigung auffordern. Er kann auch, wenn er kein Interesse mehr an dem Vertrag hat, diesen bis zur Genehmigung gemäß § 109 I BGB widerrufen.[430] Solange der Minderjährige noch nicht gebunden ist, soll es also auch der Vertragspartner nicht sein. Allerdings erfährt diese Widerrufsmöglichkeit eine deutliche Einschränkung durch § 109 II BGB. Sie gilt nur für den gutgläubigen Vertragspartner. War dem Vertragspartner die Minderjährigkeit seines Gegenübers beim Vertragsschluss bewusst (insofern ist positive Kenntnis erforderlich, grob fahrlässige Unkenntnis reicht nicht), so darf er nur widerrufen, wenn der Minderjährige ihm der Wahrheit zuwider eine bestehende Einwilligung vorgespielt hatte. Der Widerruf ist aber selbst in diesem Fall ausgeschlossen, wenn dem Vertragspartner das Fehlen der Einwilligung bekannt war (§ 109 II Hs. 2 BGB). 66

Umstritten ist, ob der Widerruf durch den Vertragspartner nach § 109 BGB auch dann möglich ist, wenn er selbst den Schwebezustand durch die Aufforderung nach § 108 II BGB herbeigeführt hatte. Teile der Literatur sehen darin ein rechtsmissbräuchliches Verhalten in Form des *venire contra factum proprium*, wenn nicht eine angemessene Zeit mit dem Widerruf gewartet werde.[431] 67

Andere Autoren hingegen sehen in der Ausübung des Widerrufsrechts ohne Zuwarten einer angemessenen Frist kein rechtsmissbräuchliches Verhalten. Dem gesetzlichen Vertreter des Minderjährigen sei es während der Schwebezeit freigestellt, jederzeit die Genehmigung zu verweigern. Im Sinne einer „Waffengleichheit"[432] sei daher auch dem Vertragspartner das Recht zu gewähren, den Widerruf zu erklären. Dies gelte umso mehr, als § 108 II BGB keine Aufforderung *zur* Genehmigung sei, sondern eine Aufforderung zur *Erklärung über* die Genehmigung.[433] Der Vertragspartner verhalte sich also nicht widersprüchlich, wenn er nach der Aufforderung zur Erklärung über die Genehmigung die Erteilung derselben vereitele, indem er den Widerruf erkläre. 68

⇨ *Fall Nr. 54 – Wer schaut in die Röhre?*

IV. Partielle Geschäftsfähigkeit

Als weitere Abstufung des Gesetzes existiert die partielle Geschäftsfähigkeit, die nicht mit der bereits behandelten partiellen Geschäfts*un*fähigkeit (Rn. 17) zu verwechseln ist. Der Minderjährige wird aufgrund einer Generaleinwilligung für bestimmte Geschäftsbereiche unbeschränkt geschäftsfähig. Die Vertretungsmacht der gesetz- 69

---

[429] *BGH* NJW 1989, 1728.

[430] Zur Parallelvorschrift des § 178 BGB im Stellvertretungsrecht siehe unten § 10 Rn. 243.

[431] MünchKomm-BGB/*Schmitt*, § 109 Rn. 9; *Enneccerus/Nipperdey*, Allg. Teil des Bürgerlichen Rechts, 15. Aufl. 1960, § 152 I 2 b Fn. 11; wohl auch in diese Richtung tendierend Bamberger/Roth/*Wendtland*, § 109 Rn. 2.

[432] jurisPK-BGB/*Lange*, Band 1, 6. Aufl. 2012, § 109 Rn. 4.

[433] Staudinger/*Knothe* (2011), § 109 Rn. 4; jurisPK-BGB/*Lange*, Band 1, 6. Aufl. 2012, § 109 Rn. 4; Erman/*Palm*, § 109 Rn. 2; Soergel/*Hefermehl*, § 109 Rn. 1; *Flume*, AT II, § 13, 7 (S. 198); *Wilhelm*, NJW 1992, 1666.

lichen Vertreter ruht insoweit. Als gesetzliche Regelungen vorgesehen sind die §§ 112, 113 BGB.

1. Betrieb eines Erwerbsgeschäfts (§ 112 BGB)

70 Liegen eine „Ermächtigung" von Seiten des gesetzlichen Vertreters und eine diesbezügliche Genehmigung durch das Familiengericht vor, so kann der Minderjährige selbstständig ein Erwerbsgeschäft betreiben. Unter einem Erwerbsgeschäft im Sinne des § 112 BGB ist jede erlaubte, selbstständige, berufsmäßig ausgeübte und auf Gewinn gerichtete Tätigkeit zu verstehen.[434] Voraussetzung für die Genehmigung durch das Familiengericht ist, dass der Minderjährige die erforderlichen Fähigkeiten und Kenntnisse zur Führung eines selbstständigen Betriebs hat. Auch wenn die Geschäftsfähigkeit des Minderjährigen im Bereich seines Erwerbsgeschäfts grundsätzlich unbeschränkt ist, so kann seine Geschäftsfähigkeit durch § 112 I 2 BGB beschränkt sein. Danach sind solche Rechtsgeschäfte ausgenommen, die auch der gesetzliche Vertreter nicht ohne Genehmigung des Familiengerichts vornehmen dürfte. Die „Generaleinwilligung" soll nicht weiterreichen als die Befugnisse des gesetzlichen Vertreters.

2. Dienst- oder Arbeitsverhältnis (§ 113 BGB)

71 Bei der Ermächtigung nach § 113 I BGB handelt es sich ebenfalls um eine Einwilligung, die den Minderjährigen für einen bestimmten Bereich unbeschränkt geschäftsfähig macht. Der Minderjährige kann, wenn der gesetzliche Vertreter es erlaubt, Arbeitsverhältnisse eingehen, diese aber auch aufheben und die sich daraus ergebenden Verpflichtungen erfüllen. Alle im Zusammenhang mit der genehmigten Tätigkeit vorzunehmenden Rechtshandlungen werden von Seiten des gesetzlichen Vertreters erlaubt. Im Unterschied zu § 112 BGB muss die Ermächtigung durch den gesetzlichen Vertreter nicht durch das Familiengericht genehmigt werden. Entsprechend kann der gesetzliche Vertreter selbst die Ermächtigung auch wieder einschränken oder aufheben (§ 113 II BGB) und so seine ruhende Vertretungsmacht wieder an sich ziehen. Im Zweifel gilt die für einen Einzelfall erteilte Ermächtigung auch für die Eingehung von Arbeitsverhältnissen derselben Art (§ 113 IV BGB). Keine Geltung hat § 113 BGB dagegen nach h. M. für Ausbildungsverhältnisse. Dort steht nicht die berufliche Tätigkeit im Vordergrund, sondern die Ausbildung.[435]

⇨ *Fall Nr. 55 – Liebesbekundungen*

§ 10. Die Stellvertretung

I. Begriff und Funktion

1 Stellvertretung ist das rechtsgeschäftliche Handeln des Vertreters im Namen und mit unmittelbarer Wirkung für und gegen den Vertretenen.

2 Grundsätzlich treffen die Rechtsfolgen einer Willenserklärung den Erklärenden. Das BGB macht davon in den §§ 164 ff. BGB eine Ausnahme: Eine Willenserklärung, die jemand innerhalb der ihm zustehenden Vertretungsmacht im Namen des

---

[434] Palandt/*Ellenberger*, § 112 Rn. 3.

[435] MünchKomm-BGB/*Schmitt*, § 113 Rn. 14; a. A. offenbar BAGE 125, 285 = NJW 2008, 1833 (Rn. 18); offen sodann aber *BAG* NZA 2012, 495 (Rn. 18) = JuS 2012, 641 (*Boemke*) m. w. N. zum Streitstand.

Vertretenen abgibt, wirkt unmittelbar für und gegen den Vertretenen (§ 164 I BGB). Unter bestimmten Voraussetzungen werden die Rechtsfolgen einer Willenserklärung also dem Vertretenen zugerechnet. Der Vertreter fungiert dabei als Repräsentant des Vertretenen (*Repräsentationsgrundsatz*). Er nimmt das Rechtsgeschäft an Stelle des Vertretenen vor; daraus verpflichtet und berechtigt wird jedoch allein der Vertretene. Damit wird dem praktischen Bedürfnis Rechnung getragen, dass man nicht alles selbst erledigen kann oder will. Geschäftsunfähigen, beschränkt Geschäftsfähigen und juristischen Personen ermöglicht das Institut der Stellvertretung überhaupt erst die Teilnahme am Rechtsverkehr.

II. Abgrenzung von anderen Hilfspersonen

Wesensmerkmal der Stellvertretung ist die Abgabe einer *eigenen Willenserklärung* 3 in *fremdem Namen*. Anhand dieser Kriterien ist der Stellvertreter von verschiedenen anderen Hilfspersonen abzugrenzen.

Der **Bote** i.S.v. § 120 BGB gibt anders als der Stellvertreter *keine eigene Erklärung* ab, sondern übermittelt lediglich eine fremde Erklärung, nämlich die seines Geschäftsherrn (§ 5 Rn. 52 und § 10 Rn. 20). 4

Abschlussvermittler, wie es insbesondere Makler (§§ 652ff. BGB) sind, geben 5 selbst überhaupt *keine Willenserklärung* ab. Sie weisen den Parteien nur die Möglichkeit zum Abschuss eines Vertrags nach und bereiten den Vertrag gegebenenfalls auch schon vor; der Vertragsschluss selbst vollzieht sich sodann aber unmittelbar zwischen dem Geschäftsherrn und dem Dritten. Dies gilt z.B. auch für den im Lern- und Fallbuch zum Handelsrecht näher zu besprechenden Handelsmakler (§ 93 HGB) sowie den Handelsvertreter (§ 84 HGB) in der Variante des Vermittlungsvertreters (im Gegensatz zum Abschlussvertreter).[436]

Irreführend, wenngleich allgemein verwendet, ist der Begriff der mittelbaren 6 Stellvertretung (dazu schon § 7 Rn. 51). Der **mittelbare Stellvertreter** schließt als Beauftragter oder Geschäftsbesorger für einen Hintermann (Geschäftsherrn) einen Vertrag, dessen *wirtschaftliches* Ergebnis dem Hintermann zukommen soll. Weil er dieses Handeln für fremde Rechnung aber – anders als bei der (echten) Stellvertretung – nicht offenlegt, sondern den Vertrag *im eigenen Namen* schließt, wird er selbst Vertragspartner. Er ist also nur **Interessenvertreter des Geschäftsherrn**, nicht aber rechtsgeschäftlicher Vertreter im Sinne der §§ 164ff. BGB. Häufigster Anwendungsfall mittelbarer Stellvertretung ist das ebenfalls im Lern- und Fallbuch zum Handelsrecht näher zu besprechende Kommissionsgeschäft (§§ 383ff. HGB).[437] Die eigene Verpflichtung und Berechtigung des mittelbaren Stellvertreters (Kommissionärs) wird dort in § 392 I HGB ausdrücklich zugrunde gelegt: Der Hintermann (Kommittent) kann nur dann Rechte aus dem für seine Rechnung, aber nicht in seinem Namen abgeschlossenen Vertrag geltend machen, wenn ihm der mittelbare Stellvertreter seine (!) Ansprüche abtritt.

Obwohl der mittelbare Stellvertreter im eigenen Namen auftritt und damit im 7 Grundsatz alle Rechte aus den von ihm abgeschlossenen schuldrechtlichen und dinglichen Verträgen selbst erwirbt, hält er diese Rechte nur im Interesse des Hintermanns und damit treuhänderisch für diesen. Es entsteht eine **Rechtsträgerschaft für fremde Rechnung**. Diese hat zur Folge, dass der Hintermann, obwohl er nicht

[436] Vgl. dazu *Bitter/Schumacher*, HandelsR, § 9 Rn. 4ff.
[437] Vgl. dazu *Bitter/Schumacher*, HandelsR, § 9 Rn. 103ff.

formeller, sondern nur wirtschaftlicher Rechtsinhaber ist, doch in vielfacher Hinsicht wie der wahre Rechtsinhaber behandelt wird (vgl. auch § 392 II HGB). Dies gilt im Insolvenz- und Vollstreckungsrecht, im Deliktsrecht, bei der Aufrechnung und nach richtiger Ansicht sogar bei Verfügungen des Treuhänders über das Treugut. Die damit verbundenen, rechtlich äußerst schwierigen Rechtsfragen sollen hier nicht näher behandelt werden.[438] Hingewiesen sei allerdings auf das ab Rn. 39 behandelte sogenannte Geschäft für den, den es angeht, welches ausnahmsweise sogar einen unmittelbaren Vollrechtserwerb des Hintermanns bei mittelbarer Stellvertretung, also trotz fehlender Offenlegung des Handelns für den Hintermann, ermöglicht.

III. Voraussetzungen wirksamer Stellvertretung

8 Damit die Rechtsfolgen in der Person des Vertretenen eintreten, müssen stets **fünf Voraussetzungen** erfüllt sein, von denen in der Klausur regelmäßig nur die letzten drei zu prüfen sind, während die ersten beiden nur dann angesprochen werden, wenn der Sachverhalt dazu Anlass bietet:

- Anwendbarkeit der Stellvertretungsregeln
- Zulässigkeit der Stellvertretung
- Abgabe einer eigenen Willenserklärung
- Handeln in fremdem Namen
- Vertretungsmacht

1. Anwendbarkeit der Stellvertretungsregeln

9 Das Zivilrecht sieht an verschiedenen Stellen vor, dass Handlungen einer Person einer anderen zugerechnet werden. Dabei ist immer exakt zu beachten, was jeweils nach welchen Rechtsvorschriften zugerechnet wird.

10 Nach den Regeln der Stellvertretung können **nur Willenserklärungen zugerechnet** werden. Darüber hinaus sind die §§ 164 ff. BGB analog bei rechtsgeschäftsähnlichen Handlungen (z.B. Mahnung) anwendbar.[439]

11 Keine Anwendung findet das Stellvertretungsrecht hingegen bei Realakten[440] (z.B. der Übergabe i.S.v. § 929 BGB). Bei der Übereignung einer beweglichen Sache muss deshalb sauber zwischen der sachenrechtlichen Einigung, die einen (dinglichen) Vertrag im Sinne der §§ 145 ff. BGB darstellt und bei der deshalb eine Stellvertretung nach §§ 164 ff. BGB zulässig ist, und der Besitzübertragung (= Übergabe) unterschieden werden, die ein rein tatsächliches Geschehen darstellt und bei der deshalb keine Zurechnung über Stellvertretungsregeln in Betracht kommt. Gleichwohl kann man sich auch bei dem Realakt der Übergabe einer Hilfsperson bedienen, doch ist diese „Vertretung im Besitz" nach ganz anderen Rechtsvorschriften zu beurteilen, die im Sachenrecht näher zu behandeln sein werden. Es sind dies die Rechtsfiguren des Besitzdieners (§ 855 BGB) und des mittelbaren Besitzers (§ 868 BGB).

---

[438] Eingehend *Bitter*, Rechtsträgerschaft für fremde Rechnung, 2006, S. 120 ff. zum Insolvenz- und Vollstreckungsrecht, S. 369 ff. zum Deliktsrecht (Stichwort: Drittschadensliquidation), S. 412 ff. zu Einwendungs- und Aufrechnungskonstellationen, S. 452 ff. zu treuwidrigen Verfügungen.

[439] MünchKomm-BGB/*Schramm*, § 164 Rn. 5.

[440] Zum Begriff des Realaktes siehe oben § 7 Rn. 3.

Beispiel: A hat von B dessen Auto gekauft. Die Übereignung soll am nächsten Tag stattfinden. Weil A keine Zeit hat, ermächtigt er seinen Angestellten C, das für ihn zu erledigen. Am nächsten Tag übergibt B an C, der im Namen des A auftritt, das Auto. Im Rahmen der dinglichen Einigung kann sich A durch C nach § 164 I BGB vertreten lassen. Der Eigentumsübergang setzt aber weiterhin eine Übergabe von B an A, also u. a. einen Besitzerwerb (§ 854 BGB) bei A voraus. Die Erlangung der tatsächlichen Sachherrschaft an dem Auto (Realakt) kann A nicht über § 164 I BGB zugerechnet werden. A hat aber gem. § 855 BGB (unmittelbaren) Besitz erlangt, weil C als weisungsabhängiger Arbeitnehmer sein Besitzdiener war. 12

In § 278 BGB (Verantwortlichkeit des Schuldners für Dritte) kennt das Gesetz zudem eine Zurechnung von Verschulden innerhalb bestehender Schuldverhältnisse, insbesondere für sog. Erfüllungsgehilfen. Diese Zurechnung hat ebenfalls nichts mit der Stellvertretung im Sinne der §§ 164 ff. BGB zu tun, weil es auch dort nicht um Willenserklärungen geht. 13

Beispiel: Malermeister M soll bei Besteller B eine Wand streichen. Während der Malerarbeiten zerstört der Lehrling L des M aus Unachtsamkeit eine Vase, für die B Ersatz von M fordert. Für einen Schadensersatzanspruch wegen Verletzung von Nebenpflichten nach §§ 280 I, 241 II BGB müsste der Vertragspartner M schuldhaft gehandelt haben. Schuldhaft, nämlich fahrlässig (§ 276 BGB), hat aber nur L gehandelt. Das Verschulden des L kann M zwar nicht nach § 164 BGB, wohl aber nach § 278 BGB zugerechnet werden, weil L Erfüllungsgehilfe des M war. 14

Ebenfalls nicht um Willenserklärungen geht es bei der im Haftungsrecht relevanten Zurechnung des deliktischen Handelns von Organmitgliedern eines Vereins (Vorstand) oder einer Gesellschaft (Vorstand, Geschäftsführer, geschäftsführender Gesellschafter) in direkter oder analoger Anwendung des § 31 BGB. 15

Hinweis: Fälle dazu finden sich im Lern- und Fallbuch zum Gesellschaftsrecht.[441]

Überhaupt keine Zurechnungsnorm, sondern eine eigenständige Anspruchsgrundlage ist die ebenfalls im Deliktsrecht relevante Vorschrift des § 831 BGB (Haftung für Verrichtungsgehilfen). 16

2. Zulässigkeit der Stellvertretung

Im Grundsatz ist Stellvertretung **bei allen Willenserklärungen** zulässig. Das gilt für die Abgabe einer Erklärung gleichermaßen wie für deren Zugang. Im ersten Fall spricht man von aktiver (§ 164 I BGB), im zweiten Fall von passiver Stellvertretung (§ 164 III BGB). 17

Von der grundsätzlichen Zulässigkeit der Stellvertretung gibt es geschriebene und ungeschriebene **Ausnahmen**. Man spricht dann von **höchstpersönlichen Rechtsgeschäften**. Gesetzliche Vertretungsverbote finden sich insbesondere im Familien- und Erbrecht. Aufgrund der Bedeutung bzw. des starken Persönlichkeitsbezugs des Rechtsgeschäfts muss der Geschäftsherr die Erklärung selbst abgeben. So muss der Heiratswillige die Ehe selbst schließen und kann sich nicht etwa durch seinen Bruder vertreten lassen (§ 1311 S. 1 BGB). Auch der Erblasser muss sein Testament persönlich errichten (§ 2064 BGB). In einigen seltenen Fällen ergibt sich die Höchstpersönlichkeit aus der **Natur des Rechtsgeschäfts.**[442] So kann auch die Verlobung (§§ 1297 ff. BGB) nicht in Vertretung vorgenommen werden, obgleich das Gesetz es nicht ausdrücklich verbietet.[443] 18

---

[441] *Bitter*, GesellschaftsR, § 2 Rn. 7 mit Fall Nr. 1 – Bootstransport; ferner Fälle Nr. 24 – Delikt und Nr. 31 – Scherben bringen Glück.
[442] *Bork*, BGB AT, Rn. 1337.
[443] Palandt/*Brudermüller*, Einf v § 1297 Rn. 1.

19 Zudem können die Parteien die Unzulässigkeit der Stellvertretung rechtsgeschäftlich vereinbaren. In diesem Fall spricht man von *gewillkürter* Höchstpersönlichkeit.[444]

3. Eigene Willenserklärung

20 Stellvertreter ist nur, wer einen *eigenen* Rechtsfolgewillen bildet und sodann kundtut. Das Kriterium der eigenen Willenserklärung **grenzt den Vertreter vom Boten ab**, der das fertige Ergebnis der Willensbildung seines Geschäftsherrn lediglich überbringt (siehe schon § 5 Rn. 52).

21 Die Abgrenzung hat vom objektiven Empfängerhorizont aus zu erfolgen (§§ 133, 157 BGB). Entscheidend ist nicht, wie die Hilfsperson handeln sollte, sondern nur, wie ihr äußeres Verhalten verstanden werden durfte.[445] Häufig spricht ein nach außen erkennbarer **Entscheidungsspielraum** für Stellvertretung, ein fehlender dagegen. Das muss aber nicht so sein. Der Kassierer im Supermarkt hat keinen Entscheidungsspielraum bezüglich Vertragsinhalt und Vertragspartner. Gleichwohl ist er ein **Vertreter** und zwar einer **mit gebundener Marschroute**, weil jeder einzelne Vertragsschluss von seiner vorhergehenden Willensbildung abhängig ist.[446] Denkbar ist danach auch, dass einer Person nur für ein konkretes Geschäft Vollmacht erteilt wird (sog. Spezialvollmacht; Rn. 74) und ihr insoweit auch der Verhandlungsrahmen so eng vorgegeben wird, dass ihr praktisch kaum ein Spielraum verbleibt. Gleichwohl kann diese Person nach der Verkehrsanschauung nach außen als Stellvertreter auftreten und nicht wie jemand, der nur eine fremde, vom Hintermann vorgefertigte Willenserklärung überbringt.

22 Die richtige Einordnung der Hilfsperson hat *klausur- und praxisrelevante* Auswirkungen. Die wichtigsten Unterschiede zwischen Stellvertretung und Botenschaft werden nachfolgend kurz skizziert:

23 – Die einem Empfangs*vertreter* (§ 164 III BGB) gegenüber abgegebene Willenserklärung ist vom Empfängerhorizont des Empfangsvertreters auszulegen. ⇔ Die Auslegung der einem Empfangs*boten* gegenüber abgegebenen Erklärung erfolgt vom Empfängerhorizont des Geschäftsherrn.

24 – Die einem Empfangs*vertreter* gegenüber abgegebene Willenserklärung wird wirksam, wenn sie dem Vertreter zugeht. ⇔ Die einem Empfangs*boten* gegenüber abgegebene Erklärung wird wirksam, wenn sie dem Geschäftsherrn zugeht (s.o. § 5 Rn. 53).

25 – Der *Stellvertreter* muss mindestens beschränkt geschäftsfähig sein (§ 165 BGB).[447] ⇔ *Bote* kann auch ein Geschäftsunfähiger sein.[448]

26 – Die Wirksamkeit der *Vertreter*erklärung wird nur durch Willensmängel des Vertreters beeinflusst (§ 166 I BGB; s.u. Rn. 171 ff.). ⇔ Für die Wirksamkeit der durch einen *Boten* überbrachten Erklärung kommt es auf Willensmängel des Geschäftsherrn an; darüber hinaus sind nur Übermittlungsfehler des Erklärungsboten nach Maßgabe des § 120 BGB relevant (dazu oben § 7 Rn. 122 ff.).

27 – Im Hinblick auf die Kenntnis/das Kennenmüssen bestimmter Umstände kommt es auf die Person des *Vertreters* an (§ 166 I BGB). ⇔ Bei der *Botenschaft* entscheidet der Kenntnisstand des Geschäftsherrn.

---

[444] *Rüthers/Stadler*, BGB AT, § 30 Rn. 1.

[445] *Bork*, BGB AT, Rn. 1345.

[446] *Medicus*, BGB AT, Rn. 886.

[447] Zur Wirksamkeit der Stellvertretung durch einen Minderjährigen im Hinblick auf das darin liegende rechtlich „neutrale Geschäft“ siehe oben § 9 Rn. 47 f.

[448] *Merksatz:* Und ist das Kindlein noch so klein, so kann es dennoch Bote sein.

– Die Erklärung des *Vertreters* muss bestehende Formerfordernisse wahren. ⇔ Bei der *Botenschaft* muss die Erklärung des Geschäftsherrn die Form einhalten. 28

4. Handeln im fremden Namen (Offenkundigkeit)

a) Grundsatz

§ 164 I BGB verlangt für eine wirksame Stellvertretung, dass der Vertreter **im Namen des Vertretenen** handelt. Der Empfänger einer Erklärung hat ein schützenswertes Interesse daran zu erfahren, wer sein Geschäftspartner wird. Im Normalfall treffen die Rechtsfolgen einer Erklärung den Erklärenden selbst. Solange ihm nichts Gegenteiliges angezeigt wird, darf davon auch der Erklärungsempfänger ausgehen. Deshalb treten die Rechtsfolgen in der Person des Vertretenen nur dann ein, wenn der Vertreter offenlegt, dass er nicht selbst berechtigt und verpflichtet sein soll. Dadurch wird dem Prinzip der freien Vertragspartnerwahl als Ausprägung der Vertragsfreiheit[449] Rechnung getragen; dem Erklärungsempfänger soll nicht gegen seinen Willen ein unbekannter und u. U. unerwünschter Vertragspartner aufgedrängt werden. 29

Beispiel: Der als zuverlässig und finanzstark bekannte Geschäftsmann G bestellt den Bauunternehmer B für Erdarbeiten an einem Grundstück. Im Vertrauen auf die Zahlungsfähigkeit des G führt B die Arbeiten ohne Vorkasse durch. Nach Abschluss der Arbeiten schickt B dem G die Rechnung, der ihn nun an den zahlungsunfähigen Hintermann H verweist, dem das Grundstück gehöre und für den er den Auftrag erteilt habe. Da G nicht offenkundig für H gehandelt hat, ist der Werkvertrag (§ 631 BGB) mit G zustande gekommen, dieser also auch zur Zahlung verpflichtet. 30

Der Vertreter kann ausdrücklich im Namen des Vertretenen handeln (§ 164 I 2 Alt. 1 BGB); das **Handeln in fremdem Namen** kann sich aber auch **aus den Umständen** ergeben (§ 164 I 2 Alt. 2 BGB). Ob das der Fall ist, ist im Wege der Auslegung zu ermitteln.[450] 31

Ergibt die Auslegung ein Handeln im eigenen Namen, wird der Vertretene nicht gebunden, auch wenn der Vertreter Vertretungswillen hatte. Das folgt aus § 164 I BGB. Stattdessen wirkt die Erklärung entsprechend dem Auslegungsergebnis für und gegen den Vertreter (sog. **Eigengeschäft**). Nach allgemeinen Grundsätzen könnte der Erklärende nun wegen Irrtums nach § 119 I Alt. 1 BGB[451] anfechten: Er wollte subjektiv ein Fremdgeschäft herbeiführen, erklärt aber nach dem objektiven Empfängerhorizont, dass ein Eigengeschäft zustande kommen soll. Um den daraus folgenden zahlreichen Streitigkeiten vorzubeugen, wird diese Irrtumsanfechtung gemäß § 164 II BGB mit einer wohlformulierten, aber auf den ersten Blick nicht leicht zu verstehenden gesetzlichen Anordnung ausgeschlossen: „*Tritt der Wille, in fremdem Namen zu handeln, nicht erkennbar hervor, so kommt der Mangel des Willens, im eigenen Namen zu handeln, nicht in Betracht.*“ Drei Dinge sind zu beachten: 32

Erstens betrifft der Ausschlussgrund nur den Fall des nicht erkennbaren Vertretungswillens; andere Anfechtungsgründe bleiben unberührt. 33

Beispiel: A beauftragt V, im Namen des A bei B 1200 Umzugskartons zu bestellen. Verspricht sich V bei der Bestellung und ordert 2100 Kartons, so ist eine Anfechtung nicht gemäß § 164 II BGB ausgeschlossen. Das Anfechtungsrecht steht dem A zu. 34

Zweitens regelt § 164 II BGB auch nicht den Fall, dass der vertretungsberechtigte Vertreter ein Eigengeschäft will, die Auslegung aber ein Handeln im fremden Namen 35

[449] Vgl. zu diesem aus der Privatautonomie resultierenden Grundsatz oben § 2 Rn. 16 ff.
[450] MünchKomm-BGB/*Schramm*, § 164 Rn. 14.
[451] Zur Irrtumsanfechtung siehe oben § 7 Rn. 74 ff.

ergibt. Richtigerweise ist in dieser Konstellation eine Anfechtung möglich[452], wobei sich dann die Frage stellt, ob das Anfechtungsrecht dem Vertreter[453] oder dem Vertretenen[454] zusteht.

36 Drittens ist eine Anfechtung ebenfalls nicht nach § 164 II BGB ausgeschlossen, wenn der Vertreter dem äußeren Anschein nach eine andere als die gewünschte Person vertreten hat.

37 **Beispiel:** A erzählt B, dass er V bevollmächtigt habe, für ihn die Anfertigung einer Kommode bei dem Tischler T in Auftrag zu geben. Kurz bevor V die Bestellung aufgibt, ruft B bei T an und weist ihn darauf hin, dass gleich der V für ihn eine Bestellung aufgeben werde. V gibt kurze Zeit später die Kommode in Auftrag, ohne A jedoch namentlich zu erwähnen. T steht kurz vor dem Ruhestand und nimmt die Bestellung mit den Worten: „Das ist mein allerletzter Auftrag" an. Einige Wochen später will A die Kommode abholen, als ihm T eröffnet, dass er sie vor einigen Tagen dem B, seinem Vertragspartner, ausgehändigt habe. Den zwischen T und B geschlossenen Werkvertrag kann A wegen des Inhaltsirrtums des V nach § 119 I Alt. 1 BGB anfechten. § 164 II BGB steht nicht entgegen.

b) Ausnahmen

38 Der Grundsatz, dass ein Vertrag nur dann mit dem Hintermann (Vertretenen) zustande kommt, wenn der Vertreter diesen ausdrücklich oder konkludent benennt, wird in zwei Fällen durchbrochen.

aa) Verdecktes Geschäft für den, den es angeht

39 Der Grundsatz der Offenkundigkeit schützt den Dritten – wie dargelegt – davor, ungewollt einen unseriösen oder insolventen Vertragspartner zu erhalten. Von dem Grundsatz kann folglich dort eine Ausnahme gemacht werden, wo er dieses Schutzes nicht (mehr) bedarf. Das ist nach h. M. der Fall beim sogenannten verdeckten Geschäft für den, den es angeht.[455] Ergibt die Auslegung, dass die Mittelsperson bei ihren Verhandlungen mit dem Dritten – als mittelbarer Stellvertreter (Rn. 6) – im eigenen Namen handelt, können die Rechtswirkungen des Geschäfts gleichwohl – trotz fehlender Offenkundigkeit – unmittelbar den Hintermann (Vertretenen) treffen, wenn zwei Voraussetzungen erfüllt sind:
- Dem Dritten ist gleichgültig, wer Vertragspartner wird.
- Der Vertreter hat den Willen, für den Hintermann zu handeln (Vertreterwille).

40 Hat weder der Dritte noch der Vertreter etwas dagegen, dass der Vertrag unmittelbar zwischen dem Dritten und dem Hintermann zustande kommt, wird dies aufgrund einer am Schutzzweck orientierten Einschränkung des Offenkundigkeitsprinzips anerkannt: der Vertretene wird direkt berechtigt und verpflichtet.

41 Gewöhnlich liest man, das Interesse des Dritten an der Kenntnis seines Vertragspartners fehle regelmäßig bei **Bargeschäften des täglichen Lebens**[456], etwa beim Erwerb einer Sache im Supermarkt oder Warenhaus. Doch muss diesbezüglich sauber zwischen dem schuldrechtlichen Kaufgeschäft und dem dinglichen Erfüllungsgeschäft unterschieden werden. Auf beide sind die Grundsätze über das Geschäft für

[452] *Bork*, BGB AT, Rn. 1420; MünchKomm-BGB/*Schramm*, § 164 Rn. 65. Anders dagegen die wohl h. M., die § 164 II BGB analog anwendet, eine Anfechtung also nicht zulässt, vgl. BGHZ 36, 30, 34 = NJW 1961, 2251, 2253; *Wertenbruch*, BGB AT, § 28 Rn. 16 m. w. N.

[453] Dafür z. B. MünchKomm-BGB/*Schramm*, § 164 Rn. 66.

[454] So *Bork*, BGB AT, Rn. 1420.

[455] *Brox/Walker*, BGB AT, Rn. 526 f.; *Leipold*, BGB AT, § 22 Rn. 24 f.; *Köhler*, BGB AT, § 11 Rn. 21; eingehend *Bitter*, Rechtsträgerschaft für fremde Rechnung, 2006, S. 221 ff.

[456] Vgl. beispielhaft *Rüthers/Stadler*, BGB AT, § 30 Rn. 7; *Köhler*, BGB AT, § 11 Rn. 21.

den, den es angeht, grundsätzlich anwendbar[457] und für jedes Geschäft müssen die beiden oben angeführten Voraussetzungen jeweils getrennt geprüft werden.[458]

Bezogen auf das **schuldrechtliche Geschäft für den, den es angeht**, ist der Bargeschäftscharakter relevant, weil der Schuldvertrag Leistungspflichten begründet, für deren Erfüllung die Bonität des Vertragspartners von entscheidender Bedeutung ist. Erhält der Vertragspartner – etwa der Supermarkt oder das Warenhaus – sogleich den vollständigen Kaufpreis, erledigt sich die Gefahr eines insolventen Vertragspartners. Aus der Sicht des Dritten macht es nach der Zahlung keinen Unterschied mehr, wem gegenüber er vertraglich verbunden ist. Gleiches gilt in Bezug auf möglicherweise bestehende Mängelrechte. Ist etwa das Warenhaus wegen der Lieferung eines mangelhaften Fernsehers zur Erfüllung von Mängelansprüchen verpflichtet, spielt es keine große Rolle, wer sie geltend macht. Der Verkäufer nimmt deshalb bei solchen Bargeschäften des täglichen Lebens oftmals gar keine Notiz davon, wer genau sein Vertragspartner ist. 42

Der Hinweis der h.M. auf Geschäfte „des täglichen Lebens" darf dabei allerdings nicht als Begrenzung des Geschäfts für den, den es angeht, sondern nur als Beispiel verstanden werden. Jeweils ist im Einzelfall zu prüfen, ob die beiden genannten Voraussetzungen erfüllt sind. Dem Verkäufer mag es auch bei einem für € 10.000 oder € 50.000 verkauften Gegenstand (z.B. einem Kunstwerk) gleichgültig sein, wer sein Vertragspartner ist, wenn er nur sogleich seinen Kaufpreis bar erhält. 43

Ganz anders ist dies hingegen bei einem **Kreditgeschäft**, etwa einem Ratenkauf. In diesem Fall ist es für den Dritten erheblich, welche Person ihm zur Zahlung der Raten verpflichtet ist.[459] Eine Durchbrechung des Offenlegungsgrundsatzes kommt nicht in Frage, weil der Dritte in seiner Annahme, dass er mit dem Vertreter kontrahiert habe, geschützt werden muss. Nur dessen Identität ist ihm bekannt. Verzugsbegründende Mahnungen, Erfüllungsverlangen und Klagen liefen oft ins Leere, würde man den Vertretenen auch in solchen Fällen als Vertragspartner ansehen. Gleiches gilt trotz unmittelbarer Kaufpreiszahlung, wenn **der Dritte** nicht Verkäufer, sondern **Käufer ist**. Für den Käufer ist es nämlich bedeutsam, wer ihm für primäre Erfüllungs- und Gewährleistungsansprüche haftet.[460] 44

Beim **dinglichen Geschäft für den, den es angeht**, ist der Bargeschäftscharakter hingegen von vorneherein unerheblich, weil der Dritte, der eine Sache übereignet oder eine Forderung abtritt, ohnehin nicht verhindern könnte, dass der mittelbare Stellvertreter den Gegenstand nach einem Durchgangserwerb sogleich auf den Hintermann weiter überträgt.[461] Es kann ihm deshalb generell gleichgültig sein, wenn der Hintermann direkt das Eigentum an der Sache oder die Inhaberschaft an der Forderung **ohne Durchgangserwerb** des mittelbaren Stellvertreters erwirbt. 45

Entscheidend ist beim dinglichen Geschäft demnach das zweite Tatbestandsmerkmal, der **Vertreterwille**. Diesen wird die Mittelsperson zumeist dann haben, wenn sie die Mittel zur Erfüllung ihres Aufwendungsersatzanspruchs bereits vorab erhalten hat. Anderenfalls wird sie die Übertragung des für fremde Rechnung erworbenen Gegenstands auf den Hintermann zumeist nur Zug um Zug gegen Deckung ihrer Kosten bewirken wollen. 46

---

457 Palandt/*Ellenberger*, § 164 Rn. 8; *Leipold*, BGB AT, § 22 Rn. 25.

458 Zur Entwicklung der Rechtsprechung ausführlich *Bitter*, Rechtsträgerschaft für fremde Rechnung, 2006, S. 224ff.

459 *BGH* WM 1991, 1678, 1680 unter Ziff. II. 2. der Gründe; weitere Nachweise bei *Bitter*, Rechtsträgerschaft für fremde Rechnung, 2006, S. 237.

460 *Bitter*, Rechtsträgerschaft für fremde Rechnung, 2006, S. 237.

461 Eingehend *Bitter*, Rechtsträgerschaft für fremde Rechnung, 2006, S. 238ff.

47 Der fehlende Durchgangserwerb ist insbesondere bedeutsam, wenn Gläubiger des Mittlers versuchen, in den Gegenstand zu vollstrecken, bevor der Mittler ihn an den Hintermann ausgeliefert hat. Anerkennt man trotz der nur mittelbaren Stellvertretung einen Direkterwerb des Hintermanns, kann sich dieser aufgrund seines dinglichen Rechts (z.B. Eigentum) gegen die Vollstreckung durch Gläubiger des Mittlers mit der Drittwiderspruchsklage (§ 771 ZPO) wehren oder bei Insolvenz des Mittlers den Gegenstand aussondern (§ 47 InsO).[462]

48 Um keine echte Ausnahme vom Grundsatz der Offenkundigkeit geht es, wenn der Vertreter die Willenserklärung zwar im fremden Namen abgibt, dabei allerdings die Identität des Vertretenen nicht aufdeckt. Der Dritte weiß also, dass das Rechtsgeschäft nicht mit dem unmittelbar Handelnden zustande kommt. Damit ist dem Grundsatz der Offenkundigkeit Genüge getan, der nicht verlangt, dass der Vertretene bei Abgabe der Willenserklärung namentlich genannt wird.[463] Dem Geschäftspartner steht es frei, den Abschluss des Rechtsgeschäfts zu verweigern.

49 Steht in solchen Fällen nicht einmal – auch nicht objektiv – fest, wer der Hintermann ist, sondern handelt der Vertreter im Namen einer noch nicht feststehenden Person, spricht man von einem **offenen Geschäft für den, den es angeht.**[464] Ein solches Geschäft ist, wie § 95 I HGB zeigt, zulässig. Das Rechtsgeschäft wird mit Benennung des Vertretenen *ex nunc* wirksam.[465] Auch bei einem solchen „rechtsgeschäftlichen Handeln unter Offenhaltung der Person des an dem Rechtsgeschäft beteiligten Subjektes“[466] ist für den Dritten erkennbar, dass die Rechtsfolgen nicht den Vertreter treffen sollen.

50 Sofern der Vertreter auf Verlangen des Geschäftspartners die Identität des Vertretenen nicht offenlegt oder er keine Person findet, die das Rechtsgeschäft gegen sich gelten lassen will, haftet der Vertreter allerdings analog § 179 I BGB (Vertretung ohne Vertretungsmacht).[467]

⇨ *Fall Nr. 56 – Wen geht es an?*

bb) Unternehmensbezogenes Rechtsgeschäft

51 Eine zweite Ausnahme vom Grundsatz der Offenkundigkeit kommt bei sog. unternehmensbezogenen Rechtsgeschäften[468] in Betracht, also solchen, die sich für den Rechtsverkehr **erkennbar auf ein Unternehmen beziehen**. Da ein Unternehmen als Einheit von sachlichen und personellen Mitteln als solches nicht rechtsfähig ist, also nicht Träger von Rechten und Pflichten sein kann[469], ist Vertragspartner immer nur der sog. **Unternehmensträger**, also die natürliche oder juristische Person, die „hinter“ dem Unternehmen steht (z.B. ein Einzelkaufmann, eine Gesellschaft mit be-

---

[462] Dazu, dass das dingliche Geschäft für den, den es angeht, gerade mit Bedacht auf Vollstreckungsfälle entwickelt wurde und insoweit (nach der h.M. vorhandene) Schwächen des Treuhandrechts ausgleichen soll, *Bitter*, Rechtsträgerschaft für fremde Rechnung, 2006, S. 86f., 221ff.

[463] MünchKomm-BGB/*Schramm*, § 164 Rn. 18.

[464] *Bitter*, Rechtsträgerschaft für fremde Rechnung, 2006, S. 222f.

[465] MünchKomm-BGB/*Schramm*, § 164 Rn. 20.

[466] So *Cohn*, Das rechtsgeschäftliche Handeln für denjenigen, den es angeht, in dogmatischer und rechtsvergleichender Darstellung, 1931, S. 12f., und dazu *Bitter*, Rechtsträgerschaft für fremde Rechnung, 2006, S. 222.

[467] *Wolf/Neuner*, BGB AT, § 49 Rn. 48; zur Vertretung ohne Vertretungsmacht siehe Rn. 236ff.

[468] Der Begriff wurde von *Karsten Schmidt* in seinem Lehrbuch zum Handelsrecht geprägt (derzeit 5. Aufl. 1999, § 5 III [S. 120ff.]) und wird heute allgemein verwendet.

[469] Zur Rechtsfähigkeit in Abgrenzung zur Geschäftsfähigkeit siehe oben § 9 Rn. 2.

schränkter Haftung [GmbH] oder eine Aktiengesellschaft [AG]). Der Wille der Beteiligten geht deshalb im Zweifel dahin, diesen Unternehmensträger als Inhaber des Unternehmens zu berechtigen und zu verpflichten, wenn für „ein Unternehmen" gehandelt wird.[470]

Geht etwa ein Kunde in ein Geschäft für Unterhaltungselektronik, findet hinter dem Verkaufstresen eine dort tätige Person vor und schließt mit dieser Person einen Vertrag über den Kauf eines Fernsehers, so soll dieser Vertrag im Zweifel mit dem Inhaber des Geschäfts zustande kommen. Ist die Person hinter dem Tresen selbst der Inhaber (als Einzelkaufmann), kommt der Vertrag mit ihm zustande. Handelt es sich hingegen um einen angestellten Verkäufer, kommt der Vertrag nicht mit diesem, sondern dem gar nicht anwesenden Inhaber zustande, obwohl dieser beim Vertragsschluss vom Verkäufer, dem Vertreter, nicht ausdrücklich als der Vertretene benannt wird. 52

Partiell handelt es sich bei den Grundsätzen über das unternehmensbezogene Rechtsgeschäft nur um eine **Auslegungsregel i.S.v. § 164 I 2 Alt. 2 BGB**: Der erkennbare Unternehmensbezug stellt einen Umstand im Sinne dieser Vorschrift dar, der erkennbar macht, dass nicht die konkret handelnde Person, sondern „das Unternehmen" berechtigt und verpflichtet werden soll. 53

Weiß etwa in dem zuvor genannten Beispiel der Käufer des Fernsehers, dass Inhaber des Geschäfts ein bestimmter Herr H ist, kennt er diesen aber nicht persönlich und weiß deshalb beim Betreten des Geschäfts auch nicht, ob die Person hinter dem Tresen Herr H ist, dann kommt der Vertrag allein aufgrund der äußeren Umstände – Kauf im Laden des H – gemäß § 164 I 2 Alt. 2 BGB mit H zustande. 54

Oftmals wird aber dem Vertragspartner überhaupt nicht bekannt sein, wer der Inhaber des Unternehmens, der Unternehmensträger, ist. Die Auslegungsregel des § 164 I 2 Alt. 2 BGB führt dann nur bis zum „Unternehmen": sie schließt aus, dass die konkret handelnde Person – z.B. der angestellte Verkäufer – verpflichtet wird. **Weitergehend** begründen nun aber die Grundsätze des unternehmensbezogenen Geschäfts eine **Ausnahme vom Grundsatz der Offenkundigkeit**, indem auch ein dem Dritten überhaupt nicht erkennbarer Unternehmensträger zum Vertragspartner wird. 55

Geht etwa unser Kunde in dem vorgenannten Beispiel davon aus, dass Herr H Inhaber des Geschäfts für Unterhaltungselektronik ist, hat aber Herr H schon vor einiger Zeit sein Unternehmen in die von ihm zu 100% gehaltene H-GmbH eingebracht, so wird diese GmbH als Trägerin des Unternehmens Vertragspartnerin, auch wenn der Kunde überhaupt nichts von der Existenz der GmbH gewusst hat. Im Zweifel will nämlich derjenige, der mit „einem Unternehmen" in geschäftlichen Kontakt tritt, zur Erfüllung seiner Ansprüche auf das Vermögen „des Unternehmens" zugreifen, das nun einmal dem Unternehmensträger – hier der GmbH – zugeordnet ist. Eine davon zu trennende, im Handelsrecht näher zu behandelnde Frage ist demgegenüber, ob der vermeintliche Inhaber H, wenn er auf die Haftungsbeschränkung seines Unternehmens nicht hingewiesen hat, zusätzlich aus dem von ihm veranlassten Rechtsschein auch persönlich für die Verbindlichkeiten der GmbH einzustehen hat.[471] 56

Abschließend sei darauf hingewiesen, dass über die Grundsätze des unternehmensbezogenen Rechtsgeschäfts nur ein Handeln im fremden Namen, nämlich im Namen des Unternehmensträgers, begründet wird. Die Zweifelsregel entbindet nicht von der Prüfung der übrigen Voraussetzungen wirksamer Stellvertretung, insbesondere der Vertretungsmacht der konkret handelnden Person. 57

---

[470] BGHZ 64, 11, 15 = NJW 1975, 1166, 1167; *BGH* NJW 1995, 43, 44.

[471] Dazu *Bitter/Schumacher*, HandelsR, § 3 Rn. 11 mit Fall Nr. 7 – Nachlässigkeit.

c) Das Handeln unter fremdem Namen

58 Beim Handeln unter fremdem Namen benutzt der Vertreter den Namen einer anderen Person als seinen eigenen. Die Person kann dabei fiktiv sein oder tatsächlich existieren. Jedenfalls **tritt** der **Vertreter** nicht für einen anderen, sondern **als ein anderer auf**. Für den Geschäftspartner wird deshalb nicht deutlich, dass Erklärender und Namensträger nicht identisch sind. Es handelt sich um ein beim Grundsatz der Offenkundigkeit zu verortendes Problem, das aber nicht – wie dies ansonsten bei Verstößen gegen diesen Grundsatz üblich ist – durch die schematische Annahme eines Eigengeschäfts gelöst werden kann. Der Geschäftspartner hat nämlich oft ein schutzwürdiges Interesse an einem Vertragsabschluss mit dem Namensträger. Dieses Interesse würde missachtet, wenn man ihm generell den Erklärenden als Vertragspartner aufdrängen würde. Der „Vertreter" könnte sich die Fremdwirkung eines „guten Namens" zunutze machen, um Rechtsgeschäfte zu tätigen, deren Abschluss der Geschäftspartner sonst verweigert hätte. Daher ist wie folgt zu differenzieren:

59 Ein **Eigengeschäft** des Vertreters ist anzunehmen, wenn der Geschäftspartner kein gesteigertes Interesse daran hat, mit dem wahren Namensträger abzuschließen. Der Name seines Gegenübers muss für ihn bedeutungslos sein. Das Rechtsgeschäft kommt dann mit dem „Vertreter" zustande. Man spricht in diesem Fall auch von einer schlichten **„Namenstäuschung"**.

60 **Beispiel:** Ein untreuer Ehemann mietet in Begleitung seiner Geliebten unter Angabe eines Phantasienamens ein Hotelzimmer an, um namentlich nicht erkannt zu werden. Der Vertrag kommt dann mit ihm selbst zustande.

61 Kommt es dem Geschäftspartner dagegen entscheidend darauf an, mit dem wahren Namensträger zu kontrahieren, handelt es sich um ein **Fremdgeschäft** für den wahren Namensträger. Weil der Geschäftspartner mit dem Namen eine andere als die vor ihm stehende Person verbindet, nennt man diese Konstellation auch **„Identitätstäuschung"**.

62 Die Frage, ob das Fremdgeschäft wirksam ist, muss anhand einer entsprechenden Anwendung der §§ 164 ff. BGB beantwortet werden.[472] Nach der Feststellung, dass für den wahren Namensträger gehandelt wurde, sind in der Klausur also die übrigen Voraussetzungen wirksamer Stellvertretung – namentlich die Vertretungsmacht einschließlich Rechtsscheinsvollmachten (dazu sogleich Rn. 65 ff.) – zu prüfen. Fehlt die Vertretungsmacht, hängt die Wirksamkeit des Rechtsgeschäfts von der Genehmigung des Namensträgers ab (§ 177 I BGB). Verweigert er sie, haftet der „Vertreter" analog § 179 BGB.[473]

63 Vor allem, wenn mit dem verwendeten Namen ein „guter Ruf" verbunden ist, wird das Interesse des Geschäftspartners an einem Vertragsschluss mit dem Namensträger groß sein.

64 **Beispiel:** A, der dem berühmten Schauspieler S sehr ähnlich sieht, mietet sich unter dessen Namen in einem Hotel ein. Der Hotelier verzichtet auf die sonst übliche Vorkasse, weil er davon ausgeht, dass der bekannte Schauspieler S nicht ohne Zahlung abreisen wird. Hier handelt A für S, der allerdings mangels Vertretungsmacht nicht gebunden wird und in diesem Fall auch sicher das Geschäft nicht genehmigen wird. A haftet folglich aus § 179 BGB.

⇨ *Fall Nr. 57 – Ein schrecklich netter Sohn*

---

[472] *BGH* NJW 2011, 2421, 2422 (Rn. 12); Jauernig/*Jauernig*, § 177 Rn. 8; *Leipold*, BGB AT, § 22 Rn. 16.

[473] Zur Haftung des Vertreters ohne Vertretungsmacht siehe unten Rn. 236 ff.

5. Vertretungsmacht

Die Vertretungsmacht gibt dem Vertreter die Rechtsmacht, für einen anderen verbindlich Willenserklärungen abzugeben bzw. entgegenzunehmen, den anderen also rechtsgeschäftlich zu binden. Sie liefert den **Grund für die Zurechnung der Erklärung an den Vertretenen.**[474] Die Zurechnung setzt dabei nicht nur voraus, dass überhaupt Vertretungsmacht besteht, sondern auch, dass sich der Vertreter im Rahmen dieser Vertretungsmacht bewegt. Der Vertreter kann aus den unterschiedlichsten Gründen zur Vertretung berechtigt sein. 65

a) Vertretungsmacht kraft Gesetzes

Zunächst kann das Gesetz eine Person zu rechtsgeschäftlichem Handeln mit Wirkung für und gegen einen Dritten ermächtigen. Hervorzuheben ist hier insbesondere die **elterliche Vertretungsmacht** für ihre minderjährigen Kinder. Sofern die Eltern die Sorge für ihr Kind gemeinsam ausüben, besteht **Gesamtvertretungsmacht**[475], die in bestimmten Fällen zu Gunsten einer Einzelvertretungsbefugnis zurücktritt (§ 1629 I 4 BGB). Zur Wirksamkeit einer an den Minderjährigen gerichteten Willenserklärung genügt allerdings per se die Abgabe gegenüber einem Elternteil (§ 1629 I 2 Hs. 2 BGB). 66

Andere Beispiele gesetzlicher Vertretungsmacht sind die des Vormunds (§ 1793 I 1 BGB) oder die des Betreuers (§ 1902 BGB). 67

Einen erwähnenswerten **Sonderfall** stellt die sog. **„Schlüsselgewalt"** der Ehegatten füreinander dar (§ 1357 I BGB). Nach § 1357 I 1 BGB kann jeder Ehegatte Geschäfte zur angemessenen Deckung des Lebensbedarfs der Familie mit Wirkung auch für den anderen Ehegatten vornehmen. Durch solche Geschäfte werden beide Ehegatten berechtigt und verpflichtet (§ 1357 I 2 BGB). Ein vermögensloser Ehegatte soll nicht auf eine Vollmacht seines Ehepartners angewiesen sein, um den Haushalt führen zu können.[476] Insbesondere bei Kreditgeschäften wird der Gläubiger in dem Wissen, einen zweiten, solventen Schuldner zu erhalten, einen Vertragsschluss mit dem vermögenslosen Ehegatten daher nicht verweigern. 68

Mit der Vertretung gemein hat diese *Rechtsmacht sui generis*, dass eine eigene Willenserklärung einen anderen berechtigt und verpflichtet. Jedoch bestehen in zweierlei Hinsicht Unterschiede zur Stellvertretung: Zum einen bedarf es zur Bindung des anderen Ehegatten keiner Offenlegung. Zum anderen wird zusätzlich auch der handelnde Ehegatte durch seine Erklärung gebunden.[477] Die Ehegatten sind Gesamtschuldner (§ 421 BGB) und nach h. M. auch Gesamtgläubiger (§ 428 BGB).[478] 69

b) Organschaftliche Vertretungsmacht

Juristische Personen (z.B. GmbH, AG) sind darauf angewiesen, durch eine natürliche Person vertreten zu werden, um überhaupt handlungsfähig zu sein.[479] Die zur Vertretung vorgesehenen Personen nennt man **Organe**. Bei der GmbH ist das der **Geschäftsführer**, bei der AG der **Vorstand.**[480] Die Vertretungsmacht der Organe 70

---

474 *Bork*, BGB AT, Rn. 1425.

475 Zur Gesamtvertretung siehe unten Rn. 184ff.

476 MünchKomm-BGB/*Roth*, § 1357 Rn. 1ff.

477 Für Einzelheiten ist auf die Lehrbücher und Kommentare zum Familienrecht zu verweisen.

478 Zu Schuldner- und Gläubigermehrheiten siehe die Lehrbücher zum Schuldrecht.

479 Dazu *Karsten Schmidt*, Gesellschaftsrecht, 4. Aufl. 2002, § 10 II [S. 254].

480 Vgl. dazu *Bitter*, GesellschaftsR, § 3 Rn. 52 zur AG; § 4 Rn. 134 zur GmbH.

nimmt eine „Zwitterstellung“ zwischen rechtsgeschäftlicher und gesetzlicher Vertretungsmacht ein. Einerseits bestimmt *das Gesetz* die Person des vertretungsberechtigten Organs und den Umfang ihrer Vertretungsmacht (§§ 35, 37 GmbHG, 78, 82 AktG); andererseits bedarf es einer *rechtsgeschäftlichen Bestellung*, um überhaupt in die Organstellung zu gelangen. Aus dieser Eigentümlichkeit ergeben sich jedoch weder für die Praxis noch für die Klausuren besondere stellvertretungsrechtliche Probleme. Ebenso verhält es sich mit der gesetzlich angeordneten Vertretungsmacht der Gesellschafter für ihre Personengesellschaft (GbR, oHG, KG).[481]

c) Rechtsgeschäftliche Vertretungsmacht – Die Vollmacht

71 Die Vollmacht ist in § 166 II 1 BGB legal definiert: Es handelt sich um die *durch Rechtsgeschäft erteilte Vertretungsmacht*. Der Vertretene wird durch die Erklärung des Vertreters deshalb gebunden, weil er es so *will*.

aa) Erteilung der Vollmacht

72 Die Erteilung der Vollmacht stellt eine **einseitige, empfangsbedürftige Willenserklärung** dar. Es gelten die allgemeinen Vorschriften über Willenserklärungen. So kann die Vollmachtserklärung z. B. angefochten werden (Rn. 118 ff.). Einer Annahme der Vollmacht durch den Erklärungsempfänger bedarf es nicht, weil sie kein Vertrag ist. Allerdings kann niemand gegen seinen Willen zum Vertreter gemacht werden. Dem Vertreter steht daher analog § 333 BGB[482] ein Zurückweisungsrecht zu.[483] Die Vollmacht wird durch Erklärung gegenüber dem zu Bevollmächtigenden oder dem Dritten, dem gegenüber die Vertretung stattfinden soll, erteilt (§ 167 I BGB). Im ersten Fall spricht man von einer **Innenvollmacht**, im zweiten Fall von einer **Außenvollmacht**. Dementsprechend variiert auch der Empfängerhorizont bei der Auslegung.

bb) Umfang der Vollmacht

73 Den Umfang der Vollmacht kann der Vertretene grundsätzlich frei festlegen. Wie weit die Vollmacht im Einzelfall reicht, ist im Wege der Auslegung zu ermitteln. Herkömmlicherweise wird zwischen drei Vollmachtsarten unterschieden.

74 Bei der **Spezialvollmacht** soll der Vertreter nur ein einziges, ganz bestimmtes Geschäft vornehmen. Dieses kann ganz einfach sein, so dass die vom Vertreter zu bildende Willenserklärung weitgehend vorbestimmt ist. In solchen Fällen ist besonders die Abgrenzung zur Botenschaft zu prüfen (dazu Rn. 20 ff.).

75 **Beispiel:** Professor P bevollmächtigt seine studentische Hilfskraft H, einen Kopierauftrag beim Copyshop für ihn zu erteilen.

76 Das anvisierte Geschäft kann aber auch umfassender angelegt sein und dem Vertreter deshalb mehr Spielraum bei der Verhandlung mit dem Dritten lassen.

77 **Beispiel:** Grundstückseigentümer G erteilt dem Vertreter V den Auftrag, ein Bauprojekt auf dem Grundstück für ihn abzuwickeln und zu diesem Zweck Verträge mit dem Architekten und dem Bauunternehmer auszuhandeln und für ihn abzuschließen.

78 Die **Gattungsvollmacht** ermächtigt den Vertreter zur Vornahme einer bestimmten Art von Rechtsgeschäften.

79 **Beispiel:** Stellt Rechtsanwalt R die Bürovorsteherin B ein, damit diese die Kanzlei organisiert und sich um alle erforderlichen Bestellungen von Bürogeräten und -material kümmert, so berechtigt die

---

[481] Vgl. dazu *Bitter*, GesellschaftsR, § 5 Rn. 60 ff. zur GbR, § 6 Rn. 36 ff. zur oHG, § 7 Rn. 30 zur KG.

[482] Zum Vertrag zugunsten Dritter und zu dem dabei bestehenden Zurückweisungsrecht siehe die Lehrbücher zum Schuldrecht.

[483] *Leipold*, BGB AT, § 24 Rn. 2; *Wolf/Neuner*, BGB AT, § 50 Rn. 11.

darin enthaltene, schlüssig erklärte Vollmacht für die Zukunft zu sämtlichen Geschäften dieser Art, nicht aber z. B. zur Anmietung neuer Kanzleiräume oder zum Verkauf der kompletten Kanzleibibliothek.

Am weitesten reicht die **Generalvollmacht**. Bei dieser darf der Vertreter Rechtsgeschäfte jeglicher Art vornehmen. Ausgenommen sind jedoch Rechtsgeschäfte, bei denen erkennbar ist, dass sie nach den persönlichen Verhältnissen des Vollmachtgebers völlig außergewöhnlich sind.[484] 80

Beispiel: Die ältere Dame D möchte ihre Vermögensangelegenheiten, weil sie sich diesen nicht mehr vollständig gewachsen fühlt, fortan nicht mehr selbst erledigen und erteilt deshalb ihrem Sohn S oder dem Rechtsanwalt R eine Generalvollmacht, sie in allen Rechtsgeschäften, die ihr Vermögen betreffen, zu vertreten. S oder R können mit dieser Vollmacht wirksam über die Konten verfügen, einzelne Gegenstände des Vermögens veräußern oder auch hinzu erwerben. Nicht durch diese Vollmacht gedeckt sein dürfte aber der Verkauf des Privatgrundstücks mit Haus, in dem D nach wie vor lebt, weil dieser Verkauf ganz außergewöhnlich erscheint. 81

Im **Handelsrecht** gibt es bestimmte Fälle rechtsgeschäftlicher Vertretungsmacht (Vollmacht), bei denen der Umfang der Vertretungsmacht aus Gründen des Verkehrsschutzes im Gesetz bestimmt ist. Dies gilt für die **Prokura** (§§ 48 ff. HGB), die **Handlungsvollmacht** (§ 54 HGB) sowie für Angestellte in einem Laden oder Warenlager (§ 56 HGB).[485] Soweit das HGB nichts Abweichendes bestimmt, finden die §§ 164 ff. BGB auf diese handelsrechtlichen Vollmachten Anwendung. Allerdings ist zu beachten, dass das Handelsrecht nicht nur den Umfang dieser speziellen handelsrechtlichen Vollmachten bestimmt, sondern zugleich festlegt, wer diese erteilen kann. So kann etwa die Prokura nur persönlich vom Inhaber des Handelsgeschäfts i. S. v. §§ 1 ff. HGB erteilt werden (§ 48 HGB). Sie berechtigt sodann zu allen gerichtlichen und außergerichtlichen Geschäften und Rechtshandlungen, die der Betrieb eines Handelsgeschäfts mit sich bringt. Ausgenommen sind aber die Veräußerung und Belastung von Grundstücken (§ 49 II HGB). Eine im Innenverhältnis erfolgende Beschränkung des Umfangs ist Dritten gegenüber aus Gründen des Verkehrsschutzes unwirksam (§ 50 I HGB). Rechtsgeschäfte, die entgegen interner Vorgaben des Vertretenen abgeschlossen wurden, sind daher – vorbehaltlich eines Missbrauchs der Vertretungsmacht (Rn. 221 ff.) – wirksam.[486] 82

Beispiel: Hat Autohändler A seinem Prokuristen P ausdrücklich den Verkauf eines bestimmten Fahrzeugs untersagt, so ist ein gleichwohl geschlossener Kaufvertrag mit dem gutgläubigen Kunden K wirksam. Dasselbe gilt für eine anschließende Übereignung. Die Beschränkung der Vertretungsmacht im Innenverhältnis zwischen A und P hat keine Auswirkungen auf das Außenverhältnis zwischen A und K. Das pflichtwidrige Verhalten im Innenverhältnis kann allenfalls Anknüpfungspunkt für eine Schadensersatzhaftung des P gegenüber A sein (z. B. nach § 280 I BGB). 83

cc) Form der Vollmacht

Nach dem Repräsentationsprinzip nimmt der Vertreter das Rechtsgeschäft an Stelle des Vertretenen vor. Konsequenterweise ordnet § 167 II BGB daher an, dass die Vollmachtserklärung nicht der Form bedarf, die für das Rechtsgeschäft bestimmt ist, auf das sich die Vollmacht bezieht. Sofern für bestimmte Rechtsgeschäfte eine Form vorgeschrieben ist, gilt das für diejenige Erklärung, durch die das Rechts- 84

---

[484] *OLG Zweibrücken* NJW-RR 1990, 931; *Bork*, BGB AT, Rn. 1458; MünchKomm-BGB/*Schramm*, § 167 Rn. 84.

[485] Dazu *Bitter/Schumacher*, HandelsR, § 6 Rn. 11 ff., 54 ff.

[486] Näher dazu *Bitter/Schumacher*, HandelsR, § 6 Rn. 19 ff. mit Fall Nr. 18 – Missbrauch der Vertretungsmacht.

geschäft unmittelbar zustande kommt. Das ist die Erklärung des Vertreters. Das Gesetz geht davon aus, dass es ausreichend ist, wenn sich die Formzwecke gegenüber dem Repräsentanten des Vertretenen verwirklichen. Die **Vollmachtserklärung** ist deshalb **grundsätzlich formfrei.**

85 **Beispiel:** K möchte von V ein Grundstück kaufen. Er beauftragt seinen Freund F, das in seinem Namen zu tun. Kurze Zeit später unterschreibt F im Namen des K einen notariell beurkundeten Kaufvertrag. Der Kaufvertrag ist wirksam. Die Vollmacht ist nicht gem. § 125 S. 1 BGB nichtig, da sie nach § 167 II BGB formfrei war. Formpflichtig ist nur der Kaufvertrag (§ 311b I 1 BGB). Durch die notarielle Beurkundung wurde die Form gewahrt.

86 Wie jeder Grundsatz hat auch dieser **Ausnahmen.** Die Vollmachtserklärung ist zum einen formpflichtig, wenn das Gesetz dies ausdrücklich bestimmt. Zu nennen ist insbesondere die Vorschrift des § 492 IV 1 BGB: Die Vollmacht eines Darlehensnehmers zum Abschluss eines **Verbraucherdarlehensvertrages** bedarf einer qualifizierten Schriftform (§ 492 I, II BGB i.V.m. Art. 247 §§ 6 bis 13 EGBGB), damit der vertretene Kreditnehmer selbst und nicht nur der Vertreter all diejenigen Informationen erhält, die eine Bank vor Abschluss eines solchen Vertrags zur Verfügung zu stellen hat (z.B. die Angabe des effektiven Jahreszinses und den Gesamtbetrag aller Raten). Weitere Formerfordernisse enthalten die §§ 1904 II 1, 1906 V 1, 1945 III 1 BGB, 47 III GmbHG.

87 Klausurrelevanter sind die ungeschriebenen Ausnahmen. Formbedürftig kann auch eine **unwiderrufliche Vollmacht** sein.[487] Grundsätzlich kann der Vollmachtgeber eine einmal erteilte Vollmacht frei und ohne Angabe von Gründen widerrufen und so das Vertretergeschäft jederzeit verhindern, falls er es sich noch einmal anders überlegt (Rn. 101 ff.). Diese Möglichkeit hat er bei der unwiderruflichen Vollmacht gerade nicht. Schon mit Erteilung der Vollmacht ist die Entscheidung für das Vertretergeschäft endgültig gefallen.[488] Bei wertender Betrachtung hat damit die unwiderrufliche Bevollmächtigung dieselbe Bindungswirkung wie die Vornahme des Rechtsgeschäfts durch den Vollmachtgeber selbst. Die Bindung kann dabei sowohl auf rechtlichen als auch auf faktischen Gründen beruhen. Entscheidend ist, dass der Vollmachtgeber mit Abgabe der Vollmachtserklärung keine realistische Chance mehr hat, das Rechtsgeschäft zu verhindern. In diesen Fällen ist deshalb neben dem Vertretergeschäft auch die Vollmacht formbedürftig, wenn ansonsten der **Zweck der einschlägigen Formvorschrift** verfehlt würde. Das wird insbesondere bei Vorschriften mit Warn- und Übereilungsschutzfunktion[489] der Fall sein.[490] Studierenden wird dieses Problem der teleologischen Reduktion[491] von § 167 II BGB vor allem im Zusammenhang mit Grundstückskäufen (§ 311b I 1 BGB) und Bürgschaften (§ 766 S. 1 BGB) begegnen.

88 Der *BGH* sieht auch die Ermächtigung durch einen Bürgen, ein **Bürgschaftsblankett** zu vervollständigen, als formpflichtig an.[492] Weil der Ermächtigte in aller Regel ein starkes Interesse am alsbaldigen Zustandekommen des Bürgschaftsvertrags hat, gilt das – soweit ersichtlich – unabhängig von der Widerruflichkeit der Ermächtigung. Folgerichtig wird man deshalb außerhalb des kaufmännischen Rechtsverkehrs (Rn. 89)

[487] Vgl. zuletzt BGHZ 174, 334, 339 = NJW 2008, 845.
[488] *Bork*, BGB AT, Rn. 1467.
[489] Zu den Zwecken gesetzlicher Formvorschriften siehe oben § 6 Rn. 2 ff.
[490] MünchKomm-BGB/*Schramm*, § 167 Rn. 16 ff.; *Leipold*, BGB AT, § 24 Rn. 9; kritisch *Wolf/Neuner*, BGB AT, § 50 Rn. 21.
[491] Dazu *Bitter/Rauhut*, JuS 2009, 289, 294 f.
[492] BGHZ 132, 119, 122 ff. = NJW 1996, 1467, 1468 ff.

nicht nur die Bürgschaft selbst (§ 766 BGB), sondern stets auch die Vollmacht zu ihrer Erteilung als formpflichtig ansehen müssen, weil § 766 S. 1 BGB einzig und allein dem Schutz des Bürgen dient.[493] Händigt der Bürge einem Dritten ein Bürgschaftsformular aus und ermächtigt ihn zu dessen Vervollständigung, so muss auch eine widerrufliche Ausfüllermächtigung der Form des § 766 S. 1 BGB genügen. Da der Bürge in den Blankettfällen immerhin das Bürgschaftsformular „schwarz auf weiß" vor Augen hat, muss der Formzwang erst recht für widerrufliche, mündlich erteilte Bevollmächtigungen gelten, bei denen der Bürge überhaupt nichts Schriftliches in der Hand hatte.

Der Formzwang besteht allerdings nur, wenn der **Bürge kein Kaufmann** ist. 89
Den kaufmännischen Verkehrsteilnehmer sieht der Gesetzgeber als versiert genug an, weshalb § 350 HGB für Bürgschaftserklärungen von Kaufleuten auf das Schriftformerfordernis verzichtet.[494] Nicht anders ist es, wenn ein kaufmännischer Bürge einen Dritten bevollmächtigt oder zur Vervollständigung eines Blanketts ermächtigt.

Was für die Vollmacht als allgemeine Meinung bezeichnet werden kann, ist bei 90
der **Genehmigung** umstritten (§§ 182 I, 184 II BGB). Auch für sie gilt nach § 182 II BGB an sich der Grundsatz der Formfreiheit. Weil die Genehmigung unwiderruflich und damit stets endgültig sei, plädieren einige Stimmen auch in diesem Fall für eine teleologische Reduktion des § 182 II BGB.[495] Dem widerspricht die h.M. mit dem Argument, dass § 182 II BGB bei einer solchen Sichtweise bei der Genehmigung so gut wie nie Anwendung fände.[496]

Die h.M. ist deshalb vorzugswürdig, weil das Schutzbedürfnis des Genehmigen- 91
den regelmäßig geringer ist als das des Vollmachtgebers. Die Genehmigung setzt das Rechtsgeschäft nur dann rückwirkend in Kraft, wenn es formgerecht geschlossen wurde. Formmängel des Rechtsgeschäfts werden durch die Genehmigung nämlich nicht behoben. Anders als bei der Vollmacht existiert also ein schriftlich fixierter Vertragsinhalt, den sich der Genehmigende buchstäblich „vor Augen führen" kann.

⇨ *Fall Nr. 58 – Komplizierte Bürgschaft*

dd) Vollmacht und Grundverhältnis

Oft wird zwischen Vollmachtgeber und Vertreter neben der Vollmacht ein weite- 92
res Rechtsverhältnis bestehen, das der Vollmachtserteilung zugrunde liegt. Dieses Rechtsverhältnis nennt man Grund- oder Innenverhältnis. Die Vollmacht kann z.B. im Hinblick auf ein zwischen Vertretenem und Vertreter bestehendes Arbeitsverhältnis erteilt werden, etwa weil der Arbeitnehmer als Verkäufer oder Bankberater eingestellt ist und ohne Vollmacht nicht in dieser Funktion tätig werden kann. Besteht kein derartiges spezielles Grundverhältnis, wird mit der Bevollmächtigung stillschweigend ein Auftrags- oder Geschäftsbesorgungsvertrag geschlossen.

Die **Trennung zwischen Innenverhältnis (Auftrag) und Außenverhältnis (Voll-** 93
macht) ist in Deutschland schon vor Einführung des BGB im Anschluss an die beiden berühmten Aufsätze von *Jhering* über die „Mitwirkung für fremde Rechtsgeschäfte" von 1857[497] sowie insbesondere von *Laband* über „Die Stellvertretung bei

[493] BGHZ 132, 119, 125 = NJW 1996, 1467, 1468.
[494] Siehe schon oben § 6 Rn. 9; näher *Bitter/Schumacher*, HandelsR, § 7 Rn. 20ff. mit Fällen Nr. 2, 3 – Altstadtkneipe I und II und Fall Nr. 22 – Partnerschaftsvermittlung.
[495] *Medicus*, BGB AT, Rn. 976.
[496] BGHZ 125, 218, 219 = NJW 1994, 1344, 1345; MünchKomm-BGB/*Schramm*, § 177 Rn. 38 und MünchKomm-BGB/*Bayreuther*, § 182 Rn. 22.
[497] Jhering, Jher.Jb. 1 (1857), 272, 312f.

dem Abschluß von Rechtsgeschäften nach dem allgem. Deutsch. Handelsgesetzbuch" aus dem Jahr 1866[498] erkannt worden.[499] Im französischen und englischen Rechtskreis wird bis heute schon begrifflich nicht so klar unterschieden, wenn für den Vertreter („*agent*") eine Bezeichnung aus dem Grundverhältnis (Auftrag) gewählt wird.

94 Der Vollmacht im Außenverhältnis muss nicht zwingend ein rechtlich bindendes Innenverhältnis zu Grunde liegen. So kann der Vertreter den Vollmachtgeber auch aus reiner Gefälligkeit vertreten. Man spricht dann von einer **isolierten Vollmacht.** Eine solche kann etwa auch in Fällen bestehen, in denen zwar die Vollmacht, nicht aber das Grundverhältnis wirksam zustande gekommen ist.

95 Sofern ein Innenverhältnis besteht, kann dieses aus vielerlei Gründen unwirksam sein. Im Interesse des Geschäftspartners sollen sich solche Mängel nicht auf die Wirksamkeit der Vollmacht – und damit auf die Wirksamkeit des Außenverhältnisses (= Vertretergeschäft) zwischen Vertreter und Geschäftspartner – auswirken. Parallel zu Verpflichtung und Verfügung[500] sind **Vollmacht und Grundverhältnis** daher nicht nur strikt zu trennen, sondern grundsätzlich auch **in ihrer Wirksamkeit unabhängig** voneinander. Mängel des Grundverhältnisses berühren also nicht die Wirksamkeit des Vertretergeschäfts. Auch für den Vertreter ist diese Abstraktion vorteilhaft, da er ansonsten häufiger als Vertreter ohne Vertretungsmacht (Rn. 236ff.) haften würde.[501] Für das Erlöschen der Vollmacht durchbricht § 168 S. 1 BGB dieses Abstraktionsprinzip allerdings (Rn. 111).

96 **Beispiel:** Der 18-jährige K beauftragt seinen 16-jährigen Freund F, für ihn eine Flasche Bier bei V zu kaufen. Das Auftragsverhältnis zwischen K und F ist (schwebend) unwirksam (§§ 105, 107 BGB); der Kaufvertrag ist gleichwohl wirksam, da die dem minderjährigen Vertreter F erteilte (isolierte) Vollmacht wirksam ist (§ 165 BGB).[502]

97 Darüber hinaus können sich Vollmacht und Grundverhältnis hinsichtlich des **Umfangs** unterscheiden. Auf die daraus resultierenden Probleme wird im Zusammenhang mit der Lehre vom Missbrauch der Vertretungsmacht eingegangen (Rn. 221ff.).

ee) **Erlöschen der Vollmacht**

98 Die Vollmacht kann aus den unterschiedlichsten Gründen enden. Nicht alle sind gesetzlich geregelt. So kann der Vertreter etwa auf die Vollmacht **verzichten.** Auch aus dem Inhalt der Vollmacht kann sich ihr Erlöschen ergeben. Eine Spezialvollmacht wird sich regelmäßig mit der Vornahme des Vertretergeschäfts **erledigen.**[503] Die Vollmacht kann ferner auflösend **bedingt oder befristet** erteilt werden.[504] Mit dem Eintritt des Ereignisses erlischt die Vollmacht dann.

99 Nach § 117 I InsO enden vom Schuldner in Bezug auf die Insolvenzmasse erteilte Vollmachten mit Eröffnung des Insolvenzverfahrens. Ab diesem Zeitpunkt soll nur noch der Insolvenzverwalter mit Wirkung für die Masse handeln können.

[498] *Laband*, ZHR 10 (1866), 183ff.
[499] Dazu *Bitter*, Rechtsträgerschaft für fremde Rechnung, 2006, S. 204 m.w.N.
[500] Zum diesbezüglichen Trennungs- und Abstraktionsprinzip siehe oben § 5 Rn. 79ff.
[501] *Bork*, BGB AT, Rn. 1487.
[502] Zur Wirksamkeit der Stellvertretung durch einen Minderjährigen im Hinblick auf das darin liegende rechtlich „neutrale Geschäft" siehe oben § 9 Rn. 48, in Abgrenzung zum Boten ferner § 10 Rn. 25.
[503] Erman/*Maier-Reimer*, § 168 Rn. 2.
[504] Zur Bedingung und Befristung siehe oben § 8.

Einige besonders (*klausur-*)relevante Erlöschensgründe werden nachfolgend etwas genauer beleuchtet. 100

aaa) Widerruf

Der Vollmachtgeber kann seine Vollmacht **jederzeit und ohne Angabe von Gründen** durch einseitige, empfangsbedürftige Willenserklärung widerrufen. Das Grundverhältnis kann dabei durchaus bestehen bleiben (§ 168 S. 2 BGB). 101

Beispiel: A ist bei der Gebrauchtwagenhandel GmbH (G) beschäftigt. Bisher war er für den Verkauf von Fahrzeugen zuständig. Diese Aufgabe soll jetzt B übernehmen. Der Geschäftsführer C weist A an, sich nunmehr nur noch um den Ankauf von Fahrzeugen zu kümmern. Die Anweisung ist als konkludenter Widerruf der „Verkaufs-" und gleichzeitig als Erteilung einer „Ankaufsvollmacht" zu werten. Das Arbeitsverhältnis zwischen G und A bleibt von dem Widerruf im Grundsatz unberührt. 102

Unabhängig vom Erteilungstatbestand ist die Erklärung wahlweise als **Innenwiderruf** gegenüber dem Vertreter **oder** als **Außenwiderruf** gegenüber dem Geschäftspartner möglich (§ 168 S. 3 i.V.m. § 167 I BGB). Dem Vollmachtgeber ist aber zu raten, dem Geschäftspartner den Innenwiderruf einer Außenvollmacht mitzuteilen, um der Rechtsscheinhaftung nach § 170 BGB (Rn. 128 ff.) zu entgehen. 103

Die freie Widerrufsmöglichkeit schützt den Vertretenen vor einer Abhängigkeit vom Vertreter. Gleichwohl ist §§ 168 S. 2, 176 III BGB zu entnehmen, dass auch eine **unwiderrufliche Vollmacht** erteilt werden kann. Die Unwiderruflichkeit muss sich nach § 168 S. 2 BGB aus einer im Grundverhältnis enthaltenen Abrede ergeben, die auch stillschweigend getroffen werden kann: „*Die Vollmacht ist ... widerruflich, sofern sich nicht aus [dem Grundverhältnis] ein anderes ergibt.*" Für die isolierte Vollmacht folgt daraus, dass sie – mangels Grundverhältnisses – stets widerruflich ist.[505] 104

Wegen der starken Abhängigkeit zum Vertreter, in die sich der Vertretene begibt, gelten für die unwiderrufliche Vollmacht Besonderheiten.[506] Erstens ist eine unwiderrufliche Generalvollmacht stets nach § 138 I BGB nichtig.[507] Die mit einer Generalvollmacht verbundenen Befugnisse sind zu weitreichend, um den Vertretenen lebenslang an den Vertreter zu „ketten". 105

Beispiel: Hätte die ältere Dame D aus unserem Beispiel in Rn. 81 die Generalvollmacht an ihren Sohn oder den Rechtsanwalt unwiderruflich erteilt, wäre diese nichtig, weil sie die Besorgung ihrer Vermögensangelegenheiten nicht mehr an sich ziehen oder auf eine andere Person übertragen könnte. 106

Zweitens ist der Ausschluss des Widerrufsrechts nach h.M. nur zulässig, wenn mindestens gleichwertige Interessen des Vertreters an dem auszuführenden Geschäft den Ausschluss rechtfertigen.[508] 107

Beispiel:[509] A hat B sein Haus verkauft. Unter Befreiung vom Verbot des Insichgeschäfts (§ 181 BGB, s.u. Rn. 201 ff.) bevollmächtigt er B unwiderruflich, die Übereignung des Hausgrundstücks (Auflassung i.S.v. § 925 BGB) im Namen des A an sich selbst vorzunehmen. An der Erfüllung des Kaufvertrags, zu der A ohnehin verpflichtet ist, hat B ein gewichtiges Interesse, dem keine ebenbürtigen Belange des A entgegenstehen. 108

---

[505] *BGH* NJW 1988, 2603, 2604; Erman/*Maier-Reimer*, § 168 Rn. 16.
[506] Zum Formproblem bei unwiderruflichen Vollmachten vgl. bereits oben Rn. 87.
[507] Palandt/*Ellenberger*, § 168 Rn. 6; *Brox/Walker*, BGB AT, Rn. 553.
[508] *BGH* NJW-RR 1991, 439, 441; Erman/*Maier-Reimer*, § 168 Rn. 16; *Leipold*, BGB AT, § 24 Rn. 27; MünchKomm-BGB/*Schramm*, § 168 Rn. 21; a.A. *Bork*, BGB AT, Rn. 1509.
[509] Bsp. nach *Larenz/Wolf*, BGB AT, 9. Aufl. 2004, § 47 Rn. 52.

109 Drittens ist auch eine unwiderrufliche Vollmacht ausnahmsweise **widerrufbar**. Dauerschuldverhältnisse müssen, auch wenn sie eigentlich unkündbar sind, **aus wichtigem Grund** außerordentlich beendet werden können (vgl. §§ 314, 626 I, 723 I 2 BGB). Auf Dauer angelegte Rechtsbeziehungen sind regelmäßig durch ein starkes Vertrauensverhältnis geprägt. Deren Fortsetzung kann daher unzumutbar sein, wenn das Vertrauensverhältnis nachhaltig gestört ist. Dieser allgemeine Rechtsgedanke greift auch bei der unwiderruflichen Vollmacht Platz.[510]

110 **Beispiel:** Besagte ältere Dame D hat keine Generalvollmacht, sondern nur eine Kontovollmacht an ihren Sohn oder den Rechtsanwalt erteilt, dies aber unwiderruflich. Erfährt sie nun, dass ihr Vertreter die Kontovollmacht dazu nutzt, Geld für sich selbst abzuheben und zu verbrauchen, kann sie die Vollmacht trotz ihrer Unwiderruflichkeit aus wichtigem Grund widerrufen, weil die Veruntreuungen ihrer Gelder einen besonderen Vertrauensbruch darstellen.

bbb) Erlöschen nach Maßgabe des Grundverhältnisses

111 Vollmacht und Grundverhältnis sind unabhängig voneinander (Rn. 92ff.). Das gilt jedenfalls in Bezug auf Entstehung und Umfang. Für den Fortbestand der Vollmacht verweist § 168 S. 1 BGB dagegen auf das Grundverhältnis: Das Erlöschen der Vollmacht bestimmt sich nach dem ihrer Erteilung zugrunde liegenden Rechtsverhältnis. Die Auslegung dieses Grundverhältnisses wird dabei regelmäßig ergeben, dass die Beendigung des Grundverhältnisses auch zum Erlöschen der Vollmacht führt.[511] So führt etwa die kündigungsbedingte Beendigung eines Arbeitsverhältnisses auch zum Erlöschen aller in diesem Zusammenhang erteilten Vollmachten, soweit nicht ausdrücklich etwas anderes vereinbart wurde. Die Vollmacht ist also im Regelfall so lange wirksam, wie das Grundverhältnis fortbesteht. **§ 168 S. 1 BGB durchbricht** insoweit **das Abstraktionsprinzip**. Umgekehrt gilt das jedoch nicht: So führt etwa der Widerruf einer Vollmacht meist nicht zur Beendigung des Grundverhältnisses.

(1) Tod eines Beteiligten

112 Der Tod eines Beteiligten kann zur Beendigung des Grundverhältnisses und damit zum Erlöschen der Vollmacht führen (§ 168 S. 1 BGB). Ob das der Fall ist, ist Auslegungsfrage. Für Auftrag (§ 662 BGB) und Geschäftsbesorgungsvertrag (§ 675 BGB) existieren besondere Zweifelsregeln, die zum Zuge kommen, wenn die Auslegung zu keinem eindeutigen Ergebnis gelangt.

113 Beim **Tod des Auftraggebers** erlöschen im Zweifel Auftrag und Geschäftsbesorgung nicht. Für den Auftrag ergibt sich das unmittelbar aus § 672 S. 1 BGB, für die Geschäftsbesorgung aus dem Verweis in § 675 I BGB. Nach § 168 S. 1 BGB bleibt in diesem Fall auch die Vollmacht wirksam. Aufgrund der Gesamtrechtsnachfolge (§ 1922 I BGB) wirkt sie als ***trans*mortale Vollmacht** für und gegen die Erben fort.[512] Der Vertreter kann diese in Bezug auf den Nachlass also wirksam vertreten; die Erben können die Vollmacht aber widerrufen.

114 Führt die Auslegung zu dem Ergebnis, dass das Grundverhältnis und damit auch die Vollmacht erlöschen, läuft ein vom Tod des Auftraggebers nichts wissender Vertreter Gefahr, Rechtsgeschäfte ohne Vertretungsmacht abzuschließen. Vor der eigentlich nach § 179 I BGB drohenden Haftung (Rn. 236ff.) wird der

[510] Vgl. statt vieler MünchKomm-BGB/*Schramm*, § 168 Rn. 28 m.w.N.
[511] *Brox/Walker*, BGB AT, Rn. 552; *Bork*, BGB AT, Rn. 1499.
[512] Von einer ***post*mortalen Vollmacht** spricht man dagegen, wenn der Vertreter erst mit dem Tod des Vollmachtgebers zur Vertretung berechtigt sein soll. Der Tod ist also aufschiebende Befristung für die Wirksamkeit der Vollmacht.

Vertreter allerdings durch §§ 674, 168 S. 1, 169 BGB geschützt. Auftrag und Geschäftsbesorgungsvertrag gelten nach § 674 BGB als fortbestehend, so dass auch die Vollmacht nicht erlischt (§ 168 S. 1 BGB), es sei denn der Geschäftspartner ist bösgläubig (§ 169 BGB). Gegenüber einem bösgläubigen Geschäftspartner haftet der Vertreter nicht (§ 179 III 1 BGB), so dass die Fiktion der Vollmacht zum Schutz des Vertreters nicht mehr erforderlich ist. Der gutgläubige Geschäftspartner kann sich dagegen auf den Fortbestand der Vollmacht berufen, auch wenn das Gesetz eigentlich nur auf den Schutz des Vertreters abzielt.

Beim **Tod des Beauftragten** vermuten §§ 673 S. 1, 675 BGB hingegen, dass der Auftrag bzw. die Geschäftsbesorgung endet. Gleiches gilt gem. § 168 S. 1 BGB für die Vollmacht, weil nicht anzunehmen ist, dass der Vollmachtgeber sich ohne Weiteres durch die ihm u.U. völlig unbekannten Erben vertreten lassen will.[513] 115

⇨ *Fall Nr. 59 – Trauriger Geburtstag*

(2) Wegfall der Geschäftsfähigkeit eines Beteiligten

Die spätere Geschäftsunfähigkeit des Auftraggebers berührt im Zweifel nicht die Wirksamkeit des Auftrags bzw. Geschäftsbesorgungsvertrags (§§ 672 S. 1, 675 I BGB). Dementsprechend bleibt auch eine Vollmacht bestehen. Vollmachten, die gerade im Hinblick auf die Möglichkeit einer späteren Geschäftsunfähigkeit (z.B. in Folge von Krankheiten) erteilt werden, nennt man Altersvorsorgevollmachten. Der Eintritt der Geschäftsunfähigkeit ist hier regelmäßig aufschiebende Bedingung für die Wirksamkeit der Vollmacht.[514] 116

Verliert dagegen nachträglich der Beauftragte die (volle) Geschäftsfähigkeit, bleibt die Vollmacht wirksam. Um wirksam von dieser Vollmacht Gebrauch machen zu können, muss er aber mindestens beschränkt geschäftsfähig sein (§ 165 BGB). 117

ff) Anfechtung der Vollmacht

Als Willenserklärung ist die Vollmacht entsprechend den allgemeinen Grundsätzen anfechtbar. Sofern sich der Vertretene also bei Erteilung der Vollmacht geirrt hat oder er getäuscht/bedroht wurde, kann er die Vollmachtserklärung anfechten. Die angefochtene **Vollmacht** ist dann als **von Anfang an nichtig** anzusehen (§ 142 I BGB). Aus dieser Rückwirkung ergeben sich so lange keine besonderen Probleme, wie der Vertreter noch nicht von der Vollmacht Gebrauch gemacht hat. Wenn er dies hingegen bereits getan hat, liegt der Fall anders. Hat er beispielsweise schon einen Kaufvertrag mit einem Dritten geschlossen, so wird dieser durch die Anfechtung der Vollmacht unwirksam: Wegen der Rückwirkung der Anfechtung hatte der Vertreter niemals Vollmacht, so dass er den Kaufvertrag als **Vertreter ohne Vertretungsmacht** (§ 179 BGB; s.u. Rn. 236ff.) geschlossen hat. Eine Genehmigung des schwebend unwirksamen Rechtsgeschäfts wird realistischerweise ausbleiben. 118

Wurde eine **Innenvollmacht** angefochten, haftet der Vertreter dem Geschäftspartner gemäß § 179 BGB; der Vertreter kann diesen Schaden grundsätzlich im Regresswege nach § 122 I BGB[515] beim Vertretenen liquidieren, vorausgesetzt es handelt sich um eine Anfechtung nach §§ 119, 120 BGB. 119

Auch bei der **Außenvollmacht** haftet der Vertreter gemäß § 179 I BGB. Da die Außenvollmacht gegenüber dem Geschäftspartner anzufechten ist (§ 143 III 1 BGB), ist der Vertreter zwar nicht nach § 122 I BGB regressberechtigt. Allerdings kann der 120

---

[513] *Brox/Walker*, BGB AT, Rn. 552.
[514] Zu Einzelheiten vgl. *Brox/Walker*, BGB AT, Rn. 575ff.
[515] Zur Schadensersatzpflicht gemäß § 122 BGB siehe oben § 7 Rn. 135ff.

Vertreter den Vertretenen nach § 426 BGB in Anspruch nehmen, weil Letzterer dem Geschäftspartner aus § 122 I BGB haftet. Vertreter und Vertretener haften daher als Gesamtschuldner.[516]

121 Das ist die Haftungslage, wie sie sich bei Anwendung des Gesetzes darstellt. Um das damit verbundene Problem besser begreifen zu können, muss man sich vor Augen führen, warum der Vertretene die Vollmacht anficht. Ginge es ihm um die Beseitigung der Vollmacht, könnte er dies ohne Weiteres durch einen Widerruf erreichen. Das eigentliche **Ziel seiner Anfechtung** ist daher die **Vernichtung des Vertretergeschäfts**. Wenn er könnte, würde er sich direkt gegen das Vertretergeschäft wenden. Zu dessen Anfechtung ist er indes nur berechtigt, wenn sich der Vertreter geirrt hat (§ 166 I BGB; s.u. Rn. 171 ff.), was er in diesen Fällen gerade nicht tut. Deshalb muss er den „Umweg" über die Anfechtung der Vollmacht wählen. Obwohl der Vertretene den Vorteil aus einer Anfechtung zieht, würde zunächst der Vertreter in die Haftung gedrängt und müsste den Preis für diesen Vorteil zahlen. Das gilt stets bei der Anfechtung einer Innenvollmacht. Aber auch bei der Außenvollmacht besteht diese Gefahr, wenn sich der Dritte an den Vertreter wendet. In beiden Fällen muss der Vertreter hinsichtlich seines Regressanspruchs auf die Solvenz des Vertretenen hoffen.

122 Auch für den Dritten ist die Lage misslich. Er verliert aufgrund der Anfechtung durch den Vertretenen seinen Anspruch. Bei der Liquidierung eines entstandenen Schadens trägt er das Insolvenzrisiko des Vertreters, obwohl der Grund für den Verlust seines Anspruchs in der Sphäre des Vertretenen wurzelt. Diese Verteilung der Insolvenzrisiken wird ganz überwiegend als unsachgemäß empfunden.[517]

123 **Eine Ansicht will** deshalb **die Anfechtung** einer bereits ausgeübten Vollmacht **per se ausschließen.**[518] § 166 I BGB sei zu entnehmen, dass nur Irrtümer des Vertreters zur Anfechtung des Vertretergeschäfts berechtigten. Hier würde aber letztlich ein Irrtum des Vertretenen die Hinfälligkeit des Vertretergeschäfts begründen. Eine **Rückausnahme** gelte nur, wenn der Willensmangel auf das Vertretergeschäft „durchschlage", weil der Vertretene auch nicht schlechter stehen dürfe, als wenn er selbst das Rechtsgeschäft abgeschlossen hätte. Für diese Lösung spreche weiterhin ein Vergleich mit der Anscheinsvollmacht: Dort wird ein Handeln des Vertreters als Vollmacht gewertet, ohne dass der Vertretene ihn bevollmächtigt hat.[519] Eine Anfechtung dieser Rechtsscheinsvollmacht sei ausgeschlossen. Das müsse dann erst recht gelten, wenn der Vertretene eine Vollmacht tatsächlich erteilt hat.

124 Die Argumente sind jedoch nicht stichhaltig. § 166 I BGB regelt nur, welche das Vertretergeschäft betreffenden Willensmängel zur Anfechtung berechtigen. Die Vorschrift schweigt zu Willensmängeln, die die Vollmacht betreffen.[520] Insoweit muss es bei dem allgemeinen Grundsatz der Anfechtbarkeit irrtumsbehafteter Willenserklärungen verbleiben. Auch der Vergleich mit der Anscheinsvollmacht, einem Spezialfall der Rechtsscheinsvollmacht, hinkt. Im Rahmen des § 171 BGB etwa kann der Vertretene tatsächlich eine Vollmacht erteilt haben. Dort ist aber anerkannt, dass eine Anfechtung des Rechtsscheintatbestandes möglich ist, solange als Grund nicht

---

516 Vgl. *Bork*, BGB AT, S. 575, Fn. 76; sofern man eine Gesamtschuld verneint, kann sich ein Anspruch des Vertreters auch aus einer entsprechenden Anwendung des § 255 BGB ergeben.

517 Vgl. *Rüthers/Stadler*, BGB AT, § 30 Rn. 31; *Medicus*, BGB AT, Rn. 945; *Leipold*, BGB AT, § 24 Rn. 39; Erman/*Maier-Reimer*, § 167 Rn. 46; a.A. *Bork*, BGB AT, Rn. 1478 f., der es bei der gesetzlichen Haftungskette belassen will.

518 *Brox/Walker*, BGB AT, Rn. 574.

519 Zur Rechtsscheinsvollmacht siehe Rn. 128 ff., zur Anscheinsvollmacht insbes. Rn. 162 ff.

520 MünchKomm-BGB/*Schramm*, § 167 Rn. 110.

der Irrtum über die Rechtsscheinswirkung angeführt wird. Ebenso verhält es sich bei der Anscheinsvollmacht.[521] Abgesehen davon nimmt diese Ansicht dem Vertretenen jegliche Möglichkeit, die Folgen seines Irrtums zu korrigieren.[522]

Eine andere Ansicht gesteht dem Dritten bei der Anfechtung einer *Innen*vollmacht **einen Anspruch analog § 122 I BGB** zu. Anfechtungsgegner sei zwar nach § 143 III 1 BGB der Vertreter, weil diesem gegenüber die Vollmacht erteilt wurde.[523] Allerdings stamme der Grund für den Anspruchsverlust des Dritten aus der Sphäre des Vertretenen, weshalb die entsprechende Anwendung gerechtfertigt sei. Bei der Außenvollmacht ergibt sich der Anspruch unmittelbar aus § 122 I BGB, da der Dritte bei sachgerechter Auslegung des § 143 III 1 BGB Anfechtungsgegner ist. Teilweise wird dabei angenommen, dass dieser Anspruch neben den aus § 179 BGB tritt.[524] Warum der Dritte allerdings zwei Schuldner haben soll, ist nicht einsichtig.[525] 125

Weil nach der Konzeption des Gesetzes grundsätzlich der Anfechtungsgegner nach § 122 I BGB schadensersatzberechtigt ist, **ist nach einer weiteren Ansicht die Innenvollmacht** analog § 143 II BGB **gegenüber dem Dritten anzufechten.**[526] Als Anfechtungsgegner steht ihm damit auch der Anspruch aus § 122 I BGB zu. Der **Anspruch aus § 179 I BGB** sei dagegen **ausgeschlossen**, was dann konsequenterweise auch bei der Anfechtung einer Außenvollmacht gelten muss. Auf diese Weise würden die Insolvenzrisiken richtig zugeordnet. 126

Gegenüber der zuvor genannten Ansicht verdient letztere den Vorzug. Sie trägt der Einsicht, dass es der Sache nach um eine Anfechtung des Vertretergeschäfts geht, auch bei der Bestimmung des Anfechtungsgegners Rechnung. Dadurch wird zugleich vermieden, dass dem Dritten sein Anspruch entzogen wird, ohne dass er davon Kenntnis erlangt. Außerdem wird eine mögliche Rechtsscheinhaftung nach den §§ 169, 171–173 BGB[527] für die Zukunft ausgeschlossen. 127

⇨ *Fall Nr. 60 – Wer zahlt die Zeche?*

d) Vertretungsmacht kraft Rechtsscheins

Obwohl eine Vollmacht bereits wieder erloschen ist bzw. eine solche niemals wirksam erteilt wurde, kann der Geschäftsgegner trotzdem an deren (Fort-)Bestand glauben, wenn und weil der Vollmachtgeber Anlass dazu gegeben hat. In diesem Glauben wird der Geschäftspartner zum einen durch die §§ 170–173 BGB geschützt (Rn. 131 ff.). Zum anderen haben Rechtsprechung und Literatur ungeschriebene Rechtsscheinvollmachten entwickelt (Rn. 154 ff.). 128

Die Haftung aus einem veranlassten Rechtsschein ist ein **allgemeines Rechtsprinzip**, das sich nicht nur bei der Vollmacht, sondern auch in der übrigen Rechtsordnung findet, im Handelsrecht z.B. beim Scheinkaufmann oder beim Rechtsschein 129

---

[521] *Bork*, BGB AT, Rn. 1474.

[522] *Medicus*, BGB AT, Rn. 945.

[523] MünchKomm-BGB/*Schramm*, § 167 Rn. 111.

[524] MünchKomm-BGB/*Schramm*, § 167 Rn. 111.

[525] *Wolf/Neuner*, BGB AT, § 50 Rn. 26; Staudinger/*Schilken* (2009), § 167 Rn. 82.

[526] *Flume*, AT II, § 52 5 c (S. 870 f.); *Rüthers/Stadler*, BGB AT, § 30 Rn. 31; *Medicus*, BGB AT, Rn. 945; *Wertenbruch*, BGB AT, § 31 Rn. 4; dagegen verlangen *Medicus/Petersen*, BürgR, Rn. 96 aus Klarstellungsgründen eine Anfechtungserklärung gegenüber dem Geschäftspartner *und* dem Vertreter; ebenso *Köhler*, BGB AT, § 11 Rn. 28 sowie *Wolf/Neuner*, BGB AT, § 41 Rn. 20.

[527] Eine Rechtsscheinhaftung nach § 170 BGB ist demgegenüber bei angefochtener Vollmacht von vorneherein nicht möglich (siehe sogleich unten Rn. 132 f.).

fehlender bzw. andersartiger[528] Haftungsbeschränkung eines Unternehmens.[529] Wer im Rechtsverkehr den Schein erzeugt, dass ein bestimmter rechtlich relevanter Tatbestand vorliegt, muss sich an diesem von ihm zurechenbar gesetzten Tatbestand festhalten lassen, wenn ein Dritter im Vertrauen auf diesen Rechtsschein Dispositionen getroffen hat. Solche Rechtsscheinstatbestände werden demgemäß gewöhnlich in vier Schritten geprüft:

- Existenz des Rechtsscheins
- Zurechenbarkeit des Rechtsscheins
- Entschließung des Dritten im Vertrauen auf den Rechtsschein (Kausalität)
- Schutzwürdigkeit des Dritten (Gutgläubigkeit)

130 Soweit nachfolgend die gesetzlichen Rechtsscheinsvollmachten der §§ 170ff. BGB dargestellt werden, finden sich dort diese vier Prüfungspunkte nicht immer gesondert ausgewiesen, weil sie partiell im gesetzlichen Tatbestand enthalten sind.

aa) Gesetzliche Rechtsscheinsvollmachten (§§ 170–173 BGB)

aaa) Erloschene Außenvollmacht (§ 170 BGB)

131 § 170 BGB bestimmt, dass eine *Außen*vollmacht (§ 167 I Alt. 2 BGB) so lange in Kraft bleibt, bis dem Dritten das Erlöschen von dem Vollmachtgeber angezeigt wird. Folgende Voraussetzungen sind zu prüfen:

- wirksame Erteilung einer Außenvollmacht
- Erlöschen der Außenvollmacht bis zur Vornahme des Rechtsgeschäfts
- keine Zerstörung des Rechtsscheins (Erlöschensanzeige)
- Gutgläubigkeit des Dritten

132 Zunächst muss eine Außenvollmacht erteilt worden sein – und zwar wirksam! Das liegt daran, dass die Außenvollmacht zugleich rechtsgeschäftlicher und vertrauensbegründender Tatbestand ist. Aus Sicht des Dritten erklärt der Vollmachtgeber nicht, dass er eine Vollmacht erteilt hat, sondern dass er gerade eine erteilt. Das Vertrauen in die Wirksamkeit dieser rechtsgeschäftlichen Aussage wird aber nach Maßgabe anderer Vorschriften geschützt (z.B. §§ 104ff., 122 BGB). **§ 170 BGB schützt** den Dritten deshalb **nur davor, dass eine wirksam erteilte Vollmacht** ohne sein Wissen **später erlischt.**

133 **Beispiel:** A bevollmächtigt B durch Erklärung gegenüber Weinhändler C (Außenvollmacht) zum Kauf mehrerer Kisten Spätburgunder. Einige Tage später schließt B im Namen des A mit C den Kaufvertrag. Später ficht A den Kaufvertrag gegenüber C an, weil er sich bei der Weinsorte versprochen hat. Er habe „Grauburgunder“ sagen wollen. Die Vollmacht ist aufgrund der Irrtumsanfechtung von Anfang an nichtig (§ 142 I BGB), der Kaufvertrag deshalb (schwebend) unwirksam (§ 177 I BGB). Wegen der Rückwirkung bestand nie eine wirksame Vollmacht. § 170 BGB greift nicht. Das Vertrauen in die Wirksamkeit der Außenvollmacht wird nur nach Maßgabe des § 122 I BGB geschützt.

134 Der Wegfall der Vollmacht – die zweite Voraussetzung – kann z.B. darauf beruhen, dass die Außenvollmacht intern widerrufen wurde (§ 168 S. 3 i.V.m. § 167 I BGB) oder das Grundverhältnis und damit auch die Vollmacht endet (§ 168 S. 1 BGB).[530]

---

[528] Dazu *BGH* ZIP 2012, 1659, 1660 (Rn. 13ff.): Verwendung des auf ein höheres Mindeststammkapital hindeutenden Rechtsformzusatzes „GmbH“ statt der zutreffenden Bezeichnung „UG (haftungsbeschränkt)“.

[529] Dazu *Bitter/Schumacher*, HandelsR, § 2 Rn. 22 und Fall Nr. 5 – Der vertrauensselige Nichtkaufmann, § 3 Rn. 11 und Fall 7 – Nachlässigkeit.

[530] Zum Erlöschen der Vollmacht siehe oben Rn. 98ff.

Die Erteilung der Außenvollmacht und deren späterer Wegfall decken die beiden ersten beiden Voraussetzungen des allgemeinen Rechtsscheinstatbestandes ab: Es existiert (1) der Schein eines rechtlich relevanten Tatbestandes, hier der (fortbestehenden) Existenz einer Vollmacht, und (2) die Zurechnung dieses Tatbestandes gegenüber derjenigen Person, die die Außenvollmacht erteilt hat. 135

Das dritte Tatbestandsmerkmal der Entschließung des Dritten im **Vertrauen auf den gesetzten Rechtsschein** liegt regelmäßig vor, weil anzunehmen ist, dass der Dritte im Vertrauen auf die ihm gegenüber erteilte Außenvollmacht gehandelt hat. Vertrauen setzt allerdings grundsätzlich die Kenntnis des vertrauensbegründenden Sachverhalts, sprich der Außenvollmacht voraus. Allein der Zugang der Vollmachtserklärung (z.B. der Einwurf in den Hausbriefkasten[531]) genügt daher nicht. Der Dritte muss sie zusätzlich auch zur Kenntnis genommen haben.[532] 136

Den Rechtsschein und damit auch das Vertrauen des Dritten kann der Vollmachtgeber zerstören, indem er dem Dritten das Erlöschen der Vollmacht anzeigt. Die **Erlöschensanzeige** ist eine rechtsgeschäftsähnliche Handlung.[533] Es gelten die Vorschriften über Willenserklärungen entsprechend. Die Anzeige muss daher „wirksam" sein. Im Unterschied zur Vertrauensbegründung genügt zur Vertrauenszerstörung der Zugang der Anzeige.[534] 137

Schließlich ist die vierte Voraussetzung des allgemeinen Rechtsscheinstatbestandes zu prüfen: Nur ein **gutgläubiger Dritter** kann auf den Fortbestand der Vollmacht vertrauen. Nach § 173 BGB ist Vertrauensschutz daher ausgeschlossen, wenn der Dritte das Erlöschen der Vertretungsmacht bei Vornahme des Rechtsgeschäfts kennt oder kennen muss. Im Zivilrecht reicht danach einfache Fahrlässigkeit des Dritten (vgl. die Legaldefinition in § 122 II BGB), während im Handelsrecht umstritten ist, ob der Maßstab im Hinblick auf den dort stärker gewichteten Verkehrsschutz auf grobe Fahrlässigkeit anzuheben ist.[535] 138

Die **Rechtsfolge** des § 170 BGB besteht nach h.M. darin, dass sich der Vertreter dem Dritten gegenüber nicht auf das Erlöschen der Vollmacht berufen kann. Er muss sich so behandeln lassen, *als ob* die Vollmacht noch fortbestehen würde.[536] 139

bbb) Nach außen kundgetane Innenvollmacht (§ 171 BGB)

Teilt der Vollmachtgeber einem Dritten oder der Öffentlichkeit mit, dass er intern eine Person bevollmächtigt hat, muss er sich bis zur Mitteilung des Gegenteils an dieser Aussage festhalten lassen, wenn folgende Voraussetzungen gegeben sind: 140

- „wirksame" Mitteilung einer Innenvollmacht
- Erlöschen bzw. Unwirksamkeit der Vollmacht bei Vornahme des Rechtsgeschäfts
- keine Zerstörung des Rechtsscheins (*actus contrarius*)
- Gutgläubigkeit des Dritten

Unter Vertrauensschutzgesichtspunkten ist es gleichgültig, ob der gutgläubige Dritte Adressat einer Außenvollmacht ist oder ob ihm eine Innenvollmacht mitgeteilt wird. Zwar fehlt es bei der Mitteilung regelmäßig an einem Rechtsfolgewillen, 141

---

531 Zum Zugang der Willenserklärung in diesen Fällen siehe oben § 5 Rn. 49.

532 MünchKomm-BGB/*Schramm*, § 170 Rn. 5.

533 Palandt/*Ellenberger*, § 170 Rn. 2.

534 Erman/*Maier-Reimer*, § 170 Rn. 3.

535 In dem gesetzlich geregelten Fall des § 15 HGB schadet sogar nur die Kenntnis des Dritten von der Unrichtigkeit des Handelsregisters; dazu *Bitter/Schumacher*, HandelsR, § 4 Rn. 17.

536 Nach der Gegenansicht besteht tatsächlich Vollmacht, weil kein gegenläufiges Rechtsgeschäft vorgenommen wurde. Zur dogmatischen Einordnung siehe unten Rn. 153.

weshalb sie nicht als erneute Erteilung einer (Außen-)vollmacht verstanden werden kann. Sie bestätigt lediglich einen zuvor geäußerten Rechtsfolgewillen. Gleichwohl wird der Dritte in beiden Fällen an die Vertretungsbefugnis des Vertreters aufgrund des vom Vertretenen zurechenbar gesetzten Rechtsscheins glauben. Im Unterschied zur Außenvollmacht erklärt der Vollmachtgeber im Rahmen des § 171 BGB aber, dass er eine Vollmacht erteilt *hat*. Rechtsgeschäftlicher und vertrauensstiftender Tatbestand fallen bei § 171 BGB also auseinander. Deshalb **greift § 171 BGB auch dann, wenn eine Vollmacht nicht bzw. nicht wirksam erteilt wurde.**[537]

142 Wo die Innenvollmacht bei Vornahme des Rechtsgeschäfts (noch) besteht, bedarf es keines Vertrauensschutzes. § 171 BGB setzt demnach voraus, dass der Vertreter zu diesem Zeitpunkt keine Vertretungsmacht (mehr) hat. Nur dann gibt es den Rechtsschein eines in Wahrheit nicht existenten, rechtlich erheblichen Tatbestandes.

143 Als rechtsgeschäftsähnliche Handlung muss die Mitteilung analog den allgemeinen Vorschriften wirksam sein.[538] Ansonsten würde der Vollmachtgeber durch eine kundgegebene Innenvollmacht stärker belastet als durch eine Außenvollmacht.[539] Wie eine Willenserklärung muss also auch die Mitteilung abgegeben, d. h. zielgerichtet in Richtung des Empfängers auf den Weg gebracht werden, um die Zurechnung des Rechtsscheins zum Vertretenen zu erlauben. Die zufällige Kenntnisnahme durch einen Dritten genügt insoweit nicht.[540]

144 Vertrauensschutz nach § 171 BGB wird nur ausgelöst, wenn der Dritte bzw. die Öffentlichkeit von der Mitteilung (= Rechtsscheintatbestand) tatsächlich Kenntnis erlangt hat. Nur in diesem Fall kann der Dritte im **Vertrauen auf den gesetzten Rechtsschein** gehandelt haben. Der Vollmachtgeber beseitigt die Rechtsscheinswirkung der Mitteilung, wenn er dem Dritten gegenüber einen der Mitteilung entsprechenden Widerruf (*actus contrarius*) erklärt (§ 171 II BGB).

145 Wie bereits bei § 170 BGB schadet dem Dritten/der Öffentlichkeit Kenntnis bzw. fahrlässige Unkenntnis vom Fortfall der Vollmacht (§ 173 BGB). Obwohl § 173 BGB nur auf § 171 II BGB („...bleibt bestehen...“) verweist, ist allgemein anerkannt, dass Vertrauensschutz auch dort zu versagen ist, wo der Dritte weiß bzw. wissen musste, dass eine Vollmacht nicht (wirksam) erteilt wurde.[541] § 173 BGB gilt demzufolge für § 171 I BGB analog.

146 Sind die Voraussetzungen von § 171 BGB erfüllt, ist dem Vertretenen auch hier der Einwand der fehlenden Vertretungsmacht abgeschnitten (h.M.).

ccc) Aushändigung einer Vollmachtsurkunde (§ 172 BGB)

147 Legt der Vertreter bei Abschluss eines Rechtsgeschäfts eine Vollmachtsurkunde vor, scheint es aus Sicht des Dritten regelmäßig so, als sei der Vertreter in dem Umfang, der sich aus der Urkunde ergibt, tatsächlich zur Vertretung befugt. Unter folgenden Voraussetzungen wird der Vertretene gebunden:

- Aushändigung einer Vollmachtsurkunde
- Vorlage der Urkunde beim Dritten
- Erlöschen bzw. Unwirksamkeit der Vollmacht bei Vornahme des Rechtsgeschäfts

[537] Jauernig/*Jauernig*, § 171 Rn. 6; Bamberger/Roth/*Valenthin*, § 171 Rn. 3.

[538] So kann die Mitteilung z. B. auch wegen Irrtums angefochten werden. Ein Irrtum über die Rechtsscheinswirkung der Mitteilung scheidet dabei natürlich als Anfechtungsgrund aus. Ansonsten würde der Schutzzweck des § 171 BGB konterkariert (vgl. dazu auch unten Rn. 169).

[539] *Bork*, BGB AT, Rn. 1524.

[540] MünchKomm-BGB/*Schramm*, § 171 Rn. 3 a.

[541] Vgl. nur *Medicus*, BGB AT, Rn. 946 m. w. N.

- keine Zerstörung des Rechtsscheins (Rückgabe oder Kraftloserklärung)
- Gutgläubigkeit des Dritten

Der mit der Vollmachtsurkunde verbundene Rechtsschein muss dem Vertretenen zurechenbar sein. Dazu muss er dem Vertreter die **Urkunde** ausgehändigt, d.h. **willentlich übergeben** haben. Ist der Vertreter ohne/gegen den Willen in den Besitz der Urkunde gelangt, wirkt der Rechtsschein nicht zu Lasten des Vertretenen. Das gilt auch, wenn der Vertretene das Abhandenkommen hätte verhindern können.[542] Wie die Mitteilung nach § 171 BGB ist auch die Aushändigung rechtsgeschäftsähnliche Handlung.[543] 148

Hinsichtlich der **Vollmachtsurkunde** ist zu beachten, dass sie **echt** sein und dem Dritten **im Original vorgelegt** werden muss.[544] Nach der Rechtsprechung genügt bei Unterzeichnung eines Durchschreibesatzes auch die Vorlage einer Durchschrift, nicht aber einer Abschrift (Fotokopie), selbst wenn sie (notariell) beglaubigt ist.[545] Die Urkunde ist dem Dritten vorgelegt, wenn sie seiner sinnlichen Wahrnehmung vor oder bei Vornahme des Rechtsgeschäfts unmittelbar zugänglich gemacht wird. Auf eine tatsächliche Einsichtnahme, also die konkrete Kausalität der Urkundenvorlage für den Geschäftsabschluss, soll es hingegen bei § 172 BGB nicht ankommen.[546] 149

Ebenso wie im Rahmen des § 171 BGB wird der Dritte nicht nur vor dem Erlöschen der Vollmacht geschützt, sondern auch davor, dass eine Vollmacht nicht (wirksam) erteilt worden ist. Der Vollmachtgeber kann den Rechtsschein und das Vertrauen zerstören, indem er sich die Urkunde zurückgeben oder sie für kraftlos erklären lässt (§ 172 II BGB). Zur Rückgabe der Urkunde ist der vollmachtlose Vertreter nach § 175 BGB verpflichtet. Die Kraftloserklärung richtet sich nach § 176 BGB. 150

Wie bei allen Rechtsscheinsvollmachten muss der Dritte zudem auch gutgläubig sein (§ 173 BGB). 151

Hinsichtlich der Rechtsfolge gilt das zu §§ 170, 171 BGB Gesagte: Der Vertretene kann sich auf die fehlende Vollmacht nicht berufen. Der Umfang der Vertretungsbefugnis ist allerdings durch den sich aus der Urkunde ergebenden Inhalt begrenzt. 152

ddd) Dogmatische Einordnung der §§ 170–173 BGB

Zuletzt sei noch kurz erwähnt, dass die dogmatische Einordnung der dargestellten Vorschriften nicht unumstritten ist. Die Auseinandersetzung hat aber auf die Falllösung i.d.R. keinen Einfluss. In der Klausur sollte diese Auseinandersetzung daher – sofern man überhaupt Stellung zu ihr bezieht – sehr knapp gehalten werden. Nach teilweise vertretener Ansicht besteht rechtsgeschäftlich erteilte Vollmacht, die durch ein gegenläufiges Rechtsgeschäft (*actus contrarius*) beseitigt werden muss 153

---

542 Interessanterweise ist dies – anders als beim Parallelproblem abhandengekommener Willenserklärungen (vgl. dazu § 5 Rn. 44ff.) – unumstritten. Der Dritte ist auf den Anspruch gegen den Vertreter aus § 179 BGB sowie u.U. auf einen Anspruch aus *c.i.c.* gegen den Vertretenen verwiesen. Letzterer hat den Vorteil, dass keine „Deckelung" durch das positive Interesse erfolgt.

543 *Wolf/Neuner*, BGB AT, § 50 Rn. 79.

544 Es genügt auch die Vorlage einer durch den Vertretenen autorisierten Ausfertigung, vgl. *Wolf/Neuner*, BGB AT, § 50 Rn. 77.

545 Näher *BGH* NJW 2006, 1957 = ZIP 2006, 1088 (Rn. 23ff.); *BGH* WM 2008, 1211 (Rn. 14).

546 BGHZ 102, 60, 63 = NJW 1988, 697, 698; *BGH* NJW 2006, 1957 = ZIP 2006, 1088 (Rn. 30).

(*Rechtsgeschäftstheorie*).[547] Die ganz h.M. geht hingegen davon aus, dass sich der Vertretene nur so behandeln lassen muss, als habe er Vollmacht erteilt (*Rechtsscheintheorie*).[548] Für die h.M. spricht zum einen, dass weder die Erteilung einer Außenvollmacht noch die Mitteilung der Innenvollmacht im Sinne des § 171 BGB noch schließlich die Übergabe einer Vollmachtsurkunde den Widerruf der Vollmacht im Innenverhältnis hindert (§§ 168 S. 3, 167 I BGB). Zum zweiten ist die in § 173 BGB geforderte Gutgläubigkeit typische Voraussetzung einer Rechtsscheinhaftung.

⇨ *Fall Nr. 61 – Unerwünschte Computer*
⇨ *Fall Nr. 62 – Schein oder Sein?*

bb) Ungeschriebene Rechtsscheinsvollmachten

154 Wie eingangs erläutert, handelt es sich bei der Haftung aus einem zurechenbar veranlassten Rechtsschein um ein allgemeines Rechtsprinzip, das deshalb auch auf andere im Gesetz nicht ausdrücklich geregelte Fälle anwendbar ist. Rechtsprechung und Literatur haben insoweit zwei weitere Tatbestände der Rechtsscheinsvollmacht entwickelt, die Schutzlücken im Bereich der §§ 170–173 BGB schließen sollen. Unterschieden wird zwischen der Duldungs- und der Anscheinsvollmacht, wobei für die erstere umstritten ist, ob es sich überhaupt um einen Rechtsscheinstatbestand handelt oder nicht vielmehr um eine konkludent bzw. stillschweigend erteilte Vollmacht.

aaa) Die Duldungsvollmacht

155 Der Vertretene, der weiß, dass jemand in seinem Namen als Vertreter auftritt, ohne dass er ihn hierzu ermächtigt hat, muss sich dessen rechtsgeschäftliches Handeln unter den eingangs angeführten vier Voraussetzungen der Rechtsscheinhaftung zurechnen lassen, die hier für die Duldungsvollmacht konkretisiert werden:

- Handeln im fremden Namen, das auf Bevollmächtigung schließen lässt (Rechtsschein)
- Kenntnis des Geschäftsherrn und fehlendes Einschreiten trotz bestehender Möglichkeit (Zurechnungsgrund)
- Kenntnis des Dritten vom Rechtsscheinstatbestand zur Zeit der Vornahme des Rechtsgeschäfts (Kausalität)
- Gutgläubigkeit des Dritten

156 Im Hinblick auf die erste Voraussetzung, den **Rechtsschein einer Bevollmächtigung**, ist wichtig, dass die bloße Behauptung des Vertreters, Vertreter zu sein, zwar notwendig ist, für sich genommen aber keinen ausreichenden Vertrauenstatbestand bildet. Allein auf dieser Grundlage kann und darf der Dritte also nicht davon ausgehen, dass der Vertretene mit dem Vertreterverhalten einverstanden ist. Die von der Rechtsprechung häufig benutzte Formel, wonach eine Duldungsvollmacht nur gegeben ist, wenn der Vertretene es – in der Regel über einen **längeren Zeitraum** – wissentlich geschehen lässt, dass ein anderer für ihn ohne eine Bevollmächtigung als Vertreter auftritt und der Vertragspartner dieses bewusste Dulden dahin versteht und nach Treu und Glauben auch verstehen darf, dass der als Vertreter Handelnde bevollmächtigt ist[549], muss deshalb sehr genau genommen werden: Dass eine Person wiederholt und über eine gewisse Dauer als Vertreter auftritt, reicht allein noch

[547] So v.a. *Flume*, AT II, § 49 2c (S. 825 ff.).

[548] Bamberger/Roth/*Valenthin*, § 170 Rn. 2; *Bork*, BGB AT, Rn. 1522; *Leipold*, BGB AT, § 24 Rn. 28.

[549] *BGH* NJW 2011, 2421, 2422 (Rn. 15); 2003, 2091, 2092; 2002, 2325, 2327.

nicht aus, weil allein aus dem „Gerede" des Vertreters noch nicht die Annahme einer Duldung seines Verhaltens durch den Vertretenen folgt. Vielmehr müssen objektive Umstände hinzutreten, die das Dulden des Vertretenen für den Dritten erkennbar machen, z.B. die spätere Durchführung von Verträgen, die der Vertreter im Namen des Vertretenen abgeschlossen hat. Diese den Rechtsschein der Bevollmächtigung begründenden Umstände sind es dann, die i.d.R. von gewisser Dauer und Häufigkeit sein und im Zeitpunkt des Vertragsschlusses bestehen müssen. In besonderen Einzelfällen mag auch einmal das erstmalige Vertreterhandeln einen vertrauensbegründenden Tatbestand schaffen, wenn der Vertreter mit dem Willen des Vertretenen aufgetreten ist[550], der Vertretene dem Vertreter insbesondere sein Briefpapier überlassen hat.[551]

Der entstandene Rechtsschein muss dem Vertretenen **zurechenbar** sein. Das ist 157 der Fall, wenn er das rechtscheinsbegründende Verhalten des Vertreters kennt und es nicht verhindert, obwohl ihm das möglich gewesen wäre. Die Zurechnung setzt ferner voraus, dass der Vertretene geschäftsfähig ist: Nur ein Geschäftsfähiger kann für den durch ihn erzeugten Rechtsschein verantwortlich gemacht werden.[552] Hätte ein nicht voll Geschäftsfähiger eine Vollmacht erteilt, wäre sie (schwebend) unwirksam. Der Rechtsschein einer Vollmacht kann ihn nicht stärker binden.

Ist eine Person als Vertreter über längere Zeit aufgetreten und hat der Vertretene 158 dies geduldet, etwa weil die vom (zunächst vermeintlichen) Vertreter für ihn abgeschlossenen Geschäfte nützlich waren, liegt darin nach teilweise vertretener Ansicht eine stillschweigende bzw. richtigerweise konkludente (= durch schlüssiges Verhalten erteilte) Bevollmächtigung.[553] Die h.M. will demgegenüber die Duldungsvollmacht von der konkludent erteilten Vollmacht abgrenzen, da Letztere ein nach außen gerichtetes Verhalten des Vertretenen erfordert und dieses nicht immer vorliegen wird.[554] Die Unterschiede sind letztlich marginal, weil das Rechtsgeschäft nach beiden Ansichten für und gegen den Vertretenen wirkt. Noch weiter nivelliert werden sie, wenn man die Rechtsscheinsvollmacht für anfechtbar hält (dazu Rn. 169).

Die **Kausalität** muss in zweierlei Hinsicht bestehen: Erstens muss der Dritte we- 159 gen des Rechtsscheinstatbestands an eine Vollmacht geglaubt haben. Dazu muss er die rechtsscheinsbegründenden objektiven Umstände kennen, die zur Annahme einer Duldung durch den Vertretenen berechtigen. Zweitens muss er in Folge des gefassten Vertrauens eine rechtsgeschäftliche Disposition getroffen haben.

Nach dem Rechtsgedanken des § 173 BGB darf der Dritte die fehlende Vertretungs- 160 befugnis weder positiv gekannt haben, noch darf sie ihm aufgrund von Fahrlässigkeit unbekannt geblieben sein. Nur der **gutgläubige Geschäftspartner** ist schutzwürdig.

Die Rechtsfolge besteht, soweit man in der Duldungsvollmacht eine Rechts- 161 scheinsvollmacht erblickt, darin, dass sich der Vertretene auf die fehlende Vollmacht nicht berufen kann. Hat der Vertretene durch ein schlüssiges Verhalten sogar (echte) Vollmacht erteilt, ergibt sich die Bindung des Vertretenen unmittelbar aus § 164 I BGB. Da dies in den meisten Fällen der Duldungsvollmacht der Fall sein wird, stellt

---

[550] *OLG Karlsruhe* WM 2004, 1135, 1137.

[551] Vgl. auch *Rüthers/Stadler*, BGB AT, § 30 Rn. 43.

[552] Das gilt auch für jede andere Rechtsscheinhaftung.

[553] *Flume*, AT II, § 49 3 (S. 828ff.); Palandt/*Ellenberger*, § 172 Rn. 8 benutzt beide Begriffe nebeneinander, obwohl stillschweigend nicht mit konkludent gleichzusetzen ist und Stillschweigen (= Nichthandeln) im Rechtsverkehr – anders als schlüssiges Verhalten (dazu § 7 Rn. 7) – grundsätzlich keinen Erklärungswert hat.

[554] So die h.M., vgl. *Leipold*, BGB AT, § 24 Rn. 34; *Bork*, BGB AT, Rn. 1556; *Wolf/Neuner*, BGB AT, § 50 Rn. 86; *Brox/Walker*, BGB AT, Rn. 565.

sich dort die nachfolgend im Hinblick auf die Anscheinsvollmacht diskutierte Frage, ob auch der Vertreter im Hinblick auf eine tatsächlich fehlende Vertretungsmacht gemäß § 179 I BGB haftet, in aller Regel nicht.

bbb) Die Anscheinsvollmacht

162 Bei der Anscheinsvollmacht kennt der Vertretene das Verhalten des (angeblichen) Vertreters zwar nicht, jedoch hätte er es erkennen und sodann auch verhindern können, dass der Dritte auf eine Bevollmächtigung schließt.[555] **Nur der Zurechnungsgrund** ist bei der Anscheinsvollmacht **ein anderer** als bei der Duldungsvollmacht.[556] Das verdeutlicht nachfolgendes Prüfungsschema:

- Handeln im fremden Namen, das auf Bevollmächtigung schließen lässt (Rechtsschein)
  Erkennbarkeit des Handelns für den Vertretenen und Möglichkeit der Verhinderung bei pflichtgemäßer Sorgfalt (Zurechnungsgrund)
- Kenntnis des Dritten vom Rechtsscheinstatbestand zur Zeit der Vornahme des Rechtsgeschäfts (Kausalität)
- Gutgläubigkeit des Dritten

163 Auch hier muss das Vertrauen des Dritten wieder auf besonderen objektiven Umständen basieren, die den Schluss auf eine Bevollmächtigung zulassen. Allein das „Gerede" des Vertreters genügt nicht.[557]

164 Soweit es die **Zurechnung** betrifft, erfordert die Anscheinsvollmacht weniger als die Duldungsvollmacht. Der Vertretene haftet bereits dann für den Rechtsschein, wenn er die Entstehung des Rechtsscheins bei Anwendung pflichtgemäßer Sorgfalt hätte erkennen und verhindern können. Die einzuhaltende Sorgfalt richtet sich nach dem jeweiligen Verkehrskreis (§ 276 II BGB).

165 Hinsichtlich Kausalität, Gutgläubigkeit und Rechtsfolge ergeben sich keine Abweichungen zur Duldungsvollmacht, so dass insoweit nach oben verwiesen wird. Die Anscheinsvollmacht ist allerdings unstreitig ein Rechtsscheinstatbestand, weil eine konkludente Vollmachtserteilung bei fehlender Kenntnis vom Handeln des Vertreters nicht in Betracht kommt.

166 **Teilweise wird die Anscheinsvollmacht** jedoch **nicht anerkannt.**[558] Die Nichtbeachtung von Sorgfaltsanforderungen könne keine rechtsgeschäftliche Bindung und damit eine Primärhaftung begründen, sondern allenfalls eine Schadensersatzhaftung aus *c.i.c.*[559] nach sich ziehen. Ersatzfähig ist dabei der Schaden, den der Dritte wegen des Vertrauens auf die Vertretungsmacht erleidet (negatives Interesse). Nur durch ein selbstbestimmtes, privatautonomes Verhalten könne ein Rechtsgeschäft zustande kommen.

167 Richtigerweise wird das von der **ganz h.M.** aber abgelehnt.[560] Die Lehre vom potentiellen Erklärungsbewusstsein (§ 7 Rn. 14) zeigt, dass die Nichtbeachtung der im Verkehr erforderlichen Sorgfalt sehr wohl zu einer rechtsgeschäftlichen Bindung führen kann.[561] Gleiches gilt auch in den Fällen der §§ 170ff. BGB, des § 164 II

---

[555] *BGH* NJW 2011, 2421, 2422 (Rn. 16).

[556] *BGH* NJW 2007, 987, 989.

[557] Vgl. *Bork*, BGB AT, Rn. 1539 und 1550.

[558] *Flume*, AT II, § 49 4 (S. 832ff.); *Medicus*, BGB AT, Rn. 971; *Wolf/Neuner*, BGB AT, § 50 Rn. 95ff.

[559] Zur *culpa in contrahendo* siehe die Lehrbücher zum Schuldrecht.

[560] St. Rspr., vgl. etwa *BGH* NJW 2011, 2421, 2422 (Rn. 16) m.w.N.; aus der Literatur z.B. *Brox/Walker*, BGB AT, Rn. 566; *Wertenbruch*, BGB AT, § 31 Rn. 18.

[561] *Köhler*, BGB AT, § 11 Rn. 44.

BGB sowie – im Handelsrecht – beim kaufmännischen Bestätigungsschreiben.[562] Zudem geht es bei der Rechtsscheinhaftung nicht um einen Akt der Selbstbestimmung, sondern um eine an Risikosphären orientierte Haftung aus Gründen des Verkehrsschutzes.

Geht man mit der h.M. davon aus, dass der Vertretene durch die Anscheinsvollmacht gebunden wird, stellt sich die Frage, ob der Vertragspartner sich alternativ auch auf die tatsächlich fehlende Vertretungsmacht berufen und folglich den Vertreter aus **§ 179 I BGB** in Anspruch nehmen kann. Nach h.M. ist dies **ausgeschlossen.**[563] Rechtsscheinsvollmachten sollen den Dritten so stellen, wie er stehen würde, wenn eine Vollmacht bestanden hätte. Eine tatsächlich erteilte Vollmacht schließt die Haftung des Vertreters zweifelsfrei aus. Gleiches muss auch bei den Rechtsscheinvollmachten gelten. Ansonsten könnte sich der Dritte bei Zahlungsunfähigkeit des Vertretenen an den Vertreter wenden, was er bei einer rechtsgeschäftlichen Vollmacht nicht gekonnt hätte. Soweit es also um die Haftung des Vertreters nach § 179 I BGB geht, ist er als Vertreter mit Vertretungsmacht zu behandeln. Nicht zu verkennen ist freilich, dass sich der Dritte damit in Fällen, in denen das Vorliegen oder die Beweisbarkeit des Rechtsscheinstatbestands zweifelhaft ist, in einer misslichen Situation befindet, weil er ggf. nicht sicher beurteilen kann, ob er nun den Vertretenen oder den Vertreter (gerichtlich) in Anspruch nehmen soll. Doch kann eine solche Situation auch dann auftreten, wenn das Bestehen echter Vollmacht zweifelhaft ist. 168

⇨ *Fall Nr. 62 – Schein oder Sein?*

cc) Anfechtbarkeit der Rechtsscheinsvollmachten

Für alle Rechtsscheinsvollmachten gilt: Eine Anfechtung, die auf einen **Irrtum über die Rechtsfolgen des erzeugten Rechtsscheins** gestützt wird, ist **stets ausgeschlossen** (unbeachtlicher Rechtsfolgenirrtum; § 7 Rn. 81 ff.). Ansonsten sollte man eine Anfechtung von Rechtsscheinsvollmachten immer dann zulassen, wenn eine tatsächlich erteilte Vollmacht anfechtbar gewesen wäre.[564] Rechtsscheinsvollmachten sollen den Dritten auch nicht besser stellen, als wenn der Vertretene tatsächlich Vollmacht erteilt hätte. Dabei darf der Umstand, dass keine Willenserklärung bzw. – wie bei der Anscheinsvollmacht und ggf. der Duldungsvollmacht – auch keine rechtsgeschäftsähnliche Handlung gegeben ist, keine Rolle spielen.[565] 169

Beispiel: B ist seit einiger Zeit in einem dem A gehörenden Feinkostladen angestellt. Dort ist er ausschließlich für den Einkauf von Speisen zuständig. Eines Tages bemerkt A, dass B, obwohl er dazu nicht bevollmächtigt ist, Wein im Namen des A beim Winzer W bestellt hat. Weil ihm aber C, ein anderer Angestellter des A, versichert, dass B früher als Sommelier in einem großen Hotel gearbeitet hat, lässt er B weiter gewähren. C weiß dabei, dass seine Angabe nicht den Tatsachen entspricht. In der Folge kommt es zu weiteren Vertragsschlüssen, bei denen B jedes Mal im Namen des A auftritt. Die Einkäufe erweisen sich jedoch als völliger Fehlschlag. Für A stellt sich heraus, dass B nicht als Sommelier beschäftigt, sondern in dem Hotel nur für das 170

---

[562] Zu Letzterem § 5 Rn. 28; näher *Bitter/Schumacher*, HandelsR, § 7 Rn. 10.

[563] BGHZ 86, 273, 275 ff.; Palandt/*Ellenberger*, § 172 Rn. 17; MünchKomm-BGB/*Schramm*, § 167 Rn. 76; a.A. *Bork*, BGB AT, Rn. 1547 (Wahlrecht, da Verzicht auf Vertrauensschutz möglich).

[564] *Bork*, BGB AT, Rn. 1559; *Medicus*, BGB AT, Rn. 948; MünchKomm-BGB/*Schramm*, § 167 Rn. 53; *Köhler*, BGB AT, § 11 Rn. 45; a.A. (genereller Anfechtungsausschluss) *Rüthers/Stadler*, BGB AT, § 30 Rn. 43 und 46; für die Irrtumsfälle auch *Leipold*, BGB AT, § 24 Rn. 40 f.

[565] So aber *Rüthers/Stadler*, BGB AT, § 30 Rn. 43.

Ausladen der Weinlieferungen zuständig war. Sofern man davon ausgeht, dass die Täuschung des C nicht die Zurechenbarkeit des Rechtsscheins ausschließt, muss eine Anfechtung der Duldungsvollmacht hier möglich sein. Dies gilt unmittelbar, wenn in der Duldung, etwa der Entgegennahme und Verbuchung der Rechnungen für die ersten Bestellungen, ein auf Bevollmächtigung des B gerichtetes konkludentes Verhalten des A gesehen werden kann. Die tatsächlich erteilte Vollmacht wäre zwar nicht wegen einer Täuschung (vgl. § 123 II BGB), wohl aber wegen Eigenschaftsirrtums (§ 119 II BGB) anfechtbar. Analog § 119 II BGB muss das dann aber auch für die (echte) Duldungsvollmacht gelten, wenn sich also die Bindung des A nur aus einem Rechtsschein der Bevollmächtigung ergibt. Die Anfechtung ist analog § 143 II BGB gegenüber W zu erklären.

e) Berücksichtigung innerer Umstände (§ 166 BGB)

aa) Grundsatz: Maßgeblichkeit der Person des Vertreters (§ 166 I BGB)

171 Ebenso wie dem Vertretenen die Rechtsfolgen der Vertretererklärung nach § 164 I BGB zugerechnet werden, sind ihm gem. § 166 BGB bestimmte innere Umstände des Vertreters zuzurechnen. Die für das Zustandekommen des Vertretergeschäfts entscheidende unmittelbare Willensbildung und Willenskundgabe erfolgt durch den Vertreter. Daher ist es nur allzu verständlich, dass nach § 166 I BGB allein *seine* Willensmängel die Wirksamkeit des Vertretergeschäfts *unmittelbar* beeinflussen können.[566] Geht es etwa um die Anfechtung des Vertretergeschäfts, muss der Vertreter einem Irrtum erlegen oder getäuscht worden sein, damit *der Vertretene* – ihn treffen schließlich die Rechtsfolgen, um deren Beseitigung es geht – anfechten kann.

172 Zahlreiche Vorschriften[567], insbesondere den gutgläubigen Eigentumserwerb betreffende, stellen auf die Kenntnis bzw. das Kennenmüssen bestimmter Umstände ab. Auch hier kommt es nach § 166 I BGB nur auf die Person des Vertreters an. Sein eigenes Wissen schadet dem Vertretenen daher – von der sogleich noch zu besprechenden Ausnahme des § 166 II BGB abgesehen – nicht.

173 **Beispiel:** A hat B durch Täuschung dazu veranlasst, ihm ein Pferd zu übereignen. Dieses Pferd übereignet A an den D, der sich dabei durch C vertreten lässt. C, nicht aber D weiß, dass sich A das Eigentum an dem Pferd „erschlichen" hat. Einige Zeit später bemerkt B, dass er getäuscht wurde und ficht die Übereignung an. Wegen der Rückwirkung der Anfechtung (§ 142 I BGB) war A nie Eigentümer des Pferdes, so dass D vom Nichtberechtigten erworben hat. Bei der Frage des gutgläubigen Erwerbs nach §§ 929, 932 BGB kommt es nach § 166 I BGB auf die Kenntnis bzw. die grob fahrlässige Unkenntnis des Vertreters C an. Im Zeitpunkt der Übereignungserklärungen kannte C die Umstände, die das Anfechtungsrecht des B begründeten. Nach § 142 II BGB wird C deshalb so behandelt, als ob er die Nichtigkeit des Rechtsgeschäfts kannte. Folglich ist die Rechtslage so anzusehen, als ob C das fehlende Eigentum des A am Pferd kannte. Diese Kenntnis muss sich D gem. § 166 I BGB zurechnen lassen. D hat deshalb wegen fehlender Gutgläubigkeit nach §§ 929, 932 BGB kein Eigentum erworben.

bb) Ausnahme: Berücksichtigung der Person des Vertretenen

174 Diese Zurechnung birgt auch eine gewisse **Missbrauchsgefahr**, wenn man sich in dem vorgenannten Beispiel einmal den umgekehrten Fall vorstellt: D, nicht aber C weiß, dass sich A das Eigentum am Pferd „erschlichen" hat. Der bösgläubige Vertretene (D) könnte einfach einen gutgläubigen Vertreter (C) vorschieben und so, wenn es auf dessen (fehlende) Kenntnis ankäme, Rechtsfolgen bewirken, die er selbst

---

[566] Zu den *mittelbaren* Auswirkungen der Anfechtung einer bereits ausgeübten Innenvollmacht auf das Vertretergeschäft vgl. oben Rn. 118.

[567] Vgl. §§ 142 II, 173, 179 II, III, 819 I, 892 I 2, 932 II BGB, im Insolvenzrecht ferner die Anfechtungstatbestände der §§ 129ff. InsO (vgl. z.B. *BGH* NJW 2013, 611, 614 [Rn. 26ff.] zu einer Wissenszurechnung im Rahmen von § 133 I InsO).

nicht herbeiführen könnte. Eine solche Praxis verhindert die in § 166 II BGB normierte Ausnahme: Hat der Vertreter nach bestimmten **Weisungen des Vollmachtgebers** gehandelt, kann Letzterer sich nicht auf die Gutgläubigkeit des Vertreters berufen, wenn er selbst bösgläubig war. Der Begriff der Weisung ist dabei **weit auszulegen:** Es genügt jedes Rechtsgeschäft des Vertreters, zu dem ihn der Vollmachtgeber veranlasst hat.[568] Hat also in unserem Beispiel D in dem Wissen um die arglistige Täuschung den gutgläubigen C in den Eigentumserwerb eingeschaltet, kann er sich auf dessen Redlichkeit nicht berufen.

Mangels Weisungsbefugnis gilt § 166 II BGB im Grundsatz nicht für den gesetzlich Vertretenen.[569] Eine analoge Anwendung kommt aber in Betracht, wenn der Geschäftsführer einer GmbH nach den Weisungen des Alleingesellschafters handelt: Der GmbH schadet dann die Unredlichkeit des Alleingesellschafters.[570] 175

Bewirkt § 166 II BGB danach zu *Lasten* des Vertretenen, dass dieser sich nicht auf die Redlichkeit des Vertreters berufen kann, stellt sich die Frage, ob der Kenntnisstand des Vertretenen auch einmal zu seinen *Gunsten* Berücksichtigung finden kann. Relevant wird dies in Fällen, in denen der Vertretene vom Dritten getäuscht wird und er sodann einer allgemein vertretungsberechtigten Person die Weisung erteilt, ein Geschäft für ihn abzuschließen, ohne dass der Vertreter selbst auch getäuscht würde. Obwohl beim Vertreter, auf den es nach § 166 I BGB eigentlich ankommt, kein Willensmangel vorliegt, muss der Vollmachtgeber nach zutreffender Ansicht des *BGH* eine ihm gegenüber begangene Täuschung nicht wehrlos hinnehmen, wenn der Dritte durch seine Täuschung die dem Vertreter erteilte Weisung beeinflusst und so das Geschäft zustande gebracht hat.[571] 176

Beispiel: Der Einzelkaufmann K verhandelt mit dem Dritten D über den Ankauf von dessen Fahrzeug der Marke Porsche. Dabei fragt er D, ob es sich um das Modell mit 250 oder 300 PS handele. Bewusst wahrheitswidrig erklärt D, es sei das Modell mit der größeren Motorisierung. Nachdem K eine Nacht über die Sache geschlafen hat, schickt er am nächsten Morgen seinen Prokuristen P zu D, damit dieser dort das Auto erwerbe. P und D sprechen nicht über die Motorisierung, weshalb bei P keine Fehlvorstellung entsteht. Hätte K dem P für den konkreten Fall Vollmacht erteilt, könnte er diese Vollmacht anfechten und so das Vertretergeschäft zu Fall bringen (Rn. 118 ff.). P hatte aber schon zuvor Vollmacht und bei Erteilung der Prokura (§ 48 HGB) lag kein Willensmangel des K vor. Durch den Willensmangel beeinflusst ist allein die Weisung an P. Zum Schutz des Vollmachtgebers erscheint es in diesem Fall konsequent, den in § 166 II BGB zum Ausdruck kommenden Gedanken heranzuziehen, es komme auf diejenige Person an, auf deren Geschäftswillen die Willenserklärung des Vertreters tatsächlich beruht, und zwar zu *Gunsten* eines Anfechtungsrechts des Vollmachtgebers.[572] 177

Nichts anderes gilt, wenn der Dritte den Alleingesellschafter einer GmbH täuscht und dieser sodann den Geschäftsführer anweist, das Geschäft abzuschließen. Wird § 166 II BGB zu Lasten des Alleingesellschafters analog angewendet (Rn. 175), muss der darin enthaltene Rechtsgedanke auch zu seinen Gunsten eingreifen. 178

---

568 BGHZ 50, 364, 368.
569 *Bork*, BGB AT, Rn. 1656.
570 *BGH* ZIP 2004, 957, 960.
571 BGHZ 51, 141, 147.
572 So BGHZ 51, 141, 147; zustimmend *Medicus*, BGB AT, Rn. 902. Entgegen *Wolf/Neuner*, BGB AT, § 49 Rn. 91 geht es dabei allerdings nicht um eine analoge Anwendung des § 166 II BGB, weil eine Analogiebildung (dazu *Bitter/Rauhut*, JuS 2009, 289, 297 f.) keine neuen Rechtsfolgen hervorbringen kann, sondern allein bei bestehender Regelungslücke und vergleichbarer Interessenlage dieselbe (!) Rechtsfolge zur Anwendung kommt. Die Anwendung der in § 166 II BGB ausgesprochenen Rechtsfolge nützt dem Vertretenen hier aber nichts.

cc) Zurechnung bei Wissensvertretern

179 Unmittelbar ist § 166 I BGB nur auf die Wissenszurechnung von Stellvertretern anwendbar. Es besteht jedoch Einigkeit, dass dem Geschäftsherrn auch die Kenntnis sonstiger Hilfspersonen, die er in seine Angelegenheiten einschaltet, analog § 166 I BGB zugerechnet werden kann.[573] Es handelt sich insoweit um einen **allgemeinen Rechtsgedanken.** In Frage kommt jede Person, die nach der Arbeitsorganisation des Geschäftsherrn bestimmte Aufgaben in eigener Verantwortung zu erledigen und die dabei angefallenen Informationen entgegenzunehmen und gegebenenfalls weiterzuleiten hat.[574] Für solche Personen hat sich der Begriff **„Wissensvertreter"** eingebürgert.

180 Ein wichtiger Anwendungsfall ist beispielsweise die im Sprachgebrauch als „Versicherungsvertreter" bezeichnete Person[575], die üblicherweise kein Vertreter im Sinne des Stellvertretungsrechts ist. Dieser Versicherungsvertreter vermittelt gewöhnlich nur Versicherungsverträge für den Versicherer, indem er die Antragsformulare der geworbenen Kunden an den Versicherer weiterleitet; er schließt die Verträge aber nicht selbst im Namen des Versicherers ab und ist daher im Sinne des Handelsvertreterrechts Vermittlungs- und nicht Abschlussvertreter (Rn. 5).[576] Mit Blick auf diese in die Vermittlung von Versicherungen eingeschalteten Personen hat die Rechtsprechung schon früh festgestellt, sie seien „Auge und Ohr" des Versicherers (daher sog. „Auge-und-Ohr-Rechtsprechung"): Der Versicherer kann sich demnach nicht auf die Unkenntnis bestimmter für den Vertragsschluss wesentlicher Umstände berufen, wenn der Kunde diese dem Vermittler zur Kenntnis gebracht hat.

181 Ganz allgemein steht hinter der Figur des „Wissensvertreters" die Idee, der Geschäftsherr solle sich nicht durch eine Kompetenz- und damit verbundene Wissensaufteilung einer Wissenszurechnung entziehen. Ansonsten würden insbesondere Geschäftspartner großer Unternehmen, die durch eine starke Arbeitsteilung gekennzeichnet sind, benachteiligt. Zunehmend hat deshalb die Rechtsprechung eine Wissenszurechnung auch in solchen Fällen anerkannt, in denen die wissende Person – anders als ein Vermittlungsvertreter – überhaupt nicht am Vertragsschluss beteiligt ist. Insoweit geht es um die Zurechnung von **typischerweise aktenmäßig festgehaltenem Wissen**, das bei ordnungsgemäßer Speicherung derjenigen Person zur Verfügung gestanden hätte, die den Vertrag für ein Unternehmen abschließt.[577]

182 **Beispiel:** Einkaufsmitarbeiter E hat für den Autohändler A ein Auto angekauft und dabei vom Vorbesitzer erfahren, dass es einen Unfallschaden hatte. Dies wird aber nirgendwo notiert. Später verhandelt der Verkaufsmitarbeiter V des A mit dem Interessenten I über den Verkauf dieses Fahrzeugs. Da V von dem Unfallschaden nichts weiß, informiert er I auch nicht darüber. I beruft sich nach Entdeckung des Unfallschadens auf ein arglistiges Verschweigen. Dies kommt nur dann in Betracht, wenn dem durch V vertretenen A das Wissen des E zugerechnet wird, obwohl nicht E, sondern V die Verhandlungen mit I geführt hat.

183 Aufgrund ihrer Organisationshoheit sind arbeitsteilige Unternehmen zur Speicherung rechtserheblicher Informationen angehalten, um sie im Bedarfsfall abrufen zu können. Zugerechnet werden allerdings nur solche Informationen, deren

---

[573] Vgl. nur *Bork*, BGB AT, Rn. 1662 m. w. N. Eine *Willens*zurechung von Personen, die keine Vertreter sind, kommt dagegen nicht in Betracht (vgl. etwa zur Problematik der Zurechnung des Scheingeschäftswillens eines Verhandlungsgehilfen oben § 7 Rn. 47).

[574] BGHZ 117, 104, 106 f.

[575] Siehe die Nachweise bei Palandt/*Ellenberger*, § 166 Rn. 6 a.

[576] Näher zum Handelsvertreter *Bitter/Schumacher*, HandelsR, § 9 Rn. 22 ff.

[577] Siehe die Nachweise bei Palandt/*Ellenberger*, § 166 Rn. 8.

Überprüfung man aufgrund eines konkreten Anlasses vernünftigerweise erwarten konnte.[578] Da diese Wissenszusammenrechnung in Unternehmen nur noch mittelbar mit dem Stellvertretungsrecht zu tun hat, soll darauf hier nicht weiter eingegangen werden. Sie ist insbesondere im Gewährleistungsrecht relevant.

f) Besondere Erscheinungsformen von Vertretungsmacht

aa) Gesamtvertretungsmacht

Die Vertretungsmacht kann auch **mehreren Personen gemeinsam** erteilt werden. 184
Man spricht dann von Gesamtvertretungsmacht. Häufig handelt es sich um eine Vorsichtsmaßnahme getreu dem Motto „Vier Augen sehen mehr als zwei".[579] Zudem wird pflichtwidrigem Handeln eines einzelnen Vertreters vorgebeugt. Gesamtvertretungsmacht kann sowohl gesetzlich als auch rechtsgeschäftlich begründet werden.

So sind z. B. die Eltern nach § 1629 I 2 Hs. 1 BGB Gesamtvertreter für ihr Kind 185
(Rn. 66). Auch im Gesellschaftsrecht ordnet das Gesetz häufig Gesamtvertretung an (vgl. §§ 709, 714 BGB für die GbR; § 35 II 1 GmbHG für die GmbH; § 78 II 1 AktG für die AG). Bei der oHG ist zwar grundsätzlich jeder Gesellschafter allein zur Vertretung der Gesellschaft befugt (§ 125 I HGB). Allerdings kann nach § 125 II 1 BGB der Gesellschaftsvertrag vorsehen, dass alle oder mehrere Gesellschafter nur zusammen vertretungsberechtigt sein sollen. Wird von dieser Option Gebrauch gemacht, besteht *rechtsgeschäftliche* Gesamtvertretungsmacht.

Hinweis: Einzelheiten der Geschäftsführung und Vertretung bei den verschiedenen Gesellschaftsformen sind im Lern- und Fallbuch zum Gesellschaftsrecht dargestellt.[580]

Durchaus üblich ist es auch, einen Prokuristen an die Mitwirkung eines ande- 186
ren Prokuristen zu binden (§ 48 II HGB). Man spricht dann von **echter Gesamtprokura.** Den Fall, dass der Prokurist das Vertretergeschäft nur gemeinsam mit einem organschaftlichen Vertreter (Gesellschafter, Geschäftsführer, Vorstand) tätigen darf, nennt man dagegen **unechte Gesamtprokura.**

Hinweis: Details zur Prokura sind im Lern- und Fallbuch zum Handelsrecht dargestellt.[581]

Besteht Gesamtvertretungsmacht, wird der Vertretene grundsätzlich erst dann ge- 187
bunden, wenn jeder einzelne Vertreter eine entsprechende *wirksame* Erklärung abgegeben hat. Nicht erforderlich ist jedoch, dass die Erklärungen zeitgleich oder gemeinschaftlich abgegeben werden.[582] Sofern es sich um empfangsbedürftige Erklärungen handelt, wird das Rechtsgeschäft erst wirksam, wenn auch die letzte Erklärung dem Empfänger zugegangen ist. Bei **passiver Stellvertretung** reicht dagegen stets der Zugang **bei einem einzigen Gesamtvertreter** (vgl. nur §§ 1629 I 2 Hs. 2 BGB, 125 II 3 HGB, 35 II 2 GmbHG, 78 II 2 AktG).[583]

Auch durch das alleinige rechtsgeschäftliche Handeln eines einzelnen Gesamtver- 188
treters kann ein wirksames Vertretergeschäft zustande kommen.[584] Das ist möglich,

---

578 *Medicus*, BGB AT, Rn. 904 b.
579 *Bork*, BGB AT, Rn. 1435.
580 *Bitter*, GesellschaftsR, § 3 Rn. 51 ff. zur AG, § 4 Rn. 134 ff. zur GmbH, § 5 Rn. 53 ff. zur GbR, § 6 Rn. 31 ff. zur oHG, § 7 Rn. 29 f. zur KG.
581 *Bitter/Schumacher*, HandelsR, § 6 Rn. 4.
582 *Flume*, AT II, § 45 I 3 (S. 782).
583 Es handelt sich um einen *allgemeinen Grundsatz*, der bei jeder Gesamtvertretung gilt.
584 *BGH* NJW-RR 2003, 303, 304.

wenn die Gesamtvertreter einen Einzelnen zur Vornahme eines oder mehrerer Rechtsgeschäfte **ermächtigen.**[585] Insoweit besteht dann Einzelvertretungsmacht. Auch die nachträgliche Zustimmung (Genehmigung) durch alle Gesamtvertreter ist möglich. Eine Ermächtigung, generell allein vertretungsbefugt zu sein, würde jedoch durch faktische Aufhebung des Vier-Augen-Prinzips dem Zweck der Gesamtvertretungsmacht zuwiderlaufen und ist daher unzulässig.[586]

189 Dem Vertretenen schadet bereits die Kenntnis bzw. das Kennenmüssen eines einzigen Gesamtvertreters (§ 166 I BGB). Merksatz: *„Ein faules Ei verdirbt den Brei"*. Auf der anderen Seite begründet auch schon der Irrtum oder die Täuschung eines einzelnen Gesamtvertreters die Anfechtungsmöglichkeit nach §§ 119ff. BGB.

bb) Untervertretungsmacht

190 Der Vertreter kann seinerseits einen weiteren Vertreter einschalten, der das Rechtsgeschäft für den Vertretenen vornehmen soll. Den ersten Vertreter nennt man **Haupt-**, den zweiten **Untervertreter**. Nach ganz h.L. ist eine solche mehrstufige Vertretung nur in der Form möglich, dass der Hauptvertreter einen Untervertreter im Namen des Vertretenen zur Vornahme des Rechtsgeschäfts autorisiert (*unmittelbare Untervertretung*).[587] Die Rechtsprechung erkennt dagegen auch eine *mittelbare Untervertretung* an. Hierbei erteilt der Hauptvertreter dem Untervertreter im eigenen Namen eine Vollmacht, das Rechtsgeschäft für den Vertretenen zu tätigen.[588]

191 Neben der Abgabe einer eigenen Willenserklärung und dem Handeln im Namen des Vertretenen sind für eine Bindung des Vertretenen im Rahmen der Vertretungsmacht zu prüfen:

- die Vertretungsmacht des Hauptvertreters (gesetzliche, organschaftliche oder wirksame Hauptvollmacht),
- die wirksame Bevollmächtigung des Untervertreters durch den Hauptvertreter (bei rechtsgeschäftlicher Hauptvollmacht als Untervollmacht bezeichnet),
- die Beachtung der Grenzen der Untervollmacht durch den Untervertreter.

192 Auf beiden Vertretungsebenen muss nach allgemeinen Grundsätzen eine wirksame Vertretungsmacht bestehen. Ob eine wirksame (Unter-)Bevollmächtigung des Untervertreters vorliegt, hängt auch davon ab, ob der Hauptvertreter überhaupt zur Erteilung einer (Unter-)Vollmacht berechtigt war. Ist nichts Ausdrückliches bestimmt, ist zu fragen, ob der Vertretene ein besonderes Interesse an der persönlichen Vornahme des Rechtsgeschäfts durch den Hauptvertreter hat.[589] Bejahendenfalls ist eine gleichwohl erteilte (Unter-)Vollmacht wegen fehlender Vertretungsmacht als einseitiges Rechtsgeschäft nach § 180 S. 1 BGB unwirksam.

193 **Beispiel:** A bevollmächtigt den Kunstsachverständigen B zum Erwerb eines Bildes auf einer Auktion. B hat aber keine Lust, zu der Auktion hinzugehen, weshalb er seinen Freund, den KFZ-

---

585 Diese Möglichkeit ist z.B. in § 125 II 2 HGB ausdrücklich geregelt, ist aber auch im Übrigen allgemein anerkannt, *Wolf/Neuner*, BGB AT, § 49 Rn. 41.

586 *BGH* NJW-RR 1986, 778; *BGH* ZIP 2008, 2411, 2413 (Rn. 30); MünchKomm-BGB/*Schramm*, § 164 Rn. 88; von dieser (generellen) Ermächtigung eines von mehreren Gesamtvertretern zu trennen ist allerdings die Bevollmächtigung einer dritten Person durch alle Gesamtvertreter (vgl. *Leitzen*, WM 2010, 637).

587 Vgl. *Flume*, AT II, § 49 5 (S. 837); MünchKomm-BGB/*Schramm*, § 167 Rn. 96; *Medicus*, BGB AT, Rn. 951.

588 BGHZ 68, 391, 394; zustimmend *Bork*, BGB AT, Rn. 1452. *Wolf/Neuner*, BGB AT, § 50 Rn. 38 lehnen eine Unterscheidung zwischen unmittelbarer und mittelbarer Untervertretung ab.

589 *Köhler*, BGB AT, § 11 Rn. 58.

Mechaniker F, der von Kunst keine Ahnung hat, bevollmächtigt, im Namen des A ein schönes Bild zu erwerben. Die Untervollmacht ist hier unwirksam. Der Erwerb des Bildes sollte nach dem erkennbaren Willen des A durch einen Fachmann erfolgen.

Die äußerste Grenze der Befugnisse des Untervertreters bildet der Umfang der 194
Hauptvollmacht: Der Untervertreter kann für den Vertretenen nicht mehr Rechtsfolgen herbeiführen als der Hauptvertreter.[590] Regelmäßig bleibt Letzterer neben dem Untervertreter zur Vertretung des Vertretenen berechtigt.

Bei der **Haftung des Untervertreters aus Vertretung ohne Vertretungsmacht** ge- 195
mäß § 179 BGB (Rn. 236 ff.) ist zu differenzieren. Ist die Hauptvollmacht, nicht jedoch die Untervollmacht wirksam, haftet der Untervertreter zweifelsfrei nach § 179 BGB.[591]

Beispiel: A hat B Vollmacht erteilt, einen Fernseher zu kaufen. Tags darauf bevollmächtigt B 196
den C im Namen des A, den Fernseher für A zu kaufen. Infolge übermäßigen Spice-Konsums befand sich B bei Erteilung der (Unter-)vollmacht in einem die freie Willensbildung ausschließenden Zustand. Kurze Zeit später kauft C im Namen des A den Fernseher. Die Erteilung der Untervollmacht ist gemäß § 105 II BGB nichtig. C schloss den Kaufvertrag als Vertreter ohne Vertretungsmacht. Sofern A den Vertragsschluss nicht genehmigt, haftet C nach § 179 BGB.

Der Untervertreter müsste eigentlich auch nach § 179 BGB haften, wenn eine 197
Hauptvollmacht bei Erteilung der Untervollmacht nicht (wirksam) bestand. Aus der Unwirksamkeit der Hauptvollmacht folgt i. d. R. auch die der Untervollmacht. Derartige „Vertretungsketten" bergen daher ein großes Haftungsrisiko für den Untervertreter. Nach h. M. kann der Untervertreter der Haftung aber dadurch entgehen, dass er offenlegt, dass er seine Vertretungsmacht nicht unmittelbar vom Vertretenen, sondern von einem weiteren zwischengeschalteten Hauptvertreter ableitet.[592] Der Geschäftspartner weiß dann, dass der abgeschlossene Vertrag von zwei Vollmachtserteilungen abhängig ist. Das Vertrauen auf den Bestand der Hauptvollmacht wird daher erkennbar auf Veranlassung des Hauptvertreters erweckt, weshalb nur er für Mängel der Hauptvollmacht nach § 179 BGB haften muss. Macht der Untervertreter hingegen nicht deutlich, dass er nicht unmittelbar auf Geheiß des Vertretenen agiert, haftet er nach § 179 BGB. Für den Dritten ist dann nicht ersichtlich, dass es auf die Wirksamkeit einer weiteren Vollmachtserteilung ankommt.

Beispiel: Wäre in dem in Rn. 196 angeführten Fall nicht die Bevollmächtigung des B, sondern 198
die des A nach § 105 II BGB nichtig gewesen, müsste C trotzdem haften, weil er die Mehrstufigkeit nicht aufgedeckt hat.

IV. Beschränkungen der Vertretungsmacht

Sind die fünf Voraussetzungen wirksamer Stellvertretung erfüllt, handelt der Ver- 199
treter insbesondere im Rahmen seiner Vertretungsmacht, wird der Vertretene grundsätzlich durch die Willenserklärung des Vertreters gebunden (§ 164 I BGB). Zum Schutz des Vertretenen müssen der Vertretungsbefugnis aber in bestimmten Konstellationen Grenzen gezogen werden. Auch hier gibt es wieder gesetzlich ausdrücklich geregelte sowie durch Rechtsprechung und Literatur entwickelte Grenzen.

---

590 *BGH* NJW 2013, 297, 298 (Rn. 12).

591 *Leipold*, BGB AT, § 26 Rn. 24.

592 *Flume*, AT II, § 49 5 (S. 838); *Medicus*, BGB AT, Rn. 996; *Petersen*, Jura 1999, 401 ff.; MünchKomm-BGB/*Schramm*, § 167 Rn. 99; *Bork*, BGB AT, Rn. 1452; *Wolf/Neuner*, BGB AT, § 50 Rn. 38; a. A. (Untervertreter haftet stets) *Leipold*, BGB AT, § 26 Rn. 27; *Brox/Walker*, BGB AT, Rn. 548.

1. Gesetzliche Beschränkungen der Vertretungsmacht

200 In einigen Fällen beschränkt das Gesetz die Vertretungsbefugnis des Vertreters. So ist etwa die Vertretungsmacht der Eltern für ihre minderjährigen Kinder (§ 1629 I 1 BGB) gemäß § 1641 BGB begrenzt: Zum Schutz des Kindesvermögens können sie grundsätzlich keine Schenkungen im Namen ihres Kindes tätigen. Weitere gesetzliche Beschränkungen finden sich in § 1629 II 1 i.V.m. §§ 1795, 1804 S. 1, 1908i BGB.

2. Das Verbot des Insichgeschäfts (§ 181 BGB)

201 Regelmäßig setzt die Wirksamkeit eines Rechtsgeschäfts die Beteiligung zweier *verschiedener* Personen voraus. Das gilt jedenfalls, soweit das Rechtsgeschäft empfangsbedürftige Willenserklärungen enthält. Verträge verlangen die Abgabe eines Angebots und einer Annahme, wobei Anbietender und Annehmender i.d.R. nicht identisch sind. Einseitige, empfangsbedürftige Rechtsgeschäfte werden erst mit Zugang beim Erklärungsempfänger wirksam. Auch hier werden Erklärender und Erklärungsempfänger meist auseinanderfallen. Das verhält sich bei der Stellvertretung im Grundsatz nicht anders. Der Stellvertreter verkörpert den Vertretenen bei einem Vertrag gewöhnlich entweder auf der Angebots- oder der Annahmeseite, jeweils bei der Abgabe bzw. dem Zugang der Erklärung. Allerdings ermöglicht die Stellvertretung auch die wirksame Vornahme eines Rechtsgeschäfts unter Beteiligung nur einer einzigen Person. Das Rechtsgeschäft wird dabei allein in der Person des Vertreters vorgenommen. Die zwei relevanten Konstellationen eines solchen Insichgeschäfts sind in § 181 BGB angesprochen.

202 Das sogenannte **Selbstkontrahieren** (§ 181 Alt. 1 BGB) zeichnet sich dadurch aus, dass der Vertretene bei demselben Rechtsgeschäft auf der einen Seite im Namen des Vertretenen und auf der anderen Seite im eigenen Namen handelt.

203 **Beispiel:** A hat B bevollmächtigt, das Auto des A zu verkaufen. B möchte das Auto selbst erwerben. Er gibt daher im Namen des A eine Angebotserklärung an sich selbst ab und nimmt sie sodann im eigenen Namen an.

204 Bei der **Mehrfachvertretung** (§ 181 Alt. 2 BGB) – nicht zu verwechseln mit der Gesamtvertretung (Rn. 184ff.) – vertritt der Vertreter bei Vornahme des Rechtsgeschäfts beide Parteien gleichzeitig. Er handelt dabei zweimal in fremdem Namen.

205 **Beispiel:** Im vorstehenden Fall ist B auch noch von C bevollmächtigt worden, ein Auto für diesen zu kaufen. Gibt nun B ein Angebot im Namen des A ab und nimmt es im Namen des C an, so spricht man von Mehrfachvertretung.

206 Es ist offensichtlich, dass solche Insichgeschäfte die **Gefahr einer Interessenkollision** bergen, weil der Vertreter bei ein und demselben Rechtsgeschäft in beiden „Lagern" gleichzeitig steht. Beim Selbstkontrahieren läuft sein eigenes Interesse, z.B. an einem möglichst geringen Einkaufspreis, dem des Vertretenen zuwider, z.B. an einem möglichst hohen Verkaufspreis. Vertritt er dagegen – wie bei der Mehrfachvertretung – zwei Personen bei demselben Rechtsgeschäft, muss er entweder einem Interesse den Vorrang einräumen oder aber einen Kompromiss schließen. Jedenfalls wird er in beiden Fällen nicht das Beste für den/die Vertretenen aus dem Geschäft herausholen (können).

207 Dieser Gefahr beugt § 181 BGB vor, indem er **Insichgeschäfte grundsätzlich** für **unzulässig** erklärt. Zu folgenden Prüfungspunkten sollte in der Klausur Stellung bezogen werden:

- Rechtsgeschäft unter Einschaltung eines Vertreters
- Personenidentität auf beiden Seiten
- ausnahmsweise Gestattung des Insichgeschäfts
- Rechtsfolge

§ 181 BGB gilt für **alle Verträge und einseitigen Rechtsgeschäfte**, bei denen ein Vertreter eingeschaltet ist. 208

Beispiel: A hat B einen – wie sich später herausstellt – mangelhaften PC verkauft. B ist Generalbevollmächtigter des A. Nachdem B erfolglos eine Frist zur Nacherfüllung gesetzt hat, tritt er vom Kaufvertrag zurück. Fristsetzung und Rücktrittserklärung gibt er im eigenen Namen ab. Hinsichtlich des Zugangs der Erklärungen agiert er als Vertreter des A. Fristsetzung und Rücktrittserklärung sind gemäß § 181 BGB (schwebend) unwirksam (Rn. 220).[593] 209

Der Vertreter muss auf beiden Seiten des Rechtsgeschäfts stehen und dabei wenigstens einmal als Vertreter auftreten.[594] Nur vor aus dieser **Personenidentität** resultierenden Interessenkollisionen will § 181 BGB den Vertretenen schützen. Vertretergeschäfte ohne Personenidentität sind daher nicht nach § 181 BGB unzulässig, mag eine Interessenkollision auch noch so massiv sein. Auf der anderen Seite greift § 181 BGB nach h. M. auch dann, wenn im konkreten Einzelfall keine Interessenkollision festzustellen ist.[595] § 181 BGB lässt Interessenlagen ausreichen, die typischerweise gefährlich sind. 210

Trotz fehlender Personenidentität gilt § 181 BGB seinem Zweck entsprechend aber dann, wenn die **Personenidentität gezielt umgangen** wird.[596] 211

Beispiel: A hat B bevollmächtigt, die Wohnung des A zu vermieten. B möchte die Wohnung selbst anmieten. Er erteilt seinem Freund F Untervollmacht, für A zu handeln. F gibt im Namen des A ein Angebot, gerichtet auf Abschluss eines Mietvertrags, ab, das B im eigenen Namen annimmt. Trotz fehlender Personenidentität gilt § 181 BGB entsprechend. Das Gleiche gilt, wenn B den F zu seinem eigenen Vertreter ernennt und mit ihm im Namen des A den Vertrag abschließt. 212

Insichgeschäfte können ausnahmsweise zulässig sein. Nach § 181 BGB ist das zum einen der Fall, wenn dem Vertreter die **Vornahme des Insichgeschäfts** durch den Vertretenen, bei der Mehrfachvertretung durch alle Vertretenen **gestattet** ist. Der Vertretene, der sich bewusst auf die Gefahr eines Interessenkonflikts einlässt, muss nicht geschützt werden. 213

In der Praxis kommen solche Gestattungen insbesondere bei sog. „Einpersonen-GmbH" vor, bei denen der Alleingesellschafter auch Alleingeschäftsführer ist. Im Gesellschaftsvertrag wird hier regelmäßig eine Klausel aufgenommen, wonach der Geschäftsführer vom Verbot des Insichgeschäfts aus §§ 181 BGB, 35 III 1 GmbHG befreit wird.[597] Er kann damit in seiner Eigenschaft als Privatperson mit „seiner GmbH" Verträge schließen, die GmbH also wirksam in seiner Eigenschaft als Geschäftsführer vertreten, obwohl er auch auf der anderen Seite des Geschäfts für sich selbst handelt. 214

---

593 Trotz einseitigen Rechtsgeschäfts ist § 180 S. 1 BGB nicht anwendbar, weil die Ausnahme des § 180 S. 3 BGB eingreift (Rn. 246). A war als Empfangsvertreter einverstanden.

594 *Bork*, BGB AT, Rn. 1587.

595 BGHZ 56, 97, 102 (mit einer – inzwischen durch § 35 III 1 GmbHG korrigierten – Einschränkung für den Alleingesellschafter einer GmbH); MünchKomm-BGB/*Schramm*, § 181 Rn. 9; *Medicus*, BGB AT, Rn. 961; *Leipold*, BGB AT, § 27 Rn. 3; a. A. *Brox/Walker*, BGB AT, Rn. 592 a.E.

596 BGHZ 112, 339, 343 = NJW 1991, 691, 692.

597 Nach *BGH* ZIP 2004, 1285, 1286 spricht dafür bei der üblichen notariellen Satzungsgestaltung sogar eine Vermutung.

215 Allerdings darf das Rechtsgeschäft bei einem gestatteten Insichgeschäft nicht nur „im Kopf" des Vertreters stattfinden.[598] Für die Außenwelt muss erkennbar sein, dass etwas rechtlich Erhebliches passiert. Das kann z. B. durch die schriftliche Dokumentation des Rechtsgeschäfts geschehen.[599] Für die GmbH wird dies in § 35 III 2 GmbHG besonders angeordnet.

216 Zweitens ist ein Insichgeschäft wirksam, wenn es ausschließlich in der **Erfüllung einer zuvor wirksam begründeten Verbindlichkeit** besteht (§ 181 BGB a. E.). Erfasst ist sowohl die Erfüllung einer Verbindlichkeit des Vertreters gegenüber dem Vertretenen als auch der umgekehrte Fall. Der Vertreter hat auf den Inhalt der Verpflichtung keinerlei Einfluss mehr. Dessen bloße Erfüllung ist regelmäßig unbedenklich, zumal der Vertreter bzw. der Vertretene sie ohnehin schuldet, so dass der Vertreter die dazu erforderlichen Rechtshandlungen auch alleine vornehmen darf.

217 Davon muss aber eine **Rückausnahme** gemacht werden, wenn der Vertretene nicht voll geschäftsfähig ist und das Erfüllungsgeschäft (auch) rechtlich nachteilig für ihn ist. Namentlich geht es dabei um die elterliche Erfüllung von Schenkungsverträgen über Wohnungs- oder Grundeigentum. Das Schenkungsangebot der Eltern kann der Minderjährige oft selbst annehmen, weil es für ihn lediglich rechtlich vorteilhaft ist (§ 107 BGB).[600] Die Erfüllung des Schenkungsvertrags könnten die Eltern als gesetzliche Vertreter (§ 1629 I S. 1, II 1 BGB) aber nun nach § 181 BGB a. E. im Wege des Insichgeschäfts vornehmen. Sind mit dem Eigentumserwerb persönliche Verpflichtungen verbunden, wie etwa die Pflichten gegenüber einem Nießbraucher (§ 1088 BGB), die Pflichten beim Eintritt in ein bestehendes Mietverhältnis nach § 566 BGB oder die Pflichten eines Wohnungseigentümers nach §§ 16 II, IV WEG, **droht eine Umgehung des Minderjährigenschutzes.**

218 Nach der Rechtsprechung ist der Minderjährige dadurch zu schützen, dass die rechtliche Nachteiligkeit des Erfüllungsgeschäfts bereits beim schuldrechtlichen Rechtsgeschäft zu berücksichtigen ist.[601] Diese **Gesamtbetrachtung** führt dazu, dass schon gar keine wirksame Verbindlichkeit begründet werden kann. Weil der Schenkungsvertrag auch nachteilig sei, dürfe der Minderjährige nicht alleine handeln. Eine Stellvertretung durch seine Eltern scheitere an § 181 BGB. Die Lösung der Rechtsprechung ist wegen des Verstoßes gegen das Abstraktions- und Trennungsprinzip systemwidrig und zum Schutz des Minderjährigen auch gar nicht erforderlich. Stattdessen ist mit der h. L. der Ausnahmetatbestand des § 181 BGB a. E. teleologisch zu reduzieren[602], wenn die Erfüllung durch die Eltern für den Minderjährigen auch rechtlich nachteilig ist.[603]

219 Drittens ist ein weiterer **ungeschriebener Ausnahmetatbestand** allgemein anerkannt: Ein Insichgeschäft, das dem Vertretenen **lediglich einen rechtlichen Vorteil** i. S. d. § 107 BGB bringt, ist ebenfalls wirksam. Von einem solchen Rechtsgeschäft gehen für den Vertretenen niemals Gefahren aus, so dass § 181 BGB teleologisch zu reduzieren ist.[604]

---

[598] *Bork*, BGB AT, Rn. 1586.

[599] *Leipold*, BGB AT, § 27 Rn. 8.

[600] Zum Begriff des ausschließlich rechtlichen Vorteils siehe oben § 9 Rn. 22 ff.

[601] BGHZ 78, 29, 35 = NJW 1981, 109, 111; zustimmend *Gitter/Schmitt*, JuS 1982, 253, 256; offen gelassen von BGHZ 161, 170, 174 = NJW 2005, 415, 417.

[602] Zur teleologischen Reduktion siehe allgemein *Bitter/Rauhut*, JuS 2009, 289, 294 f.

[603] *Jauernig*, JuS 1993, 614 f.; *ders.*, JuS 1982, 576 f.; *Bork*, BGB AT, Rn. 1002; Erman/*Maier-Reimer*, § 181 Rn. 23; *Schmitt*, NJW 2005, 1090 ff.; *Köhler*, BGB AT, § 10 Rn. 17.

[604] Davon zu unterscheiden ist die z. B. von *Brox/Walker*, BGB AT, Rn. 592, entgegen der h. M. (Rn. 210) vertretene Ansicht, die § 181 BGB immer dann nicht anwenden will, wenn *im*

Ist keiner der vorstehenden Ausnahmetatbestände einschlägig, ist das Rechtsgeschäft gemäß § 181 BGB unzulässig. Diese Rechtsfolgenanordnung ist nach einhelliger Ansicht so zu verstehen, dass **Verträge schwebend unwirksam**, aber genehmigungsfähig sind (§ 177 I BGB). Für einseitige Rechtsgeschäfte ist § 180 BGB maßgeblich (dazu Rn. 244ff.). Danach ist grundsätzlich von deren Unwirksamkeit auszugehen. 220

⇨ *Fall Nr. 63 – Vorteil oder Nachteil?*

3. Die Lehre vom Missbrauch der Vertretungsmacht

Es wurde bereits erwähnt, dass bei der Stellvertretung Innen- und Außenverhältnis strikt voneinander zu trennen sind (Rn. 92ff.). Das gilt nicht nur für deren Entstehung, sondern auch für deren jeweiligen Umfang. Das Innenverhältnis zwischen Vertretenem und Vertreter gibt dabei vor, welche Rechtsgeschäfte Letzterer vornehmen *darf*. Das Außenverhältnis (= Vertretungsmacht) bestimmt hingegen, welche Rechtsgeschäfte der Vertreter wirksam vornehmen *kann*. Häufig wird beides identisch sein, denn (konkludente) Äußerungen des Vertretenen, die das Innenverhältnis betreffen, werden regelmäßig auch den Umfang der Vertretungsmacht beeinflussen. 221

Es kann jedoch auch eine **Diskrepanz von rechtlichem Dürfen und rechtlichem Können** bestehen, wie dies vor allem dann in Betracht kommt, wenn der Umfang der Vertretungsmacht gesetzlich festgelegt ist und der Vertretene hiervon nicht abweichen kann. Relevant ist dies insbesondere im Handelsrecht bei der Prokura (§ 49 HGB)[605] sowie im Gesellschaftsrecht bei der Vertretungsmacht der Organe.[606] 222

Beispiel: P ist Prokurist einer Bank. Sein Vorgesetzter weist ihn (arbeitsvertraglich) an, bei Kreditvergaben über € 100.000 zunächst mit ihm Rücksprache zu halten. Da der Umfang der Prokura jedoch in § 49 I HGB vorgegeben ist und interne Beschränkungen gegenüber Dritten nicht wirken (§ 50 I HGB), ist ein Kreditvertrag über € 200.000, den P im Namen der Bank mit einem Dritten ohne Rücksprache mit seinem Vorgesetzten abschließt, gleichwohl wirksam. Die Überschreitung seiner Befugnisse im Innenverhältnis (Arbeitsvertrag) schlägt grundsätzlich nicht ins Außenverhältnis (Vollmacht) durch. 223

Trotz entgegenstehender Weisungen kann der Vertreter also wirksam Rechtsgeschäfte vornehmen, die den Vertretenen binden. Das damit verbundene Missbrauchsrisiko wird grundsätzlich dem Vertretenen aufgebürdet. Das Rechtsgeschäft ist also wirksam, was dem Schutz des Dritten dient. Dieser kann und muss interne Vorgaben des Vertretenen nicht kennen. Er soll sich darauf verlassen können, dass der Vertreter das Rechtsgeschäft vornehmen *kann*. Ob der Vertreter es auch vornehmen *darf*, soll für ihn irrelevant sein. Dem Vertretenen bleiben bei einem pflichtwidrigen Vertreterverhalten nur Ansprüche im Innenverhältnis gegen den Vertreter, insbesondere solche aus § 280 I BGB (Schadensersatz wegen Vertragsverletzung). 224

Ausnahmsweise beeinflusst aber das Überschreiten der Befugnisse im Innenverhältnis die Wirksamkeit des Außenverhältnisses, nämlich dann, wenn der **Dritte nicht schutzwürdig** ist. Zwei Fälle sind im Grundsatz allgemein akzeptiert: 225

---

konkreten Einzelfall keine Interessenkollision besteht. Hier geht es demgegenüber um Fälle, in denen eine Interessenkollision *von vorneherein aus rechtlichen Gründen* ausgeschlossen ist.

605 Zum dadurch ermöglichten Missbrauch der Vertretungsmacht siehe *Bitter/Schumacher*, HandelsR, § 6 Rn. 19ff. mit Fall Nr. 18 – Missbrauch der Vertretungsmacht.

606 Siehe zur Vertretungsmacht des Geschäftsführers einer GmbH §§ 35, 37 GmbHG, zur Vertretungsmacht des Vorstands einer AG §§ 78, 82 AktG.

a) Kollusion

226 Den ersten bezeichnet man als Kollusion[607]: Wissen sowohl der Vertreter als auch der Dritte, dass der Abschluss des Rechtsgeschäfts die Innenbefugnisse des Vertreters überschreitet, so ist das **Vertretergeschäft** nach h. M. **gemäß § 138 I BGB sittenwidrig,** mithin nichtig, wenn sie es einverständlich zum Nachteil des Vertretenen abschließen.[608] Kontrahiert der Vertreter zulässigerweise im Wege des Insichgeschäfts gemäß § 181 BGB (Rn. 201 ff.), setzt sich dabei aber bewusst über interne Bindungen hinweg, besteht die erforderliche beiderseitige Kenntnis von der Befugnisüberschreitung zwangsläufig.[609] Einen etwaigen Schaden kann der Vertretene nach §§ 826, 840 BGB vom Vertreter sowie vom Dritten ersetzt verlangen. Gegen den Vertreter kommen zudem vertragliche Ansprüche aus dem Innenverhältnis in Betracht.

227 **Beispiel:** Prokurist P des Antiquitätenhändlers A verkauft die wertvolle Originalgemäldesammlung, die A ausdrücklich nicht zum Verkauf vorgesehen hat, zum Preis von € 10 an den Konkurrenten K, weil er A in den Ruin treiben will. Der Kaufvertrag ist gem. § 138 I BGB nichtig.

228 Nach anderer Ansicht ist es zum Schutz des Vertretenen ausreichend, das Vertretergeschäft (nur) nach § 177 I BGB als schwebend unwirksam zu behandeln. Dem Vertretenen solle es unbenommen bleiben, das Rechtsgeschäft durch Genehmigung „an sich zu ziehen“.[610]

b) Objektive Evidenz des Missbrauchs

229 In der zweiten Konstellation geht es um Fälle, in denen der Dritte zwar keine positive Kenntnis von der Befugnisüberschreitung des Vertreters hat oder ihm diese Kenntnis jedenfalls nicht im Prozess nachgewiesen werden kann. Dann lässt sich die Unwirksamkeit des Geschäfts nicht auf § 138 BGB stützen.

230 Nach den Grundsätzen vom **offenkundigen Missbrauch der Vertretungsmacht** ist die Bindung des Vertretenen auch dann ausgeschlossen, wenn der Missbrauch aus der Perspektive des Dritten „objektiv evident“ ist.[611] Dabei ist objektive Evidenz des Missbrauchs in etwa gleichbedeutend mit grob fahrlässiger Unkenntnis auf Seiten des Dritten.[612] Voraussetzung ist also, dass der Dritte die im Verkehr erforderliche Sorgfalt (§ 276 II BGB) in besonders schwerem Maße außer Acht gelassen hat. Nach der Rechtsprechung ist dies der Fall, wenn der Vertreter in ersichtlich verdächtiger Weise vorgegangen ist, sodass sich dem Dritten gleichsam aufdrängen musste, dass der Vertreter seine Befugnisse im Innenverhältnis überschreitet. In diesem Fall kann sich der Dritte nicht darauf berufen, dass Innen- und Außenverhältnis zu trennen sind. Eine allgemeine Prüfungspflicht trifft den Dritten allerdings nicht.[613] Er kann sich im Grundsatz darauf verlassen, dass eine Vertretungsmacht in dem gesetzlich bestimmten Umfang auch tatsächlich besteht.

---

[607] Der Begriff „Kollusion“ ist von dem lateinischen Wort *colludere = mit einem anderen zusammenspielen* abgeleitet.

[608] *BGH* NJW 2002, 1497, 1498; 1989, 26, 27; MünchKomm-BGB/*Schramm*, § 164 Rn. 107. Die Nichtigkeit des Vertretergeschäfts ist dabei Folge der zunächst einmal aus § 138 BGB sich ergebenden Nichtigkeit der kollusiven Vereinbarung zwischen Drittem und Vertreter. Diese erfasst regelmäßig auch das Hauptgeschäft.

[609] Dazu *BGH* NJW 2011, 66, 67 (Rn. 13).

[610] *Wolf/Neuner*, BGB AT, § 49 Rn. 107; *Bork*, BGB AT, Rn. 1575.

[611] *BGH* NJW 1994, 2082, 2083 f.; 1999, 2883 f.; 2011, 66, 69 (Rn. 29).

[612] Vgl. *Karsten Schmidt*, Handelsrecht, 5. Aufl. 1999, § 16 III 4 b bb ccc und ddd (S. 477).

[613] BGHZ 127, 239, 241; *BGH* NJW 2011, 66, 69 (Rn. 29).

Teilweise wird für die Anerkennung eines Missbrauchs der Vertretungsmacht zusätzlich verlangt, dass der Vertreter seine Vertretungsmacht *bewusst* zum Nachteil des Vertretenen missbraucht haben muss.[614] Für die Bestimmung der Schutzwürdigkeit des Dritten ist die Motivation des Vertreters – etwa die Vorstellung, ein für den Vertretenen vorteilhaftes Geschäft abzuschließen – indes irrelevant. Entscheidend ist der (potentielle) Kenntnisstand des Dritten. Es genügt daher die objektive Pflichtwidrigkeit des Vertreterhandelns.[615] 231

Sind die genannten Voraussetzungen erfüllt, entfaltet das Vertretergeschäft keine Wirkung für den Vertretenen. Allerdings besteht Uneinigkeit, aus welchen Vorschriften diese **Rechtsfolge** herzuleiten ist.[616] Die Rechtsprechung bleibt im Grundsatz bei der Trennung von Innen- und Außenverhältnis. Der Vertreter hat folglich mit Vertretungsmacht gehandelt, doch kann der Vertretene dem bösgläubigen Dritten den **Einwand unzulässiger Rechtsausübung** aus § 242 BGB entgegensetzen.[617] Trotz an sich bestehender Vertretungsmacht wird dem Vertretenen aber ganz überwiegend ein Genehmigungs- und Aufforderungsrecht analog § 177 BGB zugestanden.[618] 232

Die h. L. wendet dagegen die nachfolgend ab Rn. 236 noch näher zu besprechenden Regeln über die **Vertretung ohne Vertretungsmacht** (§§ 177ff. BGB) direkt an.[619] In den Missbrauchsfällen werde der Umfang der Vertretungsmacht ausnahmsweise durch das Innenverhältnis bestimmt. Dementsprechend habe der Vertreter das Rechtsgeschäft ohne Vertretungsmacht abgeschlossen. 233

Ob die §§ 177ff. BGB nun direkt oder analog anzuwenden sind, hat auf das Ergebnis des Falls keinen Einfluss. Eine Haftung des Vertreters nach § 179 I BGB ist dabei stets gemäß § 179 III 1 BGB ausgeschlossen, weil der Dritte das Fehlen der Vertretungsmacht wenigstens kennen musste. 234

Trifft den Vertretenen ein Verschulden am Missbrauch der Vertretungsmacht, etwa weil er den Vertreter nicht sorgfältig ausgewählt oder überwacht hat, kann der Dritte einen Anspruch gegen den Vertretenen wegen Verschuldens bei Vertragsverhandlungen (*c. i. c.*) haben.[620] 235

⇨ *Fall Nr. 64 – Mieser Enkel*

V. Das Handeln ohne Vertretungsmacht

Der Vertreter muss im Zeitpunkt der Abgabe der Willenserklärung oder rechtsgeschäftsähnlichen Erklärung Vertretungsmacht gehabt haben. Hatte er (noch) keine oder keine mehr, kann die Erklärung dem Vertretenen nicht zugerechnet werden. Den ohne Vertretungsmacht handelnden Vertreter nennt man auch ***falsus procurator.***[621] Hinsichtlich der Rechtsfolgen des Vertreterhandelns sind verschiedene Rechtsbeziehungen zu unterscheiden. 236

---

[614] So wohl noch BGHZ 50, 112, 114.

[615] *BGH* NJW 2006, 2776; 1988, 3012, 3013; *Medicus*, BGB AT, Rn. 968.

[616] Siehe zu den Rechtsfolgen auch *Bitter/Schumacher*, HandelsR, § 6 Rn. 22ff.

[617] *BGH* NJW-RR 2004, 247, 248.

[618] BGHZ 141, 357, 364 = NJW 1999, 2266, 2268; MünchKomm-BGB/*Schramm*, § 164 Rn. 111; *Wolf/Neuner*, BGB AT, § 49 Rn. 104.

[619] *Bork*, BGB AT, Rn. 1578; *Brox/Walker*, BGB AT, Rn. 581; *Medicus*, BGB AT, Rn. 967.

[620] MünchKomm-BGB/*Schramm*, § 164 Rn. 123; näher zur Berücksichtigung des Mitverschuldens *Bitter/Schumacher*, HandelsR, § 6 Rn. 24.

[621] Procurator stammt von dem lateinischen Wort *procurare = besorgen, (stellvertretend) für etwas Sorge tragen* ab.

1. Das Verhältnis zwischen Vertretenem und Drittem

237 Rechtsgeschäfte eines *falsus procurator* zeitigen für den Vertretenen keine unmittelbaren Rechtsfolgen. Sie berechtigen und verpflichten ihn nicht. Bei der weiteren rechtlichen Behandlung ist zwischen Verträgen und einseitigen Rechtsgeschäften zu differenzieren.

a) Verträge

238 Verträge, die ohne Vertretungsmacht geschlossen wurden, hängen nach § 177 I BGB von der Genehmigung des Vertretenen ab, sind also zunächst **schwebend unwirksam**. Das Gesetz gibt dem Vertretenen damit ein Gestaltungsrecht an die Hand, durch das er das Rechtsgeschäft nachträglich „an sich ziehen" kann. Wichtig ist, dass die Genehmigung nur die fehlende Vertretungsmacht heilt. Andere Vertragsmängel können dadurch nicht behoben werden. Man sollte sich daher stets folgende Kontrollfrage stellen: *Wäre der Vertrag wirksam gewesen, wenn der Vertreter Vertretungsmacht gehabt hätte?* Nur wenn man diese Frage bejahen kann, liegt überhaupt ein genehmigungsfähiges Rechtsgeschäft vor.

239 Die Genehmigung, eine einseitige empfangsbedürftige Willenserklärung, ist als **Innen- oder Außengenehmigung** möglich (§ 182 I BGB). Sie wirkt auf den Zeitpunkt der Vornahme des Rechtsgeschäfts zurück (§ 184 I BGB). Das Rechtsgeschäft ist als von Anfang an wirksam zu behandeln. Endgültig unwirksam ist es dagegen, wenn der Vertretene die Genehmigung verweigert. Dies kann wiederum nach innen oder außen geschehen. Der Entscheidung des Vertretenen sind dabei **grundsätzlich keine zeitlichen Grenzen** gesteckt. Diese Schwebelage kann für den Geschäftspartner missliche Konsequenzen haben, wenn dieser anderweitig disponieren will.

240 **Beispiel:** Der vollmachtlose B hat für den Kunstsammler K eine antike Vase bei Händler H gekauft. H wusste, dass B keine Vollmacht hatte, vertraute aber auf eine Genehmigung des K. K äußert sich jedoch mit keinem Wort. Nach zwei Monaten verkauft und übereignet H daher die Vase an D. Kurz darauf erklärt K gegenüber H, dass er den Vertragsschluss durch B genehmige. Der Kaufvertrag wird infolge der Genehmigung von Anfang an wirksam. Den daraus resultierenden Erfüllungsanspruch kann H, sofern D nicht zur Rückveräußerung der Vase bereit ist, nicht befriedigen, was zu einem Schadensersatzanspruch (§ 283 BGB) des K gegen H führen kann.

241 Das Gesetz eröffnet dem Dritten deshalb zwei **Gestaltungsmöglichkeiten, den Schwebezustand** aus eigener Kraft **zu beenden**.

242 Zum einen kann er den Vertretenen zur Erklärung über die Genehmigung auffordern (§ 177 II 1 Hs. 1 BGB). Die **Aufforderung** ist eine rechtsgeschäftsähnliche Handlung; es gelten die Vorschriften über Willenserklärungen entsprechend. Sie bewirkt – nicht anders als die entsprechende Aufforderung im Minderjährigenrecht (§ 108 II BGB; s. o. § 9 Rn. 64) – zweierlei: Erstens kann die Genehmigung nur noch gegenüber dem Dritten erklärt oder verweigert werden (§ 177 II 1 Hs. 1 BGB). Zweitens wird mit dem Zugang der Aufforderung eine **Zwei-Wochen-Frist** in Gang gesetzt, innerhalb derer sich der Vertretene für oder gegen den Vertrag entscheiden muss. Eine bereits erteilte Innengenehmigung bzw. Innenverweigerung wird unwirksam (§ 177 II 1 Hs. 1 BGB). Erklärt sich der Vertretene nicht innerhalb dieser Frist, gilt die Genehmigung als verweigert (§ 177 II 2 Hs. 2 BGB). Dem Schweigen wird hier von Gesetzes wegen eine rechtserhebliche Bedeutung beigelegt. Zu beachten ist allerdings, dass das Aufforderungsrecht nicht besteht, wenn der Dritte bereits zuverlässige Kenntnis einer bereits erteilten Innengenehmigung oder Innenverweigerung

erlangt hat.[622] Die Rechtslage ist für ihn dann eindeutig. Er weiß, dass kein Schwebezustand mehr besteht.

Zum zweiten hat der Dritte die Möglichkeit, seine Vertragserklärung wegen der fehlenden Vertretungsmacht zu widerrufen (§ 178 BGB). Der **Widerruf** kann auch dem Vertreter gegenüber erklärt werden (§ 178 S. 2 BGB). Das Widerrufsrecht setzt einen bestehenden Schwebezustand voraus. Die Genehmigung darf also noch nicht erteilt oder verweigert worden sein (§ 178 S. 1 BGB). Bei einer erteilten *Innen*genehmigung ist ein Widerruf gleichwohl möglich, wenn der Dritte von der Genehmigung nichts wusste und er den Vertretenen zur Erklärung über die Genehmigung auffordert. Dadurch wird die Innengenehmigung hinfällig. Den (erneuten) Schwebezustand kann der Dritte nun grundsätzlich durch Widerruf beenden.[623] Ein **Widerruf** ist **nicht möglich, wenn** er den **Mangel der Vertretungsmacht** bei Vertragsschluss **gekannt** hat (§ 178 S. 1 BGB). Hier hat er sich trotz des erkannten Risikos einer Genehmigungsverweigerung dafür entschieden, eine verbindliche Erklärung abzugeben.[624] Von dieser soll er sich daher nicht mehr einseitig lösen können. Im vorstehenden Beispiel kann Händler H daher den Kaufvertrag über die antike Vase nicht widerrufen. Dem Dritten verbleibt aber die Möglichkeit, den Schwebezustand gemäß § 177 II 1 BGB zu beenden. 243

⇨ *Fall Nr. 65 – Sport ist Mord*
⇨ *Fall Nr. 66 – Omas Liebling*

b) Einseitige Rechtsgeschäfte

Einseitigen Rechtsgeschäften (z.B. Anfechtung, Rücktritt, Kündigung, Aufrechnung) kann sich der Geschäftsgegner nicht entziehen. Gerade bei diesen Geschäften hat der Geschäftsgegner daher ein besonderes Interesse an einer klaren Rechtslage, weshalb er nicht gegen seinen Willen in einen Schwebezustand hinein gedrängt werden soll. Dem trägt § 180 BGB Rechnung, eine Parallelvorschrift zu § 111 BGB aus dem Minderjährigenrecht (§ 9 Rn. 42ff.): Zum Schutz des Geschäftsgegners sind **einseitige Rechtsgeschäfte**, die **ohne Vertretungsmacht** vorgenommen wurden, **grundsätzlich unwirksam.** Die §§ 177ff. BGB, die sich nach ihrem klaren Wortlaut nach nur auf Verträge beziehen, sind nicht anwendbar. Einseitige Rechtsgeschäfte sind also prinzipiell weder genehmigungsfähig noch wird durch deren Vornahme eine Haftung des *falsus procurator* gemäß 179 I BGB ausgelöst. 244

Nach § 180 S. 2 und 3 BGB kommen allerdings in bestimmten Fällen die Vorschriften über Verträge – gemeint sind eben jene §§ 177ff. BGB – entsprechend zur Anwendung. **Ausnahmsweise** sind also auch einseitige Rechtsgeschäfte „nur" **schwebend unwirksam,** mithin genehmigungsfähig. § 180 BGB nennt drei Fälle: 245

Erstens ist das Rechtsgeschäft schwebend unwirksam, wenn der Dritte damit einverstanden war, dass der Vertreter die Erklärung ohne Vertretungsmacht abgegeben hat (§ 180 S. 2 Alt. 2 BGB). Gleiches gilt, wenn ein einseitiges Rechtsgeschäft gegenüber einem Empfangsvertreter ohne Vertretungsmacht vorgenommen wurde und dieser damit einverstanden war (§ 180 S. 3 BGB). 246

Die (*klausur*-)relevanteste Ausnahme enthält § 180 S. 2 Alt. 1 BGB: Das einseitige Rechtsgeschäft ist ebenfalls nur schwebend unwirksam, wenn der Dritte die von dem Vertreter **behauptete Vertretungsmacht nicht beanstandet.** Dabei liegt die Be- 247

[622] *Brox/Walker*, BGB AT, Rn. 599.
[623] Zur Frage, ob ein Widerruf kurz nach der Aufforderung zur Erklärung über die Genehmigung treuwidrig ist, siehe oben § 9 Rn. 67 (bezüglich §§ 108, 109 BGB).
[624] *Wolf/Neuner*, BGB AT, § 51 Rn. 11.

hauptung regelmäßig bereits in dem Auftreten als Vertreter.[625] Bei fehlender Beanstandung der fehlenden Vertretungsmacht verzichtet der Dritte gleichsam auf seinen ihm durch § 180 S. 1 BGB zugedachten Schutz, weshalb das Gesetz die im Vergleich zur gänzlichen Unwirksamkeit mildere Rechtsfolge der schwebenden Unwirksamkeit ausspricht. Die Vorschrift ist im Zusammenhang mit § 174 BGB zu sehen, wobei sich aber die Rechtsfolgen nicht vollständig decken.[626] Nach § 174 BGB ist ein einseitiges Rechtsgeschäft unwirksam, wenn der Bevollmächtigte keine Vollmachtsurkunde vorlegt und der Erklärungsempfänger das Rechtsgeschäft aus diesem Grund unverzüglich[627] zurückweist. Gerade bei einer Innenvollmacht kann der Dritte sich nie sicher sein, ob der Vertreter wirklich Vertretungsmacht hat. Wie bereits erwähnt, wiegt diese Unsicherheit bei einseitigen Rechtsgeschäften besonders schwer. Davor soll sich der Geschäftsgegner schützen können, indem er sich die Vertretungsberechtigung nachweisen lässt.

248 Erbringt der Vertreter den Nachweis durch Vorlage der Vollmachtsurkunde, ist das Rechtsgeschäft wirksam, wenn der Vertreter tatsächlich Vertretungsmacht hatte. Hatte er entgegen dem Inhalt der Urkunde keine Vertretungsmacht, greift in den allermeisten Fällen § 172 BGB ein (Rn. 147ff.). Ausgenommen sind Konstellationen, in denen dem Vertretenen die Urkunde abhandengekommen ist (Rn. 148).

249 Bei unterbliebenem Nachweis kann der Dritte das Rechtsgeschäft zurückweisen. Die Zurückweisung muss dabei gerade auf dem fehlenden Nachweis beruhen. Die Beanstandung i.S.v. § 180 S. 2 BGB enthält auch eine Zurückweisung gemäß § 174 BGB, wenn aus der Erklärung eindeutig hervorgeht, dass nicht nur die Vertretungsmacht in Zweifel gezogen, sondern zugleich das Rechtsgeschäft wegen der fehlenden Vorlage der Vollmachtsurkunde zurückgewiesen wird.[628] Weist der Dritte das einseitige Rechtsgeschäft aus diesem Grund zurück, ist das Rechtsgeschäft endgültig unwirksam, und zwar auch dann, wenn der Vertreter tatsächlich Vertretungsmacht hatte. Wird hingegen nur die Vertretungsmacht i.S.v. § 180 S. 2 BGB bezweifelt, ohne zugleich die fehlende Vorlage einer Urkunde gemäß § 174 BGB zu rügen, ist die Erklärung gleichwohl wirksam, wenn die Vertretungsmacht tatsächlich besteht.[629] Die Unwirksamkeit der Erklärung tritt in dem zuletzt genannten Fall also nur ein, wenn die fehlende Vertretungsmacht nicht nur beanstandet wird, sondern sie auch tatsächlich fehlt. Dabei muss der Dritte dem Rechtsgeschäft gerade wegen der bezweifelten Vertretungsmacht die Anerkennung versagen.[630] Ebenso wenig wie im Rahmen des § 174 BGB ist es daher ausreichend, wenn der Dritte nur eine allgemeine Voraussetzung des Rechtsgeschäfts, z.B. das Bestehen eines Kündigungsgrundes, bestreitet. Das Rechtsgeschäft ist dann „nur" schwebend unwirksam.

⇨ *Fall Nr. 67 – Die Waschmaschine*

2. Das Verhältnis zwischen Vertreter und Drittem

250 Wer als Vertreter auftritt, erweckt bei dem Geschäftspartner regelmäßig den Eindruck, dass ihn derjenige, in dessen Namen er handelt, zur Vornahme des Rechtsgeschäfts ermächtigt hat. Dieser (konkludenten) Aussage des Vertreters darf der Dritte

[625] Erman/*Maier-Reimer*, § 180 Rn. 6.
[626] Dazu *BGH* NJW 2013, 297, 298 (Rn. 9).
[627] Dazu *BAG* NJW 2012, 2539 = JuS 2012, 641ff. (*Boemke*): Zurückweisung i.d.R. innerhalb einer Woche erforderlich; vgl. auch *BGH* NJW 2013, 297, 298 (Rn. 15).
[628] *BGH* NJW 2013, 297, 298 (Rn. 9).
[629] Siehe auch dazu *BGH* NJW 2013, 297, 298 (Rn. 9).
[630] MünchKomm-BGB/*Schramm*, § 180 Rn. 8.

grundsätzlich vertrauen. Endgültig wird sein Vertrauen erst enttäuscht, wenn der Vertretene das durch den *falsus procurator* getätigte Rechtsgeschäft nicht noch nachträglich genehmigt.[631] Im Interesse des Rechtsverkehrs muss dem Dritten aber ein Haftungsschuldner zur Verfügung stehen. Andernfalls würde sich niemand mehr auf Rechtsgeschäfte mit einem Vertreter einlassen. Das Risiko fehlender Vertretungsmacht bürdet das Gesetz in § 179 BGB dem Vertreter auf, indem es eine **verschuldensunabhängige Garantiehaftung des Vertreters** normiert. Anspruchsgrundlage für die Haftung des *falsus procurator* ist dabei stets § 179 I BGB. Der Vertreter kann sich dem Risiko einer Haftung nach § 179 BGB nur dadurch entziehen, dass er sich schon gar nicht als Vertreter einsetzen lässt.[632]

Folgende Prüfungspunkte gilt es im Rahmen des § 179 BGB zu behandeln: 251

- eigene Willenserklärung
- Handeln im fremden Namen
- ohne Vertretungsmacht
- Genehmigungsfähigkeit des Rechtsgeschäfts
- Verweigerung der Genehmigung oder Fiktion nach § 177 II 2 Hs. 2 BGB
- Beschränkung bzw. Ausschluss der Haftung

Zunächst müssen alle Voraussetzungen wirksamer Stellvertretung mit Ausnahme 252
der Vertretungsmacht erfüllt sein. Sodann muss es sich um ein genehmigungsfähiges Rechtsgeschäft handeln. Im Ausgangspunkt ist das bei Verträgen stets, bei einseitigen Rechtsgeschäften nur ausnahmsweise der Fall (Rn. 237ff.). Unbedingt zu beachten ist aber: **§ 179 I BGB schützt den Dritten nur vor** dem Risiko einer Unwirksamkeit des Rechtsgeschäfts wegen **fehlender Vertretungsmacht**. Ist das Rechtsgeschäft dagegen (noch) aus anderen Gründen unwirksam, ist es nicht nach § 177 I BGB genehmigungsfähig.[633] Andernfalls würde der Vertreter auch für alle anderen Unwirksamkeitsgründe haften. Schließlich muss der Vertretene die Genehmigung verweigert haben. Gleichgestellt ist die Fiktion der Verweigerung nach § 177 II 2 Hs. 2 BGB. Erst jetzt wird das Vertrauen des Dritten endgültig enttäuscht, so dass der Vertreter haften muss. Die Genehmigung des Rechtsgeschäfts bewirkt dagegen, dass der Vertreter so behandelt wird, als habe er von Anfang an Vertretungsmacht gehabt (Rückwirkung!). Eine Haftung nach § 179 BGB ist dann ausgeschlossen.

Die Rechtsfolge besteht gem. § 179 I BGB darin, dass der Vertreter dem Dritten 253
wahlweise Erfüllung oder Schadensersatz statt der Leistung, also das *positive Interesse*, schuldet. Entscheidet sich der Dritte für die Erfüllung, wird der Vertreter – wie schon die Wahl der Anspruchsgrundlage zeigt – nicht etwa Vertragspartner. Vielmehr entsteht zwischen beiden ein **gesetzliches Schuldverhältnis**, dessen Inhalt aber durch das (unwirksame) Rechtsgeschäft bestimmt wird.[634] Im Ergebnis wird

---

[631] Dabei ist es nicht der Vertretene, der durch eine Genehmigungsverweigerung das Vertrauen des Dritten enttäuscht, sondern der Vertreter, dessen Behauptung, Vertreter zu sein, nicht der Wahrheit entsprach.

[632] Gerade in Arbeitsverhältnissen ist das für den Arbeitnehmer aufgrund seiner Weisungsgebundenheit allerdings nur eine theoretische Möglichkeit. Daraus resultierende Härten können aber u. U. durch das Institut des innerbetrieblichen Schadensausgleichs „abgefedert" werden. Näheres dazu etwa bei *Hromadka/Maschmann*, Arbeitsrecht Band 1: Individualarbeitsrecht, 5. Aufl. 2012, § 9 Rn. 1 ff.

[633] Vgl. nur Palandt/*Ellenberger*, § 179 Rn. 2. Zur Feststellung der Genehmigungsfähigkeit sollte deshalb die in Rn. 238 erwähnte Kontrollfrage gestellt werden.

[634] Erman/*Maier-Reimer*, § 179 Rn. 9.

der Vertreter allerdings doch regelmäßig so stehen, wie wenn er selbst den Vertrag im eigenen Namen geschlossen hätte. Der Vertreter schuldet nämlich nicht nur die zwischen dem Dritten und dem Vertretenen vereinbarte Leistung, sondern er kann auch alle Rechte so geltend machen, wie es der Vertretene bei unterstellter Wirksamkeit des Rechtsgeschäfts gekonnt hätte. Dazu zählen z. B. die Einreden und Einwendungen der §§ 320, 275 BGB sowie bestehende Anfechtungs- und Gewährleistungsrechte.

254 **Beispiel:** F kauft als *falsus procurator* im Namen des K bei V einen Laptop, der jedoch mit einem Sachmangel behaftet ist. K verweigert die Genehmigung des Vertrages, worauf V von F Erfüllung verlangt. F kann hier die Zahlung des Kaufpreises nach § 320 BGB verweigern, bis V seine aus § 433 I BGB folgende Pflicht zur Übereignung einer mangelfreien Sache erfüllt. Ebenso müssen F bei bereits erfolgter Zahlung und Übergabe die kaufrechtlichen Mängelrechte zustehen.

255 Nach h. M. soll sich der Vertreter zur Einschränkung oder zum Ausschluss seiner Haftung auch auf die Vermögenslosigkeit des Vertretenen, also darauf berufen können, dass dieser den Vertrag nicht erfüllt hätte. Der Dritte soll in keinerlei Hinsicht besser gestellt werden, als wenn das Rechtsgeschäft mit dem Vertretenen zustande gekommen wäre.[635] Allerdings kann der Vertreter nicht als erster auf Leistungserbringung klagen.[636]

256 Wählt der Dritte Schadensersatz, etwa weil eine Erfüllung durch den Vertreter überhaupt nicht möglich ist, hat ihn der Vertreter so zu stellen, wie er stünde, wenn der Vertrag ordnungsgemäß erfüllt worden wäre (positives Interesse).

257 Häufig wird auch der Vertreter selbst geglaubt haben, dass er Vertretungsmacht hatte. Zwar verbleibt es auch in diesen Fällen bei der grundsätzlichen Risikoverteilung. Allerdings träfe den Vertreter die Haftung auf das positive Interesse besonders hart. Nach § 179 II BGB ist deshalb seine **Haftung bei fehlender Kenntnis** vom Mangel der Vertretungsmacht **auf das negative Interesse beschränkt.** Die (positive) Kenntnis fehlt dem Vertreter, wenn er im Hinblick auf die fehlende Vertretungsmacht nur fahrlässig, ggf. auch grob fahrlässig gehandelt hat. Der Dritte ist in derartigen Fällen (nur) so zu stellen, wie er stünde, wenn er nie etwas von dem Rechtsgeschäft gehört hätte. Die Unwirksamkeit des Rechtsgeschäfts soll dem Dritten aber auch nicht zum Vorteil gereichen. Wie bei § 122 BGB ist der Ersatzanspruch daher durch das positive Interesse „gedeckelt" (vgl. § 179 II BGB a. E.).[637]

258 Eine **Haftung** des Vertreters ist in zwei Fällen **vollständig ausgeschlossen.** Der Vertreter haftet nicht, wenn der Dritte den Mangel der Vertretungsmacht kannte oder in Folge von Fahrlässigkeit nicht kannte (§§ 179 III 1, 122 II BGB). Im ersten Fall hat er das Risiko des Scheiterns des Rechtsgeschäfts bewusst in Kauf genommen. Im zweiten Fall ist der Ausschluss gerechtfertigt, weil der Dritte auch nicht blind auf die Angaben des Vertreters vertrauen darf, wenn tatsächliche Anhaltspunkte auf die fehlende Vertretungsmacht hingedeutet haben. Dann hätte er den Schaden selbst abwenden können. Eine generelle Nachforschungspflicht besteht jedoch nicht.

259 Nach § 179 III 2 BGB **haftet** auch **ein beschränkt Geschäftsfähiger nicht,** es sei denn, dass er mit Zustimmung seines gesetzlichen Vertreters gehandelt hat. Zwar erlaubt das Gesetz dem Minderjährigen, Willenserklärungen als Stellvertreter abzu-

[635] *Bork*, BGB AT, Rn. 1627; Erman/*Maier-Reimer*, § 179 Rn. 11; wohl a. A. *Medicus*, BGB AT, Rn. 987.

[636] Erman/*Maier-Reimer*, § 179 Rn. 10.

[637] Vgl. zu § 122 BGB oben § 7 Rn. 135 ff.

geben und entgegenzunehmen, weil es für ihn ungefährlich ist. Eine Haftung nach § 179 I BGB würde indes dem Schutzzweck des Minderjährigenrechts zuwiderlaufen: Mit den Nachteilen zustimmungslos abgegebener Willenserklärungen soll der Minderjährige nicht belastet werden.

⇨ *Fall Nr. 66 – Omas Liebling*

Anerkanntermaßen wird § 179 BGB in einigen Fällen entsprechend angewendet. 260
Aufgrund parallel gelagerter Interessenlage haften hiernach auch:

- der Bote ohne Botenmacht (§ 7 Rn. 126),
- der Vertreter, der beim offenen Geschäft für den, den es angeht, die Identität des Vertretenen nicht aufdeckt, wenn der Dritte das berechtigterweise verlangt (Rn. 50),
- der Vertreter, der eine Identitätstäuschung begeht, wenn die Genehmigung durch den Namensträger nicht erfolgt (Rn. 62),
- der Vertreter, der im Namen eines nicht (mehr) existenten Rechtsträgers handelt[638] und
- der Vertreter, der im Namen einer nicht (vollumfänglich) rechtsfähigen Vereinigung handelt.[639]

3. Das Verhältnis zwischen Vertretenem und Vertreter

Im Verhältnis zwischen Vertretenem und Vertreter ist vor allem an (Schadenser- 261
satz-)ansprüche aus einem bestehenden Innenverhältnis zu denken (§ 280 BGB). Aber auch Ansprüche aus berechtigter oder unberechtigter Geschäftsführung ohne Auftrag können in Betracht kommen (vgl. §§ 677 ff. BGB).

---

[638] Zu einem solchen Fall *BGH* NJW 2009, 215 (Rn. 10 f.): Vertretung einer nicht existierenden GbR.

[639] Dazu *BGH* ZIP 2012, 2362, 2366 ff. (Rn. 33 ff.): Vertragsschluss im Namen eines Betriebsrats über einen außerhalb seiner Rechtsfähigkeit liegenden Gegenstand durch eines seiner Mitglieder.

Teil 2. Fälle und Lösungen

§ 11. Fälle zum Vertragsschluss (§§ 145 ff. BGB)

Fall Nr. 1 – „Vertragen“ die sich?

Der Radfahrer Ullrich Jahn (U) hat im Keller ein schickes Rennrad stehen, welches er nicht mehr benötigt, denn er hat seine Karriere mittlerweile beendet. Er weiß aber, dass er es seinem Freund Björn Ries (B) verkaufen könnte, denn dieser hat einen eigenen Rennradstall und benötigt immer gute Räder. Die beiden treffen sich zufällig beim Italiener und unterhalten sich. U lenkt das Gespräch auf sein Fahrrad und sagt nach einer Weile zu B: „Möchtest du mein Fahrrad kaufen? Für € 1.500 kannst du es haben!“ B überlegt kurz und sagt: „Ja gerne! Für € 1.500 nehme ich es sofort.“

Kann U von B Zahlung von € 1.500 verlangen?

Literaturhinweis: *Medicus*, BGB AT, Rn. 356 ff.; *Bork*, BGB AT, Rn. 655 ff., 700 ff.

Lösung

U verlangt von B Zahlung von € 1.500. Anspruchsgrundlage kann § 433 II BGB sein.

1. Anspruch entstanden

Voraussetzung für diesen Anspruch ist, dass ein Kaufvertrag zwischen den beiden besteht.

Ein Vertrag kommt durch zwei korrespondierende Willenserklärungen, Angebot und Annahme, zustande. Willenserklärungen sind Äußerungen, die auf die Herbeiführung einer Rechtsfolge gerichtet sind.[1] Die von den Parteien gewollten Rechtsfolgen müssen beim Kaufvertrag die des § 433 I und II BGB sein.

Hinweis: Das Gesetz sagt an keiner Stelle ausdrücklich, dass Angebot und Annahme für den Vertragsschluss notwendig sind, jedoch wird dies verschiedentlich – am deutlichsten wohl in § 151 S. 1 BGB – angedeutet.

a) Angebot

U kann ein Angebot auf Abschluss eines Kaufvertrages abgegeben haben, indem er B fragte, ob dieser sein Fahrrad kaufen wolle.

Das Angebot ist eine empfangsbedürftige Willenserklärung, mit der dem Empfänger ein Vertragsschluss so angetragen wird, dass dieser lediglich „Ja“ zu sagen braucht, um den Vertrag zustande zu bringen (§ 5 Rn. 12). U muss folglich eine Erklärung abgegeben haben, die die wesentlichen Vertragselemente (***essentialia negotii***) enthält und zudem den notwendigen **Rechtsbindungswillen** zum Ausdruck bringt. Dies meint den Willen, sich rechtsgeschäftlich zu binden.

Die Aussage von U, B könne das Fahrrad für € 1.500 haben, zeigt, dass U gewillt ist, sich rechtlich zu binden. Die Erklärung enthält auch die wesentlichen Vertrags-

[1] Siehe oben § 7 Rn. 1.

elemente, nämlich Kaufgegenstand und -preis sowie die Person des Vertragspartners. B konnte diese Erklärung mit einem einfachen „Ja" annehmen. Es liegt also ein Angebot von U auf Abschluss eines Kaufvertrages vor.

b) Annahme

Dieses Angebot muss B angenommen haben. Auch die Annahme ist eine grundsätzlich empfangsbedürftige Willenserklärung, durch die der Empfänger des Angebots sein Einverständnis mit dem Angebot erklärt. Die Erklärung von B, er nehme das Fahrrad, lässt den Schluss zu, dass er sich rechtsgeschäftlich binden will. Er gab also eine Willenserklärung ab – genauer: er erklärte die Annahme des Angebots, indem er sich einverstanden zeigte. Folglich liegen zwei korrespondierende Willenserklärungen vor.

Da auch keine rechtshindernden Einwendungen (Nichtigkeitsgründe) ersichtlich sind, ist zwischen U und B ein Kaufvertrag zustande gekommen. Der Anspruch auf Zahlung des Kaufpreises aus § 433 II BGB ist folglich entstanden.

2. Anspruch erloschen

Gründe für ein Erlöschen dieses Anspruchs, insbesondere eine Erfüllung i. S. v. § 362 BGB, sind nicht ersichtlich.

3. Anspruch durchsetzbar

Der Durchsetzbarkeit der Kaufpreisforderung kann allerdings die Einrede des nicht erfüllten Vertrags gemäß § 320 BGB entgegenstehen. Wer aus einem gegenseitigen Vertrag verpflichtet ist, kann nach dieser Vorschrift die ihm obliegende Leistung bis zur Bewirkung der Gegenleistung verweigern, es sei denn, dass er vorzuleisten verpflichtet ist.

Bei dem Kaufvertrag handelt es sich um einen gegenseitigen Vertrag im Sinne der §§ 320 ff. BGB. B hat auch keine Vorleistungspflicht übernommen. Folglich kann B die Zahlung des Kaufpreises (§ 433 II BGB) davon abhängig machen, dass U ihm im Gegenzug das Fahrrad übereignet und übergibt (§ 433 I 1 BGB).

Im Ergebnis kann U also von B nach § 433 II BGB Zahlung des Kaufpreises in Höhe von € 1.500 verlangen, dies aber nur Zug um Zug gegen Übergabe und Übereignung des Fahrrades.

Fall Nr. 2 – Schlechtes Timing

V erhält von K einen Brief, in dem er erklärt: „Lieber V, ich möchte gerne deinen Wagen für € 2.500 kaufen." V indes hatte – ohne zu wissen, dass K ihm auch einen Brief gesandt hatte – selbst einen Brief mit folgendem Inhalt an K gesendet: „Lieber K, ich biete dir hiermit mein Auto für € 2.500 zum Kauf an."

Hat K gegen V einen Anspruch auf Übereignung und Übergabe des Autos Zug um Zug gegen Zahlung von € 2.500?

Lösung

K kann gegen V einen Anspruch auf Übereignung und Übergabe aus § 433 I 1 BGB haben. Voraussetzung dieses Anspruchs ist, dass ein Kaufvertrag zwischen den beiden zustande gekommen ist. Ein Kaufvertrag (§ 433 BGB) kommt zustande durch Angebot und Annahme.

Das Schreiben von K bringt seinen Rechtsbindungswillen zum Ausdruck. Er möchte ein bestimmtes Auto zum Preis von € 2.500 erwerben. Es handelt sich um ein Angebot nach § 145 BGB.

Der Brief, welchen V an K versandte, enthält ebenfalls ein Angebot auf Abschluss eines Kaufvertrages. Fraglich ist, ob ein Vertrag zustande kommen kann, wenn zwar zwei zueinander passende Willenserklärungen abgegeben werden, diese sich aber nicht aufeinander beziehen.

§§ 146 ff. BGB könnten dahingehend zu verstehen sein, dass es nicht ausreicht, wenn die Willenserklärungen ohne Bezug zueinander abgegeben werden.[2] Dann wäre bisher kein Kaufvertrag zustande gekommen.

Andererseits wäre es möglich, eine materielle Konsensbildung genügen zu lassen und auch dann, wenn die Erklärungen zwar ohne Bezug zueinander, aber inhaltlich übereinstimmend abgegeben wurden, einen Vertragsschluss zu bejahen.[3] Dann wäre der Vertrag zwischen V und K zustande gekommen.

Als Argument für die erstgenannte Meinung lässt sich zwar § 151 S. 1 BGB anführen, dessen Wortlaut „... die Annahme des Antrags ...“ darauf hindeutet, dass die Willenserklärungen zueinander in Bezug stehen müssen. Allerdings ergäbe sich dann folgende nicht sinnvolle Konsequenz: Jeder der beiden Empfänger könnte das jeweils erhaltene Angebot ablehnen, wäre aber an das seinerseits abgegebene Angebot gebunden (§ 145 BGB). Wieso man jedoch die Annahmeverweigerung erlauben sollte, wenn zwei identische Angebote abgegeben wurden, ist nicht einsichtig. Weiterhin besteht kein Grund, einer *tatsächlichen* Willensübereinstimmung, auch wenn sie den Parteien zunächst verborgen war, die Gültigkeit zu versagen, weil die Erklärungen ohne Bezug zueinander abgegeben wurden.

Der Vertrag ist demnach zustande gekommen. K kann folglich von V Übereignung und Übergabe des Autos Zug um Zug gegen Zahlung von € 2.500 verlangen.

Fall Nr. 3 – Der Fußballer

BWL-Student K ist in seinem Studium mit einer nur minimalen Arbeitsbelastung gesegnet. Darum hat er viel Zeit, die er in seine Hobbyfußballmannschaft („Die Stehkrägen“) investieren kann. K betritt vormittags den kleinen Sportartikelladen von V, weil er im Schaufenster das Trikot seiner Lieblingsfußballmannschaft in seiner Größe gesehen hat. Das handgeschriebene Etikett weist einen mit rotem Stift geschriebenen Sonderpreis von € 30 aus. Daraufhin geht K zu V und sagt ihm, dass er das Trikot aus dem Schaufenster kaufen möchte. V holt das Trikot aus der Auslage, wirft einen Blick auf das Etikett und sagt: „Oh, das tut mir leid. Dieses Trikot kostet nicht € 30, sondern € 75. Ich hatte es im Rahmen einer Werbeaktion im Preis heruntergesetzt. Die Werbeaktion ist aber mittlerweile schon vorbei und ich habe das Preisschild noch nicht angepasst. Also, für € 75 können Sie es haben.“ K ist entrüstet. So etwas ist ihm ja noch nie passiert. Er sagt: „Nein, Sie geben mir das Trikot für € 30! Wenn auf dem Etikett € 30 steht, dann müssen Sie es mir auch für diesen Preis verkaufen.“

Hat K gegen V einen Anspruch aus § 433 I BGB auf Übereignung des Trikots Zug um Zug gegen Zahlung von € 30?

Literaturhinweis: *Medicus*, BGB AT, Rn. 358 ff.; *Brox/Walker*, BGB AT, Rn. 165 a; *Bork*, BGB AT, Rn. 705 ff.

---

[2] So *Brox/Walker*, BGB AT, Rn. 80; *Bork*, BGB AT, Rn. 739.

[3] Bamberger/Roth/*Eckert*, § 145 Rn. 3.

Lösung

Ein Anspruch des K gegen V auf Übereignung und Übergabe des Trikots kann sich aus § 433 I 1 BGB ergeben. Voraussetzung dafür ist das Bestehen eines wirksamen Kaufvertrags zwischen den beiden.

Ein Kaufvertrag nach § 433 BGB kommt durch zwei korrespondierende Willenserklärungen, Angebot und Annahme, zustande.

1. Angebot durch Ausstellen des Trikots im Schaufenster?

Fraglich ist, ob V, indem er das Trikot ins Schaufenster hängte, bereits eine Willenserklärung in Form eines Angebots i. S. v. § 145 BGB auf Abschluss eines Kaufvertrages abgegeben hat.

Eine Willenserklärung ist eine Äußerung, die auf die Herbeiführung einer Rechtsfolge gerichtet ist. Sie kann außer durch Worte auch durch tatsächliches Verhalten (Gesten, Mimik) abgegeben werden (konkludentes Verhalten). Offenbar ist K davon ausgegangen, dass V mit dem Aushang des Trikots ein Angebot auf Abschluss eines Kaufvertrages abgegeben hatte und dass er (K) dieses Angebot angenommen habe, indem er sagte, er möchte das Trikot kaufen.

In der Tat scheint es vordergründig so, als ob V mit dem Aushang des Trikots ein Angebot abgegeben hat, denn die wesentlichen Vertragsmerkmale (die sogenannten *essentialia negotii*), nämlich Kaufpreis und Kaufgegenstand, stehen fest. Die Person des Vertragspartners muss im Angebot nicht schon zwingend benannt werden; ein Angebot kann sich auch an einen unbestimmten Empfängerkreis richten (sog. *offerta ad incertas personas*).

Ob V aber tatsächlich bereits eine Willenserklärung in Form eines Angebots an jedermann abgeben wollte, erscheint fraglich, weil es an dem dafür erforderlichen Rechtsbindungswillen fehlen könnte. Es kann auch eine sogenannte ***invitatio ad offerendum*** vorliegen, die keine Willenserklärung, sondern nur eine Aufforderung an andere Personen darstellt, ihrerseits Willenserklärungen abzugeben (§ 5 Rn. 14 ff.). Ob ein rechtlich bindendes Angebot gewollt ist oder nur eine solche *invitatio*, muss durch Auslegung des Verhaltens des V nach §§ 133, 157 BGB ermittelt werden. Die Vorschriften der **§§ 133, 157 BGB** werden zum einen – gemäß dem Wortlaut – für die Auslegung des *Inhalts* von Willenserklärungen herangezogen, zum anderen aber auch für die Klärung der Frage, *ob* ein bestimmtes Verhalten überhaupt als Willenserklärung zu verstehen ist.[4] Die Auslegung ist anhand des sogenannten **objektiven Empfängerhorizonts** vorzunehmen. Zu fragen ist, ob das gezeigte Verhalten unter objektiver Würdigung aller erkennbaren Umstände nach Treu und Glauben mit Rücksicht auf die Verkehrssitte als Willenserklärung zu verstehen war.[5]

Gegen die Auslegung der Schaufensterpräsentation des Trikots als bindendes Angebot (mit Rechtsbindungswillen abgegebene Erklärung) spricht der Gedanke, dass *jeder*, der dieses Angebot sinnlich wahrnimmt, es mit einem schlichten „Ja“ annehmen und so einen Kaufvertrag zustande bringen könnte. Auf diesem Wege würde die Freiheit der Vertragspartnerwahl eingeschränkt, so dass V beispielsweise auch keine Möglichkeit hätte, den Vertragsabschluss mit einer bekanntermaßen zahlungsunfähigen Person zu verhindern. Es könnte auch der Fall eintreten, dass V nur noch eines der Trikots hat, aber mehrere Kunden gleichzeitig das Angebot mit ei-

---

[4] BGHZ 21, 102, 106; Palandt/*Ellenberger*, § 133 Rn. 3.
[5] *BGH* NJW 1984, 721.

nem einfachen „Ja" annehmen. Er wäre dann gleich mehrfach verpflichtet, das eine Trikot zu übereignen, was nicht seinem Willen entsprechen kann.

Darüber hinaus hätte V keine Möglichkeit, irrtümlich falsche Preisbezeichnungen zu bemerken und diese zu korrigieren. Auch die Kunden wissen, dass es zu falschen Preisauszeichnungen kommen kann. Vor allem aber aufgrund der Gefahr der Mehrfachverpflichtung können sie nicht erwarten, dass V sich gegebenenfalls schadensersatzpflichtig machen will. Deshalb können die den Laden betretenden Kunden vernünftigerweise nicht von einem Rechtsbindungswillen beim Verkäufer ausgehen. Demzufolge ist das Verhalten von V nach dem objektiven Empfängerhorizont als eine *invitatio ad offerendum* zu verstehen. Die Kunden werden also aufgefordert, ihrerseits ein Angebot abzugeben, welches der Ladeninhaber dann annehmen oder ablehnen kann. Die Auslegung der Schaufensterpräsentation als *invitatio ad offerendum* wird den Interessen des Ladeninhabers gerecht und ist für die Kunden nicht unbillig. V hat also lediglich eine *invitatio ad offerendum* abgegeben. Es fehlt am Rechtsbindungswillen.

2. Angebot durch K

Das Angebot auf Abschluss eines Kaufvertrages gab K ab, als er gegenüber V erklärte, er wolle das Trikot kaufen. V verhinderte den Abschluss des Kaufvertrages nach § 433 BGB, indem er die Annahme des Angebots zu € 30 verweigerte. In der Aussage von V, für € 75 könne er das Trikot haben, ist ein neuerliches Angebot zu sehen (vgl. § 150 II BGB), welches aber diesmal von K abgelehnt wurde. Es ist also nicht zu einem Vertragsschluss gekommen. K hat folglich gegen V mangels Kaufvertrages keinen Anspruch auf Übereignung des Trikots nach § 433 I 1 BGB.

Fall Nr. 4 – E-Mail-Bombardement

Rentner R besitzt eine beachtliche Briefmarkensammlung. Dieser ist er nunmehr überdrüssig geworden und möchte sie verkaufen. Darum schaltet er ein Inserat in einer überregionalen Tageszeitung und gibt als Kontakt seine E-Mail-Adresse an. Er bietet in diesem Inserat den Verkauf seiner Sammlung an und benennt auch einige bekanntere Marken seiner Sammlung. Da er sich nicht in Geldnot befindet, setzt er den Verkaufspreis unter den tatsächlichen Marktwert, denn er möchte das ganze Geschäft schnell abwickeln. Am 13.08. erscheint das Inserat. Einen Tag später fährt R seinen Computer hoch, um seine E-Mails abzurufen. Als er sich sein E-Mailkonto ansieht, erschrickt er: Sein Posteingang ist voll von eingegangenen E-Mails. Insgesamt erhält K Schreiben von 27 kaufwilligen Personen, die jeweils angeben, sie möchten die Briefmarkensammlung zum von R genannten Preis erwerben. Einer der Interessenten gefällt R besonders, weil er so nett geschrieben hat. An diesen versendet er die Sammlung. Nach einer Weile denkt R darüber nach, dass die anderen 26 Interessenten leer ausgegangen sind. Plötzlich bekommt er Angst, denn er befürchtet, dass die anderen 26 Personen, welche die Briefmarkensammlung nicht erhalten haben, gegen ihn gerichtlich vorgehen werden, um ihre Ansprüche aus den Kaufverträgen durchzusetzen.

Haben die anderen 26 Personen einen Anspruch auf Übereignung und Übergabe der Briefmarkensammlung?

Lösung

Ein Anspruch jeder der 26 Personen gegen R auf Übereignung folgt aus § 433 I 1 BGB, wenn mit jeder Person ein Kaufvertrag zustande gekommen ist.

Ein Kaufvertrag kommt durch Angebot und Annahme zustande. Fraglich ist, ob im Inserat von R bereits ein Angebot zu sehen ist. Dies ist durch Auslegung nach dem objektiven Empfängerhorizont (§§ 133, 157 BGB) zu klären; insbesondere ist die Erklärung von R auf ihren Rechtsbindungswillen hin zu untersuchen.

Der erste Anschein spricht zunächst für ein Angebot von R. Die Erklärung unter Nennung des Kaufpreises und des Kaufgegenstandes (*essentialia negotii*) wäre in dieser Form grundsätzlich annahmefähig. Allerdings hat R nur eine Briefmarkensammlung, die er verkaufen möchte. Das geht aus dem Inserat hervor und ist für die Leser erkennbar. Für sie ist klar, dass R nur genau einen Vertrag schließen und sich durch sein Inserat noch nicht binden will. Er will sich nicht schadensersatzpflichtig machen, weil er nur einen Vertrag erfüllen kann. Ihm fehlt daher aus der Sicht eines objektiven, redlich denkenden Empfängers der Rechtsbindungswille, weshalb seine durch das Inserat abgegebene Erklärung nur als ***invitatio ad offerendum*** auszulegen ist. Die Personen, welche auf das Inserat antworteten, haben also nur ein Angebot abgegeben, nicht jedoch ein Angebot von R angenommen. R hat demnach 27 Angebote auf Abschluss eines Kaufvertrages erhalten. Allerdings hat er nur eines davon angenommen und somit auch nur einen Vertrag geschlossen. Die restlichen 26 Angebote sind nach §§ 146, 147 II BGB erloschen. Mangels zustande gekommener Kaufverträge hat keine der 26 Personen einen Anspruch auf Übereignung und Übergabe aus § 433 I BGB.

Fall Nr. 5 – Heißhunger

H ist extrem hungrig und wirft seinen letzten Euro in einen Warenautomaten der Dickmach-GmbH, um einen darin befindlichen Marsriegel in den Ausgabeschacht zu befördern. Der Riegel wird ausgeworfen. Allerdings wird durch einen Fehler in der Elektronik auch das Geld, welches H in den Automat gesteckt hatte, wieder ausgeworfen. H freut sich zunächst über dieses Geschehnis. Sogleich beginnt er jedoch nachzudenken. Könnte die Dickmach-GmbH von ihm noch den einen Euro verlangen? Wenn ja, woraus?

Lösung

Die Dickmach-GmbH hat gegen H einen Anspruch aus § 433 II BGB auf Zahlung von einem Euro, wenn ein Kaufvertrag zustande gekommen ist. Ein Kaufvertrag kommt durch zwei korrespondierende Willenserklärungen, Angebot und Annahme, zustande.

In der Aufstellung des Warenautomaten durch die Dickmach-GmbH kann ein Angebot auf Abschluss eines Kaufvertrages zu sehen sein. In der Regel ist das Angebot aber erst dann als hinreichend bestimmt anzusehen, wenn die Identität der Vertragspartner bekannt ist. Allerdings kann der Anbietende darauf verzichten, bestimmte Personen anzusprechen, wenn es ihm gleichgültig ist, mit wem er den Vertrag schließt. Ein solches Angebot wird als ***offerta ad incertas personas*** bezeichnet und stellt ein verbindliches Angebot gerichtet an eine unbestimmte Vielzahl von Personen dar.

1. Aufstellung eines Warenautomaten als *offerta ad incertas personas*

Die herrschende Lehre[6] geht davon aus, dass es sich beim Aufstellen eines Warenautomaten um eine *offerta ad incertas personas* handelt, welche aber unter drei (aufschiebenden) Bedingungen (§ 158 I BGB) stehe. Zunächst dürfe der Automat nur mit den richtigen Münzen befüllt werden (1. Bedingung). Weiterhin sei das Angebot dadurch bedingt, dass der Automat funktioniere, und drittens müsse er mit ausreichendem Warenbestand bestückt sein. Allenfalls die zweite Bedingung, dass der Automat funktioniere, könnte hier angezweifelt werden, denn die „Münzverwertung" ist eingeschränkt. Das Funktionieren des Automaten bezieht sich aber auf die Ausgabe von Waren. Es besteht ein Interesse des Automatenaufstellers daran, dass auch dann, wenn nur die Warenausgabe funktioniert, nicht aber die Münzverwertung, ein Kaufvertrag zustande kommen kann. Ansonsten könnte der Automatenaufsteller nämlich nur die Ware aus § 812 I 1 Alt. 1 BGB zurückverlangen – sofern sie nicht verbraucht wurde –, woran er aber in der Regel kein Interesse hat. Er möchte lieber den Kaufpreis verlangen können, was nur möglich ist, wenn ein Kaufvertrag besteht. Folglich ist also der Automat im Sinne der Bedingung als funktionierend anzusehen. Die Dickmach-GmbH hat also, da auch die anderen Bedingungen erfüllt sind, auf Basis der herrschenden Lehre ein wirksames Angebot abgegeben, indem sie den Automaten aufstellte. H hat nach dieser Ansicht durch das Einwerfen der Münze die Annahme erklärt und so einen Kaufvertrag abgeschlossen.

2. Abgabe des Angebots durch den Kunden

Eine Mindermeinung sieht im Aufstellen eines Warenautomaten noch keine Willenserklärung, also auch kein Angebot.[7] Es handle sich nur um eine ***invitatio ad offerendum***. Der Kunde gebe das Angebot ab, indem er Geld einwerfe; die Annahme werde durch die Herausgabe der Ware konkludent, d. h. schlüssig, miterklärt. H hat nach dieser Ansicht durch den Münzeinwurf ein Angebot abgegeben, welches durch Herausgabe der Ware schlüssig angenommen wurde.

Ein Kaufvertrag kam also im Moment des Warenauswurfs zustande, wenn man diese zweite Ansicht zugrunde legt. Die Dickmach-GmbH kann demnach in jedem Fall gemäß § 433 II BGB von H Zahlung von einem Euro verlangen. Die Einrede des § 320 BGB steht H dabei nicht zu, weil er die Leistung der Dickmach-GmbH bereits erhalten hat.

Fall Nr. 6 – Wie jetzt?

A bietet B via E-Mail am 1.8. seinen neuen DVD-Recorder zum Kauf an. Er möchte dafür € 300 haben. B ruft ihn sofort nach Eingang der E-Mail zurück und teilt ihm mit, er nehme den Recorder gerne, aber nur für € 200. Schließlich sei er schon benutzt. A lässt sich darauf nicht ein, weil ihm € 200 zu wenig sind. Zwei Tage später, am 3.8., überlegt B es sich doch anders. Er ist nun gewillt, die verlangten € 300 zu zahlen und schreibt A dies per E-Mail.

Kann B von A Übereignung und Übergabe des DVD-Recorders verlangen?

---

[6] *Brox/Walker*, BGB AT, Rn. 167; Palandt/*Ellenberger*, § 145 Rn. 7; *Bork*, BGB AT, Rn. 716 f.; MünchKomm-BGB/*Busche*, § 145 Rn. 12; *Rüthers/Stadler*, BGB AT, § 19 Rn. 7; *Leipold*, BGB AT, § 14 Rn. 6, 64 f.

[7] *Medicus*, BGB AT, Rn. 362; Bamberger/Roth/*Eckert*, § 145 Rn. 41.

Lösung

B kann von A Übereignung und Übergabe des DVD-Recorders aus § 433 I 1 BGB verlangen, wenn zwischen den beiden ein Kaufvertrag zustande gekommen ist. Das setzt voraus, dass zwei korrespondierende Willenserklärungen abgegeben wurden.

Die E-Mail von A an B, in welcher er B den Recorder zum Kauf anbot, stellt ein Angebot dar. Dieses Angebot hat B allerdings nicht zu den Bedingungen angenommen, die A gestellt hatte, sondern er wollte den Recorder für € 200 erwerben. Diese Aussage stellt eine Annahme unter Änderungen dar und ist gemäß § 150 II BGB als Ablehnung des ersten Angebots und Abgabe eines neuen Angebots des B anzusehen. A wiederum lehnte dieses neue Angebot von B über € 200 ab, denn er wollte weiterhin € 300. Es kam folglich zu keiner Einigung.

Fraglich ist aber, ob B durch die zwei Tage später erfolgende Erklärung das frühere Angebot von A noch annehmen konnte. Grundsätzlich ist derjenige, der ein Angebot abgibt, daran gebunden. Allerdings darf im Interesse des Anbietenden die Bindung an das Angebot nicht bis in alle Ewigkeit bestehen. Deswegen existieren verschiedene Erlöschensgründe: Das Angebot erlischt nach § 146 BGB entweder durch Ablehnung oder durch die nicht fristgerechte Annahme. Die Fristbestimmung kann selbstverständlich durch den Antragenden selbst erfolgen; ansonsten gilt die gesetzliche Regel des § 147 BGB. Eine Frist hatte A nicht bestimmt. Dadurch aber, dass die Erklärung seitens des B – die Annahme unter Änderungen – gemäß § 150 II BGB als Ablehnung zu verstehen ist, war das Angebot des A gemäß § 146 BGB erloschen. Folglich konnte B es nicht zwei Tage später, nachdem er es sich anders überlegt hat, annehmen. Ein Kaufvertrag kam also nicht dadurch zustande, dass B eine E-Mail an A versandte, in der er erklärte, nun den Recorder zu den von A gestellten Bedingungen erwerben zu wollen. Jedoch ist in der E-Mail vom 3.8. ein neues Angebot seitens des B auf Abschluss eines Kaufvertrages zu sehen. B bietet A an, den DVD-Recorder für den ursprünglichen verlangten Preis von € 300 zu kaufen. Hingegen hat A dieses Angebot nicht angenommen, so dass immer noch kein Kaufvertrag zustande gekommen ist. B kann demnach von A nicht gemäß § 433 I 1 BGB Übergabe und Übereignung des DVD-Recorders verlangen.

Fall Nr. 7 – Schweigen ist Gold

Die reiche A erhält vom Boutiquenbesitzer B ein Schreiben. Sie hat bei ihm bereits mehrfach im Laden eingekauft und hält den Brief zunächst für Werbung. Als sie das Schreiben jedoch genauer liest, erkennt sie, dass B ihr eine ganz bestimmte Handtasche aus der aktuellen Kollektion zum Kauf anbietet. B verlangt € 250 für die Tasche. Die Tasche gefällt ihr zwar, aber nicht für diesen Preis. Als sie auch noch den handgeschriebenen Schlusssatz liest, hat sie endgültig genug: „Sollten Sie nicht innerhalb von zwei Wochen nach Erhalt dieses Schreibens Ihren ausdrücklichen Widerspruch erklären, so gilt der Vertrag als geschlossen.“ A legt das Schreiben ohne weiter darüber nachzudenken in die Ecke. Zwei Wochen später ruft B bei A an und fordert sie unter Hinweis auf den seiner Meinung nach bestehenden Kaufvertrag auf, den Kaufpreis i. H. v. € 250 auf das Geschäftskonto zu überweisen. Bei Geldeingang werde er die Tasche versenden. A schluckt eine scharfe Erwiderung herunter, legt auf und ruft sogleich ihre Nichte an, welche Jura studiert, um in Erfahrung zu bringen, ob B tatsächlich von ihr Zahlung in Höhe von € 250 verlangen kann. Was wird die Nichte antworten?

Literaturhinweis: *Medicus*, BGB AT, Rn. 387 ff.; *Rüthers/Stadler*, BGB AT, § 17 Rn. 24 ff.

Lösung

B hat gegen A einen Anspruch auf Zahlung von € 250 gemäß § 433 II BGB, wenn ein Kaufvertrag über die Tasche zustande gekommen ist. Ein Angebot von B ist in der Zusendung des Briefes zu sehen. Dieses Angebot hat A allerdings nicht angenommen, weder durch eine ausdrückliche noch durch eine konkludente, d. h. durch schlüssiges Verhalten erfolgende Erklärung. Sie hat den Brief schlicht in die Ecke gelegt.

Fraglich ist aber, ob B ihr Schweigen eventuell als Annahmeerklärung verstehen darf. Immerhin hat er sie darauf hingewiesen, dass er es in dieser Weise verstehen werde.

Grundsätzlich wird im Rechtsverkehr das bloße **Schweigen nicht als Willenserklärung**, also auch nicht als Annahme gewertet.[8] Es existieren aber **Ausnahmen** von dem Grundsatz, dass durch Schweigen keine Willenserklärungen abgegeben werden können. Das ist zunächst dann der Fall, wenn die Parteien dies vereinbart haben. Eine „Vereinbarung“ setzt jedoch eine Willensübereinstimmung voraus; dem Schweigen kann nicht einseitig durch eine Partei die Bedeutung einer Willenserklärung beigemessen werden.

Eine solche, ihrerseits durch Angebot und Annahme zustande kommende *Vereinbarung* über die Bedeutung des Schweigens haben A und B hier nicht getroffen. Vielmehr hatte B *einseitig* durch den handgeschriebenen Zusatz auf seinem Brief erklärt, dass er ein Schweigen von A als Annahme werten werde. A hat sich damit nicht einverstanden erklärt.

Allerdings gibt es auch einige wenige gesetzlich geregelte Fälle, in denen Schweigen im BGB als Willenserklärung gewertet wird. Der Tatbestand dieser Ausnahmefälle, insbes. §§ 516 I 2, 108 II 2 Hs. 2, 177 II 2 Hs. 2 BGB, liegt jedoch eindeutig nicht vor. Gesetzlich nicht ausdrücklich angeordnet, aber dennoch anerkannt ist, dass Schweigen auf ein kaufmännisches Bestätigungsschreiben als Zustimmung gewertet wird.[9] Das Schreiben von B an A kann allerdings schon deshalb kein kaufmännisches Bestätigungsschreiben sein, weil jedenfalls A nicht Kauffrau ist. Folglich kann ihr Schweigen nicht als Willenserklärung gedeutet werden.

Zwischen A und B ist also mangels Annahmeerklärung durch A kein Vertrag zustande gekommen. Somit kann B von A nicht Zahlung von € 250 verlangen.

Fall Nr. 8 – Das Ölgemälde

K kauft beim Sammler V ein Ölgemälde zum Preis von € 15.000. Das Geld kann K nicht auf einmal bezahlen. Daher einigen sich die beiden auf zwei Ratenzahlungen, von denen die eine sofort, die andere in einem Monat fällig werden soll. Die erste Rate in Höhe von € 7.500 begleicht K in bar. V ist sich aber über die Liquidität von K nicht ganz im Klaren und verlangt daher eine Bürgschaft für die ausstehende Rate. Tatsächlich kann K seinen Bekannten B überzeugen, die Bürgschaft zu übernehmen. V erhält also einen von B handschriftlich geschriebenen und unterschriebenen Brief, in

---

[8] *Brox/Walker*, BGB AT, Rn. 195; *Bork*, BGB AT, Rn. 574.

[9] Siehe *Bitter/Schumacher*, HandelsR, § 7 Rn. 10 ff. mit Fall Nr. 21 – Pommes frites.

dem er erklärt, er übernehme die Bürgschaft für die noch ausstehende Rate in Höhe von € 7.500. Der Brief wird von V freudig entgegengenommen und abgeheftet. Die zweite Rate kann K nicht begleichen, da er über keine flüssigen Barmittel mehr verfügt. Daraufhin wendet sich V an B und verlangt von diesem die Begleichung der Rate. B hingegen weigert sich mit der Begründung, ein Bürgschaftsvertrag sei nie zustande gekommen, denn V habe das Angebot nicht angenommen. Hilfsweise wendet B ein, dass V sich zunächst an K halten müsse und nicht gegen ihn vorgehen könne.

Kann V von B Zahlung von € 7.500 verlangen?

Rechtsprechungshinweis: *BGH* NJW 1997, 2233 = JuS 1997, 1041.

Lösung

V kann von B gemäß § 765 i. V. m. § 433 II BGB Zahlung von € 7.500 verlangen, wenn ein wirksamer Bürgschaftsvertrag zustande gekommen ist und die zu sichernde Forderung noch besteht.

1. Bürgschaftsvertrag

Der Bürgschaftsvertrag kommt durch Angebot und Annahme zustande.

a) Bürgschaftserklärung

B hat eine Erklärung gerichtet auf die Übernahme der Bürgschaft (§ 765 BGB) abgegeben. Fraglich ist aber, ob diese Willenserklärung auch wirksam oder ob sie gemäß § 125 BGB wegen Formmangels nichtig ist.

Die Bürgschaftserklärung bedarf nach § 766 S. 1 BGB der Schriftform i. S. v. § 126 BGB. V erhielt von B einen handschriftlich geschriebenen und unterschriebenen Brief mit der Bürgschaftserklärung. § 126 BGB verlangt nur, dass die Unterzeichnung durch eigenhändige Namensunterschrift erfolgt, nicht aber dass der gesamte vorangehende Text handschriftlich abgefasst wird. Selbstverständlich ist es jedoch unschädlich, dass die gesamte Bürgschaftserklärung hier handschriftlich abgefasst wurde. Die Anforderungen an die Schriftform, welche § 126 BGB aufstellt, sind folglich gewahrt. Die von B abgegebene Willenserklärung ist somit nicht nach § 125 BGB nichtig, so dass B dem V ein wirksames Angebot auf Abschluss eines Bürgschaftsvertrages unterbreitet hat.

b) Annahme der Bürgschaftserklärung

Fraglich ist, ob V dieses Angebot auch angenommen hat, was B bestreitet. Die Annahme ist eine grundsätzlich empfangsbedürftige Willenserklärung und wird erst mit Zugang beim Anbietenden wirksam (§ 130 I 1 BGB). Eine Willenserklärung ist dann zugegangen, wenn die Erklärung so in den Machtbereich des Empfängers gelangt ist, dass unter normalen Umständen mit deren Kenntnisnahme zu rechnen ist.[10] V erklärte gegenüber B nichts, so dass eine Willenserklärung in Form der Annahme B nicht zugegangen sein kann. Jedoch kann der Zugang der Annahmeerklärung nach § 151 BGB entbehrlich sein, wenn dieser nach der Verkehrssitte nicht zu erwarten ist oder der Erklärende darauf verzichtet hat. Da § 151 BGB jedoch nur auf den *Zugang* der Erklärung, nicht aber auf die Annahme selbst verzichtet, bedarf

[10] *BGH* NJW 1980, 990; NJW 2004, 1320.

es immerhin noch einer nach außen erkennbaren Betätigung des Annahmewillens.[11] Diese ist darin zu sehen, dass V die Bürgschaft freudig in Empfang nimmt und sie abheftet.

Es ist also zu fragen, ob der Zugang der Annahmeerklärung nach der Verkehrssitte nicht zu erwarten war, denn ein ausdrücklicher Verzicht von B liegt nicht vor.

Dafür, dass der Zugang der Annahmeerklärung nicht entbehrlich ist, spricht das Interesse von B, Klarheit über seine Rechtsbeziehungen zu haben. Denn ohne eine ihm zugehende Erklärung von V weiß er nicht, ob sein Angebot auf Abschluss eines Bürgschaftsvertrages angenommen wurde und ob er gegebenenfalls mit einer Inanspruchnahme rechnen muss. Andererseits ist das Angebot von B auf Abschluss eines Bürgschaftsvertrages für V nur von Vorteil, denn dieser erhält dadurch eine zusätzliche Sicherheit, so dass kein Grund ersichtlich ist, der V dazu bewegen könnte, das Angebot auszuschlagen. Da dies für B erkennbar ist, ist es auch nicht unbillig, eine Verkehrssitte anzunehmen, die darin besteht, dass ein Empfänger eines für ihn lediglich vorteilhaften Angebots dieses annehmen wird. Eine diesbezügliche ausdrückliche Erklärung gegenüber dem Anbietenden ist daher nicht notwendig. Auch die Rechtsprechung geht von einer entsprechenden Verkehrssitte aus.[12]

Indem V also das Schreiben abheftete, erklärte er die Annahme des Angebots – deren Zugang nach § 151 BGB entbehrlich war – und brachte somit einen wirksamen Bürgschaftsvertrag nach § 765 BGB zustande.

2. Hauptschuld

Eine Bürgschaftsverpflichtung kann jedoch nach § 767 I 1 BGB immer nur im Umfang der Hauptverbindlichkeit bestehen. Die zu sichernde Forderung besteht im Kaufpreisanspruch von V gegen K aus § 433 II BGB und beläuft sich auf € 7.500.

3. Durchsetzbarkeit

Fraglich ist, ob der Anspruch durchsetzbar ist, oder ob V tatsächlich, wie von B behauptet, zunächst versuchen muss, von K Befriedigung der Forderung zu erlangen (sog. Einrede der Vorausklage, § 771 BGB). Die Einrede der Vorausklage kann nach § 773 BGB ausgeschlossen sein, wenn einer der Ausschlussgründe gegeben ist. Es liegt hingegen keine der dort genannten Ausnahmen vor, so dass B die Einrede der Vorausklage erheben kann. V muss also zunächst versuchen, von K Befriedigung zu erlangen.

4. Ergebnis

V hat gegen B derzeit keinen Anspruch auf Zahlung in Höhe von € 7.500 aus § 765 BGB.

Fall Nr. 9 – Bei Annahme Tod

Nachwuchsrapper N ist 23, wohnt bei seiner verwitweten Mutter und möchte so langsam seine Karriere vorantreiben. Zunächst will er sich ein Markenzeichen zulegen, an dem man ihn erkennen kann. Die sogenannten „Grillz", die er bei Künstlern in amerikanischen Hip-Hop-Videos gesehen hat, haben es ihm angetan. „Grillz" sind verzierte Schmuckstücke, die ähnlich einem Mundschutz auf den Zähnen getragen

---

[11] *BGH* NJW 2000, 276, 277; *Medicus*, BGB AT, Rn. 382.
[12] BGHZ 143, 381, 383 = NJW 2000, 1563.

werden und häufig mit einer dünnen Schicht Silber, Platin oder Gold überzogen sind. Darüber hinaus sind sie häufig mit Edelsteinen oder Zirkonia besetzt. Bei seinem Zahnarzt ließ N einen Gipsabdruck von seinen Zähnen machen und sandte diesen an die Bling-Bling-GmbH (B) in Berlin, die solche „Grillz" als Einzelstücke individuell nach den Wünschen der Kunden anfertigt. Noch bevor die Bestellung und der Gipsabdruck in Berlin ankommen, wird N bei einer Messerstecherei in einem Techno-Club, in den er sich irrtümlich verirrt hatte, getötet. B fertigt die von N verlangten „Grillz" und versendet sie mitsamt einer Rechnung an die angegebene Adresse. Die Mutter (M) von N, welche die Erbin ist, weigert sich, den Rechnungsbetrag von € 250 zu bezahlen. Die Herstellungs- und Versandkosten belaufen sich auf € 125.

Kann B von M Zahlung i.H.v. € 250 oder zumindest Ersatz der Herstellungs- und Versandkosten i.H.v. € 125 verlangen?

Lösung

1. Anspruch auf Zahlung von € 250

B kann von M als Rechtsnachfolgerin des N (§ 1922 BGB) Zahlung i.H.v. € 250 und Abnahme des Werkes gemäß §§ 631 I, 640 I BGB verlangen, wenn ein wirksamer Werkvertrag zwischen B und M besteht.

a) Anspruch entstanden

Ein Vertrag kommt durch Angebot und Annahme zustande.

Das Angebot ist eine empfangsbedürftige Willenserklärung und wird mit Abgabe und Zugang wirksam. N hat, indem er seine Bestellung mitsamt dem Gipsabdruck seiner Zähne versendete, seine Willenserklärung so in Richtung auf den Empfänger in Bewegung gesetzt, dass unter normalen Umständen mit Kenntnisnahme zu rechnen war; mithin hat er sein **Angebot** (§ 145 BGB) **abgegeben.** Diese Willenserklärung war auf Abschluss eines Werkvertrags gerichtet, da B nicht nur eine Tätigkeit (§ 611 BGB), sondern einen Erfolg (§ 631 BGB), nämlich die Herstellung der „Grillz" schulden sollte.

Wie § 130 II BGB zeigt, hat der Tod des Anbietenden keinen Einfluss auf die Wirksamkeit einer Willenserklärung, sofern diese bereits abgegeben ist. Das Angebot von N war bereits abgegeben (siehe oben), aber zum Zeitpunkt des Todes von N bei B noch nicht zugegangen. Es konnte aber trotz des Todes des Antragenden N gemäß § 130 I, II BGB noch mit **Zugang** bei B wirksam werden.

Zu prüfen ist weiterhin, ob das B letztlich zugegangene **Angebot noch annahmefähig** war. Dies richtet sich nach § 153 BGB, wonach der Vertrag auch dann zustande kommen kann, wenn der Antragende vor der Annahme durch den Empfänger stirbt, es sei denn, dass ein anderer Wille des Antragenden anzunehmen ist.

aa) Ermittlung des hypothetischen Willens

Die Ausnahme in § 153 BGB („... es sei denn, dass ein anderer Wille ...") könnte so zu verstehen sein, dass der hypothetische Wille des Erklärenden zu ermitteln sei, denn einen tatsächlichen Willen für den Fall seines Todes wird er in aller Regel nicht gebildet haben. Der hypothetische Wille sei mithilfe der Auslegung anhand des objektiven Empfängerhorizonts (§§ 133, 157 BGB) zu ermitteln. Maßgeblich sei, was der Anbietende gewollt hätte, wenn er seinen Tod vorausgesehen hätte.[13] Wie allge-

[13] *Bork*, BGB AT, Rn. 735; *Brox/Walker*, BGB AT, Rn. 174; *Rüthers/Stadler*, BGB AT, § 19 Rn. 29.

mein bei der Auslegung könnten nur die dem Empfänger erkennbaren Umstände für die Bestimmung des hypothetischen Willens herangezogen werden.[14] Allerdings wird es als ausreichend erachtet, wenn der Empfänger erkennen kann, dass der Anbietende für den Fall seines Todes den Vertragsschluss nicht wünscht, während der Empfänger nicht zugleich auch den Tod selbst kennen muss.[15]

Nach dieser Ansicht wäre bezüglich der Bestellung des N zu fragen, ob für den Geschäftsführer der B (vgl. § 35 I GmbHG) ersichtlich war, dass die Vertragsleistung im Todesfall ihren Sinn verliert. Da es sich aufgrund der individuellen Gebissform um nur für N passende „Grillz" handelte, hätte B vernünftigerweise darauf schließen müssen, dass der hypothetische Wille von N dahin ging, sein Angebot solle im Falle seines Todes nicht mehr annahmefähig sein. Es handelt sich nämlich um eine stark personenbezogene Leistung, die für die Erben keinen Wert hat. Dass die Leistung diesen starken Personenbezug hat, war für B auch erkennbar; sie wusste also, dass ihre Leistung nur für N von Nutzen sein würde. Unerheblich wäre demgegenüber, dass der Geschäftsführer den Tod von N nicht kannte, weil es darauf nach der angeführten Ansicht nicht ankommen soll.

Folglich könnte der Geschäftsführer von B das Angebot nicht mehr annehmen, da ein anderer Wille im Sinne des § 153 BGB durch Auslegung des Angebots nach §§ 133, 157 BGB anzunehmen wäre. Ein Vertrag bestünde nicht.

bb) Objektiver Sinn des Angebots

Andere Stimmen in der Literatur wollen hingegen auf den objektiven Sinn des Angebots (und nicht auf den Willen des Antragenden) abstellen.[16] Der objektive Sinn der Bestellung von N war auf den Erwerb eines nur für ihn nutzbaren Gegenstands gerichtet. Daher ist auch nach dieser Ansicht keine Annahmefähigkeit des Angebots gegeben und somit kein Vertrag zustande gekommen.

cc) Stellungnahme

Es erscheint jedoch zweifelhaft, ob diesem Ergebnis – sei es nun unter Hinweis auf den hypothetischen Parteiwillen oder den objektiven Sinn des Angebotes begründet – zugestimmt werden kann. Die gängige Sichtweise stellt jeweils nur darauf ab, dass für den Empfänger aufgrund der Personenbezogenheit erkennbar war, dass der Antragende für den Fall des Todes kein Interesse mehr an der Leistung hat. Damit allein ist jedoch noch nicht gesagt, dass i. S. v. § 153 BGB „ein anderer Wille des Antragenden anzunehmen ist". Wenn – wie allgemein bei Willenserklärungen – auf den objektiven Empfängerhorizont abgestellt wird, muss die dem Empfänger zugegangene Erklärung insgesamt aus seiner Sicht gewürdigt werden. Der Empfänger kann jedoch nicht schon dann davon ausgehen, dass die bestellte Leistung für den Absender ihren Sinn verloren hat, wenn er die Personenbezogenheit erkennt, sondern erst dann, wenn er zusätzlich weiß, dass der Absender verstorben ist. Erst dann ist aus Sicht des Empfängers „ein anderer Wille" des Absenders anzunehmen.

Hinter der gängigen Sichtweise verbirgt sich eine wenig interessengerechte Risikozuordnung: Wenn der Empfänger erkennen kann, dass die Leistung für den Todesfall ihren Sinn verliert, soll er das Risiko tragen, dass dieser Tod vor dem Zugang eingetreten ist. Doch wird zumeist nicht begründet, warum das Risiko des Todes, der die Sinnlosigkeit der bestellten Leistung für den Absender/die Erben begründet,

---

[14] *Brox/Walker*, BGB AT, Rn. 174; *Bork*, BGB AT, Rn. 735.

[15] *Bork*, BGB AT, Rn. 736.

[16] MünchKomm-BGB/*Busche*, § 153 Rn. 3; *Medicus*, BGB AT, Rn. 377; Palandt/*Ellenberger*, § 153 Rn. 2; *Flume*, AT II, § 35 I 4 (S. 647).

dem Empfänger und nicht dem Absender zuzuweisen ist. Der auch sonst bei der Beurteilung von Risikozuweisungen maßgebliche Sphärengedanke spricht für das Gegenteil: Der Tod stammt aus der Sphäre des Absenders, nicht des Empfängers. Letzterer hat den geringsten Einfluss auf dieses Ereignis und auch die geringste Erkenntnismöglichkeit hinsichtlich des eingetretenen Todes und damit auch praktisch keine Möglichkeiten der Verhinderung einer Kostenverschwendung durch Herstellung einer nicht mehr verwendbaren Sache.

Wenn zur Begründung der gegenteiligen Sichtweise darauf hingewiesen wird, der Empfänger habe die Möglichkeit, sich vor Beginn seiner Arbeiten von der Wirksamkeit des Vertragsschlusses zu überzeugen,[17] erscheint dies lebensfremd. Soll ernsthaft der Empfänger beim Absender vor Beginn der Arbeiten schriftlich oder telefonisch nachfragen, ob dieser noch lebt, um zu wissen, ob der Vertrag wirksam zustande kommt? Der – im Regelfall nicht verstorbene – Besteller würde sich sicher über eine derartige Rückfrage wundern.

Nicht überzeugend erscheint auch der Vergleich mit einem gemäß § 158 BGB bedingten Vertrag.[18] Wenn die Parteien, weil sie den Tod einer Seite für möglich halten, ausdrücklich oder konkludent die Bedingung aufnehmen würden, dass der Vertrag im Fall des Todes hinfällig sein soll, ist dies eine ganz andere Situation: Der Vertragspartner wäre durch die Aufnahme der Bedingung in den Vertrag gewarnt und hätte deshalb Anlass, vor Beginn etwaiger Ausführungshandlungen den Eintritt oder Nichteintritt der Bedingung zu prüfen. Sein Gegenüber würde es ihm bei Aufnahme einer Bedingung auch nicht verübeln können, wenn er sich vor Beginn seiner Arbeiten nach dem Eintritt der Bedingung (Todesfall) erkundigt. Die der gängigen Sichtweise in der Sache zugrunde liegende Annahme, das Angebot zum Vertragsschluss über eine personenbezogene Leistung sei gleichsam immer durch den Tod bedingt, erscheint deshalb wenig überzeugend.

Im Ergebnis ist daher nur dann „ein anderer Wille des Antragenden anzunehmen", wenn der Empfänger zusätzlich Kenntnis vom Tod hat, weil er erst dann bei personenbezogenen Leistungen erkennen kann, dass der Vertrag für den Antragenden keinen Sinn mehr macht.

Da das Angebot folglich noch annahmefähig war, konnte B es noch annehmen. Ob für eine **wirksame Annahme** bereits die im Beginn der Arbeiten an den „Grillz" liegende Annahmehandlung ohne Erklärung gegenüber dem Antragenden ausreicht (§ 151 BGB), wofür einiges spricht, kann letztlich offen bleiben, weil das Angebot jedenfalls durch die Übersendung der Ware angenommen wurde. Der Vertrag ist damit zunächst wirksam zustande gekommen.

b) Anspruch rückwirkend entfallen

Zu prüfen bleibt allerdings, ob der Anspruch rückwirkend entfallen ist, als sich die Erbin M gegenüber B weigerte, den Kaufpreis zu zahlen. Zu denken ist an eine *ex-tunc*-Nichtigkeit des Vertrages gemäß § 142 I BGB, wenn M das zum Vertragsschluss führende Angebot wirksam nach § 119 BGB angefochten hat, dies freilich um den Preis der Schadensersatzpflicht aus § 122 BGB (dazu unten 2.).

aa) Anfechtungsgrund (§ 119 I BGB analog)

Die hier gegen die gängige Sichtweise vertretene Ansicht führt im ersten Schritt dazu, dass die Willenserklärung des N, die gemäß § 1922 BGB für M wirkt, allein nach dem objektiven Empfängerhorizont ausgelegt wird und wegen der für den

[17] So *Bork*, BGB AT, Rn. 736.
[18] So *Bork*, BGB AT, Rn. 735.

Empfänger fehlenden Erkennbarkeit des Todes kein entgegenstehender Wille des Absenders angenommen wird. Dieser allein nach dem objektiven Empfängerhorizont bestimmte Inhalt der Willenserklärung deckt sich jedoch nicht mit dem subjektiven Willen, der ab dem Moment des Todes dahin geht, der Vertrag möge nicht mehr zustande kommen.

Das Auseinanderfallen von objektiv Erklärtem und subjektiv Gewolltem berechtigt gemäß § 119 I BGB zur Anfechtung der Willenserklärung. Dies gilt allerdings nach dem Wortlaut der Norm nur für Irrtümer „bei der *Abgabe* einer Willenserklärung". Zum Zeitpunkt der Abgabe durch N deckten sich Wille und Erklärung jedoch noch.

Denkbar ist aber, § 119 I BGB analog auf die hier vorliegende Sonderkonstellation der Willensänderung durch Tod nach Abgabe anzuwenden, um auf diese Weise ein für alle Parteien interessengerechtes Ergebnis zu erzielen: Der Erbe – hier M – könnte sich von dem Vertrag lösen, müsste dem Empfänger – hier B – aber dessen im Vertrauen auf den Vertragsschluss getätigte Aufwendungen – hier € 125 – gemäß § 122 BGB ersetzen.

Hinweis: Auch auf der Basis der gängigen Sichtweise (kein Vertragsschluss nach § 153 BGB) wird die Frage diskutiert, ob dem Empfänger der Erklärung nicht wenigstens ein Anspruch auf Ersatz seines Vertrauensschadens analog § 122 BGB zuzusprechen ist. Die wohl h. L. vertritt insoweit die Ansicht, dass der Empfänger eines Angebots mit erkennbar starkem Personenbezug nicht davon ausgehen dürfe, dass das Angebot im Falle des Todes vor Zugang der Erklärung noch annahmefähig sein soll. Der Tod des Erklärenden sei gerade das vom Empfänger zu tragende Risiko, weshalb ihm kein Anspruch analog § 122 BGB zu gewähren sei.[19]

Eine Mindermeinung hält zwar einen Anspruch analog § 122 BGB für möglich, sieht die Vergleichbarkeit der Interessenlage mit dem gesetzlich geregelten Fall des § 122 BGB jedoch nur dort als gegeben an, wo der Antragsempfänger in Unkenntnis der Tatsache, dass es sich um eine nur zum persönlichen Gebrauch bestimmte Leistung handelt, mit der Ausführung des Auftrags beginnt.[20] Andere betonen, dass die Vergleichbarkeit der Interessenlagen nur vorliege, wenn der Empfänger berechtigterweise auf die Annahmefähigkeit vertraue.[21] In der Regel könne sich jedoch bei objektiv erkennbarem Personenbezug kein berechtigtes Vertrauen bilden, denn die fehlende Annahmefähigkeit sei dann auch für den Empfänger erkennbar.

Letztlich dürfte die Minderansicht trotz theoretisch anderen Ausgangspunktes praktisch nie zu abweichenden Ergebnissen führen. Die Frage, ob ein Anspruch analog § 122 BGB besteht, stellt sich ja von vorneherein nur dann, wenn der Vertragsschluss gemäß § 153 BGB verneint wird. Da dies aber nur bei personenbezogenen Leistungen der Fall ist, liegt immer der angebliche Ausnahmefall vor, in dem sich kein berechtigtes Vertrauen bilden kann. Wenn man – wie es der gängigen Sichtweise entspricht – im Rahmen des § 153 BGB allein darauf abstellt, dass der Empfänger unter der „Bedingung" des Todes die fehlende Brauchbarkeit der Leistung für den Antragenden erkennen kann, ohne dass er vom Tod selbst Kenntnis haben muss, dann ist es konsequent, mit der h. L. einen Anspruch aus § 122 BGB zu versagen. Man kann nicht einerseits bei der Auslegung des § 153 BGB das Risiko des Todes ausdrücklich dem Empfänger zuweisen und dann im Rahmen des § 122 BGB doch wieder von dieser Risikozuweisung abrücken und nun das Risiko – jedenfalls in Höhe des Vertrauensschadens – dem Antragenden zuweisen.

Wenn man zu der im Ergebnis sachgerechten Lösung über § 122 BGB gelangen will, muss man das Vertrauen des Empfängers – im Gegensatz zur gängigen Sichtweise – im Ansatz für berechtigt erklären und damit – wie hier vorgeschlagen – im Rahmen des § 153 BGB berücksichtigen. Nur dann ergibt sich eine stimmige, in sich widerspruchsfreie Lösung: Das Vertrauen des Empfängers auf den – vom objektiven Empfängerhorizont aus ermittelten – Inhalt der Erklärung wird wie in den sonstigen Fällen des § 119 BGB im Grundsatz geschützt, allerdings zum ebenfalls berechtigten Schutz des subjektiven Willens des Erklärenden diesem die Möglichkeit eingeräumt, sich um den Preis der Ersatzpflicht aus § 122 BGB von dem Vertrag zu lösen.

---

[19] *Medicus*, BGB AT, Rn. 377; MünchKomm-BGB/*Busche*, § 153 Rn. 3; Bamberger/Roth/*Eckert*, § 153 Rn. 10; *Bork*, BGB AT, Rn. 736; *Flume*, AT II, § 35 I 4 (S. 647).

[20] Erman/*Armbrüster*, § 153 Rn. 4.

[21] *Rüthers/Stadler*, BGB AT, § 19 Rn. 29.

Die analoge Anwendung einer Vorschrift auf einen vom Wortlaut der Vorschrift nicht erfassten Sachverhalt ist nach den Grundsätzen der juristischen Methodenlehre im Zivilrecht möglich, wenn hinsichtlich jenes Sachverhaltes eine planwidrige (= unbewusste) Regelungslücke im Gesetz besteht und eine vergleichbare Interessenlage vorliegt, die es rechtfertigt, den im Gesetz nicht geregelten Fall ebenso zu behandeln wie den im Gesetz geregelten Fall.[22]

aaa) Planwidrige Regelungslücke

Die planwidrige Regelungslücke besteht darin, dass der Gesetzgeber die Sonderkonstellation der Erklärung eines durch Tod (subjektiv) nach Abgabe veränderten Willens, der objektiv wegen fehlender Erkennbarkeit des Todes für den Empfänger als durch den Tod nicht verändert erscheint, nicht bedacht hat.

bbb) Vergleichbare Interessenlage

Im Regelfall der Willenserklärung einer später nicht verstorbenen Person erscheint die Konstellation, in der Wille und Erklärtes erst *nachträglich* auseinanderfallen, nicht mit dem im Gesetz geregelten Fall des Irrtums bei *Abgabe* der Erklärung vergleichbar. Wenn nämlich eine Person bei der Abgabe genau dasjenige will, was sie erklärt, ist die Privatautonomie nicht tangiert: Sie wird nur an ihrem wahren Willen festgehalten und bedarf deshalb nicht des Schutzes durch ein Anfechtungsrecht, das stets zu Lasten des Erklärungsempfängers geht, der statt des Anspruchs auf Erfüllung nur einen Anspruch auf Ersatz des Vertrauensschadens erhält (§ 122 BGB).

Von einer solchen bewussten nachträglichen Willensänderung einer noch lebenden Person, die rechtlich unbeachtlich ist, unterscheidet sich jedoch die durch den Tod – gleichsam aus der Natur der Sache – eintretende Willensänderung zwischen Abgabe und Vertragsschluss erheblich. Das Gesetz bringt in § 153 BGB die Wertung zum Ausdruck, dass die durch den Tod eintretende Willensänderung besonders ist und im Grundsatz beachtlich sein soll. Wenn man gleichwohl – wie hier vertreten – diese Willensänderung zum Schutz des den Tod nicht erkennenden Empfängers beim Zustandekommen des Vertrags für unerheblich erklärt, muss der Besonderheit der durch Tod bewirkten Willensänderung jedenfalls im Rahmen des § 119 BGB Rechnung getragen werden. Der Anbietende hätte nämlich in Kenntnis seines Todes eine Willenserklärung mit dem – nach Maßgabe des objektiven Empfängerhorizontes ermittelten – Inhalt niemals abgegeben.

Es ist daher die spezifische Wertung des Gesetzes (§ 153 BGB), die es erlaubt, die durch Tod natürlich eintretende nachträgliche Willensänderung wertungsmäßig dem bei Abgabe einer Willenserklärung vorhandenen Irrtum gleichzustellen. In beiden Fällen erscheint es gleichermaßen sachgerecht, dem zunächst vertraglich Gebundenen die Möglichkeit der Lösung vom Vertrag zu eröffnen, freilich jeweils um den Preis des § 122 BGB.

bb) Anfechtungserklärung und Anfechtungsfrist

Neben dem Anfechtungsgrund setzt die Anfechtung auch eine entsprechende Erklärung gegenüber dem Vertragspartner (§ 143 II BGB) innerhalb der Anfechtungsfrist des § 121 BGB voraus.

Die durch den Vertrag zunächst gebundene M hat sogleich nach Eingang von Ware und Rechnung erklärt, sie weigere sich, den Rechnungsbetrag von € 250 zu zahlen. Dies geschah in jedem Fall „unverzüglich" i.S.v. § 121 I BGB, da sie zuvor

[22] Dazu *Bitter/Rauhut*, JuS 2009, 289, 297 f.

von dem Vertragsschluss keinerlei Kenntnis hatte. Die Zahlungsverweigerung, bei der lebensnah anzunehmen ist, dass sich M auf den Tod ihres Sohnes berufen hat, lässt sich als Anfechtungserklärung auslegen, weil der maßgebliche Sachverhalt, aufgrund dessen sich M nicht an den Vertrag gebunden fühlt, der B damit bekanntgegeben wird.

Aufgrund der wirksamen Anfechtung ist die Willenserklärung, das Angebot, rückwirkend nichtig mit der Folge, dass auch der Vertrag hinfällig ist.

c) Ergebnis

Mangels wirksamen Werkvertrags kann B folglich von M nicht gemäß §§ 631 I, 640 I BGB Zahlung des Werklohns von € 250 und Abnahme des Werkes verlangen.

2. Anspruch auf Zahlung von € 125

Aus den vorstehenden Ausführungen ergibt sich bereits, dass B allerdings einen Anspruch auf Ersatz ihres Vertrauensschadens hat, den die Erbin M als Rechtsnachfolgerin (§ 1922 BGB) von N zu begleichen hat. Dieser Anspruch folgt zwar nicht direkt aus § 122 I BGB, weil die Norm nach ihrem Wortlaut nur Fälle erfasst, in denen eine Willenserklärung nach §§ 119, 120 BGB wirksam angefochten wurde. Gleiches muss jedoch analog § 122 I BGB gelten, wenn die Anfechtung ihrerseits analog § 119 BGB zulässig ist. Hinsichtlich der Regelungslücke und der vergleichbaren Interessenlage gilt das oben Gesagte.

Der nach § 122 I BGB zu ersetzende Vertrauensschaden ist der Schaden, den eine Person erleidet, weil sie auf die Gültigkeit einer Erklärung vertraut.[23] Die Person ist so zu stellen, als ob sie nie von der Erklärung gehört hätte. Hätte B nicht von dem Vertragsangebot von N gehört, hätte sie keine Herstellungskosten in Höhe von € 125 gehabt.

Daher kann B von M analog § 122 I BGB Zahlung von € 125 verlangen.

Fall Nr. 10 – Zu früh gefreut

P möchte seinem Patenkind zu dessen Geburtstag ein Buch schenken. Er wählt im Internet bei Amazon.de ein Buch zum Preis von € 20 aus, packt es in den virtuellen Einkaufswagen und geht zur „Kasse“. Dort gibt er seinen Benutzernamen und das Passwort ein und bekommt noch einmal die Übersicht über seine Bestellung. Dann klickt er auf „Bestellung abschicken“. Noch während er am Computer sitzt, erhält er eine Minute später eine E-Mail mit dem Titel „Bestellbestätigung“, die P sogleich liest. Auszüge aus dieser Bestellbestätigung lauten: „Vielen Dank für Ihre Bestellung, P!“. Unter der Überschrift „Bestellinformation“ finden sich die Rechnungs- und Versandadresse und unter der Überschrift „Bestellübersicht“ befinden sich der bestellte Artikel sowie der Preis. Weiter unten findet sich der Hinweis: „Es handelt sich um eine automatisch generierte E-Mail. Antworten Sie bitte nicht auf diese, sondern nutzen Sie bitte unser Kontaktformular.“ Am übernächsten Tag jedoch erhält P erneut eine E-Mail von Amazon mit folgendem Wortlaut: „Viele Grüße von Amazon.de. Die folgende Bestellung wurde leider storniert, da die bestellten Artikel zurzeit nicht lieferbar sind. Sie können versuchen, die Artikel zu einem späteren Zeitpunkt erneut zu bestellen. Wir entschuldigen uns für die Umstände und hoffen, Sie bald wieder als Kunden be-

[23] Palandt/*Ellenberger*, § 122 Rn. 4.

grüßen zu können […]". P ärgert sich, denn er ist der Meinung, einen Vertrag mit der Amazon.de GmbH (A) geschlossen zu haben.

Hat P gegen A einen Anspruch auf Übereignung und Übergabe des Buchs Zug um Zug gegen Zahlung von € 20?

Rechtsprechungshinweis: *BGH* NJW 2005, 976.

Lösung

P kann gegen A gemäß § 433 I 1 BGB einen Anspruch auf Übereignung und Übergabe des Buches haben, wenn zwischen den beiden ein Kaufvertrag zustande gekommen ist. Ein Kaufvertrag nach § 433 BGB kommt durch zwei korrespondierende Willenserklärungen zustande.

1. Angebot durch Präsentation der Ware im Internet?

Fraglich ist, ob A durch die Abbildung des Buches auf der Website ein Angebot nach § 145 BGB auf Abschluss eines Kaufvertrages abgegeben hat. Das rechtsverbindliche Angebot ist abzugrenzen von der *invitatio ad offerendum*, bei welcher der Rechtsbindungswille zu verneinen ist. Die Auslegung des Verhaltens erfolgt nach dem objektiven Empfängerhorizont gemäß §§ 133, 157 BGB. Dabei ist zu berücksichtigen, dass das Einstellen von Waren auf einer Internetseite vergleichbar ist mit der Ausstellung von Waren im Schaufenster oder ihrer Aufnahme in einen Versandkatalog (§ 5 Rn. 36). Dies spricht dafür, auch im Internetangebot von A lediglich eine *invitatio ad offerendum* zu sehen. Der Verkäufer will auch hier erkennbar nicht der Gefahr einer Mehrfachverpflichtung ausgesetzt sein. Weiterhin will er sich die Möglichkeit vorbehalten, Personen, die er eventuell als unzuverlässig kennen gelernt hat, als Vertragspartner abzuweisen. Es handelt sich also grundsätzlich nur um eine *invitatio ad offerendum* und nicht um ein rechtsverbindliches Angebot. Das Angebot ging somit von P aus, als dieser in der Eingabemaske auf „Bestellung abschicken" klickte.

2. Annahme des Angebots?

Fraglich ist, ob dieses Angebot durch die „Bestellbestätigung", welche P eine Minute später erhielt, angenommen wurde und somit ein Kaufvertrag zustande gekommen ist.

Die Bestellbestätigung enthielt nicht ausdrücklich eine Annahmeerklärung.[24] Durch Auslegung nach §§ 133, 157 BGB ist daher nach dem objektiven Empfängerhorizont zu ermitteln, was A erklärte. Es ist also zu fragen, ob P die E-Mail als Annahmeerklärung verstehen durfte.

Für eine Auslegung als Annahme spricht zunächst, dass die E-Mail bereits den Artikel und Preis enthielt, während sich kein ausdrücklicher Hinweis darauf fand, dass der Rechtsbindungswille nicht besteht. Für den juristisch nicht vorgebildeten Kunden ist die Wortwahl „Bestellbestätigung" nicht eindeutig. Er sieht als Emp-

[24] Tatsächlich enthalten die Bestellbestätigungen von Amazon.de den folgenden Passus: „Diese E-Mail dient lediglich der Bestätigung des Einganges Ihrer Bestellung und stellt noch keine Annahme Ihres Angebotes auf Abschluss eines Kaufvertrages dar." Auf die Wiedergabe dieses Passus im Sachverhalt wurde aber aus didaktischen Gründen verzichtet. Er kann deshalb auch nicht für die Lösung des Falles unterstellt werden.

fänger der Bestellbestätigung sein Angebot als „bestätigt" an, was für den Laien gleichbedeutend mit „angenommen" sein könnte. Insoweit ließe sich vertreten, der Versender der Bestellbestätigung müsse ausdrücklich klarstellen, dass er nicht schon den Vertragsschluss bestätigen will, sondern zunächst nur den Eingang der Bestellung. Tue er das nicht, sei er vertraglich gebunden.

Fraglich ist jedoch, ob einer Auslegung der E-Mail als Vertragsannahme § 312g I 1 Nr. 3 BGB entgegensteht. Nach dieser Vorschrift ist ein Unternehmer (§ 14 BGB) bei einem Fernabsatzvertrag (§ 312b BGB) mit einem Verbraucher (§ 13 BGB) verpflichtet, dem Kunden unverzüglich auf elektronischem Wege dessen Bestellung zu bestätigen. Da A den Internetversandhandel gewerblich betreibt, ist sie als Unternehmerin nach § 14 BGB anzusehen, während P das Buch für private Zwecke erwerben wollte und deshalb als Verbraucher handelte. Der Vertrag sollte ferner unter Verwendung von Fernkommunikationsmitteln abgeschlossen werden und wäre damit Fernabsatzvertrag i. S. d. § 312b BGB.

Dass die gesetzliche Pflicht zur Übersendung einer derartigen Bestellbestätigung besteht, besagt aber noch nichts darüber, dass der Kunde die Bestätigung nicht auch als Vertragsannahmeerklärung verstehen kann. Zum einen darf von einem Verbraucher nicht erwartet werden, dass er die gesetzliche Pflicht des Unternehmers aus § 312g I 1 Nr. 3 BGB kennt und er deshalb aus der Zusendung der entsprechenden E-Mail schließt, dass es sich nur um eine derartige gesetzlich vorgesehene Bestellbestätigung handelt. Zum anderen ist der erklärende Unternehmer nicht gehindert, seinen Erklärungen mehr Inhalt beizulegen als er gesetzlich muss. Er kann also in einer nach § 312g I 1 Nr. 3 BGB zu versendenden Bestellbestätigung bereits seinen Rechtsbindungswillen zum Ausdruck bringen. Daher ist die gesetzliche Regelung der Bestellbestätigung in § 312g I 1 Nr. 3 BGB im Ergebnis für die Auslegung unergiebig.

Gegen die Auslegung als Annahmeerklärung spricht allerdings der Wortlaut „Bestellbestätigung". Dieser lässt eher darauf schließen, dass noch nicht der Vertragsschluss bestätigt wird, sondern der Eingang der Bestellung.

Die Tatsache, dass es sich um eine automatisch generierte E-Mail handelt, die bereits eine Minute, nachdem die Bestellung abgeschickt wurde, bei P einging, trägt ebenfalls dazu bei, ihr nur einen deklaratorischen und keinen verbindlichen Charakter als Annahme beizulegen. Je nach Lieferant erscheint es ggf. nicht möglich, eine Prüfung des Bestands in dieser kurzen Zeitspanne durchzuführen, zumal kein Hinweis darauf erfolgt, dass bereits eine Bestandsprüfung erfolgt ist. P erkannte auch, dass die Bestellbestätigung unmittelbar nach Absenden seiner Bestellung versandt wurde, denn er las sie sogleich nach dem Empfang. Aufgrund der Wortwahl („Bestellbestätigung") und der sonstigen Umstände (einminütige Dauer bis zum Erhalt der automatisch erstellten Bestellbestätigung) ist deshalb aus Sicht eines objektiven Empfängers eher davon auszugehen, dass A der Rechtsbindungswille fehlte und es sich daher nicht um die Annahme des Angebots von P handelte.[25] Ein Kaufvertrag ist folglich noch nicht zustande gekommen, so dass P gegen A keinen Anspruch auf Übereignung und Übergabe des Buchs Zug um Zug gegen Zahlung von € 20 hat.

---

[25] Gegen eine Einordnung der Bestellbestätigung als Annahme ebenfalls: Palandt/*Grüneberg*, § 312g Rn. 7; siehe allgemein auch *BGH* MDR 2013, 141 (Rn. 19): „in der Regel ... reine Wissens- und keine Willenserklärung"; zum früheren § 312e BGB, der unverändert zu § 312g BGB wurde, *LG Hamburg* NJW-RR 2004, 1568; *AG Butzbach* NJW-RR 2003, 54; a. A. mit entsprechender Begründung gut vertretbar.

Fall Nr. 11 – 3 ... 2 ... 1 ... Meins?

K schaut leidenschaftlich gerne die Serie „King of Queens“. Er hat gehört, dass es eine neue DVD-Box gibt, die alle Staffeln zusammenfasst und sogar noch in einer schönen Kiste ausgeliefert werden soll. Er macht sich im Internet auf die Suche und wird bei eBay.de fündig. Der Verkäufer „Vector“ (V) bietet dort die „King of Queens“-DVD-Box an. V hat erst wenige Verkäufe auf eBay getätigt. Seine Statistik zeigt fünf Verkäufe nach zwei Jahren Mitgliedschaft an. Der Handel auf eBay findet in der Weise statt, dass Personen Gegenstände für eine im Vorhinein bestimmte Dauer auf der Plattform zum Verkauf anbieten. Dabei müssen die Verkäufer ein Häkchen an folgenden Satz machen: „Mit der Freischaltung der Angebotsseite erkläre ich rechtsverbindlich das Angebot auf Abschluss eines Kaufvertrages.“ Am Kauf interessierte Personen können Gebote abgeben; der Vertrag kommt mit dem Höchstbietenden zustande. Am 5.7. endet die Angebotsfrist. Am 3.7. gibt K per Mausklick ein Angebot in Höhe von € 80 ab. Am Folgetag, dem 4.7., trifft K seinen Freund F, der auch eine solche Box besitzt. F gibt ihm die Box gegen Zahlung von € 70 auch gleich mit. Bis zum Ende der Angebotsfrist werden für die Box des V bei eBay keine höheren Angebote als das des K mehr abgegeben. Als V nun in einer E-Mail an K schreibt, er möge bitte das Geld überweisen, möchte K lieber nichts mehr mit der Internet-Versteigerung zu tun haben, da er ein besseres Geschäft gemacht hat. Daher schreibt er an V, er gehe nicht davon aus, dass ein Vertrag zustande gekommen sei. Er habe nur „zum Spaß“ mitgeboten. Vorsorglich widerrufe er aber seine Willenserklärung.

Kann V von K Zahlung von € 80 verlangen?

Rechtsprechungshinweis: *BGH* NJW 2005, 53; 2002, 363.

Lösung

V verlangt von K Kaufpreiszahlung in Höhe von € 80. Anspruchsgrundlage hierfür ist § 433 II BGB, wenn ein Kaufvertrag zwischen den beiden besteht. Ein Kaufvertrag kommt durch zwei korrespondierende Willenserklärungen, Angebot und Annahme, zustande.

1. Anwendbarkeit von § 156 BGB?

Möglicherweise ist auf die Internetversteigerung bei eBay.de die Sondervorschrift des § 156 BGB anzuwenden. Der Vertrag käme dann mit dem Zuschlag des Versteigerers auf ein entsprechendes Gebot zustande.

Gegen die Anwendung des § 156 BGB bei Internet-Versteigerungen spricht allerdings, dass ein derartiger Zuschlag des Versteigerers nicht ergeht; weder eBay noch der Verkäufer geben eine solche Erklärung ab.[26] Ein „Zuschlag durch Zeitablauf“ ergeht ebenfalls nicht, denn auch der Zuschlag ist eine Willenserklärung, die nicht durch bloßen Zeitablauf ersetzt werden kann.[27] § 156 BGB findet dem

[26] So die ganz h. M.: *BGH* NJW 2005, 53, 54 f.; Palandt/*Ellenberger*, § 156 Rn. 3; *Köhler*, BGB AT, § 8 Rn. 60; Bamberger/Roth/*Eckert*, § 156 Rn. 4; Jauernig/*Jauernig*, § 156 Rn. 1; *Brox/Walker*, BGB AT, Rn. 185.

[27] *BGH* NJW 2005, 53, 54.

nach keine Anwendung auf Internet-Versteigerungen. Der Vertragsschluss vollzieht sich vielmehr durch Angebot und Annahme nach §§ 145 ff. BGB.[28]

2. Rechtsbindungswille des V

Es bleibt daher zu prüfen, ob eine vertragliche Bindung durch Angebot und Annahme eingetreten ist. Insoweit ist insbesondere fraglich, ob V eine rechtsverbindliche Erklärung abgegeben hat. Sein Verhalten ist nach §§ 133, 157 BGB auszulegen und daraufhin zu untersuchen, ob er mit Rechtsbindungswillen handelte. V hatte vor dem Einstellen der Ware ein Häkchen an eine ausdrückliche Erklärung gesetzt, so dass sein Rechtsbindungswille hervortritt. Umstritten ist aber, ob es sich bei der Willenserklärung von V um ein Angebot oder eine Annahme handelt.

a) Freischaltung der Angebotsseite als Angebot

In der Freischaltung der Angebotsseite könnte bereits ein zeitlich befristetes, verbindliches Angebot auf Abschluss eines Kaufvertrages zu sehen sein. Dieses Angebot wäre jedoch nur an denjenigen gerichtet, der das Höchstgebot abgibt.[29] Dies steht in Übereinstimmung mit dem von V durch einen Haken bestätigten Satz. Nach dieser Ansicht hätte V also ein Angebot gerichtet an den Höchstbietenden abgegeben.

b) Freischaltung der Angebotsseite als vorweggenommene Annahme

Andererseits könnte man die Freischaltung der Angebotsseite als vorweggenommene Annahme des höchsten Angebotes ansehen.[30] Es ließe sich argumentieren, der Verkäufer gebe kein Angebot ab, weil die Erklärung nicht durch ein einfaches „Ja“ angenommen werden könne.[31] Dass V mit dem Häkchen erklärt, er gebe ein Angebot ab, hindere nicht, sein Verhalten trotzdem als Annahme zu verstehen. Demnach hätte V eine vorweggenommene Annahme des Angebots erklärt.

3. Rechtsbindungswille des K

Auf Seiten von K ist ebenfalls zu prüfen, ob er mit der Abgabe des Höchstgebots eine rechtsverbindliche Erklärung abgeben hat. Selbst wenn K – wie er behauptet – subjektiv keine verbindliche Erklärung abgeben wollte, könnte die Auslegung nach dem maßgeblichen objektiven Empfängerhorizont (§§ 133, 157 BGB) gleichwohl ergeben, dass V die Erklärung als rechtsverbindliche Willenserklärung verstehen durfte.[32] Für V sind keine Umstände ersichtlich, die darauf hindeuten könnten, dass K seine Erklärung nicht als Willenserklärung verstanden wissen will. Selbst wenn er nur zum Spaß mitgeboten hätte, so hätte es sich um einen geheimen Vorbehalt gehandelt, der nach § 116 BGB unbeachtlich gewesen wäre. Folglich hat K eine verbindliche Willenserklärung mit Bezug auf die Erklärung von V abgegeben.

Ob diese Willenserklärung von K nun Angebot oder Annahme war (siehe oben), kann dahinstehen, da jedenfalls zwei korrespondierende Willenserklärun-

---

[28] *BGH* NJW 2005, 53, 54; 2011, 2643 (Rn. 15 ff.); Palandt/*Ellenberger*, § 156 Rn. 3.
[29] So auch *BGH* NJW 2005, 53, 54; *Köhler*, BGB AT, § 8 Rn. 60.
[30] Palandt/*Ellenberger*, § 156 Rn. 3; *Wolf/Neuner*, BGB AT, § 37 Rn. 7.
[31] Palandt/*Ellenberger*, § 156 Rn. 3.
[32] In der Regel werden auch die Bieter ausdrücklich darauf hingewiesen, dass sie im Begriff sind, eine verbindliche Erklärung abzugeben. Liegt eine ausdrückliche Erklärung vor, erübrigt sich die Auslegung.

gen vorliegen. Ein Kaufvertrag ist somit nach beiden Ansichten zustande gekommen. Die Entscheidung der Frage, wer das Angebot und wer die Annahme erklärt, erübrigt sich.

4. Wirksamer Widerruf?

Fraglich ist aber, ob K seine Willenserklärung, die zum Abschluss des Kaufvertrages führte, inzwischen wirksam widerrufen hat.

a) Widerruf nach § 130 I 2 BGB

Ein Widerruf nach § 130 I 2 BGB scheidet aus, da dieser nur möglich ist, wenn er vor oder gleichzeitig mit der Willenserklärung dem Adressaten zugeht. V ist die Erklärung von K aber spätestens mit dem Ende der „Auktion" zugegangen.

b) Widerruf nach § 355 I BGB

Zu prüfen ist aber, ob K ein Widerrufsrecht nach § 312d I 1 i. V. m. § 355 I BGB zusteht. Voraussetzung dafür ist, dass es sich um einen Fernabsatzvertrag nach § 312b BGB handelt. Dazu muss V allerdings Unternehmer im Sinne des § 14 BGB sein. Er kommt freilich nur auf insgesamt fünf Verkäufe in zwei Jahren Mitgliedschaft; der Verkauf erfolgte auch nicht in Ausübung einer gewerblichen oder selbstständigen Tätigkeit. Da V demnach kein Unternehmer ist, handelt es sich nicht um einen Fernabsatzvertrag nach § 312b BGB. Folglich hat K kein Widerrufsrecht nach § 312d I 1 i. V. m. § 355 I BGB.

Da K seine Willenserklärung nicht wirksam widerrufen hat, besteht der Kaufvertrag fort. V kann also von K Zahlung von € 80 aus § 433 II BGB verlangen.

§ 12. Fälle zu Abgabe, Zugang und Widerruf von Willenserklärungen

Fall Nr. 12 – Wenn der Vater mit dem Sohne

Kurt Klever (K) ist auf der Suche nach einem Gebrauchtwagen. Auf der Arbeit erfährt er von einem Kollegen, dass Valentin (V) sein Auto verkaufen möchte. Der Kollege beschreibt K das Auto als so gut, dass K es gleich kaufen will. K versucht zunächst, V telefonisch zu erreichen, was ihm allerdings nicht gelingt. Da fällt ihm ein, dass er seinen volljährigen Sohn S, der noch zuhause wohnt und der gerade Urlaub hat, beauftragen könnte, zu V zu fahren und diesem das Kaufangebot zu übermitteln. K ruft also S an und sagt: „Geh bitte gleich zu V und sage ihm, dass ich sein Auto für genau € 5.000 kaufen will!" Danach geht K in die Kantine und trifft einen anderen Kollegen, der ein ähnliches Auto verkaufen will, dafür aber einen geringeren Preis verlangt. K versucht nun, S noch zu erreichen, bevor dieser bei V angekommen ist. Er erreicht ihn auf seinem Handy, aber wegen der schlechten Verbindung versteht S nicht, was K sagt. S denkt, K wolle ihn nochmals darauf hinweisen, dass er sich beeilen solle; K hingegen glaubt, S habe ihn verstanden. Als S bei V ankommt, ist dieser gerade vom Einkaufen zurück. Mit dem übermittelten Angebot in Höhe von € 5.000 ist V einverstanden und erklärt die Annahme. S tritt zufrieden den Heimweg an. Während der nächsten Tage sehen sich K und S nicht und haben auch keine Gelegenheit miteinander zu sprechen. Da K davon ausgeht, S sei gar nicht mehr zu V gefahren, hat er in der Zwischenzeit das Auto seines Kollegen erworben. Nach ein paar Tagen meldet sich V bei K und verlangt Bezahlung des Kaufpreises Zug um Zug gegen Übergabe und Übereignung des Autos. K erklärt die Anfechtung und verweigert die Zahlung. Zu Recht?

Lösung

Ein Anspruch des V gegen K auf Zahlung von € 5.000 ergibt sich aus § 433 II BGB, wenn ein Kaufvertrag zwischen K und V durch Angebot und Annahme wirksam zustande gekommen, der daraus resultierende Kaufpreisanspruch nicht erloschen und durchsetzbar ist.

1. Angebot seitens des K

Die von K gegenüber S zur Übermittlung abgegebene Erklärung enthielt die wesentlichen Vertragsmerkmale (*essentialia negotii*). K wollte sich rechtsgeschäftlich binden und hat S dies ausrichten lassen. Die Erklärung von K ist folglich ein Angebot (§ 145 BGB) auf Abschluss eines Kaufvertrages. Fraglich ist, ob dieses Angebot wirksam ist. Das Angebot auf Abschluss eines Kaufvertrages ist eine empfangsbedürftige Willenserklärung, welche dann wirksam wird, wenn sie abgegeben und zugegangen ist.

a) Abgabe

Zu prüfen ist zunächst, ob die Willenserklärung von K als abgegeben zu betrachten ist. Abgegeben ist eine Willenserklärung, wenn sie in Richtung auf den Empfänger in Bewegung gesetzt ist und unter normalen Umständen mit dem Zugang zu rechnen ist (§ 5 Rn. 43). K hat S damit beauftragt, V eine mündliche Erklärung zu übermitteln. Mündliche Erklärungen unter Abwesenden können durch Einschaltung eines Erklärungsboten übermittelt werden. S bekam von K genaue Anweisungen, was er V zu übermitteln hatte; S überbrachte also nur eine fremde Erklärung und ist daher Erklärungsbote von K.

Wird ein Erklärungsbote als Überbringer eingesetzt, so hat der Erklärende in dem Moment, in dem er den Boten lossendet, die Erklärung in Richtung auf den Empfänger in Bewegung gesetzt (§ 5 Rn. 43). Bereits zu diesem Zeitpunkt ist also die Erklärung abgegeben und nicht erst, wenn der Bote sie dem Empfänger überbringt. K hat das Angebot also abgegeben, indem er S aufforderte, gleich zu V zu gehen.

aa) Willensänderung des K nach Abgabe

Zu klären ist, ob die Willensänderung von K Einfluss auf die Willenserklärung hat. Dies könnte deshalb der Fall sein, weil die Erklärung von K weiterhin ohne dessen Willen im Verkehr ist. Wie aber § 130 I 2 BGB zeigt, sind Willensänderungen nach Abgabe nur dann beachtlich, wenn diese mittels Widerruf vor oder gleichzeitig mit der Erklärung beim Empfänger zugehen. Die Erklärung war aber bereits abgegeben, als S auf den Weg gesandt wurde (siehe oben).

bb) Widerruf nach § 130 I 2 BGB

Fraglich ist, ob der Widerruf der Willenserklärung nach § 130 I 2 BGB im Anruf bei S zu sehen ist. Unabhängig davon, ob S die Erklärung von K verstand oder nicht, hat die Erklärung des Widerrufs nach § 130 I 2 BGB gegenüber dem anvisierten Erklärungsempfänger zu erfolgen. S ist folglich nicht der richtige Adressat einer eventuellen Widerrufserklärung.

b) Zugang des Angebots

Das Angebot auf Abschluss des Kaufvertrages muss V zugegangen sein. Eine Erklärung ist dann zugegangen, wenn sie so in den Machtbereich des Empfängers gelangt ist, dass unter normalen Umständen mit Kenntnisnahme zu rechnen ist (§ 5 Rn. 48 ff.). V hat die durch S übermittelte Erklärung vernommen; sie ist damit zugegangen. Mit Zugang beim Empfänger wird die empfangsbedürftige Willenserklärung wirksam (§ 130 I BGB). Somit liegt ein wirksames Angebot auf Abschluss eines Kaufvertrages durch K, übermittelt von S, vor.

2. Zugang der Annahmeerklärung

V hat ausdrücklich die Annahme erklärt. Diese Annahmeerklärung bedarf als grundsätzlich empfangsbedürftige Willenserklärung zu ihrer Wirksamkeit ebenfalls des Zugangs bei K (zur Definition des Zugangs s. o.). Ein Fall von § 151 BGB liegt nicht vor, so dass auf den Zugang der Annahmeerklärung nicht verzichtet werden kann. K selbst hat von V keine Erklärung erhalten, so dass man den Zugang verneinen könnte. Jedoch hat sein Sohn S, der Empfangsbote von K sein könnte, die Annahmeerklärung von V vernommen. Empfangsbote ist, wer vom Empfänger zum Empfang ermächtigt worden ist oder nach der Verkehrsanschauung als bestellt anzusehen ist.[33] Erklärungen gegenüber Empfangsboten gehen dem Adressaten bereits dann zu, wenn die Mitteilung an den Empfangsboten vollendet ist und die Übermittlung an den Adressaten unter normalen Umständen zu erwarten war.[34] Es ist das Risiko des Empfängers, dass er von der Erklärung eventuell tatsächlich nichts erfährt, weil der Empfangsbote die Übermittlung vergisst. Der Empfangsbote wird seinem Machtbereich zugerechnet, so dass der Erklärende davon ausgehen darf, der Adressat werde die Erklärung zur Kenntnis nehmen. Nach diesen Grundsätzen wäre also die Annahmeerklärung von V als zugegangen zu betrachten.

Da K aber bereits verhindern wollte, dass S das Angebot überbringt, könnte man daran zweifeln, ob er S als Empfangsboten für die Annahmeerklärung akzeptieren wollte. Insofern ist allerdings nicht der konkrete Wille von K maßgeblich – zumindest solange er V unbekannt ist – sondern die Verkehrsanschauung. Diese betrachtet solche Personen als Empfangsboten, die sich im Machtbereich des Empfängers befinden und welche die Reife und Fähigkeiten haben, Willenserklärungen zu übermitteln.[35] Zwar wird nicht *jede* Person im Machtbereich des Empfängers als Empfangsbote angesehen.[36] Bei in Hausgemeinschaft lebenden Angehörigen, wie S, wird aber davon ausgegangen, dass sie zum Empfang ermächtigt sind.[37] S besitzt auch die nötige Reife und die Fähigkeiten, um Erklärungen zu übermitteln und für V ist kein Grund ersichtlich, warum er daran zweifeln sollte, dass S nicht als Empfangsbote fungieren soll. Dies gilt insbesondere deshalb, weil S ihm auch das Angebot des K überbrachte. K ist also die Annahmeerklärung von V über den Empfangsboten S zugegangen, da unter normalen Umständen damit zu rechnen war, dass S die Erklärung dem K spätestens innerhalb des nächsten Tages übermitteln würde. Dass K tatsächlich von der Annahmeerklärung nichts erfuhr, ist unschädlich. Die für einen Vertragsschluss notwendigen zwei korrespondierenden Erklärungen liegen damit vor; ein Kaufvertrag zwischen V und K ist demnach zustande gekommen.

---

[33] Palandt/*Ellenberger*, § 130 Rn. 9.
[34] *BGH* NJW 2002, 1565, 1567.
[35] *BGH* NJW 2002, 1565, 1566.
[36] *Medicus*, BGB AT, Rn. 286.
[37] *BGH* NJW 1994, 2613, 2614; *BAG* NJW 2011, 2604, 2605 = JuS 2012, 68 (*Faust*).

3. Anfechtung der Willenserklärung durch K

Die Willenserklärung von K kann jedoch nach § 142 I BGB nichtig sein.

a) Anfechtungserklärung

K hat bereits eine Anfechtungserklärung abgegeben.

b) Anfechtungsgrund

Zu prüfen bleibt, ob K auch einen Anfechtungsgrund hatte.

aa) § 120 BGB

In Betracht kommt eine Anfechtung nach § 120 BGB. Dann müsste die Willenserklärung des K durch seinen Erklärungsboten S unrichtig übermittelt worden sein.

§ 120 BGB will das Risiko der Falschübermittlung dem Erklärenden auferlegen[38], denn auch eine falsch übermittelte Erklärung wird mit Zugang wirksam und kann nur durch Anfechtung beseitigt werden, was die Schadensersatzpflicht nach § 122 BGB auslöst. Die Vorschrift des § 120 BGB setzt voraus, dass die Willenserklärung bereits abgegeben, im Falle der Einsetzung eines Erklärungsboten dieser also bereits auf den Weg geschickt wurde. Unrichtig übermittelt wurde die Erklärung dann, wenn sie inhaltlich oder nach ihrem Sinn nicht mit der Erklärung übereinstimmt, die überbracht werden sollte.

S hingegen hat die Erklärung weder inhaltlich noch ihrem Sinn nach verfälscht. Vielmehr hat er die Erklärung des K dem V so übermittelt, wie sie ihm mitgeteilt wurde (Kaufangebot über € 5.000); er hat nur die Weisung von V, den Zugang nicht weiter zu betreiben, nicht vernommen. § 120 BGB scheidet somit als Anfechtungsgrund aus.

bb) § 120 BGB analog

§ 120 BGB könnte analog anzuwenden sein. Nach den Grundsätzen der juristischen Methodenlehre ist die analoge Anwendung einer Vorschrift auf einen vom Wortlaut der Vorschrift nicht erfassten Sachverhalt im Zivilrecht möglich, wenn (1) hinsichtlich jenes Sachverhaltes eine planwidrige (= unbewusste) Regelungslücke im Gesetz besteht und (2) eine vergleichbare Interessenlage vorliegt, die es rechtfertigt, den im Gesetz nicht geregelten Fall ebenso zu behandeln wie den im Gesetz geregelten Fall.[39]

Die Regelungslücke ist darin zu sehen, dass keine Vorschrift besteht, welche diese Konstellation erfasst. Das Bewirken des Zugangs an den Empfänger trotz anderslautender Weisung an den Boten nach wirksamer Abgabe ist nicht geregelt. Insofern ist das Gesetz also lückenhaft.

Zu prüfen ist aber, ob der Gesetzgeber eine Regelung unterlassen hat, die nach der Konzeption des Gesetzes zu erwarten gewesen wäre, die Lücke also planwidrig ist.

Für die Planwidrigkeit könnte man einen Erst-recht-Schluss anführen. Wenn schon die inhaltlich falsche Übermittlung durch einen Boten angefochten werden kann, dann muss doch erst recht eine Erklärung anfechtbar sein, die überhaupt nicht übermittelt werden sollte.

---

[38] Palandt/*Ellenberger*, § 120 Rn. 1; MünchKomm-BGB/*Armbrüster*, § 120 Rn. 1.
[39] Dazu *Bitter/Rauhut*, JuS 2009, 289, 297 f.

Gegen eine planwidrige Regelungslücke spricht aber, dass der Gesetzgeber die Möglichkeit geregelt hat, dass der Erklärende bewusst seinen Willen im Hinblick auf eine Erklärung nach erfolgter Abgabe ändert. Für diesen Fall wird in § 130 I 2 BGB verlangt, dass der Widerruf vorher oder gleichzeitig mit der Erklärung zugeht. Ansonsten ist die Willensänderung unbeachtlich. Des Weiteren wurde in § 120 BGB der Fall geregelt, dass die Willenserklärung *nach* Lossenden eines Erklärungsbotens, mithin *nach Abgabe*, inhaltlich oder vom Sinngehalt her verfälscht wird. In den anderen Fällen soll es nach der Wertung des § 119 I BGB für die Frage, ob der Erklärende anfechten kann, auf das Auseinanderfallen von innerem (Willen) und äußerem (Erklärung) Erklärungstatbestand *im Zeitpunkt der Abgabe* der Willenserklärung ankommen. Im Zeitpunkt der Abgabe, also in dem Moment, in dem S mit der Erklärung losgeschickt wurde, war bei K kein Auseinanderfallen von innerem und äußerem Erklärungstatbestand auszumachen. Indem er S sagte, er solle V das Angebot über € 5.000 übermitteln, erklärte er genau das, was er erklären wollte. Es lag also kein Willensmangel im Zeitpunkt der Abgabe vor.

Gegen das Vorliegen einer planwidrigen Regelungslücke spricht also das insgesamt sehr differenziert ausgestaltete gesetzliche System. Eine analoge Anwendung des § 120 BGB scheidet daher aus. K konnte somit mangels eines Anfechtungsgrundes seine Willenserklärung nicht anfechten.

4. Ergebnis

Die Willenserklärung von K ist nicht gemäß § 142 I BGB nichtig. V hat somit einen Anspruch gegen K auf Zahlung von € 5.000 aus § 433 II BGB Zug um Zug gegen Übereignung und Übergabe des Wagens.

Fall Nr. 13 – Kater und andere Tiere

Während eines Gelages in der Wohnung von B kommen er und sein Freund A auf die Idee, eine Patenschaft im Zoo für den Bonobo-Affen „Manfred“ zu übernehmen. Sie hatten in der Zeitung eine Anzeige der Zoo-GmbH (Z) – der Betreiberin des Zoos – gesehen, in der um Paten geworben wurde. Die Patenschaft für „Manfred“ wurde dort für € 250 pro Jahr angeboten. Sie setzen sich an den Küchentisch und schreiben einen Brief an Z, in welchem B die Übernahme der Patenschaft für ein Jahr erklärt. Während des Schreibens fällt B auf, dass es sich wohl um eine ziemliche „Schnapsidee“ handelt. Er steckt den Brief trotzdem in einen adressierten aber unfrankierten Umschlag und will es sich am nächsten Morgen überlegen, wenn er nüchterner ist. Danach wenden sich die beiden wieder dem Trinken zu und vergessen den Brief auf dem Küchentisch. Als am nächsten Morgen die Freundin F von B die Spuren des Gelages in der Küche beseitigt, findet sie den Brief. Sie geht davon aus, dass er abgesendet werden soll, frankiert ihn daher und bringt ihn zur Post. B hat ganz vergessen, dass er zusammen mit A den Brief geschrieben hat. Deswegen ist er umso erstaunter, als er ein paar Tage später von Z Post erhält, in der ihm für die Übernahme der Patenschaft gedankt wird. Weiterhin bittet Z um Überweisung des Jahresbeitrags i. H. v. € 250.

Kann Z von B Zahlung des Jahresbeitrags in Höhe von € 250 verlangen?

Literaturhinweis: *Medicus*, BGB AT, Rn. 266; Palandt/*Ellenberger*, § 130 Rn. 4; *Bork*, BGB AT, Rn. 615.

Lösung

Z kann von B Zahlung des Jahresbeitrags in Höhe von € 250 verlangen, wenn zwischen den beiden ein Vertrag über die Patenschaft für „Manfred" zustande gekommen ist.

Der „Patenschaftsvertrag" kommt wie jeder andere Vertrag zustande, indem zwei korrespondierende Willenserklärungen abgegeben werden. Die Anzeige von Z in der Zeitung ist lediglich eine *invitatio ad offerendum*; es handelt sich dabei nicht um ein verbindliches Angebot auf Abschluss eines „Patenschaftsvertrages". Auch wenn bei dieser Vertragsart die Gefahr einer Mehrfachverpflichtung gering ist, weil der Affe theoretisch unendlich viele „Paten" haben könnte, so hat die Betreiberin des Zoos doch ein Interesse daran, dass die Paten sich auf mehrere Tiere verteilen und nicht alle nur auf ein Tier konzentrieren. Möglicherweise will sie sich auch vorbehalten, bestimmte Personen als Paten abzulehnen.

Fraglich ist, ob das Angebot von B auf Abschluss eines „Patenschaftsvertrages" abgegeben und zugegangen und somit wirksam ist. Daran, dass die Willenserklärung formuliert wurde, bestehen keine Zweifel. Dass B eventuell betrunken war, ist unerheblich, solange nicht ein Zustand besteht, der die freie Willensbetätigung ausschließt (§ 105 II BGB). Davon ist indes nicht auszugehen.

Zu prüfen ist, ob die Willenserklärung tatsächlich abgegeben wurde. Abgegeben ist die Erklärung, wenn sie willentlich so in Richtung auf den Empfänger in Bewegung gesetzt ist, dass unter normalen Umständen mit dem Zugang zu rechnen ist. Daraus folgt, dass eine Willenserklärung nicht abgegeben ist, wenn der Erklärende sie nur formuliert, sich ihrer aber noch nicht endgültig entäußert und sie nicht willentlich in Verkehr gebracht hat.

Gelangt die Erklärung trotzdem ohne oder gegen den Willen des Erklärenden zum Adressaten (sog. abhandengekommene Willenserklärung oder auch scheinbare Abgabe), ist wie folgt zu differenzieren: Wenn der Adressat bösgläubig ist, etwa weil er wusste, dass die Erklärung nicht willentlich in Verkehr gelangt war, liegt keine Abgabe vor. Ist der Adressat dagegen gutgläubig, ist die Lösung umstritten.

1. Abhandengekommene Willenserklärung als Parallele zum Fall des fehlenden Erklärungsbewusstseins

Die h. L. vertritt mit leicht differierenden Ansätzen, dass im Falle einer abhandengekommenen Willenserklärung auf das willentliche Inverkehrbringen verzichtet werden kann. Falls der Erklärende in diesen Fällen die im Verkehr erforderliche Sorgfalt außer Acht lasse und daher fahrlässig (§ 276 II BGB) handle, sei er so zu behandeln, als habe er sich der Erklärung willentlich entäußert.[40] Die Erklärung müsse zum Schutze des Empfängers wirksam sein, da dieser regelmäßig nicht die Umstände erkennen könne, unter denen die Erklärung versendet wurde. Teilweise wird die Parallele zu Fällen des fehlenden Erklärungsbewusstseins gezogen (dazu unten Fall Nr. 35 – Die Trierer Weinversteigerung).[41] In diesen Fällen will der Erklärende gar keine Rechtsfolge herbeiführen, jedoch ergibt die Auslegung nach dem objektiven Empfängerhorizont, dass ein Rechtsbindungswille besteht. Die Vergleichbarkeit mit dem Fall der abhandengekommenen Erklärung sei darin zu sehen,

[40] Nachweise oben § 5 Rn. 46.
[41] Palandt/*Ellenberger*, § 130 Rn. 4; *Medicus*, BGB AT, Rn. 266.

dass jeweils (noch) keine Rechtsfolge herbeigeführt werden soll. Folge der h. L. ist, dass der Erklärende sich aufgrund der Wirksamkeit der Willenserklärung von dieser nur durch Anfechtung lösen kann, was die Schadensersatzpflicht nach § 122 BGB auslöst.[42]

B kann fahrlässig (§ 276 II BGB) gehandelt haben, indem er den Brief auf den Küchentisch legte. Fahrlässig handelt, wer die im Verkehr erforderliche Sorgfalt außer Acht lässt. B ließ den verschlossenen Umschlag ohne weiteren Hinweis in einem Bereich liegen, auf den seine Freundin Zugriff hatte. Es war vorhersehbar, dass der Brief unter diesen Umständen abgesendet werden würde. Folglich handelte B fahrlässig. Demgemäß hatte er bei Anwendung der von der h. L. entwickelten Grundsätze eine Willenserklärung in Form eines Angebots wirksam abgegeben, welches mit Zugang bei Z wirksam und von ihr vertreten durch den Geschäftsführer (§ 35 I GmbHG) angenommen wurde. Ein „Patenschaftsvertrag" ist mithin nach dieser Ansicht zustande gekommen.

2. Willentliche Entäußerung als Voraussetzung der Abgabe

Die Rechtsprechung und die Gegenansicht in der Literatur gehen dagegen von der Unwirksamkeit einer abhandengekommenen Erklärung aus.[43] Sie betonen, dass die Willenserklärung nur dann abgegeben sei, wenn sie willentlich in Verkehr gebracht wurde. Die Erklärung sei rechtlich nicht existent, wenn sie ohne eigene Veranlassung dem Empfänger zugehe. Die Ansicht, welche von der Wirksamkeit der Willenserklärung ausgehe, sei auch deshalb abzulehnen, weil sie mit der Wertung des § 172 I BGB unvereinbar sei.[44] Nach dieser Vorschrift muss sich der Aussteller einer Urkunde deren Inhalt nur dann zurechnen lassen, wenn er sie einem anderen ausgehändigt hat. Abhandengekommene Willenserklärungen sollen daher nicht wirksam sein. Nach dieser Ansicht liegt, da B die Erklärung nicht willentlich in Verkehr brachte, keine wirksame Willenserklärung vor.

3. Stellungnahme

Für die erstgenannte Ansicht spricht der Gedanke des Verkehrsschutzes. Der Empfänger einer Erklärung, der keinerlei Anhaltspunkte hat, an der Wirksamkeit der Erklärung zu zweifeln, muss auf die Erklärung vertrauen können. Andererseits gibt es keinen Grundsatz, der besagt, dass Schriftstücke einen stärkeren Vertrauensschutz genießen als sonstige Erklärungen. Die teilweise aufgeführte Parallele zum Fall des fehlenden Erklärungsbewusstseins ist insofern etwas schief, als dort immerhin ein Verhalten in Bezug auf die Außenwelt vorliegt. Bei der abhandengekommenen Willenserklärung liegt gerade kein Verhalten mit Bezug zur Außenwelt vor. Allenfalls Fahrlässigkeit im Vorfeld eines Verhaltens kann dem Absender vorgeworfen werden. Anders als in Fällen fehlenden Erklärungsbewusstseins fehlt auch bereits der Handlungswille, also das Bewusstsein zur Vornahme eines äußeren Verhaltens.[45] Diesen Handlungs*willen* durch Fahrlässigkeit zu ersetzen, erscheint fragwürdig, so dass entgegen der h. L. nicht von der Wirksamkeit der abhandengekommenen Willenserklärung auszugehen ist. Folglich ist mangels wirksamer Willenserklärung von B kein „Patenschaftsvertrag" zustande gekommen.

---

[42] MünchKomm-BGB/*Einsele*, § 130 Rn. 14; *Medicus*, BGB AT, Rn. 266 i. V. m. Rn. 605 ff.
[43] Nachweise oben § 5 Rn. 45.
[44] So *Köhler*, BGB AT, § 6 Rn. 12.
[45] *Bork*, BGB AT, Rn. 615.

Fall Nr. 14 – Netter Versuch

A arbeitet seit einem Jahr in einem Elektroladen. Vor kurzem teilte ihm sein Chef mit, dass er demnächst die Kündigung erhalten wird. Eine Woche später sieht A durch den Spion in seiner Tür den Briefträger mit einem Einschreiben. Er weiß, dass es sich um die Kündigung handelt. Um sie nicht entgegennehmen zu müssen, tut A so, als sei er nicht zuhause. Der Briefträger wirft daraufhin einen Zettel in den Briefkasten, der A darauf aufmerksam macht, dass im nächsten Postamt ein Einschreiben zur Abholung bereit liegt. Erst fünf Tage später bequemt sich A zum Postamt, wohlwissend, dass die Kündigungsfrist nun abgelaufen ist, so dass die Kündigung erst zum nächsten Monatsende möglich ist.

Wann wurde die Kündigung wirksam?

Abwandlung 1: Die Kündigung erfolgt nicht per Einschreiben, sondern per Standardbrief. Jedoch erhält der Brief im Unternehmen seines Chefs aus Versehen keine Briefmarke. Daher wird A beim Zustellungsversuch innerhalb der Kündigungsfrist vom Briefträger aufgefordert, Nachporto zu zahlen. A verweigert dies, da er erkennt, dass es sich um das Kündigungsschreiben handelt. Als drei Tage später ein ausreichend frankierter Brief mit der Kündigung im Briefkasten liegt, ist die Kündigungsfrist bereits verstrichen.

Abwandlung 2: A erhält kein Einschreiben, sondern der Chef kommt persönlich vorbei und wirft die Kündigung an einem Freitag um 23.30 Uhr in den Briefkasten ein, während A selig schläft und den Einwurf nicht bemerkt. Die Kündigungsfrist läuft an diesem Freitag um 24 Uhr ab.

Abwandlung 3: Wie Abwandlung 2. Allerdings wird A durch die Geräusche, die der Einwurf des Briefes und das Klappern des Briefkastens verursachen, wach. Er steht auf, öffnet den Brief und liest um 23.35 Uhr die Kündigung.

Literaturhinweis: *Medicus*, BGB AT, Rn. 277 ff.; *Rüthers/Stadler*, BGB AT, § 17 Rn. 57; *Bork*, BGB AT, Rn. 636 ff.

Lösung zum Grundfall

Die Kündigung gemäß § 620 II BGB i.V.m. §§ 622 ff. BGB wird wirksam, wenn sie dem Empfänger zugeht (§ 130 I BGB). Eine Willenserklärung ist dann zugegangen, wenn sie so in den Machtbereich des Empfängers gelangt ist, dass unter normalen Umständen mit deren Kenntnisnahme zu rechnen ist.[46]

1. Kündigung durch mündliche Mitteilung des Chefs

Die mündliche Erklärung des Chefs, dass A demnächst die Kündigung erhalte, ist ihm zugegangen und könnte eventuell selbst schon als Kündigung ausgelegt werden. Jedoch bedarf die Kündigung der Schriftform (§ 623 BGB); folglich ist eine mündlich erklärte Kündigung wegen Formmangels nach § 125 BGB nichtig.

2. Zugang des Briefes

Die schriftliche Kündigung gelangte erst zu einem Zeitpunkt in den Machtbereich von A, als die Kündigungsfrist bereits überschritten war. Der Benachrichtigungszet-

[46] *BGH* NJW 1965, 965, 966; 2002, 1340.

tel ist zwar innerhalb der Frist zugegangen, doch enthält er nicht die rechtlich relevante Willensäußerung, die Kündigung. Demnach wäre die Kündigung erst nach Ablauf der Kündigungsfrist mit Zugang wirksam geworden.

Allerdings handelt es sich um einen Fall der unberechtigten Annahmeverweigerung, da A nur deshalb die Annahme verweigerte, weil er erkannt hatte, dass es sich um die Kündigung handelte. In Fällen der unberechtigten Annahmeverweigerung kann aus Treu und Glauben (§ 242 BGB) eine Zugangsfiktion hergeleitet werden. Darum geht es hier jedoch nicht, da A die Erklärung, wenn auch verspätet, zugegangen ist. Aus § 242 BGB lässt sich aber auch eine **Rechtzeitigkeitsfiktion** entnehmen[47], denn es wäre rechtsmissbräuchlich, wenn sich der Empfänger einer Erklärung auf eine selbst verursachte Verfristung berufen könnte. Es wird also fingiert, die Erklärung sei, obwohl sie tatsächlich nicht in den Machtbereich des Empfängers gelangt ist, zu dem Zeitpunkt dort angelangt, in dem die Erklärung zur Aushändigung angeboten wurde.[48] Zugegangen ist die Kündigung also in dem Moment, in dem der Briefträger bei A klingelte, dieser aber nicht öffnete und nicht erst zu dem Zeitpunkt, in dem A das Einschreiben bei der Post abholte. Die Kündigung ist demnach vor Ablauf der Kündigungsfrist wirksam geworden.

Lösung zur Abwandlung 1

Wie im Grundfall ist fraglich, ob A die Kündigung zu einem Zeitpunkt innerhalb der Kündigungsfrist zugegangen bzw. wann sie wirksam geworden ist. A hat auch hier Kenntnis davon, dass es sich bei dem Schreiben um die bereits angezeigte Kündigung handelt. Er vereitelt den Zugang, indem er die Annahme schlicht verweigert. Auch insofern könnte man also von einer unberechtigten Annahmeverweigerung ausgehen, was bedeuten würde, dass die Kündigung als ihm rechtzeitig innerhalb der Kündigungsfrist zugegangen fingiert wird. Jedoch ließe dies außer Acht, dass A immerhin einen Grund hatte, die Annahme zu verweigern. Das Zugangshindernis war kausal dadurch verursacht, dass der Brief ohne ausreichende Frankierung versendet wurde. Da A keine Pflicht trifft, anstelle seines Arbeitgebers das Porto für seine eigene Kündigung zu zahlen, erscheint die Annahmeverweigerung nicht als unberechtigt, so dass die Kündigung nicht rechtzeitig innerhalb der Kündigungsfrist zugegangen und folglich auch nicht wirksam geworden ist.

Lösung zur Abwandlung 2

Der Unterschied zum Grundfall besteht darin, dass die Kündigung hier tatsächlich in den Machtbereich des A gelangt ist, er jedoch hiervon keine Kenntnis hatte. Allerdings ist gemäß der Definition des Zugangs (siehe oben) erforderlich, dass unter normalen Umständen mit einer Kenntnisnahme zu rechnen ist. Es besteht aber keine Pflicht des A, ständig seinen Briefkasten daraufhin zu kontrollieren, ob irgendwelche Briefe eingeworfen werden. Insbesondere ist nicht mit einem Einwurf von Schriftstücken zur Nachtzeit zu rechnen. Es besteht zwar die abstrakte Möglichkeit der Kenntnisnahme, die aber unter normalen Umständen nicht zu erwarten ist.[49] Daher ist mangels Möglichkeit der Kenntnisnahme kein Zugang am Freitag

[47] *Bork*, BGB AT, Rn. 637; *Medicus*, BGB AT, Rn. 278.
[48] Palandt/*Ellenberger*, § 130 Rn. 16.
[49] Siehe dazu allgemein *Bork*, BGB AT, Rn. 624.

um 23.30 Uhr gegeben. Die Kündigung geht A frühestens im Laufe des nächsten Tages und damit außerhalb der Kündigungsfrist zu.

Lösung zur Abwandlung 3

Fraglich ist auch hier wieder, wann die Erklärung zugegangen ist. Es handelt sich zwar um einen Zugang zur Nachtzeit, was grundsätzlich zur Folge hat, dass die Erklärung mangels Möglichkeit der Kenntnisnahme unter normalen Umständen noch nicht als zugegangen gilt (siehe oben). Diese Regel besteht allerdings nur zum Schutze des Empfängers. Erlangt dieser Empfänger tatsächlich schon früher Kenntnis von dem Schreiben, so besteht kein Bedürfnis, ihm mit der Nichtzugangsfiktion zu helfen.[50] Die Erklärung geht dann in dem Moment zu, in dem der Empfänger tatsächliche Kenntnis erlangt. A erlangte um 23.35 Uhr Kenntnis von der Kündigung. Diese ist also rechtzeitig vor Ablauf der Kündigungsfrist zugegangen und damit wirksam geworden.

Fall Nr. 15 – Silvesterknaller

A hat erfahren, dass der Gebrauchtwagenhändler B ein Auto verkaufen will, welches er schon lange sucht. Er fährt am 31.12.2012 – einem Montag – bei B vorbei, um sich das Auto anzusehen. B hat an diesem Tag bereits um 12.00 Uhr seinen Arbeitstag beendet, was A aber gar nicht bemerkt, denn er hat es eilig. Das Auto steht auf dem frei zugänglichen Hof von B und hat hinter der Windschutzscheibe ein Preisschild kleben, welches einen Kaufpreis von € 5.000 ausweist. A schreibt – er ist in Eile und hat keine Zeit für lange Verhandlungen – schnell einen Zettel mit seinem Namen und seiner Adresse und hinterlässt darauf die Nachricht, dass er das Auto zum Preis von € 5.000 kaufen möchte. Diesen Zettel wirft er um 15.50 Uhr in einen Briefkasten, neben dem ein Schild hängt: „Geschäftszeiten: Mo.–Fr. 8.00 bis 17.00 Uhr." Auf der abendlichen Silvesterparty überzeugt ihn aber sein Nachbar N, sich statt eines langweiligen Autos lieber ein schickes Motorrad zu kaufen. A möchte daher von der Erklärung gegenüber B loskommen und wirft am 1.1.2013 um 12.00 Uhr ein Schreiben bei B ein, in dem er erklärt, er widerrufe sein Kaufangebot und bitte B, dieses als gegenstandslos zu betrachten. Als B am Morgen des 2.1.2013 beide Schreiben liest, will er sich mit dem Widerruf nicht abfinden, denn das Auto erwies sich als „Ladenhüter" und B ist froh, endlich einen Käufer gefunden zu haben. Er ruft daher bei A an, erklärt ihm gegenüber die Annahme und verlangt die Zahlung von € 5.000. Zu Recht?

Rechtsprechungshinweis: *BGH* NJW 2008, 843 = WM 2008, 562.

Lösung

B kann gegen A einen Anspruch auf Zahlung von € 5.000 aus § 433 II BGB haben, wenn ein wirksamer Kaufvertrag zustande gekommen ist. Der Kaufvertrag setzt voraus, dass zwei korrespondierende Willenserklärungen vorliegen.

In der Auszeichnung des Autos mit dem Preisschild ist lediglich eine *invitatio ad offerendum* zu sehen, so dass A mit dem Einwurf noch nicht die Annahme eines

---

[50] MünchKomm-BGB/*Einsele*, § 130 Rn. 16; *Medicus*, BGB AT, Rn. 276.

Angebotes erklären konnte. Das Angebot ging von A aus, indem er den Zettel am 31.12.2012 um 15.50 Uhr in den Briefkasten warf. Dieses Angebot wird, da es eine empfangsbedürftige Willenserklärung ist, mit Zugang beim Empfänger wirksam (§ 130 I 1 BGB). Allerdings wird die Willenserklärung nicht wirksam, wenn dem Empfänger vorher oder gleichzeitig ein Widerruf zugeht (§ 130 I 2 BGB). Eine Willenserklärung ist dann zugegangen, wenn sie so in den Machtbereich des Empfängers gelangt ist, dass unter normalen Umständen mit Kenntnisnahme zu rechnen ist.

1. Zugang des Widerrufs von A

Der Widerruf wurde am 1.1.2013 um 12.00 Uhr eingeworfen. Da dieser Tag ein bundesweiter Feiertag ist, war nach der Verkehrsanschauung nicht damit zu rechnen, dass eine Möglichkeit der Kenntnisnahme vor dem nächsten Werktag, dem 2.1.2013, bestand. Folglich ist der Widerruf am Morgen des 2.1.2013 zugegangen. Dieser Widerruf ist dann ohne Auswirkung auf die Willenserklärung, wenn er später als diese zugegangen ist.

2. Zugang des Angebots von A

Zu prüfen ist also, wann das Angebot von A auf Abschluss des Kaufvertrages B zugegangen ist. A warf den Zettel an einem Montag um 15.50 Uhr in den Briefkasten. Legte man die regulären Geschäftszeiten (8.00–17.00 Uhr) zugrunde, so könnte vom Zugang auszugehen sein. Jedoch handelte es sich um Silvester. An diesem Tag ist es üblich, dass nur halbtags gearbeitet wird, so dass der Brief außerhalb der Geschäftszeiten eingeworfen wurde. Eine Willenserklärung, die außerhalb der Geschäftszeiten in den Briefkasten geworfen wird, geht nicht mehr am selben Tag zu, da nicht mehr mit einer Leerung zu rechnen ist.[51] Der Zugang erfolgt vielmehr erst am nächsten Werktag. Dass der Brief während der ansonsten üblichen Geschäftszeiten eingeworfen wurde, ist irrelevant. Folglich ist B das Angebot seitens A am Morgen des nächsten Werktages, dem 2.1.2013, und damit gleichzeitig mit dem Widerruf (siehe oben) zugegangen. Folglich ist das Angebot von A gemäß § 130 I 2 BGB wirksam widerrufen und somit nicht wirksam. Mangels Angebots konnte also kein Kaufvertrag nach § 433 BGB zustande kommen. B hat gegen A keinen Anspruch auf Zahlung von € 5.000.

Fall Nr. 16 – Der ehrliche Finder

Der Kater „Tom“ von Oma O ist nach einem nächtlichen Ausflug nicht zurückgekehrt. Sie hofft, dass sich der alte Kater nur aufgrund seines nachlassenden Orientierungssinnes verlaufen hat. Um ihn wieder zu finden, hängt sie an verschiedenen Bushaltestellen in der Umgebung und an markanten Plätzen einen Zettel mit dem Bild des Katers und folgendem Text auf: „Wer hat meinen Kater Tom gesehen oder ihn gefunden? Finder erhält € 250 Finderlohn! Bitte melden!“ Dem Katzenfreund K ist Tom neulich zugelaufen. Er erfährt zufällig, ohne von den Zetteln Notiz zu nehmen, dass es sich um den Kater von O handelt. K bringt den Kater zu O und erwartet daher nichts. Als O ihren Kater sieht, vergisst sie ganz, dass sie K den Finderlohn auszahlen wollte. Auf dem Nachhauseweg fallen K zum ersten Mal die Zettel auf. Dass er keinen Finderlohn verlangt hat, ärgert ihn jetzt. Er weiß aber nicht, ob er

[51] *BGH* NJW 2008, 843 = WM 2008, 562; dazu kritisch *Leipold*, FS Medicus, 2009, S. 251 ff., insbes. S. 261 ff.

nachträglich noch den Finderlohn i. H. v. € 250 verlangen kann, denn die Aussetzung der Belohnung hatte keinen Einfluss auf seine Entscheidung, den Kater zurückzubringen. Daher fragt K seinen Neffen, der im ersten Semester Jura studiert.

Kann K von O Zahlung des Finderlohns i. H. v. € 250 verlangen?

Lösung

K könnte von O Zahlung von € 250 aus § 657 BGB verlangen. Dazu muss O den Finderlohn wirksam ausgelobt haben, indem sie durch öffentliche Bekanntmachung eine Belohnung für die Vornahme einer Handlung verspricht. O hat mehrere Zettel mit einem Zahlungsversprechen aufgehängt, also eine Belohnung ausgesetzt. Dies hat sie gegenüber einem individuell unbestimmten Personenkreis kundgetan und somit öffentlich bekannt gemacht. Die Belohnung wurde zudem für die Vornahme einer Handlung versprochen, namentlich für die Rückgabe des Katers. Diese Handlung hat K ausgeführt, indem er den Kater zu O zurückbrachte.

Jedoch brachte K nicht deshalb den Kater zurück, weil er sich die Belohnung verdienen wollte; die Belohnung war also nicht kausal für seinen Entschluss. Demnach könnte man ihm also auch die Belohnung versagen. Allerdings regelt § 657 BGB diesen Fall ausdrücklich: **Derjenige, der die Handlung vornimmt, muss nicht mit Rücksicht auf die Auslobung gehandelt haben**. Dies folgt aus der Natur der Auslobung. Sie ist ein einseitig verpflichtendes Rechtsgeschäft, welches durch eine **nicht empfangsbedürftige Willenserklärung** und das Erfüllen der Voraussetzungen eine wirksame und fällige schuldrechtliche Verpflichtung begründet.[52] Eine nicht empfangsbedürftige Willenserklärung wird anders als die empfangsbedürftigen Willenserklärungen nicht erst mit Zugang der Erklärung wirksam, sondern bereits mit der Abgabe.[53] Es bedarf also keiner Kenntnis oder gar einer Annahmeerklärung, denn es handelt sich nicht um einen Vertrag, sondern um ein einseitig verpflichtendes Rechtsgeschäft. Daher kann K, auch ohne dass er von den Zetteln Notiz genommen hat, Zahlung des Finderlohns in Höhe von € 250 verlangen.

Fall Nr. 17 – Riesling-Rangeleien

Winzer W schickt R am 25.6. einen Brief, in dem er ihm 25 Flaschen Pfälzer Riesling zum Preis von insgesamt € 200 anbietet, denn R hatte um Übersendung eines Angebots gebeten. Einen Tag nach der Absendung des Briefes, am 26.6., erfährt W, dass R ein konkurrierender Winzer aus Rheinhessen ist. R hatte sich zuvor mehrfach abfällig über den Pfälzer Riesling geäußert, wie W aus verschiedenen Kolumnen in Weinzeitschriften entnehmen kann. W gerät daraufhin in Zorn und will verhindern, dass ein Vertrag mit R zustande kommt. Deshalb ruft er R sofort um 15.00 Uhr an und widerruft sein Angebot. Der Postbote hatte aber den Brief, welcher das Angebot enthielt, bereits um 9.00 Uhr eingeworfen. R hatte dies nur nicht bemerkt, weil er bislang den Briefkasten noch nicht geleert hatte. Er ist der Auffassung, W könne seine Willenserklärung nun nicht mehr widerrufen. Daher erklärt er gegenüber W noch am Telefon die Annahme des Angebots.

Kann R von W Übereignung der 25 Flaschen verlangen?

---

[52] Palandt/*Sprau*, § 657 Rn. 1.
[53] *Medicus*, BGB AT, Rn. 264.

Lösung

R kann von W gemäß § 433 I 1 BGB Übereignung der 25 Flaschen Wein verlangen, wenn ein Kaufvertrag wirksam zustande gekommen, der daraus resultierende Anspruch auf Übereignung nicht untergegangen und durchsetzbar ist. Voraussetzung dafür ist, dass zwei korrespondierende Willenserklärungen vorliegen.

1. Angebot durch Anfordern des Angebots

Das Anfordern des Angebots durch R ist noch kein rechtsverbindliches Angebot. Es handelt sich nur um eine *invitatio ad offerendum*. Das Angebot ist vielmehr im Schreiben von W an R zu sehen, in welchem er die 25 Flaschen für € 200 anbietet.

2. Zugang des Angebots

Dieses Angebot ist eine empfangsbedürftige Willenserklärung und wird in dem Moment wirksam, in welchem es dem Empfänger zugeht (§ 130 I 1 BGB). Der Briefträger warf den Brief um 9.00 Uhr in den Briefkasten von R. Ab diesem Zeitpunkt befindet sich der Brief im Machtbereich von R. Bei einem Winzerbetrieb ist unter normalen Umständen mit einer jederzeitigen Kenntnisnahme zu rechnen. Nach allgemeinen Grundsätzen wäre das Angebot somit gegen 9.00 Uhr, spätestens aber kurz danach zugegangen.

3. Widerruf (§ 130 I 2 BGB)

Fraglich ist aber, ob W seine Willenserklärung wirksam widerrufen hat. Der Widerruf muss dabei nicht in der Form erfolgen, in der die Willenserklärung abgegeben wurde; d.h. eine schriftliche Willenserklärung kann etwa auch telefonisch widerrufen werden. Nach § 130 I 2 BGB muss der Widerruf dem Empfänger indes früher als die Willenserklärung oder aber wenigstens gleichzeitig zugehen. Der Widerruf mittels des Telefonanrufs ging R um 15.00 Uhr und damit später als das Angebot zu. Konsequenterweise müsste der Widerruf damit als verspätet und ohne Auswirkung auf das Angebot angesehen werden.

a) Verspäteter Widerruf unbeachtlich

Die h.M.[54] belässt es bei diesem Ergebnis. Die Definition des Zugangs stelle nicht ab auf die tatsächliche Kenntnisnahme, sondern nur darauf, wann unter normalen Umständen mit Kenntnisnahme zu rechnen sei, mithin auf die Verkehrsauffassung. Werde das Angebot erst später als der Widerruf zur Kenntnis genommen, so sei dies gleichgültig, denn entscheidend sei der Zugang. Demnach wäre das Angebot von W wirksam und R hätte durch die Annahme einen Kaufvertrag zustande gebracht.

b) Verspäteter Widerruf beachtlich bei fehlender Schutzwürdigkeit des Empfängers

Eine Mindermeinung in der Literatur[55] steht demgegenüber auf dem Standpunkt, dass in einem Fall, in dem der Widerruf zwar später als die Willenserklärung zugeht, aber dennoch früher als die Willenserklärung bzw. gleichzeitig wahrgenommen

---

[54] *BGH* NJW 1975, 382, 384; RGZ 91, 60, 63; Palandt/*Ellenberger*, § 130 Rn. 11; MünchKomm-BGB/*Einsele*, § 130 Rn. 40; *Bork*, BGB AT, Rn. 649; *Medicus*, BGB AT, Rn. 300.

[55] *Rüthers/Stadler*, BGB AT, § 17 Rn. 65.

wird, der Widerruf wirksam sei. Sinn und Zweck der Unwiderruflichkeit von zugegangenen Erklärungen sei der Vertrauensschutz des Empfängers. Für diesen Schutz bestehe allerdings dort kein Bedürfnis, wo sich ein solches Vertrauen nicht habe bilden können, weil der Empfänger gar nichts von der Erklärung wusste. Nach dieser Ansicht ist also das Angebot trotz früheren Zugangs wirksam widerrufen worden. R konnte demnach durch die Annahme keinen Vertrag zustande bringen.

c) Stellungnahme

Gegen die Mindermeinung spricht ein Gedanke, den *Medicus*[56] vorbringt. Das Argument, der Empfänger sei mangels Kenntnis nicht schutzwürdig, sei nicht zwingend, denn schon die *Möglichkeit* zur Entscheidung über einen zugegangenen Antrag sei zum Vermögen des Empfängers zu rechnen. Dem ist zuzustimmen, denn die Schutzbedürftigkeit des Erklärenden – und damit die Widerruflichkeit – drängt sich nicht in einer Weise auf, die es rechtfertigt, von der herkommlichen Sichtweise abzuweichen, die nur auf die Möglichkeit der Kenntnisnahme und nicht auf die tatsächliche Kenntnisnahme abstellt. Die Widerrufsmöglichkeit wird dem Erklärenden dadurch nicht genommen, sondern sie wird nur nicht erweitert. Außerdem wäre es fragwürdig, den Erklärenden nur deshalb mit einem erweiterten Widerrufsrecht zu privilegieren, weil der Empfänger rein zufällig noch keine Kenntnis von der bereits zugegangenen Willenserklärung genommen hat. Die h. M. ist daher vorzugswürdig, so dass R mit seiner Annahme einen Kaufvertrag zustande gebracht hat. Er kann also von W Übereignung der 25 Flaschen verlangen.

§ 13. Fälle zu besonderen Problemen beim Vertragsschluss

Fall Nr. 18 – Hamburger Parkplatzfall

A fuhr mit ihrem Auto auf einen städtischen gebührenpflichtigen Parkplatz und erklärte dem verdutzten Wärter vor der Einfahrt ausdrücklich, dass sie keinen Vertrag schließen wolle. Die Benutzung öffentlicher Flächen sei gebührenfrei, daher wolle sie nichts zahlen. Sie wünsche auch keine Überwachung. Ist A zu Entrichtung des üblichen Parkentgelts verpflichtet?

Rechtsprechungshinweis: BGHZ 21, 319 = NJW 1956, 1475.

Lösung

A ist verpflichtet, das übliche Parkentgelt zu entrichten, wenn zwischen ihr und der Stadt als Betreiberin des Parkplatzes ein Vertrag zustande gekommen ist.

1. Vertragsschluss durch sozialtypisches Verhalten

Ein Vertrag kommt nach allgemeiner Meinung durch zwei korrespondierende Willenserklärungen zustande. Früher wurde jedoch eine Ansicht vertreten, die ohne auf den Willen der Personen abzustellen, einen Vertragsschluss allein durch die Inanspruchnahme der angebotenen Leistung bejahte (Vertragsabschluss durch sozialtypisches Verhalten). Diese Ansicht verzichtete nicht nur auf den Annahmewillen,

[56] *Medicus*, BGB AT, Rn. 300.

sondern auch auf den Rechtsfolgewillen, weil die Konstruktion über Angebot und Annahme häufig künstlich und lebensfremd erscheine und auch dem Massenverkehr nicht gerecht werde. Selbst der *BGH* vertrat diese Meinung im „Hamburger Parkplatzfall“.[57] Nach dieser Ansicht wäre demnach ein Vertrag zustande gekommen, da A allein durch die Inanspruchnahme der Leistung einen Vertrag herbeigeführt hat. Auf die entgegenstehende Erklärung käme es demnach nicht an, denn nur das tatsächliche Verhalten ist maßgeblich.

2. Vertragsschluss durch Angebot und Annahme

Diese Meinung wurde allerdings heftig kritisiert und wird heute nicht mehr vertreten. Denn die h. M.[58] hält es für möglich, einen Vertragsschluss auch nach allgemeinen Regeln zu bejahen: Das Bereitstellen der Leistung, die Parkmöglichkeit, sei als *offerta ad incertas personas* zu verstehen.

A hat allerdings ausdrücklich keine Annahme erklärt und zum Ausdruck gebracht, dass sie keine Rechtsfolge herbeiführen will. Man kann jedoch ihr tatsächliches Verhalten nach dem objektiven Empfängerhorizont (§§ 133, 157 BGB) auslegen. Tue man dies – so die h. M. –, bringe der die Leistung in Anspruch Nehmende konkludent zum Ausdruck, dass er eine Rechtsfolge herbeiführen will. Dies würde nämlich ein objektiver Dritter vermuten, der die Szene beobachtet, ohne die ausdrückliche entgegenstehende Erklärung zu kennen. Somit stünden also die ausdrückliche Erklärung von A, sie wolle keinen Vertrag schließen, und der dem tatsächlichen Verhalten durch Auslegung zu entnehmende Wille, doch einen Vertrag zu schließen, zueinander in Widerspruch. Die ausdrückliche Erklärung soll nach h. M. unter diesen Umständen als eine sogenannte ***protestatio facto contraria***[59] anzusehen sein. Die *protestatio facto contraria* leite sich aus § 242 BGB ab und führe dazu, dass die ausdrückliche Erklärung – weil widersprüchlich – unbeachtlich sei. Maßgeblich ist nach dieser Ansicht nur das tatsächlich gezeigte Verhalten, dessen Auslegung nach §§ 133, 157 BGB einen Rechtsbindungswillen bei A ergibt. Folglich wäre nach der h. M. ein Vertrag zustande gekommen.

Teilweise wird dieses Ergebnis statt über die *protestatio facto contraria* über eine Analogie zu §§ 612, 632 BGB erzielt.[60] Es ergeben sich aber dabei keine abweichenden Ergebnisse, denn auch nach dieser Ansicht ist ein Vertrag zustande gekommen.

3. Kein Vertragsschluss

Eine Mindermeinung in der Literatur will sich weder der h. M. noch der Lehre vom Vertragsabschluss durch sozialtypisches Verhalten anschließen. In diesen Fällen komme kein Vertrag zustande, denn der ausdrücklich erklärte Wille, keinen Vertrag zu schließen, sei zu respektieren.[61] Zahlungspflichten des Leistungsempfängers könnten über §§ 812 I, 818 II, 819 BGB begründet werden, so dass auch keine Notwendigkeit bestehe, vertragliche Verpflichtungen zu konstruieren. Demnach wäre also kein Vertrag zustande gekommen, da A ausdrücklich erklärte, sie wolle keinen Vertrag.

---

[57] BGHZ 21, 319 = NJW 1956, 1475.

[58] Bamberger/Roth/*Eckert*, § 145 Rn. 45; *Leipold*, BGB AT, § 10 Rn. 28; *Bork*, BGB AT, Rn. 744; *Brox/Walker*, BGB AT, Rn. 193 f.

[59] Vollständig lautet dieser Grundsatz: *protestatio facto contraria non valet* (lat. in etwa: Vorbehalt/Widerspruch gegen entgegengesetztes Verhalten gelten nicht).

[60] *Medicus*, BGB AT, Rn. 250.

[61] MünchKomm-BGB/*Säcker*, Einl. Rn. 42; *Köhler*, BGB AT, § 8 Rn. 29.

4. Stellungnahme

Gegen die Mindermeinung spricht, dass sie die Interessen des Verkehrs ausblendet. Für den Verkehr ist maßgeblich, was die Person tut und nicht was sie erklärt. Tatsächliche Handlungen sind verlässlicher als Erklärungen. Weiterhin spielen im heutigen modernen Massenverkehr Allgemeine Geschäftsbedingungen (AGB) eine große Rolle.[62] So wird dort beispielsweise das erhöhte Beförderungsentgelt in Bussen und Bahnen als Vertragsstrafe konstruiert. Wird allerdings kein Vertrag geschlossen, können auch AGB nicht einbezogen werden. Es besteht also auch ein praktisches Bedürfnis, einen Vertragsschluss zu bejahen. Mit der Mindermeinung ist dies aber nicht möglich, welche daher abzulehnen ist. Ein Vertrag ist folglich zustande gekommen, so dass A verpflichtet ist, das übliche Parkentgelt zu entrichten.

Fall Nr. 19 – Haakjöringsköd

K möchte bei V Walfleisch kaufen. V meint, das treffe sich gut, weil er gerade eine preisgünstige Ladung „Haakjöringsköd“ verfügbar habe, die sich auf dem Dampfer „Jessica“ befindet. Beide gehen bei ihrem Gespräch davon aus, das norwegische Wort „Haakjöringsköd“ stehe für Walfleisch. Daher vereinbaren die beiden, dass K von V die 50 Zentner „Haakjöringsköd“ vom Dampfer Jessica für € 10.000 erhalten solle. Nach der Auslieferung an K stellt sich heraus, dass „Haakjöringsköd“ nicht für Wal-, sondern für Haifischfleisch steht. K will deshalb nicht zahlen, weil V seine Verpflichtung zur Lieferung von Walfleisch nicht erfüllt habe. V hält dem entgegen: Wenn „Haakjöringsköd“ verkauft wurde, sei er auch nur verpflichtet, genau das zu liefern. Vertrag sei Vertrag.

Kann V von K Zahlung des Kaufpreises i. H. v. € 10.000 verlangen?

Hinweis: Erfüllt der Verkäufer seine aus § 433 I BGB folgende Pflicht zur (mangelfreien) Lieferung nicht, kann der Käufer gegenüber dem Zahlungsanspruch aus § 433 II BGB die Einrede des nicht erfüllten Vertrags (§ 320 BGB) erheben.

Rechtsprechungshinweis: RGZ 99, 147.

Lösung

Ein Anspruch des V gegen K auf Zahlung von € 10.000 kann sich aus § 433 II BGB ergeben, wenn ein Kaufvertrag nach § 433 BGB über 50 Zentner Haifischfleisch zustande gekommen ist. Dazu müssen Angebot und Annahme vorliegen.

1. Anspruch entstanden

a) Angebot des V

V machte K ein Angebot, indem er ihm vorschlug, die 50 Zentner „Haakjöringsköd“, die sich an Bord der „Jessica“ befanden, an ihn zu verkaufen. Fraglich ist, wie diese K zugegangene Willenserklärung zu verstehen war. Die Auslegung nach dem objektiven Empfängerhorizont (§§ 133, 157 BGB) ergibt, dass V Haifischfleisch meinte, denn es ist nicht zu unterstellen, dass ein objektiver Empfänger den gleichen Übersetzungsfehler machen würde wie V. Allenfalls ließe sich argumentieren, aufgrund der vorangegangenen Anfrage des K, die sich auf Walfleisch bezog,

---

[62] *Bork*, BGB AT, Rn. 744.

sei auch das Angebot über 50 Zentner „Haakjöringsköd" objektiv in diesem Sinne zu verstehen. Ob man die Voranfrage insoweit in das Angebot des V hineinlesen oder dieses bei objektiver Betrachtung nach seinem eigenen Wortlaut auszulegen hat, kann letztlich offen bleiben, wenn ohnehin von dem Grundsatz der Auslegung nach dem objektiven Empfängerhorizont eine Ausnahme zu machen ist. Dies kann nach dem Grundsatz ***falsa demonstratio non nocet*** der Fall sein. Dieser besagt, dass irrtümliche und sogar beabsichtigte Falschbezeichnungen dann unbeachtlich sind, wenn sie von beiden Seiten im gewollten Sinn verstanden werden (§ 5 Rn. 68 ff.). Da es beiden Vertragsparteien von vorneherein immer nur um einen Vertrag über Walfleisch ging, hat V erklärt, 50 Zentner Walfleisch zum Verkauf anzubieten; K hat ihn in diesem Sinne verstanden, auch wenn V „Haakjöringsköd" sagte und damit bei objektiver Übersetzung Haifischfleisch erklärte. Aufgrund dieser übereinstimmenden Falschbezeichnung gilt das von beiden Seiten subjektiv Gewollte.

b) Annahme durch K

Weiterhin muss K dieses Angebot angenommen haben. K erlag der gleichen Fehlvorstellung über die Bedeutung des Wortes „Haakjöringsköd" wie V. Dies ist aber deshalb unschädlich, weil eine Übereinstimmung des Willens der beiden Vertragsparteien gegeben war. Der Sinn des Grundsatzes *falsa demonstratio non nocet* besteht darin, dass die Parteien nicht gegen ihren Willen an der üblichen Bedeutung des Erklärten festgehalten werden. Der tatsächliche, hinter der Erklärung stehende Wille soll sich bei Übereinstimmung durchsetzen. Somit erklärte K die Annahme zu einem Angebot über 50 Zentner Walfleisch, auch wenn er „Haakjöringsköd" sagte.

Demnach liegen zwei korrespondierende Willenserklärungen vor, die zu einem Kaufvertrag nach § 433 BGB über 50 Zentner Walfleisch führen. Der Anspruch des V gegen K auf Zahlung von € 10.000 ist dem Grunde nach entstanden.

2. Anspruch erloschen

Der Anspruch des V gegen K auf Zahlung von € 10.000 aus § 433 II BGB ist nicht durch Erfüllung erloschen.

3. Anspruch durchsetzbar

Dem Zahlungsanspruch des V kann K möglicherweise die Einrede des nicht erfüllten Vertrags nach § 320 BGB entgegenhalten. Nach dieser Vorschrift kann jemand, der aus einem gegenseitigen Vertrag zur Leistung verpflichtet ist, die ihm obliegende Leistung bis zur Bewirkung der Gegenleistung verweigern. Demnach kann K die Zahlung solange zurückhalten, bis V seinerseits seine Leistung erbracht hat.

Da es sich bei § 320 BGB um eine Einrede handelt, muss K sich darauf berufen. Einreden werden im Prozess nicht von Amts wegen berücksichtigt. Indem K seine Zahlung mit dem Hinweis verweigerte, dass V kein Walfleisch geliefert habe, hat er, wie durch Auslegung zu ermitteln ist, die Einrede nach § 320 BGB erhoben.

Zu prüfen bleibt indes, ob die tatbestandlichen Voraussetzungen erfüllt sind. Ein wirksamer gegenseitiger Vertrag i. S. d. §§ 320 ff. BGB besteht zwischen V und K in Form des Kaufvertrages (s. o.). K trifft daraus die Verpflichtung, den Kaufpreis i. H. v. € 10.000 zu zahlen, während V die Lieferung von 50 Zentnern Walfleisch schuldet (s. o.). Da sich K nicht etwa zur Vorleistung des Kaufpreises verpflichtet hat, kann er die Zahlung verweigern, bis V das geschuldete Walfleisch geliefert hat. Dies ist bislang nicht der Fall; vielmehr hat V stattdessen Haifischfleisch geliefert, das zur Erfüllung seiner Lieferpflicht nicht tauglich ist.

4. Ergebnis

Der Anspruch des V gegen K aus § 433 II BGB auf Zahlung von € 10.000 besteht dem Grunde nach. K kann jedoch derzeit die (dilatorische) Einrede des nicht erfüllten Vertrags nach § 320 BGB erheben, so dass er erst zahlen muss, wenn V ordnungsgemäß liefert. Die Erhebung der Einrede des nicht erfüllten Vertrags führt zur Verurteilung zur Leistung Zug um Zug (§ 322 BGB).

Fall Nr. 20 – Der kleine Unterschied

V wird mit K handelseinig über den Verkauf eines Grundstücks, welches aus dem Flurstück Nr. 12 besteht. Der Einigung waren zähe Verhandlungen vorausgegangen; daher waren die Beteiligten froh, endlich ein für beide Seiten hinnehmbares Ergebnis erzielt zu haben. Sie feiern ihre Einigung in der nächstbesten Kneipe mit reichlich Alkohol und treffen sich am Morgen danach schwer verkatert beim Notar, um den Vertrag beurkunden zu lassen. Den beiden fällt aufgrund der erst langsam nachlassenden Kopfschmerzen nicht auf, dass V sich versehentlich bei der Bezeichnung des Grundstückes geirrt hat und statt „Flurstück Nr. 12" „Flurstück Nr. 13" sagt. Der Notar beurkundet den Vertrag, der auf Flurstück Nr. 13 ausgestellt ist. Zufällig ist V auch Eigentümer des Grundstücks, welches aus dem sehr viel kleineren Flurstück Nr. 13 besteht. Als V sich am Tag danach den Vertrag noch einmal ansieht, wird ihm bewusst, was passiert ist. Er freut sich, denn K werde von ihm jetzt nur das kleinere Flurstück Nr. 13 erhalten, während er den Kaufpreis für das größere Grundstück verlangen könne. Schließlich sei der Vertrag so beurkundet.

Was kann K von V verlangen?

Lösung

K kann von V gemäß § 433 I 1 BGB Übereignung und Übergabe des großen Grundstücks (Flurstück Nr. 12) verlangen, wenn sich der zwischen ihnen unstreitig durch Angebot und Annahme geschlossene Kaufvertrag darauf bezieht.

Beurkundet wurde vom Notar, dass V sich verpflichtet, das kleinere Grundstück, welches aus dem Flurstück Nr. 13 besteht, zu übereignen. Zu prüfen ist aber, ob der Grundsatz ***falsa demonstratio non nocet*** dazu führt, dass Vertragsinhalt das von den Parteien übereinstimmend Gewollte geworden ist, was eine Einigung über das größere Grundstück, bestehend aus dem Flurstück Nr. 12, bedeuten würde. Von diesem Grundstück gingen beide Vertragsparteien aus, als sie beim Notar den Vertrag beurkunden ließen und die irrtümliche Falschbezeichnung nicht bemerkten. Jedoch ergibt sich daraus folgendes Problem: Wo liegt der Sinn des Beurkundungserfordernisses aus § 311b I 1 BGB, wenn der Vertragsinhalt durch den Grundsatz *falsa demonstratio non nocet* verändert werden kann? Die Anwendung dieses Grundsatzes führt letztlich zu einer Aushöhlung des Beurkundungsgebots, wenn nicht das Beurkundete Geltung beanspruchen könnte, sondern dass von den Parteien übereinstimmend Gewollte.

Ob die *falsa-demonstratio*-Regel auch bei formbedürftigen Rechtsgeschäften Anwendung findet, ist daher nach dem Sinn und Zweck der jeweiligen Formvorschrift zu bestimmen (§ 5 Rn. 72f.). Das Beurkundungserfordernis beim Grundstückskauf dient gleich mehreren Zwecken. Zum einen soll es Schutz vor Übereilung bieten, also eine **Warnfunktion** erfüllen. Die Parteien sollen darauf aufmerksam gemacht werden, dass sie im Begriff sind, eine unter Umständen weitreichende Entscheidung zu treffen und sollen sich dies vergegenwärtigen. Weiterhin sichert das Beurkundungserfordernis Pflichten des Notars zur **Aufklärung und Beratung** ab, die es den Parteien ermöglichen sollen, ihre Vorstellungen rechtlich umzusetzen und dabei von einem neutralen Dritten unterstützt zu werden. Schließlich wird durch die Beurkundung das **Klarstellungs- und Beweisinteresse** der Parteien erfüllt. Die Falschbezeichnung beim Grundstückskauf hat alleine Auswirkungen auf die zuletzt genannte Funktion, denn sowohl die Warn- als auch die Beratungsfunktion werden bei einer irrtümlichen Falschbezeichnung erfüllt.[63] Nur aufgrund des beeinträchtigten Beweisinteresses den übereinstimmenden Willen der Parteien zurückzudrängen und damit der Vereinbarung einen nicht gewollten Inhalt zu geben, erscheint jedoch nicht sinnvoll.

Beeinträchtigungen des Beweisinteresses sind also zur Durchsetzung des übereinstimmenden Parteiwillens hinzunehmen. Außenstehende Dritte haben auch kein schutzwürdiges Vertrauen an dem beurkundeten Vertragsinhalt, so dass auch deshalb ein Festhalten am Beurkundeten nicht notwendig ist.

Folglich findet der Grundsatz *falsa demonstratio non nocet* auch auf das formbedürftige Rechtsgeschäft zwischen K und V Anwendung. Infolgedessen ist V verpflichtet, das größere Grundstück (Flurstück 12) an K zu übereignen und zu übergeben, auch wenn der beurkundete Vertrag zur Übereignung des Grundstücks bestehend aus Flurstück 13 verpflichtet.

Fall Nr. 21 – Mietertraum

M will bei V eine Wohnung mieten. Die beiden besichtigen die Wohnung und unterzeichnen danach den Mietvertrag. Das Feld „Kaution“ bleibt unausgefüllt. Nichtsdestotrotz gibt V die Schlüssel an M heraus und sagt ihm, dass man sich bezüglich der Kaution schon noch irgendwann einig werde. Das eile aber nicht. M freut sich über seinen lockeren Vermieter und nimmt die Schlüssel.

Ist ein Mietvertrag zustande gekommen?

Lösung

Ein Mietvertrag nach § 535 BGB kommt zustande, wenn zwei korrespondierende Willenserklärungen – Angebot und Annahme – vorliegen. Eine Einigung über die *essentialia negotii*, also die wesentlichen Vertragsmerkmale wie etwa Mietgegenstand und -zins, wurde erzielt. Allein einer der Nebenpunkte (die sogenannten *accidentalia negotii*), nämlich die Höhe der Kaution, blieb offen. Es bestand folglich kein Konsens, sondern ein **Dissens der Parteien**, denn auch die – vorrangige – Auslegung des Verhaltens der Vertragsparteien nach dem objektiven Empfängerhorizont (§§ 133, 157 BGB) ergibt keine Einigung. Fraglich ist, ob es sich um einen offenen (§ 154 BGB) oder einen versteckten Dissens (§ 155 BGB) handelt. Die Abgrenzung erfolgt danach, ob der Dissens den Parteien bewusst war, oder ob sie irrtümlich meinten, eine Einigung erzielt zu haben, obwohl dies tatsächlich nicht der Fall war.

---

[63] *Wolf/Neuner*, BGB AT, § 35 Rn. 40 f.

Es handelt sich um einen nach § 154 BGB zu behandelnden **offenen Dissens**, da beiden Parteien bewusst war, dass (noch) keine Einigung über die Kaution erfolgt ist. Nach dieser Vorschrift ist der Vertrag im Zweifel solange nicht als geschlossen anzusehen, wie keine Einigung über den Nebenpunkt getroffen wurde. Da es sich nur um eine **Zweifelsregelung** handelt, können entgegenstehende Gesichtspunkte berücksichtigt werden. Dadurch wird die Wirksamkeit des Vertrages der Willensdisposition der Parteien unterstellt. Ob die Parteien den Vertrag als wirksam ansehen, ist durch Auslegung zu ermitteln. Hier spricht für die Annahme der Wirksamkeit des Vertrages, dass V bereits die Schlüssel an M übergeben und dieser sie genommen hatte. Wäre V nicht davon ausgegangen, dass der Vertrag schon wirksam geschlossen wurde, so hätte er die Schlüssel nicht herausgegeben. Folglich ist der Mietvertrag, da die Parteien diesen Willen hatten und somit die Zweifelsregelung des § 154 BGB nicht greift, bereits jetzt wirksam zustande gekommen.

Fall Nr. 22 – Ortsübliche Streitigkeiten

V und M schließen mündlich einen Mietvertrag über eine Wohnung, der den Mietgegenstand und den Mietzins beinhaltet. Über die Kaution wurde keine eindeutige Vereinbarung getroffen. Vielmehr sagte V, er werde eine „ortsübliche“ Kaution verlangen, womit M sich einverstanden zeigte. Dabei ging V davon aus, dass „ortsüblich“ bedeute, zwei Monatsmieten seien geschuldet; M hingegen ging davon aus, es sei nur eine Monatsmiete geschuldet. Tatsächlich verhält es sich in dem fraglichen Gebiet so, dass es keine „ortsübliche“ Kaution gibt, denn die Hälfte aller Vermieter verlangt zwei Monatsmieten, die andere Hälfte nur eine.

Hat M gegen V einen Anspruch auf Überlassung der Wohnung gegen Zahlung von einer Monatsmiete Kaution?

Lösung

M kann gegen V gemäß § 535 I 1 BGB einen Anspruch haben auf Überlassung der Wohnung gegen Zahlung von einer Monatsmiete Kaution. Voraussetzung dafür ist, dass der Mietvertrag bereits als zustande gekommen zu betrachten ist.

Ein Mietvertrag nach § 535 BGB kommt zustande durch Angebot und Annahme.

Eine Einigung über die *essentialia negotii* (Mietzins, -gegenstand) wurde erzielt. Allein fraglich ist, ob eine Vereinbarung über die Höhe der Kaution getroffen wurde. Die Höhe der Kaution gehört lediglich zu den *accidentalia negotii*. Sollte darüber keine Einigung erzielt worden sein, so läge ein Dissens vor. Vorrangig ist jedoch zu prüfen, ob eventuell die Auslegung der Parteierklärungen nach dem objektiven Empfängerhorizont (§§ 133, 157 BGB) eine Einigung ergibt.

1. Auslegung der Erklärung von V

Die Erklärung von V, er verlange eine „ortsübliche“ Miete ist für einen außenstehenden verständigen Dritten, der die Umstände kennt und die Erklärung nach Treu und Glauben mit Rücksicht auf die Verkehrssitte auslegt, nicht eindeutig. Sowohl das Verständnis, dass eine Monatsmiete, aber auch das Verständnis, dass zwei Mieten geschuldet sind, ist vor dem Hintergrund nachvollziehbar, dass es im örtlichen Wohnungsmarkt keine feststehende Regel gibt. Somit ist es M nicht vorzuwerfen, wenn er davon ausging, V habe erklärt, er verlange eine Monatsmiete.

2. Auslegung der Erklärung von M

Andererseits ist auch das Einverständnis von M auslegungsbedürftig. Ein objektiver Empfänger könnte die Erklärung aufgrund der angesprochenen „Kautionspraxis“ ebenso als Einverständnis mit zwei Monatsmieten verstehen. Jedoch kann auch dies nicht angenommen werden, da kein Umstand ersichtlich ist, der dieses Verständnis erzwingen würde. Somit ergibt die Auslegung nach dem objektiven Empfängerhorizont, dass keine Einigung über die Kautionshöhe, einen Nebenpunkt des Vertrages, erzielt wurde. Es liegt ein nach § 155 BGB zu behandelnder **versteckter Dissens** vor, da die Parteien irrtümlich davon ausgingen, sich über diesen Punkt geeinigt zu haben.

3. Hypothetischer Parteiwille

§ 155 BGB ordnet an, dass der Vertrag gleichwohl gilt, wenn anzunehmen ist, dass die Parteien den Vertrag auch ohne Regelung dieses Punktes geschlossen hätten. Es ist zu fragen, ob die Parteien sich auch gebunden fühlen würden, wenn sie gewusst hätten, dass bei Vertragsschluss ein Dissens vorlag.[64] Es wird also ein hypothetischer Wille durch Auslegung des bisherigen Verhaltens und der bereits getroffenen Vereinbarungen ermittelt. Diese Auslegung ergibt hier, dass V den Vertrag nicht als wirksam ansehen würde, denn dass er einen Mietvertrag ohne Kaution abschließen wollte, ist nicht vorstellbar. Er gibt eindeutig zu verstehen, dass er eine solche verlangen wird. Insofern ist klar, dass kein Vertrag ohne eine Bestimmung über diesen Punkt zustande gekommen wäre, denn V hätte ihm nicht zugestimmt. Somit liegt aufgrund des versteckten Dissenses noch kein wirksamer Vertrag vor, so dass M gegen V keinen Anspruch gem. § 535 I 1 BGB hat.

§ 14. Fälle zum Trennungs- und Abstraktionsprinzip

Fall Nr. 23 – Feine Freunde

S hat sich für ein Studium in Mannheim entschieden. Das teure Studium und die sonstigen Kosten – vor allem die Parties auf dem Schneckenhof belasten seinen Geldbeutel – haben ihn bereits kurz nach Beginn des Semesters in eine finanziell angespannte Lage versetzt. Er braucht dringend Geld, um am Wochenende mit seinen Freunden feiern zu können. Da fällt sein Blick auf die schöne Breitling-Uhr, die er von seinen Eltern zum Abitur bekommen hat. Diese werde bestimmt eine ganze Menge Geld bringen und eine Uhr braucht er ohnehin nicht, denn er lebt stressfrei in den Tag hinein. Er ruft seinen Kommilitonen K an und bietet ihm die Uhr zum Preis von € 2.500 an. K kennt die Uhr und sagt sofort zu. Die Übergabe solle heute Abend auf dem Schneckenhof stattfinden. Später erzählt S seinem Mitbewohner M von dem Verkauf. Als M hört, dass S die Uhr noch hat, bietet er ihm spontan € 2.700 für die Uhr. Es dauert nicht lange und S willigt ein. Er übergibt die Uhr mit den Worten „Hier, deine!“ auch gleich an M. Abends auf dem Schneckenhof wird K von S über die Geschehnisse aufgeklärt. Dieser (K) ist empört und geht zu M, der ebenfalls mit auf den Schneckenhof gekommen ist und sagt zu ihm: „Gib mir die Uhr, sie gehört mir. Ich hab' sie zuerst gekauft!“

[64] *Bork*, BGB AT, Rn. 780.

Frage 1: Kann K von M Herausgabe der Uhr verlangen?
Frage 2: Wer ist Eigentümer der Uhr?

Literaturhinweis zur Vertiefung: *Bitter*, Rechtsträgerschaft für fremde Rechnung, 2006, S. 164 ff., 168 ff., 465, 499.

Lösung zu Frage 1

Zu prüfen ist, ob K gegen M einen Anspruch auf Herausgabe der Uhr hat. Ein vertraglicher Anspruch zwischen den beiden kommt nicht in Betracht, da kein Kontakt zwischen den beiden bestand. Anspruchsgrundlage kann § 985 BGB sein. Voraussetzung dafür ist, dass (1) der Anspruchsteller Eigentümer, (2) der Anspruchsgegner Besitzer ist sowie (3) der Anspruchsgegner gegenüber dem Anspruchsteller kein Recht zum Besitz i. S. v. § 986 BGB hat.

1. Besitz

Besitzer der Uhr ist M, denn er übt die tatsächliche Gewalt aus (§ 854 BGB).

Hinweis: Zumeist werden die §§ 985, 986 BGB in der folgenden Reihenfolge geprüft: 1. Eigentum, 2. Besitz, 3. Recht zum Besitz. Abweichungen von diesem „Normalschema" können aber sinnvoll sein, wenn unproblematische Dinge vorgezogen werden können.

2. Eigentum

Zu prüfen ist weiterhin, ob K Eigentümer der Uhr ist.

a) Kein Eigentumserwerb durch Abschluss des Kaufvertrages

K ist nicht bereits durch den Abschluss des Kaufvertrages mit S zum Eigentümer der Uhr geworden. Der Abschluss eines Kaufvertrages nach § 433 BGB führt nur dazu, dass S **verpflichtet** wird, K die Uhr zu übereignen (§ 433 I 1 BGB). Als Gegenleistung wird K verpflichtet, den Kaufpreis zu zahlen (§ 433 II BGB). Der Kaufvertrag ist also nur ein schuldrechtliches Verpflichtungsgeschäft, aus welchem S die Übereignung der Uhr an K schuldet.

b) Eigentumserwerb durch dingliches Rechtsgeschäft

Die Eigentumsübertragung wird durch ein **dingliches** Rechtsgeschäft, das auch als *Verfügungs*geschäft bezeichnet wird, nach §§ 929 ff. BGB vollzogen. Verfügungen sind Rechtsgeschäfte, die auf ein bestehendes Recht einwirken, indem es geändert, übertragen, belastet oder aufgehoben wird.[65] Durch eine Übereignung wird das Eigentum übertragen, so dass es sich um eine Verfügung handelt.

Für eine **Eigentumsübertragung nach § 929 BGB** müssen folgende Voraussetzungen erfüllt sein: Es muss eine dingliche Einigung (ein dinglicher Vertrag) zwischen dem Veräußerer und dem Erwerber über den Eigentumsübergang erfolgt sein, d. h. die Parteien müssen darüber einig sein, dass das Eigentum übergeht. Dieser (dingliche) Vertrag kommt ebenso wie andere Verträge durch Angebot und Annahme zustande. Weiterhin muss die Sache übergeben worden sein und die Einigung zum Zeitpunkt der Übergabe noch bestanden haben. Schließlich muss derjenige, der das Eigentum übertragen will, dazu berechtigt sein.

K und S haben sich allerdings noch nicht über den Eigentumsübergang geeinigt; dieser sollte erst auf dem Schneckenhof stattfinden. Auch die Auslegung der Erklä-

[65] Palandt/*Sprau*, § 816 Rn. 7.

rungen während des Telefongesprächs nach dem objektiven Empfängerhorizont (§§ 133, 157 BGB) ergibt keine dingliche Einigung i. S. v. § 929 BGB, sondern nur eine schuldrechtliche Einigung i. S. v. § 433 BGB. Selbst wenn man jedoch eine dingliche Einigung annehmen wollte, so würde es immer noch an der Übergabe fehlen. Daher hat keine Übereignung nach § 929 BGB stattgefunden.

3. Ergebnis

K ist nicht Eigentümer der Uhr und hat folglich keinen Anspruch aus § 985 BGB gegen M auf Herausgabe der Uhr.

Hinweis: Dass K mit S den zeitlich früheren Kaufvertrag geschlossen hat, ist also irrelevant. S hatte sich lediglich verpflichtet, die Uhr zu übereignen. Dafür, dass er sich an seine Abrede aber auch tatsächlich hält, gibt es keine Garantie. Eine andere Frage ist es, ob K Schadensersatzansprüche gegen S zustehen, weil dieser sich nicht an vertragliche Vereinbarungen hält. Solche Schadensersatzansprüche können sich etwa aus §§ 280 ff. BGB ergeben und werden im Schuldrecht (Leistungsstörungsrecht) behandelt.

Lösung zu Frage 2

M ist Eigentümer der Uhr, wenn S diese wirksam an ihn übereignet hat (§ 929 BGB).

1. Einigung

Zunächst müssen M und S sich darüber geeinigt haben, dass das Eigentum auf M übergeht. S gab M die Uhr mit den Worten „Hier, deine!“ und machte damit konkludent ein Angebot auf Übereignung, welches M wiederum konkludent annahm, indem er die Uhr entgegennahm.

2. Übergabe

In dem Besitzwechsel von S zu M liegt zugleich die Übergabe.

Hinweis: Es handelt sich hier um einen (häufig anzutreffenden) Fall, in dem die Einigung (= erste Voraussetzung des § 929 BGB) zeitlich mit der Übergabe (= zweite Voraussetzung des § 929 BGB) zusammenfällt. Dies darf nicht darüber hinwegtäuschen, dass es sich rechtlich gesehen um zwei zu trennende Dinge handelt: Die Einigung ist ein dinglicher Vertrag, auf den alle Vorschriften über Willenserklärungen zur Anwendung kommen, während die Übergabe ein Realakt ist.

3. Einigsein bei Übergabe

Zum Zeitpunkt der Übergabe bestand die Einigung noch.

Hinweis: Bei der sachenrechtlichen Einigung ist jeweils zu prüfen, ob sie im Moment der Übergabe noch fortbesteht, weil sachenrechtliche Einigungen – anders als schuldrechtliche Einigungen (z. B. ein Kaufvertrag) – bis zur Erfüllung des kompletten Übereignungstatbestandes nicht bindend sind. Dies lässt sich im Umkehrschluss aus § 873 II BGB entnehmen, weil dort ein spezifischer Fall geregelt ist, in dem eine sachenrechtliche Einigung bindend wird. Dieser Vorschrift bedürfte es nicht, wenn die sachenrechtliche Einigung ohnehin schon bindend wäre.

4. Berechtigung

Schließlich muss S zur Eigentumsübertragung berechtigt gewesen sein. Das ist der Fall, wenn S Eigentümer der Uhr ist. Die Tatsache, dass S mit K einen wirksamen Kaufvertrag geschlossen hatte, hindert ihn sachenrechtlich nicht, das Eigentum an eine andere Person als K zu übertragen. Der Kaufvertrag verpflichtet S nämlich – wie oben gesagt – nur zur Übereignung an K, woraus aber nicht folgt, dass S seine Rechtsmacht verloren hätte, noch anderweitig über sein Eigentum zu verfügen. Folglich ist S als Eigentümer zur Übereignung der Uhr an M berechtigt. Somit sind alle Voraussetzungen der Übereignung nach § 929 BGB erfüllt. M ist folglich Eigentümer der Uhr.

Hinweis: Es kann noch zusätzlich geprüft werden, ob die für die Übereignung nach § 929 BGB erforderliche Einigung zwischen S und M [s. o. unter a)] gemäß § 138 I BGB nichtig ist, weil M die Uhr in Kenntnis des Erstverkaufs von S erwirbt. Es mag nämlich als anstößig erscheinen, dass der Zweitkäufer M durch sein höheres Angebot den S dazu bringt, seinen Vertrag mit K nicht zu erfüllen. Mit der Einordnung eines Rechtsgeschäfts als „sittenwidrig" ist jedoch äußerst sparsam zu verfahren. In diesem Sinne lässt sich nicht annehmen, ein Zweitkäufer sei ganz generell verpflichtet, seine eigenen Interessen hinter denen des Erstkäufers zurückzustellen. Zwischen beiden besteht nämlich kein Schuldverhältnis, das den Zweitkäufer zur Rücksicht auf die Interessen des Erstkäufers verpflichten würde. Diese einschränkende Beurteilung der Sittenwidrigkeit gilt erst recht für die sachenrechtliche Einigung, die im Grundsatz getrennt von dem Kaufvertrag zu betrachten ist. Daher ist in diesem Fall nicht von der Sittenwidrigkeit der Übereignung von S an M auszugehen. Es handelt sich um einen Vorgang, dessen sonstige Sanktionen ausreichend erscheinen (S ist K zum Schadensersatz verpflichtet, wenn die Uhr mehr als der Kaufpreis wert war).

Fall Nr. 24 – Das ist alles so abstrakt …

Büroausstatter B bietet A schriftlich die Lieferung von 300 Packen Papier „zu je € 2" an. Er hatte sich dabei aber versehentlich vertippt, denn eigentlich wollte er „zu je € 3" schreiben. A freut sich über das Angebot und nimmt es an; daraufhin liefert B aus. Als B von A Zahlung von € 900 verlangt, gibt A an, nur € 600 zahlen zu wollen; dies sei schließlich vereinbart worden. B bemerkt, dass er sich verschrieben hat und sagt A gegenüber, er fühle sich deshalb nicht mehr an den Vertrag gebunden. Darüber hinaus verlangt er das gelieferte Papier heraus.

Frage 1: Ist der Kaufvertrag noch wirksam?
Frage 2: Kann B von A Herausgabe des Papiers verlangen?

Literaturhinweis: *Medicus*, BGB AT, Rn. 220 ff.

Lösung zu Frage 1

1. Kaufvertragliche Einigung

Der Kaufvertrag ist zunächst wirksam zustande gekommen. Im Schreiben von B an A ist ein Angebot (§ 145 BGB) auf Abschluss eines Kaufvertrages zu sehen. A hat dieses Angebot angenommen und somit den Kaufvertrag zustande gebracht.

2. Anfechtung der Willenserklärung

Fraglich ist aber, ob der Vertrag gemäß § 142 I BGB nichtig ist. B kann nämlich sein Angebot gemäß § 119 I BGB wirksam angefochten haben, indem er erklärte, er fühle sich nicht mehr an den Vertrag gebunden. Dies hätte zur Folge, dass das Angebot von B als von Anfang an (*ex tunc*) nichtig zu erachten wäre (§ 142 I BGB). Voraussetzung einer wirksamen Anfechtung ist, dass ein Anfechtungsgrund und eine Anfechtungserklärung gegeben sind und dass die Anfechtungsfrist eingehalten wurde.

a) Anfechtungsgrund

Als Anfechtungsgrund kommt ein **Erklärungsirrtum** von B nach § 119 I Alt. 2 BGB in Betracht. Dieser liegt vor, wenn der Erklärende sich verschreibt, vertippt, verspricht etc., und deshalb Wille und Erklärung auseinanderfallen (§ 7 Rn. 75 f.). B hat sich verschrieben und objektiv nicht das erklärt, was er erklären wollte; folglich ist er einem Erklärungsirrtum erlegen. Ein Anfechtungsgrund besteht demnach.

b) Anfechtungserklärung

Weiterhin muss B eine Anfechtungserklärung abgegeben haben (§ 143 I BGB). Zwar hat er zu keinem Zeitpunkt das Wort „Anfechtung" benutzt. Die Erklärung, er fühle sich nicht mehr an den Vertrag gebunden, ist jedoch nach dem objektiven Empfängerhorizont (§§ 133, 157 BGB) als Anfechtungserklärung auszulegen. Für A war ersichtlich, dass B die Rechtsfolgen, die an seine Erklärung geknüpft waren, beseitigen wollte. Eine Anfechtungserklärung von B liegt also vor.

c) Anfechtungsfrist

Schließlich muss die Anfechtungsfrist eingehalten worden sein. Die Anfechtung ist nach § 121 I 1 BGB unverzüglich, also ohne schuldhaftes Zögern, zu erklären. B hat sofort nach Bemerken seines Fehlers gegenüber A (vgl. § 143 I, II BGB) die Anfechtung erklärt.

3. Ergebnis

Da alle Anfechtungsvoraussetzungen erfüllt sind, hat B sein Angebot auf Abschluss eines Kaufvertrages wirksam nach § 119 I Alt. 2 BGB beseitigt. Folglich ist das Angebot gemäß § 142 I BGB als von Anfang an (*ex tunc*) nichtig zu betrachten; der Kaufvertrag ist somit aufgrund des rückwirkenden Wegfalls des Angebots nichtig.

Lösung zu Frage 2

1. Anspruch aus § 985 BGB

B kann gegen A einen Anspruch auf Herausgabe des Papiers aus § 985 BGB haben.

Dies setzt zunächst voraus, dass B als Anspruchsteller Eigentümer des Papiers ist. Ursprünglicher Eigentümer war B. Er kann jedoch sein Eigentum durch Übereignung nach § 929 BGB an A verloren haben.

a) Einigung

aa) Übereinstimmende Willenserklärungen

Die Einigung ist ein dinglicher Vertrag und kommt zustande durch zwei korrespondierende Willenserklärungen, Angebot und Annahme. Das Angebot auf Übereignung des Papiers wurde durch die Lieferung konkludent miterklärt. Dieses Angebot auf Übereignung nahm A wiederum konkludent an, indem er die Lieferung entgegennahm. A und B haben sich also über den Eigentumsübergang geeinigt.

bb) Anfechtung der Einigung nach §§ 119 I, 142 BGB

Fraglich ist, ob diese Einigung vor dem Hintergrund des Irrtums von B noch Bestand hat. Die Einigung ist gemäß § 142 I BGB rückwirkend nichtig, wenn B sein Übereignungsangebot wegen Erklärungsirrtums nach § 119 I Alt. 2 BGB angefochten hat. Dass es sich um eine dingliche Willenserklärung handelt, ist unschädlich, denn diese sind ebenso anfechtbar wie schuldrechtliche Erklärungen. Auch die Anfechtungsvoraussetzungen (siehe oben) sind dieselben.

Als **Anfechtungsgrund** kommt ein **Erklärungsirrtum** von B nach § 119 I Alt. 2 BGB in Betracht. Ein Erklärungsirrtum liegt – wie oben ausgeführt – vor, wenn der Erklärende sich verschreibt, vertippt, verspricht etc., und deshalb Wille und Erklärung auseinanderfallen.

B hat sich zwar verschrieben und erlag folglich einem Erklärungsirrtum. Jedoch bezog sich dieser Irrtum auf das Verpflichtungsgeschäft, denn nur bei dessen Abschluss irrte sich B. In dem Moment, in dem er das Papier bei A ablieferte und somit konkludent ein Angebot auf Übereignung abgab, erklärte B, dass A Eigentümer werden sollte. Exakt dies wollte er auch so erklären, so dass Wille und Erklärung übereinstimmten und er folglich insoweit keinem Irrtum unterlag. Dass er von anderen Umständen – nämlich einem anderen Preis – ausging, ist nur für die schuldrechtliche Einigung (siehe oben) und nicht für die dingliche Einigungserklärung von Bedeutung. Insofern unterliegt B bei Vornahme des dinglichen Geschäfts nur einem **unbeachtlichen Motivirrtum**. Es besteht also für B in Bezug auf die dingliche Einigungserklärung kein Anfechtungsgrund. Demnach ist die Einigungserklärung nicht durch Anfechtung nach § 119 I Alt. 2 BGB rückwirkend gemäß § 142 I BGB als nichtig anzusehen.

b) Übergabe

Die zur Übereignung nach § 929 BGB erforderliche Übergabe ist mit der Lieferung erfolgt.

c) Einigsein bei Übergabe

A und B waren sich auch im Moment der Übergabe (noch) darüber einig, dass das Eigentum übergehen sollte.

d) Berechtigung

Als Eigentümer ist B berechtigt, über sein Eigentum durch Übereignung zu verfügen.

e) Ergebnis

Eigentümer des Papiers ist A. Ein Anspruch von B aus § 985 BGB gegen A scheidet also aus.

2. Anspruch aus § 812 I 1 Alt. 1 BGB (Leistungskondiktion)

B kann gegen A einen Anspruch auf Rückübereignung und Rückgabe des Papiers aus § 812 I 1 Alt. 1 BGB haben.

a) Etwas erlangt

A muss im Sinne des § 812 I 1 Alt. 1 BGB etwas erlangt haben. „Etwas" in diesem Zusammenhang meint jeden vermögenswerten Vorteil.[66] A ist Eigentümer und Besitzer des Papiers geworden (siehe oben); da dies einen vermögenswerten Vorteil bedeutet, hat er etwas erlangt im Sinne des § 812 I 1 Alt. 1 BGB.

b) Durch Leistung

Zu prüfen ist weiter, ob er Eigentum und Besitz am Papier durch Leistung erlangt hat. Leistung ist jede bewusste und zweckgerichtete Mehrung fremden Vermögens.[67] B übereignete und übergab das Papier bewusst an A, denn er ging davon aus, so

---

[66] Palandt/*Sprau*, § 812 Rn. 8.
[67] Palandt/*Sprau*, § 812 Rn. 3.

seine Verpflichtung aus dem Kaufvertrag zu erfüllen. Eine Leistung ist mithin gegeben.

c) Ohne Rechtsgrund

Schließlich muss die Leistung ohne Rechtsgrund (*sine causa*) erfolgt sein. Die wirksame Anfechtung des Kaufvertragsangebots nach § 119 I Alt. 2 BGB durch B führt zur rückwirkenden Nichtigkeit seiner Erklärung nach § 142 I BGB (siehe oben Frage 1). Folglich bestand rückwirkend auch kein schuldrechtlicher Kaufvertrag, so dass es keinen Rechtsgrund für die Übereignung des Papiers von B an A gab. Der Übereignung wurde durch die Anfechtung des Kaufvertrags die *causa* – das zugrunde liegende Verpflichtungsgeschäft – entzogen.

d) Rechtsfolge

B hat somit einen Anspruch gegen A aus § 812 I 1 Alt. 1 BGB auf Herausgabe des Erlangten. Demnach muss er das Eigentum „herausgeben", indem er das Papier an B zurückübereignet. Zugleich wird damit auch der Besitz auf B zurückübertragen, weil die Rückübereignung durch Einigung und Übergabe gemäß § 929 BGB erfolgt. Der Anspruch auf Rückübereignung als solcher wirkt aber – nicht anders als zuvor der Anspruch aus § 433 I 1 BGB – nur schuldrechtlich; er hat nicht die Wirkung, dass A automatisch wieder Eigentümer wird.

Hinweis: Wie sich zeigt, hat B gegen A nur einen schuldrechtlichen Anspruch auf Herausgabe gemäß § 812 I 1 Alt. 1 BGB. Man könnte nun laienhaft denken, es mache keinen Unterschied, ob A die Sache nach § 985 BGB herauszugeben hat oder er nach § 812 I 1 Alt. 1 BGB Rückübereignung schuldet. In jedem Fall kann A die Sache nicht behalten. In der (juristischen) Praxis macht es gleichwohl einen enormen Unterschied, auf welche Anspruchsgrundlage sich der Gläubiger – hier B – stützen kann, wenn nämlich der Schuldner – hier A – insolvent wird: Ein Anspruch auf Herausgabe aus § 985 BGB bedeutet, dass der Anspruchsteller Eigentümer der Sache ist. Mit dieser Eigentumsposition ist er absolut geschützt, nicht nur gemäß § 823 I BGB gegen Eigentumsverletzungen durch Dritte, sondern auch in der Insolvenz des Anspruchsgegners. Ihm steht als Eigentümer ein sog. Aussonderungsrecht aus § 47 Insolvenzordnung (InsO) zu. Das bedeutet, er kann den Gegenstand aus der Insolvenzmasse herausverlangen, womit der Gegenstand nicht vom Insolvenzverwalter zugunsten der Gesamtheit aller Gläubiger des insolventen Anspruchsgegners verwertet werden kann.

Anders verhält es sich dagegen, wenn dem Anspruchsteller kein dingliches (= absoluten Schutz gegen jedermann gewährendes) Recht an dem Gegenstand zusteht, sondern er nur einen schuldrechtlichen Anspruch hat, etwa aus § 433 I 1 BGB auf Übereignung der Kaufsache, aus § 433 II BGB auf Kaufpreiszahlung oder aus § 812 I 1 Alt. 1 BGB auf Rückgabe/-übereignung. Schuldrechtliche Ansprüche werden im Insolvenzverfahren nur anteilig bedient, je nachdem, wie viele Forderungen gegen den insolventen Schuldner bestehen und wie viel Vermögen zur Verteilung an alle Insolvenzgläubiger (vgl. § 38 InsO) zur Verfügung steht. Der schuldrechtliche Anspruch auf Übereignung wird im Insolvenzverfahren in eine Geldforderung umgerechnet (§ 45 InsO) und mit allen anderen schuldrechtlichen Ansprüchen in die sog. Insolvenztabelle eingetragen. Am Ende wird das Vermögen des Schuldners mit dem Gesamtbestand aller Forderungen in der Tabelle verglichen und sodann jede in der Tabelle eingetragene Forderung quotal befriedigt. Stehen z. B. Forderungen von insgesamt € 1 Mio. in der Tabelle und hat die Verwertung des Schuldnervermögens durch den Insolvenzverwalter nur € 50.000 erbracht, so erhält jeder Gläubiger auf seine Forderung eine Quote von 5% (50.000 ./. 1 Mio. = 5 ./. 100 = 5%). Wer z. B. als Gläubiger vom insolventen Schuldner € 2.000 zu bekommen hatte, erhielte darauf nur € 100 (= 5% von € 2.000) ausgezahlt. In der Praxis sind die auf schuldrechtliche Forderungen gezahlten Quoten meist noch geringer als 5%. Insoweit macht es einen ganz erheblichen Unterschied, ob man einen Gegenstand als Eigentümer aus der Insolvenzmasse als solchen herausverlangen kann (§ 47 InsO i. V. m. § 985 BGB) oder ob man auf seinen schuldrechtlichen Anspruch nur die sehr geringe Insolvenzquote erhält.

Fall Nr. 25 – Matador

Der berühmte Jockey J konnte seit Jahren ein schönes Pferd namens „Matador" sein Eigen nennen. Dieses ist mittlerweile in die Jahre gekommen und J möchte ihm einen schönen Lebensabend machen. Da er aber keine Zeit hat, sich um das Pferd zu kümmern, entschließt er sich schweren Herzens, Matador doch zu verkaufen. Er findet schnell einen Käufer K und man einigt sich auf einen Kaufpreis in Höhe von € 2.500. J nimmt K vor Vertragsschluss das Versprechen ab, dass er Matador ein schönes, ruhiges Leben machen und mit ihm keine Rennen mehr veranstalten werde; K bestätigt ausdrücklich, sich daran halten zu wollen und nimmt das Pferd, nachdem er bar bezahlt hat, mit. Drei Monate später trifft J sein Pferd wieder: Allerdings auf der Rennbahn, wo es, wie sich herausstellt, auch die letzten zwei Monate regelmäßig an Rennen teilnahm. K hatte das Pferd extra für diesen Zweck erworben und J bewusst belogen, um das Pferd zu diesem günstigen Preis zu bekommen. J ist erbost und sagt zu K: „Du mieser Lügner! Den Vertrag kannst du vergessen, du Betrüger! Gib mir sofort das Pferd heraus!"

Frage 1: Ist der Kaufvertrag wirksam?

Frage 2: Kann J von K Herausgabe des Pferdes verlangen?

Lösung zu Frage 1

1. Kaufvertragliche Einigung

Der Kaufvertrag (§ 433 BGB) ist zunächst wirksam zustande gekommen. J und K haben sich über den Verkauf des Pferdes Matador geeinigt.

2. Anfechtung der Willenserklärung nach §§ 123 I, 142 BGB

Die von J abgegebene Willenserklärung ist aber nach § 142 I BGB *ex tunc* nichtig, wenn J seine Willenserklärung wegen arglistiger Täuschung nach § 123 I Alt. 1 BGB wirksam angefochten hat.

a) Anfechtungsgrund

Ein Anfechtungsgrund ergibt sich aus § 123 I Alt. 1 BGB, wenn eine arglistige Täuschung durch K vorliegt. Täuschung meint das Hervorrufen oder Aufrechterhalten einer Fehlvorstellung über Tatsachen (§ 7 Rn. 142); arglistig bedeutet, dass die Täuschung in dem Bewusstsein abgegeben wurde, die Unwahrheit zu sagen, oder dies zumindest in Kauf genommen wurde (§ 7 Rn. 149). Mithin ist also eine vorsätzliche Täuschung gemeint.

K gab ausdrücklich an, mit Matador keine Rennen veranstalten zu wollen. Es handelt sich dabei um eine Tatsache, da sie im Gegensatz zu reinen Werturteilen dem Beweis zugänglich ist. Er wusste, dass er die Unwahrheit sagte, denn es kam ihm darauf an, J in dem Glauben zu lassen, er werde Matador pfleglich behandeln. K hat J also arglistig getäuscht.

Diese arglistige Täuschung muss weiterhin kausal gewesen sein für die Abgabe der Willenserklärung (siehe den Wortlaut von § 123 I BGB: „*durch* arglistige Täuschung"). J war nur unter der Voraussetzung zum Vertragsschluss bereit, dass K ihm versprach, mit Matador keine Rennen zu veranstalten. Hätte K dieses Versprechen nicht gegeben, so hätte J nicht verkauft. Die Täuschung war also kausal für die Abgabe der Willenserklärung.

b) Anfechtungserklärung

Zu prüfen ist weiterhin die Anfechtungserklärung (§ 143 I BGB). Eine ausdrückliche Erklärung dahingehend, dass er den Vertrag anfechte, hat J nicht abgegeben. Eventuell ist die Erklärung „Den Vertrag kannst du vergessen" aber gemäß §§ 133, 157 BGB als Anfechtungserklärung auszulegen. J gibt mit diesem Satz zu verstehen, dass er sich von dem Vertrag lösen will. Dieses Ziel erreicht er, wenn er die Anfechtung nach § 123 I Alt. 1 BGB erklärt. Gemäß § 142 I BGB ist das Rechtsgeschäft in diesem Falle als von Anfang an nichtig anzusehen. Der gemäß §§ 133, 157 BGB maßgebliche Wille des Erklärenden ging also dahin, dass er die Anfechtung erklären wollte. J drückte sich auch in einer Art und Weise aus, die deutlich machte, dass er die Nichtigkeit des Vertrages herbeiführen wollte. Seine Erklärung „Den Vertrag kannst du vergessen" ist folglich als Anfechtungserklärung auszulegen.

c) Anfechtungsfrist

Die **Anfechtungsfrist** bei einer arglistigen Täuschung richtet sich nach § 124 BGB. J hat die Anfechtung, als er von der Täuschung erfuhr, unmittelbar erklärt. Die Jahresfrist zur Anfechtung ab Kenntnisnahme, die sich aus § 124 I und II BGB ergibt, hat er also gewahrt.

3. Ergebnis

J hat seine auf Abschluss des Kaufvertrags gerichtete Willenserklärung demnach wirksam angefochten mit der Folge, dass sie *ex tunc* nichtig wurde (§ 142 I BGB). Somit ist auch der Kaufvertrag rückwirkend entfallen und daher nicht wirksam.

Lösung zu Frage 2

1. Anspruch aus § 985 BGB

J kann gegen K einen Anspruch auf Herausgabe des Pferdes aus § 985 BGB haben.

a) Eigentum des J

Zu prüfen ist zunächst, ob J noch Eigentümer des Pferdes ist. Ursprünglich war er Eigentümer. Er könnte sein Eigentum an dem Pferd jedoch nach § 929 BGB auf K übertragen haben. Da Pferde Tiere sind, finden auf sie nach § 90a BGB die Regelungen über Sachen Anwendung, auch wenn das Gesetz klarstellt, dass Tiere keine Sachen sind; § 929 BGB ist somit anwendbar.

aa) Einigung

K und J waren sich darüber einig, dass das Eigentum an Matador auf K übergehen sollte. Zu prüfen ist aber, ob die Willenserklärung von J, die zur dinglichen Einigung führte, noch Bestand hat oder ob sie durch Anfechtung nach § 142 I BGB beseitigt wurde (vgl. zu den Voraussetzungen der Anfechtung oben Frage 1 unter Ziff. 2.).

aaa) Anfechtungsgrund (§ 123 BGB)

Maßgeblich ist dafür, ob die arglistige Täuschung i. S. v. § 123 I Alt. 1 BGB auch für die Übereignung von Bedeutung war. K täuschte J gerade deshalb, weil er das Pferd erhalten wollte. Der von K hervorgerufene Irrtum, welcher J zum Abschluss des Verpflichtungsgeschäfts bewegte, wirkt auch auf die dingliche Übereignung ein. Die Absicht des arglistig täuschenden Erwerbers ist nämlich nicht nur auf die Erlangung des schuldrechtlichen Anspruchs gerichtet, sondern auch auf die Erlangung der Kaufsache.[68] Dem entspricht es, dass der Veräußerer täuschungsbedingt übereignet, was er sicherlich nicht getan hätte, hätte er die wahren Absichten von K gekannt. J kann deshalb auch die dingliche Übereignung wegen arglistiger Täuschung nach § 123 I BGB anfechten (sog. Fehleridentität).

bbb) Anfechtungserklärung und Anfechtungsfrist

J hat die Anfechtung innerhalb der Frist des § 124 BGB erklärt.

bb) Zwischenergebnis

Die dingliche Einigungserklärung wurde von J wirksam nach § 123 I BGB angefochten mit der Folge, dass sie als von Anfang an nichtig anzusehen ist (§ 142 I BGB). K ist demnach mangels Einigung über den Eigentumsübergang nicht Eigentümer des Pferdes. Vielmehr ist J als Anspruchsteller weiterhin Eigentümer.

b) Besitz und Recht zum Besitz

K hat das Pferd in Besitz (§ 854 I BGB). Fraglich ist allein, ob er ein Recht zum Besitz im Sinne des § 986 BGB hat. Ein bestehendes Recht zum Besitz schließt einen Anspruch aus § 985 BGB aus. Der Kaufvertrag zwischen J und K gab K ein Recht zum Besitz, allerdings nur solange, wie er wirksam bestand. Der Vertrag wurde rückwirkend beseitigt, weil J wirksam seine Willenserklärung anfocht (siehe oben). K hat folglich kein Recht zum Besitz, so dass ein Anspruch von J gegen K auf Herausgabe des Pferdes aus § 985 BGB besteht.

2. Anspruch aus § 812 I 1 Alt. 1 BGB (Leistungskondiktion)

Zusätzlich kann J gegen K auch einen Herausgabeanspruch aus § 812 I 1 Alt. 1 BGB haben.

a) Etwas erlangt

Anders als in Fall 24 hat K kein Eigentum am Pferd erlangt, weil die dingliche Einigung gemäß § 142 I BGB nichtig ist (siehe oben). Insoweit kann auch kein Anspruch auf Rückübereignung aus § 812 I 1 Alt. 1 BGB bestehen. Jedoch hat K den Besitz am Pferd i. S. v. § 854 I BGB erlangt. Auch der Besitz stellt eine vermögenswerte Position dar, die nach § 812 I 1 Alt. 1 BGB herausgegeben werden kann.

b) Durch Leistung

J hat ziel- und zweckgerichtet das Vermögen des K gemehrt und mithin eine Leistung i. S. v. § 812 I 1 Alt. 1 BGB erbracht.

c) Ohne Rechtsgrund

Diese Leistung erfolgte rechtsgrundlos, weil der Kaufvertrag durch die Anfechtung rückwirkend entfallen ist (siehe oben).

d) Ergebnis

J hat daher gegen K auch aus § 812 I 1 Alt. 1 BGB einen Anspruch auf Herausgabe des Pferdes, genauer: auf Rückübertragung des Besitzes am Pferd.

---

[68] RGZ 70, 55, 57.

§ 15. Fälle zur Formnichtigkeit (§§ 125 ff. BGB)

Fall Nr. 26 – Papas Bester

Student S ist froh darüber, einen Studienplatz in Mannheim bekommen zu haben. Er hat von den tollen Parties auf dem Schneckenhof gehört und von dem regen Nachtleben, welches sich in den Clubs und Bars in Mannheim abspielt. Als beliebte Anlaufstellen wurden ihm unter anderem die „Onkel Otto Bar" im Jungbusch, das „S.U.I.T.E." am Bahnhof und für die After-Schneckenhof-Party „Das Zimmer" in den Quadraten genannt. Er schaut sich den Stadtplan von Mannheim an und fasst den Entschluss, eine Wohnung in den Quadraten zu mieten, da er von dort aus all diese „Locations" gut erreichen kann. Selbstverständlich gehören die Wohnungen dort nicht zu den günstigsten und auch die Vermieter haben mitunter keine guten Erfahrungen gemacht mit partywütigen Studenten, die ihre Miete nicht zahlen können, weil sie mal wieder zu viel Geld für Freizeitaktivitäten ausgegeben haben. Daher verlangt Vermieter X, der eine freie Wohnung hat (34 m^2, € 380 Kaltmiete monatlich), die S sehr gut gefällt, eine Mietbürgschaft für drei Kaltmieten. S kann seinen Vater V, einen Apotheker, überzeugen, die von X verlangte Mietbürgschaft zu übernehmen. V unterschreibt handschriftlich eine Bürgschaftserklärung, in der er angibt, für den Betrag von drei Kaltmieten bürgen zu wollen. Diese Bürgschaftserklärung sendet er per Fax an X, wo die Erklärung ohne Antwort an V abgeheftet wird. Es kommt, wie es kommen muss: S macht gleich im ersten Semester den „großen Schneckenhofschein" und tanzt und trinkt sich vorwiegend durch die Nächte. Darunter leidet sein Budget derart, dass er mittlerweile mit drei Monatsmieten in Verzug ist. Daraufhin besorgt sich X einen vollstreckbaren Titel und schickt den Gerichtsvollzieher los. S hat allerdings in seiner Wohnung ganze Arbeit geleistet: die IKEA-Möbel, die er zum Einzug gekauft hatte, sind mittlerweile in einem desolaten Zustand, da er sie nicht pfleglich behandelte. Wertgegenstände befinden sich nicht in der Wohnung, abgesehen von den leeren Mehrweg-Bierflaschen, die große Teile des Bodens bedecken. Der Gerichtsvollzieher muss unverrichteter Dinge abziehen und X die Nachricht überbringen, dass er keine Wertgegenstände pfänden konnte. Daraufhin wendet sich X an V und verlangt Zahlung von € 1.140 (= 3x € 380). Zu Recht?

Abwandlung: Macht es einen Unterschied, wenn V die Bürgschaftserklärung auf dem Briefpapier seiner Apotheke an X faxt?

Lösung zum Grundfall

X kann möglicherweise von V gemäß § 765 I i.V.m. § 535 II BGB Zahlung von € 1.140 verlangen. Dies setzt voraus, dass ein wirksamer Bürgschaftsvertrag zustande gekommen ist und die zu sichernde Forderung besteht.

Der Bürgschaftsvertrag kommt durch Angebot und Annahme zustande.

V hat, indem er das Fax an X sendete, eine Erklärung gerichtet auf die Übernahme der Bürgschaft (§ 765 BGB) abgegeben. Diese Willenserklärung kann aber gemäß § 125 BGB nichtig sein. Voraussetzung dafür ist, dass die Willenserklärung an einem Formmangel leidet. Die Bürgschaftserklärung bedarf nach § 766 S. 1 i.V.m. § 126 BGB der Schriftform. V sendete X lediglich ein Fax. Die Schriftform nach § 126 BGB verlangt allerdings, dass die Urkunde vom Aussteller eigenhändig unterzeichnet wird. V hat die Bürgschaftserklärung zwar unterschrieben, jedoch bedarf sie zu ihrer Wirksamkeit des Zugangs beim Empfänger (§ 130 I 1 BGB). Zugegangen ist X aber nur das Fax, welches ein Abbild des Originals ist. Das Fax wurde hingegen nicht unterzeichnet und ist daher nicht als gemäß § 766 S. 1 i.V.m. § 126 BGB formwirksame Erklärung anzusehen. Das Fax zeigt nur an, dass es eine unterzeichnete Erklärung gibt, welche aber mangels Zugangs nicht wirksam geworden ist. Das Schriftformerfordernis ist also nicht gewahrt, wenn eine Bürgschaftserklärung per Fax versendet wird.[69] Die Bürgschaftserklärung von V ist daher formunwirksam und folglich nach § 125 BGB nichtig. Zwischen X und V ist demnach kein Bürgschaftsvertrag (§ 765 BGB) zustande gekommen, aus dem X einen Anspruch gegen V auf Zahlung von € 1.140 haben könnte.

Lösung zur Abwandlung

Hinweis: Die rechtliche Problematik der Abwandlung reicht in das Handelsrecht hinein. Sie wird deshalb im Lern- und Fallbuch zum Handelsrecht näher behandelt.[70]

1. Anspruch entstanden

a) Formbedürftigkeit der Bürgschaftserklärung?

Grundsätzlich genügt ein Fax nicht den Anforderungen der Schriftform nach § 126 BGB (siehe den Grundfall). Die Bürgschaftserklärung von V ist deshalb nur dann formwirksam, wenn sie dem Schriftformerfordernis des § 766 Satz 1 BGB ausnahmsweise nicht unterliegt.

Die Unanwendbarkeit des § 766 Satz 1 BGB kann sich aus § 350 HGB ergeben. Voraussetzung ist, dass die Bürgschaft für V ein Handelsgeschäft i.S.v. § 343 I HGB darstellt.

aa) Kaufmannseigenschaft von V

V muss Kaufmann i.S.v. §§ 1 ff. HGB sein. Die Kaufmannseigenschaft von V kann sich aus § 1 HGB ergeben. Das ist der Fall, wenn er ein Handelsgewerbe betreibt und der Gewerbebetrieb einen in kaufmännischer Weise eingerichteten Geschäftsbetrieb erfordert.

V ist Apotheker. Als solcher ist er Gewerbetreibender, insbesondere ist er im Gegensatz beispielsweise zu einem Arzt nicht freiberuflich tätig. Da eine Apotheke allein schon wegen der Vielzahl der angebotenen Produkte regelmäßig einen in kaufmännischer Weise eingerichteten Geschäftsbetrieb erfordert, darf davon ausgegangen werden, dass der Apothekenbetrieb die Anforderungen des § 1 II HGB erfüllt. Ohnehin geht das Gesetz von einer dahingehenden Vermutung aus, die V widerlegen müsste. Mangels gegenteiliger Anhaltspunkte ist V somit Kaufmann i.S.v. § 1 HGB.

bb) Bürgschaftserklärung als Handelsgeschäft

Die Bürgschaftserklärung gegenüber X muss weiterhin zum Betrieb des Handelsgewerbes gehören. Insofern ist die Sicht des Erklärungsempfängers maßgeblich. Da V die Bürgschaftserklärung unter Verwendung seines Briefbogens abgab, erscheint

---

[69] BGHZ 121, 224, 228 ff. = NJW 1993, 1126 f.

[70] Siehe *Bitter/Schumacher*, HandelsR, § 7 Rn. 20 ff. mit Fällen Nr. 2 und 3 – Altstadtkneipe I und II, Fall Nr. 22 – Partnerschaftsvermittlung.

die Bürgschaftserteilung aus Sicht von X als zum Handelsgeschäft des V gehörig. Außerdem spricht auch die Zweifelsregelung des § 344 I HGB für die Annahme eines Handelsgeschäfts.

Somit ist § 766 Satz 1 BGB gemäß § 350 HGB nicht anwendbar. Die Bürgschaftserklärung von V ist also formwirksam.

b) Annahme

Erforderlich ist zudem, dass die Bürgschaftserklärung des V von X angenommen wurde. X hat die Annahme nicht ausdrücklich erklärt. Dadurch, dass er die Bürgschaftserklärung abheftete, hat er sie jedoch konkludent angenommen. Diese konkludente Annahmeerklärung ist auch ohne Zugang bei V als wirksam anzusehen, weil auf den Zugang der Annahme einer Bürgschaftserklärung nach § 151 BGB regelmäßig verzichtet werden kann.[71] Es ist ausreichend, wenn die Annahme konkludent nach außen zum Ausdruck gebracht wird. Ein wirksamer Bürgschaftsvertrag liegt also vor.

c) Existenz der Hauptforderung

Neben der wirksamen Bürgschaftsverpflichtung setzt der Anspruch aus der Bürgschaft voraus, dass auch die gesicherte Hauptforderung existiert. Für die Verpflichtung des Bürgen ist nämlich gemäß § 767 I 1 BGB der jeweilige Bestand der Hauptverbindlichkeit maßgebend (sog. Akzessorietät der Bürgschaft).

Eine solche Hauptverbindlichkeit besteht aus dem Mietvertrag zwischen X und S zumindest in Höhe von drei Kaltmieten (= € 1.140). Mit Entstehung dieser Mietforderung ist deshalb auch der Anspruch aus dem Bürgschaftsvertrag in entsprechender Höhe entstanden.

2. Anspruch durchsetzbar – Einrede der Vorausklage

Fraglich ist, ob der Anspruch aus der Bürgschaft durchsetzbar ist. Der Durchsetzung steht möglicherweise die Einrede der Vorausklage gemäß § 771 BGB entgegen.

Insoweit besteht jedoch wiederum für Handelsgeschäfte eine Sonderregelung in § 349 HGB, wonach die Einrede der Vorausklage ausgeschlossen ist. V kann also, da die Bürgschaftserteilung für ihn ein Handelsgeschäft ist (siehe oben), X nicht vorrangig an S verweisen. Er haftet vielmehr selbstschuldnerisch neben diesem. Der Anspruch von X gegen V in Höhe von € 1.140 aus § 765 I i.V.m. § 535 II BGB ist folglich durchsetzbar.

Fall Nr. 27 – Miete & Mails

Vermieter V kündigt Mieter M per E-Mail den Mietvertrag über dessen Wohnung. V hatte dazu die Kündigung in eine Textdatei gepackt, diese mit einer qualifizierten elektronischen Signatur versehen und seinen Namen hinzugefügt. Die Parteien hatten auch in der Vergangenheit nahezu die gesamte Korrespondenz über E-Mail abgewickelt. Beispielsweise wurde die Verlängerung des Mietvertrages, der ursprünglich befristet war, per E-Mail und einer Textdatei, versehen mit qualifizierten elektronischen Signaturen, vereinbart. M stellt sich nun auf den Standpunkt, die Kündigung sei unwirksam. Zu Recht?

---

[71] Siehe oben Fall Nr. 8 – Das Ölgemälde; Palandt/*Ellenberger*, § 151 Rn. 4.

Lösung

Die Kündigung des Mietvertrages kann gemäß § 125 BGB wegen eines Verstoßes gegen das Schriftformgebot des § 568 I BGB nichtig sein. Die Schriftform nach § 126 BGB verlangt, dass der Aussteller die Urkunde eigenhändig unterzeichnet. Eine Urkunde ist eine verkörperte Gedankenerklärung, die ohne Verwendung technischer Hilfsmittel lesbar ist.[72] Eine elektronische Erklärung in Form einer Textdatei ist also keine Urkunde, da sie nicht verkörpert ist. Folglich ist die von § 568 I BGB verlangte Schriftform (§ 126 BGB) nicht gewahrt.

Es besteht aber gemäß § 126 III BGB die Möglichkeit, die Schriftform durch die elektronische Form nach § 126a BGB zu ersetzen. Ausgeschlossen ist dies allerdings dann, wenn die Ersetzung der Form – wie etwa in §§ 766 Satz 2, 623 Hs. 2 BGB – nicht gestattet ist, was hingegen bei § 568 BGB nicht der Fall ist. Voraussetzung für die **Ersetzung der Schriftform** ist, dass das **Einverständnis des anderen Teils** gegeben ist, ferner das gesamte formbedürftige Rechtsgeschäft in der elektronisch signierten Datei enthalten ist und der Name wie auch die elektronische Signatur beigefügt werden.[73] Bis auf das Einverständnis von M sind alle Voraussetzungen unstreitig erfüllt. Insbesondere hatte V seine Datei mit einer qualifizierten elektronischen Signatur versehen. Das Einverständnis von M kann zum einen ausdrücklich erklärt werden, zum anderen auch konkludent. Da M bereits seinen Mietvertrag per E-Mail verlängert hatte und dabei auch eine elektronische Signatur verwendete, ist von einem konkludenten Einverständnis zum Gebrauch von elektronischen Signaturen auszugehen. Die Schriftform konnte also, da auch die anderen Voraussetzungen erfüllt waren, durch die elektronische Form ersetzt werden, was letztlich zur Wirksamkeit der Kündigung führt.

Fall Nr. 28 – Mamas Messerset

Mutter M kauft an der Haustür vom Messerhändler V ein Messerset zum Preis von € 100, welches sie sogleich bezahlt. V händigt ihr eine deutlich gestaltete Widerrufsbelehrung aus, die M darüber aufklärt, dass sie ihre Willenserklärung innerhalb von zwei Wochen ohne Angabe von Gründen in Textform oder durch Rücksendung der Ware widerrufen kann. Auch Name, Anschrift und Telefonnummer von V sind dort vermerkt. Als ihr Mann nach Hause kommt, ist er über den Kauf verärgert, weil M sich hat „bequatschen“ lassen. Am nächsten Morgen ruft M bei V an und erreicht dort nur dessen Anrufbeantworter. Sie spricht ihm auf den Anrufbeantworter, dass sie die Messer nun doch nicht mehr wolle. Drei Wochen vergehen, ohne dass V sich meldet oder M das bezahlte Geld zurückerhält. Nun schreibt M an V, sie wolle die Messer zurückgeben und verlange deshalb ihr Geld zurück.

Hat M einen Anspruch auf Rückzahlung des Kaufpreises i. H. v. € 100?

Lösung

Hinweis: Die rechtliche Problematik dieses Falles entstammt dem Verbraucherrecht (= Sonderprivatrecht für das Verhältnis zwischen Unternehmern [§ 14 BGB] und Verbrauchern [§ 13 BGB]), das im Schuldrecht des BGB geregelt ist. Solche spezifisch verbraucherrechtlichen Kenntnisse werden von Studierenden des Anfangssemesters i. d. R. nicht erwartet.

---

72 MünchKomm-BGB/*Einsele*, § 126 Rn. 25.
73 Palandt/*Ellenberger*, § 126a Rn. 6 ff.

Ein Anspruch von M gegen V auf Rückzahlung des Kaufpreises i.H.v. € 100 kann sich aus §§ 357 I 1, 346 I BGB ergeben. Voraussetzung dafür ist, dass (1) zwischen M und V ein wirksamer Vertrag zustande gekommen ist, (2) M ein Widerrufsrecht zusteht und (3) M dieses Widerrufsrecht wirksam ausgeübt hat.

1. Kaufvertrag

Zwischen M und V ist ein Kaufvertrag durch Angebot und Annahme zustande gekommen.

2. Widerruf nach § 355 I BGB

Fraglich ist, ob M ein Widerrufsrecht nach § 355 I BGB zusteht. Wie schon die Überschrift des § 355 BGB („Widerrufsrecht bei Verbraucherverträgen") zeigt, wird das Widerrufsrecht nicht bei allen Verträgen gewährt. Der Abschluss des Vertrages kann ein Haustürgeschäft nach § 312 I 1 BGB gewesen sein. Gemäß § 312 I 1 BGB stünde M dann ein Widerrufsrecht nach § 355 I BGB zu.

a) Vertrag zwischen Unternehmer und Verbraucher

Ein Haustürgeschäft nach § 312 I 1 BGB erfordert zunächst, dass der Vertrag zwischen einem Unternehmer und einem Verbraucher geschlossen wurde und eine entgeltliche Leistung zum Gegenstand hat. Unternehmer ist gemäß § 14 BGB jede natürliche Person, die in Ausübung ihrer gewerblichen Tätigkeit handelt. V ist Messerverkäufer und handelte somit in Ausübung seines Gewerbes, als er M die Messer anbot. M schloss den Vertrag über das Messerset, um dieses für private Zwecke nutzen zu können und handelte mithin als Verbraucherin i.S.v. § 13 BGB. Der Vertrag über das Messerset hat auch eine entgeltliche Leistung zum Gegenstand.

b) Haustürgeschäft

Zu prüfen ist weiterhin, ob der Vertrag als Haustürgeschäft nach § 312 I 1 BGB einzuordnen ist. V hat M im Bereich ihrer Privatwohnung aufgesucht und an der Haustür das Verkaufsgespräch mit ihr geführt. Es handelt sich mithin um ein Haustürgeschäft nach § 312 I 1 Nr. 1 BGB.

3. Wirksame Widerrufserklärung

M steht also grundsätzlich gemäß § 312 I 1 a.E. BGB ein Widerrufsrecht nach § 355 I BGB zu. Dieses Widerrufsrecht ist auch nicht nach § 312 III Nr. 2 BGB ausgeschlossen, da der Warenwert mit € 100 die dort genannte Grenze von € 40 überschreitet. Voraussetzung der wirksamen Ausübung des Widerrufsrechts ist, dass der Widerruf formwirksam innerhalb der Widerrufsfrist von zwei Wochen erklärt wurde.

a) Nachricht auf dem Anrufbeantworter

M kann eine Widerrufserklärung abgegeben haben, indem sie V auf dem Anrufbeantworter eine Nachricht hinterließ. Diese Erklärung kann man, auch wenn M sie nicht ausdrücklich als eine solche bezeichnete, nach §§ 133, 157 BGB als Widerrufserklärung auslegen. Ein verständiger Empfanger musste die Erklärung von M nämlich dahingehend verstehen, dass sie den Widerruf erklären wollte. Der Wille, sich von dem Vertrag zu lösen, tritt deutlich hervor. Diese Widerrufserklärung kann jedoch nach § 125 BGB nichtig sein.

Zu prüfen ist also, ob die Widerrufserklärung formwirksam war. Gemäß § 355 I 2 BGB bedarf der Widerruf der Textform. Die Anforderungen an die Textform sind in § 126b BGB normiert und verlangen unter anderem, dass die Erklärung in einer Urkunde oder auf andere zur dauerhaften Wiedergabe in Schriftzeichen geeignete Weise abgegeben wird. Die Nachricht, welche M auf dem Anrufbeantworter von V hinterließ, kann zwar dauerhaft wiedergegeben werden, allerdings nicht in Schriftzeichen. Auf einer Urkunde wurde die Erklärung auch nicht abgegeben, so dass die Textform nach § 126b BGB nicht gewahrt ist. Folglich wurde der Widerruf durch die Nachricht auf dem Anrufbeantworter formunwirksam erklärt und ist daher nichtig nach § 125 BGB.

b) Widerruf mittels Brief

M hat aber den Widerruf möglicherweise dadurch wirksam erklärt, dass sie V einen Brief sandte, in dem sie erklärte, sie wolle die Messer zurückgeben. Dieses Schreiben ist als Widerrufserklärung auszulegen (§§ 133, 157 BGB). Die Erklärung ist auch nicht nach § 125 BGB formnichtig, denn sie wurde auf einer Urkunde fixiert, einer verkörperten Gedankenerklärung, die ohne Verwendung technischer Hilfsmittel lesbar ist.[74] Jedoch wurde der Widerruf erst drei Wochen nach Vornahme des Haustürgeschäfts erklärt. § 355 I 2 BGB bestimmt, dass der Widerruf innerhalb von zwei Wochen gegenüber dem Unternehmer zu erklären ist. Die Widerrufsfrist ist folglich verstrichen; der Widerruf konnte somit nicht mehr wirksam erklärt werden.

4. Ergebnis

M hat ihre Willenserklärung weder durch die Nachricht auf dem Anrufbeantworter, noch durch ihr Schreiben drei Wochen später wirksam widerrufen. Sie hat folglich keinen Anspruch auf Rückzahlung des Kaufpreises aus §§ 357 I 1, 346 I BGB.

Fall Nr. 29 – Das Geschwätz von gestern

Opa O schreibt an seinen Enkel E: „Mein lieber E, hiermit schenke ich dir mein Auto. Du kannst es dir holen, wann immer du willst. Ich werde meinen Führerschein abgeben und benötige es daher nicht mehr.“ E ist hocherfreut, ruft gleich bei O an und vereinbart den Übergabetermin für die nächste Woche. Als E dann bei O vorbeikommt, sagt dieser, er habe es sich anders überlegt. Er wolle seinen Führerschein doch behalten und benötige das Auto daher.

Kann E von O Übereignung des Autos verlangen?

Abwandlung: O hat E das Auto gegeben. Nach drei Wochen meint er jedoch, wieder Auto fahren zu wollen, und verlangt von E das Auto heraus.

Kann O von E Herausgabe des Autos verlangen?

Lösung zum Grundfall

E kann gegen O einen Anspruch auf Übereignung des Autos aus § 516 BGB haben, wenn zwischen den beiden ein wirksamer Schenkungsvertrag zustande gekommen ist. Ein Schenkungsvertrag kommt durch Angebot und Annahme zustande.

[74] Vgl. dazu allgemein MünchKomm-BGB/*Einsele*, § 126 Rn. 25.

Das Angebot von O auf Abschluss des Schenkungsvertrages muss wirksam gewesen sein. Zu prüfen ist, ob O die in § 518 BGB vorgesehene Form eingehalten hat, da ansonsten seine Willenserklärung nach § 125 BGB nichtig ist. Das Schenkungsversprechen entsprach nur der Schriftform nach § 126 BGB, nicht aber der in § 518 BGB verlangten notariellen Beurkundung. Es ist daher nichtig (§ 125 BGB). Mangels eines wirksamen Angebots auf Abschluss eines Schenkungsvertrages ist daher kein solcher zustande gekommen. E hat folglich auch keinen Anspruch gegen O aus § 516 BGB auf Übereignung des Autos.

Lösung zur Abwandlung

1. Anspruch aus § 985 BGB

Ein Anspruch des O gegen E auf Herausgabe des Autos könnte sich aus § 985 BGB nur dann ergeben, wenn O noch Eigentümer des Fahrzeugs wäre. Dies ist jedoch nicht der Fall, weil er das Eigentum am Fahrzeug gemäß § 929 BGB (Einigung und Übergabe) wirksam auf E übertragen hat, als er diesem das Fahrzeug aushändigte. Gründe für eine Unwirksamkeit dieser Übereignung sind nicht ersichtlich.

2. Anspruch aus § 812 I 1 Alt. 1 BGB

O kann aber möglicherweise von E Rückübereignung des Autos nach § 812 I 1 Alt. 1 BGB (Leistungskondiktion) verlangen.

a) Etwas erlangt

E hat etwas, nämlich Besitz und Eigentum am Auto erlangt, weil O das Fahrzeug – wie soeben festgestellt – gemäß § 929 BGB durch Einigung und Übergabe an E übereignet hat.

b) Durch Leistung

Auch liegt eine Leistung durch O vor, denn die Übereignung erfolgte ziel- und zweckgerichtet zur Erfüllung der (vermeintlichen) Verpflichtung aus dem Schenkungsvertrag.

c) Ohne Rechtsgrund

Fraglich ist aber, ob die Leistung ohne Rechtsgrund erfolgte. Im Grundfall war das Schenkungsversprechen von O nach § 125 BGB nichtig, da es der gesetzlich vorgeschriebenen Form – notarielle Beurkundung – ermangelte. Man könnte also auf den Gedanken kommen, dass dies auch in der Abwandlung der Fall sei, da die Form nicht eingehalten wurde. Die Leistung wäre dann ohne wirksamen Schenkungsvertrag und somit ohne Rechtsgrund erbracht.

Jedoch sieht § 518 II BGB eine Heilung des Formmangels vor, wenn die versprochene Leistung bewirkt wird. O hat die versprochene Leistung bewirkt und somit den Mangel der Form geheilt, indem er das Auto nach § 929 BGB an E übereignete. Sein Schenkungsversprechen ist also nicht nichtig nach § 125 BGB, so dass ein wirksamer Schenkungsvertrag zwischen O und E den Rechtsgrund für die Leistung bildet. O hat folglich gegen E keinen Anspruch auf Rückübereignung aus § 812 I 1 Alt. 1 BGB.

Fall Nr. 30 – Edelmannswort

K ist Kollege von V und möchte von diesem ein Hausgrundstück kaufen. Bei einem Ausritt einigt man sich mündlich auf einen Kaufpreis i. H. v. € 100.000. Nach dieser Einigung fragt K mehrfach bei V nach, um sich von der Ernstlichkeit der Aussage von V zu überzeugen. V antwortete K darauf sinngemäß: Bei ihm „herrschten nicht die Sitten des Pöbels der Unterschicht, er sei von Adel" und K könne sich auf das von ihm (V) gegebene Wort verlassen, denn er habe es noch nie gebrochen. Als K dann V aufsuchte, um mit ihm zum Notar zu gehen, sagte V, dass sein „Edelmannswort" so gut sei wie ein Vertrag, daher sei die notarielle Beurkundung nicht nötig. Während des gesamten Zeitraums war sich K ebenso wie V über die Formbedürftigkeit des Grundstückskaufvertrages bewusst. V hatte auch bei Abgabe seiner Versprechen vorgehabt, das Grundstück aufzulassen, allerdings hatte er sich dann später anders entschieden. Als V keine Anstalten macht, das Grundstück aufzulassen, verklagt ihn K.

Kann K von V Auflassung (vgl. § 925 BGB) des Hausgrundstücks verlangen?

Rechtsprechungshinweis: RGZ 117, 121.

Abwandlung: K ist in juristischen Dingen unbewandert und verlässt sich daher auf die Aussage des Rechtsanwalts V, von dem er das Hausgrundstück kaufen wollte. Um sich gegebenenfalls auf einen Formmangel berufen zu können, hatte dieser ihm nämlich gesagt, eine notarielle Form sei nicht notwendig, denn eine Unterschrift von ihm als Rechtsanwalt habe genau die gleiche Funktion. V weigert sich später unter Hinweis auf die Formunwirksamkeit, das Grundstück aufzulassen. K beharrt auf der Auflassung. Zu Recht?

Literaturhinweis: *Medicus*, BGB AT, Rn. 626; *Bork*, BGB AT, Rn. 1078 ff.

Lösung zum Grundfall

Ein Anspruch des K gegen V auf Auflassung (Übereignung) des Grundstücks kann sich aus § 433 I 1 BGB ergeben. Voraussetzung hierfür ist ein wirksamer Kaufvertrag über das Grundstück zwischen K und V.

Der von K und V mündlich geschlossene Kaufvertrag kann nach § 125 BGB nichtig sein. Solche Grundstückskaufverträge bedürfen nämlich nach § 311b I BGB der notariellen Beurkundung. K und V haben diese Form nicht eingehalten; folglich wäre der Kaufvertrag im Grundsatz nach § 125 BGB nichtig und würde daher keine Rechtswirkungen entfalten.

Möglicherweise ist dieses Ergebnis jedoch vor dem Hintergrund, dass V durch seine Aussagen K immer wieder hinhielt, gemäß § 242 BGB (Treu und Glauben) dadurch zu korrigieren, dass V die Berufung auf den Formmangel versagt wird.

1. Schlechthin untragbares Ergebnis?

Die Rechtsprechung stellt daran hohe Anforderungen, um eine Aushöhlung der gesetzlichen Formvorschriften zu vermeiden. Deren Sinn würde durch eine extensive Anwendung von § 242 BGB und des Verbots der Berufung auf die Formunwirksamkeit konterkariert. Sie verlangt daher, dass das Scheitern des Rechtsgeschäfts aufgrund des Formmangels für die eine Partei nicht nur ein hartes, sondern ein schlechthin untragbares Ergebnis darstellt.[75] In den Fällen, in denen beide Parteien wissen, dass ein Formerfordernis besteht, erscheine keine Partei besonders schutzwürdig. Eine Korrektur über § 242 BGB sei dann in der Regel nicht notwendig.

Anders soll dies zu beurteilen sein, wenn etwa abhängigkeitsähnliche Verhältnisse zum Verzicht auf die Form geführt haben, oder wenn der eine Teil den anderen über das Formerfordernis arglistig getäuscht hat.[76] Nach dieser Ansicht wäre also, da keine besonderen Umstände vorliegen, davon auszugehen, dass die Berufung auf den Formmangel nicht treuwidrig war, denn K hatte es schlicht versäumt, V zur notariellen Beurkundung zu bewegen. Insbesondere wurde K von V nicht arglistig über ein eventuelles Formerfordernis getäuscht, geschweige denn, dass V eine Machtstellung ausgenutzt hätte. Es stellt daher ein vielleicht hartes, aber kein für K untragbares Ergebnis dar, wenn V sich auf die Formunwirksamkeit berufen kann.

2. Fallgruppenbildung

Statt auf den Begriff des „schlechthin untragbaren Ergebnisses" stützen sich Teile der Literatur auf Fallgruppen. So soll in Übereinstimmung mit der Rechtsprechung bei arglistiger Täuschung der einen Seite über die Formbedürftigkeit die Berufung auf die Formunwirksamkeit zu versagen sein.[77] Bei fahrlässiger Unkenntnis einer Partei hingegen sei an der Nichtigkeit des Vertrages festzuhalten.[78] Bei beiderseitiger Kenntnis vom Formerfordernis soll entgegen der Rechtsprechung selbst dann von der Nichtigkeit des Geschäfts auszugehen sein, wenn eine Partei eine besondere Machtstellung ausnutzt.[79] Nach dieser Ansicht ist der Vertrag, da beide Parteien das Formerfordernis kannten, nichtig.

3. Ergebnis

Folglich kommen beide Ansichten zu dem Ergebnis, dass der Vertrag gemäß § 125 BGB nichtig ist und die Berufung darauf nicht gegen Treu und Glauben (§ 242 BGB) verstößt. K hat demnach keinen Anspruch gegen V auf Auflassung des Hausgrundstücks.

Lösung zur Abwandlung

Wie im Grundfall stellt sich die Frage, ob dem V die Berufung auf die Formunwirksamkeit nach § 242 BGB zu versagen ist. Der Unterschied liegt darin, dass V hier arglistig über die Formbedürftigkeit täuscht, um sich eine Möglichkeit zu erhalten, vom Vertrag durch Hinweis auf die Formunwirksamkeit loszukommen. In diesem Ausnahmefall würde die Berufung tatsächlich zu einem von der Rechtsprechung geforderten (siehe oben) untragbaren Ergebnis führen. V handelt rechtsmissbräuchlich, wenn er arglistig eine Beurkundung verhindert und sich dann darauf beruft. Daher ist eine Ausnahme vom Formerfordernis zu machen. Die Ausnahme bedeutet allerdings nicht, dass der Vertrag automatisch wirksam ist. Vielmehr gesteht die h. M. dem Getäuschten ein Wahlrecht zu. Er kann also entscheiden,

[75] BGHZ 48, 396, 398 = NJW 1968, 39, 42; *BGH* NJW 1966, 1067, 1068.
[76] BGHZ 48, 396, 398 = NJW 1968, 39, 42; so auch *Leipold*, BGB AT, § 16 Rn. 26; *Wolf/Neuner*, BGB AT, § 44 Rn. 66 f.
[77] *Bork*, BGB AT, Rn. 1078; *Brox/Walker*, BGB AT, Rn. 314.
[78] *Brox/Walker*, BGB AT, Rn. 315; *Bork*, BGB AT, Rn. 1079.
[79] *Medicus*, BGB AT, Rn. 632; *Bork*, BGB AT, Rn. 1079.

ob er den Vertrag als wirksam oder nichtig behandeln will.[80] Indem K von V die Auflassung verlangt, gibt er konkludent zu verstehen, dass er von der Wirksamkeit des Vertrages ausgeht und hat somit von seinem Wahlrecht Gebrauch gemacht. Er hat also einen Anspruch auf Auflassung gegen V.

§ 16. Fälle zu Verbotsgesetzen (§ 134 BGB)

Fall Nr. 31 – Pablo Escobars Erben

Junkie J ist in den Genuss einer Erbschaft gekommen. Er ruft seinen Dealer D auf einem seiner fünf Handys an und bestellt bei ihm ein Kilo Kokain.

Hat J einen Anspruch auf Übereignung und Übergabe von einem Kilo Kokain?

Abwandlung: D übergibt J das Kokain mit den Worten „Da, nimm es! Gehört dir. Viel Spaß damit!" Wer ist Eigentümer des Kokains?

§ 29 I Betäubungsmittelgesetz (BtMG) lautet auszugsweise:

(1) Mit Freiheitsstrafe bis zu fünf Jahren oder mit Geldstrafe wird bestraft, wer

1. Betäubungsmittel unerlaubt anbaut, herstellt, mit ihnen Handel treibt, sie, ohne Handel zu treiben, einführt, ausführt, veräußert, abgibt, sonst in den Verkehr bringt, erwirbt oder sich in sonstiger Weise verschafft, ...

Lösung zum Grundfall

Ein Anspruch des J gegen D auf Übereignung und Übergabe von einem Kilo Kokain kann sich aus § 433 I 1 BGB ergeben. Voraussetzung dafür ist, dass zwischen den beiden ein wirksamer Kaufvertrag (§ 433 BGB) besteht. D und J haben sich über den Verkauf eines Kilos Kokains geeinigt und somit einen Kaufvertrag i.S.v. § 433 BGB abgeschlossen. Fraglich ist nur, ob dieser Kaufvertrag auch wirksam ist, denn er kann gegen ein gesetzliches Verbot verstoßen und daher gemäß § 134 BGB nichtig sein. Die Nichtigkeit nach § 134 BGB setzt voraus, dass (1) ein Verbotsgesetz vorliegt, (2) das Geschäft dagegen verstößt und (3) das Verbotsgesetz nicht eine andere Rechtsfolge als die Nichtigkeit vorsieht.

Ob ein Verbotsgesetz vorliegt, ist durch Auslegung zu ermitteln, sofern nicht bereits das Gesetz ausdrücklich das Geschäft verbietet (wie etwa § 32 SGB I: dort werden privatrechtliche Vereinbarungen, die zum Nachteil der Sozialleistungsberechtigten von den Vorschriften des SGB abweichen, für nichtig erklärt). In Betracht kommt § 29 I BtMG (= Gesetz über den Verkehr mit Betäubungsmitteln), der allerdings nur die Strafbarkeit des Handeltreibens mit Betäubungsmitteln regelt, aber kein ausdrückliches Verbot enthält. Insofern ist also der Wortlaut der Vorschrift für die Auslegung unergiebig. Sinn und Zweck der Vorschrift sind aber darauf gerichtet, den unerlaubten Verkehr mit Betäubungsmitteln zu verhindern. Ein Kaufvertrag, der diesem Ziel widerspricht, indem er die Übereignung von Drogen zum schuldrechtlichen Gebot erhebt, verstößt also gegen das Verbotsgesetz.

Der Verstoß alleine führt aber noch nicht zur Nichtigkeit des Kaufvertrages. Es ist zu fragen, ob die Nichtigkeit nach Sinn und Zweck die angemessene Reaktion darstellt.[81] Dies kann für einen Kaufvertrag über Drogen angenommen werden, da er einen gesetzlich missbilligten Zweck verfolgt. Der von J und D geschlossene Kauf-

[80] *Medicus*, BGB AT, Rn. 631; *Bork*, BGB AT, Rn. 1081.
[81] *Bork*, BGB AT, Rn. 1111.

vertrag ist also wegen Verstoßes gegen § 29 I BtMG gemäß § 134 BGB nichtig. J hat also keinen Anspruch auf Übereignung und Übergabe von einem Kilo Kokain.

Lösung zur Abwandlung

J ist nicht allein dadurch zum Eigentümer geworden, dass er einen – zudem unwirksamen (s.o.) – Kaufvertrag mit D abgeschlossen hat (Trennungsprinzip). Die Nichtigkeit des Kaufvertrages, also des Verpflichtungsgeschäfts, bedeutet zudem nicht, dass dann automatisch auch das Verfügungsgeschäft (die Übereignung) unwirksam ist. Beide Geschäfte sind gesondert auf ihre Wirksamkeit hin zu untersuchen (Abstraktionsprinzip).

D kann sein ursprüngliches Eigentum durch Übereignung an J nach § 929 BGB verloren haben. Erforderlich dafür sind (1) die Einigung über den Eigentumsübergang, (2) die Übergabe, (3) das Einigsein bei Übergabe und (4) die Berechtigung des D. Problematisch ist insbesondere die Einigung, denn diese kann – ebenso wie der schuldrechtliche Kaufvertrag (s.o.) – wegen eines Verstoßes gegen ein Verbotsgesetz gemäß § 134 BGB nichtig sein (sog. **Fehleridentität**). Grundsätzlich führt der Verstoß gegen ein Verbotsgesetz nur zur Nichtigkeit des Verpflichtungsgeschäfts und nicht zur Nichtigkeit des Verfügungsgeschäfts.[82] Da aber § 29 I BtMG gerade die Güterverschiebung in Bezug auf Betäubungsmittel verhindern will, verstößt auch die dingliche Einigung gegen das Verbotsgesetz.[83] Die Nichtigkeit der dinglichen Einigung ist hier auch eine angemessene Reaktion, denn sie verhindert, dass der vom Gesetz missbilligte Erfolg des Handeltreibens faktisch durch die Güterverschiebung herbeigeführt wird. Mangels wirksamer Einigung über den Eigentumsübergang ist J also nicht Eigentümer des Kokains geworden.

Fall Nr. 32 – Schwarzes Bad

A lässt sich von B das Bad fliesen. Er weiß dabei nicht, dass B den Werklohn nicht versteuert, also „schwarz" arbeitet, denn dies hatte B ihm nicht gesagt. Nach Fertigstellung der Arbeiten nimmt A das Bad ab. B hat allerdings mangelhaft gearbeitet, wie sich nach ein paar Tagen zeigt: Wasser dringt in die untere Etage durch und einige Fliesen fallen von der Wand. A verlangt von B, das nicht fachgerecht geflieste Bad in einen ordnungsgemäßen Zustand zu versetzen; B hingegen weigert sich, dies zu tun.

Kann A von B gemäß §§ 633, 634 Nr. 1, 635 BGB Nacherfüllung verlangen?

Abwandlung: Wie wäre der Fall zu beurteilen, wenn A und B vereinbart hätten, dass B die Arbeiten für A „ohne Rechnung" durchführt?

Rechtsprechungshinweis: *BGH* ZIP 2008, 1636 (anders zum Zeitpunkt der Drucklegung *BGH* v. 1.8.2013 – VII ZR 6/13).

Auszug aus dem Gesetz zur Bekämpfung der Schwarzarbeit und illegalen Beschäftigung vom 23. Juli 2004, BGBl. I 2004, S. 1842 ff.:

§ 1 Zweck des Gesetzes

(1) Zweck des Gesetzes ist die Intensivierung der Bekämpfung der Schwarzarbeit.

(2) Schwarzarbeit leistet, wer Dienst- oder Werkleistungen erbringt oder ausführen lässt und dabei

---

[82] *Bork*, BGB AT, Rn. 1099.

[83] BGHSt 31, 145, 147 = NJW 1983, 636.

1. als Arbeitgeber, Unternehmer oder versicherungspflichtiger Selbstständiger seine sich auf Grund der Dienst- oder Werkleistungen ergebenden sozialversicherungsrechtlichen Melde-, Beitrags- oder Aufzeichnungspflichten nicht erfüllt,
2. als Steuerpflichtiger seine sich auf Grund der Dienst- oder Werkleistungen ergebenden steuerlichen Pflichten nicht erfüllt,
3. als Empfänger von Sozialleistungen seine sich auf Grund der Dienst- oder Werkleistungen ergebenden Mitteilungspflichten gegenüber dem Sozialleistungsträger nicht erfüllt,
4. als Erbringer von Dienst- oder Werkleistungen seiner sich daraus ergebenden Verpflichtung zur Anzeige vom Beginn des selbstständigen Betriebes eines stehenden Gewerbes (§ 14 der Gewerbeordnung) nicht nachgekommen ist oder die erforderliche Reisegewerbekarte (§ 55 der Gewerbeordnung) nicht erworben hat,
5. als Erbringer von Dienst- oder Werkleistungen ein zulassungspflichtiges Handwerk als stehendes Gewerbe selbstständig betreibt, ohne in der Handwerksrolle eingetragen zu sein (§ 1 der Handwerksordnung).

(3) …

§ 8 Bußgeldvorschriften

(1) Ordnungswidrig handelt, wer

1. …
   d) der Verpflichtung zur Anzeige vom Beginn des selbstständigen Betriebes eines stehenden Gewerbes (§ 14 der Gewerbeordnung) nicht nachgekommen ist oder die erforderliche Reisegewerbekarte (§ 55 der Gewerbeordnung) nicht erworben hat oder
   e) ein zulassungspflichtiges Handwerk als stehendes Gewerbe selbstständig betreibt, ohne in die Handwerksrolle eingetragen zu sein (§ 1 der Handwerksordnung)

   und Dienst- oder Werkleistungen in erheblichem Umfang erbringt oder
2. Dienst- oder Werkleistungen in erheblichem Umfang ausführen lässt, indem er eine oder mehrere Personen beauftragt, die diese Leistungen unter vorsätzlichem Verstoß gegen eine in Nummer 1 genannte Vorschrift erbringen.

Lösung zum Grundfall

Hinweis: Der Einstieg in die Falllösung erfolgt über das werkvertragliche Gewährleistungsrecht, das erst im Leistungsstörungsrecht behandelt wird. Die Kenntnis derartiger Anspruchsgrundlagen aus dem Gewährleistungsrecht kann von Anfängern nicht erwartet werden.

A kann gegen B einen **Anspruch auf Nacherfüllung** aus §§ 633, 634 Nr. 1, 635 BGB haben. Dazu muss zwischen den Parteien ein wirksamer Werkvertrag i. S. v. § 631 BGB bestehen und das Werk zur Zeit des Gefahrübergangs (§ 644 BGB), d. h. i. d. R. bei Abnahme (§ 640 BGB), mangelhaft i. S. v. § 633 BGB sein.

Bei einem **Werkvertrag** ist im Gegensatz zum Dienstvertrag (§ 611 BGB) nicht nur ein Bemühen, sondern die **Herbeiführung eines Erfolges** geschuldet. Das Versprechen von B, das Bad zu fliesen, ist auf die Herbeiführung eines Erfolges und nicht nur auf die Vornahme einer Handlung gerichtet. Folglich ist zwischen A und B ein Werkvertrag nach § 631 BGB geschlossen worden. A hatte das Werk auch bereits abgenommen. Jedoch war es zu diesem Zeitpunkt gemäß § 633 BGB mangelhaft, so dass A grundsätzlich nach §§ 634 Nr. 1, 635 BGB Nacherfüllung verlangen könnte.

Voraussetzung dafür ist aber, dass der Werkvertrag nicht wegen Verstoßes gegen ein Verbotsgesetz nach **§ 134 BGB** nichtig ist. Die Nichtigkeit nach § 134 BGB setzt voraus, dass (1) ein Verbotsgesetz vorliegt, (2) das Geschäft dagegen verstößt und (3) das Verbotsgesetz nicht eine andere Rechtsfolge als die Nichtigkeit vorsieht.

Als **Verbotsgesetz** kommen die Vorschriften des Gesetzes zur Bekämpfung der Schwarzarbeit und illegalen Beschäftigung (SchwArbG) in Betracht. Es handelt sich um ein Gesetz, das der Sicherung des Steueraufkommens sowie des Beitragsaufkommens der Arbeitslosen- und Sozialversicherung dient. Sinn und Zweck der

Norm zeigen, dass Schwarzarbeit missbilligt wird, so dass von einem Verbotsgesetz auszugehen ist.

Einen **Verstoß gegen das Verbotsgesetz** begeht B, wenn er den Werklohn nicht versteuert. Gemäß § 1 II Nr. 2 SchwArbG leistet nämlich Schwarzarbeit, wer Werkleistungen erbringt und dabei als Steuerpflichtiger seine sich aufgrund der Werkleistungen ergebenden steuerlichen Pflichten nicht erfüllt.

Fraglich ist jedoch, ob bereits der Verstoß des B gegen das SchwArbG ausreicht, um den Vertrag gemäß § 134 BGB als nichtig anzusehen. Im Grundsatz kann sich der abschreckende Effekt dieses Gesetzes nur dann voll entfalten, wenn Schwarzarbeitsverträge nichtig sind. Daher wird die Nichtigkeitsfolge für angebracht gehalten, wenn ein **beiderseitiger Verstoß gegen das SchwArbG** vorliegt.[84] Dies hat dann zur Folge, dass die Verpflichtungen aus Werkverträgen, die beide Seiten unter Verstoß gegen das SchwArbG geschlossen haben, nicht durchsetzbar sind, der Besteller den Unternehmer also nicht auf die Werkleistung in Anspruch nehmen kann und umgekehrt der Besteller auch nicht die vereinbarte Vergütung aus § 631 I BGB schuldet.

Ob die Nichtigkeit des Werkvertrags auch zur Folge hat, dass ein mangelhaft schwarz arbeitender Werkunternehmer keine Mängelbeseitigung aus §§ 633 ff. BGB schuldet, kann im Grundfall offen bleiben, wenn ohnehin keine Nichtigkeit des Vertrages vorliegt, weil es an einem beiderseitigen Verstoß gegen das SchwArbG fehlt. Für **Fälle einseitiger Verstöße gegen das SchwArbG** – etwa die einseitige Nichtabführung von Steuern, die fehlende Anmeldung des Gewerbebetriebs nach der Gewerbeordnung oder die fehlende Eintragung des Werkunternehmers in die Handwerksrolle nach der Handwerksordnung – wird der **Vertrag** als **wirksam** angesehen.[85] Anderes soll nur dann gelten, wenn die andere Seite den (einseitigen) Verstoß kennt und ihn bewusst zum eigenen Vorteil ausnutzt.[86]

B verstößt – wie gesagt – gegen das SchwArbG, während auf Seiten des A kein solcher Verstoß feststellbar ist. Zwar kann auch der Besteller von Werkleistungen gegen das Verbotsgesetz verstoßen, wenn er im Sinne von § 8 I Nr. 2 SchwArbG Werkleistungen „in erheblichem Umfang ausführen lässt". Die Vorschrift setzt aber, wie dies allgemein für Tatbestände des Straf- und Ordnungswidrigkeitenrechts gilt, auf subjektiver Seite grundsätzlich Vorsatz voraus, wenn nicht ausnahmsweise das Gesetz auch fahrlässiges Verhalten ausdrücklich unter Strafe stellt (vgl. § 15 StGB für das Strafrecht, § 10 OWiG für das Ordnungswidrigkeitenrecht). Da B dem A nichts gesagt hatte, wusste dieser nichts von der fehlenden Abführung der Steuern durch B und handelte folglich nicht vorsätzlich. Es liegt also nur ein einseitiger Verstoß gegen das SchwArbG vor, den A im Grundfall auch nicht etwa zu seinen Gunsten ausnutzt. Deshalb ist die Nichtigkeit des Vertrags zu verneinen.

A kann folglich von B aufgrund der Mangelhaftigkeit des Werkes gemäß § 635 i. V. m. §§ 633, 634 Nr. 1 BGB Nacherfüllung verlangen.

Lösung zur Abwandlung

Anders als im Grundfall kommt bei einer **Ohne-Rechnung-Abrede** ein beiderseitiger Verstoß gegen das SchwArbG in Betracht. Ein Verstoß des A gegen § 8 I Nr. 2 SchwArbG setzt dabei voraus, dass Werkleistungen „in erheblichem Umfang" aus-

---

[84] Palandt/*Ellenberger*, § 134 Rn. 22; *Medicus*, BGB AT, Rn. 651; *Köhler*, BGB AT, § 13 Rn. 12.

[85] BGHZ 89, 369, 372 ff. = NJW 1984, 1175, 1176; Palandt/*Ellenberger*, § 134 Rn. 22; *Medicus*, BGB AT, Rn. 651; *Köhler*, BGB AT, § 13 Rn. 12.

[86] *BGH* NJW 1985, 2403, 2404 m. Anm. *Canaris*.

geführt wurden. Von einem derartigen Umfang ist bei Einsatz eines Unternehmers ab einem Auftragsvolumen von € 10.000 bezogen auf einen Auftrag auszugehen.[87]

Ob der Auftrag, ein Bad zu fliesen, ein solches Volumen erreicht, erscheint zweifelhaft. Letztlich kommt es darauf aber ohnehin nicht an, weil zumindest ein **einseitiger Verstoß** des Werkunternehmers gegen seine (umsatz-)steuerlichen Pflichten **mit Kenntnis des Bestellers** vorliegt, der diese Abrede zu seinem Vorteil ausnutzt, weil er die Leistung des Werkunternehmers preisgünstiger erhält. Nach den oben genannten Grundsätzen hätte dies die **Nichtigkeit des Vertrags** zur Folge.[88]

Fraglich ist jedoch, ob **der Werkunternehmer ggf. gegen Treu und Glauben (§ 242 BGB) verstößt**, wenn er sich einem Mängelanspruch des Bestellers mit dem Hinweis auf die Nichtigkeit des Werkvertrags zu entziehen sucht.

Nach früherer Ansicht des *BGH*[89] ist dies bei einer Ohne-Rechnung-Abrede der Fall, weil im Ansatz nur diese Abrede, nicht aber der Bauvertrag als solcher gegen das gesetzliche Verbot verstößt. Aus der Teilnichtigkeit folge zwar gemäß § 139 BGB im Zweifel die Gesamtnichtigkeit des Vertrags. Doch könne von dieser Rechtsfolge vertraglich abgewichen werden. Hätten aber die Parteien eine Wirksamkeit des Vertrags trotz Nichtigkeit der Ohne-Rechnung-Abrede vereinbaren können, könne diese Rechtsfolge auch durch Anwendung des Grundsatzes von Treu und Glauben auf anderem Wege herbeigeführt werden. Die Nichtigkeit der Ohne-Rechnung-Abrede im Interesse der Allgemeinheit bleibe davon unberührt.

Einen Verstoß gegen Treu und Glauben auf Seiten des Werkunternehmers wollte der *BGH* anerkennen, weil das Eigentum des Bestellers durch die mangelhafte Bauleistung nachhaltig betroffen ist und die hieraus entstehenden Nachteile durch schlichte Rückabwicklung des Bauvertrags (§ 812 BGB) regelmäßig nicht wirtschaftlich sinnvoll zu beseitigen seien. Der Unternehmer, der in Kenntnis dieser besonderen Interessenlage den Vertrag durchführe, setze sich in dieser von ihm maßgeblich mitverursachten Situation unter Verstoß gegen Treu und Glauben in Widerspruch zu seinem bisher auf Erfüllung des Vertrags gerichteten Verhalten, wenn er nunmehr unter Missachtung der besonderen Interessen seines Vertragspartners die Ohne-Rechnung-Abrede, die regelmäßig auch seinem eigenen gesetzwidrigen Vorteil dienen sollte, zum Anlass nehme, für die Mangelhaftigkeit seiner Leistung nicht einstehen zu wollen.

Ob diese Argumentation im Hinblick auf den Sinn und Zweck des § 134 BGB, die Durchsetzung gesetzwidriger Verträge zu verhindern, überzeugt, erscheint jedoch zweifelhaft. Dem *BGH* ist zwar einzuräumen, dass das Verhalten eines Bauunternehmers, der zunächst den Vertrag durchführt und sich dann später beim Auftreten von Mängeln auf dessen Nichtigkeit beruft, widersprüchlich erscheint. Der Ansatz der Rechtsprechung berücksichtigt jedoch nicht hinreichend die **generalpräventive Wirkung eines Ausschlusses von Mängelrechten**. Durch die Ohne-Rechnung-Abrede wird gegen § 1 II Nr. 2 SchwArbG verstoßen, weil die geschuldete Umsatzsteuer nicht abgeführt werden soll. Dadurch wollen sich die Parteien zulasten der Allgemeinheit einen finanziellen Vorteil verschaffen. Auf der Basis der früheren *BGH*-Rechtsprechung konnten sie dies relativ gefahrlos tun, weil anschließend gleichwohl vor Gericht Gewährleistungsansprüche geltend gemacht werden konnten. Umgekehrt hat die Rechtsprechung auch dem Werkunternehmer mit einem Anspruch aus § 812 BGB geholfen, wenn sich der Besteller zunächst die Leistung erbringen lässt und er sodann unter

---

[87] *Fehn*, Schwarzarbeitsbekämpfungsgesetz, Handkommentar, 2006, §§ 8, 9 Rn. 10 a.E.

[88] So nunmehr *BGH* v. 1.8.2013 – VII ZR 6/13; offen noch *BGH* ZIP 2008, 1636, 1637 [Tz. 11].

[89] *BGH* ZIP 2008, 1636, 1637 [Tz. 11 ff.].

Hinweis auf die Nichtigkeit des Vertrags die Zahlung verweigert.[90] Muss aber weder der Werkunternehmer befürchten, wegen des Verstoßes gegen das SchwArbG keine Zahlung für seine Leistungen zu erhalten, noch der Besteller, bei Mängeln keinen durchsetzbaren Anspruch zu haben, würden auch in Zukunft viele gegen das SchwArbG verstoßende Werkverträge abgeschlossen, weil beide Parteien letztlich nicht viel zu verlieren haben. Ganz anders sähe die Sache hingegen aus, wenn sich in der Bevölkerung herumsprechen würde, dass man als Werkunternehmer keinen Lohn für seine erbrachte Leistung sowie als Besteller keine Beseitigung von Mängeln aus derartigen Verträgen verlangen kann. Es würde dann ein erheblicher Abschreckungseffekt erzeugt, der einen heilsamen Druck auf den Abschluss gesetzestreuer Verträge erzeugt. Damit würde das Ziel des SchwArbG gefördert, Schwarzarbeit wirkungsvoll zu bekämpfen.

Im Ergebnis sollte daher das Vertrauen auf die Wirksamkeit der verbotswidrigen Vereinbarung nicht geschützt werden.[91] A sind Gewährleistungsansprüche gegenüber B zu versagen.

§ 17. Fälle zur Sittenwidrigkeit (§ 138 BGB)

Fall Nr. 33 – Die Geliebte

V ist verheiratet und hat zwei Kinder. Über die Jahre hat er sich emotional so von seiner Frau entfernt, dass er seit kurzem eine Geliebte (G) hat. Diese droht ihm bereits wenige Wochen, nachdem sie sich kennengelernt haben, die Beziehung zu beenden, sollte V sie nicht als Alleinerbin in seinem Testament einsetzen. Da V an der Fortführung der Beziehung vor allem aus sexuellen Interessen gelegen ist, setzt er ein formwirksames Testament auf, in dem er G zur Alleinerbin erklärt. Kurz darauf verstirbt V und es kommt zum Streit über die Erbschaft zwischen G und der Familie von V. Ist G Erbin von V geworden?

Abwandlung: G kennt V nicht erst seit ein paar Wochen, sondern schon seit Jahren. Sie hatte ihn auch während seiner Krankheit, der er schließlich erlag, gepflegt und V hatte sie aus Dankbarkeit und tief empfundener Zuneigung als Alleinerbin eingesetzt. Seine Familie wollte er nicht als Erben eingesetzt wissen, da sich diese nicht ausreichend um ihn gekümmert hätte. Ist das Testament wirksam?

Lösung zum Grundfall

G ist Erbin von V i. S. v. § 1922 BGB geworden, wenn das Testament (§§ 2064 ff. BGB) wirksam war und damit nicht die gesetzliche, sondern die gewillkürte Erbfolge eingetreten ist.

Hinweis: Als gewillkürte Erbfolge wird die Erbfolge bezeichnet, die durch den Willen des Erblassers angeordnet wird (daher „ge*will*kürt"), etwa durch Testament (§§ 2064 ff. BGB) oder Erbvertrag (§§ 2274 ff. BGB). Trifft der Erblasser keine Bestimmung über die Rechtsverhältnisse für die Zeit nach seinem Tod, so kommt die gesetzliche Erbfolge zum Zuge, welche in §§ 1924 ff. BGB geregelt ist.

---

[90] Dazu und zu der erforderlichen sorgfältigen Prüfung der §§ 814, 817 BGB vgl. *BGH* NJW 1990, 2542.

[91] So nunmehr auch *BGH* v. 1.8.2013 – VII ZR 6/13.

Das Testament wurde formwirksam errichtet. Fraglich ist aber, ob die Einsetzung der Geliebten eventuell sittenwidrig und daher gemäß § 138 I BGB nichtig ist. Sittenwidrig ist ein Rechtsgeschäft, wenn es gegen das Anstandsgefühl aller billig und gerecht Denkenden verstößt.[92] Früher wurde in der Regel davon ausgegangen, dass testamentarische Verfügungen, die außereheliche Geliebte zu Erben erklärten, sittenwidrig seien. Diese Vorstellungen haben sich heutzutage etwas relativiert. Das „Geliebten-Testament" wird heute nicht mehr schlechthin als sittenwidrig eingestuft[93], denn dies bedeutet eine starke Einmischung und vor allem Bewertung der persönlichen Lebensführung. Daher wird heute nur noch dann von der Sittenwidrigkeit solcher Testamente ausgegangen, wenn die Erbeinsetzung nach Beweggrund, Inhalt und Zweck sittenwidrig ist, wobei das Gesamtbild entscheidend ist.[94] Als sittenwidrig wird die Einsetzung in der Regel dann betrachtet, wenn sie nur die geschlechtliche Hingabe belohnen soll.[95] Für die Sittenwidrigkeit der Einsetzung von G spricht, dass sie V erst wenige Wochen kannte und sie ihn unter Druck setzte, um als Erbin eingesetzt zu werden. Der kurze Zeitraum legt es nahe, dass V in erster Linie darauf bedacht war, den sexuellen Kontakt mit G aufrecht zu erhalten. Folglich ist die Einsetzung von G als sittenwidrig zu betrachten, so dass das Testament gemäß § 138 I BGB nichtig ist. Es tritt somit nicht die gewillkürte, sondern die gesetzliche Erbfolge nach §§ 1924 ff. BGB ein und nach dieser ist G nicht Erbin von V.

Lösung zur Abwandlung

Erneut stellt sich die Frage nach der Sittenwidrigkeit des Testaments. Im Unterschied zum Grundfall erfolgt die Erbeinsetzung nicht aus dem Gedanken heraus, G für sexuelle Dienste zu belohnen oder sich diese für die Zukunft zu sichern. Es gab vielmehr anerkennenswerte Motive, die gegen die Sittenwidrigkeit sprechen: G hatte V insbesondere während seiner Krankheit gepflegt. Dass die Einsetzung mit einer außerehelichen Liebschaft zu tun hatte, ist irrelevant. Folglich ist in der Abwandlung nicht von der Sittenwidrigkeit des Testaments nach § 138 I BGB auszugehen. Die darin angeordnete Erbfolge kommt also zum Tragen.

Fall Nr. 34 – Pecunia non olet

A benötigt dringend Geld, um seine Schulden zu bezahlen. Seine Gläubiger haben ihm für den Fall der Nichtzahlung die Zwangsvollstreckung in sein Grundstück angedroht. Nachdem er bei verschiedenen Banken versucht hatte, ein Darlehen zu erhalten und jedes Mal abgewiesen wurde, geht er zur B-Bank (B) und erklärt dort dem Kundenberater K seine Notlage. Der Kundenberater erkennt die Ausweglosigkeit von A und macht diesem daher ein Angebot für ein Darlehen, dessen Zinssatz bei 21% p.a. liegt. Der marktübliche Zinssatz liegt hingegen bei 8%. Die Laufzeit beträgt zwei Jahre. Zuerst will A das Angebot zurückweisen, sieht aber dann ein, dass dies seine letzte Chance ist und willigt zähneknirschend ein. A weigert sich später, die erste Rate zu zahlen, B aber beharrt auf Zahlung. Hilfsweise verlangt sie den gesamten Darlehensbetrag heraus.

---

[92] St. Rspr., vgl. BGHZ 141, 357, 361 = NJW 1999, 2266, 2267.
[93] *Medicus*, BGB AT, Rn. 688.
[94] *BGH* NJW 1969, 1343, 1346.
[95] „Hergabe für Hingabe"; vgl. *Bork*, BGB AT, Rn. 1192.

Frage 1: Kann B von A Begleichung der Darlehensraten verlangen?
Frage 2: Kann B von A Rückzahlung des kompletten Darlehens verlangen?

Abwandlung: Die Motivation des Bankmitarbeiters ist nicht mehr eindeutig nachzuvollziehen. Er vereinbarte das Darlehen aber zu den gleichen Konditionen.
Kann B von A Begleichung der Darlehensraten verlangen?

Lösung zum Grundfall – Frage 1

B hat gegen A einen Anspruch auf Bezahlung der Darlehensraten aus § 488 I 2 BGB, wenn der geschlossene Darlehensvertrag wirksam ist. Der hohe vereinbarte Zinssatz könnte dazu führen, dass der Vertrag wegen Wuchers nach § 138 II BGB nichtig ist. Da Wucher ein Spezialfall der Sittenwidrigkeit ist[96], ist § 138 II BGB vor § 138 I BGB zu prüfen. Objektiv ist ein auffälliges Missverhältnis zwischen Leistung und Gegenleistung erforderlich sowie eine Zwangslage beim Bewucherten. Subjektiv muss der Wucherer den Bewucherten „ausbeuten". Das bedeutet, er muss sich die Zwangslage des Bewucherten bewusst zunutze gemacht und dabei Kenntnis vom Missverhältnis gehabt haben.[97]

1. Auffälliges Missverhältnis

Ein auffälliges Missverhältnis zwischen Leistung und Gegenleistung liegt bei einem Darlehensvertrag (§ 488 BGB) vor, wenn die vom Schuldner zu erbringende Gegenleistung (der Zins) um relativ 100% oder 12% absolut über dem Marktpreis liegt.[98] Der von B verlangte Zins in Höhe von 21% liegt relativ mehr als 100% über dem durchschnittlichen Zinssatz von 8% und überschreitet diesen sogar zusätzlich um absolut 13%. Ein auffälliges Missverhältnis ist folglich gegeben.

2. Zwangslage

Eine Zwangslage besteht, wenn die benachteiligte Partei auf die Leistung sofort und unabweislich angewiesen ist.[99] Sie ist hier darin zu sehen, dass die Gläubiger von A die Zwangsvollstreckung angedroht haben und A bei anderen Banken kein Geld bekam. Er befindet sich in einer die Zwangslage begründenden massiven wirtschaftlichen Bedrängnis, da er das Geld unverzüglich benötigt, um sein Grundstück zu retten. Die objektiven Voraussetzungen des Wuchers nach § 138 II BGB sind somit erfüllt.

3. Subjektiver Tatbestand

In subjektiver Hinsicht ist erforderlich, dass B die Zwangslage des A „ausbeutet". Der Kundenberater von B kannte die Notlage von A und wusste, dass dieser auf das Angebot würde eingehen müssen, da er sonst keine andere Wahl hatte. Da B also über ihren Kundenberater die Umstände kannte (vgl. § 166 I BGB) und sie sich bewusst zunutze machte, beutete sie A aus.

Da somit die Voraussetzungen des Wuchers nach § 138 II BGB gegeben sind, ist der Darlehensvertrag nichtig und B hat gegen A keinen Anspruch auf Begleichung der Darlehensraten.

---

[96] MünchKomm-BGB/*Armbrüster*, § 138 Rn. 140.
[97] Palandt/*Ellenberger*, § 138 Rn. 74.
[98] Palandt/*Ellenberger*, § 138 Rn. 67.
[99] *Bork*, BGB AT, Rn. 1164.

Möglich wäre eine geltungserhaltende Reduktion, die dazu führte, dass der Vertrag mit einem angemessenen Zinssatz aufrechterhalten wird. Diese vereinzelt vertretene Ansicht[100] wird indes von der ganz herrschenden Meinung[101] zu Recht mit der Begründung abgelehnt, dass das Geschäft für den Wucherer dann risikolos wäre, wenn er schlimmstenfalls einen marktangemessenen Zinssatz verlangen könnte. Weiterhin legt auch der Wortlaut von § 138 II BGB eine Gesamtnichtigkeit nahe. B kann also, da der Darlehensvertrag nichtig ist, von A nicht Begleichung der Darlehensraten aus § 488 I BGB verlangen.

Lösung zum Grundfall – Frage 2

Hinweis: Die Lösung der Frage 2 führt in schwierige Rechtsfragen des Bereicherungsrechts, die erst im fortgeschrittenen Semester erlernt werden. Die Ausführungen dienen an dieser Stelle nur der Vollständigkeit der Falllösung für die spätere Zeit der Vorbereitung auf die große Übung oder das Examen.

Da der Darlehensvertrag nichtig ist, kann B gegen A einen Anspruch auf Rückzahlung der Darlehenssumme aus § 812 I 1 Alt. 1 BGB (Leistungskondiktion) haben. Ein Anspruch von B aus § 985 BGB besteht nicht, da § 138 II BGB neben der Nichtigkeit des Verpflichtungsgeschäfts nur die Verfügungen des Bewucherten („…sich gewähren lässt…") für nichtig erklärt. Die Verfügungen des Wucherers bleiben trotz Nichtigkeit des Verpflichtungsgeschäfts wirksam (Trennungs- und Abstraktionsprinzip).

Hinweis: Ein Anspruch aus § 985 BGB scheitert bei Geldzahlungen ohnehin häufig daran, dass die Zahlung bargeldlos erfolgt. § 985 BGB setzt aber voraus, dass es einen körperlichen Gegenstand gibt, den man herausgeben kann.

A hat von B etwas durch Leistung erlangt, denn die Überlassung der Darlehenssumme erfolgte ziel- und zweckgerichtet. Ein Rechtsgrund bestand aufgrund der Nichtigkeit des Darlehensvertrages (s.o.) nicht. Grundsätzlich besteht also ein Anspruch auf Rückzahlung der Darlehenssumme aus § 812 I 1 Alt. 1 BGB. Dies ginge beim Darlehen aber letztlich zu Lasten des Darlehensnehmers (A), denn er müsste dann das Darlehen vor Ende der Laufzeit auf einen Schlag zurückbezahlen.

Die Leistung, welche der Darlehensgeber erbringt, liegt in der Überlassung der Darlehenssumme auf Zeit. § 817 Satz 2 BGB schließt die Rückforderung des Geleisteten aus, wenn sowohl dem Leistenden als auch dem Empfänger ein Sittenverstoß zur Last fällt. Gleichwohl wird die Vorschrift auch bei einseitigem Verstoß des Leistenden angewendet, denn es erscheint ungerecht, dem Leistenden deshalb die Kondiktion zu erlauben – d.h. § 817 Satz 2 BGB und den darin enthaltenen Kondiktionsausschluss nicht anzuwenden –, weil sich die andere Partei korrekt verhalten hat. Außerdem stünde dann der verwerflich handelnde Empfänger besser als der redliche.[102] Da § 817 Satz 2 BGB einen allgemeinen Rechtsgrundsatz enthält, wird er analog auf alle Arten der Leistungskondiktion angewendet.[103] § 817 Satz 2 BGB müsste aber bei seiner Anwendung dazu führen, dass die Rückforderung des Darlehens ganz ausgeschlossen ist. B könnte das Geld also nie mehr zurückverlangen. Diese Rechtsfolge ist hingegen auch nicht erwünscht. Daher erlaubt die h.M. dem Gläubiger die Rückforderung nur in der Weise, wie sie auch zuvor vertraglich ver-

---

[100] Staudinger/*Sack/Fischinger* (2011), § 138 Rn. 161.
[101] BGHZ 68, 204, 207; *BGH* NJW 1958, 1772; MünchKomm-BGB/*Armbrüster*, § 138 Rn. 161; *Bork*, BGB AT, Rn. 1177; *Leipold*, BGB AT, § 20 Rn. 47.
[102] Bamberger/Roth/*Wendehorst*, § 817 Rn. 11.
[103] Palandt/*Sprau*, § 817 Rn. 12.

einbart wurde, allerdings ohne Verzinsung bis zum Zeitpunkt des Fälligwerdens.[104] B kann daher das Geleistete analog § 817 Satz 2 BGB nicht vor Ende der Laufzeit aus § 812 I 1 Alt. 1 BGB zurückfordern. A kann somit letztlich die Darlehenssumme für den vereinbarten Zeitraum behalten, ohne dass er dafür Zinsen bezahlen müsste (Zur Frage der geltungserhaltenden Reduktion siehe oben Frage 1).

Lösung zur Abwandlung

B kann auch hier von A nur dann Begleichung der Darlehensraten aus § 488 I 2 BGB verlangen, wenn der Darlehensvertrag wirksam ist.

Der Vertrag kann jedoch nach § 138 II BGB nichtig sein. Ein auffälliges Missverhältnis zwischen Leistung und Gegenleistung ist nach wie vor gegeben. Allerdings ist das subjektive Element der Ausbeutung in der Abwandlung nicht nachzuweisen. Daher findet § 138 II BGB keine Anwendung.

Fraglich ist daher, ob der Vertrag gemäß § 138 I BGB sittenwidrig und damit nichtig ist.

Man könnte daran denken, dass § 138 II BGB in Fällen eines auffälligen Missverhältnisses zwischen Leistung und Gegenleistung eine Spezialvorschrift (*lex specialis*[105]) im Verhältnis zu § 138 I BGB darstellt und deshalb § 138 I BGB überhaupt nicht zur Anwendung kommt. Dafür könnte sprechen, dass § 138 II BGB in derartigen Fällen besondere subjektive Anforderungen aufstellt (die Ausbeutung der Zwangslage etc.), deren Fehlen im Umkehrschluss zur Wirksamkeit des Vertrages führt. Jedoch überzeugt dieses Ergebnis nicht. Es wäre nämlich kaum einsichtig, warum ein als sittenwidrig i. S. v. § 138 I BGB einzustufendes Rechtsgeschäft nur deshalb nicht der allgemeinen Nichtigkeitsfolge unterfällt, weil der Sonderfall des „auffälligen Missverhältnisses" vorliegt. Zudem ist zu beachten, dass § 138 II BGB mit der Nichtigkeit auch des dinglichen Rechtsgeschäfts des Bewucherten eine zusätzliche Rechtsfolge enthält, die auch besondere Voraussetzungen auf Tatbestandsebene rechtfertigt. Sind diese besonderen Voraussetzungen in subjektiver Hinsicht nicht erfüllt, mag das dingliche Geschäft nicht per se unwirksam sein. Eine Unanwendbarkeit des § 138 I BGB auf das schuldrechtliche Geschäft ergibt sich daraus aber nicht.

Die Sittenwidrigkeit erfordert bei Kreditverträgen – ebenso wie im Rahmen des § 138 II BGB – ein auffälliges Missverhältnis, das in dem überhöhten Zinssatz zu sehen ist. Insoweit gelten die gleichen Grundsätze wie bei § 138 II BGB. Anders als bei § 138 II BGB sind jedoch die Anforderungen an den subjektiven Tatbestand geringer. Grundsätzlich ist die Kenntnis der die Sittenwidrigkeit begründenden Umstände ausreichend. Diese hatte der Kundenberater K, weil er den vereinbarten Zinssatz von 21% kannte und zudem davon auszugehen ist, dass ihm das allgemeine Zinsniveau am Markt bekannt war. Von der objektiven Sittenwidrigkeit wird zudem auf die Erfüllung des subjektiven Tatbestands geschlossen.[106] Folglich ist auch in der Abwandlung der Darlehensvertrag nichtig, allerdings nicht nach § 138 II BGB, sondern nach § 138 I BGB. Eine geltungserhaltende Reduktion nach § 139 BGB, welche den Zinssatz auf ein marktübliches Niveau absenken könnte und den Vertrag aufrechterhielte, ist nicht möglich (siehe den Grundfall, Frage 1). B hat also mangels eines wirksamen Darlehensvertrages keinen Anspruch auf Begleichung der Darlehensraten aus § 488 I 2 BGB.

---

[104] *BGH* NJW 1989, 3217 f.

[105] Dazu *Bitter/Rauhut*, JuS 2009, 289, 293.

[106] BGHZ 98, 174, 178; 128, 255, 258 = NJW 1995, 1019, 1022.

§ 18. Fälle zur Willenserklärung (§§ 116ff. BGB)

Fall Nr. 35 – Die Trierer Weinversteigerung

Der Weinliebhaber F aus Flensburg ist einer Einladung seines alten Schulfreundes S nach Trier gefolgt, um dort eine Weinversteigerung zu besuchen. Der Weingutbesitzer W versteigert dort Weine aus eigenem Anbau. F und S vereinbaren, sich direkt am Ort der Versteigerung zu treffen. Dort angekommen erblickt F am anderen Ende des Raumes seinen Freund S und winkt ihm zu, um auf sich aufmerksam zu machen. W sieht das Handzeichen und erteilt F den Zuschlag zu einer Kiste Weißwein zum Preis von € 70. F hatte von der Nachfrage des W nach einem höheren Gebot nichts mitbekommen. W verlangt nun Zahlung der € 70. F war zwar mit den Gepflogenheiten auf derartigen Versteigerungen vertraut, wollte aber kein Gebot abgeben.

Muss F die € 70 zahlen?

Abwandlung: Wie ist der Fall zu beurteilen, wenn F dem W sofort erklärt, dass das Ganze ein Versehen gewesen sei und er am liebsten alles ungeschehen machen würde?

Literaturhinweis: *Medicus*, BGB AT, Rn. 605ff.

Lösung zum Grundfall

1. Anspruch des W gegen F auf Zahlung von € 70

Ein Anspruch des W gegen F auf Zahlung von € 70 kann sich aus § 433 II BGB ergeben.

a) Anspruch entstanden

Dazu müssen F und W einen wirksamen Kaufvertrag geschlossen haben. Das setzt zwei korrespondierende Willenserklärungen, Angebot und Annahme (§§ 145ff. BGB) voraus.

aa) Angebot

Ein Angebot auf Abschluss eines Kaufvertrags kann in der Nachfrage des W zu sehen sein. Jedoch liegt bei derartigen Versteigerungen ein Angebot nicht schon in der Nachfrage des Versteigerers nach einem höheren Gebot. Die Nachfrage stellt eine bloße *invitatio ad offerendum* dar.[107] Es fehlt der Rechtsbindungswille. Vielmehr gibt der Bietende das Vertragsangebot ab, das dann durch den Zuschlag des Auktionators akzeptiert wird (§ 156 BGB).[108]

Fraglich ist damit, ob F durch das Winken konkludent ein Angebot abgegeben hat. Das Angebot setzt sich als Willenserklärung aus einem objektiven und einem subjektiven Erklärungstatbestand zusammen.

aaa) Objektiver (äußerer) Erklärungstatbestand

Es muss aus der Sicht eines objektiven Empfängers ein Verhalten des F vorliegen, das auf einen konkreten rechtsgeschäftlichen Bindungswillen schließen lässt. Dabei

---

[107] Zur *invitatio ad offerendum* siehe allgemein oben § 5 Rn. 14ff.
[108] Vgl. dazu schon oben Fall Nr. 11 – 3 … 2 … 1 … Meins?

kommt es nicht auf den inneren Willen des F an; vielmehr ist der Sinn des Verhaltens anhand des **objektiven Empfängerhorizonts** zu bestimmen (§§ 133, 157 BGB). Dieser ist nicht nur für die Frage maßgeblich, welchen Inhalt eine Willenserklärung hat, sondern auch, ob überhaupt eine Willenserklärung vorliegt.[109] Es ist danach zu fragen, ob ein verständiger Dritter in der konkreten Situation unter Zugrundelegung aller erkennbaren Umstände und unter Berücksichtigung der Verkehrssitte und des Grundsatzes von Treu und Glauben das Verhalten als Willenserklärung verstanden hätte.

Das Heben der Hand gilt auf derartigen Versteigerungen als Angebot. Man konnte davon ausgehen, dass die Anwesenden mit den dortigen Gepflogenheiten vertraut sind. Da es keine Anhaltspunkte gab, die auf den wahren Willen des F schließen ließen, wäre ein verständiger Dritter unter den konkreten Umständen vom Vorliegen eines Angebots ausgegangen. Deshalb durfte W das Verhalten des F als Angebot werten, auch wenn F eigentlich nur seinen Freund grüßen wollte. Der äußere Erklärungstatbestand der Willenserklärung ist daher erfüllt.

bbb) Subjektiver (innerer) Tatbestand einer Willenserklärung

Weiterhin muss der innere Tatbestand einer Willenserklärung vorliegen. Der innere Tatbestand setzt sich im Normalfall aus Handlungswillen, Erklärungsbewusstsein und Geschäftswillen zusammen (§ 7 Rn. 9ff.). Der Handlungswille setzt ein vom natürlichen Willen getragenes Verhalten voraus. Das Erklärungsbewusstsein liegt vor, wenn der Erklärende weiß, dass sein Handeln *irgendeine* rechtserhebliche Erklärung darstellt. Unter dem Geschäftswillen versteht man den Willen, ein ganz bestimmtes Rechtsgeschäft vorzunehmen.

Rechtlich unproblematisch einzuordnen sind die Fälle fehlenden Handlungswillens einerseits bzw. fehlenden Geschäftswillens andererseits. Während im ersten Fall mangels eines bewussten, willensgesteuerten Verhaltens keine Willenserklärung vorliegt, bejaht man unstreitig eine (eventuell anfechtbare) Willenserklärung, wenn der Geschäftswille fehlt.

Bei dem Handeln des F ist der **Handlungswille** zu bejahen. Das Winken stellt ein willentliches Verhalten des F dar. Bedenken bestehen aber hinsichtlich des **Erklärungsbewusstseins.** F wollte eigentlich nur seinen Freund grüßen, während dieser „Gruß" von W als Angebot verstanden wurde. F war nicht bewusst, dass sein Winken eine rechtlich relevante Erklärung darstellte. Ihm fehlte damit das Erklärungsbewusstsein. Wie die Fälle fehlenden Erklärungsbewusstseins zu behandeln sind, ist seit langem umstritten.

(1) Teilweise wird das Erklärungsbewusstsein – wie der Handlungswille auch – als notwendige Voraussetzung einer Willenserklärung erachtet.[110] Der Grundsatz der Privatautonomie besage, dass jeder über die rechtliche Gestaltung seiner Angelegenheiten frei bestimmen könne. Diesem Grundsatz widerspreche es, wenn man denjenigen, dem dieses Bewusstsein völlig fehlt, allein aufgrund des objektiven Tatbestands an seiner Erklärung festhalte. Diese Ansicht wird mit einem Erst-recht-Schluss[111] aus § 118 BGB begründet. § 118 BGB besage, dass eine Erklärung nichtig ist, bei der der Erklärende immerhin die Möglichkeit erkannt habe, dass sie rechtliche Folgen nach sich ziehen könne. Dann müsse dies aber erst recht für eine Erklä-

[109] *BGH* NJW 1984, 721.

[110] *OLG Düsseldorf* OLGZ 1982, 240, 241 ff.; *Wolf/Neuner*, BGB AT, § 32 Rn. 22; Staudinger/*Singer* (2011), vor § 116 Rn. 37ff. und § 122 Rn. 9f.

[111] Vgl. zum Erst-recht-Schluss (= *Argumentum a fortiori*) *Bitter/Rauhut*, JuS 2009, 289, 297.

rung gelten, bei der sich der Erklärende über die rechtliche Relevanz seines Verhaltens überhaupt nicht bewusst gewesen ist. Ein berechtigtes Vertrauen des Rechtsverkehrs versucht diese Ansicht über eine analoge Anwendung des § 122 BGB zu schützen. Folgte man dieser Ansicht, läge in dem Verhalten des F tatbestandlich keine Willenserklärung.

(2) Die Gegenansicht (h.M.) bejaht hingegen trotz fehlenden Erklärungsbewusstseins eine Willenserklärung, allerdings unter der einschränkenden Voraussetzung, dass sie ihm als solche zurechenbar sei.[112] Die Zurechnung wird nur dann bejaht, wenn der Erklärende hätte erkennen und vermeiden können, dass sein Verhalten als Willenserklärung aufgefasst werden könnte (= potentielles Erklärungsbewusstsein). Wenn der Empfänger das Verhalten dann auch tatsächlich als Willenserklärung verstanden habe, liege eine Willenserklärung vor.

Diese Ansicht stellt den Verkehrsschutz in den Vordergrund. Angesichts der vielfältigen Möglichkeiten, sich – insbesondere durch schlüssiges Verhalten – in rechtlich erheblicher Weise zu erklären, müsse der Erklärungsempfänger darauf vertrauen können, dass die Erklärung den von ihm verstandenen Inhalt habe. Für den Erklärungsempfänger sei es gleichgültig, ob der Erklärende überhaupt nicht rechtlich handeln wolle oder ob er – wie im Fall des § 119 I BGB – rechtlich etwas ganz anderes wolle. In beiden Fällen vertraue er auf die Erklärung.

F war mit den Gepflogenheiten auf derartigen Versteigerungen vertraut. Er hätte also bei sorgfaltsgemäßem Verhalten (§ 276 II BGB) erkennen können, dass sein „Gruß" von W – wie es dann auch geschehen ist – als Angebot verstanden werden könnte. Bei Anwendung der h. M. liegt deshalb eine Willenserklärung vor.

(3) Gegen den von der zuerst genannten Ansicht aus § 118 BGB gewonnenen Erst-recht-Schluss spricht zum einen, dass § 118 BGB ohnehin als „Fremdkörper" im System der Willenserklärung angesehen wird.[113] Die Norm widerspricht der Lehre vom objektiven Empfängerhorizont, da § 118 BGB allein die innere Willensrichtung über die Nichtigkeit der Erklärung entscheiden lässt. Außerdem fehlt es für einen Erst-recht-Schluss auch an der Vergleichbarkeit der Situationen. Bei fehlendem Erklärungsbewusstsein macht sich der Erklärende überhaupt keine Gedanken, etwas rechtlich Erhebliches zu tun. Diese Einsicht ist beim Scherzgeschäft aber gerade vorhanden. Die Situation ist daher eher mit einem Irrtum nach § 119 I BGB vergleichbar. Hier wie dort ist sich der Erklärende des objektiven Erklärungswerts seines Verhaltens nicht bewusst. Lediglich in gradueller Hinsicht unterscheiden sich die Irrtümer. Bei einem Irrtum nach § 119 I BGB hat der Erklärende die Wahl, ob er die Willenserklärung gegen sich gelten lassen oder sie durch Anfechtung beseitigen will. Eine solche Wahlmöglichkeit stellt auch bei fahrlässig fehlendem Erklärungsbewusstsein einen interessengerechten Kompromiss dar. Zum einen wird das Vertrauen des Rechtsverkehrs geschützt. Da das Fehlverhalten aus der Sphäre des Erklärenden herrührt, erscheint es angemessen, den Verkehrsschutz zunächst in den Vordergrund zu stellen, zumal aus dem Prinzip der Privatautonomie auch die Verantwortlichkeit für seine eigene beherrschbare Sphäre folgt. Auf der anderen Seite wird durch eine Anfechtungsmöglichkeit analog § 119 I BGB zugleich dem Interesse des Erklärenden an einer privatautonomen Gestaltung seiner rechtlichen Angelegenheiten Rechnung getragen. Die h. M. ist daher vorzugswürdig. Eine Willenserklärung liegt vor. Ein Angebot des F ist zu bejahen.

---

112 BGHZ 91, 324, 327ff. = NJW 1984, 2279, 2280f. m. Anm. *Canaris*; *Bork*, BGB AT, Rn. 596; *Medicus*, BGB AT, Rn. 607; weitere Nachweise oben § 7 Rn. 14.

113 *Rüthers/Stadler*, BGB AT, § 25 Rn. 10.

bb) Annahme

Das Angebot hat W „angenommen", indem er den Zuschlag erteilt. Von der regulären Vertragsannahme i.S.d. §§ 145 ff. BGB unterscheidet sich der Zuschlag, weil er nicht empfangsbedürftig ist.[114] Ein wirksamer Kaufvertrag liegt aufgrund des Zuschlags vor.

b) Anspruch rückwirkend entfallen

Der Anspruch kann aufgrund einer wirksamen Anfechtung mit Rückwirkung (*ex tunc*) erloschen sein (§ 142 I BGB). Bei der Anfechtung handelt es sich um ein Gestaltungsrecht. Es muss durch Erklärung gegenüber dem Anfechtungsgegner ausgeübt werden (§ 143 I, II BGB). Die Anfechtungserklärung ist eine empfangsbedürftige Willenserklärung. F hat jedoch bislang gegenuber W in keiner Weise zum Ausdruck gebracht, dass er den Kaufvertrag beseitigen will. Auf die Frage, ob ein Anfechtungsgrund gegeben ist, kommt es somit nicht an. Der Anspruch aus § 433 II BGB ist nicht gemäß § 142 I BGB erloschen.

Hinweis: Normalerweise wird die Anfechtungserklärung erst nach Feststellung des Anfechtungsgrundes geprüft. Dies kann insbesondere auch „klausurtaktisch" sinnvoll sein, wenn man sich ansonsten im Sachverhalt erkennbar angelegte Probleme „abschneidet". Man verweist dann zum Schluss der Anfechtungsprüfung auf das Fehlen der Anfechtungserklärung bzw. merkt an, dass eine Anfechtung noch möglich ist, solange die Anfechtungsfrist noch nicht abgelaufen ist. Ist der Anfechtungsgrund jedoch – wie hier – ohnehin noch in der Abwandlung zu prüfen, reicht im Grundfall ein kurzer Hinweis auf die fehlende Anfechtungserklärung.

2. Ergebnis:

W hat gegen F einen Anspruch auf Zahlung von € 70 aus § 433 II BGB.

Lösung zur Abwandlung

1. Anspruch entstanden

W hat einen Anspruch gegen F aus § 433 II BGB zunächst erworben (siehe Ausgangsfall).

2. Anspruch rückwirkend entfallen

Der Zahlungsanspruch des W aus § 433 II BGB kann jedoch rückwirkend (*ex tunc*) aufgrund einer Anfechtung durch F untergegangen sein (§ 142 I BGB).

a) Anfechtungserklärung

Nach § 143 I BGB muss die Anfechtung gegenüber dem Anfechtungsgegner erklärt werden. Anfechtungsgegner ist bei einem Vertrag regelmäßig der andere Teil (§ 143 II BGB). Der Anfechtende muss dabei nicht den Ausdruck „Anfechtung" verwenden. Es genügt, dass der Erklärungsempfänger eindeutig erkennen kann, dass das Rechtsgeschäft wegen des Willensmangels rückwirkend beseitigt werden soll.[115]

F erklärte W, dass er sich geirrt habe und das Ganze gern ungeschehen machen würde. Damit hat er zweifelsfrei zum Ausdruck gebracht, dass er sein Angebot – und damit den Vertrag – rückwirkend beseitigen möchte. Eine Anfechtungserklärung liegt folglich vor.

---

[114] MünchKomm-BGB/*Busche*, § 156 Rn. 4.
[115] BGHZ 91, 324, 331 f. = NJW 1984, 2279, 2281 m. Anm. *Canaris*.

b) Anfechtungsgrund

Als Anfechtungsgrund kommt ein Irrtum gemäß § 119 I BGB in Betracht. Insoweit ist entweder möglich, dass F bei Abgabe der Erklärung über deren Inhalt im Irrtum war (Alt. 1) oder eine Erklärung dieses Inhalts überhaupt nicht abgeben wollte (Alt. 2). Beim Inhaltsirrtum (Alt. 1) irrt sich der Erklärende über die Bedeutung oder Tragweite seiner Erklärung. Er verbindet mit dem verwendeten Erklärungszeichen einen anderen Inhalt als die Erklärung nach der Auslegung tatsächlich hat. Beim Erklärungsirrtum (Alt. 2) wird hingegen ein Erklärungszeichen verwendet, über das sich der Erklärende gar nicht bewusst ist (insbes. Versprechen oder Verschreiben).

Das Problem des Falles liegt darin, dass F überhaupt keine rechtserhebliche Erklärung abgeben wollte. Aufgrund seiner Erklärungsfahrlässigkeit musste er sich aber sein Verhalten als Willenserklärung zurechnen lassen. Vom Wortlaut her könnte durchaus auch dieser Fall des fahrlässig fehlenden Erklärungsbewusstseins in den Anwendungsbereich von § 119 I BGB fallen, und zwar sowohl unter die erste als auch unter die zweite Alternative. Einerseits ließe sich sagen, dass F zwar die Hand gehoben hat, er damit aber nicht den richtigen Inhalt – nämlich die Abgabe eines rechtlich bindenden Gebotes – verbunden hat (Inhaltsirrtum gemäß § 119 I Alt. 1 BGB).[116] Ebenso könnte man aber auch argumentieren, er habe im Sinne des § 119 I Alt. 2 BGB „eine Erklärung dieses Inhalts überhaupt nicht abgeben wollen“, eben weil ihm jegliches Erklärungsbewusstsein fehlte.[117]

Die h.M. sieht aber in § 119 I BGB nur den Fall geregelt, dass der Erklärende tatsächlich eine Willenserklärung abgeben wollte, ihm also allein der konkrete Geschäftswille, nicht auch das Erklärungsbewusstsein fehlte.[118] Auf den letztgenannten Fall passe § 119 I BGB nicht direkt.

Fraglich ist aber, ob § 119 I BGB nicht analog auf den Fall des fehlenden Erklärungsbewusstseins angewendet werden kann. Voraussetzung jeder Analogie ist (1) das Vorliegen einer planwidrigen Regelungslücke und (2) eine vergleichbare Interessenlage.[119]

aa) Planwidrige Regelungslücke

Die Regelungslücke ist darin zu sehen, dass mit § 119 BGB zwar eine Norm vorliegt, die es dem Erklärenden ermöglicht, einen fehlenden Geschäftswillen durch Anfechtung zu „korrigieren“, aber keine, die dies für den Fall des fahrlässig fehlenden Erklärungsbewusstseins zulässt. Fraglich ist nun, ob diese Regelungslücke auch planwidrig ist. Der **Gesetzgeber** müsste also **eine Regelung unbewusst unterlassen** haben, die nach der Konzeption des Gesetzes zu erwarten gewesen wäre. Es ist schwer vorstellbar, dass der Gesetzgeber demjenigen, dem „nur“ der Geschäftswille fehlt, eine Anfechtung gestatten wollte, während er denjenigen, dem noch nicht einmal bewusst ist, dass er sich in rechtserheblicher Weise verhalten hat, endgültig an seinem Verhalten festhalten lassen wollte. Bei der Kodifikation des BGB hatte der Gesetzgeber offensichtlich nur den Fall des fehlenden Geschäftswillens vor Augen. Hätte er gewusst, dass unter bestimmten Voraussetzungen auch ein Verhalten als Willenserklärung zurechenbar ist, ohne dass ein Erklärungsbewusstsein vorliegt,

---

[116] Auf § 119 I Alt. 1 BGB hinweisend *Rüthers/Stadler*, BGB AT, § 25 Rn. 38.

[117] So z. B. MünchKomm-BGB/*Armbrüster*, § 119 Rn. 96.

[118] Auf eine Analogie zu § 119 I Alt. 2 BGB hinweisend *Köhler*, BGB AT, § 7 Rn. 5; Palandt/*Ellenberger*, Einf v § 116 Rn. 17 a.E.

[119] Vgl. zur Analogie (= *Argumentum a simile*) *Bitter/Rauhut*, JuS 2009, 289, 297 f.

hätte er wohl auch für diesen Fall eine Regelung getroffen. Eine planwidrige Gesetzeslücke ist folglich gegeben.

bb) Vergleichbare Interessenlage

Weiterhin muss der nicht geregelte Fall mit dem gesetzlich geklärten Fall von der Interessenlage her vergleichbar sein. Die h.M. bejaht dies[120]: Wenn schon der fehlende Geschäftswille zur Anfechtung berechtigt, muss dies *erst recht* für den Fall des (fahrlässig) fehlenden Erklärungsbewusstseins gelten. In beiden Fällen wird eine nicht gewollte Rechtsfolge ausgelöst, die der Erklärende i.d.R. beseitigen möchte.

Sowohl die direkte als auch die analoge Anwendung des § 119 I BGB führen dazu, dass F seine Erklärung anfechten kann. Ein Anfechtungsgrund ist also in jedem Fall zu bejahen.

c) Anfechtungsfrist

Die Anfechtung muss unverzüglich, d.h. ohne schuldhaftes Zögern erfolgen (§ 121 I 1 BGB). Die Frist beginnt mit dem Zeitpunkt, in dem der Anfechtungsberechtigte Kenntnis vom Anfechtungsgrund erlangt. F bemerkte seinen Irrtum, als W von ihm Zahlung verlangte. Daraufhin erklärte er sofort die Anfechtung. Er wahrte damit die Frist.

d) Rechtsfolge

Da alle Voraussetzungen einer wirksamen Anfechtung erfüllt sind, ist das Rechtsgeschäft nach § 142 I BGB als von Anfang an nichtig anzusehen. Der ursprünglich erworbene Anspruch ist damit erloschen.

3. Ergebnis

W hat keinen Anspruch gegen F aus § 433 II BGB auf Zahlung von € 70.

Fall Nr. 36 – Steuersparversuch

K ist Arzt in einer Klinik für Schönheitschirurgie und ein begeisterter Skifahrer und Wanderer. Um dieser Leidenschaft in der wenigen Freizeit, die er hat, nachgehen zu können, möchte er von V ein Grundstück in Garmisch-Partenkirchen erwerben, um sich dort ein Feriendomizil zu errichten. Die beiden vereinbaren privatschriftlich einen Kaufpreis von € 1,5 Mio. Um Grunderwerbssteuern und Notargebühren zu sparen, beschließen sie jedoch, nur einen Kaufpreis von € 1,1 Mio. notariell beurkunden zu lassen. So geschieht es dann auch. Kurz darauf verlangt K von V Übergabe und Übereignung des Grundstücks. Zu Recht?

Abwandlung 1: K überweist eine erste Rate des Kaufpreises i.H.v. € 600.000 auf das Konto des V, woraufhin es zur Auflassung und Eintragung des Grundstücks kommt. Kann V Zahlung des restlichen Kaufpreises von K verlangen?

Abwandlung 2 (Fall angelehnt an BGHZ 144, 331 = NJW 2000, 3127; *BGH* NJW 2001, 1062): Im Ausgangsfall hat K seinen Freund F damit beauftragt, mit V die Vertragsbedingungen auszuhandeln. F und V verabreden, nur einen Kaufpreis

[120] Deutlich unter Hinweis auf eine Analogie zu § 119 I Alt. 2 BGB *Köhler*, BGB AT, § 7 Rn. 5; vgl. auch Palandt/*Ellenberger*, Einf v § 116 Rn. 17a.E.; allgemein auf eine Analogie zu § 119 I BGB abstellend Soergel/*Hefermehl*, Vor § 116 Rn. 14; offen auch *Flume*, BGB AT, § 23/1 (S. 449f.); *Medicus*, BGB AT, Rn. 607.

von € 1,1 Mio. beurkunden zu lassen. Mit diesem Kaufpreis wird der Kaufvertrag sodann notariell beurkundet, wobei der Vertragsschluss unmittelbar zwischen V und K erfolgt. Kann V von K Zahlung von € 1,5 Mio. gegen Übereignung des Grundstücks verlangen, wenn V davon ausging, dass K die Abrede zwischen ihm und F kenne, K aber tatsächlich nie von F darüber unterrichtet worden ist?

Literaturhinweis: *Medicus*, BGB AT, Rn. 594; *Bork*, BGB AT, Rn. 801 ff.

Lösung zum Grundfall

1. Anspruch von K gegen V auf Übergabe und Übereignung des Grundstücks

K kann gemäß § 433 I 1 BGB gegen V einen Anspruch auf Übergabe und Übereignung (Auflassung und Eintragung, §§ 925, 873 BGB) haben.

Dazu muss ein wirksamer Kaufvertrag über das Grundstück zwischen V und K zustande gekommen sein. Das setzt zwei korrespondierende, in Bezug aufeinander abgegebene Willenserklärungen, Angebot und Annahme, voraus. V und K haben sich vor dem Notar über den Kauf des Grundstücks zu einem Preis von € 1,1 Mio. geeinigt. In Wahrheit haben V und K allerdings einen Kaufpreis von € 1,5 Mio. vereinbart. Den niedrigeren Kaufpreis haben sie nur angegeben, um Steuern und Notargebühren zu sparen. Objektiv wurden damit Rechtsfolgen erklärt, die tatsächlich nicht gewollt waren.

a) Scheingeschäft = simuliertes Geschäft (§ 117 I BGB)

Der vor dem Notar beurkundete Kaufvertrag über € 1,1 Mio. kann gemäß § 117 I BGB nichtig sein. Das setzt voraus, dass eine Willenserklärung, die einem anderen gegenüber abzugeben war, mit dessen Einverständnis nur zum Schein abgegeben wurde. In einem solchen Fall ist der Erklärungsempfänger nicht schutzwürdig, da er den fehlenden Rechtsbindungswillen hinsichtlich des Erklärten nicht nur kennt, sondern sogar damit einverstanden ist.

aa) Empfangsbedürftige Willenserklärung

Bei den nur zum Schein abgegebenen Erklärungen muss es sich um empfangsbedürftige gehandelt haben. Angebot und Annahme sind solche empfangsbedürftigen Willenserklärungen.

bb) Beidseitiger Scheingeschäftswille

Beide müssen den Willen zum Scheingeschäft gehabt haben. Das setzt zunächst voraus, dass die Willenserklärungen tatsächlich nur zum Schein abgegeben worden sind. Das ist der Fall, wenn der bewusst geschaffene äußere Erklärungstatbestand nicht von einem damit korrespondierenden Geschäftswillen getragen wird. Gegenüber dem Notar gaben beide einen Kaufpreis von € 1,1 Mio. an, während in Wahrheit € 1,5 Mio. gezahlt werden sollten. Die erklärten Rechtsfolgen waren nicht gewollt. Es handelt sich auf beiden Seiten um Scheinerklärungen.

Insoweit besteht eine Parallele zu § 116 BGB.[121] Im Unterschied dazu setzt das Scheingeschäft aber weitergehend das Einverständnis des Erklärungsempfängers voraus, die erklärten Rechtsfolgen nicht eintreten zu lassen. Dieses Einverständnis ist mehr als die bloße Kenntnis i. S. d. § 116 S. 2 BGB. Erforderlich ist vielmehr die Abrede zwischen den Parteien, dass die erklärten Rechtsfolgen keine Wirkungen entfalten sollen.

---

[121] Zu § 116 BGB siehe oben § 7 Rn. 37 ff.

V und K waren sich darüber einig, dass sie an die vor dem Notar abgegebenen Willenserklärungen nicht gebunden sein wollten, der niedrige Kaufpreis vielmehr nur zum Schein angegeben werden sollte. Beide Willenserklärungen sind daher nach § 117 I BGB nichtig. Ein Kaufvertrag über das Grundstück zum Preis von € 1,1 Mio. ist nicht zustande gekommen.

Hinweis: Man kann auch an eine Nichtigkeit des Vertrags gemäß §§ 134, 138 BGB i.V.m. § 370 AO (Steuerhinterziehung) bzw. § 263 StGB (Betrug zu Lasten des Notars) denken. Allerdings tritt nach der ständigen Rechtsprechung die Nichtigkeitsfolge nach diesen Vorschriften nur dann ein, wenn die Verwirklichung des gesetzlichen Verbots gerade der Hauptzweck des Vertrags ist. Der Vertragsschluss müsste also vorrangig zum Zweck der Steuerhinterziehung bzw. des Betrugs des Notars erfolgen. Dies soll nach der Rechtsprechung bei einem Grundstückskaufvertrag nicht der Fall sein, der ernsthaft die schuldrechtliche Verpflichtung zur Übertragung des Grundeigentums bezweckt und bei dem – gleichsam nur „nebenbei" – dadurch Steuern und Gebühren gespart werden sollen, dass in der notariellen Urkunde ein zu niedriger Kaufpreis angegeben ist.[122] Mittel zum (Haupt-)Zweck der Steuerhinterziehung oder des Betrugs ist der Vertragsschluss dann nicht.

Diese Rechtsprechung zu den „Schwarzgeschäften" bei notarieller Beurkundung von Grundstückskaufverträgen steht allerdings in einem Spannungsverhältnis zu der oben in Fall Nr. 32 (Schwarzes Bad) angeführten Rechtsprechung des *BGH* zur „Ohne-Rechnung-Abrede". In der diesbezüglichen Entscheidung *BGH* ZIP 2008, 1636 wird zwar in Rn. 7 auf die in BGHZ 14, 25 begründete Rechtsprechungslinie Bezug genommen und vergleichbar darauf hingewiesen, der Hauptzweck des Werkvertrags sei die ordnungsgemäße Erbringung der vereinbarten Bauleistungen. Sodann wird aber in Rn. 8 ff. festgestellt, die der Steuerhinterziehung dienende Ohne-Rechnung-Abrede sei gemäß §§ 134, 138 BGB nichtig und aus dieser Teilnichtigkeit könne gemäß § 139 BGB die Gesamtnichtigkeit des Vertrags folgen. Ebenso müsste beim notariellen „Schwarzgeschäft" die der Steuerhinterziehung dienende Vereinbarung der Falschangabe des Kaufpreises nichtig sein (in diesem Sinne wohl auch *BGH* WM 1966, 161, 162) und sodann weiter gefragt werden, ob daraus gemäß § 139 BGB die Gesamtnichtigkeit des Vertrages folgt.

b) Verdecktes Geschäft = dissimuliertes Geschäft (§ 117 II BGB)

Sofern durch das Scheingeschäft ein anderes Rechtsgeschäft verdeckt werden soll, finden hierauf die für das verdeckte Rechtsgeschäft geltenden Vorschriften Anwendung (§ 117 II BGB). Liegen alle für das verdeckte Rechtsgeschäft geltenden Wirksamkeitsvoraussetzungen vor, gilt das eigentlich Gewollte.

In § 117 II BGB finden sich damit zwei rechtlich relevante Aussagen: Zum einen enthält die Vorschrift – in der Kombination mit § 117 I BGB – den allgemeinen Grundsatz der *falsa demonstratio non nocet*, indem § 117 II BGB den übereinstimmenden Willen der Parteien trotz anderweitiger Erklärung für maßgeblich erklärt.[123] Haben beide Parteien das gleiche gemeint, aber eine falsche Bezeichnung gewählt, besteht kein Grund, den Parteien einen Vertrag mit einem nicht gewollten Inhalt „aufzuzwingen". Zum Zweiten wird bestimmt, dass jedenfalls bei einer **absichtlichen Falschbezeichnung** (Scheingeschäft) die gesetzlichen Vorschriften über die Wirksamkeit von Willenserklärungen auf das verdeckte Geschäft anzuwenden sind. Doch ist auch dies im Grunde nur ein allgemeiner, auch bei versehentlicher Falschbezeichnung geltender Rechtsgedanke: Die Parteien sollen nicht dadurch, dass sie – bewusst oder unbewusst – etwas anderes erklären als sie meinen, den gesetzlichen Prüfungsmaßstab verschieben können. So ist etwa zu prüfen, ob der Inhalt des

[122] Vgl. BGHZ 14, 25, 30 f. = NJW 1954, 1401 unter Hinweis auf *RG* DR 1942, 40; *BGH* WM 1966, 161, 162 f. unter Hinweis auf *RG* DR 1942, 40; RGZ 107, 357, 364; *RG* WarnRspr 1921 Nr. 89; letztere Entscheidung mit eingehender Begründung; aus jüngerer Zeit bestätigend *BGH* NJW-RR 2002, 1527.

[123] *Schermaier*, in: Historisch-kritischer Kommentar zum BGB, §§ 116–124 Rn. 44 mit Hinweis auf die Motive in Fn. 280. Allgemein zur *falsa demonstratio* siehe oben § 5 Rn. 68 ff.

tatsächlich gewollten Geschäfts gegen ein gesetzliches Verbot verstößt (§ 134 BGB), sittenwidrig ist (§ 138 BGB) bzw. bei Formbedürftigkeit die gesetzlich vorgeschriebene Form hinsichtlich des wirklich gewollten Inhalts erfüllt ist (§ 125 BGB).

Von diesem allgemeinen, in § 117 II BGB für das Scheingeschäft ausgesprochenen Grundsatz macht allerdings die h.M. bei dem Nichtigkeitsgrund des § 125 BGB eine Ausnahme, wenn es sich um eine **versehentliche Falschbezeichnung** handelt. Es soll dann reichen, dass sich die Form auf das Erklärte, nicht auch auf das Gewollte bezieht.

Der Unterschied wird in dem hier relevanten Fall der Beurkundung eines falschen Kaufpreises für ein Grundstück deutlich: Bei schuldrechtlichen Geschäften, die auf die Übertragung eines Grundstücks abzielen, ist die *zwingende* Vorschrift des § 311b BGB zu beachten. Ein derartiger Vertrag bedarf nach § 311b I 1 BGB der notariellen Beurkundung (§ 128 BGB). Der Vertrag zwischen V und K soll V nach § 433 I 1 BGB dazu verpflichten, K das Grundstück zu übergeben und das Eigentum daran zu verschaffen. Es handelt sich also um einen Vertrag i.S.d. § 311b I 1 BGB, der formpflichtig ist. Problematisch ist, ob diese Form gewahrt worden ist. Zwar hat eine notarielle Beurkundung stattgefunden. Diese bezog sich aber nicht auf das gewollte Geschäft, sondern nur auf das Scheingeschäft. Der eigentlich gewollte Vertrag über € 1,5 Mio. wurde nicht notariell beurkundet. Hätten die Parteien nur versehentlich diesen falschen Kaufpreis beurkunden lassen, würde nicht nur – nach der *falsa demonstratio*-Regel – der gewollte Kaufpreis als vereinbart gelten, sondern das Geschäft wäre zudem als formwirksam anzusehen. Der übereinstimmend gewollte Inhalt würde gleichsam in die notarielle und damit der gesetzlichen Form entsprechende Urkunde „hineingelesen" (vgl. dazu oben Fall Nr. 20 – Der kleine Unterschied). Bei einer absichtlichen, bewusst nur zum Schein erfolgenden Falschbezeichnung lässt das Gesetz eine solche „Korrektur" zugunsten der Parteien nicht zu, indem § 117 II BGB verlangt, dass das tatsächlich gewollte Geschäft den geltenden Vorschriften entspricht, es also bei einem Grundstückskaufvertrag notariell beurkundet ist.[124] Es besteht in diesem Fall kein Anlass, den allgemeinen Grundsatz beiseite zu lassen, dass das Gewollte sich am Maßstab des Gesetzes messen lassen muss.

Da sich V und K über den (tatsächlich gewollten) Kauf des Grundstücks zum Preis von € 1,5 Mio. nur privatschriftlich einigten, fehlt die gesetzlich vorgeschriebene notarielle Beurkundung (§§ 311b I 1, 128 BGB). **Das Beurkundete ist nicht gewollt, das Gewollte ist nicht beurkundet.** Damit ist der zwischen V und K geschlossene Kaufvertrag gemäß §§ 117 II, 311b I 1, 125 S. 1 BGB formnichtig.

2. Ergebnis

K hat gegen V keinen Anspruch auf Übergabe und Übereignung des Grundstücks gemäß § 433 I 1 BGB.

Lösung zur Abwandlung 1

1. Anspruch des V gegen K auf Zahlung des restlichen Kaufpreises i.H.v. € 900.000

Der Anspruch des V gegen K auf Zahlung von € 900.000 kann sich aus § 433 II BGB ergeben.

[124] Vgl. dazu auch MünchKomm-BGB/*Armbrüster*, § 117 Rn. 27f.

a) **Scheingeschäft**

Wie im Ausgangsfall ist der vor dem Notar nur zum Schein abgeschlossene Kaufvertrag über € 1,1 Mio. gemäß § 117 I BGB nichtig.

b) **Verdecktes Geschäft**

Auch hinsichtlich des verdeckten Geschäfts ergeben sich zunächst keine Unterschiede zum Ausgangsfall. Der Kaufvertrag über € 1,5 Mio. ist gemäß §§ 117 II, 311b I 1, 125 S. 1 BGB nichtig.

c) **Heilung des Formmangels (§ 311b I 2 BGB)**

Der Formmangel kann aber gemäß § 311b I 2 BGB geheilt worden sein. Hier sind die Auflassung und die Eintragung in das Grundbuch erforderlich. Durch die Auflassung und die Eintragung wird das Grundstück nämlich wirksam übereignet und damit die wesentliche Verpflichtung aus dem (nichtigen) Vertrag erfüllt.

Hinweis: Die Auflassung nach § 925 BGB ist ebenfalls formbedürftig, so dass auch hier ein gewisser Schutz vor Übereilung besteht. Die im Grundfall für den Kaufvertrag diskutierten Fragen der wirksamen Form stellen sich bei der Übereignung nicht, weil der – fehlerhaft angegebene – Kaufpreis nicht Gegenstand der Übereignungserklärung ist. Die Übereignung ist vielmehr genau so gewollt wie sie in der Form des § 925 BGB erklärt ist.

Diese Erfüllung führt – im Interesse der Rechtssicherheit – zur Heilung des formnichtigen Kausalgeschäfts. Sachenrechtlich abgeschlossene Verhältnisse sollen Bestand haben. Die Beteiligten sollen nicht gegenseitigen Bereicherungsansprüchen bis zum Ablauf der Verjährungsfrist ausgesetzt sein, nachdem das Eigentum an dem Grundstück übergegangen ist.[125] Die Möglichkeit der Heilung besteht auch bei der absichtlichen Falschbeurkundung.[126] Die Auflassung und Eintragung ins Grundbuch sind erfolgt. Der Formmangel des Kaufvertrags über € 1,5 Mio. ist mit Wirkung für die Zukunft („... wird...gültig...") geheilt. Der Kaufvertrag ist als mit diesem Inhalt beurkundet anzusehen, auch wenn in der Vertragsurkunde ein Kaufpreis von € 1,1 Mio. angegeben ist.

2. Ergebnis:

V hat gegen K einen Anspruch auf Zahlung der restlichen € 900.000 gemäß § 433 II BGB.

Lösung zur Abwandlung 2

1. Anspruch des V gegen K auf Zahlung von € 1,5 Mio.

V kann gegen K einen Anspruch auf Zahlung des Kaufpreises i.H.v. € 1,5 Mio. aus § 433 II BGB haben.

a) **Anspruch entstanden**

Dies setzt einen wirksamen Kaufvertrag zwischen K und V voraus. K und V haben sich vor dem Notar formgerecht über den Kauf eines Grundstücks zum Preis von € 1,1 Mio. geeinigt.

---

[125] *BGH* NJW 1978, 1577.
[126] MünchKomm-BGB/*Kanzleiter*, § 311b Rn. 79.

b) Nichtigkeit gemäß § 117 I BGB

Diese Willenseinigung über den Kauf ist jedoch gemäß § 117 I BGB nichtig, wenn es sich bei den abgegebenen Erklärungen um ein Scheingeschäft handelt. Das setzt auf Seiten des Erklärungsempfängers das Einverständnis voraus, dass die ihm gegenüber abgegebene Erklärung nur zum Schein abgegeben wird. Während das Einverständnis auf Seiten des V unschwer zu bejahen ist, erscheint dies bei K fraglich. K ging nämlich davon aus, dass der beurkundete auch dem gewollten Kaufpreis entsprach. Von der Vereinbarung zwischen F und V, zum Schein einen niedrigeren Kaufpreis beurkunden zu lassen, wusste K nichts. Insoweit fehlt es bei ihm an dem für § 117 I BGB erforderlichen Willen zum Scheingeschäft.

aa) Zurechnung des Scheingeschäftswillens über § 166 I BGB

Dieser fehlende Scheingeschäftswille des K wäre indes unbeachtlich, wenn es sich bei F um seinen Vertreter handeln würde. Dann müsste sich K gemäß § 166 I BGB die Willensmängel des F – hier dessen Scheingeschäftswillen – zurechnen lassen.

Der Vertragsschluss vollzog sich aber unmittelbar zwischen V und K. F übernahm lediglich die Vorbereitung des Vertrags, indem er bestimmte Vertragsbedingungen aushandelte (Verhandlungsgehilfe). Eine eigene Willenserklärung im Namen des K gab er hingegen nicht ab. Eine direkte Anwendung des § 166 I BGB scheidet daher aus.

bb) Zurechnung des Scheingeschäftswillens analog § 166 I BGB

Möglicherweise kann der nur bei F vorliegende Scheingeschäftswille K aber *analog* § 166 I BGB zugerechnet werden. Die Analogie[127] setzt voraus, dass die hier gegebene *Interessenlage* derjenigen entspricht, die § 166 I BGB zugrunde liegt, und zudem eine *planwidrige Regelungslücke* vorliegt.

§ 166 I BGB liegt der so genannte **Repräsentationsgedanke** zugrunde. Der Vertreter repräsentiert den Geschäftsherrn beim Abschluss des Rechtsgeschäfts. Lediglich die Rechtsfolgen treffen den Vertretenen. In der Regel gerät der Vertragspartner nur mit dem Vertreter in Kontakt. Deshalb ist es nur folgerichtig, dass § 166 I BGB hinsichtlich des konkreten Geschäfts auf die Willensmängel und die Kenntnis des Vertreters abstellt. Bei ihm vollzieht sich die maßgebliche Willensbildung; er trifft die für den Vertragsschluss bedeutsamen Entscheidungen. Dieser Repräsentationsgedanke trifft aber **auch beim Handeln so genannter „Wissensvertreter"** zu (§ 10 Rn. 179ff.). Bei ihnen handelt es sich um Personen, die vom Geschäftsherrn mit der eigenverantwortlichen Wahrnehmung bestimmter Aufgaben, insbesondere der Vorbereitung des Vertragsschlusses, betraut sind. Im Rahmen dieser Tätigkeit erlangtes Wissen wird dem Geschäftsherrn unabhängig von einem Vertretungsverhältnis zugerechnet, insbesondere bei sog. Vermittlungsvertretern, die – im Gegensatz zu Abschlussvertretern[128] – den Vertragsschluss zwar vollständig vorbereiten, es sodann aber dem Geschäftsherrn überlassen, den Vertrag direkt mit dem Dritten abzuschließen. Die Wissenszurechnung soll nämlich nicht von der oft zufälligen Art des Vertragsschlusses abhängen.[129] Für diese Fälle wird nach allgemeiner Ansicht eine planwidrige Regelungslücke bejaht.

---

[127] Vgl. zur Analogie (= *Argumentum a simile*) *Bitter/Rauhut*, JuS 2009, 289, 297f.

[128] Zur Unterscheidung zwischen Vermittlungs- und Abschlussvertreter vgl. *Bitter/Schumacher*, HandelsR, § 9 Rn. 23ff.

[129] BGHZ 132, 30, 37 = NJW 1996, 1339, 1340; BGHZ 117, 104, 106f. = NJW 1992, 1099, 1100; *Wolf/Neuner*, BGB AT, § 49 Rn. 79.

Zu beachten ist aber, dass ***analog* § 166 I BGB grundsätzlich nur eine Wissens- und keine Willenszurechnung stattfindet.** Im Hinblick auf den Scheingeschäfts*willen* hat der Gesetzgeber bewusst auf die Berücksichtigung von Willensmängeln außerhalb von Vertretergeschäften verzichtet. Der Scheingeschäftswille ist Tatbestandsmerkmal eines jeden Scheingeschäfts. Dieser Wille zur Simulation eines Rechtsgeschäfts muss bei den vertragsschließenden Parteien (Vertragspartner oder Stellvertreter) selbst vorhanden sein. Nur aus dem übereinstimmenden Willen dieser Personen, das Erklärte nicht zu wollen, ergibt sich wertungsmäßig die vom Gesetz festgelegte Nichtigkeitsfolge.[130] Bezüglich anderer Personen als Stellvertretern liegt zwar eine Regelungslücke vor; sie ist jedoch nicht als planwidrig anzusehen. Folglich kann das Scheingeschäft nicht über eine Zurechnung des Scheingeschäftswillens des Verhandlungsgehilfen *analog* § 166 I BGB fingiert werden, so dass es an dem vorausgesetzten Einverständnis des K fehlt. Der Vertrag ist nicht gemäß § 117 I BGB nichtig.

c) **Nichtigkeit gemäß § 118 I BGB**

Der Kaufvertrag kann aber gemäß § 118 I BGB nichtig sein. Dies ist der Fall, wenn eine nicht ernstlich gemeinte Willenserklärung in der Erwartung abgegeben wurde, dass der Mangel der Ernstlichkeit nicht verkannt werde. Dies gilt keinesfalls für die Erklärung des K, da er einen mit dem äußeren Erklärungstatbestand korrespondierenden Geschäftswillen hatte. Was er sagte, meinte er ernst. Anders verhält es sich mit der Erklärung des V. An die vor dem Notar abgegebene Erklärung wollte V nicht gebunden sein. Sein eigentlicher Geschäftswille bezog sich auf einen Kaufpreis von € 1,5 Mio. Er ging davon aus, dass K über die zwischen F und V getroffene Vereinbarung informiert worden sei und K dementsprechend den Mangel der Ernstlichkeit erkennen werde. Da dem jedoch nicht so war, misslang das von V anvisierte Scheingeschäft. Auch im Falle eines solchen **misslungenen Scheingeschäfts** findet § 118 BGB Anwendung. Die Willenserklärung des V – und damit der Kaufvertrag – ist gemäß § 118 BGB nichtig. Die Tatsache, dass ein notariell beurkundeter Kaufvertrag vorhanden ist, steht der Nichtigkeit nach h. M. nicht entgegen.[131] Die notarielle Beurkundung schützt nicht davor, dass die Erklärungen der Parteien einen anderen Sinn haben können als sich aus dem Wortlaut der Urkunde ergibt, oder dass Unwirksamkeitsgründe vorliegen, die nicht erkennbar sind. Insoweit ist eine Beeinträchtigung des Beweiswertes der Urkunde hinzunehmen.[132]

2. Ergebnis

V hat gegen K keinen Anspruch auf Zahlung von € 900.000 aus § 433 II BGB.

Fall Nr. 37 – Aus Spaß wird Ernst

Unternehmer U hat einen seltsamen Humor. Eines Tages sucht er seinen Angestellten A auf und legt ihm mit ernster Miene ein Schreiben vor, in dem er A die ordentliche Kündigung seines unbefristeten Arbeitsverhältnisses zum Monatsende er-

---

[130] BGHZ 144, 331, 333f. = NJW 2000, 3127, 3128; *BGH* NJW 2001, 1062; *Thiessen*, NJW 2001, 3026.

[131] BGHZ 144, 331, 334 = NJW 2000, 3127, 3128; MünchKomm-BGB/*Armbrüster*, § 118 Rn. 9 m. w. N.

[132] Vgl. zur Problematik der Beeinträchtigung von Formzwecken auch Fall Nr. 20 – Der kleine Unterschied.

klärt. In Wahrheit wollte er A nur einen Schrecken einjagen. Weil A in letzter Zeit etwas zu häufig während der Arbeitszeit im Internet gesurft hatte, hatte er keine Zweifel daran, dass U es mit der Kündigung ernst meinte. Einige Tage später klärt U den A darüber auf, dass die Kündigung nur ein kleiner „Gag" gewesen sei. Daraufhin teilt A dem U mit, dass das „schon in Ordnung" sei. Er habe aufgrund der Kündigung bereits einen neuen Arbeitsvertrag bei einem anderen Arbeitgeber unterschrieben. U hält das Ganze für einen schlechten Scherz des A und meint, dass A auch im nächsten Monat pünktlich zur Arbeit erscheinen müsse.

Hat U einen Anspruch darauf, dass A im nächsten Monat seine Arbeitsleistung für ihn erbringt?

Abwandlung 1: Angenommen U hätte die Kündigung am 1. April ausgesprochen und A hätte erkannt, dass es sich lediglich um einen „Aprilscherz" des U handelte. Muss A im nächsten Monat im Unternehmen des U arbeiten?

Abwandlung 2: Wie wäre der Ausgangsfall zu beurteilen, wenn U in der Erwartung, A werde das Ganze ebenfalls als Spaß auffassen, die Kündigung erklärt hätte, A die Kündigung aber ernst genommen hat.

Bearbeitervermerk: Es ist davon auszugehen, dass die Kündigung fristgerecht erfolgte und das Kündigungsschutzgesetz (KSchG) nicht anwendbar ist.

Lösung zum Grundfall

1. Anspruch des U gegen A auf Erbringung der Arbeitsleistung

U kann gegen A einen Anspruch auf Erbringung der Arbeitsleistung im Folgemonat aus § 611 BGB i. V. m. dem Arbeitsvertrag haben.

a) Wirksamer Arbeitsvertrag

Voraussetzung für einen derartigen Anspruch ist ein wirksamer Arbeitsvertrag zwischen A und U. Von dem Abschluss eines solchen Vertrags ist mangels gegenteiliger Anhaltspunkte auszugehen. Grundsätzlich bestand also der Anspruch auf Erbringung der Arbeitsleistung.

b) Auflösung des Arbeitsverhältnisses

Der Arbeitsvertrag kann aber durch U mit Wirkung für die Zukunft wirksam gekündigt worden sein. In diesem Fall besteht eine Pflicht des A, auch im kommenden Monat im Unternehmen des U zu arbeiten, nicht. Gemäß § 620 II BGB kann, sofern die Dauer des Dienstverhältnisses nicht bestimmt ist, jeder Teil nach Maßgabe der §§ 621–623 BGB kündigen.

aa) Voraussetzungen einer wirksamen Kündigung

Die Kündigung ist ein Gestaltungsrecht, das grundsätzlich (1) eine Erklärung, (2) einen Grund und (3) die Einhaltung einer bestimmten Frist voraussetzt.

aaa) Kündigungserklärung

U muss die Kündigung gegenüber A erklärt haben. Bei der Kündigung handelt es sich um eine einseitige, empfangsbedürftige Willenserklärung, die gemäß § 623 BGB der **Schriftform** (§ 126 BGB) bedarf. U hat A ein Kündigungsschreiben vorgelegt und damit die Kündigung formgerecht gegenüber A erklärt.

bbb) Kündigungsgrund

Im Grundsatz bedarf es für die ordentliche Kündigung eines unbefristeten Arbeitsverhältnisses keines Kündigungsgrundes. Etwas anderes gilt indes im Anwendungsbereich des Kündigungsschutzgesetzes (KSchG). Hier muss die Kündigung durch soziale Gründe gerechtfertigt sein (§ 1 KSchG). Laut Bearbeitervermerk ist jedoch davon auszugehen, dass das KSchG nicht anwendbar ist. Somit war für die ordentliche Kündigung des unbefristeten Arbeitsvertrags kein Kündigungsgrund erforderlich.

ccc) Kündigungsfrist

Eine wirksame Kündigung setzt die Einhaltung bestimmter Fristen voraus (§ 622 BGB). Von der Fristwahrung ist nach dem Bearbeitervermerk auszugehen.

bb) Mentaler Vorbehalt (§ 116 BGB)

Bedenken bestehen aber deshalb, weil U den Arbeitsvertrag mit A eigentlich gar nicht kündigen wollte. U wollte A lediglich einen Schrecken einjagen. Dieser mentale Vorbehalt kann indes gemäß § 116 S. 1 BGB unbeachtlich sein. Hiernach ist eine Willenserklärung nicht deshalb nichtig, weil sich der Erklärende insgeheim vorbehält, das Erklärte nicht zu wollen. Die Vorschrift, die auch bei einseitigen Rechtsgeschäften gilt, setzt voraus, dass beim Erklärenden der Geschäftswille fehlt, nach außen hin aber bewusst der Eindruck einer vollgültigen Willenserklärung gesetzt wird. Dabei muss der Erklärende die Absicht haben, seinen wahren Willen gegenüber dem Erklärungsadressaten verborgen zu halten. **§ 116 S. 1 BGB schützt** in diesem Fall **das Vertrauen des Erklärungsempfängers in die Gültigkeit der Erklärung**. Derjenige, der nach außen bewusst den Anschein setzt, dass er sich rechtlich binden will, muss sich daran festhalten lassen, sofern er damit die Erwartung verbunden hat, der Erklärungsempfänger werde die Erklärung ernst nehmen. Der Wille, das Erklärte nicht zu wollen, ist unbeachtlich. Dabei kommt es auf das Motiv des Erklärenden nicht an. Der Schutz des Rechtsverkehrs ist in jedem Fall vorrangig. Dies gilt nur dann nicht, wenn die Willenserklärung einem anderen gegenüber abzugeben war und dieser den Vorbehalt kennt (§ 116 S. 2 BGB). Der Empfänger ist dann nicht schutzbedürftig. U hat A in der Hoffnung, A werde darauf hereinfallen, die Kündigungserklärung vorgelegt, ohne das Arbeitsverhältnis wirklich beenden zu wollen („**böser Scherz**"). A kannte diesen Vorbehalt des U nicht. Er ging aufgrund seines vorangegangenen Fehlverhaltens davon aus, dass U die Kündigung ernst meinte. Der geheime Vorbehalt des U ist demnach gemäß § 116 S. 1 BGB unbeachtlich, die Kündigung damit wirksam.

2. Ergebnis

U hat gegen A keinen Anspruch auf Erbringung der Arbeitsleistung im kommenden Monat gemäß § 611 BGB i. V. m. dem Arbeitsvertrag.

Lösung zur Abwandlung 1

Fraglich ist erneut, ob die Kündigung wirksam ist. Geht man davon aus, dass U trotz der Vorlage der Kündigung am 1. April wollte, dass A das Schreiben ernst nimmt (Aprilscherz, der erst später durch ausdrückliche Erklärung des Gegenteils „aufgelöst" wird), ist erneut § 116 BGB und nicht etwa § 118 BGB einschlägig, der voraussetzen würde, dass die Kündigung von vornherein in der Erwartung ausgesprochen wird, der Mangel der Ernstlichkeit werde nicht verkannt.

Der innere Vorbehalt, die Kündigung gar nicht zu wollen, kann wiederum nach § 116 S. 1 BGB unbeachtlich sein. Im Gegensatz zum Ausgangsfall hat A aber in der Abwandlung erkannt, dass es sich bei der Kündigung lediglich um einen „Aprilscherz" des U handelte. Er vertraute deshalb nicht auf die Gültigkeit der Erklärung. Beim **erkannten Vorbehalt** ist der Erklärungsempfänger nicht schutzbedürftig. Die Kündigung ist gemäß § 116 S. 2 BGB nichtig.

U hat deshalb gegen A einen Anspruch auf Erbringung der Arbeitsleistung aus § 611 BGB i. V. m. dem Arbeitsvertrag für den Folgemonat.

Lösung zur Abwandlung 2

Fraglich ist auch in der zweiten Abwandlung, ob die Kündigung des U wirksam ist. Auch hier will U dem A eigentlich nicht kündigen, sondern ihn nur „auf den Arm nehmen". A hingegen hat die mangelnde Ernstlichkeit nicht erkannt, die Kündigung also für wirksam gehalten.

1. Geheimer Vorbehalt gemäß § 116 BGB

Der innere Wille des U kann gemäß § 116 S. 1 BGB unbeachtlich sein. Auf den ersten Blick scheint kein Unterschied zum Ausgangsfall zu bestehen. Auch dort hatte U bewusst eine Rechtsfolge erklärt, ohne diese tatsächlich zu wollen. Allerdings verlangt § 116 S. 1 BGB in subjektiver Hinsicht, dass der Erklärende davon ausgeht, der Mangel der Ernstlichkeit werde nicht erkannt. Diese Voraussetzung ist in der zweiten Abwandlung – anders als im Grundfall und in der ersten Abwandlung – nicht erfüllt. U ging davon aus, dass A erkennen werde, dass es sich um einen Spaß handelte. Er vertraute gerade darauf, dass A den Mangel der Ernstlichkeit nicht verkennen werde. Ihm **fehlte die** vorausgesetzte **Geheimhaltungsabsicht**. In einem solchen Fall ist § 116 S. 1 BGB nicht anwendbar.

2. Scherzerklärung gemäß § 118 BGB

Die Kündigung des U kann gemäß § 118 BGB nichtig sein, wenn es sich um eine sogenannte „Scherzerklärung" des U handeln würde. Nach dieser Norm ist eine nicht ernstlich gemeinte Willenserklärung, die in der Erwartung abgegeben wird, der Mangel der Ernstlichkeit werde nicht verkannt, nichtig („**guter Scherz**"). U hat die Kündigung in der Erwartung erklärt, dass A den Scherzcharakter der Erklärung erkennen werde. Ob dies tatsächlich der Fall war, spielt im Rahmen des § 118 BGB keine Rolle. Es kommt allein auf die subjektive Erwartungshaltung beim Erklärenden an. Da der subjektive Tatbestand hier erfüllt ist, ist die Kündigung gemäß § 118 BGB nichtig. Der Arbeitsvertrag besteht fort.

U hat folglich gegen A einen Anspruch auf Erbringung der Arbeitsleistung im Folgemonat gemäß § 611 BGB i. V. m. dem Arbeitsvertrag.

§ 19. Fälle zur Anfechtung (§§ 119ff. BGB)

Fall Nr. 38 – Der doppelte Golf

Die Eltern F und M der Jurastudentin J wollen dieser zum Examen einen gebrauchten VW-Golf schenken und sind daher schon seit einigen Tagen auf der Suche nach einem geeigneten Fahrzeug. Eines Abends kommt M freudig nach Hause und verkündet, er habe bei dem Gebrauchtwagenhändler G einen preiswerten VW-Golf für € 3.000 gefunden und sogleich den Kauf perfekt gemacht. F wird daraufhin blass, da sie am Vormittag des gleichen Tages von einem Arbeitskollegen einen VW-Golf angeboten bekommen hatte und wegen des günstigen Preises den Wagen sofort für € 2.600 erstanden hatte. M teilt daraufhin dem G am nächsten Tag mit, er benötige das Fahrzeug nicht mehr, da seine Frau bereits ein anderes gekauft habe. G besteht auf Abnahme und Zahlung. Zu Recht?

Lösung

1. Anspruch des G gegen M auf Zahlung von € 3.000

G kann gegen M einen Anspruch auf Zahlung von € 3.000 gemäß § 433 II BGB haben.

a) Anspruch entstanden

Der Anspruch auf Zahlung des Kaufpreises ist zunächst entstanden, als sich M und G über den Kauf eines VW-Golf geeinigt und damit einen Kaufvertrag i. S. v. § 433 BGB geschlossen haben.

b) Anspruch rückwirkend entfallen

Möglicherweise ist der Anspruch aber aufgrund wirksamer Anfechtung des Kaufvertrags durch M gemäß § 142 I BGB rückwirkend erloschen.

aa) Anfechtungserklärung

Eine Anfechtungserklärung des M gegenüber G liegt vor (§ 143 I, II BGB). Die Aussage, er benötige das Fahrzeug nicht mehr, ist als eindeutige Erklärung anzusehen, sich nicht mehr an dem Vertrag festhalten lassen zu wollen. Das Wort „Anfechtung" muss nämlich nicht ausdrücklich verwendet werden.

Hinweis: Gewöhnlich wird die Anfechtungserklärung erst nach dem Anfechtungsgrund geprüft, zumal auch festzustellen ist, ob der – zuvor geprüfte – Anfechtungsgrund aus der Erklärung erkennbar wird. Fehlt es aber am Anfechtungsgrund und wäre die Erklärung daher im Anschluss nicht mehr zu prüfen, lässt sich kurz vorab feststellen, dass zwar eine Erklärung vorliegt, diese dann aber im Ergebnis keine Wirkung hat, weil der Grund fehlt.

bb) Anfechtungsgrund

Problematisch erscheint jedoch, ob auch ein Anfechtungsgrund vorliegt. In Frage kann eine Irrtumsanfechtung gemäß § 119 BGB kommen. Im Zeitpunkt des Vertragsschlusses wusste M nicht, dass seine Frau bereits einen günstigeren VW-Golf für ihre Tochter erworben hatte. Hätte er es gewusst, hätte er selbst nie einen Kaufvertrag über einen weiteren VW-Golf geschlossen. Insoweit hat M sich also geirrt.

Wegen der Nichtigkeitsfolge des § 142 I BGB ist die Anfechtung jedoch nur in eng begrenzten Fällen möglich, nämlich dort, wo der Gesetzgeber das Interesse des Irrenden, nicht an seine Erklärung gebunden zu sein, höher bewertet hat als das Interesse des Vertragspartners an der endgültigen Wirksamkeit der Erklärung, auf die er vertraut hat. Diesen Interessenkonflikt hat der Gesetzgeber in den §§ 119 ff. BGB abschließend bewältigt. Nur in den gesetzlich geregelten Fällen kann daher angefochten werden.

Fraglich ist, ob es sich hier um einen solchen Fall handelt. M wollte im Zeitpunkt des Vertragsschlusses den VW Golf für € 3.000 kaufen und hat dies auch fehlerfrei erklärt. Wille und Erklärung fielen bei Abgabe der Willenserklärung nicht auseinander. M irrte lediglich über die außerhalb der Erklärung liegende Wirklichkeit, nämlich darüber, dass F zu diesem Zeitpunkt noch keinen VW erworben hatte. Seine Willensbildung wurde von einem falschen Motiv beeinflusst. Derartige Fehler im Stadium der Willensbildung sind aber – wie sich im Umkehrschluss aus § 119 II BGB ergibt – im Interesse des Verkehrsschutzes grundsätzlich anfechtungsrechtlich irrelevant. Es handelt sich um einen **unbeachtlichen Motivirrtum**. Ein Anfechtungsgrund i.S.v. § 119 BGB liegt deshalb nicht vor.

2. Ergebnis

G kann von M Zahlung von € 3.000 gemäß § 433 II BGB verlangen.

Fall Nr. 39 – Zahlendreher

M ist begeisterter Modellflieger. Sein absolutes Lieblingsmodell ist eine „Hype Cessna 182 Skylane". Während des letzten Flugs hat er das Flugzeug etwas unsanft gelandet. Dabei ist eine der beiden Luftschrauben „zu Bruch" gegangen. Da er selbst ein solches Ersatzteil nicht besitzt, will er es bei dem örtlichen Modellflieger-Händler (H) bestellen. Er sucht in einem Katalog des H, in dem alle möglichen Ersatz- und Zubehörteile mit den jeweiligen Preisen ausgezeichnet sind, die Bestellnummer des Ersatzteils heraus und greift zum Telefonhörer. Die Bestellnummer des gewünschten Ersatzteils lautet (H211–50083); der Kaufpreis beträgt € 9,90. Als die Stimme des H erklingt, gibt M die Bestellung auf. Dabei unterläuft M aber ein Fehler. Er verspricht sich und sagt statt „83" „38", weshalb er die Bestellnummer „H211–50038" nennt. H notiert die Bestellung und teilt M mit, dass er das Ersatzteil schon am nächsten Tag abholen könne.

Als M am darauf folgenden Tag im Laden des H erscheint, ist er sehr enttäuscht, als H ihm einen Karton mit zwei Tragflächen überreicht. Nach einem Blick in den Katalog stellt sich heraus, dass die Tragflächen die von M versehentlich angegebene Bestellnummer haben. M räumt seinen Fehler ein, ist aber nicht bereit, die Tragflächen zu bezahlen, und will von dem Kauf Abstand nehmen, was er H mitteilt. Dagegen wendet H ein, dass er die Tragflächen extra für M bestellt habe. Bei dem Flugzeug des M handele es sich um ein sehr seltenes Modell. Deshalb habe er starke Zweifel daran, ob er die Tragflächen jemals an einen anderen Kunden verkaufen könne. Eine Rückgabe an den Hersteller sei zwar möglich, doch verlange dieser bei Rückgaben eine pauschale Bearbeitungsgebühr von € 7,50. Aus diesem Grund müsse er auf Abnahme der Tragflächen und Zahlung des Kaufpreises i.H.v. € 24,90 oder zumindest auf Zahlung von € 7,50 bestehen.

Wie ist die Rechtslage?

Lösung

1. Anspruch des H gegen M auf Zahlung des Kaufpreises und Abnahme der Tragflächen

H verlangt von M Zahlung des Kaufpreises i.H.v. € 24,90 und Abnahme der Tragflächen. Anspruchsgrundlage hierfür kann § 433 II BGB sein.

a) Anspruch entstanden

Dafür muss zwischen M und H ein wirksamer Kaufvertrag über die Tragflächen zustande gekommen sein. Das setzt zwei korrespondierende, in Bezug aufeinander abgegebene Willenserklärungen, Angebot und Annahme, voraus. Man könnte daran denken, dass bereits der Bestellkatalog des H ein Angebot auf Abschluss eines Kaufvertrags darstellt. Bei einem derartigen **Produktkatalog** handelt es sich jedoch um eine bloße ***invitatio ad offerendum*** (§ 4 Rn. 14ff.). Der Herausgeber eines solchen Katalogs will sich durch den Katalog selbst noch nicht rechtlich binden. Vielmehr werden die Kunden durch den Katalog aufgefordert, ihrerseits ein Angebot abzugeben. Demzufolge hat erst M das Angebot abgegeben, als er die Bestellung telefonisch bei H aufgab.

Problematisch erscheint, dass M eigentlich eine Luftschraube bestellen wollte. Er hat aber die letzten beiden Ziffern der Bestellnummer vertauscht, weshalb es für H so aussah, als ob M zwei Tragflächen bestellen wollte. Wo Gewolltes und Verstandenes auseinanderfallen, ist der Inhalt der Erklärung anhand des **objektiven Empfängerhorizonts** zu ermitteln (§§ 133, 157 BGB). Es ist danach zu fragen, wie ein außenstehender Dritter unter objektiver Würdigung aller erkennbaren Umstände und unter Berücksichtigung der Verkehrssitte und des Grundsatzes von Treu und Glauben die Erklärung verstanden hätte.

Im konkreten Fall gab es keinerlei Anzeichen, die auf den wahren Willen des M hingewiesen hätten. Deshalb durfte H die Erklärung als Angebot über den Abschluss eines Kaufvertrags über zwei Tragflächen verstehen.

Ferner müssen dem Angebot alle ***essentialia negotii*** zu entnehmen sein. Zweifel daran könnten bestehen, weil M weder den Kaufgegenstand noch den Kaufpreis ausdrücklich nannte. Diese Umstände schaden jedoch nicht, da der Kaufgegenstand durch Nennung der Bestellnummer jedenfalls eindeutig bestimmbar war. Gleiches gilt für den Kaufpreis. Ausdrücklich wurde zwar kein Preis genannt; allerdings ist es ausreichend, wenn sich die Gegenleistung aus den Umständen bestimmen lässt. Bei derartigen Katalogbestellungen entspricht es der Verkehrsauffassung, dass der Käufer die in dem Katalog festgelegten Preise akzeptiert und seinem Angebot zugrunde legt. Ein hinreichend bestimmtes Angebot liegt also vor.

Dieses Angebot hat H angenommen, indem er die Bestellung telefonisch bestätigte (§ 147 I 2 BGB). Ein Kaufvertrag ist damit zunächst geschlossen worden; der Anspruch ist entstanden.

b) Anspruch rückwirkend entfallen

Der Anspruch kann aber aufgrund einer Anfechtung des Kaufvertrags rückwirkend entfallen sein (§ 142 I BGB).

aa) Anfechtungsgrund

Dafür muss ein Anfechtungsgrund vorliegen. M wollte eigentlich die Nummer H211–50083 nennen. Aufgrund eines Versprechers sagte er jedoch H211–50038. Hinter den beiden Nummern verbargen sich zwei verschiedene Ersatzteile. Während M eigentlich eine Luftschraube bestellen wollte, gab er objektiv eine Bestellung über zwei Tragflächen auf. Wille und Erklärung fielen somit im Zeitpunkt der Abgabe der Erklärung auseinander. Ihm fehlte in Bezug auf den tatsächlich abgeschlossenen Vertrag der Geschäftswille.

Möglicherweise kann er deshalb seine Erklärung wegen eines Erklärungsirrtums gemäß § 119 I Alt. 2 BGB anfechten. Dieser Irrtum ist dadurch gekennzeichnet, dass der Erklärende ein Erklärungszeichen verwendet hat, das er gar nicht verwenden wollte. Schon der äußere Erklärungstatbestand ist nicht gewollt. Aufgrund eines Versprechers nannte M die Zahl „38“, obwohl er eigentlich „83“ sagen wollte.

Deshalb gab er eine falsche Bestellung auf. Der konkrete Wortlaut dieser Bestellung war nicht vom Willen des M gedeckt.

Hätte er gewusst, dass es sich bei der von ihm verwendeten Bestellnummer um die der zwei Tragflächen handelte, hätte er diese Nummer nie genannt. Da der Irrtum somit auch kausal für die Abgabe seines Angebots war, kann er wegen Erklärungsirrtums gemäß § 119 I Alt. 2 BGB anfechten. Ein Anfechtungsgrund liegt vor.

bb) Anfechtungserklärung

Erforderlich ist zudem eine Anfechtungserklärung gegenüber dem richtigen Anfechtungsgegner (§ 143 I, II BGB). Die Äußerung des M **gegenüber seinem Vertragspartner** H, von dem Kauf Abstand nehmen zu wollen, ist aus Sicht eines objektiven Empfängers als Erklärung der Anfechtung zu verstehen. Das Wort „Anfechtung" muss nicht verwendet werden. M brachte dabei zudem klar zum Ausdruck, dass er sich von dem Vertrag wegen seines „Zahlendrehers" lösen will, womit der **Anfechtungsgrund erkennbar** wird.

cc) Anfechtungsfrist

Schließlich muss M unverzüglich nachdem er den Irrtum bemerkt hat, angefochten haben (§ 121 I 1 BGB). Dies ist hier der Fall.

dd) Rechtsfolge

Die Rechtsfolge ergibt sich aus § 142 I BGB. Das Rechtsgeschäft ist als von Anfang an nichtig zu behandeln. H hat folglich gegen M keinen Anspruch auf Abnahme der beiden Tragflächen und Zahlung des Kaufpreises gemäß § 433 II BGB.

2. Anspruch auf Erstattung der Bearbeitungsgebühr i. H. v. € 7,50

Möglicherweise kann H aber von M zumindest Schadensersatzanspruch i. H. v. € 7,50 verlangen. Als Anspruchsgrundlage kommt insoweit § 122 I BGB in Betracht.

a) Angefochtene Willenserklärung

Zu prüfen ist dazu, ob eine Willenserklärung aus einem der in § 122 I BGB genannten Gründe angefochten worden ist. Nur in diesen Fällen gewährt das Gesetz dem Anfechtungsgegner einen Schadensersatzanspruch. M hat seine Annahmeerklärung nach § 119 I Alt. 2 BGB angefochten, so dass grundsätzlich ein Schadensersatzanspruch möglich ist.

b) Vertrauensschaden

Nach § 122 I BGB soll der Anfechtungsgegner den Schaden ersetzt bekommen, den er dadurch erleidet, dass er auf die Gültigkeit des Vertrags vertraut hat (= **negatives Interesse**). Er soll wirtschaftlich so gestellt werden, wie er stehen würde, wenn er sich auf das Geschäft nie eingelassen, von diesem also nie etwas gehört hätte. Dazu gehören insbesondere auch **Aufwendungen**, die dem Anfechtungsgegner in Folge der Anfechtung entstehen. Weil H aufgrund der berechtigten Anfechtung des M keinen Anspruch auf Abnahme und Bezahlung der Ersatzteile hatte, musste er diese zurückgeben und dem Hersteller eine pauschale Bearbeitungsgebühr i. H. v. € 7,50 zahlen. Diese Gebühr ist ihm nur entstanden, weil er im Vertrauen auf die Gültigkeit der Erklärung des M die Ersatzteile bei dem Hersteller bestellt hatte. Hätte H nie etwas von dem Angebot des M gehört, hätte er die Gebühr nicht zahlen müssen. Sie stellt folglich einen im Rahmen des § 122 I BGB erstattungsfähigen Posten dar.

c) Begrenzung des Schadensersatzanspruchs

Gemäß § 122 I a. E. BGB ist der Anspruch der Höhe nach auf den Betrag des Interesses begrenzt, den der andere an der Gültigkeit der Erklärung hatte. Der **Vertrauensschaden** wird **durch das Erfüllungsinteresse** (= positives Interesse) **begrenzt.** Das Erfüllungsinteresse des Ersatzberechtigten besteht darin, so gestellt zu werden, wie er stehen würde, wenn der Vertrag ordnungsgemäß erfüllt worden wäre. Dann hätte H den Kaufpreis von € 24,90 erhalten, müsste dafür im Gegenzug aber auch die Tragflächen übereignen. Das positive Interesse beläuft sich damit im Regelfall auf die Differenz zwischen dem Kaufpreis und dem Wert der zu übereignenden Ware. Letzterer entspricht für den Händler gewöhnlich dem Einkaufspreis. Sein positives Interesse an dem Vertrag ist daher sein Gewinn als Differenz zwischen Einkaufs- und Verkaufspreis.

Kann H allerdings mit den bereits gekauften Tragflächen nun anderweitig nichts mehr anfangen und hat die zu übereignende Ware damit für ihn einen geringeren Wert als den Einkaufspreis, ist das positive Interesse höher zu bemessen. Könnte er die Sache gar nicht anderweitig verwerten, wäre sie für ihn € 0 wert und das positive Interesse würde sich auf den vollen Kaufpreis belaufen (hier € 24,90). Kann er die Sache immerhin noch an den Hersteller zum Einkaufspreis abzüglich einer Gebühr von € 7,50 zurückgeben, so beläuft sich der Wert für den Händler auf diesen vom Hersteller angebotenen Rücknahmepreis. Das positive Interesse ist dann der Differenzbetrag zwischen dem Verkaufspreis (€ 24,90) und diesem Rücknahmepreis des Herstellers und lässt sich in folgender Formel erfassen: Positives Interesse = Verkaufspreis – (Einkaufspreis – Gebühr von € 7,50) = (Verkaufspreis – Einkaufspreis) + Gebühr von € 7,50. Da der Händler sicher nicht unter Einkaufspreis verkauft hat und folglich in dieser Formel die Differenz aus Verkaufs- und Einkaufspreis positiv ist, muss das positive Interesse damit in jedem Fall größer sein als das negative Interesse, das sich – wie gesagt – nur auf die Gebühr von € 7,50 beläuft. Eine Begrenzung erfolgt aber nach dem Gesetz nur, wenn das positive (Erfüllungs-)Interesse niedriger ist als das negative Interesse.[133] Es verbleibt also bei der Ersatzfähigkeit des ganzen negativen Interesses in Höhe von € 7,50.

d) Kein Ausschluss gemäß § 122 II BGB

Nach § 122 II BGB tritt die Schadensersatzpflicht nicht ein, wenn der Geschädigte den Grund der Anfechtbarkeit kannte oder in Folge von Fahrlässigkeit (§ 276 BGB) nicht kannte (kennen musste). In diesem Fall ist kein schutzwürdiges Vertrauen auf die Gültigkeit der Erklärung entstanden. Für H bestanden keinerlei Anhaltspunkte, die auf einen anderen als den von ihm verstandenen Inhalt der Erklärung hingedeutet hätten. Folglich kommt ein Ausschluss der Schadensersatzpflicht gemäß § 122 II BGB nicht in Betracht.

e) Ergebnis:

H hat gegen M einen Anspruch auf Schadensersatz i. H. v. € 7,50 gemäß § 122 I BGB.

Fall Nr. 40 – Jede Menge Toilettenpapier

A betreibt ein großes Speiselokal. Eines Tages suchte sie L, ein Händler für Toilettenpapier, auf. Er fragte, ob A mit „25 Gros Rollen“ einverstanden wäre, da er ihr einen Mengenrabatt einräumen könnte. A bejahte und unterzeichnete eine von L

---

[133] Vgl. dazu noch unten Fall Nr. 48 – Judex calculat.

ausgefüllte Bestellung über „25 Gros Rollen“ Toilettenpapier, die Rolle zu 1.000 Blatt. Zwei Tage später werden 3.600 Rollen Toilettenpapier angeliefert. A verweigert die Abnahme und Zahlung, mit Ausnahme von 25 Rollen, da sie nicht mehr bestellt hatte. L machte ihr klar, dass die Bezeichnung „Gros“ zwölf Dutzend Stück bedeutet. Daraufhin erklärte A den „Rücktritt“ vom Vertrag, weil sie geglaubt hatte, lediglich 25 große Rollen Toilettenpapier bestellt zu haben. Sie habe gemeint, dass dem L ein orthographischer Fehler unterlaufen sei, als er das Wort „Gros“ benutzte. L wollte dies nicht gelten lassen. Es gehöre zur Allgemeinbildung, dass man wisse, was „Gros“ bedeutet. Er klagt sodann auf die volle Kaufpreiszahlung i.H.v. € 629. Mit Erfolg?

Rechtsprechungshinweis: *LG Hanau* NJW 1979, 721.

Lösung

1. Anspruch des L gegen die A auf Zahlung von € 629

L kann gegen A einen Anspruch auf Zahlung von € 629 aus § 433 II BGB haben.

a) Anspruch entstanden

Voraussetzung dafür ist ein wirksamer Vertragsschluss über den Kauf von 3.600 Rollen Toilettenpapier. Dazu bedarf es zweier sich entsprechender Willenserklärungen, Angebot und Annahme.

aa) Angebot

L fragte A, ob sie mit „25 Gros Toilettenpapier“ einverstanden sei und legte ihr ein entsprechendes Bestellformular vor. Darin liegt ein Angebot auf Abschluss eines Kaufvertrages über Toilettenpapier. Fraglich ist jedoch, ob sich das Angebot auf 25×144 Rollen oder 25 große Rollen Toilettenpapier bezog. Während L mit „Gros“ die alte Maßeinheit (12×12) meinte, dachte A, es handele sich um einen orthographischen Fehler des L, und verstand die Äußerung als Angebot über 25 große Rollen Toilettenpapier. A hat der Erklärung des L somit einen vom wirklichen Willen des L abweichenden Inhalt beigemessen. Die Erklärung ist daher auszulegen.

Bei der Auslegung empfangsbedürftiger Willenserklärungen ist weder allein das Verständnis des Empfängers noch das des Erklärenden maßgeblich. Es kommt darauf an, wie der Empfänger die Erklärung verstehen durfte. Dazu muss die Erklärung vom **objektiven Empfängerhorizont** ausgelegt werden (§§ 133, 157 BGB). Es ist danach zu fragen, wie ein verständiger Dritter in der konkreten Situation unter Berücksichtigung aller erkennbaren Umständen und der Verkehrssitte die Willenserklärung verstanden hätte. Auch wenn es sich bei einem „Gros“ um eine heute eher unübliche Zähleinheit handelt, so ist bei der Auslegung doch zunächst vom Wortlaut der Erklärung auszugehen.[134] „Gros“ ist eine alte Maßeinheit und gleichbedeutend mit „Zwölf Dutzend“. Ein vom eigentlichen Wortsinn her abweichendes Verständnis lag hier nicht näher. Man müsste L einen orthographischen Fehler unterstellen, um zu dem von A verstandenen Inhalt zu gelangen. Für einen solchen gab es indes keine Anhaltspunkte; L hat das Wort richtig geschrieben. Anders wäre es u.U. gewesen, wenn L „gros“ oder „Grose“ geschrieben hätte. Im Übrigen dürfte auch eine Differenzierung zwischen „großen“ und „kleinen“ Rollen Toilettenpapier nicht verkehrsüblich sein. Aus Sicht eines objektiven Empfängers hat L somit ein Verkaufsangebot über 3.600 Rollen Toilettenpapier abgegeben.

---

[134] BGHZ 124, 39, 44f. = NJW 1994, 188, 189; *BGH* NJW 2010, 2422, 2425 (Rn. 33).

bb) Annahme

Dieses Angebot muss A angenommen haben. Die Annahme hat A erklärt, indem sie die Frage des L bejahte. Aus der Sicht eines objektiven Erklärungsempfängers bezog sich auch diese Annahme auf den Kauf von 3.600 Rollen Toilettenpapier, da sie in Bezug auf das vorherige Angebot erklärt wurde. Es ist ein Kaufvertrag über ebendiese Stückzahl zunächst zustande gekommen.

b) Anspruch rückwirkend entfallen

Der Kaufvertrag kann jedoch gemäß § 142 I BGB rückwirkend (*ex tunc*) nichtig und damit der Anspruch entfallen sein, wenn ein Anfechtungsgrund vorliegt und A die Anfechtung fristgerecht erklärt hat.

aa) Anfechtungsgrund

Zu prüfen ist zunächst der Anfechtungsgrund. In Frage kommt ein Inhaltsirrtum gemäß § 119 I Alt. 1 BGB. Dieser ist dadurch gekennzeichnet, dass der Erklärende seiner Erklärung einen Sinn beimisst, der ihr nach der Auslegung nicht zukommt. Er verwendet zwar das beabsichtigte Erklärungszeichen, irrt sich aber über die Bedeutung oder Tragweite seiner Erklärung.

A wollte 25 große Rollen Toilettenpapier ordern, bestellte objektiv aber 3.600 Rollen. Der konkrete Wortlaut ihrer Erklärung war gewollt. Allerdings irrte sie über den Sinn des verwendeten Erklärungszeichens, weil sie ihrer Annahmeerklarung ein vom objektiven Empfängerhorizont abweichendes Verständnis des Wortes „Gros" zugrunde gelegt hat. Deshalb fielen im Zeitpunkt der Abgabe der Erklärung ihr innerer und der nach außen erklärte Geschäftswille auseinander. A befand sich in einem Inhaltsirrtum nach § 119 I Alt. 1 BGB. Dieser berechtigt sie zur Anfechtung, da auch anzunehmen ist, dass A die Erklärung bei Kenntnis der Sachlage und bei verständiger Würdigung des Falles nicht abgegeben hätte (§ 119 I a.E. BGB). Ob den Erklärenden an seinem Irrtum ein Verschulden trifft, hat für die Anfechtungsmöglichkeit keinerlei Bedeutung.

bb) Anfechtungserklärung

Eine wirksame Anfechtung setzt weiter voraus, dass A die Anfechtung gegenüber dem richtigen Anfechtungsgegner erklärt hat (§ 143 I, II BGB). Nachdem A von L über die wahre Bedeutung des Wortes „Gros" unterrichtet wurde, erklärte sie gegenüber L den Rücktritt. Bei einem Rücktritt handelt es sich zwar auch um ein Gestaltungsrecht, allerdings ist der Rücktritt ein von der Anfechtung verschiedenes Rechtsinstitut, an das völlig unterschiedliche Rechtsfolgen anknüpfen (vgl. §§ 346 ff. BGB). Jedoch ist zu bedenken, dass von einem Laien keine profunden Rechtskenntnisse erwartet werden können, so dass an die Anfechtungserklärung keine zu hohen Anforderungen gestellt werden dürfen. Vom objektiven Empfängerhorizont ausgehend genügt es daher, wenn der Wille, sich wegen des Willensmangels vom Vertrag lösen zu wollen, eindeutig zu Tage tritt.[135] Diesen Willen erklärte A unmissverständlich gegenüber L, der nach § 143 II BGB als Vertragspartner auch der richtige Anfechtungsgegner war.

cc) Anfechtungsfrist

Bei einem Inhaltsirrtum ist die Anfechtung unverzüglich nach Erlangung der Kenntnis vom Anfechtungsgrund zu erklären (§ 121 I 1 BGB). A hat ihre Annah-

[135] BGHZ 91, 324, 331 = NJW 1984, 2279, 2281 m. Anm. *Canaris*.

meerklärung sofort angefochten, nachdem sie ihren Irrtum bemerkt hatte. Sie hat somit die Frist gewahrt.

dd) Rechtsfolge

A hat ihre Willenserklärung wirksam angefochten. Diese – und damit auch der Vertrag – ist als von Anfang an nichtig anzusehen (§ 142 I BGB).

2. Ergebnis

L hat gegen A keinen Anspruch auf Zahlung von € 629 aus § 433 II BGB.

Fall Nr. 41 – Die Verwechslung

Michael Ammer (M) ist Langzeitstudent, der schon seit Jahren deutlich über seine Verhältnisse lebt. Um sich seinen aktuellen Wunsch – den Kauf des neuesten 3er BMW Modells – finanzieren zu können, will er ein Darlehen bei der B-Bank (B) aufnehmen. Angesichts seiner finanziellen Verhältnisse hat er jedoch keine große Hoffnung, dass ihm B das Darlehen gewähren wird. Umso überraschter ist M, als ihm der vertretungsberechtigte Angestellte (A) der B anstandslos ein Darlehen i. H. v. € 20.000 bewilligt. A gewährte das Darlehen indes nur, weil er davon ausging, dass es sich bei M um den gleichnamigen, vermögenden Eventmanager handeln würde. Hätte A gewusst, dass es sich bei M um einen „armen" Studenten handelte, hätte er das Darlehen niemals bewilligt. M selbst hatte noch nie etwas von seinem Namensvetter gehört. Noch bevor es zur Auszahlung des Darlehens kommt, wird der Irrtum bemerkt. M wird mitgeteilt, dass der Darlehensvertrag angefochten werde. M will seinen Traum vom BMW nicht so schnell aufgeben und besteht auf Auszahlung des Darlehens. Zu Recht?

Bearbeitervermerk: Es ist davon auszugehen, dass der Darlehensvertrag formgerecht abgeschlossen worden ist.

Literaturhinweis: *Rüthers/Stadler*, BGB AT, § 25 Rn. 29 ff.

Lösung

1. Anspruch des M gegen B auf Auszahlung des Darlehens

M verlangt von B Auszahlung des Darlehens i. H. v. € 20.000. Der Anspruch kann sich aus § 488 I 1 BGB ergeben.

a) Anspruch entstanden

Gemäß § 488 I 1 BGB wird der Darlehensgeber durch den Darlehensvertrag verpflichtet, dem Darlehensnehmer einen Geldbetrag in der vereinbarten Höhe zur Verfügung zu stellen. Zu prüfen ist demnach, ob ein entsprechender Darlehensvertrag zwischen M und B zustande gekommen ist. Wie jeder Vertrag kommt auch der Darlehensvertrag durch zwei korrespondierende Willenserklärungen zustande. Indem M in die Bank ging und um Gewährung eines Darlehens bat, gab er ein Angebot ab. Dieses wurde durch den vertretungsberechtigten A angenommen (vgl. § 164 BGB), indem er das Darlehen bewilligte. Damit ist ein Darlehensvertrag zwischen B und M zustande gekommen. Von dessen Formwirksamkeit ist laut Bearbeitervermerk auszugehen.

b) Anspruch rückwirkend entfallen

Der Darlehensvertrag kann aber aufgrund einer Anfechtung rückwirkend (*ex tunc*) wieder entfallen sein (§ 142 I BGB) und mit ihm auch der daraus folgende Anspruch auf Auszahlung.

aa) Anfechtungsgrund

Als Anfechtungsgrund kommt ein Irrtum gemäß § 119 BGB in Betracht. A hat als Vertreter der B den Darlehensvertrag mit M abgeschlossen, so dass es gemäß § 166 I BGB auf seine Willensmängel ankommt. A ist davon ausgegangen, dass es sich bei M um den berühmten Eventmanager Michael Ammer handelte. Er irrte damit über die Identität seines Vertragspartners. Aus diesem Grund hatte er an der Kreditwürdigkeit des M keinerlei Zweifel. Bei einem solchen **Irrtum über die Identität des Geschäftspartners** (*error in persona*) bezieht sich die Erklärung nach dem objektiven Inhalt auf die eine Person, während nach dem inneren Geschäftswillen mit einer ganz anderen Person abgeschlossen werden soll. Es handelt sich um einen Sonderfall des Inhaltsirrtums, der zur Anfechtung berechtigt.[136] Der Erklärende verwendet zwar das richtige Erklärungszeichen, irrt aber über die Bedeutung seiner Erklärung, weil er sich falsche Vorstellungen über die Identität seines Geschäftspartners macht. So lag es hier. A hielt M für den Eventmanager Michael Ammer. Nur mit diesem wollte er im Namen der B einen Darlehensvertrag schließen. Objektiv bezog sich seine Erklärung aber auf einen Vertragsschluss mit dem Studenten M. Wille und Erklärung fallen auseinander. Hätte er gewusst, dass M bloß ein „armer“ Student war, hätte er den Vertrag niemals geschlossen. Der Irrtum war damit auch kausal für die Abgabe der Willenserklärung.

Hinweis: Der Identitätsirrtum ist vom Eigenschaftsirrtum abzugrenzen. Bei Letzterem werden der Geschäftspartner bzw. Geschäftsgegenstand körperlich zutreffend identifiziert, es werden ihnen aber fälschlicherweise bestimmte verkehrswesentliche Eigenschaften zugeschrieben. Ein Irrtum über die Eigenschaft einer Person würde etwa vorliegen, wenn tatsächlich Michael Ammer den Darlehensvertrag mit B geschlossen hätte, A diesen aber irrtümlich für vermögend gehalten hätte, obwohl dieser längst pleite war. Die Unterscheidung spielt v. a. bei Irrtümern, die Sachen betreffen, eine Rolle. Während bei einem Eigenschaftsirrtum das Gewährleistungsrecht oft vorrangig ist, kann bei einem Inhaltsirrtum in Form des Identitätsirrtums angefochten werden.

bb) Anfechtungserklärung

B hat den Darlehensvertrag ausdrücklich gegenüber M, ihrem Vertragspartner, angefochten (§ 143 I, II BGB) und dabei auch den Anfechtungsgrund erkennbar gemacht.

cc) Anfechtungsfrist

Der Darlehensvertrag wurde unverzüglich angefochten, nachdem der Irrtum bemerkt worden war (§ 121 I 1 BGB).

dd) Rechtsfolge

Das angefochtene Rechtsgeschäft ist als von Anfang an nichtig anzusehen (§ 142 I BGB).

2. Ergebnis

M hat gegen B keinen Anspruch auf Auszahlung des Darlehens gemäß § 488 I 1 BGB.

---

[136] Jauernig/*Jauernig*, § 119 Rn. 9; *Medicus*, BGB AT, Rn. 763.

Fall Nr. 42 – Erwerb mit Folgen

Jungmillionär J möchte einen Teil seines Geldes in Immobilien anlegen. Er erwirbt in notarieller Urkunde vom Hauseigentümer H ein mehrstöckiges Wohngebäude. J beabsichtigt die Umwandlung in einen Bürokomplex. Die einzelnen Einheiten möchte er an interessierte Geschäftsinhaber vermieten. Die noch im Haus befindlichen Mieter will M so schnell wie möglich dort „raus haben“. Er geht davon aus, dass dies kein Problem sei, da er schließlich mit seinem Eigentum machen könne, was er wolle und er mit den Mietern keinen Vertrag habe. Als er jedoch erfährt, dass in dem Haus seit vielen Jahren unter anderem auch eine mehrköpfige Familie wohnt und deren Mietvertrag gemäß § 566 I BGB ihm gegenüber wirksam ist, erklärt er gegenüber H, dass er den Vertrag rückgängig machen wolle, weil er sich über diese Folgen nicht im Klaren gewesen sei. H verlangt Zahlung des Kaufpreises.

Muss J den Kaufpreis zahlen?

Literaturhinweis: *Wolf/Neuner*, BGB AT, § 41 Rn. 87 ff.

Lösung

1. Anspruch des H gegen J auf Zahlung des Kaufpreises

Ein Anspruch des H gegen J auf Zahlung des Kaufpreises kann sich aus § 433 II BGB ergeben.

a) Anspruch entstanden

Da der Kaufvertrag notariell beurkundet wurde (§ 311b I 1 BGB), ist er zunächst wirksam zustande gekommen. Der Anspruch aus § 433 II BGB ist damit entstanden.

b) Anspruch rückwirkend entfallen

Allerdings kann der Kaufvertrag aufgrund wirksamer Anfechtung gemäß § 142 I BGB rückwirkend (*ex tunc*) nichtig und damit der Anspruch entfallen sein.

aa) Anfechtungserklärung

J hat gegenüber H deutlich zum Ausdruck gebracht, dass er den Vertrag wegen des Irrtums beseitigen will. Damit hat er die Anfechtung gegenüber H erklärt (§ 143 I, II BGB).

bb) Anfechtungsgrund

Problematisch erscheint jedoch, ob J auch einen Anfechtungsgrund hat. Als Anfechtungsgrund kommt ein Irrtum in Betracht, da J sich bei Abgabe der Willenserklärung nicht darüber im Klaren gewesen ist, dass ein Erwerber vermieteten Wohnraums gemäß § 566 I BGB in die Rechtsstellung des bisherigen Vermieters eintritt. Aufgrund dieser Vorschrift kann J den Kaufgegenstand nicht plangemäß nutzen, da er ihn bis zur wirksamen Kündigung des Mietverhältnisses nicht gemäß § 985 BGB heraus verlangen kann. Hinsichtlich der Kündigung ist der Erwerber an die strengen Kündigungsvorschriften der §§ 573 ff. BGB gebunden. J wollte zwar eine auf Erwerb des Wohngebäudes gerichtete Erklärung abgeben, irrte sich aber über die an seine Erklärung anknüpfenden Rechtsfolgen. Fraglich ist, ob ein solcher **Rechtsfolgenirrtum** zur Anfechtung berechtigt.

Dies ist gemäß § 119 I BGB nur ausnahmsweise der Fall, nämlich dann, wenn der Erklärende die Rechtsfolge unmittelbar zum Inhalt seiner Erklärung gemacht hat.[137] Die Erklärung muss ihrem Inhalt nach unmittelbar auf die Herbeiführung einer bestimmten Rechtsfolge gerichtet sein (= **unmittelbar erklärte Rechtsfolge**). Tritt dann wegen Verkennung der rechtlichen Bedeutung eine andere Rechtswirkung als die vorgestellte ein, so kann wegen Inhaltsirrtums angefochten werden, weil Wille und Erklärung auseinanderfallen.

Anders ist dies hingegen, wenn die Rechtsfolge nicht zum Inhalt der Willenserklärung gemacht worden ist, sondern nur mittelbare Folge der Erklärung ist (= **mittelbare Rechtsfolge**). Das gilt insbesondere für die Fälle, in denen die Rechtsfolge kraft Gesetzes unabhängig vom Willen des Erklärenden eintritt.[138] Bei dem Irrtum über mittelbare Rechtsfolgen handelt es sich um einen **unbeachtlichen Motivirrtum**, der nicht zur Anfechtung berechtigt.

J verpflichtete sich mit Abgabe der Erklärung erkannter- und gewolltermaßen zur Zahlung des Kaufpreises und zur Abnahme der Kaufsache. Allein diese Rechtsfolgen machte er auch zum unmittelbaren Inhalt seiner Erklärung. Nicht gewollt war hingegen das Einrücken in die Vermieterstellung als gesetzlich angeordnete Folge der in Erfüllung des Kaufvertrags erfolgenden Übereignung. Diese Rechtsfolge war jedoch nicht andeutungsweise in der Willenserklärung des J enthalten. Alles was J erklärt hat, hat er auch so gewollt, so dass es an einem Auseinanderfallen von Wille und Erklärung fehlt. Die Fehlvorstellung über die unabhängig vom Willen des J eintretende Nebenfolge seiner Willenserklärung stellt einen unbeachtlichen Motivirrtum dar. Eine Anfechtung scheidet somit mangels Anfechtungsgrundes aus.

2. Ergebnis

H hat gegen J einen Anspruch auf Zahlung des Kaufpreises gemäß § 433 II BGB.

Fall Nr. 43 – Socken statt Töpfe

Ramschhändler R beauftragt seine Sekretärin S regelmäßig mit der Vorformulierung von Schriftstücken. S legt sie R dann „unterschriftsreif" vor. In der Mittagspause legt S dem R wieder einmal ein solches Schriftstück zur Unterschrift auf den Schreibtisch. Bei dem Schriftstück handelt es sich um ein Kaufangebot an A bzgl. 200 Paar Socken. R hatte S am Vortag um Ausformulierung des Angebots gebeten. Allerdings hat R über Nacht den Entschluss gefasst, doch kein Angebot an A abzugeben. Er hatte aber vergessen, S dies mitzuteilen.

Als R vom Mittagessen zurückkommt, sieht er das Schreiben auf seinem Tisch liegen und unterschreibt es, ohne es zu lesen. Dabei geht er davon aus, dass es sich um ein Kaufangebot an B über 400 Kochtöpfe handelt. Vor der Mittagspause hatte er S auch mit der Formulierung dieses Angebots beauftragt. Kurze Zeit später erhält R von A ein Schreiben, in dem er die Annahme des Angebots bzgl. der 200 Socken erklärt. R geht sofort „ein Licht auf". Er ruft A an und erklärt ihm, dass er sich vertan habe und den Kauf rückgängig machen wolle. A hingegen besteht auf Zahlung des Kaufpreises und Abnahme der 200 Socken. Zu Recht?

Abwandlung: Wie wäre der Fall zu beurteilen, wenn R das Angebot unterschrieben hätte, ohne sich irgendwelche Vorstellungen über den Inhalt zu machen?

---

[137] BGHZ 70, 48 = NJW 1978, 1257 m. Anm. *Messer*; *Wolf/Neuner*, BGB AT, § 41 Rn. 87; Erman/*Arnold*, § 119 Rn. 29; MünchKomm-BGB/*Armbrüster*, § 119 Rn. 81.

[138] MünchKomm-BGB/*Armbrüster*, § 119 Rn. 82.

Lösung zum Grundfall

1. Anspruch des A gegen R auf Zahlung des Kaufpreises und Abnahme der 200 Socken

A hat gegen R einen Anspruch aus § 433 II BGB auf Zahlung des Kaufpreises und Abnahme der 200 Socken, wenn zwischen beiden ein wirksamer Kaufvertrag besteht.

a) Anspruch entstanden

Ein Kaufvertrag kommt durch zwei korrespondierende Willenserklärungen, Angebot und Annahme, zustande. Ein Angebot kann in dem an A gerichteten Schreiben zu sehen sein. Problematisch ist aber, dass R davon ausging, es handele sich bei dem von ihm unterschriebenen Schriftstück um ein Angebot an B. An A wollte er überhaupt kein Angebot mehr abgeben. Allerdings war ihm im Zeitpunkt der Unterschrift bewusst, dass er eine rechtlich erhebliche Erklärung abgab. Er handelte also mit dem für eine Willenserklärung erforderlichen **Erklärungsbewusstsein.**[139] Der fehlende konkrete Geschäftswille ist unbeachtlich, da dieser nicht konstitutiv für den Tatbestand einer Willenserklärung ist. Vom objektiven Empfängerhorizont ausgehend lag eindeutig ein Angebot an A vor. Es bestanden keinerlei Anhaltspunkte, die auf das Versehen des R hindeuteten. Ein Angebot ist zu bejahen. Dieses wurde durch A auch angenommen. Der Anspruch ist damit zunächst entstanden.

b) Anspruch rückwirkend entfallen

Der Kaufvertrag kann aber aufgrund wirksamer Anfechtung rückwirkend (*ex tunc*) nichtig und damit der Anspruch wieder entfallen sein (§ 142 I BGB).

aa) Anfechtungsgrund

Als Anfechtungsgrund kommt ein **Erklärungsirrtum** gemäß § 119 I Alt. 2 BGB in Betracht. Ein solcher liegt vor, wenn sich Wille und Erklärung zum Zeitpunkt der Abgabe der Willenserklärung deshalb nicht decken, weil der sich Äußernde eine bestimmte Willenserklärung überhaupt nicht abgeben wollte.

R ging davon aus, dass es sich bei dem vorgelegten Schreiben um das Angebot an B über 400 Kochtöpfe handelte. Tatsächlich enthielt das Schreiben aber ein Angebot über den Kauf von 200 Paar Socken an A. Er verwechselte die beiden Angebote. Zwar hat R das Schreiben nicht gelesen. Dennoch hatte er von dem Inhalt des Schreibens eine ganz bestimmte Vorstellung. Diese Vorstellung entsprach aber nicht der Wirklichkeit, so dass ein Irrtum vorliegt. Wille und Erklarung deckten sich im Zeitpunkt der Abgabe der Erklärung nicht. Die Verwechslung der beiden Urkunden führte dazu, dass R eine Erklärung abgab, die er so gar nicht abgeben wollte. Das von ihm verwendete Erklärungszeichen war nicht beabsichtigt, so dass R wegen Erklärungsirrtums gemäß § 119 I Alt. 2 BGB anfechten kann. Da auch die Erheblichkeit des Irrtums für die Abgabe der Willenserklärung bejaht werden kann, ist ein Anfechtungsgrund gegeben.

bb) Anfechtungserklärung

Die Erklärung des R gegenüber A, den Vertrag rückgängig machen zu wollen, ist gemäß §§ 133, 157 BGB als Anfechtungserklärung zu werten, zumal sie auch den Anfechtungsgrund erkennbar macht.

---

[139] Dazu allgemein oben § 7 Rn. 12ff.

cc) Anfechtungsfrist

R hat die Anfechtung unverzüglich gegenüber A erklärt (§ 121 I 1 BGB).

dd) Rechtsfolge

Das Rechtsgeschäft ist als von Anfang an nichtig zu behandeln (§ 142 I BGB). Der Anspruch aus § 433 II BGB ist daher rückwirkend entfallen.

2. Ergebnis

A hat gegen R keinen Anspruch auf Zahlung des Kaufpreises und Abnahme der 200 Socken gemäß § 433 II BGB.

Lösung zur Abwandlung

Fraglich ist erneut, ob R sein Angebot wegen eines Irrtums i.S.v. § 119 I BGB anfechten kann. Dies setzt voraus, dass R einem Irrtum erlegen ist. Ein Irrtum ist das unbewusste Abweichen von Vorstellung und Wirklichkeit. Auch in der Abwandlung hat R das Schreiben, ohne es zu lesen, unterzeichnet. Im Unterschied zum Ausgangsfall verband R mit dem ihm vorgelegten Schreiben jedoch diesmal keinen bestimmten Inhalt, da er sich überhaupt keine Gedanken darüber machte. Wer jedoch ein Schriftstück in bewusster Unkenntnis von seinem Inhalt „blindlings" unterschreibt, irrt nicht. Mit seinem Verhalten hat R gezeigt, dass er bereit ist, die Erklärung mit dem konkreten Inhalt gegen sich gelten zu lassen. Wille und Erklärung stimmen deshalb überein. Den Unterschreibenden in diesem Fall durch die Zubilligung eines Anfechtungsrechts zu schützen, erscheint nicht angemessen. Er hat die Konsequenzen einer etwaigen rechtsgeschäftlichen Bindung zu tragen.[140] Mangels Irrtums scheidet eine Anfechtung durch R aus.

A kann von R folglich Zahlung des Kaufpreises und Abnahme der 200 Socken gemäß § 433 II BGB verlangen.

Fall Nr. 44 – Falsch gerechnet

Die Stadt S möchte das städtische Gymnasium modernisieren. Sie schreibt daher die dafür nötigen Tischlerarbeiten öffentlich aus und fordert zur Abgabe von Angeboten auf. An diesem Auftrag ist Tischlermeister T interessiert. Nach eingehender Kostenberechnung gibt er gegenüber S ein Angebot i.H.v. € 115.000 ab. Da das Angebot des T um bis zu € 18.000 unter denen seiner Konkurrenten liegt, nimmt S es sofort an. Kurz nach dem Vertragsschluss fällt T auf, dass er bei seiner Berechnung Transport- und Montagekosten i.H.v. € 13.000 vergessen hat. Der eigentliche Angebotspreis hätte daher € 128.000 lauten müssen. Am unveränderten Vertrag will T nicht festhalten. Dies teilt er S auch sofort mit. S ist jedoch nicht bereit, den höheren Preis zu zahlen. Sie besteht auf Herstellung der Möbel zum Preis von € 115.000.

Muss T die Möbel zu diesem Preis anfertigen, wenn S nur das Ergebnis der Kostenberechnung, nicht aber die einzelnen Rechnungsposten selbst mitgeteilt worden sind?

---

[140] *BGH* NJW 1968, 2102, 2103; BAGE 22, 424, 428 = NJW 1971, 639, 640; Erman/*Arnold*, § 119 Rn. 18.

Abwandlung 1: S hat von T eine ausführliche, mehrseitige Rechnung erhalten, in der etwa 85 Rechnungsposten einzeln ausgewiesen sind. Bei der Addition blieben jedoch die Transport- und Montagekosten versehentlich und von S nicht bemerkt unberücksichtigt. Kann T sein Angebot unter Hinweis auf diesen Rechenfehler anfechten?

Abwandlung 2: T hat seinen Rechenfehler noch vor Annahme des Angebots durch S bemerkt und S mitgeteilt, sich aus diesem Grund an sein Angebot nicht weiter gebunden zu fühlen. S weiß, dass T kurz vor der Insolvenz steht und eine Durchführung der Arbeiten zu diesem Preis nicht annähernd die Kosten des T decken wird. Dennoch nimmt S das Angebot an, weil sie ein so günstiges Angebot nie wieder erhalten wird. T meint, dass es ja wohl eine Unverschämtheit sei, seinen Fehler derart skrupellos auszunutzen und will den Vertrag nicht gegen sich gelten lassen.

Kann S von T Durchführung der Tischlerarbeiten zum Preis von € 115.000 verlangen?

Literaturhinweis: *Medicus*, BGB AT, Rn. 757 ff.; *Rüthers/Stadler*, BGB AT, § 25 Rn. 39 ff.

Lösung zum Grundfall

1. Anspruch von S gegen T auf Anfertigung der Möbel

S kann gemäß § 631 I BGB von T Anfertigung der Möbel zum Preis von € 115.000 verlangen, wenn zwischen beiden ein dahingehender Werkvertrag zustande gekommen, der daraus resultierende Anspruch auf die Werkleistung nicht erloschen und durchsetzbar ist.

a) Anspruch entstanden

T hat S angeboten, die Tischlerarbeiten zum Preis von € 115.000 auszuführen. Dieses Angebot hat S angenommen. Eine (schuldrechtliche) Einigung über einen Werkvertrag als Grundlage des Anspruchs aus § 631 I BGB liegt folglich vor.

b) Anspruch rückwirkend entfallen

Möglicherweise hat T aber sein Angebot angefochten mit der Folge, dass der Werkvertrag von Anfang an nichtig ist (§ 142 I BGB).

aa) Anfechtungserklärung

T hat S mitgeteilt, dass er aufgrund des Rechenfehlers nicht am Vertrag festhalten will. Damit hat er die Anfechtung gegenüber S erklärt (§ 143 I, II BGB).

bb) Anfechtungsgrund

Problematisch erscheint jedoch, ob auch ein Anfechtungsgrund vorliegt. In Betracht kommt § 119 I BGB. Bei seiner Preiskalkulation hat T versehentlich Transport- und Montagekosten vergessen. Deshalb hat er einen zu niedrigen Angebotspreis festgesetzt. Fraglich ist, ob darin ein relevanter Irrtum i. S. v. § 119 I BGB zu sehen ist. Sowohl Inhalts- als auch Erklärungsirrtum scheiden aus. Weder hat T bei der Abgabe seines Angebots ein Erklärungszeichen verwendet, das er nicht benutzen wollte, noch hat er sich über die Bedeutung seiner Erklärung geirrt. Es handelt sich um einen so genannten **internen Kalkulationsirrtum**. Dieser beruht entweder – wie in dieser Konstellation – auf einem Rechenfehler oder auf einem unrichtigen Rechnungsfaktor. Der Fehler tritt bereits im Stadium der Willensbildung auf. Der fehlerhaft gebildete Wille wird dann aber richtig geäußert. Wille und Erklärung stimmen überein. Derartige Fehler im Bereich der Willensbildung (**Motivirrtümer**) sind grundsätzlich unbeachtlich, um einer Ausuferung der Anfechtungsmöglichkeiten entgegenzuwirken. Unstreitig gilt dies auch für den *verdeckten*, intern gebliebenen Kalkulationsirrtum, bei dem der Erklärungsgegner nur das Ergebnis der Berechnung, nicht aber die Berechnungsgrundlage selbst erhält. Eine Anfechtung ist nicht möglich, weil derjenige, der aufgrund einer für richtig gehaltenen, in Wirklichkeit aber unzutreffenden Berechnungsgrundlage einen bestimmten Preis ermittelt und seinem Angebot zugrunde legt, auch das Risiko dafür trägt, dass seine Kalkulation zutrifft.[141] Der Vertrauensschutz des Erklärungsempfängers ist vorrangig. T kann sein Angebot daher nicht anfechten.

2. Ergebnis

S hat gegen T einen Anspruch auf Anfertigung der Möbel zum Preis von € 115.000.

Lösung zur Abwandlung 1

1. Anfechtung

Fraglich ist erneut, ob der Anspruch aus § 631 BGB aufgrund einer Anfechtung rückwirkend erloschen ist (§ 142 I BGB). Problematisch ist wiederum das Vorliegen eines Anfechtungsgrundes. Im Unterschied zum Ausgangsfall hat S von T nun auch eine ausführliche Rechnung erhalten, die alle Rechnungsposten einzeln ausweist. Wird dem fehlerhaften Angebot die Berechnungsgrundlage beigefügt, so spricht man von einem **offenen Kalkulationsirrtum**. Fraglich ist, ob die Mitteilung der Kalkulationsgrundlage eine andere Beurteilung der Anfechtungsmöglichkeiten rechtfertigt.

Die **h.M.** versagt dem Erklärenden auch insoweit das Anfechtungsrecht.[142] Die einseitige Kalkulationsgrundlage werde nicht dadurch zum Inhalt der Erklärung, dass sie dem anderen einseitig mitgeteilt werde. Andernfalls würde der Redselige besser gestellt. Allein die Mitteilung der Berechnungsgrundlage dürfe nicht über das Risiko einer Fehlkalkulation entscheiden. Auch der offene Kalkulationsirrtum sei ein **unbeachtlicher Motivirrtum**. Die Mitteilung des Motivs könne hieran nichts ändern. Demnach ist auch in der ersten Abwandlung ein Anfechtungsgrund grundsätzlich ausgeschlossen.

Da aber immerhin der Vertragspartner die Möglichkeit hatte, durch eine Addition der Einzelposten den fehlerhaft gebildeten Gesamtpreis zu erkennen, kann dem Erklärenden unter Umständen anders geholfen werden.

2. Auslegung

Teilweise kann durch eine Auslegung der richtige Gesamtpreis ermittelt werden. Dies kommt insbesondere dann in Betracht, wenn es auch dem Vertragspartner wesentlich auf die einzelnen richtigen Rechnungsposten ankommt und beide gemeinsam von einer bestimmten Preisgestaltung ausgegangen sind. Dann handelt es sich

---

[141] BGHZ 139, 177, 180f. = NJW 1998, 3192, 3193f.; *Rüthers/Stadler*, BGB AT, § 25 Rn. 41.

[142] *BGH* NJW 2002, 2312, 2313; 2001, 2464, 2465; *Medicus*, BGB AT, Rn. 758; *Wolf/Neuner*, BGB AT, § 36 Rn. 65; *Leipold*, BGB AT, § 18 Rn. 24f.; *Brox/Walker*, BGB AT, Rn. 424; *Rüthers/Stadler*, BGB AT, § 25 Rn. 42; a.A. RGZ 64, 266, 268.

bei dem Endpreis um eine unschädliche Falschbezeichnung *(falsa demonstratio non nocet)*. Dies kommt jedoch hier nicht in Betracht. S kam es ersichtlich nur auf die Mitteilung des Gesamtpreises an. Nur weil der Angebotspreis deutlich unter den anderen Angeboten lag, hat S den Vertrag mit T geschlossen. Wie sich der Endpreis letztlich zusammensetzte, war für S bedeutungslos. Von einer übereinstimmenden Falschbezeichnung kann daher keine Rede sein. Eine Auslegung scheidet somit aus.

3. Störung der Geschäftsgrundlage

Des Weiteren kommt eine Lösung über die Grundsätze von der Störung der Geschäftsgrundlage in Betracht (§ 313 BGB). Dazu muss allerdings die mitgeteilte Kalkulation Geschäftsgrundlage des Vertrags gewesen sein. Dann läge ein gemeinsamer Irrtum vor. S kam es im Rahmen der Ausschreibung allein auf das günstigste Angebot an. Einzig die übermittelten Endpreise bildeten die Grundlage für die Entscheidung, mit wem der Vertrag abgeschlossen werden soll. Das Zustandekommen der Endpreise spielte für S keine Rolle, so dass sie sich hierüber auch keine Gedanken machte. Fehlkalkulationen bei derartigen Ausschreibungen liegen grundsätzlich im Risikobereich des Bieters. Dies gilt insbesondere dann, wenn die Berechnung des Angebots wie hier einseitig erfolgt. Die Kalkulation war damit nicht Geschäftsgrundlage des Vertrags. Eine Vertragsanpassung gemäß § 313 BGB scheidet ebenfalls aus.

4. Nichtigkeit wegen Perplexität

Zuletzt kann der Vertrag wegen Perplexität nichtig sein, wenn die einzelne Willenserklärung in sich widersprüchlich ist. Dies ist insbesondere der Fall, wenn dem Gesamtpreis und der Berechnungsgrundlage die gleiche Bedeutung zukommt. Dann ist nämlich nicht erkennbar, wo genau der Fehler liegt. Deshalb kann der wirkliche Wille überhaupt nicht festgestellt werden. Es lässt sich kein eindeutiger Sinn der Erklärung ermitteln.

Einen solchen inneren Widerspruch enthält das Angebot des T jedoch nicht. Dem endgültigen Angebotspreis sollte die entscheidende Bedeutung zukommen. Die einzelnen Rechnungsposten hatten für S keinerlei Bedeutung. Der Inhalt des Angebots kann aus Sicht eines objektiven Empfängers eindeutig bestimmt werden; es ist widerspruchsfrei.

Im Ergebnis muss sich T also an seinem Angebot festhalten lassen. Weder kann T anfechten noch kann der Rechenfehler im Wege der Auslegung oder Vertragsanpassung „korrigiert" werden.

Hinweis: Sofern der Erklärungsgegner selbst den Kalkulationsirrtum – etwa durch falsche Angaben, die sodann der Erklärende seiner Kalkulation zu Grunde gelegt hat – schuldhaft veranlasst hat, kann der Erklärende u. U. Vertragsaufhebung als Schadensersatz wegen *culpa in contrahendo* (§§ 311 II, 241 II, 280 I BGB) verlangen.

5. Ergebnis

S hat gegen T einen Anspruch auf Anfertigung der Möbel zum Preis von € 115.000.

Lösung zur Abwandlung 2

1. Widerruf des Angebots durch T

Ein Anspruch aus § 631 BGB hat auszuscheiden, wenn zur Zeit der Vertragsannahme seitens S kein annahmefähiges Angebot des T mehr vorlag. Möglicherweise hat T sein Angebot wirksam widerrufen, als er S mitteilte, sich nicht weiter an dieses gebunden zu fühlen.

Gemäß § 130 I 2 BGB wird eine Willenserklärung nicht wirksam, wenn dem anderen vorher oder gleichzeitig ein Widerruf zugeht. Da das Angebot des T der S aber bereits zugegangen war, als T seinen Fehler bemerkte, war ein Widerruf zu diesem Zeitpunkt nicht mehr möglich. Damit trat die Bindung des T an sein Angebot i. S. v. § 145 BGB ein, das S folglich annehmen konnte. Der Anspruch aus § 631 I BGB ist damit entstanden.

2. Anfechtung

Zu prüfen ist erneut, ob eine Anfechtung möglich ist. Grundsätzlich ist die Anfechtung bei einem Kalkulationsirrtum zwar ausgeschlossen (vgl. Ausgangsfall und Abwandlung 1). Allerdings ist fraglich, ob der Umstand, dass T die S noch vor Annahme des Angebots über die fehlerhafte Kalkulation informiert hat, T nicht ausnahmsweise doch zur Anfechtung berechtigt.

a) Mindermeinung

Teilweise wird in Analogie zu § 119 I BGB eine Anfechtung befürwortet, wenn der Erklärungsempfänger den Kalkulationsirrtum kannte oder er sich dieser Kenntnis treuwidrig verschlossen hat.[143] Die Begründung setzt bei der Überlegung an, dass die grundsätzliche Unbeachtlichkeit des Kalkulationsirrtums ihren Grund im Schutz des Verkehrsinteresses findet. Das berechtigte Vertrauen des Gegners in den Bestand des Rechtsgeschäfts dürfe nicht enttäuscht werden. Wo ein Vertrauen des Erklärungsempfängers dagegen fehle oder nicht berechtigt sei, weil der Erklärungsempfänger bemerke, dass der genannte Preis nicht stimmen könne, müsse auch ein Kalkulationsirrtum berücksichtigt werden. Der Umstand, dass beim Kalkulationsirrtum ein Zwiespalt im Willen vorliege, wohingegen § 119 I BGB von einem Zwiespalt zwischen Wille und Erklärung ausgehe, dürfe angesichts der fehlenden Schutzwürdigkeit des Erklärungsempfängers nicht den entscheidenden Unterschied machen. Nach dieser Ansicht könnte T analog § 119 I BGB sein Angebot anfechten, weil S den Kalkulationsirrtum kannte. Jedenfalls seine Äußerung, dass er den Vertrag nicht gegen sich gelten lassen wolle, wäre als fristgerechte Erklärung der Anfechtung zu werten, ggf. auch schon die vorangegangene, lediglich als Widerruf unwirksame (s. o.) Erklärung, sich nicht weiter an sein Angebot gebunden zu fühlen.

b) Herrschende Meinung

Die h. M. versagt dem Erklärenden jedoch auch bei Kenntnis des Erklärungsempfängers vom Irrtum die Anfechtung.[144] Die Kenntnis des Erklärungsempfängers ändere nichts daran, dass es sich um einen Motivirrtum handele. An der strikten Ab-

---

[143] *Singer*, JZ 1999, 342, 347; *Wieser*, NJW 1972, 708, 709 f.

[144] BGHZ 139, 177, 182 f. = NJW 1998, 3192, 3194; *Bork*, BGB AT, Rn. 837; *Rüthers/Stadler*, BGB AT, § 25 Rn. 41; *Wolf/Neuner*, BGB AT, § 41 Rn. 81; *Leipold*, BGB AT, § 18 Rn. 26.

grenzung zwischen unbeachtlichen Fehlern im Stadium der Willensbildung und beachtlichen Fehlern im Stadium der Willensäußerung müsse festgehalten werden. Andernfalls käme es zu einer Ausuferung der Anfechtungsmöglichkeiten. Ferner sei die Kenntnis des Erklärungsempfängers vom Irrtum prinzipiell keine Frage des Anfechtungsgrundes, sondern der Anfechtungsfolgen. Würde man die Kenntnis des Erklärungsempfängers als Anfechtungsvoraussetzung ansehen, liefe die Vorschrift des § 122 II BGB leer.

Vor allem aber bereite die Anwendung des auf rasche Klärung der Verhältnisse zielenden und damit dem Verkehrsschutz dienenden § 121 I 1 BGB Schwierigkeiten. Hiernach hat die Anfechtung unverzüglich nach Kenntnis des Anfechtungsberechtigten vom Anfechtungsgrund zu erfolgen. Sollte die Kenntnis des Anfechtungsgegners aber ihrerseits Tatbestandsmerkmal des Anfechtungsgrundes sein, käme es darauf an, wann der Erklärende Kenntnis von der Kenntnis des Erklärungsempfängers erlangt. Mit einer solchen Häufung subjektiver Umstände werde jedoch die mit jeder Anfechtungsmöglichkeit ohnehin schon verbundene Rechtsunsicherheit zu sehr verstärkt. Überhaupt nicht mehr sinnvoll handhabbar wäre § 121 BGB im Fall treuwidriger Kenntnisvereitelung. Ferner sei zu berücksichtigen, dass die Anfechtung als allgemeines Gestaltungsrecht nicht auf solche Willenserklärungen beschränkt ist, die der Hervorbringung schuldrechtlicher Rechtsbeziehungen dienen, sondern auch dingliche Rechtsgeschäfte betreffen und damit die Interessen Dritter berühren kann. Auch dies spreche gegen eine analoge Anwendung des § 119 I BGB. Folgt man dieser h.M., hat eine Anfechtung auch in der 2. Abwandlung auszuscheiden.

Dennoch könnte ein Anspruch der S auf Erbringung der Tischlerarbeiten ausgeschlossen sein. Nach der h.M. kann es nämlich eine **unzulässige Rechtsausübung** (**§ 242 BGB**) darstellen, wenn der Empfänger ein Vertragsangebot annimmt und auf der Durchführung des Vertrages besteht, obwohl er wusste, dass das Angebot auf einem Kalkulationsirrtum des Erklärenden beruht.[145] Allein die positive Kenntnis von einem Kalkulationsirrtum des Erklärenden genügt für die Annahme einer unzulässigen Rechtsausübung jedoch nicht. Ob ein Verhalten des Erklärungsempfängers treuwidrig ist, ist anhand der Umstände des Einzelfalls zu beurteilen. Dabei kommt dem Ausmaß des Kalkulationsirrtums wesentliche Bedeutung zu. Wie sich nämlich schon aus § 119 I a.E. BGB ergibt, ist ein Irrtum rechtlich nur dann relevant, wenn die Erklärung bei verständiger Würdigung des Falles nicht abgegeben worden wäre. Dies ist nur bei einem Irrtum von einigem Gewicht anzunehmen. Als mit den Grundsätzen von Treu und Glauben unvereinbar ist die Annahme eines fehlerhaft berechneten Angebots nur dann anzusehen, wenn die Vertragsdurchführung für den Erklärenden unzumutbar ist, etwa weil er dadurch in wirtschaftliche Schwierigkeiten geriete. Dabei muss sich die Kenntnis des Erklärungsempfängers im maßgeblichen Zeitpunkt des Vertragsschlusses auch auf diese Umstände beziehen.

Diese Anforderungen sind hier erfüllt. S hat das Angebot des T angenommen, obwohl sie den Kalkulationsirrtum kannte. T hätte ein derart günstiges Angebot niemals abgegeben, wenn er seinen Rechenfehler gekannt hätte. S hat den Irrtum des T ausgenutzt, da ihr klar war, dass sie ein so günstiges Angebot nie wieder erhalten werde, und dies, obgleich ihr bewusst war, dass die Vertragsdurchführung T in die Insolvenz treiben würde. Wer einen Irrtum und daraus resultierende schwerwiegende Nachteile für das Gegenüber erkennt und gleichwohl auf der Vertragsdurch-

---

[145] BGHZ 139, 177, 184f. = NJW 1998, 3191, 3194; *BGH* NJW 1983, 1671, 1672; *OLG München* NJW 2003, 367; *Bork*, BGB AT, Rn. 837; *Wolf/Neuner*, BGB AT, § 41 Rn. 83; *Leipold*, BGB AT, § 18 Rn. 26.

führung besteht, übt seine Rechte in unzulässiger Weise aus und kann sich deshalb gemäß § 242 BGB nicht auf sie berufen.

Im Ergebnis kann S folglich in der 2. Abwandlung sowohl nach der Mindermeinung als auch nach h.M. von T nicht die Erbringung der Tischlerarbeiten für € 115.000 verlangen.

Fall Nr. 45 – Die Schnapsdrossel

Der damals 23jährige Sohn (S) der allein erziehenden M ist vor 3 Jahren bei einem Autounfall ums Leben gekommen. S war kinderlos. Ein Testament existierte nicht. Zum Nachlass des S gehörte unter anderem ein 32×24 cm großes Bild, das ein Likörglas zeigte, auf dessen Rand ein Vogel saß. Es handelte sich um das Bild „Schnapsdrossel" von Udo Lindenberg aus seiner berühmten „Likorelle"-Reihe. M ging davon aus, dass es sich um eines derjenigen Duplikate handelte, die im Internet für € 15 zum Download angeboten werden. In Wahrheit handelte es sich jedoch um das Original (Wert € 1.890), das S vor einigen Jahren bei einer Ausstellung im Hotel „Atlantic" in Hamburg erworben hatte. In diesem Glauben verkaufte M das Bild für € 10 an B. B machte sich keinerlei Gedanken darüber, ob es sich bei dem Bild um ein Original handelte. Ihr gefiel das Bild einfach nur. Aufgrund eines Gesprächs mit einem alten Freund des S erfährt M einige Tage später, dass sie gerade einen echten „Lindenberg" verkauft hat. Sie sucht sofort die B auf, erklärt ihr, dass das Ganze ein Irrtum gewesen sei, den sie beseitigen wolle und verlangt das Bild gegen Rückzahlung der € 10 heraus. Zu Recht?

Abwandlung 1: M wusste, dass es sich bei dem Bild um einen echten „Lindenberg" handelt, ging aber davon aus, dass das Bild nicht mehr als die € 10 wert sei. Kann sie das Bild herausverlangen?

Abwandlung 2: Wie wäre der Ausgangsfall zu beurteilen, wenn auch B davon ausging, dass es sich bei dem Bild um ein Duplikat handelt?

Literaturhinweis: *Bork*, BGB AT, Rn. 844ff., 942ff.; *Medicus*, BGB AT, Rn. 764ff., 778; *Rüthers/Stadler*, BGB AT, § 25 Rn. 95ff.

Lösung zum Grundfall

1. Anspruch der M gegen B auf Herausgabe des Bildes

M kann gegen B einen Anspruch auf Herausgabe des Bildes gemäß § 985 BGB haben. Dafür muss M Eigentümerin und B Besitzerin des Bildes sein, ohne dass B ein Recht zum Besitz zusteht.

a) Besitz der B

B ist unmittelbare Besitzerin des Bildes i.S.v. § 854 BGB, da sie die tatsächliche Sachherrschaft ausübt.

b) Eigentum der M

Fraglich ist daher allein, ob M Eigentümerin des Bildes ist. Ursprünglich war M Eigentümerin, da nach dem Tod des S das Eigentum an dem Bild im Wege der Gesamtrechtsnachfolge auf sie als gesetzliche Erbin übergegangen ist (§§ 1922, 1925 BGB). Allerdings kann M das Eigentum durch Übereignung gemäß § 929 S. 1 BGB an B verloren haben.

aa) Übereignung von M an B

aaa) Einigung

Erforderlich ist eine Einigung zwischen M und B über den Übergang des Eigentums. Wie für das schuldrechtliche Geschäft (Kaufvertrag) bedarf es auch für die dingliche Einigung i. S. v. § 929 BGB zweier übereinstimmender Willenserklärungen, Angebot und Annahme. Eine solche Einigung liegt zwischen M und B vor, da M der B das Bild nicht nur – schuldrechtlich – verkaufen, sondern auch – dinglich – übereignen wollte und B entsprechend das Eigentum am Bild erwerben wollte.

bbb) Übergabe

Erforderlich ist weiterhin, dass M das Bild an B übergeben hat. Dazu muss B den Besitz, d. h. die tatsächliche Sachherrschaft (§ 854 I BGB) an dem Bild auf Veranlassung der M erlangt haben. M ihrerseits muss jegliche Besitzposition verloren haben. Auch dies ist der Fall, da der Besitz von M zu B gewechselt hat.

ccc) Einigsein bei Übergabe

Die Einigung bestand auch bei Übergabe noch fort.

ddd) Berechtigung

Schließlich muss M als Berechtigte verfügt haben. Dies ist der Fall, da M Eigentümerin des Bildes war.

Damit sind alle Voraussetzungen des § 929 BGB erfüllt. M hat das Eigentum an dem Bild zunächst wirksam auf B übertragen.

Hinweis: Die Übereignungstatbestände der §§ 929 ff. BGB werden ausführlicher erst im Sachenrecht behandelt. Dennoch kann auch schon von Anfangssemestern die Prüfung eines völlig problemlosen Übereignungsvorgangs erwartet werden. Bei den vier unter aaa) – ddd) genannten Voraussetzungen handelt es sich um das klassische Prüfungsschema des rechtsgeschäftlichen Erwerbs vom Berechtigten nach § 929 S. 1 BGB. In späteren Klausuren ist es oft sinnvoll, völlig unproblematische Erwerbsvorgänge deutlich knapper im Urteilsstil darzustellen.

bb) Nichtigkeit der Übereignung wegen Anfechtung (§ 142 BGB)

Möglicherweise hat M die Übereignung jedoch wirksam angefochten mit der Folge, dass die sachenrechtliche Einigung i. S. v. § 929 BGB rückwirkend nichtig ist (§ 142 I BGB). Dann hätte M ihr Eigentum an dem Bild nicht verloren.

aaa) Anfechtungsgrund

Als Anfechtungsgrund scheiden sowohl ein Inhalts- als auch ein Erklärungsirrtum i. S. v. § 119 I BGB aus. Weder hat M ein Erklärungszeichen verwendet, das sie nicht verwenden wollte, noch war sie sich über die Bedeutung ihrer Erklärung im Unklaren. Sie hat vielmehr genau das erklärt, was sie erklären wollte, nämlich ihr Einverständnis mit dem Übergang des Eigentums am Bild auf B.

Als Anfechtungsgrund kommt jedoch ein **Irrtum über eine verkehrswesentliche Eigenschaft** der Sache nach § 119 II BGB in Betracht, weil M nicht wusste, dass es sich bei dem Bild um ein Original handelte.

(1) Eigenschaft

Zu fragen ist zunächst, ob es sich bei der Urheberschaft bzw. der Echtheit des Bildes um eine Eigenschaft handelt. Eigenschaften einer Sache sind alle tatsächlichen und rechtlichen Verhältnisse, die in der Sache selbst begründet sind und die infolge ihrer Beschaffenheit auf Dauer für die Brauchbarkeit und den Wert der Sache von

Einfluss sind.[146] Darunter fallen alle wertbildenden Faktoren, nicht aber das Ergebnis der Wertbildung selbst. Bei Kunstwerken sind die Urheberschaft und Echtheit des Kunstwerks die wichtigsten wertbestimmenden Kriterien.[147] Der Umstand, dass es sich bei dem Bild nicht um ein Duplikat, sondern um einen echten „Lindenberg" handelte, stellt daher eine Eigenschaft dar, über die sich M im Irrtum befand.

(2) Verkehrswesentlichkeit

Die Eigenschaft müsste ferner verkehrswesentlich sein. Durch dieses Merkmal soll eine Ausuferung der Anfechtungsmöglichkeiten verhindert werden. Die Verkehrswesentlichkeit ist nach h.M. konkret-objektiv zu bestimmen, d.h. es ist danach zu fragen, ob eine Eigenschaft im Rechtsverkehr bei Geschäften dieser Art unter den konkreten Umständen als wesentlich angesehen wird.[148] Die Rechtsprechung verlangt zusätzlich, dass die Eigenschaft vom Erklärenden dem Vertrag für den anderen erkennbar in irgendeiner Weise zugrunde gelegt worden ist, damit sich der Empfänger auf Art und Umfang eines möglichen Irrtums einstellen kann.[149] Bei dem Verkauf von Kunstwerken ist grundsätzlich davon auszugehen, dass die Echtheit bzw. die Urheberschaft des Kunstwerks die entscheidenden Faktoren sind, auf die der Rechtsverkehr typischerweise Wert legt. Bei dem geplanten Verkauf eines Duplikats stellt dann die Unechtheit des Kunstgegenstandes die entscheidende Eigenschaft dar, auf die sich der Irrtum bezieht. Auch das einschränkende Kriterium der Rechtsprechung, wonach die fehlende Eigenschaft erkennbar dem Vertrag zu Grunde gelegt sein muss, dürfte *in casu* zu bejahen sein. Die Erkennbarkeit kann sich nämlich auch stillschweigend aus den Umständen ergeben, wenn die Eigenschaft typischerweise mit der Erklärung verbunden ist.[150] So ist es in aller Regel für den Erklärungsempfänger erkennbar, dass derjenige, der ein Bild für einen sehr geringen Preis verkauft, davon ausgeht, dass es sich um ein Duplikat handelt. Für B war daher ersichtlich, dass M von der fehlenden Echtheit des Bildes ausging. Damit ist die Verkehrswesentlichkeit auch nach der engeren Auffassung der Rechtsprechung zu bejahen.

(3) Erheblichkeit des Irrtums auch für den Abschluss des Verfügungsgeschäfts?

Wegen des Abstraktionsprinzips sind Verpflichtungs- und Verfügungsgeschäft jeweils isoliert daraufhin zu überprüfen, ob sie an einem Willensmangel leiden. Sind beide Rechtsgeschäfte von demselben Willensmangel betroffen, spricht man von *Fehleridentität* (§ 5 Rn. 91).[151] Um die Übereignung anfechten zu können, muss sich der Irrtum daher zumindest (auch) auf das Verfügungsgeschäft bezogen haben.

(a) Ganz überwiegend wird angenommen, dass bei einem Eigenschaftsirrtum nur das Verpflichtungsgeschäft anfechtbar sei.[152] Für die Abgabe der dinglichen Willenserklärung sei der Irrtum nicht kausal. Anlass für die Vornahme des dinglichen Rechtsgeschäfts sei allein die Vorstellung, aus dem abgeschlossenen Vertrag zur Übereignung verpflichtet zu sein. Nur das schuldrechtliche Rechtsgeschäft sei irr-

---

146 *BGH* NJW 2001, 226, 227.

147 BGHZ 63, 369, 371 = NJW 1975, 970, 971; *BGH* NJW 1988, 2597, 2599.

148 *Brox/Walker*, BGB AT, Rn. 419; *Bork*, BGB AT, Rn. 846; *Köhler*, BGB AT, § 7 Rn. 21; *Wolf/Neuner*, BGB AT, § 41 Rn. 62.

149 BGHZ 88, 240, 246 = NJW 1984, 230, 231; *BGH* NJW 2001, 226, 227; a.A. z.B. *Bork*, BGB AT, Rn. 847.

150 *Larenz/Wolf*, BGB AT, 9. Aufl. 2004, § 36 Rn. 45.

151 Vgl. dazu auch Fall Nr. 25 – Matador.

152 *Schermaier*, in: Historisch-kritischer Kommentar zum BGB, §§ 142–144 Rn. 12; *Bork*, BGB AT, Rn. 486; *Medicus*, BGB AT, Rn. 233.

tumsbedingt zustande gekommen, weshalb auch nur dieses durch Anfechtung beseitigt werden könne. Bei Vornahme des Erfüllungsgeschäfts befinde sich der Erklärende allenfalls im Irrtum über die Anfechtungsmöglichkeit des Kausalgeschäfts. Dies sei aber ein unbeachtlicher Sachverhaltsirrtum, der sich nicht unmittelbar auf den Vertragsgegenstand beziehe.

Weiter wird angeführt, dass im Gegensatz zu den Fällen arglistiger Täuschung, in denen nach allgemeiner Ansicht regelmäßig auch das Verfügungsgeschäft anfechtbar ist, beim Eigenschaftsirrtum kein vergleichbar starker Widerspruch zur Rechtsordnung gegeben sei, der die Anfechtbarkeit auch des Verfügungsgeschäfts rechtfertige. Nach dieser Ansicht könnte M das Verfügungsgeschäft nicht anfechten.

(b) Nur vereinzelt wird diese Ansicht, die von der generellen Unanfechtbarkeit des Verfügungsgeschäfts beim Eigenschaftsirrtum ausgeht, angegriffen.[153] Zwar sei richtig, dass bei einer Anfechtung wegen arglistiger Täuschung regelmäßig auch das Verfügungsgeschäft anfechtbar sei, um dem Getäuschten die Rückerlangung seines Eigentums zu ermöglichen. Damit sei aber nicht automatisch und zwingend festgestellt, dass die Anfechtung des Verfügungsgeschäfts beim Eigenschaftsirrtum ausgeschlossen sein müsse.

(c) Bei jedem Irrtum muss für Verpflichtungs- und Verfügungsgeschäft getrennt festgestellt werden, ob und für welche Willenserklärung(en) ein Irrtum kausal geworden ist. Stellt sich heraus, dass derselbe Irrtum für die Abgabe sowohl der dinglichen als auch der schuldrechtlichen Willenserklärung kausal war, müssen auch beide Rechtsgeschäfte anfechtbar sein. Genau das besagt die Lehre von der Fehleridentität, die allgemein anerkannt ist. Macht man mit diesem Dogma ernst, wird man hier entgegen der überwiegenden Ansicht auch das Verfügungsgeschäft für anfechtbar halten müssen, da der Irrtum auch für die Abgabe der die Übereignung betreffenden Willenserklärung erheblich war. Beim Abschluss des Kaufvertrags hat M erklärt, dass sie sich verpflichten möchte, dieses eine Bild zu übereignen, beim Verfügungsgeschäft, dass sie eben dieses Bild übereignen wolle. Bei beiden Geschäften hat sie damit eine verkehrswesentliche Eigenschaft nicht erkannt. Dieser Irrtum war auch für die sachenrechtliche Einigung i. S. v. § 929 BGB relevant, weil M bei verständiger Würdigung ihre auf Übereignung gerichtete Willenserklärung nicht abgegeben hätte, wenn sie ihren Irrtum vor der Übereignung erkannt hätte. Es handelt sich nach richtiger Ansicht um einen Fall der **Fehleridentität**.

bbb) Anfechtungserklärung

M muss die Anfechtung auch gegenüber B erklärt haben (§ 143 I, II BGB). Indem M unter Hinweis auf ihren Irrtum erklärte, sie wolle das Ganze beseitigen, brachte sie unmissverständlich zum Ausdruck, dass sie ihre Willenserklärung anfechten will.

ccc) Anfechtungsfrist

Die Anfechtung nach § 119 BGB muss unverzüglich erfolgen (§ 121 I 1 BGB). M erklärte sofort, nachdem sie ihren Irrtum bemerkt hatte, die Anfechtung.

ddd) Ausschluss der Anfechtung?

Zuletzt darf die Anfechtung nicht ausgeschlossen sein. Es entspricht h. M., dass eine Anfechtung wegen Eigenschaftsirrtums ausgeschlossen ist, soweit besondere – insbesondere die kaufrechtlichen – **Gewährleistungsvorschriften** eingreifen (§ 7 Rn. 108 ff.). Stellt das Fehlen einer Eigenschaft zugleich einen Mangel i. S. d. Ge-

[153] *Grundmann*, JA 1985, 80 ff.

währleistungsrechts dar, sollen diese Sonderregeln nicht durch die Möglichkeit einer Anfechtung unterlaufen werden. So könnten etwa die kaufrechtlichen Verjährungsfristen nach § 438 BGB umgangen werden, der Käufer könnte dem Verkäufer über eine Anfechtung das Recht zur Nacherfüllung nehmen, es könnte zur „Beseitigung" des Kaufvertrags bei nur unerheblichen Mängeln kommen oder die Wertung des § 442 I 2 BGB könnte missachtet werden, wenn eine Anfechtung zulässig wäre.

Der Vorrang der Gewährleistungsvorschriften gilt aber nur, soweit tatsächlich ein Konkurrenzverhältnis besteht. Für die **Anfechtung durch den Käufer** ist dies unstreitig *nach* Gefahrübergang (= Übergabe i. S. v. § 446 BGB) zu bejahen: Ist die Sache vom Verkäufer an den Käufer übergeben und weist sie einen Sachmangel i. S. v. § 434 BGB auf (= *negative* Abweichung der Ist- von der Sollbeschaffenheit), bestimmen sich die Rechte des Käufers allein nach §§ 434 ff. BGB. Diese speziellen Regeln gehen der allgemeinen Vorschrift des § 119 II BGB vor. Ist umgekehrt die Sache besser als geschuldet, liegt also eine *positive* Abweichung der Ist- von der Sollbeschaffenheit vor, besteht wegen Fehlens eines Mangels zwar kein Konkurrenzverhältnis zur Sachmängelhaftung, doch wird der Käufer in diesem Fall auch keinen Grund zur Anfechtung nach § 119 II BGB sehen. Er hat ja mehr bekommen als geschuldet.

Bei der **Anfechtung durch den Verkäufer** kann von vorneherein kein Konkurrenzverhältnis zwischen § 119 II BGB und Gewährleistungsansprüchen bestehen, weil dem Verkäufer keine Mängelrechte zustehen und der Vorrang des Gewährleistungsrechts gerade seinem Schutz dient. Wenn der Verkäufer also anfechten will, muss er nicht vor sich selbst geschützt werden. Der Grund für einen Ausschluss der Anfechtung nach § 119 II BGB durch den Verkäufer bei Mängeln der verkauften Sache liegt auf anderer Ebene: Der Verkäufer soll durch eine Anfechtung des Kaufvertrags dem Käufer nicht die Grundlage seiner Mängelrechte aus §§ 434 ff. BGB entziehen können.[154] Daher ist die Anfechtung durch den Verkäufer bei Vorliegen eines Sachmangels unzulässig.

Ein solcher Fall liegt im Verhältnis zwischen M und B jedoch nicht vor. Der Umstand, dass es sich um ein Original statt um ein Duplikat handelt, stellt keinen Sachmangel dar, weil die Istbeschaffenheit positiv, nicht negativ von der Sollbeschaffenheit abweicht. Damit können der Käuferin B von vorneherein durch die Anfechtung der Verkäuferin M keine Sachmängelrechte abgeschnitten werden. Für B ist die Tatsache, dass es sich um einen echten „Lindenberg" handelt, nur von Vorteil.

Im Ergebnis ist deshalb eine Anfechtung nach § 119 II BGB durch M nicht ausgeschlossen.

Hinweis: An den meisten Universitäten wird nicht erwartet, dass Erstsemester bereits Kenntnisse des (kaufrechtlichen) Gewährleistungsrechts haben.

Exkurs: Anders wäre die Situation zu beurteilen, wenn – genau umgekehrt zu diesem Sachverhalt – ein Bild als echt verkauft wird, sich dieses dann aber nach der Übergabe an den Käufer als Duplikat herausstellt. In einem solchen Fall läge eine negative Abweichung der Ist- von der Sollbeschaffenheit und damit ein Sachmangel i. S. v. § 434 BGB vor. Der Käufer könnte folglich nicht nach § 119 II BGB anfechten, weil die Sachmängelrechte (§§ 434 ff. BGB) speziell und damit vorrangig sind. Der Verkäufer könnte nicht gemäß § 119 II BGB anfechten, damit er sich nicht durch die Beseitigung des Kaufvertrags seiner Haftung gegenüber dem Käufer aus §§ 434 ff. BGB entziehen kann.

---

[154] Vgl. *BGH* NJW 1988, 2597, 2598; MünchKomm-BGB/*Armbrüster*, § 119 Rn. 31.

eee) Rechtsfolge

Gemäß § 142 I BGB ist das angefochtene Rechtsgeschäft als von Anfang an nichtig anzusehen. Die Übereignung ist durch die Anfechtung rückwirkend beseitigt worden.

Damit ist M Eigentümerin des Bildes geblieben.

c) Besitzrecht der B?

B darf kein Besitzrecht i.S.d. § 986 I 1 BGB zustehen. B könnte deshalb zum Besitz des Bildes berechtigt sein, weil sie aus dem Kaufvertrag Übergabe und Übereignung des Bildes verlangen kann. Demjenigen, dem eine Sache verkauft und übergeben, aber noch nicht übereignet wurde, steht ein solches Besitzrecht zu.[155] Zu beachten ist aber, dass sich M auch bei Abschluss des Kaufvertrages in einem Irrtum befand, der für die Abgabe der schuldrechtlichen Willenserklärung kausal war. Somit kann sie auch den Kaufvertrag anfechten. Dies hat M auch getan, da die Geltendmachung eines Irrtums i.d.R. alle vom Irrtum beeinflussten Erklärungen umfasst.[156] Auch der Kaufvertrag ist daher durch die Anfechtung rückwirkend beseitigt worden. Ein Besitzrecht der B scheidet folglich aus.

2. Ergebnis

M hat gegen B einen Anspruch auf Herausgabe des Bildes gemäß § 985 BGB.

Hinweis: Da auch der Kaufvertrag durch Anfechtung beseitigt wurde, kann M von B den Besitz am Bild auch nach § 812 I 1 Alt. 1 BGB (Leistungskondiktion) herausverlangen; B hat den Besitz rechtsgrundlos durch Leistung der M erlangt. Insoweit entfalten die Vorschriften des Eigentümer-Besitzer-Verhältnisses keine Sperrwirkung gegenüber dem Bereicherungsrecht.

Lösung zur Abwandlung 1

1. Anspruch von M gegen B auf Herausgabe des Bildes gemäß § 985 BGB

Fraglich ist auch hier, ob M ihre auf Übereignung gerichtete Willenserklärung aufgrund eines Eigenschaftsirrtums rückwirkend beseitigen kann. Dann muss sich M über eine verkehrswesentliche Eigenschaft geirrt haben. Im Unterschied zum Ausgangsfall kennt M hier die Urheberschaft des Bildes. Allerdings geht sie irrtümlich davon aus, dass das Bild von Udo Lindenberg einen viel niedrigeren Marktwert hat. Der Wert selbst stellt aber keinen wertbildenden Faktor einer Sache dar, sondern ist erst das Ergebnis der Zusammenfassung aller wertbildenden Faktoren.[157] Ein Irrtum hierüber berechtigt demnach nicht zur Anfechtung gemäß § 119 II BGB.

2. Ergebnis

M hat gegen B keinen Anspruch aus § 985 BGB.

Lösung zur Abwandlung 2

Fraglich ist wiederum, ob M gegen B ein Anspruch auf Herausgabe des Bildes gemäß § 985 BGB zusteht. Grundsätzlich ist M auch zur Anfechtung ihrer Übereignungserklärung gemäß § 119 II BGB berechtigt, da sie davon ausging, dass es sich

---

[155] MünchKomm-BGB/*Baldus*, § 986 Rn. 23.
[156] Erman/*Arnold*, § 142 Rn. 5.
[157] *BGH* NJW 1988, 2597, 2598 f.

bei dem Bild um ein Duplikat handelte (s.o.). Allerdings ging nun auch B von der fehlenden Echtheit des Bildes aus.

Damit liegt ein **beidseitiger Eigenschaftsirrtum** von M und B vor. Wie ein solcher beidseitiger Eigenschaftsirrtum zu behandeln ist, ist umstritten.

1. Herrschende Meinung: Wegfall der Geschäftsgrundlage

Überwiegend wird angenommen, dieser Fall sei – sofern nicht eine ergänzende Vertragsauslegung möglich ist – über die Grundsätze der Störung der Geschäftsgrundlage, also § 313 BGB, zu lösen.[158] § 119 II BGB regele nur den einseitigen Eigenschaftsirrtum. Im Falle eines nicht zur Anfechtung berechtigenden beidseitigen Motivirrtums sei anerkannt, dass § 313 BGB anzuwenden sei. Die Parteien hätten den Vertrag ohne den Irrtum nicht (so) geschlossen. Es wäre treuwidrig, wenn die eine die andere Partei am Vereinbarten festhalten wolle, obwohl ihr selbst derselbe Irrtum unterlaufen ist. Eine Anpassung bzw. Auflösung des Vertrags gemäß § 313 BGB führe zu gerechten Ergebnissen. Dies müsse dann aber auch für den Eigenschaftsirrtum nach § 119 II BGB gelten, da es sich hierbei ebenfalls um einen – allerdings zur Anfechtung berechtigenden – Motivirrtum handele. Es sei unbillig, denjenigen, der zufällig als erster seine Willenserklärung anficht, mit der Schadensersatzpflicht nach § 122 BGB zu belasten. Auch sei eine Lösung über § 313 BGB flexibler, da sie eine Vertragsanpassung an die wirklichen Umstände ermögliche.

2. Gegenansicht: Anwendbarkeit des § 119 II BGB

Die Gegenansicht hält hingegen auch beim beidseitigen Eigenschaftsirrtum § 119 II BGB für anwendbar.[159] Die Behauptung, § 119 II BGB erfasse nur den einseitigen Eigenschaftsirrtum, finde im Wortlaut keine Stütze. Der Gesetzgeber habe in § 119 II BGB einen ausnahmsweise zur Anfechtung berechtigenden Motivirrtum kodifiziert. Insoweit handele es sich um eine Spezialregelung, die dem subsidiären § 313 BGB vorgehe. Dieser Vorrang gelte auch beim beidseitigen Eigenschaftsirrtum. Im Übrigen würde ohnehin nur derjenige anfechten, zu dessen Nachteil die Wirklichkeit von der gemeinsamen Vorstellung abweiche. Nur ihm bringe die Anfechtung einen Vorteil. Es sei also von vorneherein klar, wer anfechten werde. Zufälligkeiten seien daher ausgeschlossen.

3. Stellungnahme

Jedenfalls für die Konstellation, in der das Rechtsgeschäft für den Anfechtungsgegner – wie in diesem Fall – subjektiv und objektiv eindeutig vorteilhaft ist, verdient die Gegenansicht den Vorzug. Schon die Grundannahme, es hänge vom Zufall ab, wer zuerst anfechte, ist dann nämlich unrichtig. Eine solche Annahme setzt denklogisch voraus, dass beide Parteien theoretisch anfechten könnten. Die bevorteilte Partei kann dies aber gerade nicht. Wie sich aus dem Verweis auf § 119 I BGB ergibt, ist es auch bei einem Eigenschaftsirrtum erforderlich, dass der Irrtum subjektiv und objektiv erheblich, d.h. kausal für die Abgabe der Willenserklärung war. Die anfechtende Partei muss beweisen, dass sie bei Kenntnis der Sachlage und verständiger Würdigung des Falles die Willenserklärung nicht abgegeben

---

[158] *Rüthers/Stadler*, BGB AT, § 25 Rn. 98ff.; *Bork*, BGB AT, Rn. 944; *Honsell*, JZ 1989, 44f.

[159] *Medicus/Petersen*, BürgR, Rn. 162; *Flume*, AT II, § 24 Rn. 4; *Wertenbruch*, BGB AT, § 12 Rn. 28.

hätte.[160] Dies wird der Partei, für die das Geschäft eindeutig vorteilhaft ist, aber nicht gelingen, denn sie müsste beweisen, dass sie die Willenserklärung nicht abgegeben hätte, wenn sie die wirkliche Sachlage gekannt hätte. Gerade das Gegenteil wäre hier aber der Fall. Hätte B gewusst, dass es sich bei dem Bild sogar um das Original handelte, hätte sie ihre Willenserklärung erst recht abgegeben, weil sie durch das Vereinbarte besser gestellt wird als bei Geltung des Gewollten. Der Irrtum war damit nicht kausal für die Abgabe ihrer Willenserklärung. Da von vorneherein überhaupt nur eine Partei anfechten kann, existieren die von der h. L. angeführten Zufälligkeiten nicht und zwar nicht nur aus tatsächlichen, sondern auch aus rechtlichen Gründen. Im Übrigen erscheint es in diesen Fällen auch nicht unbillig, den Anfechtenden mit dem Risiko einer Schadensersatzpflicht zu belasten. Jede Partei ist „Hüter" ihrer eigenen Interessen. Der aus einem Versäumnis resultierende Nachteil kann durch eine Anfechtung beseitigt werden. Dann muss der durch die Anfechtung Begünstigte aber auch mit der Folge des § 122 BGB belastet werden dürfen.

M kann somit die Übereignung mit der Folge der rückwirkenden Nichtigkeit nach § 142 I BGB wegen Eigenschaftsirrtums anfechten (a.A. gut vertretbar). Folglich hat M gegen B einen Anspruch auf Herausgabe des Bildes gemäß § 985 BGB.

Hinweis: Sofern man der h. L. folgt, würde man wohl ein Rücktrittsrecht der M nach § 313 III 1 BGB annehmen, da eine Vertragsanpassung – Heraufsetzung des Kaufpreises auf den wahren Wert – für B unzumutbar wäre. Eine Schadensersatzpflicht besteht nach dieser Ansicht nicht.

Fall Nr. 46 – Die falsche Pizza

Krankenhausarzt Dr. Metzger (M) bittet die auszubildende Krankenschwester K, für ihn eine „Pizza Toscana" (Ei, Schinken, Pilze) zu bestellen, da er noch nach einem Patienten schauen muss. K, die schon dem kurz bevorstehenden Feierabend entgegenfiebert, wählt die Nummer des Italieners um die Ecke. Als sich am anderen Ende der Leitung eine Stimme meldet, sagt sie gedankenversunken: „Herr Dr. Metzger hätte gerne eine Pizza Tonno, ins Krankenhaus bitte, Station drei." Die Bestellung wird von Pizzabäcker P bestätigt und eine halbe Stunde später erscheint dieser auf der Station. Als M den Pizzadeckel aufklappt, stellt er enttäuscht fest, dass es sich um eine Thunfischpizza handelt. M kann diese aufgrund einer Fischallergie nicht essen. Er erklärt P, dass K wohl aus Versehen die falsche Pizza bestellt habe und er diese Pizza nicht haben wolle. P besteht auf Zahlung des Kaufpreises und Abnahme der Pizza. Zu Recht?

Abwandlung 1: Wie wäre es, wenn K um die Fischallergie des M wissend – absichtlich eine Thunfischpizza bestellt hätte, um M wegen der vielen Überstunden eins „auszuwischen"?

Abwandlung 2: K hat die Bestellung richtig übermittelt, aber der 10-jährige Sohn (S) des P, der gelegentlich – mit Wissen und Wollen des P – in der Pizzeria die Bestellungen im Namen des P selbstständig entgegennimmt, hat die Bestellung falsch an den P weitergeleitet.

Muss M den Kaufpreis zahlen?

Bearbeitervermerk: Die Vorschriften über Fernabsatzverträge sind nicht zu prüfen.

Literaturhinweis: *Rüthers/Stadler*, BGB AT, § 25 Rn. 53 ff.; *Wertenbruch*, BGB AT, § 14 Rn. 1 ff.

---

[160] Vgl. *Bork*, BGB AT, Rn. 834.

Lösung zum Grundfall

1. Anspruch des P gegen M auf Kaufpreiszahlung und Abnahme der Pizza

P kann gegen M einen Anspruch auf Zahlung des Kaufpreises und Abnahme der Pizza gemäß § 433 II BGB haben.

a) Anspruch entstanden

Zwischen P und M muss ein wirksamer Kaufvertrag zustande gekommen sein. Ein solcher kommt durch zwei korrespondierende Willenserklärungen, Angebot und Annahme, zustande.

aa) Angebot

Zunächst bedarf es eines Angebots. Ein solches kann in der telefonischen Bestellung einer Pizza „Tonno" zu sehen sein. Fraglich ist dabei zunächst, ob es sich um ein Angebot des M oder der K handelt. K handelte im Auftrag des M. Es gibt mehrere Möglichkeiten, eine dritte Person in den Vertragsschluss einzuschalten. Der Dritte kann **Stellvertreter oder Bote** sein. Der entscheidende Unterschied zwischen beiden liegt darin, dass der Stellvertreter eine eigene Willenserklärung abgibt, während der Bote eine fremde Willenserklärung überbringt. In welcher Funktion der Dritte auftritt, bemisst sich nach dem objektiven Empfängerhorizont, §§ 133, 157 BGB.[161] Entscheidend ist, ob die beauftragte Person aus Sicht eines verständigen Dritten unter den konkreten Umständen eine eigene Willenserklärung abgibt oder bloß eine fremde Willenserklärung überbringt. Ein wesentliches Abgrenzungskriterium ist das Maß an Entscheidungsfreiheit, das der eingeschalteten Person zukommt.

Die Wortwahl der K, „Dr. Metzger hätte gerne…" lässt eindeutig erkennen, dass sie keine eigene Willenserklärung in fremdem Namen abgab, sondern lediglich wiedergab, was M wollte. Eigene Entscheidungsbefugnisse kamen ihr ersichtlich nicht zu. Bei K handelt es sich demnach um eine Erklärungsbotin. Folglich hat M das Angebot abgegeben, überbracht durch K.

Das Angebot muss weiterhin alle *essentialia negotii* enthalten und so formuliert sein, dass der Vertragspartner es durch ein bloßes „Ja" annehmen kann. Aus Sicht des maßgeblichen Empfängerhorizonts hat K eine Pizza „Tonno" bestellt. Aus Gründen des Verkehrsschutzes kommt es nicht darauf an, dass sie eigentlich eine Pizza „Toscana" bestellen wollte. Zu den vertragswesentlichen Bestandteilen gehört bei gegenseitigen Verträgen auch die Bestimmung der Gegenleistung. Ausdrücklich wurde für die Pizza zwar kein Preis genannt; allerdings ist es ausreichend, wenn sich die Gegenleistung aus den Umständen bestimmen lässt. Bei Lieferungen durch einen Bestellservice entspricht es der Verkehrsauffassung, dass der Käufer die vom Anbieter festgelegten Preise akzeptiert und seinem Angebot zugrunde legt. Ein hinreichend bestimmtes Angebot liegt damit vor.

bb) Annahme

P muss das Angebot sofort angenommen haben (§ 147 I 2 BGB). Durch die Bestätigung der Bestellung hat P gegenüber K die Annahme erklärt. Da sich das Angebot auf eine Pizza „Tonno" bezog (s. o.), hat auch die Bestätigung durch P den gleichen Inhalt.

---

[161] *Bork*, BGB AT, Rn. 1345.

Die Annahme muss als empfangsbedürftige Willenserklärung dem Vertragspartner zugehen (§ 130 I 1 BGB). Der Zugang erfolgt, wenn die Willenserklärung in dessen sachlichen bzw. persönlichen Herrschaftsbereich gelangt und unter normalen Umständen mit der Möglichkeit der Kenntnisnahme zu rechnen ist (§ 5 Rn. 48 ff.). Auf eine tatsächliche Kenntnisnahme kommt es nicht an. K kann hier die Annahmeerklärung als **Empfangsbotin** entgegengenommen haben. Dem Empfangsboten kommt die Funktion einer „personifizierten Empfangseinrichtung" zu.[162] Empfangsbote ist, wer vom Adressaten zur Empfangnahme von Erklärungen ausdrücklich oder durch schlüssiges Verhalten ermächtigt ist oder wer nach der Verkehrsanschauung als zur Empfangnahme ermächtigt anzusehen ist (§ 5 Rn. 52). Regelmäßig wird man annehmen können, dass der Erklärungsbote auch (konkludent) zur Entgegennahme der Annahmeerklärung ermächtigt ist (§§ 133, 157 BGB).[163] Davon ist auch hier auszugehen, da andernfalls der Vertrag nicht wie von M beabsichtigt zustande kommen könnte. K ist Empfangsbotin. Mit der Erklärung der Annahme gegenüber K ist diese in den persönlichen Herrschaftsbereich des M gelangt. Der Zugang beim Vertragspartner erfolgt allerdings – anders als beim Empfangsvertreter (§ 164 III BGB) – noch nicht mit der Entgegennahme durch den Empfangsboten, sondern erst in dem Zeitpunkt, in dem bei normalem Verlauf der Dinge mit einer Weitergabe und Kenntnisnahme zu rechnen ist. Unter den gegebenen Umständen konnte mit einer sofortigen Weitergabe der Annahmeerklärung des P an M gerechnet werden. Auf die tatsächliche Weitergabe kommt es nicht an. Die Annahmeerklärung des P ist M kurz nach Beendigung des Telefonats zugegangen. Zwischen M und P ist ein Kaufvertrag über eine Pizza „Tonno" zustande gekommen.

b) Anspruch rückwirkend entfallen

Der Kaufvertrag ist möglicherweise aufgrund wirksamer Anfechtung rückwirkend (*ex tunc*) nichtig und der Anspruch damit erloschen (§ 142 I BGB).

aa) Anfechtungsgrund

Eine wirksame Anfechtung setzt einen Anfechtungsgrund voraus. K war aufgegeben worden, eine Pizza „Toscana" zu bestellen. Aus Versehen hat sie aber eine Pizza „Tonno" bestellt. Insofern kommt eine Anfechtung wegen falscher Übermittlung gemäß § 120 BGB i. V. m. § 119 BGB in Betracht.

aaa) Übermittlung einer fremden Willenserklärung

§ 120 BGB setzt voraus, dass eine fremde Willenserklärung übermittelt wurde. Sofern es sich um die Übermittlung durch eine Person handelt, muss sie Erklärungsbote/Erklärungsbotin sein, da der Stellvertreter eine eigene Willenserklärung abgibt. Ferner muss die Person vom Absender zur Übermittlung verwendet worden sein. Nur dann ist ihm die unrichtige Übermittlung der Erklärung zurechenbar. K wurde hier von M als Erklärungsbotin eingesetzt, die *sein* Angebot übermitteln sollte.

bbb) Unrichtige Übermittlung

Die Erklärung muss von dem Boten fehlerhaft übermittelt worden sein. Der Fehler kann darauf beruhen, dass der Bote die Erklärung schon falsch verstanden hat, er selbst sie inhaltlich verfälscht oder die Erklärung an den falschen Empfänger geleitet wird.[164] K hat hier aus Unachtsamkeit die falsche Pizza bestellt, die Erklärung

---

[162] *BGH* NJW 2002, 1565, 1567.
[163] *Bork*, BGB AT, Rn. 1359.
[164] MünchKomm-BGB/*Armbrüster*, § 120 Rn. 4 ff.

damit inhaltlich verfälscht und so übermittelt. Bei verständiger Würdigung des Falles und Kenntnis der Sachlage wäre die Erklärung nicht abgegeben worden (§ 120 BGB i. V. m. § 119 I a. E. BGB). Die falsche Übermittlung war also auch subjektiv und objektiv erheblich für die Abgabe der Willenserklärung.

bb) Anfechtungserklärung

Neben dem Anfechtungsgrund setzt die wirksame Anfechtung eine Anfechtungserklärung voraus (§ 143 I, II BGB). Durch den Hinweis auf das Versehen der K und die Verweigerung der Abnahme der Pizza hat M hinreichend klar zum Ausdruck gebracht, dass er wegen des Irrtums der K nicht an den Vertrag gebunden sein will. M hat damit die Anfechtung erklärt.

cc) Anfechtungsfrist

M hat seine Willenserklärung unverzüglich nach Bemerken des Übermittlungsfehlers angefochten (§ 121 I 1 BGB).

dd) Rechtsfolge

Der Vertrag ist gemäß § 142 I BGB als von Anfang an nichtig anzusehen.

2. Ergebnis

P kann folglich von M nicht Zahlung des Kaufpreises und Abnahme der Pizza gemäß § 433 II BGB verlangen.

Hinweis: P kann aber Ersatz der Herstellungs- und Anfahrtskosten gemäß § 122 I BGB verlangen. Ein Ausschluss nach § 122 II BGB scheidet aus, weil P den Anfechtungsgrund weder kannte noch kennen musste. Der Schadensersatzanspruch richtet sich auf den Ersatz des negativen Interesses (siehe dazu oben Fall Nr. 39 – Zahlendreher und unten Fall Nr. 48 – Judex calculat). Er kann jedoch maximal den Betrag des Interesses verlangen, das er an der Gültigkeit der Erklärung hat (= positives Interesse, § 122 I a. E. BGB).

Lösung zur Abwandlung 1

Im Unterschied zum Ausgangsfall hat K in der Abwandlung die Erklärung bewusst verfälscht, um M eins „auszuwischen". Ob § 120 BGB auch im **Fall der bewussten Falschübermittlung** eingreift, ist umstritten.

1. Minderansicht

Teilweise wird dies bejaht.[165] Auch die vorsätzlich falsch übermittelte Willenserklärung sei dem Absender zurechenbar. Durch die Einschaltung eines Boten habe er eine aus seinem Risikobereich stammende Fehlerquelle geschaffen. Er sei es, der den Boten kontrollieren und instruieren, mithin das Risiko einer Falschübermittlung beherrschen könne. Deshalb könne man ihm auch die absichtliche Falschübermittlung zurechnen. Der Erklärungsempfänger könne nicht erkennen, ob es sich um eine absichtliche oder versehentliche Falschübermittlung handele. Sein berechtigtes Vertrauen sei in beiden Fällen gemäß §§ 120, 119 I, 122 BGB zu schützen. Nach dieser Ansicht könnte und müsste M gemäß § 120 BGB i. V. m. § 119 I BGB anfechten; er würde sich aber nach § 122 BGB schadensersatzpflichtig machen.

---

[165] *Medicus*, BGB AT, Rn. 748; *Bork*, BGB AT, Rn. 1361; *Marburger*, AcP 173 (1973), 137, 155 ff.; *Wolf/Neuner*, BGB AT, § 41 Rn. 40; wohl auch MünchKomm-BGB/*Armbrüster*, § 120 Rn. 4.

2. Herrschende Meinung

Die h.M. hingegen hält § 120 BGB bei einer vorsätzlichen Falschübermittlung durch den Boten nicht für anwendbar.[166] Es fehle an einer dem Absender zurechenbaren Willenserklärung. Es sei nicht mehr seine Willenserklärung, die beim Erklärungsempfänger ankomme, da sie auf einem selbstständigen Entschluss des Erklärungsboten beruhe. Die absichtliche Falschübermittlung stelle keine typische Gefahr der Verwendung eines Erklärungsboten mehr dar, so dass eine Haftung nach §§ 120, 122 BGB nicht gerechtfertigt erscheine. Der Absender brauche nicht anzufechten, da keine Willenserklärung von ihm vorliege. Hinsichtlich des Erklärungsboten seien die §§ 177ff. BGB analog anzuwenden. Folgte man dieser Ansicht, müsste M mangels einer ihm zurechenbaren Willenserklärung nicht anfechten.

3. Stellungnahme

Allein die Tatsache, dass der Erklärungsbote vom Absender bewusst zur Übermittlung verwendet wurde, rechtfertigt es nicht, ihm eine absichtliche Falschübermittlung zuzurechnen und ihn mit einer Schadensersatzpflicht nach § 122 BGB zu belasten. § 120 BGB verweist auf § 119 I BGB. Diese Irrtumskonstellationen setzen alle ein unbewusstes Abweichen von Wille und Erklärung voraus. Für den Fall der unrichtigen Übermittlung, bei dem es sich letztlich um einen Spezialfall des Erklärungsirrtums handelt, kann nichts anderes gelten. Nur wenn der vom Erklärungsboten gesetzte äußere Erklärungstatbestand versehentlich vom wahren Willen des Absenders abweicht, ist § 120 BGB einschlägig. Dem Schutz des berechtigten Vertrauens des Erklärungsempfängers wird durch die analoge Anwendung des § 179 BGB hinreichend Rechnung getragen. Der Erklärungsbote haftet dem Erklärungsempfänger nach dessen Wahl auf Erfüllung oder auf Schadensersatz nach Maßgabe des § 179 BGB. Nach vorzugswürdiger Ansicht ist eine Anfechtung nach § 120 BGB i.V.m. § 119 I BGB durch M weder möglich noch nötig. Es fehlt eine M zurechenbare Willenserklärung (a.A. vertretbar). P hat gegen M folglich keinen Anspruch auf Kaufpreiszahlung und Abnahme der Pizza gemäß § 433 II BGB.

Hinweis: Eigentlich müsste man die Problematik schon beim Vertragsschluss diskutieren, da es nach der h.M. gar nicht zu einem Vertragsschluss kommt. Es fehlt schon eine dem M zurechenbare Willenserklärung. Dann würde aber die Prüfung des § 120 BGB „in der Luft hängen". Üblicherweise wird die Problematik daher erst im Rahmen der Anfechtung geprüft.

Für den Fall, dass den Absender ein Verschulden hinsichtlich der Kontrolle oder Auswahl des Erklärungsboten trifft, bejahen beide Ansichten die Möglichkeit eines Schadensersatzanspruchs aus *culpa in contrahendo* (§§ 311 II, 241 II, 280 I BGB). Für ein solches Verschulden bestehen jedoch hier keine Anhaltspunkte.

Unstreitig nicht anwendbar ist § 120 BGB hingegen, wenn eine Person als Bote auftritt, ohne dass sie der (vermeintliche) Absender als solchen eingesetzt hat.[167] Der durch den Boten gesetzte äußere Erklärungstatbestand kann dem (vermeintlichen) Absender nicht zugerechnet werden. Beim „Boten ohne Botenmacht" gelten nach einhelliger Ansicht die §§ 177ff. BGB analog.

---

[166] *Rüthers/Stadler*, BGB AT, § 25 Rn. 55; *Leipold*, BGB AT, § 18 Rn. 48; *Köhler*, BGB AT, § 7 Rn. 22; Erman/*Arnold*, § 120 Rn. 5; *Wertenbruch*, BGB AT, § 14 Rn. 5f.; offen gelassen von *BGH* NJW 2008, 2702, 2704f. = WM 2008, 1700, 1703 (Rn. 35).

[167] Bestätigt durch *BGH* NJW 2008, 2702, 2704f. = WM 2008, 1700, 1703 (Rn. 35f.).

Lösung zur Abwandlung 2

Erneut ist für den Anspruch auf Kaufpreiszahlung für die Pizza „Tonno" entscheidend, ob ein wirksamer Kaufvertrag zwischen P und M über diese Pizza vorliegt.

1. Inhalt und Zugang des Angebots

K trat wiederum als Erklärungsbotin des M auf. Allerdings übermittelte sie dieses Mal die Bestellung korrekt, so dass ein Angebot über eine Pizza „Toscana" abgegeben wurde. Das durch K übermittelte Angebot muss dem P zugegangen sein. Dazu muss es zunächst in den persönlichen oder sachlichen Herrschaftsbereich des P gelangt sein. Das Angebot wurde vom 10-jährigen S entgegengenommen. Für den Zugang bei P ist entscheidend, ob S Empfangsbote oder Empfangsvertreter ist. Dies bemisst sich nach der Perspektive eines objektiven Erklärungsempfängers. Derjenige, der eine Bestellung in einer Pizzeria telefonisch entgegennimmt, ist aus der Sicht eines objektiven Dritten regelmäßig als Vertreter anzusehen. Er macht aus Empfängersicht zumindest insoweit von einem eigenen Entscheidungsspielraum Gebrauch, als er ohne Rückfrage bei seinem Geschäftsherrn über die Annahme der Bestellung entscheidet. Zu einer Willensbildung des Geschäftsherrn hinsichtlich der einzelnen Vertragsabschlüsse kommt es in diesen Fällen nicht. Demzufolge trat S aus Sicht eines objektiven Empfängers als Empfangsvertreter auf.

Erforderlich ist dann, dass S als Empfangsvertreter auch entsprechend bevollmächtigt gewesen ist. S nahm regelmäßig Bestellungen mit Wissen und Wollen des P entgegen, so dass er zumindest konkludent zur Empfangnahme bevollmächtigt war. Die beschränkte Geschäftsfähigkeit des S steht einer wirksamen Stellvertretung nicht entgegen (§ 165 BGB). S nahm die Angebote der Kunden stets im Namen des P entgegen, so dass auch das Offenkundigkeitsprinzip gewahrt ist. S war damit Empfangsvertreter i.S.d. § 164 III BGB. Das Angebot ist mit Zugang bei S auch dem P zugegangen.

2. Inhalt und Zugang der Annahme

Dieses Angebot wurde von S durch Bestätigung der Bestellung angenommen. Es ist davon auszugehen, dass S auch zur Annahme der Angebote bevollmächtigt war. Folglich gab er eine eigene Willenserklärung ab. Die Annahme bezog sich aus Sicht eines objektiven Empfängers auf die von K bestellte Pizza „Toscana". Mit diesem Inhalt ist M die Annahme zugegangen. Zwischen P und M ist folglich ein Kaufvertrag über eine Pizza „Toscana" zustande gekommen.

3. Keine Anfechtung bei fehlerhafter Übermittlung auf Empfängerseite

Auf eine Anfechtung nach § 120 BGB i.V.m. § 119 I BGB kommt es nicht an. Die fehlerhafte Übermittlung durch Hilfspersonen (Empfangsbote, Empfangsvertreter) auf Empfängerseite unterliegt nicht dem Anwendungsbereich des § 120 BGB. Das Risiko einer fehlerhaften Übermittlung durch diese Personen hat der Erklärungsempfänger zu tragen.[168]

---

[168] *Köhler*, BGB AT, § 7 Rn. 22; *Leipold*, BGB AT, § 18 Rn. 49; MünchKomm-BGB/*Armbrüster*, § 120 Rn. 7.

Da ein Kaufvertrag über eine Pizza „Tonno“ nicht zustande gekommen ist, muss M für die Lieferung der falschen Pizza keinen Kaufpreis zahlen. P hat jedoch einen Anspruch auf Kaufpreiszahlung für eine Pizza „Toscana“. Bis zur Lieferung der Pizza muss M den Kaufpreis allerdings nicht zahlen (§ 320 BGB).

Hinweis: Eine Anfechtung durch P gemäß § 119 I Alt. 1 BGB scheidet aus, wenn man den Sachverhalt so versteht, dass S zum Zeitpunkt des Telefonats mit K noch die Bestellung der Pizza „Toscana“ im Kopf hatte und S erst anschließend der Fehler bei der Weitergabe der Bestellung an P unterlief. Da S nämlich Vertreter war, kommt es gemäß § 166 I BGB auf *seine* Willensmängel an. Ging S aber bei dem Telefonat noch von der Bestellung einer Pizza „Toscana“ aus, hat er sich bei der Abgabe *seiner* Willenserklärung nicht geirrt.

Fall Nr. 47 – Zu viele Brezeln

K aus Chemnitz ist Vater eines kleinen Sohnes namens Justin. Bald steht der Kindergeburtstag des kleinen Justin an und K macht sich Gedanken über die Verköstigung der eingeladenen „Rasselbande“. Er bestellt beim Bäcker B Brezeln für 17:30 Uhr am Samstag. Dabei verspricht sich K jedoch und bestellt versehentlich 55 statt der eigentlich gewünschten 35 Brezeln. Als B am Samstag um 17:30 Uhr die Brezeln persönlich vorbeibringt, bemerkt K seinen Fehler, der ihm aber ganz gelegen kommt: Die Kinder haben nämlich schon mittags so viel Kuchen gegessen, dass sie immer noch satt sind. Außerdem hat seine Frau auch noch Würstchen für den Abend geholt, die wahrscheinlich auch übrig bleiben würden, wenn die Kinder noch Brezeln essen. K nutzt daher die Gunst der Stunde und klärt B über seinen Irrtum auf, weswegen er sich von dem Vertrag lösen wolle. Es tue ihm zwar leid, aber B müsse nun wohl oder übel mit den 55 Brezeln wieder zurück in seine Backstube fahren. So leicht will sich B aber nicht abspeisen lassen. Er verlangt Zahlung des Kaufpreises i. H. v. € 38,50 (55x € 0,70) für die 55 Brezeln; jedenfalls möchte er 24,50 € (35x € 0,70) für 35 Brezeln, die K dann selbstverständlich erhalte, und/oder Schadensersatz i. H. v. € 7 (Herstellungskosten pro Stück = € 0,35) für die 20 Brezeln, die er umsonst hergestellt hat. Diese kann er nämlich sonntags nicht verkaufen, da sein Laden geschlossen ist und sie montags bereits zu alt für den Verkauf sind.

Was kann B von K verlangen?

Literaturhinweis: *Bork*, BGB AT, Rn. 953 ff.

Lösung

1. Anspruch des B gegen K auf Zahlung von € 38,50

B kann gegen K einen Anspruch auf Zahlung von € 38,50 aus § 433 II BGB haben, wenn B und K sich wirksam über das Zustandekommen eines Kaufvertrags in Bezug auf 55 Brezeln geeinigt haben.

a) Anspruch entstanden

Ein kaufvertraglicher Zahlungsanspruch des B gegen K setzt die Abgabe zweier entsprechender und in Bezug aufeinander abgegebener Willenserklärungen, Angebot und Annahme, voraus.

Die Bestellung der Brezeln seitens des K stellt ein Angebot auf Abschluss eines Kaufvertrags dar, das B angenommen hat. Zweifelhaft ist, über wie viele Brezeln der Kaufvertrag abgeschlossen wurde. K wollte lediglich 35 Brezeln ordern, äußerte aber aufgrund eines Versprechers die Zahl von 55. Fallen bei einer empfangsbedürftigen Willenserklärung Wille und Erklärung auseinander, so ist für die Auslegung der objektive Empfängerhorizont maßgeblich (§§ 133, 157 BGB). Der Erklärung ist der Inhalt beizumessen, den ein umsichtiger und verständiger Empfänger, der mit den äußeren Umständen der Erklärung vertraut ist, im konkreten Fall verstanden hätte.[169] Es bestanden keinerlei Anhaltspunkte, die auf den wahren Willen des K hindeuteten. Aus der Sicht eines objektivierten Empfängers bestellte K demnach 55 Brezeln. Auf diese Menge bezog sich dementsprechend auch die Annahme des B.

b) Anspruch rückwirkend entfallen

Der Anspruch ist jedoch rückwirkend (*ex tunc*) erloschen, wenn der Kaufvertrag infolge einer Anfechtung gemäß § 142 I BGB nichtig ist.

aa) Anfechtungsgrund

Als Anfechtungsgrund kommt ein Erklärungsirrtum in Betracht (§ 119 I Alt. 2 BGB). Ein solcher liegt vor, wenn der Erklärende eine Erklärung dieses Inhalts überhaupt nicht abgeben wollte. Es handelt sich um einen Irrtum in der Erklärungshandlung, aufgrund dessen die Erklärung unbewusst von dem tatsächlichen Geschäftswillen abweicht. Typische Fälle sind etwa das Verschreiben oder Versprechen. K bestellte aufgrund eines Versprechers zwanzig Brezeln zu viel. Damit liegt der klassische Fall eines Erklärungsirrtums vor. Es besteht folglich ein Anfechtungsgrund gemäß § 119 I Alt. 2 BGB.

bb) Anfechtungserklärung

Nach § 143 I BGB muss die Anfechtung gegenüber dem Anfechtungsgegner erklärt werden. Anfechtungsgegner ist bei einem Vertrag regelmäßig der andere Teil (§ 143 II BGB). K eröffnete B, dass er sich bei der Bestellung versprochen habe und sich deshalb von dem Vertrag lösen wolle. Dabei ist irrelevant, dass K nicht den Ausdruck „Anfechtung" verwendete. Es genügt, dass der Erklärungsempfänger eindeutig erkennen kann, dass das Rechtsgeschäft wegen des Willensmangels rückwirkend beseitigt werden soll.[170] Dies ging aus der Erklärung des K zweifelsfrei hervor.

cc) Anfechtungsfrist

Die Anfechtung wegen Erklärungsirrtums muss innerhalb der Frist des § 121 I 1 BGB erfolgen, also unverzüglich nachdem der Anfechtungsberechtigte von dem Anfechtungsgrund Kenntnis erlangt hat. Unverzüglich bedeutet nach der Legaldefinition in § 121 I 1 BGB ohne schuldhaftes Zögern. Die Erklärung erfolgte sofort nachdem K seinen Irrtum bemerkt hatte, mithin fristgerecht.

dd) Rechtsfolge

Gemäß § 142 I BGB ist ein angefochtenes Rechtsgeschäft als von Anfang an nichtig anzusehen. Die Anfechtung bewirkt dabei grundsätzlich, dass das irrtumsbehaftete Rechtsgeschäft vollständig rückwirkend beseitigt wird, nicht jedoch, dass an die Stelle des angefochtenen Rechtsgeschäfts dasjenige Rechtsgeschäft tritt, das ohne den Irrtum zustande gekommen wäre. Die **Anfechtung führt zur Kassation**, nicht jedoch zur Reformation des angefochtenen Rechtsgeschäfts. Diesem Grundsatz folgend ist der Kaufvertrag über die 55 Brezeln als von Anfang an nichtig zu behandeln.

---

169 *BGH* NJW 2003, 743.
170 BGHZ 91, 324, 331 f. = NJW 1984, 2279, 2281 m. Anm. *Canaris*.

b) Ergebnis

Ein Anspruch auf Zahlung von € 38,50 besteht nicht.

2. Anspruch des B gegen K auf Zahlung von € 24,50

Möglicherweise kann B aber Zahlung von € 24,50 verlangen. Dazu muss ein Kaufvertrag über 35 Brezeln zustande gekommen sein. Nach dem oben Gesagten bezog sich die Einigung aber auf 55 Brezeln. Ein zusätzlicher oder ein neuer Kaufvertrag über 35 Brezeln ist nicht geschlossen worden, so dass B aufgrund der rein kassatorischen Wirkung der Anfechtung eigentlich kein Anspruch zusteht.

Dieses Ergebnis erscheint unbillig, denn immerhin bietet B an, statt der bestellten 55 Brezeln nunmehr die eigentlich gewünschten 35 Brezeln an K auszuliefern, was K jedoch unter Hinweis auf die gerade erfolgte Anfechtung des Kaufvertrags ablehnt.

a) Meinung 1: Ersatzlose Kassation des angefochtenen Rechtsgeschäfts

Man könnte der Ansicht sein, dass an einer solchen Vorgehensweise nichts auszusetzen sei.[171] Die Gesamtnichtigkeit des Rechtsgeschäfts sei genau die Rechtsfolge, die § 142 I BGB anordne. Auf diese dürfe sich der Anfechtende daher selbstverständlich auch berufen. Die Bereitschaft des Anfechtungsgegners, den Vertrag mit dem eigentlich gewollten Inhalt zu erfüllen, sei als Angebot auf Abschluss eines neuen Vertrages zu werten. Dieses könne der Anfechtende annehmen oder ablehnen. Hiernach liegt in der signalisierten Bereitschaft des B, wenigstens die 35 Brezeln zu übergeben, ein Angebot auf Neuabschluss eines Kaufvertrags, das K jedoch ablehnte.

b) Meinung 2: Einschränkung der Nichtigkeitsfolge des § 142 I BGB

Demgegenüber könnte man dem Anfechtenden auch die Berufung auf die Rechtsfolgen des § 142 I BGB untersagen, wenn sich das Rechtsgeschäft, wie hier, in einen irrtumsbehafteten und einen irrtumsfreien Teil aufspalten lässt und sich der Vertragspartner umgehend zur Erfüllung bereit erklärt (§ 7 Rn. 133). Der Anfechtende verhalte sich dann treuwidrig (§ 242 BGB), falls er den Vertrag nicht wenigstens mit dem von ihm eigentlich gewollten Inhalt gegen sich gelten lasse. Der Vertragspartner des Anfechtenden soll also das Rechtsgeschäft mit dem eigentlich gewollten Inhalt noch „retten“ können. Nach dieser h. M. könnte B Zahlung von € 24,50 gegen Lieferung der 35 Brezeln verlangen.

c) Stellungnahme

Für eine Beschränkung der Nichtigkeitsfolgen spricht der Zweck der Irrtumsanfechtung. Sie soll es dem Anfechtenden ermöglichen, die Folgen seines Irrtums zu beseitigen. Die Anfechtungsmöglichkeit schützt ihn davor, sich an einem Geschäft festhalten lassen zu müssen, das er so nicht gewollt hat. Die §§ 119 ff. BGB dienen hingegen nicht dazu, sich von einer ursprünglich gewollten rechtsgeschäftlichen Bindung zu lösen. Nur soweit der Irrtum reicht, ist es gerechtfertigt, das Rechtsgeschäft als von Anfang an nichtig zu behandeln. Der Anfechtende soll so gestellt werden, wie er ohne den Irrtum stünde. Ohne den Irrtum hätte K einen Vertrag über 35 Brezeln geschlossen. Von diesem hätte er sich auch nicht im Wege der Anfechtung wieder lösen können, denn die Tatsache, dass die Kinder bereits satt waren, stellt einen unbeachtlichen Motivirrtum dar. Der Gesetzgeber hat sich jedoch

[171] So v. a. *Spieß*, JZ 1985, 593.

im Anfechtungsrecht grundsätzlich gegen die Beachtlichkeit von Motivirrtümern entschieden (arg. § 119 II BGB). Diese Entscheidung könnte unterlaufen werden, wenn in Fällen wie diesem die Berufung auf § 142 I BGB in vollem Umfang zulässig wäre. Die Anfechtung würde zu einem „Reurecht", das eine Befreiung von inzwischen nicht mehr gewollten vertraglichen Bindungen ermöglichen würde.

K verhielt sich daher treuwidrig, als er die von B angebotene Lieferung der 35 Brezeln verweigerte. Infolgedessen ist es K verwehrt, sich vollumfänglich auf § 142 I BGB zu berufen. Den irrtumsfreien Teil des Vertrages muss er folglich gegen sich gelten lassen. An die Stelle des objektiv Erklärten (55 Brezeln x € 0,70) tritt – wie bei der *falsa demonstratio non nocet* – das tatsächlich Gewollte (35 Brezeln x € 0,70).

d) Ergebnis

B hat gegen K einen Anspruch auf Zahlung von € 24,50.

3. Anspruch des B gegen K auf Zahlung von € 7

Fraglich ist, ob B daneben noch ein Anspruch auf Schadensersatz gegen K i.H.v. € 7 gemäß § 122 I BGB zusteht. K hat sein Angebot zumindest teilweise wegen eines Erklärungsirrtums wirksam angefochten. K hat dem B daher grundsätzlich einen erlittenen Vertrauensschaden (= negatives Interesse) zu ersetzen. B ist so zu stellen, wie er stehen würde, wenn er sich nie auf das irrtumsbehaftete Rechtsgeschäft eingelassen hätte. In Folge des Irrtums des K hat B zwanzig Brezeln zuviel gebacken, weswegen ihm € 7 Herstellungskosten entstanden sind, die er nicht gehabt hätte, wenn er von dem irrtumsbehafteten Teil des Rechtsgeschäfts nichts gehört hätte. Da B weder bösgläubig (§ 122 II BGB) war, noch das negative Interesse das Erfüllungsinteresse (20 Brezeln x € 0,70) übersteigt, steht B gemäß § 122 I BGB zusätzlich zu dem unter 2. behandelten Zahlungsanspruch ein Schadensersatzanspruch i.H.v. € 7 gegen K zu.

Fall Nr. 48 – Judex calculat

Angesichts hoher Studiengebühren und steigender Spritpreise sieht sich der Jurastudent S dazu gezwungen, seinen geliebten 3er BMW zu verkaufen. Zu diesem Zweck fertigt er mehrere Schilder an, auf denen er die relevanten Fahrzeugdaten, seine Telefonnummer sowie den Kaufpreis angibt. Anstatt jedoch wie beabsichtigt einen Preis von € 5.400 festzusetzen, schreibt er versehentlich € 4.500. Der tatsächliche Wert des Fahrzeugs beträgt € 5.800. Diese Schilder befestigt er von innen an den Seitenfenstern seines KFZ, das am Straßenrand geparkt steht. Schon wenige Stunden später erblickt der libanesische Gebrauchtwagenhändler G das Fahrzeug. Ein solches Modell fehlt zurzeit im Sortiment des G. Nachdem er das Auto eingehend untersucht hat, kommt G zu dem Schluss, dass es sich in jedem Fall um ein – wenngleich nicht völlig außergewöhnliches – Schnäppchen handele. Er notiert die Kontaktnummer und ruft S schon kurze Zeit später an. G erklärt S, dass er das Auto definitiv „zum angegebenen Preis" kaufen wolle. S ist froh, so schnell einen Käufer für das Auto gefunden zu haben, und nimmt das Angebot mit den Worten „Ja prima, abgemacht" an. Die beiden verabreden, dass G am nächsten Tag mit einem Anhänger vorbeikommen soll, um das Fahrzeug abzuholen. Als G am nächsten Tag bei S vorbeikommt und das Auto auf den Anhänger geladen werden soll, bemerkt S seinen Schreibfehler. S ist nicht bereit, das Fahrzeug zu diesem Preis zu verkaufen. Da er in der Vorlesung BGB AT einigermaßen regelmäßig anwesend war, erklärt er aufgrund seines Irrtums sofort die Anfechtung des Kaufvertrags. G sind aufgrund der vergeblichen Anfahrt Kosten i. H. v. € 20 entstanden. Außerdem hat er aufgrund des bereits geschlossenen Kaufvertrags ein Angebot des H i. H. v. € 4.300 über ein gleichwertiges Fahrzeug (Wert: € 5.800) abgelehnt. H hat das Fahrzeug mittlerweile an K – einen Konkurrenten des G – verkauft.

Was kann G von S verlangen?

Abwandlung: Was kann G verlangen, wenn er zwar kein Angebot des H erhalten und ausgeschlagen hätte, stattdessen aber den 3er BMW für einen Preis von € 6.200 an den Kunden K hätte verkaufen können?

Bearbeitervermerk: Ansprüche aus *culpa in contrahendo* sind nicht zu prüfen.

Lösung zum Grundfall

1. Anspruch des G gegen S auf Übergabe und Übereignung des KFZ

Ein Anspruch des G gegen S auf Übergabe und Übereignung des 3er BMW kann sich aus § 433 I BGB ergeben.

a) Anspruch entstanden

Voraussetzung dafür ist, dass zwischen S und G ein wirksamer Kaufvertrag zustande gekommen ist. Ein solcher kommt durch zwei korrespondierende Willenserklärungen, Angebot und Annahme, zustande.

aa) Angebot

Ein Angebot *ad incertas personas* könnte in dem Anbringen der Schilder an den Innenfenstern des BMW zu sehen sein.[172] Auch im privaten Geschäftsverkehr handelt es sich jedoch bei einer derartigen Preisauszeichnung regelmäßig nur um eine bloße *invitatio ad offerendum*, bei der es aus Sicht eines objektiven Empfängers an dem für eine Willenserklärung erforderlichen Rechtsbindungswillen fehlt. Mit dem Aushang der Schilder wollte S nur potentielle Käufer dazu auffordern, ihrerseits ein Angebot abzugeben. Dementsprechend ist das Angebot erst in der Aussage des G, den BMW zum „angegebenen Preis" kaufen zu wollen, zu sehen. Fraglich ist, was unter dem „**angegebenen Preis**" zu verstehen ist. Während G sich auf den ausgewiesenen Preis von € 4.500 bezog, ging S von € 5.400 aus, da er seinen Schreibfehler zu diesem Zeitpunkt noch nicht erkannt hatte. Da beide unter dem „angegebenen Preis" etwas Unterschiedliches verstanden, ist der Inhalt des Angebots nach dem **objektiven Empfängerhorizont** zu bestimmen. Dabei kommt es nicht auf das Verständnis des konkreten Empfängers an. Der Erklärung ist vielmehr der Inhalt beizumessen, den ein umsichtiger dritter Beobachter, der mit den äußeren Umständen der Erklärung vertraut ist, im konkreten Fall verstanden hätte. Als äußerer Umstand der Erklärung ist hier insbesondere das vorformulierte „Preisschild" zu nennen, auf dessen Grundlage G sein Angebot abgegeben hat. Zwar handelte es sich um ein „Schnäppchen"; dieses war jedoch nicht so außergewöhnlich, als dass Anlass bestanden hätte, an der Richtigkeit des Kaufpreises zu zweifeln. Ein objektiver Empfänger hätte daher aufgrund des Schildes unter dem „angegebenen Preis" € 4.500 verstanden, so dass G ein Kaufangebot über € 4.500 abgegeben hat.

---

[172] Zur *offerta ad incertas personas* siehe oben § 5 Rn. 19 f.

bb) Annahme

S nahm das Angebot des G mit den Worten „Ja prima, abgemacht" an (§ 147 I 2 BGB). Auch die Annahme bezog sich aus Sicht eines objektiven Empfängers auf einen Kaufpreis von € 4.500. Damit ist am Telefon ein Kaufvertrag über den 3er BMW zum Kaufpreis von € 4.500 zunächst zustande gekommen, aus dem G grundsätzlich Übergabe und Übereignung des KFZ gemäß § 433 I BGB verlangen könnte.

b) Anspruch rückwirkend entfallen

Der Kaufvertrag ist aber möglicherweise aufgrund einer Anfechtung durch S gemäß § 142 I BGB rückwirkend (*ex tunc*) nichtig und damit der Anspruch entfallen.

aa) Anfechtungsgrund

Fraglich ist, ob ein Anfechtungsgrund vorliegt.

aaa) Erklärungsirrtum

In Frage kommt eine Anfechtung aufgrund eines Erklärungsirrtums (§ 119 I Alt. 2 BGB). Dieser läge dann vor, wenn S bei seiner Annahmeerklärung ein falsches Erklärungszeichen verwendet hätte. Der Irrtum betrifft nicht den Erklärungsinhalt, sondern die Erklärungshandlung. Die Äußerung des Erklärenden weicht von dem ab, was er eigentlich erklären will. S hat das Angebot des G mit den Worten „Ja prima, abgemacht" angenommen. Dabei hat er sich nicht etwa versprochen, sondern genau die Worte verwendet, die er verwenden wollte. Ein Erklärungsirrtum scheidet somit aus.

Hinweis: Falsch wäre es hingegen, auf den Schreibfehler auf dem Schild abzustellen. Dieses stellt nach dem oben Gesagten eben noch keine Willenserklärung dar. Für den Erklärungsirrtum ist allein auf die mit Rechtsbindungswillen vorgenommene Annahmeerklärung abzustellen. Bei dieser hat sich S nicht über das Erklärungszeichen geirrt.

bbb) Inhaltsirrtum

S hat sich aber vielleicht in einem Inhaltsirrtum gemäß § 119 I Alt. 1 BGB befunden. Dann muss er mit seiner Erklärung einen Sinn verbunden haben, der ihr nach der Auslegung nicht zukommt. Die Auslegung hat ergeben, dass sich die Annahme des S auf ein Kaufangebot von € 4.500 bezog. S ging hingegen davon aus, dass sich seine Worte „Ja prima, abgemacht" auf ein Kaufangebot von € 5.400 bezogen. Er verband mit seiner Erklärung einen vom objektiven Empfängerhorizont abweichenden Sinn. Wille und Erklärung fielen somit auseinander. Er irrte gleichsam über die Bedeutung seines „Ja". Ein Anfechtungsgrund in Form eines Inhaltsirrtums liegt daher vor. Es ist anzunehmen, dass S die Erklärung bei Kenntnis der Sachlage und bei verständiger Würdigung des Falles nicht abgegeben hätte.

ccc) Irrtum über verkehrswesentliche Eigenschaft

Möglicherweise kann S auch wegen eines Irrtums über den Preis gemäß § 119 II BGB anfechten. Dann müsste der Preis eine verkehrswesentliche Eigenschaft sein. Eigenschaften i.S.v. § 119 II BGB sind alle wertbildenden Merkmale der Sache sowie ihre tatsächlichen oder rechtlichen Beziehungen zur Umwelt, soweit sie nach der Verkehrsauffassung auf die Wertschätzung der Sache Einfluss haben und ihr unmittelbar zumindest auf eine gewisse Dauer anhaften. Der **Preis** einer Sache bildet aber **keine** solche **Eigenschaft**; er ist erst das Ergebnis der Bewertung aller der Sache anhaftenden Merkmale (§ 7 Rn. 103).[173] Eine Anfechtung nach § 119 II BGB scheidet deshalb aus.

[173] Vgl. dazu auch schon oben Fall Nr. 45 – Die Schnapsdrossel.

bb) Anfechtungserklärung und Anfechtungsfrist

S hat gegenüber seinem Vertragspartner G die Anfechtung erklärt (§ 143 I, II BGB). Dies erfolgte sofort und damit unverzüglich (§ 121 I 1 BGB).

cc) Rechtsfolge

Nach § 142 I BGB ist das Rechtsgeschäft als von Anfang an nichtig zu behandeln.

c) Ergebnis

G hat gegen S keinen Anspruch auf Übergabe und Übereignung des BMW aus § 433 I BGB.

2. Anspruch des G gegen S auf Schadensersatz

Möglicherweise hat G aber einen Anspruch auf Schadensersatz gegen S gemäß § 122 I BGB.

a) Angefochtene Willenserklärung

Voraussetzung dieses Anspruchs ist, dass eine Willenserklärung aus einem der in § 122 I BGB genannten Gründe angefochten wurde. S hat seine Annahmeerklärung nach § 119 I Alt. 1 BGB angefochten, so dass grundsätzlich ein Schadensersatzanspruch möglich ist.

b) Vertrauensschaden

Nach § 122 I BGB soll der Anfechtungsgegner den Schaden ersetzt bekommen, den er dadurch erleidet, dass er auf die Gültigkeit des Vertrags vertraut hat (= **negatives Interesse**). Er soll so gestellt werden, wie er stehen würde, wenn er sich auf das Geschäft nie eingelassen, von diesem also nie etwas gehört hätte. Dazu gehören insbesondere **Aufwendungen**, die im Hinblick auf den Vertrag gemacht wurden und sich nun als **nutzlos** erweisen. Diese wären nie getätigt worden, wenn man nicht an die Wirksamkeit der Erklärung geglaubt hätte. Ebenso verhält es sich z.B. mit einem Nachteil, den man dadurch erlitten hat, dass man aufgrund der eigenen Vertragstreue ein anderes, günstigeres Angebot ausgeschlagen hat.[174]

G sind im Hinblick auf den Vertragsschluss Fahrtkosten i.H.v. € 20 entstanden. Ferner hat er aufgrund des mit S geschlossenen Vertrags ein Angebot des H über ein gleichwertiges Fahrzeug zum Preis von € 4.300 (Wert: € 5.800) ablehnen müssen, so dass ihm ein Nachteil i.H.v. von € 1.500 entstanden ist. Beide Einbußen hätte G nicht erlitten, wenn er sich auf das Geschäft mit S nicht eingelassen hätte. Das negative Interesse des G beträgt damit € 1.520.

c) Begrenzung des Schadensersatzanspruchs

Gemäß § 122 I a.E. BGB ist der Anspruch der Höhe nach auf den Betrag des Interesses begrenzt, das der andere an der Gültigkeit der Erklärung hatte. Der **Vertrauensschaden** wird **durch das Erfüllungsinteresse** (= positives Interesse) **begrenzt.** Das Erfüllungsinteresse des Ersatzberechtigten besteht darin, so gestellt zu werden, wie er stehen würde, wenn der Vertrag ordnungsgemäß erfüllt worden wäre. Zweck dieser „Deckelung" ist es zu verhindern, dass der Anfechtungsgegner durch die Anfechtung besser gestellt wird als er bei Wirksamkeit des Rechtsgeschäfts stehen würde. Ihm soll aus der Anfechtung kein Vorteil erwachsen. Bei ordnungsgemäßer

---

[174] *BGH* NJW 1984, 1950, 1951.

Erfüllung hätte G ein KFZ im Wert von € 5.800 gegen Zahlung von € 4.500 Kaufpreis erhalten. G hätte bei Wirksamkeit des Vertrags ein „Plus“ von € 1.300 erwirtschaftet. Mehr kann G nicht ersetzt verlangen.

d) Kein Ausschluss gemäß § 122 II BGB

Nach § 122 II BGB tritt die Schadensersatzpflicht nicht ein, wenn der Geschädigte den Grund der Anfechtbarkeit kannte oder in Folge von Fahrlässigkeit (§ 276 BGB) nicht kannte (kennen musste). In diesem Fall ist kein schutzwürdiges Vertrauen auf die Gültigkeit der Erklärung entstanden. Zwar handelte es sich bei dem Kauf um ein „Schnäppchen“; allerdings war der ausgewiesene Preis nicht so ungewöhnlich, als dass Anlass bestand, an der Richtigkeit der Angabe zu zweifeln. G musste den Grund der Anfechtbarkeit daher nicht kennen.

e) Ergebnis

G hat gegen S einen Schadensersatzanspruch i. H. v. € 1.300 aus § 122 BGB.

Lösung zur Abwandlung

Problematisch ist in der Abwandlung allein die Höhe des Schadensersatzes. Jedenfalls als Vertrauensschaden ersatzfähig sind die aufgewendeten Fahrtkosten i. H. v. € 20. Die Differenz zwischen Kaufpreis (€ 4.500) und Wert (€ 5.800) des 3er BMW stellen jedoch einen Erfüllungsschaden dar und sind mithin nicht ersatzfähig. Gleiches gilt für den entgangenen Gewinn (positives Interesse) i. H. v. € 400 aus dem geplanten Weiterverkauf an K. Auch diesen hätte G nur realisiert, wenn der Vertrag ordnungsgemäß erfüllt worden wäre. Das negative Interesse des G beträgt nur € 20. Eine „Deckelung“ durch das – hier höhere – positive Interesse ist nicht erforderlich. G hat folglich in der Abwandlung gegen S einen Anspruch auf Schadensersatz gemäß § 122 I BGB i. H. v. € 20.

Fall Nr. 49 – Immer diese Gebrauchtwagenhändler

Lehrer L kauft bei Gebrauchtwagenhändler G einen Peugeot 307cc zum Preis von € 11.000. G hatte das Fahrzeug kurz zuvor vom Voreigentümer E erworben. Auf die Frage des L, ob der Wagen schon einmal einen Unfall gehabt habe, antwortet G – obwohl er darüber keine Informationen hat – mit den Worten: „Ganz sicher nicht“. In Wahrheit hat das Fahrzeug vor zwei Jahren einen schweren Unfall gehabt, über den der Voreigentümer E den G seinerseits nicht aufgeklärt hatte. G war klar, dass L nur einen unfallfreien Wagen kaufen würde. Die beiden vereinbaren die Überweisung des Kaufpreises in den nächsten Tagen. Zwei Tage später lässt L in einer Werkstatt die noch aufgezogenen Winterreifen gegen Sommerreifen austauschen. Hierbei stellt sich heraus, dass L einen Unfallwagen gekauft hat. Sofort sucht er G auf und ficht den Kaufvertrag wegen der vorgespiegelten Unfallfreiheit an. G verlangt weiterhin Zahlung des Kaufpreises. Zu Recht?

Abwandlung 1: Ein Mitarbeiter (M) des G, zu dessen Aufgabenkreis es auch gehörte, Fragen potentieller Käufer zu beantworten, hatte die Frage des L wahrheitswidrig beantwortet, woraufhin es zum Vertragsschluss zwischen G und L gekommen ist. Muss L den Kaufpreis zahlen?

Abwandlung 2: Wie wäre es, wenn der dem L bekannte frühere Eigentümer des Wagens (E) dem L die Unfalleigenschaft bewusst verschwiegen hätte, als L ihn danach fragte und L und G sodann den Vertrag schlossen?

Bearbeitervermerk: Ansprüche aus *culpa in contrahendo*, Gewährleistungsrechte und Ansprüche aus Delikt sind nicht zu prüfen.

Literaturhinweis: *Bork*, BGB AT, Rn. 865 ff., 914.

Lösung zum Grundfall

1. Anspruch des G gegen L auf Zahlung des Kaufpreises

Ein Anspruch des G gegen L auf Zahlung von € 11.000 kann sich aus § 433 II BGB ergeben.

a) Anspruch entstanden

Dafür ist ein wirksamer Kaufvertrag erforderlich. Entsprechende Willenserklärungen haben G und L abgegeben.

b) Anspruch rückwirkend entfallen

Die kaufvertragliche Einigung kann aber aufgrund einer wirksamen Anfechtung rückwirkend (*ex tunc*) nichtig und damit der Anspruch wieder entfallen sein (§ 142 I BGB).

aa) Anfechtungsgrund

Fraglich ist, welcher Anfechtungsgrund vorliegt.

aaa) Anfechtung gemäß § 119 II BGB

Möglicherweise kann L aufgrund eines Eigenschaftsirrtums anfechten (§ 119 II BGB). Zwar handelt es sich bei der vereinbarten Unfallfreiheit des Gebrauchtwagens um eine verkehrswesentliche Eigenschaft. Allerdings stellt die Unfalleigenschaft hier zugleich einen Sachmangel i. S. d. § 434 I BGB dar. In einem solchen Fall enthalten die kaufrechtlichen Gewährleistungsvorschriften vorrangige Spezialregelungen, die die Käuferanfechtung nach § 119 II BGB ausschließen.[175] Aufgrund seiner Subsidiarität ist § 119 II BGB nicht anwendbar.

Hinweis: Zumeist wird der Anfechtungsgrund des § 123 BGB vor § 119 II BGB geprüft, weil § 123 BGB in der Rechtsfolge weiter geht (er löst keine Schadensersatzpflicht gemäß § 122 BGB aus). Greift § 119 II BGB aber wegen des Vorrangs des Gewährleistungsrechts nicht ein, kann dies auch vorab kurz klargestellt werden, um sodann auf den durchgreifenden Anfechtungsgrund des § 123 BGB einzugehen.

bbb) Anfechtung gemäß § 123 I Alt. 1 BGB

L kann aber arglistig durch G getäuscht worden und deshalb zur Anfechtung nach § 123 I Alt. 1 BGB berechtigt sein.

(1) Zulässigkeit der Anfechtung

Die Anfechtung darf nicht durch vorrangige Regelungen ausgeschlossen sein. Anders als die Irrtumsanfechtung nach § 119 II BGB ist eine Anfechtung nach § 123 BGB nicht durch das Gewährleistungsrecht gesperrt.[176] Die Subsidiarität

---

[175] Zu den Gründen siehe Fall Nr. 45 – Die Schnapsdrossel.
[176] *BGH* NJW 1958, 177; 2006, 2839; *Bork*, BGB AT, Rn. 885; *Rüthers/Stadler*, BGB AT, § 25 Rn. 93.

des § 119 II BGB dient ja vor allem auch dem Schutz des Verkäufers, dem z. B. sein Recht auf Nacherfüllung erhalten bleiben soll. Einen solchen Schutz verdient der arglistig Täuschende nicht. Dem Getäuschten steht somit ein Wahlrecht zwischen Anfechtungs- und Gewährleistungsrecht zu, wobei die erklärte Anfechtung wegen ihrer rückwirkenden Beseitigung des Kaufvertrags die Geltendmachung von Gewährleistungsrechten ausschließt, nicht aber umgekehrt.[177] Eine Anfechtung nach § 123 I Alt. 1 BGB ist prinzipiell zulässig.

(2) Täuschung, Irrtum

Zu prüfen ist daher, ob L durch G getäuscht wurde. Eine Täuschung ist das Erregen, Verstärken oder Unterhalten eines Irrtums durch Vorspiegeln falscher oder (pflichtwidriges) Unterdrücken wahrer Tatsachen. Irrtum ist das unbewusste Auseinanderfallen von Vorstellung und Wirklichkeit. Die Täuschung muss sich auf objektiv nachprüfbare Umstände beziehen. Sie kann durch aktives – ausdrückliches oder konkludentes – Tun oder durch pflichtwidriges Unterlassen erfolgen. (Zulässige) Fragen des Vertragspartners sind wahrheitsgemäß zu beantworten.[178] L hat gezielt nach der Unfalleigenschaft des Fahrzeugs gefragt. G beantwortete diese Frage wahrheitswidrig mit „Ganz sicher nicht". Dadurch hat G bei L eine Fehlvorstellung über die Unfallfreiheit des Fahrzeugs hervorgerufen. Eine Täuschung ist zu bejahen.

(3) Arglist

In subjektiver Hinsicht muss die Täuschung arglistig gewesen sein. Arglist setzt Vorsatz voraus, wobei **bedingter Vorsatz genügt.**[179] Der Vorsatz muss sich auf die Täuschung, die Irrtumserregung und die abgegebene Willenserklärung beziehen. Der Täuschende muss die Unwahrheit seiner Angaben für möglich halten und damit rechnen, dass sein Gegenüber bei Kenntnis der Wahrheit eine Willenserklärung mit diesem Inhalt nicht abgegeben hätte. Eine Schädigungsabsicht ist nicht erforderlich. Arglistig handelt demnach auch, wer in bewusster Unkenntnis falsche **Tatsachen „ins Blaue hinein" behauptet.**[180] G hat L die Unfallfreiheit des Fahrzeugs versichert, wohlwissend, dass dies falsch sein könnte. Auf eine Aufklärung durch den Voreigentümer E darf er sich nicht verlassen, wenn er gegenüber L Aussagen zur Unfallfreiheit macht. Da er offensichtlich keine eigene Prüfung des Fahrzeugs auf Unfallfreiheit vorgenommen hat, hat er billigend die Unwahrheit seiner Angabe in Kauf genommen. Dabei wusste er, dass L nur ein unfallfreies Fahrzeug kaufen würde. Ihm war also klar, dass der durch ihn erregte Irrtum kausal für die Kaufentscheidung des L sein würde. G handelte arglistig.

(4) Widerrechtlichkeit

Fraglich ist, ob die Täuschung rechtswidrig sein muss. Dem Wortlaut nach gilt das Erfordernis der Widerrechtlichkeit nur für die Drohungsalternative (§ 123 I Alt. 2 BGB). Der Gesetzgeber des BGB ging davon aus, dass eine arglistige Täuschung stets rechtswidrig sei. Heute ist jedoch allgemein anerkannt, dass es auch für eine arglistige Täuschung Rechtfertigungsgründe geben kann, so dass auch bei der Täuschung die Rechtswidrigkeit gesondert zu prüfen ist.[181] Dem Erfordernis der Rechtswidrigkeit kommt vor allem bei der Beantwortung von Fragen, an deren Be-

---

[177] MünchKomm-BGB/*Armbrüster*, § 123 Rn. 89.
[178] *Wolf/Neuner*, BGB AT, § 41 Rn. 103 f.
[179] *BGH* NJW 2007, 3057, 3059.
[180] BGHZ 138, 195, 199 = NJW 1998, 2360, 2361; *BGH* NJW 1981, 1441, 1442; *Medicus*, BGB AT, Rn. 788.
[181] *Bork*, BGB AT, Rn. 873.

antwortung kein berechtigtes Interesse besteht, Bedeutung zu. Auf unzulässige Fragen muss der Vertragspartner nicht wahrheitsgemäß antworten. Es besteht ein „Recht zur Lüge".

Bei der Frage nach der Unfalleigenschaft handelt es sich jedoch unzweifelhaft um eine zulässige Frage. L kam es ersichtlich auf die Unfallfreiheit des Wagens an. An einer wahrheitsgemäßen Auskunft bestand ein berechtigtes Interesse. Die Täuschung durch G war rechtswidrig.

(5) Doppelte Kausalität

Erforderlich ist weiterhin, dass die Täuschung kausal für den Irrtum und dieser sodann kausal für die Abgabe der Willenserklärung gewesen ist, wobei (Mit-)-Ursächlichkeit genügt.[182] Aufgrund der Versicherung des G ging L davon aus, dass es sich um ein unfallfreies Fahrzeug handelte. Ohne diesen Irrtum hätte L niemals einen Kaufvertrag über das Fahrzeug geschlossen, so dass die zweifache Kausalität gegeben ist.

bb) Anfechtungserklärung

L hat die Anfechtung seiner Willenserklärung gegenüber seinem Vertragspartner G (§ 143 I, II BGB) ausdrücklich wegen der fehlenden Unfallfreiheit erklärt.

cc) Anfechtungsfrist

Bei einer Anfechtung nach § 123 I Alt. 1 BGB beträgt die Anfechtungsfrist ein Jahr (§ 124 I BGB). Diese beginnt mit dem Zeitpunkt der Entdeckung der Täuschung zu laufen (§ 124 II 1 Hs. 1 BGB). L hat die Anfechtung sofort nach Aufdeckung der Täuschung erklärt. Die Frist ist gewahrt.

dd) Rechtsfolge

Die Anfechtung führt zur rückwirkenden Nichtigkeit des Rechtsgeschäfts (§ 142 I BGB). Die Anfechtung nach § 123 BGB löst keine Schadensersatzpflicht gemäß § 122 BGB aus.

2. Ergebnis

G hat gegen L keinen Anspruch auf Zahlung des Kaufpreises gemäß § 433 II BGB.

Lösung zur Abwandlung 1

Im Unterschied zum Ausgangsfall hat in der Abwandlung nicht G als Vertragspartner, sondern M die Täuschung verübt.

Hat ein Dritter die Täuschung verübt, so ist eine Erklärung, die einem anderen gegenüber abzugeben war, nur dann anfechtbar, wenn dieser die Täuschung kannte oder kennen musste (§ 123 II 1 BGB). Bei einer Dritttäuschung soll der Erklärungsempfänger in seinem Vertrauen auf die Willenserklärung geschützt werden, sofern er gutgläubig war.

Entscheidend für die Frage der Zurechnung der Täuschung des M ist danach, ob dieser **Dritter i.S.d. § 123 II 1 BGB** ist. Der Begriff des Dritten ist gesetzlich nicht definiert. Von der h.M. wird er eng ausgelegt, um die Anfechtungsmöglichkeit nicht zu stark einzuschränken (§ 7 Rn. 153f.). Der Täuschende ist **nicht Dritter**, wenn

[182] *BGH* NJW-RR 2005, 1082, 1083.

sein Verhalten dem des Anfechtungsgegners gleichzusetzen ist. Dies ist der Fall, **wenn er „im Lager" des Erklärungsempfängers steht**, sein Verhalten also dessen Risikosphäre zuzurechnen ist. Dies gilt insbesondere für Vertreter, Verhandlungsgehilfen oder sonstige Vertrauenspersonen, die am Vertragsschluss mitwirken. Täuschungen dieser Personen muss sich der Erklärungsempfänger zurechnen lassen. Er wird dann so behandelt, als habe er selbst getäuscht. Dementsprechend ist die Anfechtung gemäß § 123 I Alt. 1 BGB möglich, ohne dass es auf die Kenntnis bzw. das Kennenmüssen des Erklärungsempfängers ankommt. M war ein Mitarbeiter des G. Ihm war unter anderem auch die Aufgabe zugewiesen, Fragen potentieller Käufer zu beantworten. Er wurde von G bewusst und gewollt in Vertragsvorbereitungen eingeschaltet. Wer die mit einer derartigen Arbeitsteilung verbundenen Vorteile nutzt, der muss auch die damit verbundenen Risiken tragen und ist so zu behandeln, als habe er selbst die Täuschung verübt. Demnach ist M dem „Lager" des G zuzuordnen. Er ist nicht Dritter i. S. d. § 123 II 1 BGB. Die Anfechtung richtet sich allein nach § 123 I Alt. 1 BGB. Dessen Voraussetzungen liegen vor.

Folglich hat G auch in der 1. Abwandlung gegen L keinen Anspruch auf Zahlung des Kaufpreises gemäß § 433 II BGB.

Lösung zur Abwandlung 2

In der zweiten Abwandlung ist die Täuschung durch den ursprünglichen Eigentümer (E) verübt worden. Entscheidend ist, ob es sich bei E um einen Dritten i. S. d. § 123 II 1 BGB handelt. Nur wenn dies der Fall ist, erfordert die Zurechnung seiner Täuschung zusätzlich, dass der Erklärungsempfänger – der Vertragspartner G – von dieser **Dritttäuschung** Kenntnis hatte bzw. er diese Täuschung hätte kennen müssen.

E wäre kein Dritter, wenn er zum „Lager" des G gehörte (siehe Abwandlung 1). E war jedoch am Vertragsschluss zwischen G und L in keiner Weise beteiligt. Weder hatte ihn G in die vertraglichen Beziehungen eingebunden, noch war er eine besondere Vertrauensperson des G. E war daher unbeteiligter Dritter i. S. d. § 123 II 1 BGB. Nach § 123 I Alt. 1 BGB i. V. m. § 123 II 1 BGB ist die Erklärung in einem solchen Fall der Dritttäuschung nur anfechtbar, wenn der **Erklärungsempfänger die Täuschung kannte bzw. kennen musste**. Dem Sachverhalt ist nicht zu entnehmen, dass G Kenntnis von dem Gespräch zwischen L und E hatte. Fraglich ist, ob G die Täuschung durch E kennen musste. Nach der Legaldefinition in § 122 II BGB bedeutet „kennen müssen" fahrlässige Unkenntnis. Den Begriff der Fahrlässigkeit wiederum erläutert § 276 II BGB. Hiernach handelt fahrlässig, wer die im Verkehr erforderliche Sorgfalt außer Acht lässt. § 276 II BGB liegt ein objektiver, abstrakter Sorgfaltsmaßstab zugrunde. Es kommt darauf an, wie sich ein ordentlicher und gewissenhafter Verkehrsteilnehmer in der konkreten Situation verhalten hätte. Es gab keinerlei Anhaltspunkte, die auf eine mögliche Täuschung des E hindeuteten. Von einem ordentlichen Gebrauchtwagenhändler kann nicht verlangt werden, dass er über alle Informationen, die seine Kunden von anderen Personen über den Kaufgegenstand einholen, im Bilde ist. G trifft demnach kein Fahrlässigkeitsvorwurf. Er musste die Täuschung des E nicht kennen. Das Vertrauen des G in die Gültigkeit der Erklärung des L ist somit schutzwürdig. Eine Anfechtung durch L scheidet aus.

G hat folglich gegen L einen Anspruch auf Kaufpreiszahlung aus § 433 II BGB.

Fall Nr. 50 – Drohgebärden

Zwischen dem betrunkenen A und B kommt es zu einem von A schuldhaft verursachten Verkehrsunfall. Ein kurze Zeit später eingeholtes Gutachten ergibt, dass am PKW des B ein Schaden i. H. v. € 500 entstanden ist. B, der momentan „knapp bei Kasse" ist, will nicht auf eine Schadensregulierung durch die Versicherung des A warten. Deshalb sucht er A, der ihm körperlich deutlich unterlegen ist, auf und droht diesem eine Tracht Prügel an, falls er ihm nicht sofort einen Betrag i. H. v. € 500 zahle. Aus Angst vor den Schlägen händigt A dem B den gewünschten Betrag aus. B steckt das Geld in seine Hosentasche und geht. Schon kurze Zeit später ärgert sich A, dass er sich durch die Drohung des B hat beeindrucken lassen. Er nimmt all seinen Mut zusammen, sucht B auf und verlangt seine € 500 zurück, da er sich nicht „erpressen" lasse.

Kann A die € 500, die sich immer noch in der Hosentasche des B befinden, herausverlangen?

Abwandlung 1: Angenommen sei, dass B den A noch am Unfallort auffordert, ihm € 500 zu zahlen, wobei der Betrag der tatsächlichen Schadenshöhe entspricht. Dabei droht B damit, die Polizei zu rufen und A wegen Trunkenheitsfahrt (§ 316 StGB) anzuzeigen, falls A das Geld nicht zahlt. Kann A das Geld herausverlangen, wenn er später die Anfechtung erklärt?

Abwandlung 2: Der Gläubiger (G) des A beobachtet, wie dieser beim Ausparken das Auto des B beschädigt und sich unbemerkt „aus dem Staub machen" will. G stellt ihn zur Rede und droht A mit einer Anzeige wegen Fahrerflucht (§ 142 StGB), falls er nicht die Forderung des G begleiche. Aus Furcht vor der Anzeige zahlt A das Geld sofort in bar. Später erklärt A die Anfechtung und verlangt sein Geld zurück. Zu Recht?

Abwandlung 3: In der 2. Abwandlung verbürgt sich A gegenüber der B-Bank (B) formgerecht für eine Darlehensforderung der B gegen G, weil G ihm mit der Anzeige der Fahrerflucht gedroht hat. Kann A seine Bürgschaftserklärung gegenüber B anfechten?

Literaturhinweis: *Wolf/Neuner*, BGB AT, § 41 Rn. 123 ff.

Lösung zum Grundfall

1. Anspruch des A gegen B auf Herausgabe des Geldes

A kann gegen B einen Anspruch auf Herausgabe des Geldes gemäß § 985 BGB haben. Das setzt voraus, dass A Eigentümer und B unberechtigter Besitzer des Geldes ist.

a) Besitz des B

B ist unmittelbarer Besitzer des Geldes, weil er die tatsächliche Sachherrschaft darüber ausübt (§ 854 I BGB). Ein Recht, das B zum Besitz des Geldes berechtigen würde (§ 986 BGB), ist nicht ersichtlich.

b) Eigentum des A

Maßgeblich für den Anspruch aus § 985 BGB ist deshalb, ob A (noch) Eigentümer des Geldes ist. A hat das Eigentum an dem Geld zunächst wirksam auf B übertragen. Möglicherweise hat B seine im Rahmen der dinglichen Einigung (§ 929 BGB) abgegebene Willenserklärung aber wirksam angefochten, so dass die Eigentumsübertragung gemäß § 142 I BGB als von Anfang an nichtig zu behandeln ist.

aa) Anfechtungsgrund

Möglicherweise ist A durch eine widerrechtliche Drohung des B zur Abgabe seiner Willenserklärung bestimmt worden, so dass eine Anfechtung gemäß § 123 I Alt. 2 BGB in Betracht kommt.

aaa) Drohung

Bei dem Verhalten des B muss es sich um eine Drohung gehandelt haben. Drohung ist das Inaussichtstellen eines empfindlichen Übels, auf das der Drohende Einfluss zu haben vorgibt.[183] Als Übel genügt jeder Nachteil. Das Übel muss sich nicht auf den Bedrohten selbst beziehen.[184] Die Drohung muss vom Bedrohten ernst genommen werden, wobei es auf seine Sicht ankommt. Es ist also gleichgültig, ob der Drohende tatsächlich vorhat, das angedrohte Übel eintreten zu lassen, solange der Bedrohte nur daran glaubt.[185] Erforderlich ist allerdings, dass aus Sicht des Bedrohten der Übelseintritt vom Willen des Drohenden abhängig ist. Ansonsten liegt eine bloße Warnung vor.

B hat A eine kräftige Tracht Prügel angekündigt, falls dieser den Betrag nicht zahle. Damit hat er A ein empfindliches Übel angedroht, das vom Einfluss des B abhängig ist. Angesichts der körperlichen Überlegenheit des B nahm A die Drohung auch ernst.

bbb) Widerrechtlichkeit

Die Drohung muss widerrechtlich gewesen sein. Die Widerrechtlichkeit kann sich sowohl aus der Rechtswidrigkeit des Mittels als auch aus der des Zwecks ergeben. Zudem ist denkbar, dass die Rechtswidrigkeit erst aus der Kombination von einem jeweils für sich genommen rechtmäßigen Zweck und Mittel resultiert.[186] Die Rechtswidrigkeit basiert dann auf einer Wertung.

Hier ist schon das angedrohte Verhalten – die Tracht Prügel – für sich genommen rechtswidrig. Dies gilt auch dann, wenn durch den Mitteleinsatz ein legitimes Ziel, nämlich die Erfüllung eines hier wohl bestehenden Schadensersatzanspruchs, angestrebt wird. Die Durchsetzung von Schadensersatzansprüchen soll nicht mit rechtswidrigen Mitteln erzwungen werden. Die Drohung des B war rechtswidrig.

ccc) Kausalität

Die Drohung muss für die Abgabe der Willenserklärung kausal gewesen sein. Die Kausalität kann etwa fehlen, wenn der Bedrohte die Willenserklärung ohnehin abgegeben hätte. Auch bei der Kausalität kommt es allein auf die Sicht des Bedrohten an.

A hat das Geld allein aus Furcht vor den Schlägen gezahlt. Ohne die Drohung hätte er dies nicht getan. Die Drohung war also kausal für die Abgabe der Willenserklärung.

ddd) Vorsatz des Drohenden (= subjektiver Tatbestand)

In subjektiver Hinsicht muss der Drohende den Vorsatz gehabt haben, den Bedrohten durch die Ankündigung des Übels zur Abgabe der Willenserklärung zu bestimmen. An dieser Absicht des B bestehen keinerlei Zweifel. Ein Anfechtungsgrund liegt vor.

---

[183] *BGH* NJW-RR 1996, 1281, 1282.
[184] Jauernig/*Jauernig*, § 123 Rn. 12.
[185] *BGH* NJW-RR 1996, 1281, 1282; NJW 1982, 2301, 2302.
[186] *BGH* NJW 1983, 384, 385.

bb) Anfechtungserklärung

Das Herausgabeverlangen des A ist gemäß §§ 133, 157 BGB als Anfechtungserklärung (§ 143 I BGB) zu werten, wobei A zudem mit dem Hinweis, er lasse sich nicht erpressen, den Anfechtungsgrund erkennbar gemacht hat.

cc) Anfechtungsfrist

A hat seine Willenserklärung fristgerecht angefochten (§ 124 I, II BGB).

dd) Rechtsfolge

Die Übereignung ist gemäß § 142 I BGB als von Anfang an nichtig anzusehen. A ist somit Eigentümer des Geldes.

2. Ergebnis

A hat gegen B einen Anspruch auf Herausgabe der € 500 gemäß § 985 BGB.

Lösung zur Abwandlung 1

Fraglich ist erneut, ob A gemäß § 123 I Alt. 2 BGB anfechten kann, so dass die Übereignung des Geldes als von Anfang an nichtig anzusehen ist (§ 142 I BGB). B muss A widerrechtlich gedroht haben. Die Ankündigung einer Strafanzeige stellt jedenfalls ein empfindliches Übel, mithin eine Drohung dar. Fraglich ist, ob sie auch rechtswidrig ist. Die Drohung mit der Anzeige einer tatsächlich begangenen Tat stellt für sich genommen kein rechtswidriges Mittel dar. Auch ist es nicht per se rechtswidrig, die Erfüllung bestehender Schadensersatzansprüche zu verlangen. Die Widerrechtlichkeit kann sich also allenfalls aus der Verknüpfung von rechtmäßigem Mittel und rechtmäßigem Zweck ergeben. Die Verknüpfung muss unter Berücksichtigung aller Einzelumstände als unangemessen erscheinen.[187] Dies ist hier jedoch zu verneinen. Die Drohung mit einer Strafanzeige ist rechtmäßig, wenn sie nur dazu dient, den Täter zur Wiedergutmachung des Schadens des Verletzten zu veranlassen und ein innerer Zusammenhang zwischen der Straftat und dem Schaden besteht.[188] Der Schaden des B war Folge der Trunkenheitsfahrt des A. An der Schadenskompensation hatte B ein berechtigtes Interesse. Es erscheint nicht als unangemessen, wenn B durch Drohung mit der Anzeige des Schädigerverhaltens versucht, seinen bestehenden Anspruch zu realisieren. Ein Anfechtungsgrund liegt nicht vor. Folglich kann A seine Willenserklärung nicht gemäß § 123 I Alt. 2 BGB anfechten, so dass ein Anspruch aus § 985 BGB mangels Eigentümerstellung des A ausscheidet.

Lösung zur Abwandlung 2

Fraglich ist auch hier, ob A seine Willenserklärung, die auf Übereignung des Geldes gerichtet war, wegen widerrechtlicher Drohung anfechten konnte. In der Ankündigung der Strafanzeige liegt eine Drohung. Diese muss widerrechtlich gewesen sein. Da die Strafanzeige ein legitimes Mittel ist und die Durchsetzung einer tatsächlich bestehenden Forderung grundsätzlich ebenfalls nicht zu beanstanden ist, kann die Rechtswidrigkeit nur aus der Zweck-Mittel-Relation herrühren. Anders als in der ersten Abwandlung haben Straftat und Forderung des G nichts miteinander zu

---

[187] *BGH* NJW 2005, 2766, 2767 f.; *Bork*, BGB AT, Rn. 896 ff.
[188] MünchKomm-BGB/*Armbrüster*, § 123 Rn. 108; *Wolf/Neuner*, BGB AT, § 41 Rn. 136.

tun. Es besteht kein die Drohung gerade mit diesem Übel rechtfertigender Zusammenhang zwischen Straftat und Forderung, was die Drohung als unangemessen erscheinen lässt. Zur Durchsetzung seiner Forderung hat G das dafür vorgesehene Instrumentarium der Zivilprozessordnung (ZPO) einzusetzen. So wäre etwa die Drohung mit einer Klage in keiner Weise zu beanstanden. Im konkreten Fall ist die Drohung jedoch als rechtswidrig anzusehen. Alle übrigen Tatbestandsvoraussetzungen (Kausalität, Vorsatz) liegen ebenfalls vor. Folglich hat A die Übereignung des Geldes gegenüber B wirksam und fristgerecht angefochten. Er kann von B Herausgabe des Geldes gemäß § 985 BGB verlangen.

Lösung zur Abwandlung 3

Zu prüfen ist, ob A den mit B geschlossenen Bürgschaftsvertrag (§ 765 BGB) wegen widerrechtlicher Drohung anfechten kann. Eine widerrechtliche Drohung ist unproblematisch zu bejahen. Die Widerrechtlichkeit ergibt sich auch hier aus der unzulässigen Zweck-Mittel-Relation. Bürgschaft und Straftat stehen in keinem sachlichen Zusammenhang.

Problematisch erscheint aber, dass die Drohung nicht durch den Erklärungsempfänger (B) verübt worden ist. Anders als bei der arglistigen Täuschung ist es aber für die Anfechtung gemäß § 123 I 1 Alt. 2 gleichgültig, ob ein Dritter gedroht hat. Eine dem § 123 II 1 BGB entsprechende Vorschrift existiert nicht. Die durch Drohung bewirkte Willenserklärung ist stets anfechtbar.

Der Unterschied erscheint gerechtfertigt, weil bei der arglistigen Täuschung durch einen Dritten dem Betrogenen, der gemäß § 123 II BGB kein Anfechtungsrecht nach § 123 I BGB hat, unter den Voraussetzungen des § 119 BGB immerhin noch die Anfechtungsrechte aufgrund des Irrtums erhalten bleiben. Bei der Drohung fehlt es hingegen an einem eventuell noch zur Anfechtung berechtigenden Irrtum. Auch ist die Willensbeeinflussung durch eine Drohung als noch gravierender anzusehen als die durch eine Täuschung. Der Schutz des Bedrohten geht daher stets dem Vertrauensschutz des Vertragspartners vor, auch wenn dieser nichts von der Drohung wusste und er die Drohung auch bei sorgfaltsgemäßem Verhalten nicht hätte erkennen können. Folglich kann A den Bürgschaftsvertrag rückwirkend beseitigen (§ 142 I BGB), sofern er die Anfechtung fristgerecht erklärt.

§ 20. Fälle zur Geschäftsfähigkeit (§§ 104 ff. BGB)

Fall Nr. 51 – „Skifoan“

Der 17-jährige passionierte Skifahrer M erhält zu Weihnachten ein neues Paar Skier von seinen Eltern geschenkt. Die Skier stellen ihn aber überhaupt nicht zufrieden: Es handelt sich um das Vorjahresmodell und sowohl die Materialeigenschaften als auch die Farbe – eine helle Fliederfarbe – passen nicht recht zu seinem aggressiven Fahrstil. Ihm kommt daher der Gedanke, die Skier an seinen farblich und materialtechnisch aufgeschlosseneren volljährigen Bekannten B für € 400 zu verkaufen. Nimmt er noch die € 200 an gespartem Taschengeld dazu, welches er zur freien Verfügung erhält, kann er sich im Sportladen des V seine Wunsch-Skier kaufen: schwarze Rennskier mit aufgemalten Flammen. Die Verhandlungen mit B gestalten sich jedoch etwas schwierig. Erst als M anbietet, auch noch Skischuhe „draufzulegen“, ist B bereit, insgesamt € 400 zu zahlen. M selbst hat zwar keine Skischuhe, aber sein Onkel Otto (O), der in Mannheim eine Bar betreibt, hatte ihm sein Paar der Marke X für den bevorstehenden Skiurlaub geliehen. Diese Schuhe gibt M dem B zusammen mit den Skiern – ohne dass dieser ahnte, dass es sich um die Skischuhe des O handelte – und erhält dafür im Gegenzug € 400 in bar.

M geht daraufhin in den Sportladen des V und will die Rennskier zum Preis von € 600 und ein Paar Skischuhe der Marke Z – da er ja nunmehr welche benötigt – zum Preis von € 150 kaufen. M hat aber nur € 600 in bar dabei. Er vereinbart mit V daher folgendes: Die Skischuhe zahlt er gleich von seinem angesparten Taschengeld und auf die Skier macht er von dem Restgeld eine Anzahlung i. H. v. € 450. Die fehlenden € 150 will er von seinem monatlichen Taschengeld i. H. v. € 75 in zwei Raten begleichen. V ist einverstanden und übergibt M die neuen Skischuhe und Skier.

Als M nach Hause kommt, sind seine Eltern nicht zu Hause. Er stellt seine Einkäufe in die Garage und erzählt seinen Eltern beim Frühstück am nächsten Morgen davon. Diese sind schwer enttäuscht von ihrem Sohn und wollen die Einkäufe zurückbringen. Außerdem rufen sie sogleich den B an und verlangen die fliederfarbenen Skier zurück – von den Skischuhen hatte M vorsichtshalber nichts erzählt. Als M und seine Eltern nach dem Frühstück zum Laden des V aufbrechen wollen, zeigt sich, dass die Rennskier in der Nacht gestohlen wurden; die neu gekauften Skischuhe hat der Dieb aber übersehen. Die Eltern und M gehen trotzdem mit den Skischuhen in der Hand zu V und verlangen das Geld sowohl für die Rennskier als auch die Skischuhe zurück. V weigert sich rundheraus und beharrt stattdessen auf der Ratenzahlung für die Rennskier.

Die Eltern sind aber nicht die einzigen unglücklichen Familienmitglieder: O verlangt „seine“ Skischuhe der Marke X von B wieder zurück, welcher die Herausgabe verweigert.

Frage 1: Kann M von B Herausgabe der fliederfarbenen Skier verlangen?

Frage 2: Kann V von M bei Fälligkeit die restlichen Kaufpreisraten für die Rennskier verlangen? Wenn nicht, kann er dann wenigstens von M Herausgabe der Rennskier verlangen?

Frage 3: Muss V dem M das Geld für die Skischuhe der Marke Z zurückzahlen?

Frage 4: Kann O von B Herausgabe der Skischuhe Marke X verlangen?

Lösung zu Frage 1

1. Anspruch aus § 985 BGB

M kann gegen B einen Anspruch auf Herausgabe der fliederfarbenen Skier aus § 985 BGB haben.

a) Eigentum des M

Voraussetzung dafür ist zunächst, dass M als Anspruchsteller Eigentümer der Skier ist. M war ursprünglich Eigentümer der Skier. Er kann jedoch sein Eigentum durch Übereignung nach § 929 BGB an B verloren haben.

aa) Dingliche Einigung

Die Übereignung setzt eine dingliche Einigung zwischen den Parteien voraus. M und B einigten sich konkludent über den Eigentumsübergang, als M die Skier übergab und B sie entgegennahm. Der Realakt der Übergabe wird nämlich üblicherweise nur auf der Basis eines Willens zur Übereignung vollzogen.

aaa) Einwilligungsbedürftigkeit (§ 107 BGB)

Die dingliche Einigung kann aber wegen der beschränkten Geschäftsfähigkeit des Minderjährigen M (vgl. § 2 BGB) nach den Regeln der §§ 106 ff. BGB unwirksam sein.

Gemäß § 107 BGB bedarf der Minderjährige zu einer Willenserklärung, durch die er nicht lediglich einen rechtlichen Vorteil erlangt, der Einwilligung – also der vorherigen Zustimmung (§ 183 S. 1 BGB) – seines gesetzlichen Vertreters. Gesetzliche Vertreter des M sind seine Eltern (§§ 1626 I, 1629 I 2 Hs. 1 BGB).

Durch die dingliche Einigung mit B verliert M sein Eigentum, so dass die zur dinglichen Einigung führende Willenserklärung rechtlich nachteilig ist. Auf wirtschaftliche Vorteilhaftigkeit kommt es dabei nicht an. Die Einigungserklärung hätte daher der Einwilligung der gesetzlichen Vertreter bedurft. Eine solche lag allerdings nicht vor.

bbb) Verweigerung der Genehmigung (§ 108 I BGB)

Schließt der Minderjährige einen Vertrag ohne die erforderliche Einwilligung des gesetzlichen Vertreters, so hängt die Wirksamkeit des Vertrags gemäß § 108 I BGB von der Genehmigung – also der nachträglichen Zustimmung (§ 184 I BGB) – der gesetzlichen Vertreter ab (= sog. schwebende Unwirksamkeit). Eine solche Genehmigung haben die Eltern allerdings durch schlüssiges Verhalten verweigert, als sie B anriefen und von ihm die Rückgabe der fliederfarbenen Skier verlangten. Dadurch ist der Vertrag – die dingliche Einigung über den Eigentumsübergang i.S.v. § 929 BGB – endgültig unwirksam geworden.

bb) Zwischenergebnis

Es fehlt mangels Einigung an einer Übereignung von M an B. M ist daher nach wie vor Eigentümer der fliederfarbenen Skier.

b) Besitz des B

B übt die tatsächliche Sachherrschaft über die fliederfarbenen Skier aus und ist somit ihr Besitzer (§ 854 BGB).

c) Recht zum Besitz

Sollte B ein Recht zum Besitz zustehen, so wäre er nach § 986 BGB berechtigt, die Herausgabe zu verweigern. Ein Recht zum Besitz für B kann sich aus einem wirksamen Kaufvertrag (§ 433 BGB) zwischen ihm und M ergeben.

Eine Einigung zwischen M und B über den Kaufpreis und den Kaufgegenstand wurde erzielt. Fraglich ist aber, ob der Kaufvertrag, dessen Wirksamkeit nicht von der Wirksamkeit der dinglichen Einigung abhängt (Trennungs- und Abstraktionsprinzip!), ebenfalls nach den Regeln der §§ 106 ff. BGB unwirksam ist.

Der Abschluss eines Kaufvertrages ist ein – rechtlich betrachtet – nachteiliges Geschäft für die Parteien, da beide Seiten schuldrechtlich zu Leistungen verpflichtet werden. Die zum Abschluss des Kaufvertrags führende Willenserklärung des M war demnach gemäß § 107 BGB einwilligungsbedürftig, die Einwilligung war i.S.d. § 108 I BGB „erforderlich". Die Eltern des M als dessen gesetzliche Vertreter hatten jedoch keine Einwilligung erteilt, so dass der geschlossene Kaufvertrag zunächst gemäß § 108 I BGB schwebend unwirksam war.

Weil die Eltern die nach § 108 I BGB erforderliche Genehmigung durch das Herausgabeverlangen schlüssig verweigerten, ist der Kaufvertrag endgültig unwirksam und kann für B folglich auch kein Recht zum Besitz begründen.

d) Ergebnis

M hat gegen B einen Anspruch auf Herausgabe der fliederfarbenen Skier aus § 985 BGB.

2. Anspruch aus § 812 I 1 Alt. 1 BGB

Des Weiteren kann M gegen B einen Anspruch auf Herausgabe des Besitzes an den Skiern nach § 812 I 1 Alt. 1 BGB haben.

a) Etwas erlangt

B muss hierzu „etwas" i. S. d. § 812 I 1 Alt. 1 BGB „erlangt" haben. Darunter ist jeder vermögenswerte Vorteil zu verstehen. B hat einen vermögenswerten Vorteil in Form des Besitzes an den fliederfarbenen Skiern erlangt. Das Eigentum daran hat er hingegen nicht erlangt (s. o.).

b) Durch Leistung

Zu prüfen ist ferner, ob B den Besitz durch Leistung von M erlangt hat. Leistung ist jede bewusste und zweckgerichtete Mehrung fremden Vermögens. M wollte seine vermeintliche Verpflichtung aus dem Kaufvertrag erfüllen und mehrte zu diesem Zweck durch Übertragung des Besitzes zielgerichtet das Vermögen des B. Eine Leistung des M an B liegt damit vor.

c) Ohne Rechtsgrund

Diese Leistung durch M – die Besitzübertragung – erfolgte ohne Rechtsgrund, weil der Kaufvertrag zwischen M und B – wie soeben geprüft (s.o.) – aufgrund der Verweigerung der Genehmigung unwirksam ist.

d) Ergebnis

M hat folglich, da alle Voraussetzungen erfüllt sind, auch einen Anspruch auf Besitzherausgabe aus § 812 I 1 Alt. 1 BGB. Dieser Anspruch kann ohne weiteres neben dem Anspruch aus § 985 BGB stehen.

Lösung zu Frage 2

1. Anspruch von V gegen M auf Zahlung der ausstehenden Raten

V kann gegen M bei Fälligkeit einen Anspruch auf Zahlung der ausstehenden Kaufpreisraten für die Rennskier aus § 433 II BGB haben, wenn zwischen beiden ein wirksamer Kaufvertrag zustande gekommen ist.

a) Anspruch entstanden?

Ein Kaufvertrag kommt durch Angebot und Annahme zustande. V und M haben sich auf einen Kaufpreis i. H. v. € 600 geeinigt; der Kaufgegenstand und die Parteien des Vertrags standen ebenfalls fest. Die erforderliche Einigung liegt deshalb vor.

aa) Grundsätzliche Einwilligungsbedürftigkeit (§ 107 BGB)

Zu prüfen ist allerdings, ob diese kaufvertragliche Einigung nach den Regeln des Minderjährigenrechts gemäß §§ 106 ff. BGB unwirksam ist.

Der zwischen M und V geschlossene Kaufvertrag war rechtlich nicht lediglich vorteilhaft, da er M zu einer Leistung verpflichtete. Die zum Vertragsabschluss führende Willenserklärung des M hätte also nach § 107 BGB der Einwilligung bedurft.

Eine ausdrückliche Einwilligung der Eltern als gesetzliche Vertreter (§§ 1626 I, 1629 I 2 Hs. 1 BGB) des M lag jedoch nicht vor.

bb) Sonderfall der Einwilligung bei Taschengeld (§ 110 BGB)

Fraglich ist aber, ob der sog. Taschengeldparagraph (§ 110 BGB) eingreift, der von der h.M. als besondere Form der vorab erteilten Einwilligung eingestuft wird.[189] § 110 BGB setzt voraus, dass der Minderjährige seine Leistung mit Mitteln bewirkt, die ihm zu diesem Zweck oder zur freien Verfügung überlassen wurden. „Bewirkt" i.S.d. § 110 BGB ist die Leistung, wenn sie vollständig erbracht, der Anspruch also vollständig erfüllt wurde. M hatte jedoch erst eine Anzahlung i.H.v. € 450 auf die Rennskier geleistet und für den Restkaufpreis eine Ratenzahlung vereinbart. Der Anspruch ist demnach noch nicht vollständig erfüllt und somit i.S.d. § 110 BGB auch noch nicht „bewirkt". § 110 BGB greift folglich nicht ein.

cc) Verweigerung der Genehmigung (§ 108 I BGB)

Mangels Einwilligung von Seiten der Eltern war der Kaufvertrag über die Rennskier zunächst gemäß § 108 I BGB schwebend unwirksam. Die mögliche Genehmigung nach § 108 I BGB verweigerten die Eltern gegenüber V konkludent durch ihr Rückzahlungsverlangen. Der Kaufvertrag ist somit endgültig unwirksam.

b) Ergebnis

V hat gegen M mangels wirksamen Kaufvertrags keinen Anspruch auf Kaufpreiszahlung aus § 433 II BGB.

2. Anspruch des V gegen M auf Herausgabe der Rennskier

a) Anspruch aus § 985 BGB

Ein Anspruch des V gegen M auf Herausgabe der Rennskier kann sich aus § 985 BGB ergeben.

aa) Eigentum des V

Dazu muss V noch Eigentümer der Rennskier sein. Ursprünglich war er dies zwar, doch kann er sein Eigentum durch Übereignung nach § 929 BGB an M verloren haben.

aaa) Dingliche Einigung

Dies setzt zunächst eine wirksame dingliche Einigung voraus. Diese ist konkludent durch Aushändigung und Entgegennahme der Rennskier erzielt worden, weil der Realakt der Übergabe üblicherweise nur auf der Basis eines Willens zur Übereignung vollzogen wird. M erlangt durch die dingliche Einigung das Eigentum an den Rennskiern. Folglich ist die Einigung für ihn rechtlich lediglich vorteilhaft, so dass die in § 108 I BGB angeordnete schwebende Unwirksamkeit nicht eintritt: Die Einwilligung war nicht i.S.d. § 108 I BGB „erforderlich", da M nach § 107 BGB keiner Einwilligung zu seiner Willenserklärung bedurfte. Die dingliche Einigung ist also wirksam.

bbb) Übergabe und Berechtigung

V hat M den Besitz an den Rennskiern verschafft und sie ihm damit übergeben (Realakt). Als Eigentümer der Rennskier war V zur Verfügung darüber auch berech-

---

[189] MünchKomm-BGB/*Schmitt*, § 110 Rn. 5; Bamberger/Roth/*Wendtland*, § 110 Rn. 4; Staudinger/*Knothe* (2011), § 110 Rn. 2.

tigt. M wurde somit, da alle Voraussetzungen einer wirksamen Übereignung nach § 929 BGB erfüllt sind, Eigentümer der Rennskier.

bb) Ergebnis

V hat gegen M mangels Eigentums an den Rennskiern keinen Anspruch auf deren Herausgabe nach § 985 BGB.

b) Anspruch aus § 812 I 1 Alt. 1 BGB

V kann jedoch gegen M einen Anspruch auf Rückübereignung und Herausgabe des Besitzes an den Rennskiern aus § 812 I 1 Alt. 1 BGB (Leistungskondiktion) haben.

aa) Etwas erlangt

M hat, wie soeben geprüft, Eigentum und Besitz an den Rennskiern erlangt. Dies stellt einen vermögenswerten Vorteil dar. M hat somit i. S. d. § 812 I 1 Alt. 1 BGB etwas erlangt.

bb) Durch Leistung des V

Eine Leistung liegt vor, wenn V das Vermögen des M ziel- und zweckgerichtet gemehrt hat. V ging von einem wirksamen Vertragsschluss aus und glaubte, zur Erfüllung verpflichtet gewesen zu sein. Eine Leistung durch V liegt also vor.

cc) Ohne Rechtsgrund

Den Rechtsgrund für die Leistung sollte der zwischen den Parteien geschlossene (schuldrechtliche) Kaufvertrag bilden. Dieser ist aber, wie bereits oben geprüft, wegen fehlender Genehmigung durch die Eltern endgültig unwirksam. Folglich fanden die Übereignung und die Besitzübertragung ohne Rechtsgrund statt.

c) Rechtsfolge

aa) Herausgabe des Erlangten

V hat nach dem bisher Gesagten einen schuldrechtlichen Anspruch gegen M auf Herausgabe des Erlangten; sein Anspruch ist also gerichtet auf Rückübereignung und Besitzherausgabe. Ist dem Kondiktionsschuldner – M – die Herausgabe des Erlangten nicht möglich, so bestimmt § 818 II BGB, dass stattdessen Wertersatz zu leisten ist.

Die Skier wurden M entwendet, so dass er sie dem V nicht zurückgeben kann. Die Rückübertragung des Eigentums wäre zwar nach § 931 BGB durch Abtretung des Herausgabeanspruchs gegen den Dieb rechtlich möglich, allerdings für V wirtschaftlich sinnlos, weil der Dieb unbekannt ist. Jedenfalls ist M zur Besitzherausgabe außerstande, weshalb er im Grundsatz Wertersatz leisten müsste.

bb) Einrede der Entreicherung (§ 818 III BGB)

Die Pflicht zur Leistung von Wertersatz kann aber nach § 818 III BGB ausgeschlossen sein. Nach dieser Vorschrift muss kein Wertersatz geleistet werden, wenn der Empfänger nicht mehr bereichert ist (Einrede der Entreicherung). Entreicherung liegt vor, wenn das Erlangte nicht mehr wertmäßig im Vermögen des Kondiktionsschuldners enthalten ist. M hat die Rennskier nicht mehr in seinem Vermögen und hat dafür auch kein Surrogat erlangt. Folglich ist er nicht mehr bereichert und seine Verpflichtung zur Leistung von Wertersatz entfällt somit gemäß § 818 III BGB.

Die Berufung auf die Einrede der Entreicherung wäre aber dann zu versagen, wenn M nach §§ 819 I, 818 IV, 292, 989 ff. BGB verschärft haftete. Umstritten ist in diesem Zusammenhang, ob bei beschränkt Geschäftsfähigen bezüglich der Kenntnis vom Mangel des rechtlichen Grundes nach § 819 I BGB auf die Kenntnis des gesetzlichen Vertreters[190] oder stattdessen auf die Kenntnis des beschränkt Geschäftsfähigen abzustellen ist.

Die Eltern des M wussten nichts von den Einkäufen, denn M hatte ihnen erst am nächsten Morgen und damit nach dem Diebstahl davon berichtet. Sie hatten folglich keine Kenntnis vom Mangel des rechtlichen Grundes. Anhaltspunkte dafür, dass M aufgrund einer *Parallelwertung in der Laiensphäre* davon ausging, die erworbenen Gegenstände an V zurückgeben zu müssen, sind nicht vorhanden. Von einer positiven Kenntnis des M bezüglich des Mangels des rechtlichen Grundes ist daher nicht auszugehen. Nach beiden Ansichten haftet M folglich nicht verschärft.

d) Ergebnis

V hat gegen M keinen Anspruch auf Rückübereignung und Besitzherausgabe aus § 812 I 1 Alt. 1 BGB oder auf Wertersatz aus §§ 812 I 1 Alt. 1, 818 II BGB.

Lösung zu Frage 3

1. Anspruch aus § 985 BGB

M kann gegen V einen Anspruch auf Herausgabe der Geldscheine nach § 985 BGB haben.

a) Eigentum des M

Dazu muss M noch Eigentümer der an V übergebenen Geldscheine sein. Ursprünglich war er dies. Die Skischuhe der Marke Z bezahlte M von seinem angesparten Taschengeld, dessen Eigentümer er war. Fraglich ist aber, ob M die Geldscheine nach § 929 BGB wirksam an V übereignet hat.

aa) Dingliche Einigung

Indem M die Geldscheine an V übergab und dieser sie entgegennahm, einigten sich die Parteien konkludent über den Eigentumsübergang. Diese dingliche Einigung kann aber wegen der beschränkten Geschäftsfähigkeit des M (§§ 2, 106 BGB) unwirksam sein.

aaa) Grundsätzliche Einwilligungsbedürftigkeit (§ 107 BGB)

Grundsätzlich kann ein Minderjähriger wie M für ihn rechtlich nachteilige Geschäfte nicht ohne Einwilligung seiner gesetzlichen Vertreter abschließen (§ 107 BGB). Die Übereignung von Gegenständen aus dem Vermögen des Minderjährigen an Dritte ist für den Minderjährigen rechtlich nachteilig, weil er dadurch sein Eigentum verliert. Die Einigung über den Eigentumswechsel ist daher grundsätzlich gemäß § 107 BGB einwilligungsbedürftig.

bbb) Einwilligung durch Mittelüberlassung

Fraglich ist aber, ob in der Überlassung des Taschengeldes bereits eine Einwilligung zur Vornahme des dinglichen Verfügungsgeschäfts i. S. v. § 107 BGB zu sehen ist. Man könnte dieser Ansicht sein, wenn man § 110 BGB in seiner Wirkung auf

[190] So MünchKomm-BGB/*Schwab*, § 819 Rn. 8; Palandt/*Sprau*, § 819 Rn. 4.

das schuldrechtliche Verpflichtungsgeschäft beschränkt.[191] Nach dieser Ansicht hält § 110 BGB einen auf schuldrechtliche Geschäfte bezogenen, im Verhältnis zu §§ 107, 108 BGB eigenständigen Wirksamkeitsgrund für Fälle bereit, in denen das dingliche Geschäft nach §§ 107, 108 BGB wirksam ist. Die Wirksamkeit des dinglichen Geschäfts soll sich demnach nicht nach § 110 BGB, sondern allein nach §§ 107, 108 BGB bestimmen.

Die Eltern überließen M das Taschengeld zur freien Verfügung und gaben folglich – auf der Basis dieser Ansicht – ihre Einwilligung nach § 107 BGB zur dinglichen Verfügung darüber. Die dingliche Einigung wäre deshalb schon nach § 107 BGB wirksam.

ccc) Sonderfall der Einwilligung bei Taschengeld (§ 110 BGB)

Alternativ kann man auch für die Wirksamkeit des dinglichen Verfügungsgeschäfts auf die Voraussetzungen des § 110 BGB abstellen.[192] Dies setzt zunächst voraus, dass M Mittel zur freien Verfügung überlassen wurden. Das Taschengeld, mit welchem er die Skischuhe bezahlte, hatte M von seinen Eltern zur freien Verfügung erhalten.

Des Weiteren verlangt § 110 BGB, dass die vertragsmäßige Leistung auch tatsächlich im Sinne der Vorschrift „bewirkt“ wurde. M hatte den Kaufpreis für die Skischuhe der Marke Z komplett bezahlt und somit die Leistung i.S.d. § 110 BGB „bewirkt“. Folglich ist auch nach dieser Ansicht die dingliche Einigung gemäß § 110 BGB als von Anfang an wirksam anzusehen.

Hinweis: Ein Problem könnte man noch darin sehen, dass es sich um angespartes Taschengeld handelt. Wenn ein Minderjähriger über lange Zeit Geld anspart und dann einen sehr großen Betrag auf einmal ausgibt, muss dieses Verhalten nicht zwingend von der ursprünglichen Einwilligung gedeckt sein. Wie schon das RG im „Lotterie-Fall“ festgestellt hat, lässt sich keinesfalls sagen, „daß der gesetzliche Vertreter nur die Wahl habe, entweder es bei der gesetzlichen Regel des § 107 zu belassen oder mit Einräumung der freien Verfügungsgewalt nun auch alles und jedes gutzuheißen, was der Minderjährige mit den ihm überlassenen Mitteln anzufangen für gut findet.“[193] Daher lässt sich die in der Mittelüberlassung liegende Einwilligung ggf. auch einschränkend auslegen. Spart der Minderjährige allerdings nur für wenige Monate sein Taschengeld an und gibt es sodann für eine Anschaffung seiner Wahl aus, kann von einer solchen Einschränkung noch nicht ausgegangen werden. Es entspricht nämlich gerade dem Lernzweck des Taschengeldes, auch einmal auf gewisse größere Anschaffungen zu sparen.

Eine schwebende Unwirksamkeit i.S.v. § 108 I BGB kommt daher nicht in Betracht, da entweder in der Mittelüberlassung bereits die Einwilligung zur dinglichen Verfügung zu sehen ist oder aber eine besondere Form der Einwilligung nach § 110 BGB vorhanden ist.

bb) Übergabe und Berechtigung

M übergab die Geldscheine an V und führte so einen Besitzwechsel herbei. Zur Eigentumsübertragung war er als Eigentümer der Geldscheine auch berechtigt. V ist somit, da alle Voraussetzungen einer Übereignung nach § 929 BGB erfüllt sind, Eigentümer der Geldscheine.

---

[191] So Staudinger/*Knothe* (2011), § 110 Rn. 3 ff.; wohl auch *Rüthers/Stadler*, BGB AT, § 23 Rn. 25.

[192] RGZ 74, 234, 235; Bamberger/Roth/*Wendtland*, § 110 Rn. 12; *Köhler*, BGB AT, § 10 Rn. 26.

[193] RGZ 74, 234, 236; siehe auch MünchKomm-BGB/*Schmitt*, § 110 Rn. 26f.; *AG Freiburg (Breisgau)* NJW-RR 1999, 637 zum Kauf einer Spielzeugpistole.

b) Ergebnis

Ein Anspruch des M gegen V aus § 985 BGB auf Herausgabe der Geldscheine besteht mangels Eigentümerstellung des M nicht.

2. Anspruch aus § 812 I 1 Alt. 1 BGB

Als weitere Anspruchsgrundlage kommt § 812 I 1 Alt. 1 BGB in Betracht. Daraus kann sich ein Anspruch des V auf Rückübereignung der € 150 und Herausgabe des Besitzes ergeben.

a) Etwas erlangt

V hat einen vermögenswerten Vorteil in Form des Eigentums und des Besitzes an den Geldscheinen erlangt.

b) Durch Leistung

Das Vermögen des V wurde zweck- und zielgerichtet, also durch Leistung, von Seiten des M gemehrt.

c) Ohne Rechtsgrund

An einem Rechtsgrund für die Vornahme der Leistung würde es fehlen, wenn der zugrunde liegende Kaufvertrag (§ 433 BGB) zwischen M und V unwirksam ist. Unabhängig davon, welcher Ansicht zur Wirksamkeit des Verfügungsgeschäfts man folgt, ist die Wirksamkeit des Verpflichtungsgeschäfts gesondert festzustellen.

Der Kaufvertrag war rechtlich nachteilig für M, weil er dadurch zu einer Leistung – der Kaufpreiszahlung (§ 433 II BGB) – verpflichtet wurde. Die zum Vertragsschluss führende Willenserklärung hätte daher gemäß § 107 BGB der Einwilligung seiner gesetzlichen Vertreter bedurft. An einer ausdrücklichen Einwilligung von Seiten der Eltern fehlte es jedoch.

Es kann jedoch § 110 BGB eingreifen, der von der h. M. als besondere Form der Einwilligung qualifiziert wird (§ 9 Rn. 53). M hat die vertragsmäßige Leistung (Zahlung von € 150) vollständig bewirkt und zwar mit Mitteln, die ihm zur freien Verfügung überlassen wurden. Der Tatbestand des § 110 BGB ist erfüllt, so dass von einer – wenn auch in besonderer Form erteilten – Einwilligung auszugehen ist. Der Kaufvertrag war somit nicht schwebend unwirksam gemäß § 108 I BGB, sondern von Anfang an wirksam.

d) Ergebnis

M hat keinen Anspruch auf Rückübereignung und Herausgabe des Besitzes an den Geldscheinen aus § 812 I 1 Alt. 1 BGB.

Lösung zu Frage 4

1. Anspruch aus § 985 BGB

Ein Anspruch des O gegen B auf Herausgabe der Skischuhe der Marke X kann sich aus § 985 BGB ergeben.

a) Eigentum des O

Dazu muss O als Anspruchsteller noch Eigentümer der Skischuhe Marke X sein. Ursprünglich war er dies. Allerdings kann er sein Eigentum dadurch verloren haben, dass B von M gemäß §§ 929, 932 BGB gutgläubig Eigentum daran erworben hat.

aa) Möglichkeit gutgläubigen Erwerbs vom Minderjährigen

M und B einigten sich konkludent über den Eigentumsübergang an den Skischuhen der Marke X, als B die Skischuhe von M entgegennahm. Fraglich ist im Hinblick auf die beschränkte Geschäftsfähigkeit des M (§§ 2, 106 BGB), ob die dingliche Einigung wirksam war.

Würde M über sein eigenes Eigentum verfügen, wäre dies für ihn rechtlich nachteilig und folglich von der Einwilligung seiner Eltern abhängig (§ 107 BGB). Er verfügt aber über fremdes Eigentum des O, weshalb allenfalls dieser, nicht aber M Eigentum verliert und damit einen rechtlichen Nachteil erleidet. Es handelt sich folglich für M um ein sog. **neutrales Geschäft**, zumal der Schadensersatzanspruch, dem sich M aufgrund der Verfügung über das Eigentum des O ausgesetzt sehen kann, kein relevanter rechtlicher Nachteil i. S. v. § 107 BGB ist (§ 9 Rn. 52).

Problematisch erscheint, ob der Minderjährige auch in solchen Fällen, in denen er weder einen rechtlichen Nachteil erleidet noch einen rechtlichen Vorteil erlangt, der Einwilligung nach § 107 BGB bedarf.

aaa) Herrschende Meinung: Wirksamkeit neutraler Geschäfte

Mit der herrschenden Meinung kann man der Ansicht sein, § 107 BGB sei zu eng formuliert. Die Formulierung „lediglich einen rechtlichen Vorteil erlangt" sei so zu lesen, dass das Geschäft für den Minderjährigen „rechtlich nicht nachteilig" sein darf.[194] Begründen ließe sich dies mit dem Sinn und Zweck der §§ 106 ff. BGB. Diese sollen den Minderjährigen vor Rechtseinbußen schützen. Wo solche nicht drohen, müsse ein Rechtsgeschäft, welches die Rechtsstellung des Minderjährigen nicht verändert, nicht als unwirksam angesehen werden.

Da M über fremdes Eigentum verfügt und damit keinen rechtlichen Nachteil erleidet, wäre nach dieser Ansicht von der Wirksamkeit der dinglichen Einigung auszugehen. Zudem hat M dem B auch den Besitz an den Skischuhen verschafft, diese also i. S. v. § 929 BGB übergeben. Es käme daher grundsätzlich ein gutgläubiger Erwerb des B von M in Betracht, da M weder durch Eigentum, noch durch eine Verfügungsermächtigung des Eigentümers O (§ 185 BGB) zur Übereignung legitimiert ist.

Hinweis: Die im Sachenrecht näher zu behandelnde Verfügungsermächtigung nach § 185 BGB unterscheidet sich von der Stellvertretung gemäß §§ 164 ff. BGB dadurch, dass sie es einem Nichteigentümer ermöglicht, im *eigenen* Namen über das fremde Eigentum zu verfügen. Der Nichteigentümer ist also selbst der Verfügende (= Vertragspartner der dinglichen Einigung). Bei einer Stellvertretung für den Eigentümer wird hingegen in dessen Namen gehandelt. Die dingliche Einigung kommt dann mit dem Eigentümer zustande.

bbb) Minderansicht: Kein gutgläubiger Erwerb vom Minderjährigen

Eine Mindermeinung im Schrifttum verneint allerdings grundsätzlich die Möglichkeit eines gutgläubigen Erwerbs vom Minderjährigen.[195] Der Erwerber verdiene nicht den von §§ 932 ff. BGB gebotenen Schutz, weil der Erwerb durch §§ 107 f. BGB verhindert würde, wenn der Minderjährige – wie der Erwerber glaubt – tatsächlich der Eigentümer der Sache wäre. Dann nämlich – bei Richtigkeit der Vorstellung des Erwerbers – würde der Minderjährige sein Eigentum verlieren und damit einen rechtlichen Nachteil erleiden.

Folgte man dieser Ansicht, wäre ein gutgläubiger Erwerb des B von M schon im Ansatz ausgeschlossen, ohne dass noch die Voraussetzungen des § 932 BGB zu prüfen wären.

---

[194] *Bork*, BGB AT, Rn. 997; *Wolf/Neuner*, BGB AT, § 34 Rn. 33 f.
[195] *Medicus*, BGB AT, Rn. 568; *Rüthers/Stadler*, BGB AT, § 23 Rn. 18.

ccc) Stellungnahme

Diese von der Minderansicht befürwortete Beschränkung des Verkehrsschutzes erscheint nicht geboten. Die §§ 107f. BGB schützen den Minderjährigen, nicht den Eigentümer einer dem Minderjährigen fremden Sache. Die beschränkte Geschäftsfähigkeit soll nur bei solchen Geschäften die (schwebende) Unwirksamkeit nach sich ziehen, bei denen es der Schutz des Minderjährigen erfordert. Das ist bei neutralen Geschäften nicht der Fall. Zudem stellt sich das von der Mindermeinung aufgeworfene Problem nur, solange nicht der gesetzliche Vertreter die Übereignung nach § 108 I BGB genehmigt oder gar vorab die Einwilligung erklärt hat. Dem Erwerber die Hoffnung hierauf zu verbieten, besteht kein Anlass. Wäre der Minderjährige der Berechtigte, würde der Erwerber nämlich das Eigentum nicht – wie die Mindermeinung unterstellt – gar nicht, sondern allenfalls schwebend unwirksam erwerben. Der Sorgeberechtigte kann aber nicht dazu berufen sein, über den Verlust fremden Eigentums zu entscheiden. Der Gutglaubensschutz, den der im Folgenden zu prüfende § 932 BGB bereithält, gilt deshalb auch beim Erwerb vom Minderjährigen.

bb) Voraussetzungen des gutgläubigen Erwerbs nach § 932 BGB

Da M als Nichtberechtigter verfügt, kann B das Eigentum an den Skischuhen des O nicht nach § 929 BGB, sondern nur nach § 932 BGB erwerben.

aaa) Verkehrsgeschäft

Der gutgläubige Erwerb nach § 932 BGB setzt zunächst voraus, dass es sich bei dem Geschäft um ein Verkehrsgeschäft handelt, bei dem auf Erwerber- und Veräußererseite keine wirtschaftlich identischen Personen beteiligt sind. Dies ist bei M und B der Fall.

bbb) Rechtsschein

Weiterhin ist erforderlich, dass ein Rechtsscheinsträger besteht. Dies ist erforderlich, weil § 932 BGB den Erwerber so stellt, als hätte er vom Berechtigten erworben. Es muss also einen Grund für die Annahme geben, dass der in Wahrheit Nichtberechtigte in den Augen des Erwerbers als Berechtigter erscheint. Dieser Rechtsschein wird im Rahmen des § 932 BGB durch den Besitz der Sache vermittelt. Zugunsten eines Besitzers wird vermutet, dass er Eigentümer der Sache ist (§ 1006 BGB). M hatte die Skischuhe in seinem Besitz; der Rechtsscheinsträger war also vorhanden.

ccc) Keine Bösgläubigkeit (§ 932 II BGB)

Des Weiteren darf der Erwerber B nicht bösgläubig im Sinne des § 932 II BGB gewesen sein. Weiß der Erwerber, dass der Veräußerer nicht Eigentümer der Sache ist, oder beruht seine diesbezügliche Unkenntnis auf grober Fahrlässigkeit, so ist der gutgläubige Erwerb ausgeschlossen. B hielt M für den Eigentümer der Skischuhe und hatte keinen Grund, daran zu zweifeln. Er war somit im Zeitpunkt der dinglichen Einigung nicht bösgläubig.

ddd) Kein Abhandenkommen (§ 935 BGB)

Der gutgläubige Erwerb nach § 932 BGB ist ausgeschlossen, wenn die Sache nach § 935 BGB abhandengekommen ist. Abhandengekommen ist eine Sache, wenn sie ohne (nicht notwendig gegen) den Willen des Berechtigten in Verkehr gelangt ist.[196] O hatte M die Skischuhe geliehen (§ 598 BGB). Sie sind also nicht

[196] MünchKomm-BGB/*Oechsler*, § 935 Rn. 6.

ohne oder gegen seinen Willen in Verkehr gelangt, sondern er hatte sie M freiwillig überlassen. Folglich sind sie nicht abhandengekommen. Die Voraussetzungen des gutgläubigen Erwerbs sind somit allesamt erfüllt; B ist Eigentümer der Skischuhe Marke X.

b) Ergebnis

O hat mangels Eigentümerstellung gegen B keinen Anspruch auf Herausgabe der Skischuhe aus § 985 BGB.

2. Anspruch aus § 812 I 1 Alt. 2 BGB (Eingriffskondiktion)

O hat jedoch möglicherweise gegen B einen Anspruch auf Rückübereignung und Besitzherausgabe aus § 812 I 1 Alt. 2 BGB (Eingriffskondiktion).

a) Etwas erlangt

B hat Eigentum und Besitz – einen vermögenswerten Vorteil – an den Skischuhen der Marke X erlangt (s.o.).

b) In sonstiger Weise

Eine Leistung im Verhältnis O zu B liegt nicht vor. O mehrte nicht bewusst und zweckgerichtet das Vermögen des B. Daher kommt nur die Bereicherung „in sonstiger Weise" in Betracht. Allerdings ist ein Anspruch aus Eingriffskondiktion gegen den Bereicherten nur dann denkbar, wenn dem Empfänger der Bereicherungsgegenstand von niemandem geleistet wurde (Subsidiarität der Eingriffskondiktion).[197] M hat jedoch ziel- und zweckgerichtet das Vermögen des B gemehrt, so dass in diesem Verhältnis eine Leistungsbeziehung besteht, welche die Geltendmachung eines Anspruchs aus Eingriffskondiktion im Verhältnis O zu B verhindert.

c) Ergebnis

O hat gegen B keinen Anspruch auf Rückübereignung und Besitzherausgabe aus § 812 I 1 Alt. 2 BGB.

Fall Nr. 52 – Bayerische Backwaren

Die 15-jährige M plant ihre bald anstehende Geburtstagsparty. Sie und ihre Eltern verständigen sich auf einen „bayerischen Abend". Vereinbart wird, dass sich die Eltern um alles kümmern. M ist aber etwas vergesslich und glaubt, sich um die Backwaren kümmern zu müssen. Da der Bäcker B im Ort etwas entfernt ist, bittet M ihre volljährige Freundin F darum, bei B Backwaren in ihrem Namen – dem der M – zu bestellen. M nennt F die ungefähre Gästeanzahl und das Motto des Abends. Welche Backwaren und wie viele zu bestellen seien, solle sich F überlegen, die schon des Öfteren große Parties veranstaltet hat und sich daher auch mit den benötigten Mengen besser auskennt. F bestellt daraufhin namens M bei B 50 Brezeln sowie jeweils 25 Laugenstangen und -brötchen. Am Tag der Geburtstagsfeier kommt Bäcker B persönlich vorbei und liefert die Backwaren ab. Die Eltern sind erstaunt, denn sie haben sich doch schon um die Backwaren gekümmert. Weitere seien nicht

---

[197] *BGH* NJW 2005, 60.

notwendig; die Eltern verweigern die Entgegennahme. B ist erbost. Er verlangt € 60 für die gelieferten Backwaren von M, hilfsweise von F; mindestens will er aber seine Herstellungskosten in Höhe von € 20 ersetzt bekommen.

Zu Recht?

Lösung

1. Anspruch von B gegen M

Ein Anspruch von B gegen M auf Zahlung von € 60 kann sich aus § 433 II BGB ergeben. Voraussetzung dafür ist, dass zwischen B und M ein wirksamer Kaufvertrag durch Angebot und Annahme zustande gekommen ist.

a) Anspruch entstanden

M ist mit B persönlich nicht in Kontakt gekommen. Zu prüfen ist daher, ob sie von F wirksam beim Vertragsschluss vertreten wurde.

aa) Wirksame Stellvertretung

Die Voraussetzungen wirksamer Stellvertretung ergeben sich aus § 164 BGB.

aaa) Eigene Willenserklärung

Die Stellvertretung nach § 164 I BGB setzt zunächst – in Abgrenzung zum Boten, der eine fremde Erklärung überbringt – voraus, dass der Stellvertreter eine eigene Willenserklärung abgibt. Die Abgrenzung wird unter anderem anhand des Entscheidungsspielraums vorgenommen, den der Erklärende hat. F ist weitgehend frei in ihrer Entscheidung: sie konnte aussuchen, welche Backwaren bestellt werden sollten und in welchen Mengen. Sie bildete also selbst den Willen, gab damit eine eigene Willenserklärung ab und handelte als Stellvertreterin.

bbb) In fremdem Namen

F gab die Erklärung im Namen der M und somit in fremdem Namen ab.

ccc) Vertretungsmacht

Die Vertretungsmacht kann sich aus Gesetz oder Rechtsgeschäft ergeben. Da Ersteres im Verhältnis zwischen M und F nicht in Betracht kommt, ist zu prüfen, ob F wirksam Vollmacht (§ 167 BGB) erteilt wurde, indem M sie bat, bei B Backwaren zu bestellen.

Man könnte der Ansicht sein, die Bevollmächtigung durch einen Minderjährigen sei, unabhängig davon, ob sie auf einen Vertragsschluss oder ein einseitiges Rechtsgeschäft abziele, an § 111 BGB zu messen.[198] Das einseitige Rechtsgeschäft der Vollmachtserteilung bedürfte dann zur Wirksamkeit der Einwilligung der gesetzlichen Vertreter; eine Genehmigungsmöglichkeit ist in § 111 BGB nicht vorgesehen. Allerdings müsste noch geklärt werden, ob die Einwilligung – wie von § 111 S. 1 BGB verlangt – „erforderlich“ war. Dies bemisst sich nach dieser Ansicht danach, ob das in Aussicht genommene Vertretergeschäft für den Minderjährigen rechtlich nachteilig ist oder nicht.[199] Das in Aussicht genommene Vertretergeschäft ist ein Kaufvertrag. Dieser ist für M rechtlich

[198] So die wohl h. M.: Staudinger/*Knothe* (2011), § 111 Rn. 3; Palandt/*Ellenberger*, § 111 Rn. 1; MünchKomm-BGB/*Schmitt*, § 111 Rn. 10; Bamberger/Roth/*Wendtland*, § 111 Rn. 3; *Bork*, BGB AT, Rn. 1461.

[199] *Bork*, BGB AT, Rn. 1461; MünchKomm-BGB/*Schramm*, § 167 Rn. 9.

nachteilig, weil er zu schuldrechtlichen Verpflichtungen führt, so dass die Bevollmächtigung nach dieser Ansicht der Einwilligung der gesetzlichen Vertreter – dies sind gemäß §§ 1626 I, 1629 I 2 Hs. 1 BGB die Eltern der M – bedurft hätte. Eine Einwilligung seitens der Eltern in die Bevollmächtigung der F lag jedoch nicht vor. F hatte dieser Meinung zufolge also keine Vertretungsmacht.

Dagegen könnte man auch die Meinung vertreten, die Vollmachtserteilung sei in entsprechender Anwendung von § 108 BGB genehmigungsfähig und nicht – nach der Regel des § 111 BGB – ohne Einwilligung unwirksam. Wenn der gesetzliche Vertreter einen von einem vollmachtlosen Vertreter abgeschlossenen Vertrag nach § 177 I BGB genehmigen könne, müsse er auch die Vollmachtserteilung genehmigen können.[200] Die Eltern von M haben allerdings die Genehmigung konkludent verweigert, indem sie es ablehnten, die Backwaren entgegenzunehmen. Auch nach dieser Ansicht ist daher nicht von einer wirksamen Bevollmächtigung der F auszugehen.

bb) Genehmigung nach § 177 I BGB

Da F keine Vertretungsmacht besaß, hat sie als Vertreterin ohne Vertretungsmacht einen Vertrag geschlossen, der nach § 177 I BGB schwebend unwirksam ist. Dieser Vertrag war genehmigungsfähig, doch ist auch insoweit § 107 BGB zu beachten. Selbst wenn M als Vertretene den Vertrag i. S. v. § 177 I BGB genehmigt hätte, wäre dazu wiederum die Einwilligung der Eltern erforderlich, weil die Genehmigung eines vollmachtlos abgeschlossenen Vertrags rechtlich nachteilig ist: Sie bringt die zunächst fehlende vertragliche Verpflichtung des Vertretenen – der Minderjährigen M – zustande. Die Wirksamkeit der Genehmigung i. S. v. § 177 I BGB durch M wäre folglich von der Genehmigung der Eltern i. S. v. § 108 I BGB abhängig. Da die Eltern eine solche „Genehmigung der Genehmigung" jedoch konkludent durch Ablehnung der Backwaren verweigerten, kann offen bleiben, ob M als Vertretene überhaupt eine Genehmigung i. S. v. § 177 I BGB erteilt hat. Der Vertrag blieb somit ein ohne Vertretungsmacht geschlossener und wirkt damit nicht gegen M.

b) Ergebnis

B hat gegen M keinen Anspruch auf Zahlung von € 60 aus § 433 II BGB.

2. Anspruch von B gegen F

B kann gegen F nach seiner Wahl einen Anspruch auf Erfüllung oder Schadensersatz in Höhe des positiven Interesses nach § 179 I BGB haben. B hatte von F hilfsweise Erfüllung verlangt. Voraussetzung des Anspruchs nach § 179 I BGB ist jedoch – im Umkehrschluss zu § 179 II BGB –, dass F als vermeintliche Vertreterin den Mangel ihrer Vertretungsmacht kannte. Sie war sich dessen allerdings nicht bewusst, so dass für sie nur eine Haftung nach § 179 II BGB in Betracht kommt.

Gemäß § 179 II BGB muss der *falsus procurator* nur den Schaden ersetzen, den der Vertragspartner durch sein Vertrauen auf die Vertretungsmacht erleidet. Es ist also **nur das negative Interesse zu ersetzen** und der Vertragspartner so zu stellen, wie er stünde, wenn er nicht auf die Wirksamkeit der Erklärung vertraut hätte. Hätte B der F nicht vertraut, wären ihm keine Herstellungskosten i. H. v. € 20 entstanden. Folglich hat B gegen F nur einen Anspruch auf Ersatz des negativen Interesses i. H. v. € 20 aus § 179 II BGB.

---

[200] *Wolf/Neuner*, BGB AT, § 50 Rn. 18.

Fall Nr. 53 – Lügen haben kurze Beine

Der zwölfjährige K kauft im Laden des V eine Stereoanlage zum Preis von € 1.100. Die Musikbegeisterung des K freut den V so, dass er bereit ist, ihm die Stereoanlage gleich mitzugeben; die Bezahlung könne später erfolgen. K sieht außerdem zuverlässig aus und V vertraut darauf, dass K schon zahlen werde. Während K mit seiner Neuerwerbung nach Hause geht, verfestigt sich bei ihm der Gedanke, dass seine Eltern ihm einen solchen Kauf nicht erlauben werden. Er kommt auf die Idee, seine Eltern „anzuflunkern". Daheim angekommen zeigt er ihnen die Stereoanlage und sagt, dass der Preis € 450 betragen habe. Seine Eltern glauben dies und rufen bei „dem netten Verkäufer" an, um sich zu bedanken und ihn in seinem Vertrauen in K zu bestärken. „Wir sind mit dem getätigten Kauf durch unseren Sohn einverstanden", heißt es während des Gesprächs. Über den Preis wird nicht gesprochen. Es kommt wie es kommen muss: K zahlt nicht und V tritt an die Eltern heran und sagt diesen, dass ihr Sohn ihm € 1.100 schulde. Die Eltern sind erstaunt, denn sie wussten nur von € 450. Zum Preis von € 1.100 hätten die Eltern den Kauf nie genehmigt. Nach einem kurzen Disput verlangt V Zahlung von € 1.100 oder Herausgabe der Stereoanlage. K und seine Eltern sind nur zur Zahlung von € 450 bereit; die Herausgabe verweigern sie strikt. Zu Recht?

Lösung

1. Anspruch von V gegen K auf Zahlung von € 1.100

Ein Anspruch des V gegen K auf Zahlung von € 1.100 kann sich aus § 433 II BGB ergeben.

a) Anspruch entstanden

Voraussetzung dafür ist, dass K und V einen wirksamen Kaufvertrag abgeschlossen haben.

aa) Schwebende Unwirksamkeit (§ 108 I BGB)

K und V haben sich auf einen Kaufpreis in Höhe von € 1.100 geeinigt; eine vertragliche Einigung kam folglich durch Angebot und Annahme zustande. Fraglich ist aber, ob dieser Vertrag wegen der Minderjährigkeit des K (§ 2 BGB) nach den Regeln der §§ 106 ff. BGB unwirksam ist.

Der Vertrag ist gemäß § 108 I BGB schwebend unwirksam, wenn die Eltern als gesetzliche Vertreter des K (vgl. §§ 1626 I, 1629 I 2 Hs. 1 BGB) die erforderliche Einwilligung nicht erteilt haben. Ob die Einwilligung erforderlich ist, ergibt sich aus § 107 BGB. Danach bedarf ein Minderjähriger zu einer Willenserklärung, durch die er nicht lediglich einen rechtlichen Vorteil erlangt, der Einwilligung seines gesetzlichen Vertreters. Der zwischen V und K geschlossene Kaufvertrag verpflichtet K zur Zahlung von € 1.100 und ist daher rechtlich nicht lediglich vorteilhaft für K. Die zum Vertragsabschluss führende Willenserklärung hätte also der Einwilligung bedurft. Seine Eltern hatten jedoch keine solche erteilt. Der geschlossene Vertrag war daher zunächst gemäß § 108 I BGB schwebend unwirksam.

bb) Genehmigung durch Anruf bei V

Die Willenserklärung des K und damit der Kaufvertrag zwischen K und V können aber durch eine Genehmigung der Eltern wirksam geworden sein, als diese bei V anriefen. Die Genehmigung ist definiert als nachträgliche Zustimmung (§ 184 I BGB). Es handelt sich um eine empfangsbedürftige Willenserklärung.[201] Die Eltern des K erklärten, sie seien mit dem durch ihren Sohn getätigten Kauf einverstanden. Diese Erklärung verstand V so, dass die Eltern mit dem Kauf zum Preis von € 1.100 einverstanden waren. Tatsächlich wollten sich die Eltern aber nur mit einem Kauf zum Preis von € 450 einverstanden erklären.

aaa) Maßgeblichkeit des objektiven Empfängerhorizonts

Fraglich ist also, welches Verständnis maßgebend ist. Man könnte der Ansicht sein, es sei daran festzuhalten, dass sich der Inhalt empfangsbedürftiger Willenserklärungen durch Auslegung nach dem objektiven Empfängerhorizont (§§ 133, 157 BGB) bestimmt. Es wäre zu fragen, wie ein objektiver Dritter in der Person des Empfängers die Erklärung unter Berücksichtigung der erkennbaren Umstände, mit Rücksicht auf die Verkehrssitte nach Treu und Glauben verstehen durfte. Diese Ansicht hat zur Folge, dass ein Irrtum des gesetzlichen Vertreters, der auf eine Falschinformation durch den Minderjährigen zurückgeht, allenfalls zur Anfechtung der Genehmigung wegen eines Inhaltsirrtums (§ 119 I Alt. 1 BGB) berechtigt.[202] V hatte keinerlei Anhaltspunkte dafür, dass K seine Eltern belügen und ihnen falsche Vorstellungen vom Kaufpreis vermitteln würde. Demzufolge wäre die Genehmigung bei Maßgeblichkeit des objektiven Empfängerhorizonts so zu verstehen gewesen, dass die Eltern mit einem Kaufpreis von € 1.100 einverstanden sind. Folglich wäre der Vertrag zunächst über € 1.100 zustande gekommen.

bbb) Schutzwürdigkeit des Vertragspartners

Dagegen könnte man argumentieren, dass nicht die Auslegung nach dem objektiven Empfängerhorizont maßgeblich sein sollte, sondern vielmehr nach der richtigen Risikoverteilung unter Berücksichtigung von Vertrauensschutzgesichtspunkten zu fragen sei.[203] Der Vertragspartner könne nicht ernsthaft darauf vertrauen, dass der Minderjährige die Information zutreffend weiterleite. Er dürfe sich nur auf eine korrekte Information verlassen, wenn er selbst den gesetzlichen Vertreter über die Modalitäten des Vertragsschlusses informiere. Maßgeblich für die Bestimmung des Inhalts der Genehmigung ist demnach auch bei vorsätzlicher Falschinformation durch den Minderjährigen das Verständnis der gesetzlichen Vertreter. Die Eltern des M wollten eine Genehmigung nur für einen Kaufvertrag über € 450 erteilen, was nicht den Kaufvertrag über € 1.100 deckt. Folglich wäre der Vertrag nach dieser Ansicht nach wie vor mangels Genehmigung schwebend unwirksam. V könnte von K nicht Zahlung von € 1.100 verlangen.

ccc) Stellungnahme und Ergebnis

Für erstere Ansicht spricht der Gedanke des Verkehrsschutzes. Es besteht ein Interesse des Vertragspartners daran, sich auf ihm gegenüber getätigte Erklärungen verlassen zu können. Dieses Bedürfnis scheint vor allem dann anerkennenswert, wenn – wie hier – die Genehmigung durch einen voll Geschäftsfähigen erteilt wird. Jedoch zeigt der Fokus der Argumentation auf den Verkehrsschutz zugleich ihre Schwäche auf. Das BGB ist konsequent am Minderjährigenschutz ausgerichtet und drängt dafür in weiten Teilen den Verkehrsschutz zurück. Auch wenn die Genehmigung

---

[201] Palandt/*Ellenberger*, § 108 Rn. 2.

[202] Soergel/*Hefermehl*, § 108 Rn. 4.

[203] Staudinger/*Knothe* (2011), § 108 Rn. 8; *Medicus*, BGB AT, Rn. 575; *Flume*, AT II, § 13, 7d bb (S. 201).

durch einen (nicht schutzbedürftigen) voll Geschäftsfähigen erteilt wird, so wird dadurch die Verpflichtung eines beschränkt Geschäftsfähigen herbeigeführt. Dieser soll aber geschützt werden; insbesondere soll er, wie die Regelungen der §§ 107ff. BGB zeigen, keine Verpflichtungen ohne die Zustimmung der gesetzlichen Vertreter eingehen können. Genau dies würde aber nach der erstgenannten Ansicht geschehen; K wäre ohne Wissen seiner Eltern zu einer Zahlung i. H. v. € 1.100 verpflichtet.

Richtigerweise ist deshalb davon auszugehen, dass keine Genehmigung zu einem Kaufpreis von € 1.100, sondern nur zu einem Preis von € 450 erteilt wurde. Vor dem Hintergrund, dass das BGB zugunsten des Minderjährigenschutzes den Verkehrsschutz zurücknimmt, erscheint dies nicht als unbilliges Ergebnis. Der Vertragspartner des Minderjährigen kann diese Folge vermeiden, indem er die gesetzlichen Vertreter vollständig über den Inhalt des mit dem Minderjährigen abgeschlossenen Vertrags aufklärt. Die Genehmigung durch die Eltern des M führte folglich nicht zur Beendigung des Schwebezustands.

cc) Verweigerung der Genehmigung

Die Eltern des M verweigerten später die Genehmigung des Vertrages über € 1.100, indem sie gegenüber V erklärten, dass sie einem Vertrag über € 1.100 nie zugestimmt hätten. Der Vertrag ist damit endgültig unwirksam.

b) Ergebnis

V hat gegen K keinen Anspruch auf Zahlung von € 1.100 aus § 433 II BGB.

2. Anspruch auf Herausgabe der Stereoanlage

a) Anspruch aus § 985 BGB

Ein Anspruch auf Herausgabe der Stereoanlage kann V gegen K aus § 985 BGB zustehen.

aa) Eigentum des V

Voraussetzung dafür ist zunächst, dass V als Anspruchsteller Eigentümer der Stereoanlage ist. V kann sein ursprünglich bestehendes Eigentum an der Stereoanlage durch Übereignung an K nach § 929 BGB verloren haben.

aaa) Dingliche Einigung

Dafür müssen sich V und K über den Eigentumsübergang geeinigt haben. Dies geschieht durch einen dinglichen Vertrag. In der Übergabe der Stereoanlage an K ist ein konkludentes Einigungsangebot des V, in der Entgegennahme durch K eine konkludente Annahme zu sehen. Es wurde also eine dingliche Einigung erzielt.

Zu prüfen bleibt, ob diese Einigung wirksam ist. Die Tatsache, dass – wie oben dargelegt – der (schuldrechtlich wirkende) Kaufvertrag mangels Genehmigung unwirksam ist, hat für das dingliche Geschäft im Grundsatz keine Auswirkungen (Trennungs- und Abstraktionsprinzip!). Jedes Geschäft ist gesondert auf seine Wirksamkeit zu prüfen. Durch die dingliche Einigung wird K zum Eigentümer der Stereoanlage. Es handelt sich demnach um ein rechtlich lediglich vorteilhaftes Geschäft für den Minderjährigen, so dass eine Einwilligung im Umkehrschluss zu § 107 BGB nicht erforderlich ist. Die dingliche Einigung ist folglich allein aufgrund der eigenen Willensbildung des Minderjährigen wirksam. Auf § 108 I BGB kommt es nicht an.

bbb) Übergabe und Berechtigung zur Verfügung

V hat K die Stereoanlage übergeben. Weiterhin war er als Eigentümer der Stereoanlage zur Verfügung über das Eigentum berechtigt. Demnach ist K Eigentümer der Stereoanlage geworden.

bb) Ergebnis

Mangels Eigentums an der Stereoanlage hat V gegen K keinen Anspruch auf Herausgabe aus § 985 BGB.

b) Anspruch aus § 812 I 1 Alt. 1 BGB

Jedoch kann V gegen K ein Anspruch auf Rückübereignung und Besitzherausgabe aus § 812 I 1 Alt. 1 BGB (Leistungskondiktion) zustehen.

aa) Etwas erlangt

Dazu muss K etwas erlangt haben. „Etwas" i. S. v. § 812 I 1 Alt. 1 BGB meint jeden vermögenswerten Vorteil. K hat Besitz und Eigentum an der Stereoanlage erlangt, was jeweils einen vermögenswerten Vorteil bedeutet.

bb) Durch Leistung des V

Diesen vermögenswerten Vorteil hat K durch eine Leistung – also eine bewusste und zweckgerichtete Mehrung fremden Vermögens – von V erlangt. V wollte nämlich den K zum Eigentümer machen und tat dies bewusst und zweckgerichtet.

cc) Ohne Rechtsgrund

Die Leistung des V an K erfolgte ohne Rechtsgrund, da der Kaufvertrag durch die Verweigerung der Genehmigung durch die Eltern des M endgültig unwirksam wurde (s. o.).

dd) Ergebnis

V hat gegen K einen Anspruch auf Rückübereignung und Herausgabe des Besitzes aus § 812 I 1 Alt. 1 BGB.

Fall Nr. 54 – Wer schaut in die Röhre?

Der volljährige V ist ein Heimkinofanatiker. Er möchte seinen „veralteten" Blu-Ray-Player gegen einen neuen eintauschen. Von einem Freund erfährt er, dass M einen günstigen Blu-Ray-Player sucht. V ruft M an und vereinbart mit diesem für den 30.3. einen „Besichtigungstermin". M erscheint und ist von dem Gerät begeistert. Auf das Angebot des V, ihm den Blu-Ray-Player für € 150 zu überlassen, geht M sofort ein. Leider könne er das Gerät aber nicht sofort mitnehmen, denn er sei mit seinem Fahrrad gekommen und habe keine Transportmöglichkeit. Er werde das Gerät aber in den nächsten Tagen holen und dann auch bezahlen. Zu diesem Zeitpunkt ist V die Minderjährigkeit des M nicht bekannt: M ist 17 und sieht bereits sehr erwachsen aus.

Am Abend des 30.3. erzählt M seinen Eltern von dem Kauf. Diese freuen sich über die Geschäftstüchtigkeit ihres Sohnes und beglückwünschen ihn zu seinem „Schnäppchen". Tags darauf (31.3.) erfährt V zufällig, dass M minderjährig ist. Weil er sich nicht sicher ist, ob „der Vertrag jetzt wirksam ist oder nicht", sendet er sofort einen Brief an die Eltern von M, schildert den Sachverhalt und fordert diese zur Genehmigung auf. Der Briefträger wirft diesen an M und seine Eltern adressierten Brief am 1.4. in den Briefkasten der Eltern des M. Diese wundern sich zwar über den Brief, antworten dem V aber auch sofort brieflich und wiederholen die bereits gegenüber M erklärte Genehmigung. M ist nicht anwesend, da er an diesem Tag Geburtstag hat (er wurde 18) und mit der Dekoration des angemieteten Partyraums beschäftigt ist.

Noch am selben Tag (1.4.) bemerkt V bei der Sichtung der neuen Abspielgeräte im Internet, dass er ein schlechtes Geschäft gemacht hat. Sein Abspielgerät ist in gebrauchtem Zustand nicht unter € 290 zu erwerben. Er grübelt und grübelt und sendet schließlich noch einen Brief an M und dessen Eltern, in dem er schreibt: „Ein Festhalten am – meiner Meinung nach ohnehin unwirksamen – Vertrag ist für mich unter keinen Umständen möglich, der Preis ist viel zu niedrig. Ich trete zurück."

Am Morgen des 2.4. wirft der Briefträger die Genehmigung in den Briefkasten des V, etwas später wirft er das „Rücktrittsschreiben" des V in den Briefkasten der Eltern des M. Diese lesen den Brief zwar, halten ihn aber für gegenstandslos, da sie ja mittlerweile nicht nur gegenüber M genehmigt hatten, sondern auch gegenüber V.

M tritt am 5.4. – in Unkenntnis des „Rücktrittsschreibens" – an V heran und will das Abspielgerät abholen. V weigert sich, das Gerät gegen Zahlung von € 150 herauszugeben. Zu Recht?

Lösung

M kann gegen V einen Anspruch auf Übereignung und Übergabe des Blu-Ray-Players aus § 433 I 1 BGB haben. Voraussetzung dafür ist, dass zwischen V und M ein wirksamer Kaufvertrag abgeschlossen wurde.

Ein Kaufvertrag kommt durch Angebot und Annahme zustande. V gab ein Angebot ab, indem er den Preis für das Abspielgerät nannte. Dieses Angebot nahm M an, indem er sich einverstanden erklärte. Eine kaufvertragliche Einigung kam folglich zustande. M war zum Zeitpunkt des Vertragsschlusses allerdings erst 17 und somit als Minderjähriger (§ 2 BGB) beschränkt geschäftsfähig (§ 106 BGB). Zu prüfen ist daher, ob er wirksam einen Kaufvertrag abschließen konnte. Dies bestimmt sich nach den §§ 107 ff. BGB.

1. Schwebende Unwirksamkeit (§ 108 I BGB)

Der zwischen M und V geschlossene Vertrag ist schwebend unwirksam, wenn er ohne die erforderliche Einwilligung der gesetzlichen Vertreter abgeschlossen wurde.

Gesetzliche Vertreter des M sind seine Eltern gem. §§ 1626 I, 1629 I 2 Hs. 1 BGB, die keine Einwilligung (= vorherige Zustimmung, § 183 S. 1 BGB) erteilt hatten. Ob die Einwilligung überhaupt erforderlich war, richtet sich nach § 107 BGB.

Gemäß § 107 BGB bedarf ein Minderjähriger zu einer Willenserklärung, durch die er nicht lediglich einen rechtlichen Vorteil erlangt, der Einwilligung des gesetzlichen Vertreters. Der Abschluss des Kaufvertrages ist für M rechtlich nicht lediglich vorteilhaft, da M zur Zahlung des Kaufpreises verpflichtet wird. Folglich kann M nicht ohne Einwilligung seiner Eltern eine auf den Abschluss eines Kaufvertrages gerichtete Willenserklärung abgeben. § 110 BGB greift nicht ein, da M seine Leistungen noch nicht „bewirkt" hat. Dazu müsste M den Anspruch des V bereits vollständig erfüllt haben.[204] Der von M mit V geschlossene Vertrag war somit zunächst mangels Einwilligung schwebend unwirksam.

---

[204] Siehe oben Fall Nr. 51 – „Skifoan" (Lösung zu Frage 2).

2. Genehmigung (§ 108 I BGB)

Der schwebend unwirksame Vertrag kann aber nach § 108 I BGB von den Eltern des M genehmigt worden sein. Diese beglückwünschten ihren Sohn zu dem Kauf und erklärten folglich diesem gegenüber konkludent die Genehmigung. Die Genehmigung kann sowohl dem Minderjährigen als auch dessen Vertragspartner gegenüber erklärt werden (§ 182 I BGB). Der Kaufvertrag war somit ab diesem Zeitpunkt nicht mehr schwebend unwirksam, sondern wirksam.

3. Aufforderung zur Erklärung über die Genehmigung durch V

Fraglich ist, wie sich die Aufforderung durch V an die Eltern des M zur Erklärung über die Genehmigung auswirkt. Geregelt ist diese Aufforderung in § 108 II BGB. Sie bewirkt zum einen, dass die Genehmigung nur noch gegenuber dem Vertragspartner des Minderjährigen erklärt werden kann und zum anderen, dass eine gegenüber dem Minderjährigen bereits erteilte Genehmigung hinfällig wird. Die Eltern des M hatten den Vertrag bereits genehmigt, so dass durch die Aufforderung des V der Vertrag wieder schwebend unwirksam würde.

Diese Wirkung kann die Aufforderung allerdings nur dann entfalten, wenn sie wirksam ist. Gemäß § 108 III BGB tritt an die Stelle der Genehmigung durch den gesetzlichen Vertreter die Genehmigung durch den Minderjährigen, sobald dieser unbeschränkt geschäftsfähig geworden ist. Demzufolge ist auch die Aufforderung zur Erklärung über die Genehmigung an den ehemals Minderjährigen zu richten, sofern dieser durch Erreichen der Volljährigkeit unbeschränkt geschäftsfähig wurde.[205] M wurde am 1.4. volljährig und war somit unbeschränkt geschäftsfähig, als die Aufforderung bei seinen Eltern einging. Die Aufforderung war auch an M gerichtet. Als geschäftsähnliche Handlung[206] sind auf die Aufforderung die Vorschriften über Willenserklärungen entsprechend anzuwenden.[207] Entsprechend § 130 I BGB muss die Aufforderung, um wirksam zu werden, M daher auch zugegangen sein.

Zugang nach § 130 I 1 BGB ist dann gegeben, wenn die Erklärung so in den Machtbereich des Empfängers gelangt ist, dass unter normalen Umständen mit Kenntnisnahme zu rechnen ist. Die Aufforderung ist in den Briefkasten des M und seiner Eltern und somit in den Machtbereich des M gelangt. Er nahm jedoch keine Kenntnis von dem Schreiben. Dies ist aber auch nicht erforderlich. Entscheidend ist die Möglichkeit zur Kenntnisnahme, welche für M bestand. Die Aufforderung wurde daher durch ihren Zugang bei M wirksam. Die gegenüber M erteilte Genehmigung wurde nach § 108 II 1 BGB unwirksam und der Vertrag somit wieder schwebend unwirksam.

4. Genehmigung von Seiten der Eltern durch den Brief an V

M wurde am 1.4., dem Tag seines 18. Geburtstages, voll geschäftsfähig. Seine Genehmigung tritt dann nach § 108 III BGB an die Stelle der Genehmigung durch den Vertreter. Die Vertretungsmacht der Eltern war also von diesem Tag an erloschen. Folglich war die an diesem Tag von den Eltern an V brieflich versandte Genehmigung wirkungslos und der Vertrag weiterhin schwebend unwirksam.

[205] *BGH* NJW 1989, 1728; MünchKomm-BGB/*Schmitt*, § 108 Rn. 35.
[206] Bamberger/Roth/*Wendtland*, § 108 Rn. 12; Palandt/*Ellenberger*, § 108 Rn. 5.
[207] Palandt/*Ellenberger*, Überbl v § 104 Rn. 7.

5. „Rücktrittsschreiben“ des V

Fraglich ist, wie das „Rücktrittsschreiben“ des V zu verstehen ist. Sein Inhalt ist durch Auslegung nach dem objektiven Empfängerhorizont (§§ 133, 157 BGB) zu bestimmen. V gibt zu verstehen, dass er sich von dem Vertrag lösen will.

a) Nichtigkeit nach § 142 I BGB infolge Anfechtung nach § 119 II BGB

Der schwebend unwirksame Kaufvertrag könnte infolge einer Anfechtung nach § 119 II BGB nichtig sein, weil sich V über den Wert des verkauften Gerätes irrte. Die Frage, ob ein schwebend unwirksamer Kaufvertrag überhaupt wirksam angefochten werden kann, stellt sich erst dann, wenn ein Anfechtungsgrund vorliegt. Das „Rücktrittsschreiben“ des V könnte als Anfechtungserklärung i. S. v. § 143 BGB, gestützt auf den Anfechtungsgrund des § 119 II BGB auszulegen sein. Abgesehen davon, dass dies unter Umständen eine Schadensersatzpflicht nach § 122 BGB nach sich zöge und V dies höchstwahrscheinlich vermeiden möchte, müsste ein Eigenschaftsirrtum i. S. d. § 119 II BGB vorliegen. Eigenschaften einer Sache sind alle tatsächlichen und rechtlichen Verhältnisse, die in der Sache selbst begründet sind und die infolge ihrer Beschaffenheit auf Dauer für die Brauchbarkeit und den Wert der Sache von Einfluss sind.[208] V irrte sich über den Wiederverkaufswert des Abspielgeräts. Der Preis einer Sache ist jedoch keine Eigenschaft, sondern nur das Produkt der wertbildenden Faktoren.[209] Ein Eigenschaftsirrtum und somit eine Anfechtung nach § 119 II BGB scheiden deshalb aus.

b) Widerruf nach § 109 I BGB

Die Erklärung von V kann jedoch auch als Widerruf nach § 109 I BGB zu verstehen sein, denn V gab immerhin deutlich zu verstehen, dass er sich von dem Vertrag lösen will. Zu prüfen ist also, ob die Tatbestandsvoraussetzungen erfüllt sind.

Dies setzt zunächst voraus, dass der Vertrag noch schwebend unwirksam ist. Die Eltern des M hatten den Vertrag bereits nach § 108 I BGB gegenüber M genehmigt. Durch die Aufforderung nach § 108 II BGB von Seiten des V wurde der Vertrag allerdings wieder in den Schwebezustand „zurückversetzt“, was gleichzeitig auch zum Wiederaufleben des Widerrufsrechts führt.[210]

Das Widerrufsrecht ist schließlich auch nicht nach § 109 II BGB ausgeschlossen, da V bei Vertragsabschluss keine positive Kenntnis von der Minderjährigkeit des M hatte. Er erfuhr dies erst zufällig am Tag nach dem Vertragsschluss.

aa) Kein Widerrufsrecht nach einer Aufforderung gemäß § 108 II BGB

Fraglich ist aber, ob der Widerruf aus anderen Gründen unwirksam ist. Man könnte der Ansicht sein, dass derjenige, der den gesetzlichen Vertreter zur Erklärung über die Genehmigung nach § 108 II BGB auffordert, eine angemessene Zeit mit der Erklärung des Widerrufs nach § 109 BGB warten müsse, da er sich ansonsten widersprüchlich verhalte.[211] Es handle sich um ein *venire contra factum proprium*, also um die Ausübung eines Rechts, der unter Hinweis auf § 242 BGB die Zulässigkeit zu versagen sei. V hatte den Widerruf einen Tag nach Versendung der Aufforderung losgeschickt. Diese Frist ist nicht als „angemessen“ einzustufen. Demnach wäre der Widerruf unter Berücksichtigung des Grundsatzes von Treu und Glauben

---

[208] *BGH* NJW 2001, 226, 227.

[209] Vgl. dazu schon Fall Nr. 45 – Die Schnapsdrossel.

[210] Palandt/*Ellenberger*, § 109 Rn. 3.

[211] MünchKomm-BGB/*Schmitt*, § 109 Rn. 9; *Enneccerus/Nipperdey*, Allg. Teil des Bürgerlichen Rechts, 15. Aufl. 1960, § 152 I 2b Fn. 11; Bamberger/Roth/*Wendtland*, § 109 Rn. 2.

unwirksam und der Vertrag infolge der Aufforderung nach wie vor schwebend unwirksam.

bb) Widerrufsrecht auch nach einer Aufforderung gemäß § 108 II BGB

Dem Argument, der kurzfristige Widerruf stelle sich als widersprüchliches Verhalten dar, ließe sich allerdings entgegen halten, § 108 II BGB sei keine Aufforderung zur Genehmigung, sondern eine Aufforderung zur Erklärung über die Genehmigung.[212] Insofern handle der Widersprechende nicht rechtsmissbräuchlich, weil er niemals zur Erklärung der Genehmigung aufgefordert habe. Die Aufforderung nach § 108 II BGB sei nur auf Beendigung des Schwebezustands und nicht speziell auf Erteilung der Genehmigung gerichtet. Auch sei die „Waffengleichheit" zu berücksichtigen: Der gesetzliche Vertreter des Minderjährigen könne auch taktieren und sei in seiner Entscheidung über die Genehmigung während der Zwei-Wochen-Frist des § 108 II BGB völlig frei. Deshalb müsse es auch dem Vertragspartner erlaubt sein, jederzeit den Vertrag zu widerrufen. Eine Aufforderung nach § 108 II BGB hindert nach dieser Ansicht nicht einen zeitnahen oder gleichzeitig mit der Aufforderung erfolgenden Widerruf. Demnach wäre der Widerruf des V wirksam, der Kaufvertrag damit endgültig unwirksam.

cc) Stellungnahme

Ausschlaggebend für eine Bewertung der beiden Ansichten ist das Argument der „Waffengleichheit". Der gesetzliche Vertreter eines Minderjährigen (oder der evtl. ehemals Minderjährige selbst, § 108 III BGB) hat die Möglichkeit, völlig frei zu entscheiden, während dies dem gutgläubigen Vertragspartner nicht erlaubt wird. Dies kann nicht richtig sein. Darüber hinaus greift der Gedanke des Rechtsmissbrauchs nicht immer: V hatte nicht bewusst die Aufforderung nach § 108 II BGB auf den Weg gebracht, um gleich darauf den Widerruf nach § 109 BGB zu erklären. Es handelte sich eher um zufällig zeitlich eng beieinander liegende Ereignisse, weil er kurz nach Absendung der Aufforderung von den üblichen Preisen für Geräte der verkauften Art erfuhr. Insofern erscheint es nicht sinnvoll, V ein rechtsmissbräuchliches Verhalten vorzuwerfen. Der Widerruf ist somit wirksam.

c) Genehmigung des M

Der Kaufvertrag wurde durch den Widerruf des V endgültig unwirksam und bleibt dies auch. M kann ihn daher – trotz § 108 III BGB und seiner nunmehr bestehenden unbeschränkten Geschäftsfähigkeit – nicht mehr (konkludent) genehmigen, indem er die Übereignung verlangt.

d) Ergebnis

M hat gegen V mangels wirksamen Kaufvertrags keinen Anspruch auf Übergabe und Übereignung des Blu-Ray-Players aus § 433 I BGB.

Fall Nr. 55 – Liebesbekundungen

Der 17-jährige M hat seine Ausbildung bei der A-GmbH abgeschlossen, die Autozubehör vertreibt. Jetzt arbeitet er dort – mit Einwilligung seiner Eltern – als festangestellter Mitarbeiter. Diesen wird erlaubt, auf Rechnung Autozubehör zu kaufen

---

[212] Staudinger/*Knothe* (2011), § 109 Rn. 4; Soergel/*Hefermehl*, § 109 Rn. 1; Erman/*Palm*, § 109 Rn. 2; jurisPK-BGB/*Lange*, Band 1, 6. Aufl. 2012, § 109 Rn. 4; *Wilhelm*, NJW 1992, 1666.

und am jeweiligen 25. des Monats zu zahlen. Zu Beginn des Monats März benötigt M für seine volljährige Freundin, die Mitte März Geburtstag hat, noch ein Geschenk und entscheidet sich für die Sitzbezüge „Amore“, die auf schwarzem Grund ein von Rosen umranktes Herz zeigen, darunter der verschnörkelte Schriftzug „I am loved“. Diese würden doch sehr gut in das rosafarbene Auto seiner Freundin passen. Dieser Ansicht sind auch seine Eltern, die ganz gerührt sind von den Liebesbekundungen ihres Sohnes. Am 28.3. tritt der Geschäftsführer G an ihn heran und erinnert M an die noch ausstehende Zahlung in Höhe von € 35 für die Sitzbezüge. M nickt eifrig und erklärt die Aufrechnung mit seiner rückständigen Lohnforderung. Die rückständige Lohnforderung bestreitet G nicht; sie beruht auf einem Versehen der Buchhaltung. Er will aber lieber das Geld für die Sitzbezüge, da die GmbH ohnehin knapp bei Kasse ist; M könne auch nur aufrechnen, wenn er die schriftliche Einwilligung seiner Eltern vorlege.

Hat die A-GmbH gegen M einen Anspruch auf Zahlung von € 35?

Lösung

Die A-GmbH, vertreten durch ihren Geschäftsführer G (§ 35 I GmbHG), kann gegen M einen Anspruch auf Zahlung von € 35 aus § 433 II BGB haben.

1. Anspruch entstanden

Dazu muss zwischen den Parteien ein Kaufvertrag durch Angebot und Annahme zustande gekommen sein. Zu einer Einigung zwischen den Parteien ist es gekommen. Fraglich ist nur, ob diese in Anbetracht des Alters des M – er ist 17 und somit gemäß §§ 2, 106 BGB in der Geschäftsfähigkeit beschränkt – wirksam ist.

a) § 113 BGB

Grundsätzlich bedarf ein Minderjähriger gemäß § 107 BGB zu einer Willenserklärung, die ihm nicht lediglich einen rechtlichen Vorteil verschafft, der Einwilligung seiner gesetzlichen Vertreter. M könnte aber nach § 113 BGB **partiell geschäftsfähig** sein, so dass die Einwilligung nach § 107 BGB entbehrlich wäre. Die partielle Geschäftsfähigkeit nach § 113 BGB, selbst wenn sie gegeben wäre, bezöge sich jedoch nicht auf alle Rechtsgeschäfte, sondern nur auf solche betreffend die Eingehung oder Aufhebung eines Arbeitsverhältnisses bzw. die Erfüllung der sich daraus ergebenden Pflichten. Der Kaufvertrag besteht hingegen unabhängig vom Arbeitsverhältnis. Folglich kann der geschlossene Vertrag nicht aufgrund einer eventuellen Teilgeschäftsfähigkeit des M wirksam sein. Es gelten also die allgemeinen Regeln.

b) §§ 107 ff. BGB

Der zwischen M und der A-GmbH geschlossene Kaufvertrag war zunächst gemäß § 108 I BGB schwebend unwirksam, da die Eltern als gesetzliche Vertreter des M (§§ 1626 I, 1629 I 2 Hs. 1 BGB) ihre „erforderliche Einwilligung“ nicht erteilt hatten. „Erforderlich“ wäre diese Einwilligung gewesen, weil die zu einem Kaufvertrag führende Willenserklärung eines Minderjährigen nicht lediglich rechtlich vorteilhaft ist und somit § 107 BGB eingreift.

Ein Fall von § 110 BGB – besondere Form der Einwilligung durch Überlassung von Mitteln – liegt ebenfalls nicht vor, da dies die bereits vollständige Leistungsbewirkung durch den Minderjährigen erfordert hätte.[213] M hatte aber seine Leistung nicht bewirkt, denn er hatte den Anspruch der A-GmbH auf Kaufpreiszahlung noch nicht erfüllt. Die Eltern des M genehmigten jedoch konkludent den schwebend unwirksamen Kaufvertrag nach § 108 I BGB, indem sie M in seiner Annahme unterstützten, die Bezüge passten gut zum Auto seiner Freundin. Da diese gegenüber M erklärte Zustimmung wirksam ist (vgl. § 182 I BGB), wurde der Kaufvertrag durch die Genehmigung der Eltern wirksam.

c) Zwischenergebnis

Der Anspruch der A-GmbH gegen M auf Zahlung von € 35 aus § 433 II BGB ist zunächst entstanden.

2. Anspruch erloschen

Der Anspruch der A-GmbH kann jedoch durch Aufrechnung erloschen sein und zwar mit Rückwirkung (vgl. § 389 BGB). Dies setzt eine Aufrechnungslage (§ 387 BGB) sowie die wirksame Erklärung der Aufrechnung (§ 388 BGB) voraus.

Hinweis: Die Aufrechnung nach §§ 387 ff. BGB wird erst im Schuldrecht behandelt. Die Kenntnis ihrer Voraussetzungen wird deshalb von Studierenden, die ihre zivilrechtlichen Studien mit dem BGB AT beginnen, noch nicht erwartet.

a) Aufrechnungslage (§ 387 BGB)

Gemäß § 387 BGB liegt eine Aufrechnungslage vor, wenn sich zwei gegenseitigen, fällige und gleichartige Forderungen gegenüberstehen. Die sog. Passivforderung[214], also die Forderung der A-GmbH gegen M aus § 433 II BGB bestand und wurde am 25.3. fällig. Die sog. Aktivforderung[215], mithin die Forderung des M gegen die A-GmbH, gerichtet auf den ausstehenden Lohn, war ebenfalls fällig. Die Forderungen waren beide auch auf Geldzahlungen gerichtet und somit gleichartig. Eine Aufrechnungslage bestand somit.

b) Aufrechnungserklärung (§ 388 BGB)

M erklärte auch die Aufrechnung. Fraglich ist allerdings, ob diese Erklärung im Hinblick auf die Minderjährigkeit des M wirksam ist. Eine Unwirksamkeit ohne die erforderliche Einwilligung des gesetzlichen Vertreters kann sich aus § 111 BGB ergeben. Für die Frage, ob die Einwilligung erforderlich war, ist auf § 107 BGB abzustellen. Die Aufrechnung ist ein einseitiges Rechtsgeschäft und für den Minderjährigen rechtlich nachteilig, weil als Folge einer wirksamen Aufrechnung die Aktivforderung erlischt (§ 389 BGB). Grundsätzlich hätte die Aufrechnung also der Einwilligung der Eltern als gesetzliche Vertreter (§§ 1626 I, 1629 I 2 Hs. 1 BGB) des M bedurft.

Zu prüfen bleibt, ob die nach § 107 BGB grundsätzlich erforderliche Einwilligung entbehrlich war, weil M durch eine Ermächtigung seiner Eltern nach § 113 BGB für den Bereich seines Dienst- oder Arbeitsverhältnisses unbeschränkt geschäftsfähig wurde. Die Eltern von M hatten ihn zur Eingehung eines Arbeitsverhältnisses mit der A-GmbH ermächtigt. Somit ist er für diesen Bereich unbeschränkt geschäftsfähig; die gesetzliche Vertretungsmacht seiner Eltern ruht insofern. Die Teilgeschäfts-

[213] Siehe oben Fall Nr. 51 – „Skifoan" (Lösung zu Frage 2).

[214] Als Passiv- oder Hauptforderung wird die Forderung des Aufrechnungsgegners bezeichnet.

[215] Als Aktiv- oder Gegenforderung wird die Forderung desjenigen bezeichnet, der die Aufrechnung erklärt, also die Initiative ergreift, aktiv wird.

fähigkeit umfasst auch das Recht des Minderjährigen, über eine ihm zustehende Lohnforderung zu verfügen.[216] Es handelt sich hierbei um die Erfüllung einer sich aus dem Arbeitsvertrag ergebenden Verpflichtung, für die der Minderjährige unbeschränkt geschäftsfähig ist. Er könnte den Lohn auch mit befreiender Wirkung (§ 362 BGB) entgegennehmen. Da M über seinen Lohnanspruch verfügen kann, kann er dies auch mittels einer Aufrechnung tun. Die Aufrechnungserklärung des M war also auch ohne Einwilligung der Eltern des M wirksam. Aufrechnungsverbote, die die Aufrechnung hindern könnten (vgl. §§ 392ff. BGB), sind nicht ersichtlich. Die Aufrechnung war folglich wirksam. Der Anspruch der A-GmbH gegen M aus § 433 II BGB ist gemäß § 389 BGB erloschen.

3. Ergebnis

Die A-GmbH hat gegen M keinen Anspruch auf Zahlung von € 35 aus § 433 II BGB.

§ 21. Fälle zur Stellvertretung (§§ 164ff. BGB)

Fall Nr. 56 – Wen geht es an?

R ist Rechtsreferendar und steht kurz vor der 2. juristischen Staatsprüfung. Vor einiger Zeit hat er zusammen mit seiner Freundin (F), einer Grundschullehrerin, eine geräumige Wohnung in der Neckarstadt angemietet, die die beiden auch schon fast vollständig eingerichtet haben. Was noch fehlt, ist ein großes, bequemes Bett. Bisher mussten sich R und F im alten Kinderbett des R „zusammenquetschen". R beschließt, dass diese Zeiten nun vorbei sein sollen. Da ihm angesichts der intensiven Examensvorbereitungen die Zeit fehlt, selbst ein Bett zu kaufen und er dem Geschmack seiner Freundin ohnehin mehr vertraut als seinem eigenem, bittet er F, die momentan ein wesentlich weniger stressgeplagtes Leben führt, ein Bett mit allem „Drum und Dran" auszusuchen. Er händigt F eine Summe von € 1.000 aus. Das Bett gehe „auf seine Rechnung", da F bereits den Großteil der Wohnungseinrichtung finanziert habe.

Bereitwillig macht sich F auf den Weg zur FRAU MOBILIA GmbH (G), einem Einrichtungshaus. Schon nach wenigen Stunden des Stöberns wird sie fündig. Ihre Wahl ist auf ein 210 cm × 183 cm großes Bett aus massivem Eichenholz inklusive Lattenrost und Federkernmatratze zum Preis von € 840 gefallen. F gibt die gewünschte Bestellung, ohne den Namen von R auch nur zu erwähnen, gegenüber dem Ladenangestellten (L) auf, der diese bestätigt. F wird ein Abholschein ausgehändigt und dabei mitgeteilt, dass das Bett in zwei Wochen abholbereit sei; den Kaufpreis zahlt F sofort in bar.

Zwei Wochen später erscheint R in den Lagerräumen der G und verlangt unter Vorlage des Abholscheins und Berufung auf den Kaufvertragsschluss Übergabe und Übereignung des Bettes inklusive Zubehör. Zu Recht?

---

[216] *LAG Hamm* DB 1971, 779; Staudinger/*Knothe* (2011), § 113 Rn. 21. Anders verhält es sich hingegen mit bereits ausgezahltem Lohn. Dieser unterliegt der elterlichen Verwaltung (§ 1626 I 2 BGB). Daher bedürfen Verfügungen über empfangenes Arbeitsentgelt der Einwilligung/Genehmigung der gesetzlichen Vertreter, s. MünchKomm-BGB/*Schmitt*, § 113 Rn. 31; *Köhler*, BGB AT, § 10 Rn. 36. In der Regel wird in der Überlassung von Lohn aber eine konkludente Einwilligung nach § 110 BGB liegen, so dass der Minderjährige auch darüber verfügen kann.

Abwandlung: F hat für das Bett nur eine Anzahlung i.H.v. € 350 geleistet und bezüglich des Rests mit L monatliche Ratenzahlung sowie einen Eigentumsvorbehalt vereinbart. Das Bett nimmt F sogleich mit. R, der inzwischen nicht mehr mit F zusammenlebt, weil sie ihn für einen neureichen BWL Studenten verlassen hat, vergisst schon die erste Rate zu überweisen, woraufhin ein Mitarbeiter der G bei F anruft, um von F Zahlung zu verlangen. F weigert sich und verweist auf R, für den sie das Bett, das sich bei R befindet, gekauft habe. Wer ist zur Zahlung der Kaufpreisraten verpflichtet?

Literaturhinweis: *Bork*, BGB AT, Rn. 1396ff.; ausführlich *Bitter*, Rechtsträgerschaft für fremde Rechnung, 2006, S. 221ff.

Lösung zum Grundfall

R kann gegen G einen Anspruch auf Übergabe und Übereignung des Bettes inklusive Zubehör gemäß § 433 I BGB haben. Dazu müssen sich R und G wirksam über den Abschluss eines Kaufvertrages geeinigt haben. Ein solcher Vertragsschluss setzt zwei korrespondierende Willenserklärungen, Angebot und Annahme (§§ 145, 147 BGB), voraus.

1. Angebot

Das Ausstellen der Möbel in den Verkaufsräumen der G stellt noch kein rechtsverbindliches Angebot dar. Es handelt sich um eine bloße *invitatio ad offerendum*.[217] Möglicherweise stellt aber die Aufgabe der Bestellung gegenüber L ein Vertragsangebot dar. Zu beachten ist allerdings, dass nicht R, der den Anspruch aus dem Vertrag geltend macht, sondern F die Bestellung aufgegeben hat. Ein Vertragsschluss zwischen R und G wäre aber möglich, wenn sich R eine von F abgegebene Willenserklärung nach den Regeln der Stellvertretung zurechnen lassen müsste. Gemäß § 164 I BGB wirkt eine Willenserklärung, die jemand innerhalb der ihm zustehenden Vertretungsmacht im Namen des Vertretenen abgibt, unmittelbar für und gegen den Vertretenen. Eine wirksame Stellvertretung setzt danach voraus, dass (1) die Stellvertretung überhaupt *zulässig* ist, (2) der Stellvertreter eine *eigene Willenserklärung* abgibt, er dabei (3) *in fremdem Namen* auftritt und (4) mit *Vertretungsmacht* handelt.

a) Zulässigkeit der Stellvertretung

Stellvertretung ist grundsätzlich bei allen Rechtsgeschäften zulässig, soweit sie sich auf das Element der Willenserklärung bezieht. Ausgeschlossen ist die Stellvertretung dagegen, wenn das *Gesetz* die Vertretung *verbietet* oder es sich um ein *höchstpersönliches Rechtsgeschäft* handelt. Bei der Abgabe einer auf einen Kaufvertragsschluss über ein Möbelstück gerichteten Willenserklärung ist Vertretung jedoch ohne Weiteres zulässig, so dass F den R vertreten durfte.

Hinweis: Die Zulässigkeit der Stellvertretung muss in der Falllösung nicht in jedem Fall geprüft werden. Es reicht, wenn sie in solchen Fällen angesprochen wird, in denen sie – anders als hier – im Ansatz problematisch erscheint.

b) Eigene Willenserklärung

F muss eine eigene Willenserklärung abgegeben haben. Hierin liegt der entscheidende **Unterschied zum Boten.**[218] Während Letzterer lediglich eine schon „fertige“

---

[217] Siehe dazu Fall Nr. 3 – Der Fußballer.
[218] Vgl. dazu schon Fall Nr. 46 – Die falsche Pizza.

Willenserklärung des Geschäftsherrn übermittelt, vollzieht sich bei der Stellvertretung die maßgebliche Willensbildung erst beim Stellvertreter; er ist daher der Erklärende. Die Abgrenzung bestimmt sich nach dem Auftreten der Hilfsperson aus Sicht eines *objektiven Empfängers* (*Auslegung nach dem objektiven Empfängerhorizont*, §§ 133, 157 BGB).[219] Ein wichtiges, wenngleich kein zwingendes *Indiz* ist das Maß an Entscheidungsspielraum, das der Hilfsperson zukommt. Trifft diese aus der Sicht eines objektiven Empfängers eine eigenständige Entscheidung hinsichtlich eines rechtsgeschäftsrelevanten Punktes, so ist Stellvertretung regelmäßig zu bejahen. Beschränkt sich die Eigenständigkeit des Mittlers hingegen erkennbar auf Nebensächlichkeiten, wie etwa die konkrete Ausformulierung einer inhaltlich exakt vorgegebenen Willenserklärung, ist Botenschaft gegeben.

R ließ F bei der Auswahl des Bettes völlig „freie Hand". Sie hatte keinerlei Vorgaben hinsichtlich Art, Farbe etc. des Vertragsgegenstandes zu beachten; diese Entscheidungen oblagen allein ihr. Von dieser ihr eingeräumten Entscheidungsmöglichkeit machte sie ersichtlich Gebrauch, indem sie sich nach einiger Zeit für das Bett *ihrer* Wahl entschloss. Allein die lange Zeit des Überlegens spricht gegen die Annahme von Botenschaft. Vom objektiven Empfängerhorizont aus betrachtet ließ ihr Auftreten daher nicht den Schluss zu, dass sie nur die bereits durch einen anderen getroffene Wahl vollzog. Demzufolge gab F eine eigene Willenserklärung ab.

c) Handeln in fremdem Namen (Offenlegungsgrundsatz)

Damit R die gewünschten Rechtsfolgen treffen, muss F nach dem Wortlaut des § 164 I BGB in dessen Namen gehandelt haben.

aa) Grundsatz und Sinn der Offenlegung

Durch diese „Offenlegungspflicht" soll der Geschäftspartner geschützt werden. Im Normalfall geht dieser davon aus, dass die vor ihm stehende Person sein Vertrags- und Ansprechpartner wird, weswegen ihm ein atypischer Fall offengelegt werden muss. Er soll Klarheit über seinen Vertragspartner haben und sich ggf. von dessen Solvenz und Seriosität überzeugen können. Der Stellvertreter kann entweder ausdrücklich im Namen des Vertretenen handeln (§ 164 I 2 Alt. 1 BGB) oder die Stellvertretung kann sich aus den Umständen ergeben (§ 164 I 2 Alt. 2 BGB).

F wollte den R zwar vertreten, hat diesen Umstand L gegenüber aber mit keinem Wort kundgetan. Weder hat sie ausdrücklich im Namen des R gehandelt, noch ergab sich ihr Vertretungswille irgendwie aus den Umständen. Sie war damit ein sog. „mittelbarer Vertreter". Da der innere Vertretungswille nach § 164 II BGB grundsätzlich unbeachtlich ist, kommt in derartigen Fällen mittelbarer Stellvertretung im Grundsatz ein Vertrag mit dem Vertreter – ein so genanntes **Eigengeschäft** – zustande.

bb) Ausnahme: Geschäft für den, den es angeht

Dennoch könnte R wirksam vertreten worden sein, wenn es sich bei dem Kauf um ein sog. *verdecktes Geschäft für den, den es angeht* handelt. Weil die Offenlegung insbesondere den Schutz des Geschäftspartners bezweckt, können nach h. M. die Rechtsfolgen auch ohne Offenlegung ausnahmsweise denjenigen treffen, den sie nach Maßgabe des inneren Vertreterwillens angehen. Ein solches Geschäft für den, den es angeht, hat **zwei Voraussetzungen:** Erstens muss es dem Geschäftspartner gleichgültig sein, welche Person sein Vertragspartner wird, und zweitens muss die Mittelsperson Vertre-

---

[219] MünchKomm-BGB/*Schramm*, vor § 164 Rn. 43.

tungswillen haben.[220] Dieser Grundsatz gilt nach h. M. sowohl für das schuldrechtliche als auch das dingliche Rechtsgeschäft, wobei die genannten Voraussetzungen für jedes Geschäft gesondert zu prüfen sind.[221] Nach Sinn und Zweck des § 164 I, II BGB ist es dann unschädlich, wenn der Vertreter nicht im Namen des Vertretenen handelt.[222] Auch ohne eine Offenlegung wird der Vertretene Vertragspartner.

aaa) Gleichgültigkeit des Vertragspartners

Das Interesse an der Person des Vertragspartners ist zwar grundsätzlich für jeden Einzelfall gesondert zu prüfen. Insbesondere bei **Bargeschäften des täglichen Lebens** wird das Interesse an einer ganz bestimmten Person jedoch meist fehlen, so dass der schuldrechtliche Vertrag mit dem Hintermann zustande kommt.[223] Hat der Geschäftspartner die ihm geschuldete Leistung bereits vollständig erhalten, wird es ihm in der Regel gleichgültig sein, wer sein Vertragspartner geworden ist. Dies gilt insbesondere im Hinblick auf etwaige Gewährleistungsrechte. Wer diese unter Vorlage des Kassenbons und Einreichung der mangelhaften Sache geltend macht, ist für den Verkäufer irrelevant.

Um ein derartiges Bargeschäft handelte es sich auch bei dem Kauf des Bettes nebst Zubehör. F hat die Kaufpreisschuld vollständig beglichen und damit das Interesse der G befriedigt. Der Umstand, dass es sich bei dem Bett um einen relativ hochwertigen Gegenstand handelt, steht der Annahme eines Geschäfts für den, den es angeht, nicht entgegen. Dies gilt hier schon deshalb, weil der Verkauf des Bettes zumindest aus Sicht von G ein alltägliches Geschäft ist. Aber auch unabhängig davon ist der Hinweis auf die Bargeschäfte des täglichen Lebens ohnehin nur als Beispiel für die relevanten Fälle zu verstehen, in denen die Person des Vertragspartners keine Rolle spielt (s.o. § 10 Rn. 41 ff.). Wer Vertragspartner geworden ist und von G Erfüllung verlangen kann, spielt für G angesichts der sofortigen Zahlung durch F zumindest deshalb keine Rolle, weil für die Ware ein Abholschein ausgegeben wurde.

Bei derartigen Legitimationszeichen (z. B. auch Reparatur-, Gepäckschein, Garderobenmarke) kann nämlich der Schuldner mit befreiender Wirkung auch dann an den Inhaber des Zeichens leisten, wenn dieser nicht der materiell Berechtigte ist (sog. Liberationswirkung).[224]

bbb) Vertreterwille

Die Wirkung für den Auftraggeber, den Hintermann, tritt aber nur ein, wenn der mittelbare Vertreter auch den Willen hatte, dass die Wirkungen des von ihm ohne Offenlegung der Vertretung getätigten Geschäfts den Hintermann treffen.

Beim dinglichen Geschäft ist von einem solchen Vertreterwillen insbesondere dann auszugehen, wenn der Hintermann dem mittelbaren Vertreter bereits die Geldmittel zur Erfüllung des Vertrags mitgegeben hat. In einem solchen Fall hat nämlich der mittelbare Stellvertreter kein Interesse, den erworbenen und ihm übergebenen Gegenstand zunächst zu eigenem Eigentum zu erwerben, um ihn sodann erst Zug um Zug

---

220 BGHZ 154, 276, 279 = NJW-RR 2003, 921, 922; *BGH* NJW 1991, 2283, 2285; *Bork*, BGB AT, Rn. 1399; Erman/*Maier-Reimer*, § 164 Rn. 14.

221 MünchKomm-BGB/*Schramm*, § 164 Rn. 54; ausführlich zur Entwicklung der Rechtsprechung *Bitter*, Rechtsträgerschaft für fremde Rechnung, 2006, S. 224 ff.

222 Es handelt sich um einen Fall der *teleologischen Reduktion*, vgl. dazu *Bitter/Rauhut*, JuS 2009, 289, 294 f.

223 Vgl. dazu eingehend *Bitter*, Rechtsträgerschaft für fremde Rechnung, 2006, S. 236 ff.

224 Siehe MünchKomm-BGB/*Habersack*, § 807 Rn. 4; Bamberger/Roth/*Gehrlein*, § 807 Rn. 1.

gegen Erstattung seiner Aufwendungen (vgl. § 670 BGB) an den Hintermann weiter zu übereignen. Für den – hier zu prüfenden – schuldrechtlichen Kaufvertrag ist diese Überlegung in ähnlicher Weise relevant: Legt der mittelbare Stellvertreter den Kaufpreis aus eigenem Vermögen vor, will er im Zweifel auch Inhaber des Anspruchs auf Übereignung aus § 433 I 1 BGB werden, damit nicht der Hintermann die Lieferung an sich verlangen kann und der mittelbare Stellvertreter sodann im Hinblick auf seinen Aufwendungsersatzanspruch ohne Sicherung dasteht. Stammen hingegen die an den Vertragspartner übergebenen Mittel vom Hintermann, besteht kein Sicherungsinteresse des mittelbaren Stellvertreters. Dieser hat dann regelmäßig den Willen, dass der Kaufvertrag mit dem Hintermann zustande kommt.

Da R der F das Geld für das Bett mitgegeben hat, ist folglich von einem Vertreterwillen der F auszugehen. Deshalb kann der Vertrag nach den Grundsätzen über das Geschäft für den, den es angeht, auch mit derjenigen Person zustande gekommen sein, die sie vertreten wollte, also mit R.

d) Vertretungsmacht

Erforderlich ist dafür allerdings noch, dass F auch Vertretungsmacht hatte und sie in deren Rahmen gehandelt hat. In Betracht kommt eine Bevollmächtigung durch R. Nach § 167 I BGB kann die Vollmacht sowohl gegenüber dem Vertreter (Innenvollmacht, § 167 I Alt. 1 BGB) als auch gegenüber dem künftigen Geschäftspartner (Außenvollmacht, § 167 I Alt. 2 BGB) erklärt werden. R hat F beauftragt, in seinem Namen ein Bett mit allem „Drum und Dran“ zu kaufen. Dies ist nach §§ 133, 157 BGB als Erteilung einer Innenvollmacht zu werten. Da R der F ansonsten keine weiteren Vorgaben zu dem Bett gemacht hat, bewegte sich F mit dem Kauf des von ihr ausgesuchten Bettes auch im Rahmen der ihr erteilten Vollmacht. Die einzige erkennbare Grenze ihrer Vertretungsmacht bezog sich auf die Höhe des Kaufpreises: Indem R der F € 1.000 aushändigte, erklärte er konkludent, dass sich die Vertretungsmacht auf diesen Betrag beschränkt. Allerdings hat F auch diesen Rahmen eingehalten, indem sie ein Bett für € 840 erwarb.

Damit hat F den R wirksam vertreten, so dass das Angebot der F nach § 164 I 1 BGB unmittelbar für und gegen R wirkt.

2. Annahme

Dieses Angebot muss G angenommen haben. Als juristische Person des Privatrechts (GmbH) konnte G nicht selbst die Annahme erklären. Der Ladenangestellte L kann sie aber wirksam vertreten haben. An der Zulässigkeit der Stellvertretung bestehen beim Abschluss eines Kaufvertrags keinerlei Zweifel (s.o.), so dass es folgend darauf ankommt, ob L im Namen der G eine eigene Willenserklärung abgegeben hat und er zur Vertretung der G berechtigt war.

a) Eigene Willenserklärung

Weil L jedenfalls über das Zustandekommen des konkreten Vertrags zu entscheiden hatte, ist L vom objektiven Empfängerhorizont aus betrachtet zumindest als sog. **Vertreter mit gebundener Marschroute** und nicht als Bote anzusehen. L gab eine eigene Willenserklärung ab.

b) Handeln in fremdem Namen

Dem Sachverhalt ist nicht zu entnehmen, dass L ausdrücklich im Namen der G aufgetreten ist. Allerdings kann dies bei lebensnaher Betrachtung wohl unterstellt werden, weil üblicherweise die Bestellungen für nicht auf dem Lager befindliche

Möbelstücke auf einem Bestellformular erfolgen, das den Vertretenen – hier G – erkennen lässt. Für eine solche Verfahrensweise spricht, dass F ein Abholschein ausgehändigt wurde. Jedenfalls aber ergibt sich das Handeln im fremden Namen aus den konkreten Umständen des Vertragsschlusses, weil der Vertragsschluss in den Verkaufsräumen der G erfolgte und sich auf ein Möbelstück, einen typischen Verkaufsgegenstand aus dem Unternehmensbereich der G, bezog. War der F bekannt, dass die FRAU MOBILIA GmbH Inhaberin des Möbelhauses ist, kam der Kaufvertrag aufgrund der äußeren Umstände schon gemäß § 164 I 2 Alt. 2 BGB mit dieser zustande. Hatte F keine Kenntnis davon, wer der konkrete Träger des Unternehmens ist, kommen jedenfalls die Grundsätze des **unternehmensbezogenen Rechtsgeschäfts** zur Anwendung, nach denen bei einem erkennbar auf ein Unternehmen bezogenen Vertrag im Zweifel der Unternehmensträger verpflichtet werden soll (s.o. § 10 Rn. 51 ff.). In jedem Fall handelte also L im Namen der G.

c) Vertretungsmacht

L muss zudem Vertretungsmacht gehabt haben. Der Sachverhalt enthält keinerlei Hinweise auf eine Bevollmächtigung des L durch ein Organ oder durch einen anderen zur Vertretung Berechtigten. Allerdings gilt nach § 56 HGB derjenige, der in einem Laden angestellt ist, als ermächtigt, Verkäufe vorzunehmen, die in einem derartigen Laden gewöhnlich geschehen.[225] Nach der Rechtsprechung begründet § 56 HGB eine gesetzliche Vermutung für eine Vollmacht des Ladenangestellten[226], während es sich nach h.L. um einen gesetzlich geregelten Fall der Anscheinsvollmacht handelt.[227] Richtigerweise dürfte in allen Fällen, in denen die Voraussetzungen des § 56 HGB erfüllt sind, immer auch eine Arthandlungsvollmacht gemäß § 54 HGB vorliegen, womit sich § 56 HGB letztlich nur als Spezialfall der Handlungsvollmacht darstellt.

Unabhängig von der dogmatischen Einordnung ist in jedem Fall zu prüfen, ob die Voraussetzungen des § 56 HGB vorliegen, weil dann der Vertrag wirksam mit dem Inhaber des Unternehmens zustande kommt: Der Vertretene muss **Kaufmann** sein. Die G ist als GmbH gemäß § 13 III GmbHG i.V.m. § 6 I HGB *Formkaufmann*. Der Vertretene muss einen **Laden** betreiben. Dazu zählt jedes dem Publikum offen zugängliche Geschäftslokal. Die Verkaufsräume der G stellen einen solchen Laden dar. Ferner muss die als Vertreter auftretende Person in diesem Laden **angestellt** sein, was bei L der Fall ist. Zuletzt darf der Vertragspartner **nicht bösgläubig** (*Kenntnis bzw. Kennenmüssen*, Rechtsgedanke des § 54 III HGB) hinsichtlich des Fehlens einer wirksamen Vollmacht sein.[228] Sein Vertrauen ist dann nicht schutzwürdig. Diese Einschränkung ist bei L nicht relevant, weil bereits nicht ersichtlich ist, dass ihm Vollmacht fehlte, geschweige denn dass dies für F erkennbar war.

In der Rechtsfolge „gilt" L – wenn er nicht ohnehin als Verkäufer Vertretungsmacht hatte – zu solchen Verkäufen als ermächtigt, die in dem konkreten Laden **gewöhnlich** geschehen. Bei „ladenuntypischen" Geschäften sind Zweifel an der Vollmacht angebracht, so dass der Vertragspartner nicht ohne Weiteres von einer Bevollmächtigung ausgehen kann. In einem Möbelhaus werden typischerweise auch Betten verkauft, so dass ein gewöhnlicher Verkauf zu bejahen ist.

---

[225] Vgl. zu dieser Vorschrift ausführlich *Bitter/Schumacher*, HandelsR, § 6 Rn. 48 ff., sowie Fall Nr. 20 – Ladenangestellter.

[226] *BGH* NJW 1975, 2191; 1988, 2109.

[227] Vgl. z.B. *Canaris*, Handelsrecht, 24. Aufl. 2006, § 14 Rn. 5 m.w.N. zum Streitstand.

[228] Vgl. statt vieler MünchKomm-HGB/*Krebs*, 3. Aufl. 2010, § 56 Rn. 34.

Somit liegen alle Voraussetzungen des § 56 HGB vor, weshalb von einer wirksamen Vertretung durch L auszugehen ist.

3. Ergebnis

Im Ergebnis ist also ein wirksamer Kaufvertrag zwischen R und G zustande gekommen. Aus diesem hat R gemäß § 433 I 1 BGB Anspruch auf Übereignung und Übergabe des Bettes.

Hinweis: Ein daneben tretender Anspruch unmittelbar aus dem Abholschein besteht demgegenüber nicht. Der Abholschein ist – anders als etwa eine Aktie oder eine Inhaberschuldverschreibung i. S. v. § 793 BGB kein echtes Wertpapier. Der Abholschein dokumentiert keinen Anspruch, sondern gestattet dem Schuldner nur einseitig die befreiende Leistung an den Inhaber.[229] Zudem kann der Anspruch des materiell Berechtigten auch ohne Vorlage des Legitimationszeichens ausgeübt werden, wenn der Nachweis der Gläubigerstellung gelingt.[230]

Lösung zur Abwandlung

1. Vertragsschluss

Gefragt ist danach, von wem G Zahlung der Kaufpreisraten verlangen kann (§ 433 II BGB). Dies hängt davon ab, ob R oder F Vertragspartner geworden ist. Zweifellos sollte und wollte F den R beim Abschluss des Kaufvertrags vertreten. Da ihr Vertretungswille aber wiederum nicht nach außen hervorgetreten ist, ist auch in der Abwandlung fraglich, ob ein **Geschäft für den, den es angeht,** anzunehmen ist. Das hängt davon ab, ob es G gleichgültig sein konnte, ob nun F oder R ihr Vertragspartner werden würde. Anders als im Ausgangsfall hat F den Kaufpreis nicht sofort gezahlt, sondern lediglich eine Anzahlung geleistet und im Übrigen Ratenzahlung vereinbart. Hat der Vertragspartner die Leistung noch nicht vollständig erhalten, kann eine Ausnahme vom Offenlegungsgrundsatz i. d. R. nicht zugelassen werden. Es kann G nicht zugemutet werden, nach dem richtigen Vertragspartner zu suchen, um ihn zur Leistung aufzufordern, ihn in Verzug zu setzen und ggf. zu verklagen. Falls die Mittelsperson nicht zu erkennen gibt, dass sie nicht für sich handeln will, darf der Vertragspartner davon ausgehen, dass er mit ihr kontrahiert. Sie darf sich dann nicht später durch Verweis auf einen unter Umständen nicht auffindbaren Hintermann aus der Verantwortung stehlen können. Dementsprechend ist ein Kaufvertrag zwischen F und G zustande gekommen.

2. Anfechtung

Man könnte jedoch an eine Anfechtung des Kaufvertrags durch F wegen eines Inhaltsirrtums gemäß §§ 119 I Alt. 1, 142 I BGB denken. F wollte, dass die Rechtsfolgen R treffen; die Auslegung ihrer Erklärung ergibt aber, dass sie selbst verpflichtet und berechtigt sein wollte. Insofern fallen Wille und Erklärung auseinander. Hier greift nun § 164 II BGB ein, wonach der Mangel des Willens, im eigenen Namen zu handeln, nicht in Betracht kommt. Die Norm schließt die an sich bestehende Anfechtungsmöglichkeit aus, damit der Vertrauensschutz, dem die Offenlegung gerade dient, nicht gleichsam durch die „Hintertür" der Anfechtung wieder unterlaufen wird.

---

[229] Bamberger/Roth/*Gehrlein*, § 807 Rn. 1.
[230] MünchKomm-BGB/*Habersack*, § 807 Rn. 4.

Im Ergebnis kann G somit Zahlung der Kaufpreisraten von F gemäß § 433 II BGB verlangen.

Fall Nr. 57 – Ein schrecklich netter Sohn

Konrad (K) ist schon seit langem begeisterter eBay-Nutzer und hat bisher ausschließlich positive Bewertungen erhalten. Obwohl K seine Zugangsdaten nicht besser hätte verstecken können, findet sein 18-jähriger Sohn Sören (S) die Daten, loggt sich mit deren Hilfe ein und ersteigert alle Staffeln seiner Lieblingsserie „Eine schrecklich nette Familie" auf DVD zum Preis von € 190. Die Staffeln hatte der Privatmann Viktor (V) bei eBay zum Verkauf angeboten. Einige Tage später erhält der überraschte K eine E-Mail, in der er von V zur Zahlung des Kaufpreises aufgefordert wird. K ahnt, dass ihm S diese „Suppe eingebrockt" hat. Er stellt S umgehend zur Rede, der nach kurzer Zeit alles gesteht. K, der die Begeisterung seines Sohnes für den Humor des armseligen Schuhverkäufers noch nie nachvollziehen konnte, gibt S zu verstehen, dass er die Sache alleine „ausbaden" müsse. Daraufhin ruft S bei V an und will das Ganze rückgängig machen, worauf sich V jedoch nicht einlässt. Er besteht auf Zahlung des Kaufpreises.

Kann V Erfüllung des Kaufvertrages verlangen? Wenn ja, von wem?

Bearbeitervermerk: Es ist davon auszugehen, dass alle Beteiligten Verbraucher i. S. d. § 13 BGB sind.

Rechtsprechungs- und Literaturhinweis: *BGH* NJW 2011, 1421 = JZ 2011, 1169 m. Anm. *Herresthal; OLG München* NJW 2004, 1328; *Wolf/Neuner*, BGB AT, § 49 Rn. 52 ff.

Lösung

1. Anspruch des V gegen K auf Zahlung von € 190

Ein Anspruch des V gegen K auf Zahlung von € 190 kann sich aus § 433 II BGB ergeben. Das setzt voraus, dass V und K einen wirksamen Kaufvertrag geschlossen haben. Ein solcher kommt durch Abgabe zweier korrespondierender Willenserklärungen, Angebot und Annahme (§§ 145, 147 BGB), zustande.

a) Angebot

Wer bei einer Internetauktion bei eBay das Angebot abgibt, ist umstritten (§ 5 Rn. 37).[231] Teilweise wird angenommen, dass der Verkäufer durch die Freischaltung der Angebotsseite ein zeitlich befristetes Angebot abgebe.[232] Andere sehen darin eine vorweggenommene Annahme des höchsten Angebots; das Angebot selbst gebe der Käufer ab.[233] Da jedoch eine angeblich vorweggenommene Annahme in Wahrheit die erste vertragswesentliche Willenserklärung und damit ein Angebot ist, wird nachfolgend davon ausgegangen, dass bereits die Freischaltung der Angebotsseite das Angebot darstellt. Dementsprechend hat V ein Angebot auf Abschluss eines Kaufvertrags abgegeben.

b) Annahme

Dieses Angebot muss K angenommen haben. K selbst hat keine Annahmeerklärung abgegeben. Vielmehr nahm S das Angebot an, indem er das höchste Gebot ab-

---

231 Vgl. dazu auch Fall Nr. 11 – 3 … 2 … 1 … Meins?
232 *BGH* NJW 2005, 53, 54 = JuS 2005, 175 (*Emmerich*); *Köhler*, BGB AT, § 8 Rn. 60.
233 *Wolf/Neuner*, BGB AT, § 37 Rn. 7.

gab. K könnte aber gleichwohl Vertragspartei geworden sein, wenn S ihn wirksam vertreten hätte.

aa) Eigene Willenserklärung

Die Abgrenzung zwischen der Abgabe einer eigenen und der Übergabe einer fremden Willenserklärung hat im Wege der Auslegung zu erfolgen. Aus Sicht des maßgeblichen Empfängerhorizonts ist eine eigene Willenserklärung abgegeben worden.

bb) Handeln in fremdem Namen

Weiterhin muss S offengelegt haben, dass die Rechtsfolgen der Erklärung nicht ihn, sondern einen Dritten treffen sollen. Ob der Erklärende im eigenen oder im fremden Namen gehandelt hat, ist ebenfalls durch Auslegung zu ermitteln. Aus Sicht des V sah es zwar so aus, als ob K sein Vertragspartner werden würde. Dieser Eindruck entstand aber deshalb, weil V davon ausging, dass K selbst das Angebot abgegeben hatte. Dass überhaupt eine dritte Person an dem Vertragsschluss beteiligt sein könnte, war für ihn nicht erkennbar. Indem S die eBay-Kennung des K benutzte, trat er nämlich nicht *für*, sondern *als* K auf. Ein Handeln in fremdem Namen scheidet daher aus; vielmehr ist ein **Handeln unter fremdem Namen** gegeben. Ob in einer solchen Konstellation ein Geschäft des Namensträgers (hier: K) oder ein Eigengeschäft des Handelnden (hier: S) vorliegt, hängt davon ab, wie die andere Partei das Verhalten des Handelnden auffassen durfte. Die Erklärung wirkt für und gegen den Handelnden, wenn die Benutzung des fremden Namens bei der anderen Vertragspartei keine Fehlvorstellung über die Identität des Handelnden hervorgerufen hat, diese den Vertrag also nur mit dem Handelnden abschließen will (dann: **Namenstäuschung**). Ein Geschäft des Namensträgers ist dagegen anzunehmen, wenn das Auftreten des Handelnden auf eine bestimmte andere Person hinweist und die andere Partei ein berechtigtes Interesse daran hat, gerade mit dieser Person zu kontrahieren (dann: **Identitätstäuschung**). Die Benutzerkennung des K ist untrennbar mit seiner Identität verbunden. Wird unter Verwendung seiner Daten bei eBay ein Vertrag geschlossen, so werden dem anderen Teil nach Auktionsende stets die Kontaktdaten des K mitgeteilt und zwar unabhängig davon, wer sich tatsächlich unter den Benutzerdaten eingeloggt hat. V durfte daher davon ausgehen, dass er den Vertrag mit K geschlossen hatte. Auf die Person des K kam es V auch entscheidend an. Nur seine Identität war ihm bekannt. Es kann nicht davon ausgegangen werden, dass er sich auf einen Vertragsschluss mit dem ihm völlig unbekannten S einlassen wollte.

Auch die Funktion des Bewertungssystems bei eBay spricht gegen die Annahme eines Eigengeschäfts.[234] Andernfalls könnten weniger seriöse Dritte einen „guten Ruf" des Kennungsinhabers ausnutzen. Der Vertragspartner vertraut deshalb darauf, dass der Vertrag nur mit der Person geschlossen wird, der dieser „gute Ruf" auch tatsächlich gebührt; dies war hier K. V hatte damit ein berechtigtes Interesse, dass die Wirkungen der Erklärung allein den K treffen. Es handelt sich somit um einen Fall der **Identitätstäuschung**, bei dem das Vertrauen des Vertragspartners nach ganz überwiegender Ansicht – unter Verzicht auf das Erfordernis der Offenlegung – durch eine analoge Anwendung der §§ 164 ff. BGB geschützt wird.[235]

---

[234] *OLG München* NJW 2004, 1328; *LG Berlin* NJW 2003, 3493, 3494.

[235] *OLG Köln* NJW 2006, 1676; *Wolf/Neuner*, BGB AT, § 49 Rn. 55; *Bork*, BGB AT, Rn. 1410.

c) **Vertretungsmacht**

Die Erklärung des S kann K analog § 164 I BGB zugerechnet werden, wenn S Vertretungsmacht hatte. Zwar besaß S weder rechtsgeschäftliche noch gesetzliche Vertretungsmacht. Konsequenterweise muss sich die Analogie zum Stellvertretungsrecht aber auch auf die sinngemäße Anwendung der Grundsätze zur Anscheins- und Duldungsvollmacht beziehen.[236] An dem durch S bewirkten Rechtsschein eines Fremdgeschäfts könnte sich K daher festhalten lassen müssen, wenn er ihn in zurechenbarer Weise veranlasst hat.

Eine **Duldungsvollmacht** scheidet schon deshalb aus, weil K von dem eigenmächtigen Handeln des S keine Kenntnis hatte. Aber auch eine **Anscheinsvollmacht** ist zu verneinen. Eine Zurechnung des Rechtsscheins würde nämlich voraussetzen, dass K das Verhalten seines Sohnes hätte erkennen und verhindern können. Dem Sachverhalt ist aber zu entnehmen, dass K die Zugangsdaten nicht hätte besser verstecken können, was ganz klar gegen ein fahrlässiges Verhalten des K spricht.[237] Eine Rechtsscheinsvollmacht ist damit ebenfalls ausgeschlossen. S handelte ohne Vertretungsmacht. Sein Angebot kann K folglich nicht zugerechnet werden.

d) **Genehmigung analog § 177 I BGB**

Trotz fehlender Vertretungsmacht kann K Vertragspartei geworden sein, wenn er das schwebend unwirksame Rechtsgeschäft durch Genehmigung „an sich gezogen" hätte. Das Rechtsgeschäft ist dagegen endgültig unwirksam, wenn die Genehmigung verweigert wurde. Die Verweigerung ist wie die Genehmigung eine einseitige, empfangsbedürftige Willenserklärung, die sowohl dem einen als auch dem anderen Teil gegenüber abgegeben werden kann (§§ 182 I, 184 I BGB) und für die die allgemeinen Regeln über Willenserklärungen gelten. Die Verweigerung kann daher auch konkludent erfolgen. Die Aussage des K gegenüber seinem Sohn, „die Sache diesmal alleine ausbaden zu müssen", zeigt, dass K das Rechtsgeschäft nicht gegen sich gelten lassen will; sie ist deshalb als (Innen-)Verweigerung der Genehmigung zu verstehen. Der Kaufvertrag wirkt daher endgültig nicht gegenüber K.

e) **Ergebnis**

V hat gegen K keinen Anspruch auf Kaufpreiszahlung gemäß § 433 II BGB.

2. Anspruch von V gegen S auf Zahlung von € 190

Zu prüfen bleibt, ob V möglicherweise einen Anspruch auf Erfüllung des Kaufvertrags gegen S analog § 179 I BGB hat.

a) **Voraussetzungen**

Der Anspruch setzt voraus, dass ein **Vertreter** – im Hinblick auf die Offenlegung wird die Vorschrift beim Handeln unter fremdem Namen entsprechend angewendet – **ohne Vertretungsmacht** ein genehmigungsfähiges Rechtsgeschäft vorgenommen hat, die Genehmigung verweigert wurde und das Fehlen der Vertretungsmacht ein-

[236] *BGH* NJW 2011, 2421 (1. Leitsatz) = JuS 2011, 1027 (*Faust*); MünchKomm-BGB/*Schramm*, § 164 Rn. 45 a; gegen eine unbesehene Anwendung der Rechtsscheinvollmachten auf die unberechtigte Nutzung fremder Legitimationskennzeichen *Herresthal*, JZ 2011, 1171, 1172. Zu den Rechtsscheinvollmachten vgl. auch oben § 10 Rn. 154 ff. und unten Fall Nr. 62 – Schein oder Sein?

[237] Selbst das Unterlassen ausreichender Sicherheitsvorkehrungen soll nach *BGH* NJW 2011, 2421, 2423 (Rn. 19) allein kein hinreichender Zurechnungsgrund bei der Anscheinsvollmacht sein.

ziger Grund für das Scheitern des Rechtsgeschäfts ist. Diese Voraussetzungen sind erfüllt, weil neben der fehlenden Vertretungsmacht des S keine weiteren Unwirksamkeitsgründe für den über eBay getätigten Kauf ersichtlich sind.

Eine Beschränkung oder ein Ausschluss des Anspruchs analog § 179 II, III BGB kommen nicht in Betracht. S wusste genau, dass er zur Verwendung der Benutzerdaten des K nicht befugt war. Ebenso wenig hätte V die fehlende Berechtigung des S kennen müssen.

Hinweis: Man könnte den Anruf des S bei V als Widerruf gemäß §§ 312d I, 355 BGB werten. Ein Widerruf ist nicht schon aufgrund der Vorschrift des § 355 IV Nr. 5 BGB ausgeschlossen, da es sich bei eBay-Auktionen nach überwiegender Ansicht nicht um Versteigerungen i. S. d. § 156 BGB handelt.[238] Das Widerrufsrecht scheidet aber deshalb aus, weil es sich nicht um einen Fernabsatzvertrag zwischen einem Unternehmer und einem Verbraucher handelt (§§ 13, 14 BGB). Laut Bearbeitervermerk sind alle Beteiligten Verbraucher.

Indem V Zahlung des Kaufpreises verlangte, hat V das ihm nach § 179 I BGB zustehende Wahlrecht zwischen Schadensersatz und Erfüllung zu Gunsten der Erfüllung ausgeübt.

Wie schon die Wahl der Anspruchsgrundlage zeigt, wird S zwar nicht Vertragspartei. Gleichwohl wird der Schuldner faktisch wie eine Vertragspartei behandelt, weil der Inhalt dieses **gesetzlichen Schuldverhältnisses** durch den Inhalt des Rechtsgeschäfts bestimmt wird: Der Vertragspartner soll auch nicht besser gestellt werden, als wenn das Rechtsgeschäft wie von ihm angenommen zustande gekommen wäre. S hat daher die Leistung so zu erbringen, wie sie auch der Vertretene, sprich K, hätte erbringen müssen, wenn der Vertrag wirksam gewesen wäre. Im Gegenzug stehen dem Schuldner dafür auch alle Einreden zu, die bei Wirksamkeit des Rechtsgeschäfts bestanden hätten. Sofern also keine Vorleistungspflicht vereinbart war, kann S die Zahlung des Kaufpreises bis zur Erbringung der Gegenleistung verweigern (§ 320 BGB).

b) Ergebnis

V hat gegen S einen Anspruch auf Zahlung von € 190 analog § 179 I BGB.

Fall Nr. 58 – Komplizierte Bürgschaft

Die frisch vermählten Eheleute A und B wollen ihr junges Glück mit dem Erwerb eines Eigenheims perfekt machen. Trotz ihrer guten Einkommensverhältnisse sind sie nicht in der Lage, die Finanzierung aus eigener Kraft zu „stemmen". Darum suchen sie die C-Bank (C) auf, um mit ihr über die Aufnahme eines Darlehens zu verhandeln. Begleitet werden sie vom Vater (V) der A, der sich auf Wunsch des Ehepaars für die Darlehensforderung verbürgen will. Dem vertretungsberechtigten Bankangestellten D genügt das indes nicht. Er könne das Darlehen nur bewilligen, wenn sich auch die Mutter (M) der A, deren Vermögensverhältnisse dem D bekannt sind, zur Abgabe einer selbstschuldnerischen Bürgschaftserklärung bereit erkläre.

V bittet D, sich einen Moment zu gedulden, da er diese Entscheidung nicht über den Kopf seiner Frau hinweg treffen könne. Kurz entschlossen ruft V seine Frau an und bittet sie, ihn zu ermächtigen, zu Gunsten von A und B im Namen der M eine Bürgschaftserklärung abgeben zu dürfen. M will dem jungen Glück nicht im Wege stehen und erklärt V, ohne groß nachzudenken, er könne gerne bis zu einer Summe

[238] Vgl. Fall Nr. 11 – 3 … 2 … 1 … Meins?

von € 120.000 für sie eine Bürgschaft unterschreiben. Nach einigen Minuten des Verhandelns überreicht V dem D ein in seinem und im Namen der M unterschriebenes Bürgschaftsformular, in dem beide eine Höchstbetragsbürgschaft über € 120.000 übernehmen.

Nach einiger Zeit geraten A und B in Zahlungsschwierigkeiten, woraufhin sich die C an M wendet. Kann C die M aus dem Bürgschaftsvertrag in Anspruch nehmen?

Abwandlung: Ändert sich etwas, wenn V ohne vorherige telefonische Rücksprache mit M eine Bürgschaftserklärung in ihrem Namen abgegeben hätte und M den Vertragsschluss später gegenüber C mündlich genehmigt hätte?

Rechtsprechungshinweis: BGHZ 132, 119 ff. = NJW 1996, 1467 ff.

Lösung zum Grundfall

1. Anspruch von C gegen M gemäß § 765 I BGB

Ein Anspruch der C gegen M auf Zahlung von € 120.000 kann sich aus § 765 I BGB ergeben. Eine Bürgschaft ist ein den Bürgen einseitig verpflichtender Vertrag, der durch Abgabe zweier korrespondierender Willenserklärungen, Angebot und Annahme, zustande kommt.

Ein Angebot auf Abschluss eines Bürgschaftsvertrages hat C durch ihren vertretungsberechtigten Mitarbeiter D abgegeben. Das Angebot muss M angenommen haben. Sie selbst hat keine Annahmeerklärung abgegeben. Jedoch muss sie sich möglicherweise eine Willenserklärung des V gemäß § 164 I BGB zurechnen lassen.

a) Eigene Willenserklärung

In Abgrenzung zum Boten muss V eine eigene Willenserklärung abgegeben haben. Da M ihren Ehemann V ermächtigte, einen Bürgschaftsvertrag bis zu einer Höhe von € 120.000 abzuschließen und sie ihm damit eine gewisse Entscheidungsmacht einräumte, von der er im Rahmen der anschließenden Verhandlungen auch ersichtlich Gebrauch machte, sieht es aus der maßgeblichen Empfängersicht so aus, als ob V nicht nur den Willen der M überbringen, sondern eine eigene Willenserklärung für M abgeben wollte.

Die von V abgegebene Annahmeerklärung ist jedoch möglicherweise nach § 125 S. 1 BGB formnichtig.[239] Da es der Vertreter ist, der die zum Vertragsschluss führende Willenserklärung abgibt, muss diese Vertretererklärung ggf. bestehende Wirksamkeitsvoraussetzungen erfüllen. In Abweichung vom allgemeinen Grundsatz der Formfreiheit bestimmt § 766 S. 1 BGB, dass die **Bürgschaftserklärung schriftlich** abgegeben werden muss (§ 126 BGB). Durch den Wortlaut der Norm („schriftliche Erteilung der Bürgschaftserklärung") wird deutlich, dass sich die Schriftform – in Abweichung von § 126 II BGB – nur auf die Willenserklärung des Bürgen bezieht, nicht auf den ganzen Vertrag. Die Erklärung des Bürgschaftsgläubigers ist also formfrei. Hintergrund dieser Regelung ist, dass der Bürgschaftsvertrag allein den Bürgen verpflichtet, weshalb auch nur er schutzbedürftig ist.

Da V ein Bürgschaftsformular unterschrieben hat, ist dem Formgebot des § 766 BGB in der Person des Vertreters genügt.

---

[239] Zur Formnichtigkeit siehe oben § 6 Rn. 16 ff.

b) Handeln in fremdem Namen

V muss die Stellvertretung offen gelegt haben. Er unterschrieb die Erklärung ausdrücklich im Namen der M.

c) Vertretungsmacht

M hat am Telefon erklärt, V könne gerne bis zu einer Summe von € 120.000 für sie eine Bürgschaft unterschreiben. Damit erteilte sie ihm – wenn auch mit laienhaftem Ausdruck – eine Innenvollmacht (§ 167 I Alt. 1 BGB). Diese Vollmacht muss allerdings auch wirksam sein, um M binden zu können. Als Willenserklärung unterliegt sie den allgemeinen Wirksamkeitsvoraussetzungen des BGB.

In Betracht kommt auch für die Vollmacht eine Formnichtigkeit nach § 125 S. 1 BGB. Insoweit ist fraglich, ob auch die Erteilung der Vollmacht dem Formzwang des § 766 S. 1 BGB unterliegt, weil sie im konkreten Fall zum Abschluss eines Bürgschaftsvertrags ermächtigen soll.

Auf diese Frage scheint § 167 II BGB eine eindeutige Antwort zu geben: Die Erklärung bedarf nicht der Form, welche für das Rechtsgeschäft bestimmt ist, auf das sich die Vollmacht bezieht. Die Abgabe der Vollmachtserklärung bindet den Vertretenen noch nicht unmittelbar. Erst die Ausübung der Vollmacht durch den Bevollmächtigten führt zu einer Bindung. Bis dahin kann der Vertretene jederzeit den Widerruf erklären, um einem möglichen Sinneswandel Rechnung zu tragen. Er kann das Vertretergeschäft also auch nach Erteilung der Vollmacht noch verhindern. Der Vertretene kann sich somit selbst noch vor übereilt getroffenen Entscheidungen schützen; einer Anwendung der für das Vertretergeschäft geltenden Formvorschriften auf die Erteilung der Vollmacht bedarf es daher im Einklang mit § 167 II BGB insoweit nicht.

Eine andere Beurteilung kann dagegen geboten sein, wenn der Vertretene bereits durch die Erteilung der Vollmacht eine unumkehrbare Bindung herbeiführt. Eine solche Bindung tritt vor allem bei der Erteilung einer **unwiderruflichen Vollmacht** ein, wobei die Unwiderruflichkeit auch auf rein tatsächlichen Gründen beruhen kann.[240] Ist solch ein Sachverhalt gegeben, ist zu fragen, ob nicht der **Zweck der einschlägigen Formvorschrift** eine Anwendung der Norm bereits auf die Erteilung der Vollmacht und damit eine *teleologische Reduktion*[241] von § 167 II BGB verlangt.

V erhielt von M Vollmacht zum Abschluss des Bürgschaftsvertrags, ohne dass ein Widerruf der Vollmacht ausgeschlossen war. Rein rechtlich war die Vollmacht daher widerrufbar; eine unumkehrbare Bindung scheint nicht vorzuliegen. In tatsächlicher Hinsicht hat sich M aber bereits durch die Bevollmächtigung des V endgültig gebunden. Im Zeitpunkt der Vollmachtserteilung befand sich V bereits am Ort des Vertragsschlusses. Das Vertragswerk lag innerhalb weniger Minuten abschlussreif vor. Alles hing nur noch vom Einverständnis der M ab. Unmittelbar nachdem sie ihr „placet" erteilt hatte, kam es zum Vertragsschluss. Zwischen Bevollmächtigung und Ausübung der Vollmacht lag nur eine minimale Zeitspanne. Faktisch hatte M keine Möglichkeit mehr, ihre Entscheidung wieder rückgängig zu machen. M war somit bereits durch die Bevollmächtigung des V so gebunden, wie wenn sie den Bürg-

---

[240] *Bork*, BGB AT, Rn. 1467 und 1469; *Wolf/Neuner*, BGB AT, § 50 Rn. 21; *Rüthers/Stadler*, BGB AT, § 30 Rn. 13; Erman/*Maier-Reimer*, § 167 Rn. 5; ebenso BGHZ 132, 119, 124 f. = NJW 1996, 1467, 1468, jedoch ohne ausdrückliche Bezugnahme auf das Merkmal der Unwiderruflichkeit.

[241] Zur teleologischen Reduktion siehe allgemein *Bitter/Rauhut*, JuS 2009, 289, 294 f.

schaftsvertrag selbst abgeschlossen hätte. Deshalb könnte bereits die Bevollmächtigung formbedürftig gewesen sein, sofern der Formzweck von § 766 S. 1 BGB dies verlangt.

§ 766 S. 1 BGB will den Bürgen vor der voreiligen Übernahme einer Verpflichtung schützen, der keine Gegenleistung gegenübersteht. Deshalb sollen ihm vor einer endgültigen Bindung Inhalt und Tragweite der Verpflichtung „schwarz auf weiß" vor Augen geführt werden. Die Norm hat somit **Warnfunktion** gegenüber dem Bürgen.[242] Der Bürge soll in dem Zeitpunkt gewarnt sein, in dem er sich verbindlich und endgültig für die Übernahme der Bürgschaftsverpflichtung entscheidet. Tritt diese endgültige Bindung bereits auf der Ebene der Bevollmächtigung ein, muss die Formvorschrift auch schon auf dieser Ebene zur Anwendung kommen, wenn sie ihren Zweck erfüllen soll. Zum Schutz der M ist § 167 II BGB somit dahingehend teleologisch zu reduzieren, dass die Bevollmächtigung des V der Form des Vertretergeschäfts, also der Bürgschaft, bedurfte.[243] Da die Schriftform nicht gewahrt wurde, ist die Vollmacht gemäß § 125 S. 1 BGB nichtig. V handelte folglich ohne Vertretungsmacht. Eine Genehmigung des schwebend unwirksamen Vertrages durch M (§§ 177 I, 182 I, 184 I BGB) ist ebenso wenig erfolgt wie eine Heilung des Formmangels nach § 766 S. 3 BGB. Ein Bürgschaftsvertrag zwischen C und M ist nicht zustande gekommen.

2. Ergebnis

C hat gegen M keinen Anspruch aus § 765 BGB.

Lösung zur Abwandlung

Der Unterschied zum Ausgangsfall besteht darin, dass M dem V überhaupt keine Vollmacht zum Abschluss eines Bürgschaftsvertrages erteilt hat. V war damit Vertreter ohne Vertretungsmacht (§ 177 BGB). Nach § 177 I BGB hängt die Wirksamkeit des Vertrages für und gegen den Vertretenen von dessen Genehmigung ab. M hat den schwebend unwirksamen Bürgschaftsvertrag kurze Zeit später gegenüber C genehmigt, so dass dieser als von Anfang an wirksam anzusehen ist (§§ 182 I, 184 I BGB). Ebenso wie für die Erteilung einer Vollmacht gilt auch für die Erteilung einer Genehmigung der Grundsatz der Formfreiheit: Nach § 182 II BGB bedarf die Zustimmung nicht der für das Rechtsgeschäft bestimmten Form. Ob auch diese Vorschrift einer teleologischen Reduktion bedarf, wird unterschiedlich beurteilt.

1. Minderansicht: teleologische Reduktion des § 182 II BGB

Ein Teil der Literatur bejaht dies, wenn die Formvorschrift eine Warnfunktion hat.[244] Die Interessenlage liege parallel zu den Fällen, in denen § 167 II BGB teleologisch reduziert wird. Die Genehmigung bindet den Zustimmenden endgültig; sie ist nicht widerruflich. Vor einer übereilten Erteilung der Genehmigung müsse er

---

[242] MünchKomm-BGB/*Habersack*, § 766 Rn. 1; zu den Funktionen von Formvorschriften im Allgemeinen siehe oben § 6 Rn. 3 ff.

[243] Die gegenteilige Ansicht ließe sich mit dem Argument vertreten, eine derart weitgehende Zurückdrängung des Anwendungsbereichs des § 167 II BGB über die Fälle der explizit unwiderruflich erklärten Vollmacht hinaus stelle keine teleologische Reduktion mehr dar, sondern eine unzulässige Korrektur der gesetzgeberischen Entscheidung.

[244] *Medicus*, BGB AT, Rn. 976; *Flume*, AT II, § 54 6b (S. 890 f.); *Köhler*, BGB AT, § 11 Rn. 27; *Einsele*, DNotZ 1996, 835, 843.

durch ein Formerfordernis gewarnt werden. Es sei widersinnig, die Erteilung der Genehmigung eines Vertragsschlusses durch einen *falsus procurator* für formfrei zu erklären, wenn die Erteilung der Vollmacht aufgrund einer teleologischen Reduktion des § 167 II BGB formpflichtig war. Der Vertretene sei bei der Erteilung der Vollmacht nicht schutzbedürftiger als bei der möglicherweise unmittelbar im Anschluss erfolgenden Erteilung der Genehmigung. Nach dieser Ansicht unterliegt die Genehmigung dem Formzwang des § 766 S. 1 BGB; sie ist nach § 125 S. 1 BGB nichtig.

2. Herrschende Meinung: Formfreiheit der Genehmigung

Hingegen belässt es die h. M. für die Genehmigung beim Grundsatz der Formfreiheit.[245] § 182 II BGB würde bei Genehmigungen formpflichtiger Rechtsgeschäfte gänzlich leer laufen, weil die Erteilung der Genehmigung den Genehmigenden stets endgültig binde. Die Erteilung der Genehmigung solle einen Zustand der Ungewissheit über die Gültigkeit des Rechtsgeschäfts abschließend beenden. Durch die Formfreiheit der Genehmigung solle unkompliziert Klarheit für die Beteiligten geschaffen werden. Das Ziel, Rechtssicherheit zu erreichen, würde durch die Erstreckung des Formzwangs auf die Genehmigung konterkariert. Legt man diese h. M. zugrunde, ist die Genehmigung durch M wirksam erteilt.

3. Stellungnahme

Der Verlust an Rechtssicherheit allein ist kein tragfähiges Argument, um eine einschränkende Auslegung von § 182 II BGB zu verneinen, denn der Schutz des Bürgen kann das Bedürfnis nach Rechtssicherheit durchaus überwiegen. Allerdings ist das Schutzbedürfnis des Bürgen im Rahmen des § 167 II BGB regelmäßig höher als bei der Genehmigung. Im Zeitpunkt der Bevollmächtigung ist der genaue Vertragsinhalt oft noch ungewiss, weshalb dem Vertretenen bereits dort die Tragweite seiner Entscheidung vor Augen geführt werden muss. Anders verhält es sich jedoch bei der Genehmigung. Hier wird regelmäßig schon ein schriftlich fixierter, vollständiger Vertragsinhalt vorliegen. Über diesen kann sich der Genehmigende jederzeit Kenntnis verschaffen. Dazu hat er mindestens zwei Wochen Zeit (*arg.:* § 177 II 2 BGB). Interessenlage und Schutzbedürfnis bei Vollmacht und Genehmigung sind daher nicht – wie von der Minderansicht behauptet – identisch. Dieser Unterschied rechtfertigt es, bei einer Genehmigung von einer teleologischen Reduktion des § 182 II BGB abzusehen. Nach vorzugswürdiger Ansicht war die Genehmigung daher nicht formbedürftig. Der schwebend unwirksame Bürgschaftsvertrag ist aufgrund der Genehmigung als von Anfang an wirksam anzusehen (§ 184 I BGB), so dass C in der Abwandlung einen Anspruch gegen M aus § 765 I BGB hat (a.A. mit entsprechender Begründung vertretbar).

Fall Nr. 59 – Trauriger Geburtstag

Manfred (M) möchte seinen 90. Geburtstag im Kreise all seiner Freunde und Familienangehörigen feiern. Die Geburtstagsfeier soll am 1.12.2010 in einem schicken Restaurant stattfinden, das er eigens für die Festivitäten anmieten möchte. Da er selbst keine Zeit hat, bittet er seinen Schulfreund Sigmund (S), ein geeignetes Etab-

[245] BGHZ 125, 218, 219 = NJW 1994, 1344, 1345; *BGH* NJW 1998, 1482, 1484; *Bork*, BGB AT, Rn. 1609; MünchKomm-BGB/*Schramm*, § 177 Rn. 38 und MünchKomm-BGB/*Bayreuther*, § 182 Rn. 22.

lissement auszuwählen und in seinem Namen zu mieten. Die Sache sei sehr wichtig für ihn, weshalb er sich unbedingt auf S verlassen können müsse. Etwaige Kosten werde er ihm natürlich erstatten. S versichert M, dass er sich um die Sache kümmern werde. Einige Tage später fährt S bei Ludwig (L), dem Inhaber eines in Frage kommenden Restaurants vorbei, um die Lokalität genauer zu inspizieren. Zwar ist S von dem Restaurant überaus angetan; allerdings will er, bevor er sich endgültig entscheidet, noch einige andere Restaurants begutachten, was er L auch mitteilt. In der Folge findet S jedoch keine geeignetere Alternative, weshalb er L am 5.7.2010 telefonisch kontaktiert und das Restaurant im Namen des M für den Abend des Geburtstags anmietet. Er teilt dabei L ausdrücklich mit, dass der Geburtstag des M gefeiert werden soll. Was S nicht wusste, war, dass M im Zeitpunkt des Anrufs bereits tot war; einen Tag zuvor wurde M Opfer eines Herzinfarkts. Vom Tod des M erfährt er erst am nächsten Tag von Erna (E), der Witwe und zugleich einzigen Erbin des M, die von der Beauftragung des S durch M nichts gewusst hatte. Nachdem S und E die erste große Trauer überwunden haben, überlegen sie, ob der Tod des M Auswirkungen auf das Zustandekommen des Mietvertrags hatte, da M im Zeitpunkt des Anrufs immerhin schon tot war. Sie fragen sich, ob und wenn ja, wen L wohl in Anspruch nehmen kann. Wie ist die Rechtslage?

Lösung

1. Anspruch des L gegen E auf Zahlung der Miete

L kann gegen E einen Anspruch auf Mietzahlung gemäß § 535 II BGB haben, wenn zwischen den beiden ein Mietvertrag besteht. Ein Mietvertrag kommt durch Abgabe zweier korrespondierender Willenserklärungen zustande.

a) Angebot

E selbst hat jedenfalls keine Willenserklärung, die auf Abschluss eines Mietvertrages gerichtet war, abgegeben. Eine Willenserklärung in Form eines Angebots hat aber S abgegeben, als er bei L anrief, um dessen Restaurant für die Geburtstagsfeier des M anzumieten. Dieses Angebot wirkt nach § 164 I BGB für und gegen E, wenn S wirksam in Vertretung der E gehandelt hat.

aa) Eigene Willenserklärung

S hat nicht bloß eine fremde Erklärung übermittelt, sondern eine eigene Willenserklärung abgegeben. Bei der Auswahl des Restaurants ließ M ihm völlig freie Hand. Dass S nicht nur Erklärungsbote des M sein sollte, war aufgrund der Aussage des S, vor einer endgültigen Entscheidung noch andere Alternativen prüfen zu wollen, auch für L erkennbar.[246]

bb) Handeln in fremdem Namen

Für L müsste zumindest erkennbar gewesen sein, dass S das Angebot nicht für sich, sondern für einen Dritten abgab. S mietete das Restaurant ausdrücklich im Namen des M an, so dass für L klar war, dass der Mietvertrag jedenfalls nicht mit S zustande kommen sollte. Zwar ging L von einem Vertragsschluss mit M aus. Erklärungen eines durch den Erblasser bestellten Vertreters wirken nach § 1922 I BGB aber grundsätzlich auch für und gegen den Gesamtrechtsnachfolger.[247] Als Alleiner-

---

[246] Zur Abgrenzung von Stellvertretung und Botenschaft siehe oben § 10 Rn. 20ff.
[247] Palandt/*Weidlich*, § 1922 Rn. 33.

bin ist dies hier E. Sofern der Geschäftspartner an der Person des Genannten kein gesteigertes Interesse hat, ist dem Grundsatz der Offenlegung genüge getan, da jedenfalls klar ist, dass nicht mit dem unmittelbar Handelnden abgeschlossen werden soll.

cc) Vertretungsmacht

Des Weiteren muss S Vertretungsmacht gehabt haben. M hatte S gebeten, in seinem Namen das Restaurant anzumieten. Dadurch hat M ihm eine Innenvollmacht erteilt (§ 167 I Alt. 1 BGB). Allerdings lebte M in dem Moment, als S das Angebot abgab, schon nicht mehr. Zu klären ist daher, welche Auswirkungen der Tod des M auf den Bestand der Vollmacht hatte. Nach § 168 S. 1 BGB bestimmt sich das Erlöschen der Vollmacht nach dem ihrer Erteilung zugrunde liegenden Rechtsverhältnis. Es handelt sich um eine **Durchbrechung des stellvertretungsrechtlichen Abstraktionsprinzips** (dazu § 10 Rn. 92 ff.) im Hinblick auf den Fortbestand einer wirksam erteilten Vollmacht. Der Vollmacht kann ein konkludent geschlossenes Auftragsverhältnis (§ 662 BGB) zugrunde liegen. Für einen **Rechtsbindungswillen**, der der Abgrenzung zum reinen Gefälligkeitsverhältnis dient, spricht, dass M den S ausdrücklich darauf hinwies, dass die Sache sehr wichtig für ihn sei, weshalb sich M auch bereit erklärte, entstehende Kosten des S zu ersetzen. Die Bedeutung der Angelegenheit für M war auch S klar, weshalb er M explizit zusagte, die Angelegenheit für M zu erledigen. Angesichts der Tatsache, dass das Gelingen der Geburtstagsfeier entscheidend vom Tätigwerden des S, auf das sich M für S erkennbar verließ, abhing, ergibt eine Würdigung der Gesamtumstände, dass sich S gegenüber M zur Anmietung des Restaurants verpflichtete. Zwischen M und S lag daher ein Auftragsverhältnis vor.

Dieses Auftragsverhältnis – und damit nach § 168 S. 1 BGB auch die Vollmacht – kann allerdings mit dem Tod des M erloschen sein. Ob der Tod zum Erlöschen des Grundverhältnisses führt, ist durch Auslegung zu ermitteln. Für den Auftrag enthält § 672 S. 1 BGB eine spezielle Auslegungsregel. Danach erlischt der Auftrag im Zweifel nicht durch den Tod des Auftraggebers. Gleiches gilt nach § 168 S. 1 BGB auch für die darauf aufbauende Vollmacht. Nach dem Tod besteht sie dann als **transmortale Vollmacht** fort. Sie wirkt gemäß § 1922 I BGB auch für und gegen die Erben (hier: E als Alleinerbin). Zu beachten ist allerdings, dass die Auslegungsregel nur in Zweifelsfällen anzuwenden, ein Rückgriff daher ausgeschlossen ist, wenn sich aus dem Inhalt des Schuldverhältnisses ein entgegenstehender Wille des Auftraggebers ergibt. Insbesondere bei speziell auf die Person des Verstorbenen zugeschnittenen Verträgen, deren Vollzug nur zu Lebzeiten des Auftraggebers sinnvoll ist, liegt ein entgegenstehender Wille nahe.[248] So verhält es sich hier gerade. Eine Geburtstagsfeier ohne „Geburtstagskind" ist sinnlos. Mit dem Tod des M hatte sich daher der Zweck des Auftrags vollständig erledigt. Es kann nicht angenommen werden, dass M das Restaurant auch für den Fall seines Todes angemietet haben wollen würde. Der Auftrag ist also erloschen; die Vollmacht folgt nach § 168 S. 1 BGB dem Schicksal des Grundverhältnisses. Die Abgabe des Angebots im Namen des M war demnach nicht (mehr) durch eine Vollmacht gedeckt. S handelte ohne Vertretungsmacht.

dd) Fiktion der Vertretungsmacht

Möglicherweise kann sich E aber nicht auf das Erlöschen der Vollmacht berufen. Der Auftrag gilt nämlich gemäß § 674 BGB zugunsten des Beauftragten fort, bis er

---

[248] *AG Dortmund* NJW-RR 1991, 689; MünchKomm-BGB/*Seiler*, § 672 Rn. 4.

vom Erlöschen Kenntnis erlangt oder das Erlöschen kennen muss. Das Erlöschen darf aber nicht auf einem Widerruf beruhen, weil der Beauftragte dadurch i.d.R. Kenntnis vom Ende des Auftrags erlangt. Die Fiktion des Fortbestandes des Grundverhältnisses wirkt sich auch auf den Bestand der Vollmacht aus: Sie gilt gemäß §§ 674, 168 S. 1, 169 BGB als fortbestehend. Zwar zeigt der Wortlaut von § 674 BGB („... zugunsten des Beauftragten ...“), dass der Auftrag allein im Interesse des Beauftragten als fortbestehend fingiert wird. Der gutgläubige Beauftragte soll insbesondere vor dem Verlust seines Aufwendungsersatzanspruchs (§ 670 BGB) geschützt werden. Folgerichtig umfasst die Fiktion auch den Fortbestand der Vollmacht, weil andernfalls der Vertreter gemäß § 179 II BGB haften müsste. Gleichwohl profitiert auch der Geschäftsgegner von der Fiktion, obwohl das Gesetz ausschließlich den Schutz des Beauftragten/Vertreters „im Visier“ hat. Wie sich aus § 169 BGB ergibt, kann sich nämlich auch der Geschäftsgegner auf den Fortbestand berufen. Dies gilt allerdings nicht für einen bösgläubigen Dritten.

Aus dem Gesagten ergibt sich, dass Auftrag und Vollmacht gegenüber dem gutgläubigen L als weiterhin existent gelten (§§ 674, 168 S. 1, 169 BGB). Weder S noch L hatten Kenntnis vom Tod des M noch hätten sie Kenntnis haben müssen. Dem Schutzzweck der Vorschriften entsprechend gelten Auftrag und Vollmacht auch zu Lasten der Gesamtrechtsnachfolgerin (§ 1922 I BGB) E als fortbestehend. Ansonsten wäre der Schutz des Vertreters unvollkommen. E muss sich damit so behandeln lassen, als habe S Vertretungsmacht gehabt. Das infolgedessen wirksam abgegebene Angebot, das nach § 1922 I BGB für die E wirkt, hat L angenommen. Zwischen L und E ist ein wirksamer Mietvertrag zustande gekommen. Grundsätzlich kann er daher gemäß § 535 II BGB Zahlung der Miete von E verlangen.

b) Kündigungsrecht der E

Möglicherweise steht E aber das Recht zu, den Mietvertrag zu kündigen. Das Restaurant ist lediglich für den 1.12.2010 angemietet worden. Die ordentliche Kündigung eines solchen, für eine bestimmte Zeit eingegangenen Mietverhältnisses ist grundsätzlich nicht möglich.

Nach § 542 II Nr. 1 BGB kann aber in den gesetzlich zugelassenen Fällen außerordentlich gekündigt werden. Bei Mietverhältnissen über andere Sachen als Wohnraum (vgl. die Überschrift vor § 578 BGB) berechtigt § 580 BGB den Erben des Mieters, das Mietverhältnis innerhalb eines Monats, nachdem er vom Tod des Mieters Kenntnis erlangt hat, unter Wahrung der gesetzlichen Frist außerordentlich zu kündigen. Die Vorschrift versucht, die Interessen von Mieter und Vermieter zu einem vernünftigen Ausgleich zu bringen: Einerseits soll dem Mieter keine für ihn u.U. nutzlose Mietsache „aufgezwungen“ werden; andererseits soll dem Vermieter einige Zeit gegeben werden, sich um eine anderweitige Verwendungsmöglichkeit für die Mietsache zu kümmern, weshalb der Mieter nicht fristlos kündigen kann.

Der Tatbestand des § 580 BGB setzt zunächst voraus, dass der Mieter gestorben ist, was *in casu* bei genauerem Hinschauen verneint werden muss. Auch wenn der verstorbene M die Absicht hatte, Mieter zu werden, so ist es doch nie dazu gekommen, weil der Mietvertrag erst nach seinem Tod zustande gekommen ist. Einziger Mieter war und ist somit E. Möglicherweise kann § 580 BGB aber analog angewendet werden, weil eine planwidrige (= unbewusste) Regelungslücke im Gesetz besteht und die Interessenlage vergleichbar ist.[249]

---

[249] Zu den Voraussetzungen der Analogie siehe allgemein *Bitter/Rauhut*, JuS 2009, 289, 297f.

Von einer **planwidrigen Regelungslücke** ist auszugehen, weil der Gesetzgeber an den sehr speziell gelagerten Fall, dass ein Mietvertrag aufgrund einer trans- oder postmortalen Vollmacht erst nach dem Tod direkt mit dem Erben zustande kommt, nicht gedacht hat, als er die Regelung in § 580 BGB geschaffen hat.

Zudem liegt eine **vergleichbare Interessenlage** vor. Im Hinblick auf die Zielsetzung des § 580 BGB, den Erben nicht an einen für ihn sinnlosen Mietvertrag zu binden, kann es nämlich keinen Unterschied machen, ob der Erbe einen bereits vor dem Tod des Erblassers geschlossenen Mietvertrag oder eine vor dem Tod des Erblassers erteilte Vollmacht, die dann den Erben posthum zum Mieter macht, „erbt".

Entsprechend § 580 BGB besteht deshalb auch für den Erben, der aufgrund einer für und gegen ihn wirkenden transmortalen Vollmacht des Erblassers Mieter geworden ist, ein außerordentliches Kündigungsrecht.

Hinweis: Die Regelungslücke kann demgegenüber nicht über eine Anwendung der §§ 313, 314 BGB geschlossen werden. Der Gesetzgeber hat in § 580 BGB (vgl. auch § 564 BGB für Mietverhältnisse über Wohnraum) die Voraussetzungen normiert, unter denen der Tod des Mieters die Vertragsparteien zur außerordentlichen Kündigung berechtigt. Durch das Fristwahrungserfordernis hat er dabei auch die jeweiligen Interessen des Kündigungsgegners berücksichtigt. Dieser „Kompromiss" würde untergraben, würde man dem Kündigenden ein fristloses außerordentliches Kündigungsrecht zugestehen.

c) Kündigungsfrist, Kündigungserklärung

Problematisch erscheint die von E einzuhaltende Kündigungsfrist, weil die in § 580a I, IV BGB für Räume, die keine Geschäftsräume sind, genannten Fristen im Grundsatz auf solche Mietverhältnisse bezogen sind, bei denen die zu vermietende Sache dem Mieter bereits überlassen ist. Die Nummern 1 bis 3 differenzieren in diesem Fall jeweils danach, in welchen Zeitabschnitten die Miete bemessen ist: für Tage, Wochen oder Monate.

Auf einen Mietvertrag, bei dem ein Raum viele Monate im Voraus für nur einen Tag angemietet wird, passen diese Regelungen kaum. Jedenfalls wäre unklar, ob dann wegen der Anmietung für nur einen Tag die Nr. 1 oder wegen der Anmietung viele Monate im Voraus die Nr. 3 anzuwenden wäre. Die Frage nach der exakten Kündigungsfrist kann letztlich offen bleiben, wenn selbst die längste in § 580a I BGB genannte Frist von E problemlos eingehalten werden kann. Bei einer bislang fehlenden Überlassung der Mietsache kann nämlich auf keinen Fall eine längere Frist gelten als bei bereits überlassenen Mietsachen. Da gemäß § 580a I Nr. 3 BGB selbst bei nach Monaten oder noch längeren Zeiträumen bemessener Miete eine Kündigung am dritten Werktag eines Kalendermonats zum Ablauf des übernächsten Monats möglich ist, kann E spätestens am dritten Werktag des Monats August die Kündigung erklären, um das Mietverhältnis Ende Oktober und damit vor dem für die Feier geplanten Tag, dem 1.12.2010, zu beenden. Bis zum dritten Werktag des Monats September darf E demgegenüber nicht warten. Zwar könnte sie auch dann noch die Frist des § 580a I Nr. 3 BGB einhalten. Doch hat der Erbe gemäß § 580 BGB nur einen Monat ab Kenntnis vom Tod des Erblassers Zeit, sich für oder gegen die Ausübung seines Kündigungsrechts zu entscheiden.

d) Ergebnis

Sofern E fristgerecht die Kündigung erklärt, hat L keinen Anspruch aus § 535 II BGB gegen sie.

2. Anspruch des L gegen S auf Zahlung des Mietzinses

Ein Anspruch des L gegen S könnte sich nur aus § 179 BGB ergeben. Die Vorschrift setzt jedoch u.a. voraus, dass ein Vertreter ohne Vertretungsmacht gehandelt hat. Dass der gutgläubige beauftragte Vertreter aus dieser Norm in Anspruch genommen wird, wollen die §§ 674, 168 S. 1 BGB aber gerade verhindern. Deshalb wird er als Vertreter mit Vertretungsmacht behandelt. Ein Anspruch gemäß § 179 BGB scheidet somit aus.

Fall Nr. 60 – Wer zahlt die Zeche?

Prof. Hackeberg (H) ist ausgewiesener Spezialist auf dem Gebiet der Neurologie und plant, seine neuesten Forschungsergebnisse einem möglichst breiten Fachpublikum zu präsentieren. Zu diesem Zweck möchte er am 12.3.2009 ein abendliches Symposion in der Aula des Universitätsklinikums ausrichten. Er beauftragt seinen wissenschaftlichen Mitarbeiter (M), sich um die Verköstigung der geladenen Gäste zu kümmern, wobei der Preis keine Rolle spiele. Als M fragt, wann das Ganze denn „steigen" solle, nennt H ihm versehentlich den 12.2.2009 als Datum des Symposions. Für ebendiesen Tag bestellt M im Namen des H bei dem Catering-Unternehmen „Gaumenschmaus-GmbH" (G) ein warmes Buffet für 700 Personen inklusive Getränke und Servicepersonal. Der Auftrag wird durch einen vertretungsberechtigten Mitarbeiter der G bestätigt. Der Endpreis beträgt € 24.000; ein Drittel des Preises wird sofort überwiesen, die Restschuld i.H.v. € 16.000 soll im Anschluss an das Symposion beglichen werden.

Am Nachmittag des 12.2.2009 fahren zwei Transporter der G vor dem Universitätsklinikum vor. Nach einigem Suchen findet der vertretungsberechtigte Angestellte (A) der G das Zimmer des H und fragt ihn, wo denn das Buffet aufgebaut werden solle. Nach einer kurzen Rücksprache mit M geht H ein „Licht auf". H teilt A mit, dass ihm bei der Beauftragung des M wohl ein Fehler mit dem Datum unterlaufen sei. Wegen dieses Fauxpas erkläre er nunmehr die Anfechtung, weswegen er sich nicht zur Zahlung des Geldes verpflichtet sehe. Mit dem Buffet könne er jetzt nichts anfangen. A könne aber gerne in genau einem Monat wieder kommen. Damit sei für ihn die Sache erledigt. Alles Weitere müsse er mit M besprechen.

A will sich so leicht nicht abspeisen lassen und besteht im Namen der G auf Vertragserfüllung. Andernfalls verlange er Schadensersatz. Die Zubereitung des Essens sowie die eigens für das Symposion erforderliche Bereitstellung des Personals hätten Kosten i.H.v. € 18.000 verursacht. Wenigstens diesen Betrag verlange er als Ersatz. Von wem er das Geld kriege, sei ihm egal.

Welche Ansprüche hat G gegen H bzw. M?

Literaturhinweis: *Brox/Walker*, BGB AT, Rn. 571 ff.; *Bork*, BGB AT, Rn. 1473 ff.

Lösung

1. Anspruch von G gegen H aus dem „Cateringvertrag" (§ 311 I BGB)

G kann gegen H einen Anspruch auf Restzahlung von € 16.000 aus einem „Cateringvertrag" haben. Die Einordnung des Vertrags fällt nicht ganz leicht, da er Elemente verschiedener im BGB geregelter Vertragstypen (Kauf-, Werk-, Dienstvertrag) enthält. An die im BGB normierten Vertragstypen waren G und H jedoch keineswegs gebunden. Entsprechend dem Grundsatz der *Vertragsfreiheit* können die Parteien den Inhalt grundsätzlich frei bestimmen und dabei auch die vorhandenen BGB-Vertragstypen miteinander kombinieren („Mischvertrag"). Einer genauen Zuordnung bedarf es in diesem Fall nicht, da sich der Anspruch jedenfalls aus dem „Cateringvertrag" ergibt, so er denn nach den für alle Verträge geltenden allgemeinen Vorschriften als wirksam anzusehen ist.

a) Anspruch entstanden

H und G müssten sich über das Zustandekommen eines „Cateringvertrages" geeinigt haben. Erforderlich sind dafür zwei übereinstimmende Willenserklärungen, Angebot und Annahme. Ein Angebot kann in dem Anruf bei G liegen. H selbst hat indes nicht angerufen, könnte allerdings durch M vertreten worden sein, so dass dessen Willenserklärung für und gegen ihn wirkt (§ 164 I BGB).

aa) Eigene Willenserklärung, Handeln in fremdem Namen

Als Vertreter muss M eine eigene Willenserklärung abgegeben haben. Die konkrete Auswahl des Caterers ebenso wie die der Speisen hatte H ganz allein M überlassen. Mit dem Anruf bei G überbrachte M somit nicht nur eine bereits vorgegebene Erklärung des H, sondern erklärte seinen eigenen, zuvor gebildeten Willen. M beauftragte den Caterer auch ausdrücklich im Namen des H.

bb) Vertretungsmacht

Zuletzt muss M Vertretungsmacht gehabt haben. Indem H den M beauftragte, sich um die Verköstigung der Gäste zu kümmern, erteilte er ihm eine Innenvollmacht (§ 167 I Alt. 1 BGB), deren Grenzen M auch nicht überschritt. Folglich hat H, vertreten durch M, ein wirksames Angebot abgegeben.

Dieses Angebot wurde durch einen vertretungsberechtigten Mitarbeiter der G angenommen, so dass G und H einen wirksamen „Cateringvertrag" geschlossen haben. Der Anspruch ist deshalb zunächst entstanden.

b) Anspruch rückwirkend entfallen

Der Anspruch ist jedoch möglicherweise aufgrund einer Anfechtung des H rückwirkend (*ex tunc*) erloschen (§ 142 I BGB).

aa) Anfechtung des „Cateringvertrags"

In Frage kommt zunächst eine Anfechtung des „Cateringvertrags".

aaa) Anfechtungserklärung

H muss die Anfechtung erklärt haben (§ 143 I BGB), was hier bei Anlieferung der Speisen und Getränke durch H erfolgt ist.

bbb) Anfechtungsgrund

Entscheidend ist, ob H ein Anfechtungsgrund zur Seite steht. Möglicherweise kann H wegen eines Erklärungsirrtums (§ 119 I Alt. 2 BGB) anfechten, weil er sich hinsichtlich des Datums versprochen hat. Zu beachten ist nun aber, dass es bei einer Stellvertretungskonstellation wie dieser nach **§ 166 I BGB** auf die **Willensmängel des Vertreters** ankommt. Da der Vertreter das konkrete Geschäft vornimmt, ist es nur konsequent, dass für dessen Anfechtbarkeit auf Irrtümer des Vertreters abzustellen ist; er bildet und erklärt den entscheidenden Willen. Darum muss geklärt werden, ob M sich bei Abgabe seiner Erklärung geirrt hat. Das ist zu verneinen. M hat das Buffet für den 12.2.2009 bestellt. Genau diesen Termin wollte er auch angeben, so dass von einem Auseinanderfallen von Wille und Erklärung nicht die Rede sein kann. Vielmehr stimmt beides überein; ein zur Anfechtung berechtigender Irrtum scheidet mithin aus. Der Umstand, dass M dieses Datum gewiss nicht angegeben hätte, wenn er den wahren Willen des H gekannt hätte, stellt einen *unbeachtlichen Motivirrtum* dar. Mangels Anfechtungsgrundes kann der Vertrag nicht angefochten werden.

bb) Anfechtung der Vollmacht

Allerdings ist die zum Vertragsschluss führende Vollmacht möglicherweise im Wege der Anfechtung rückwirkend beseitigt worden (§ 142 I BGB).

aaa) Zulässigkeit der Anfechtung

Die Vollmachtserteilung unterliegt als einseitige, empfangsbedürftige Willenserklärung den allgemeinen Vorschriften und damit eigentlich auch dem Anfechtungsrecht. Ein Problem des Falles besteht nun darin, dass die Anfechtung zu einem Zeitpunkt erfolgen würde, zu dem M bereits von der Vollmacht Gebrauch gemacht hatte. Eine Anfechtung der Vollmacht würde bewirken, dass M den Vertrag als Vertreter ohne Vertretungsmacht (§ 177 BGB) geschlossen hätte (**Rückwirkung der Anfechtung!**). Der schwebend unwirksame Vertrag hinge sodann von der Genehmigung des H ab (§ 177 I BGB), zu deren Erteilung er aber offenkundig nicht bereit ist. G könnte anschließend gemäß § 179 II BGB den M in Anspruch nehmen, der wiederum im Regresswege nach § 122 I BGB gegen H vorgehen könnte. Unter Umständen stehen M gegen H auch Ansprüche aus dem Grundverhältnis (Arbeitsvertrag, Auftrag, §§ 280 I, 670 BGB) zu, das von der Anfechtung unberührt bleibt (Abstraktionsprinzip!).

(1) Minderansicht: Unanfechtbarkeit der ausgeübten Innenvollmacht

Diese „Haftungskette", die sich bei Anwendung des Gesetzes ergibt, wird jedoch von einigen Autoren als unbefriedigend empfunden, weswegen sie dem Vertretenen für den Fall einer **bereits ausgeübten (Innen-)vollmacht** die Anfechtungsmöglichkeit versagen.[250] Die Anfechtung richte sich im Ergebnis gegen den Vertrag. Wann bei Einschaltung eines Vertreters ein Willensmangel zur Beseitigung des Vertretergeschäfts berechtige, sei abschließend in § 166 I BGB geregelt. Nach dieser Norm komme es allein auf Willensmängel des Vertreters an. Über den „Umweg" einer Anfechtung der Vollmacht wäre es aber letztlich doch der Irrtum des Vertretenen, der die Vernichtung des Vertretergeschäfts begründen würde. Dann aber könnten nicht nur Willensmängel des Vertreters, sondern auch solche des Vertretenen die Wirksamkeit des Vertretergeschäfts beeinflussen; dadurch wiederum steht Letzterer bei Einschaltung eines Vertreters besser, als wenn er selbst das Geschäft abgeschlossen hätte. Auch ein Vergleich mit den Rechtsscheinvollmachten spreche für die Richtigkeit dieses Ergebnisses. Dort muss sich der Vertretene an Rechtsgeschäften festhalten lassen, obwohl er keine Vollmacht erteilt hat; die Anfechtung des Rechtsgeschäfts wird ihm weitgehend verwehrt. Das müsse dann aber erst recht gelten, wenn der Vertretene tatsächlich eine Vollmacht erteilt habe.

Von diesem Grundsatz wird allerdings eine **Ausnahme** für den Fall gemacht, dass der Willensmangel des Vertretenen auf das Rechtsgeschäft „durchschlägt". Der Vertretene soll nämlich auch nicht schlechter gestellt werden, als wenn er selbst die Erklärung abgegeben hätte. Bei einer solchen „Fehleridentität" wäre aber genau das der Fall, wenn man eine Anfechtung nicht zulassen würde. Entsprechend dem

[250] *Prölss*, JuS 1985, 577, 582 f.; im Grundsatz auch *Brox/Walker*, BGB AT, Rn. 574; *Brox*, JA 1980, 451 f.

„Gleichstellungsgedanken" müsse eine Anfechtung daher ausnahmsweise gestattet werden. H hat versehentlich ein falsches Datum genannt, weshalb auch M ein falsches Datum angab. Der Irrtum des H bei der Vollmachtserteilung beeinflusste insofern auch den Inhalt der Willenserklärung des M, die zum Vertragsschluss führte. Nach dieser Ansicht ist eine Anfechtung folglich ausnahmsweise zulässig.

(2) Herrschende Meinung: Selbstständige Anfechtung der Vollmacht

Überwiegend wird die Anfechtung der Vollmacht jedoch stets gestattet, weil das Interesse des Vertretenen, seinen Irrtum zu korrigieren, nicht gänzlich unberücksichtigt bleiben dürfe.[251] Die zuerst genannte Ansicht verkenne, dass Vertretergeschäft und Vollmacht unabhängig voneinander sind. Sie seien daher getrennt auf ihre Anfechtbarkeit hin zu überprüfen. Bezogen auf die Anfechtung treffe § 166 I BGB nur eine Aussage hinsichtlich Irrtümern beim Vertretergeschäft. Zur Vollmacht selbst schweige die Vorschrift hingegen. Ob ein Irrtum bei der Vollmachtserteilung beachtlich sei, bestimme sich deshalb nach den allgemeinen Vorschriften. Auch der Vergleich mit den Rechtsscheinvollmachten greife nicht Platz. Denn auch dort seien Willensmängel anfechtungsrechtlich relevant, sofern sie nicht die Rechtsscheinwirkung als solche beträfen. Auch nach dieser Ansicht kann H die Vollmacht anfechten, so dass auf eine Entscheidung der Kontroverse verzichtet werden kann.

bbb) Anfechtungsgrund

Es muss ein Anfechtungsgrund gegeben sein. H wollte M mit der Organisation der Bewirtschaftung der Gäste für den 12.3.2009 beauftragen. Aufgrund eines Versprechers nannte er ihm aber den 12.2.2009. Das von ihm verwendete Erklärungszeichen entsprach nicht seinem inneren Willen, so dass ein **Erklärungsirrtum**, mithin ein Anfechtungsgrund vorliegt.

ccc) Richtiger Gegner der Anfechtungserklärung (§ 143 BGB)

Für eine Wirksamkeit der Anfechtung muss H sie auch gegenüber dem richtigen Anfechtungsgegner erklärt haben. Wer bei einer ausgeübten Innenvollmacht Anfechtungsgegner ist, wird jedoch sehr kontrovers diskutiert. Von der Bestimmung des Anfechtungsgegners hängt wiederum ab, wer im Rahmen des auf das negative Interesse gerichteten Schadensersatzanspruchs gemäß § 122 I BGB anspruchsberechtigt ist. Das dürfte den eigentlichen Hintergrund der sehr unübersichtlich geführten Diskussion über den richtigen Anfechtungsgegner bilden, weil das Gesetz davon ausgeht, dass der Anfechtungsgegner auch Anspruchsberechtigter ist.

(1) Meinung 1: Vertreter als Anfechtungsgegner

Nach § 143 III 1 BGB ist bei einem einseitigen Rechtsgeschäft, das einem anderen gegenüber vorzunehmen *war* – und um ein solches handelt es sich bei der Vollmacht –, der andere Anfechtungsgegner. Daraus folgert eine Ansicht, dass der Vertreter Anfechtungsgegner sei.[252] Die Vollmacht könne zwar wahlweise nach § 167 I BGB sowohl gegenüber dem Vertreter als auch gegenüber dem anderen Teil erteilt werden, so dass der Wortlaut des § 143 III 1 BGB für den Fall der Vollmacht die Antwort durchaus offen lasse. Bei sinngemäßer Auslegung sei § 143 III 1 BGB aber so zu verstehen, dass Anfechtungsgegner derjenige sei, dem die Vollmacht tatsächlich erteilt *wurde*.[253] Das ist bei der Innenvollmacht der Vertreter. Eine Korrektur dieses

[251] MünchKomm-BGB/*Schramm*, § 167 Rn. 110; *Medicus*, BGB AT, Rn. 945; *Bork*, BGB AT, Rn. 1474; *Rüthers/Stadler*, BGB AT, § 30 Rn. 31.

[252] *Bork*, BGB AT, Rn. 1479; Staudinger/*Schilken* (2009), § 167 Rn. 79, 81 f.

[253] Vgl. nur Palandt/*Ellenberger*, § 143 Rn. 6.

dem Gesetz entsprechenden Ergebnisses sei nicht veranlasst. Weder der Vertreter noch der Geschäftspartner seien besonders schutzbedürftig. Der Vertreter könne sich dem Haftungsrisiko dadurch entziehen, dass er sich gar nicht als Vertreter zur Verfügung stelle und der Geschäftspartner trage stets das Risiko, dass er mit einem Vertreter ohne Vertretungsmacht kontrahiere. Sein enttäuschtes Vertrauen werde über § 179 BGB[254] – und ggf. zusätzlich über § 122 I BGB analog[255] – kompensiert. Nach dieser Ansicht ist M Anfechtungsgegner mit der Folge der oben beschriebenen „Haftungskette“. Die Wirksamkeit des Vertretergeschäfts wäre folglich davon abhängig, ob H im Rahmen seiner Rücksprache mit M oder später auch diesem gegenüber bereits die Anfechtung erklärt hat.

(2) Meinung 2: Geschäftspartner als Anfechtungsgegner

Anderer Ansicht zufolge ist Anfechtungsgegner stets der Geschäftspartner.[256] Dem Vertretenen gehe es in einer derartigen Konstellation letztlich um die Beseitigung des Vertrages. Deshalb sei es sachgerecht, die Anfechtung entsprechend § 143 II BGB oder § 143 III 1 BGB gegenüber dem Vertragspartner zu erklären.

Da H dem A mitteilt, dass ihm bei der Beauftragung des M wohl ein Fehler mit dem Datum unterlaufen sei und er deshalb die Anfechtung erkläre, wird für die durch A vertretene Geschäftsgegnerin G klar, dass H auch die Bevollmächtigung des M beseitigen will, seine Erklärung also eine Anfechtung der Vollmacht enthält. Damit hätte H bei Anwendung dieser Ansicht die Anfechtung gegenüber dem richtigen Anfechtungsgegner erklärt.

(3) Stellungnahme

Ob H nach Maßgabe der zuerst genannten Ansicht auch bereits gegenüber M die Anfechtung der Vollmacht erklärt hat, kann für die Feststellung der Wirksamkeit der Anfechtung dahinstehen, wenn dieser Ansicht ohnehin nicht zu folgen wäre.

Maßgeblich für die Bestimmung des richtigen Anfechtungsgegners und damit des nach § 122 I BGB Anspruchsverpflichteten muss die Intention des Anfechtenden sein. Ficht der Vertretene eine bereits ausgeübte Vollmacht an, geht es ihm im Ergebnis um die Beseitigung des Vertrags mit dem Geschäftsgegner, denn zur Vernichtung der Vollmacht würde ein einfacher Widerruf ausreichen. Wenn er könnte, würde er den Vertrag also direkt anfechten. Dieser Weg ist ihm aber wegen § 166 I BGB versperrt. Deshalb muss er den „Umweg“ über die Anfechtung der Vollmacht wählen, die sodann zur (schwebenden) Unwirksamkeit des Vertrags führt. Der Schwebezustand ist gleichwohl nur theoretischer Natur, denn das Schicksal des Vertrags steht in diesen Fällen von vorneherein fest: Der Vertretene wird das Rechtsgeschäft nicht genehmigen; sonst würde er die Vollmacht nicht anfechten. Damit ist aber automatisch auch die Haftung des Vertreters besiegelt, der darauf hoffen müsste, Regress bei dem Vertretenen nehmen zu können. Der Vertreter würde somit zunächst in die Haftung nach § 179 I BGB „gedrängt“. Er läuft also stets Gefahr, den Preis dafür zahlen zu müssen, dass sich der Vertretene durch eine Anfechtung von einem Vertrag aufgrund eines Irrtums löst, der aus seiner Sphäre herrührt, obwohl diesen Preis nach der Wertung des § 122 I BGB eigentlich derjenige zu zahlen hat, der in den Genuss der Anfechtungsmöglichkeit kommt.

---

254 So *Bork*, BGB AT, Rn. 1478 f.

255 Für eine kumulative Anwendung von § 179 und § 122 BGB zugunsten des Geschäftsgegners z. B. MünchKomm-BGB/*Schramm*, § 167 Rn. 111.

256 *Rüthers/Stadler*, BGB AT, § 30 Rn. 31; *Medicus*, BGB AT, Rn. 945; *Flume*, AT II, § 52 5c (S. 870 f.).

Aufgrund dieser Zielrichtung der Anfechtung muss eine Haftung des Vertreters vollständig ausgeschlossen sein. Das erreicht man am besten dadurch, dass man den Geschäftspartner analog § 143 II BGB als Anfechtungsgegner ansieht. Dadurch wird außerdem verhindert, dass dem Vertragspartner sein Anspruch entzogen wird, ohne dass er davon Kenntnis erlangt. Darin besteht der Vorteil gegenüber der Ansicht, die den Vertreter als Anfechtungsgegner ansieht.

Zwar kann es der Vertreter theoretisch ablehnen, als solcher tätig zu werden. Im Hinblick darauf, dass es sich in einer Vielzahl von Fällen bei dem Vertreter um einen Arbeitnehmer handeln wird, scheidet diese Möglichkeit aber wegen der Weisungsunterworfenheit des Arbeitnehmers praktisch oft aus.

Auch ist es richtig, dass für den Geschäftspartner stets das Risiko besteht, mit einem vollmachtlosen Vertreter einen Vertrag abzuschließen, wodurch sein Vertrauen enttäuscht wird. Das schließt es aber nicht aus, mit dem gebotenen Vertrauensschutz dort anzusetzen, wo das eigentliche Problem des Falles liegt – also im Irrtumsrecht. Auch aus der Sicht des Geschäftspartners handelt es sich nämlich mehr um eine Irrtums- als um eine Stellvertretungsproblematik: Er verliert einen vertraglichen Anspruch, weil ein Vertrag mit einem irrtumsbehafteten Inhalt zustande gekommen ist. Da es in der Regel nur um den Ersatz des negativen Interesses nach § 179 II BGB gehen dürfte, ist der Anspruchsumfang mit dem aus § 122 I BGB identisch. In den meisten Fällen wird das Insolvenzrisiko beim Vertretenen sogar geringer als beim Vertreter sein; insofern erweist sich der Anspruch aus § 122 I BGB sogar als günstiger. Zu weit geht es allerdings, daneben den Anspruch aus § 179 I BGB bestehen zu lassen. Dadurch liefe der Vertreter doch wieder Gefahr, für einen Irrtum des Vertretenen haften zu müssen. Zudem ist nicht ersichtlich, warum der Geschäftspartner in den Genuss zweier Anspruchsschuldner kommen sollte.[257]

Richtigerweise ist die Anfechtung daher analog § 143 II BGB gegenüber dem Vertragspartner zu erklären. Da eine solche Erklärung des H gegenüber A vorliegt, kommt es nicht darauf an, ob auch eine Anfechtung gegenüber M erfolgte. Dieser wäre nach der hier vertretenen Ansicht ohnehin nicht der richtige Anfechtungsgegner gewesen.

ddd) Anfechtungsfrist

Da die Anfechtungserklärung des H auch innerhalb der Anfechtungsfrist des § 121 BGB, nämlich unverzüglich nach Entdeckung seines Irrtums gegenüber A abgegeben wurde, liegen alle Voraussetzungen einer wirksamen Anfechtung vor.

eee) Rechtsfolge

Nach § 142 I BGB gilt die angefochtene Willenserklärung – die Vollmacht – als von Anfang an unwirksam. Somit hatte M niemals Vollmacht; er hat als *falsus procurator* gehandelt. Der „Cateringvertrag" ist an sich schwebend unwirksam, wobei die Erklärung der Anfechtung nach §§ 133, 157 BGB zugleich als Verweigerung der Genehmigung zu werten ist (§ 177 I BGB). Damit ist der Vertrag endgültig nicht gegenüber H wirksam.

c) Ergebnis

G hat gegen H keinen vertraglichen Anspruch auf Zahlung der € 16.000.

---

[257] Staudinger/*Schilken* (2009), § 167 Rn. 82.

2. Anspruch der G gegen H (analog) § 122 I BGB

G kann jedoch gegen H ein Anspruch auf Schadensersatz nach § 122 I BGB zustehen.

a) Angefochtene Willenserklärung

§ 122 I BGB setzt zunächst voraus, dass eine Willenserklärung nach § 118 BGB nichtig oder gemäß §§ 119, 120 BGB angefochten ist. H hat die Vollmacht gemäß § 119 I Alt. 2 BGB angefochten.

b) Anspruchsberechtigung

Anspruchsberechtigt nach § 122 I BGB ist der Empfänger der angefochtenen Willenserklärung, hier also eigentlich M. Wie oben bereits gezeigt, geht es inhaltlich aber um die Beseitigung des Vertrags, weshalb nach vorzugswürdiger Ansicht der Vertragspartner Anfechtungsgegner ist. Die Intention des Anfechtenden darf bei der Bestimmung des Anspruchsberechtigten nicht außen vor bleiben. Wer zielgerichtet einen Vertrag vernichtet – und sei es über den Umweg der Anfechtung der Vollmacht –, muss seinem Vertragspartner den hieraus entstandenen Schaden ersetzen. Von dieser Systematik (Anfechtungsgegner = Vertragspartner = Anspruchsberechtigter) gehen auch die §§ 143, 122 BGB aus. Folgerichtig kann bei der Anfechtung einer bereits ausgeübten Innenvollmacht der Vertragspartner seinen Schaden direkt beim Vertretenen liquidieren. Anspruchsberechtigt ist damit G.

c) Umfang des Ersatzanspruchs

Im Rahmen des § 122 I BGB ist nur das **negative Interesse** ersatzfähig. Der Anfechtungsgegner soll den Schaden ersetzt bekommen, den er dadurch erleidet, dass er auf die Gültigkeit des Vertrags vertraut hat (= **Vertrauensschaden**). Er soll so gestellt werden, wie er stehen würde, wenn er sich auf das Geschäft nie eingelassen, von diesem also nie etwas gehört hätte. Ersatzfähig sind insbesondere **Aufwendungen**, die im Hinblick auf den Vertrag gemacht wurden und sich nun als **nutzlos** erweisen. G sind im Hinblick auf den ihr erteilten Auftrag Kosten i. H. v. € 18.000 für Personal und Speisezutaten entstanden. Diese Aufwendungen tätigte sie im Vertrauen auf die Wirksamkeit der Vollmacht, respektive des „Cateringvertrags". Sie stellten sich im Nachhinein als vergeblich heraus und können daher als Vertrauensschaden geltend gemacht werden. Eine Deckelung des Anspruchs findet nicht statt; das positive Interesse ist mit € 24.000 größer als das negative.[258] Der gemäß § 122 I BGB ersatzfähige Schaden beläuft sich somit auf € 18.000.

Hinweis: Bei der Berechnung des Schadens nach § 249 BGB (Differenzhypothese) ist nicht etwa die geleistete Anzahlung des H i. H. v. € 8.000 mindernd zu berücksichtigen, weil dieser Vermögensvorteil bei G durch den gegenläufigen Rückzahlungsanspruch des H aus § 812 BGB (dazu sogleich) vollständig kompensiert wird.

d) Kein Ausschluss gemäß § 122 II BGB

Der Anspruch wäre nach § 122 II BGB ausgeschlossen, wenn G die Anfechtbarkeit der Vollmacht gekannt hätte oder hätte kennen müssen. Dabei ist auf die Kenntnis der Organe bzw. der sonst zur Vertretung berechtigten Personen (§ 166 I BGB) abzustellen. Dazu liegen aber keine Hinweise im Sachverhalt vor, so dass der Ausschlussgrund nicht eingreift.

---

[258] Vgl. dazu oben Fall Nr. 48 – Judex calculat.

e) Anspruch teilweise erloschen durch Aufrechnung (§ 389 BGB)

Der Anspruch auf Schadensersatz i.H.v. € 18.000 kann teilweise gemäß § 389 BGB durch Aufrechnung in Höhe der geleisteten Anzahlung von € 8.000 erloschen sein. Dies setzt eine Aufrechnungslage (§ 387 BGB) sowie die Erklärung der Aufrechnung (§ 388 BGB) voraus.

aa) Aufrechnungslage (§ 387 BGB)

Gemäß § 387 BGB liegt eine Aufrechnungslage vor, wenn sich zwei gegenseitige, fällige und gleichartige Forderungen gegenüberstehen. Da der Cateringvertrag zwischen H und G durch die Anfechtung rückwirkend beseitigt wurde, ist der Rechtsgrund für die von H geleistete Anzahlung entfallen. H hat folglich gegen G einen Anspruch auf Rückzahlung aus § 812 I BGB, wobei offen bleiben kann, ob sich dieser wegen der *ex-tunc*-Wirkung der Anfechtung aus Satz 1 Alt. 1 oder im Hinblick auf den zunächst wirksamen Vertragsschluss aus Satz 2 dieser Vorschrift ergibt.[259] Dieser Rückzahlungsanspruch aus § 812 I BGB ist ebenfalls fällig und auf eine gleichartige Leistung (Geld) gerichtet. Eine Aufrechnungslage liegt folglich vor.

bb) Aufrechnungserklärung (§ 388 BGB)

Die Wirkung der Aufrechnung ist allerdings noch von einer entsprechenden Aufrechnungerklärung des H abhängig. Ohne eine solche Erklärung tritt die Erfüllungswirkung des § 389 BGB nicht ein.

f) Ergebnis

Im Ergebnis kann G von H gemäß § 122 I BGB € 10.000 Schadensersatz verlangen, wenn dieser die Aufrechnung mit seinem Anspruch auf Rückzahlung der Anzahlung erklärt, ansonsten € 18.000.

3. Anspruch des G gegen M gemäß § 179 I BGB

Ein Anspruch der G gegen M nach § 179 I BGB neben § 122 I BGB besteht richtigerweise nicht. Aus den oben genannten Gründen muss er bei der Anfechtung einer bereits ausgeübten Vollmacht ausgeschlossen sein.

Fall Nr. 61 – Unerwünschte Computer

Architekt A steht kurz davor, einen äußerst lukrativen Auftrag „an Land zu ziehen". Mit den daraus resultierenden Einnahmen möchte er die schon etwas in die Jahre gekommenen fünf PC in seinem Büro durch Geräte, die sich auf dem neuesten Stand der Technik befinden, ersetzen. Allerdings kennt A sich mit Computern nicht besonders gut aus. Deshalb beauftragt er seinen technisch deutlich versierteren Bekannten B mit der Anschaffung der Geräte. Die beiden vereinbaren, dass B im nächsten Monat die PC beim Computerhändler C kaufen solle. Im Falle irgendwelcher Änderungen solle A dem B einfach eine E-Mail schreiben. B kontrolliere sein elektronisches Postfach täglich. Später ruft A noch C an und teilt ihm mit, dass B im nächsten Monat in seinem Auftrag einige PC aussuchen und kaufen werde.

[259] Dazu Palandt/*Sprau*, § 812 Rn. 26.

Am 20.6.2009 – zwei Tage vor dem geplanten Kauf – erfährt A, dass ein Konkurrent ihm den Auftrag „weggeschnappt" hat. Umgehend schreibt er daher an B vereinbarungsgemäß eine E-Mail, in der er – so wörtlich – „das Ganze abbläst". Entgegen seinen sonstigen Gewohnheiten vergisst B jedoch, seine E-Mails zu kontrollieren und macht sich am übernächsten Tag (22.6.2009) auf den Weg zu C. Dort bestellt er im Namen des A fünf PC zu einem Gesamtpreis von 11.000 €.

Als A einige Tage später von C eine Rechnung über € 11.000 erhält mit dem Hinweis, die fünf Computer stünden zur Abholung bereit, ist er schockiert. Entsetzt ruft A bei C an und erklärt ihm alles. Er – A – sei nicht bereit, die € 11.000 zu zahlen. C zeigt sich jedoch unerbittlich und besteht auf Zahlung des Kaufpreises Zug um Zug gegen Übereignung der PC. Verlangt C zu Recht von A die Kaufpreiszahlung?

Abwandlung 1: Kann C Zahlung von A verlangen, wenn A den C nicht telefonisch, sondern schriftlich von der Bevollmächtigung des B unterrichtet hätte, C dieses Schreiben aber aus Versehen ungelesen zusammen mit einigen Werbeprospekten in den Müll geworfen hätte?

Abwandlung 2: A hat B den Auftrag während einer Betriebsfeier erteilt. Zu diesem Zeitpunkt hatte A bereits erhebliche Mengen Alkohol konsumiert. Hinzu kam, dass A unter dem Einfluss eines starken Antibiotikums sowie fiebersenkender Medikamente stand, weil er unter einer schweren Infektion litt. Dieser „Cocktail" bewirkte, dass A im Zeitpunkt der Vollmachtserteilung die nötige Einsichts- und Urteilsfähigkeit bezüglich seiner Entscheidung fehlte. Nichtsdestotrotz konnte sich A am nächsten Tag an das Gespräch mit B erinnern. Er rief C an und teilte ihm mit, dass er B Vollmacht erteilt habe. B selbst kontaktierte er hingegen nicht mehr. Einige Zeit später sucht B im Namen des A fünf PC bei C aus. Kann C von A Zahlung von € 11.000 verlangen?

Abwandlung 3: In der zweiten Abwandlung hat A dem C sofort nach der Bevollmächtigung telefonisch mitgeteilt, dass er B bevollmächtigt habe, ohne dass für C der Rauschzustand erkennbar gewesen wäre. Drei Wochen später kommt B in den Laden des C und kauft die Computer im Namen des A. Kann C von A Zahlung verlangen?

Abwandlung 4: Wie wäre es, wenn C zufällig mitbekommen hätte, dass A dem B Vollmacht erteilt hat, A zu diesem Zeitpunkt bei „klarem Verstand" gewesen ist und A die Vollmacht zwei Tage später gegenüber B widerrufen hätte?

Literaturhinweis: *Bork*, BGB AT, Rn. 1516 ff.

Lösung zum Grundfall

1. Anspruch des C gegen A auf Zahlung von € 11.000

C kann gegen A einen Anspruch auf Zahlung von € 11.000 aus § 433 II BGB haben. Voraussetzung dafür ist, dass zwischen den beiden ein wirksamer Kaufvertrag zustande gekommen ist. Eine dafür erforderliche Willenserklärung ist jedenfalls nicht von A selbst abgegeben worden. Indes hat B eine Willenserklärung in Form eines Angebots abgegeben sowie die Annahmeerklärung des C entgegengenommen, als er im Laden des C die PC bestellte. Der so geschlossene Vertrag kann nach § 164 I BGB für und gegen A wirken, wenn die Voraussetzungen wirksamer Stellvertretung vorliegen.

a) Eigene Willenserklärung, Handeln in fremdem Namen

B wurde von A – wie C wusste – mit der Auswahl von fünf PC betraut, ohne dass A ihm weitere Vorgaben machte. B verfügte damit über einen relativ großen Entscheidungsspielraum, aufgrund dessen er einen eigenen Willen bildete und sodann gegenüber C äußerte. Daher war B kein Bote, sondern handelte in Stellvertretung für A, was er auch ausdrücklich gegenüber C offenlegte.

b) Vertretungsmacht

aa) Innenvollmacht

Des Weiteren muss B zur Vertretung des A berechtigt gewesen sein. Indem A den B mit Kauf und Auswahl der Computer beauftragte, erteilte er ihm schlüssig eine Innenvollmacht (§ 167 I Alt. 1 BGB). Ursprünglich hatte B daher eine das getätigte Geschäft deckende Vollmacht.

Die Vertretungsmacht muss aber auch im Zeitpunkt der Vornahme des Vertretergeschäfts noch fortbestehen.[260]

aaa) Auslegung der E-Mail des A

Das erscheint hier zweifelhaft, da zwei Tage vor dem Kauf eine E-Mail in B's elektronischem Postfach eingegangen ist, in der A die ganze Sache „abgeblasen" hat. A verwendet zwar eine äußerst unjuristische Formulierung. Gleichwohl ist diese Äußerung gemäß §§ 133, 157 BGB als Widerruf der Vollmacht auszulegen, welcher nach § 168 S. 3 BGB möglich ist. Der Wille des A, dass B das Vertretergeschäft nicht vornehmen soll, lässt sich der Nachricht eindeutig entnehmen, auch wenn nicht die juristisch exakte Bezeichnung als „Widerruf der Vollmacht" gewählt wird.

bbb) Zugang des Widerrufs bei B

Der Widerruf ist eine empfangsbedürftige Willenserklärung und bedarf daher zu seiner Wirksamkeit des Zugangs beim Empfänger gemäß § 130 I 1 BGB. Die Erklärung muss also so **in den Machtbereich des B gelangt** sein, dass dieser unter normalen Umständen die Möglichkeit der Kenntnisnahme gehabt hat. Bei der Übermittlung eines rechtsgeschäftlichen Willens via E-Mail handelt es sich um eine verkörperte Willenserklärung unter Abwesenden, die **mit Erreichen der Empfangseinrichtung**, also dem Posteingang, in den Machtbereich des Empfängers gelangt. Zusätzliche Voraussetzung ist allerdings, dass der Empfänger seine E-Mail-Adresse als Empfangsvorrichtung für Willenserklärungen im Rechtsverkehr bestimmt hat.[261] B hat A ausdrücklich gebeten, ihm eventuelle Änderungen per E-Mail mitzuteilen. Jedenfalls im Verhältnis zu A hat er damit seinen **E-Mail-Posteingang als taugliche Empfangseinrichtung** für Erklärungen, die im Zusammenhang mit seinem Auftrag stehen, bestimmt. Der Widerruf ist daher in den Machtbereich des B gelangt.

Der Zugang erfolgt in dem Moment, in dem B unter gewöhnlichen Umständen von der Erklärung Kenntnis nehmen konnte; auf die tatsächliche Kenntnisnahme des B kommt es dagegen nicht an. Ebenso wie bei Briefen wird auch bei E-Mails von einer Überprüfung des Posteingangs einmal pro Tag ausgegangen.[262] Das gilt jedenfalls dann, wenn der Empfänger den Erklärenden – wie hier B den A – explizit auf diesen Weg verwiesen hat.[263] Da der Widerruf am 20.6.2009 in den Machtbe-

[260] MünchKomm-BGB/*Schramm*, § 177 Rn. 11.
[261] MünchKomm-BGB/*Einsele*, § 130 Rn. 18; *Brox/Walker*, BGB AT, Rn. 150.
[262] *Rüthers/Stadler*, BGB AT, § 17 Rn. 49.
[263] So z. B. *Bork*, BGB AT, Rn. 628.

reich des B gelangte, bestand spätestens am 21.6.2009 für B die Möglichkeit der Kenntnisnahme, so dass ihm der Widerruf an diesem Tag zugegangen ist und damit wirksam wurde. Am 22.6.2009 – dem Tag des Vertragsschlusses – war die Innenvollmacht daher bereits wieder erloschen. B handelte folglich ohne Vertretungsmacht, falls sich nicht aus anderen Umständen eine Bevollmächtigung ergibt.

bb) Außenvollmacht

Zu prüfen bleibt insoweit, ob A vielleicht durch seine Mitteilung an C eine Außenvollmacht für B nach § 167 I Alt. 2 BGB erteilt hat. Eine Vollmacht kann nach § 167 I BGB sowohl gegenüber dem zu Bevollmächtigenden als auch dem Dritten, dem gegenüber die Vertretung stattfinden soll, erteilt werden.

Allerdings fehlt es i. d. R. an der Erteilung einer Außenvollmacht, wenn zuvor eine Innenvollmacht erteilt wurde, die dem Geschäftspartner anschließend mitgeteilt wird. Bei der nachfolgenden **Mitteilung** ist **kein Rechtsbindungswille** (mehr) vorhanden. Die Mitteilung wirkt daher nicht vollmachts*begründend*, sondern nur vollmachts*bestätigend (= deklaratorisch)*. Der Geschäftspartner wird lediglich über einen bereits erklärten Rechtsbindungswillen informiert. Eine weitere Vollmacht hingegen wird nicht erteilt (a.A. vertretbar, wenn auch nur mit erhöhtem Begründungsaufwand).

Hinweis: Selbst wenn man die Mitteilung über die Innenvollmacht als Außenvollmacht verstehen wollte, so wäre auch diese Außenvollmacht im Verhältnis des A zu B durch den wirksamen Widerruf der Vollmacht (s. o.) gegenüber dem Bevollmächtigten erloschen (§ 168 I 3 i. V. m. § 167 I BGB). B handelte also in jedem Fall ohne Vertretungsmacht.

c) Vertrauensschutz des C?

Auf die fehlende Vertretungsmacht kann sich A aber unter Umständen nicht berufen, wenn zu Gunsten des C eine der Vertrauensschutzvorschriften der §§ 169–173 BGB eingreifen würde.

aa) Fiktion der Vertretungsmacht nach § 169 i. V. m. § 674 BGB

Vertrauensschutz nach § 169 i. V. m. § 674 BGB scheidet aus. Die Fiktion gilt nur in Fällen, in denen der Auftrag nicht durch Widerruf erloschen ist (vgl. den Wortlaut des § 674 BGB: „in anderer Weise als durch Widerruf"). Indem A die Vollmacht widerrief, hat er konkludent auch das zugrunde liegende Auftragsverhältnis beendet.

bb) Fortbestand der Außenvollmacht gegenüber C nach § 170 BGB

Möglicherweise kann sich C aber auf § 170 BGB berufen. Diese Vorschrift schützt den Vertragspartner vor dem Erlöschen einer wirksam erteilten Außenvollmacht, wenn er im Vertrauen auf den Fortbestand der Vollmacht mit dem Vertreter kontrahiert. Auf den durch die Außenbevollmächtigung gesetzten Rechtsschein soll er sich verlassen können, bis er vom Erlöschen Kenntnis erlangt bzw. Kenntnis erlangen musste (§§ 170, 173 BGB).

Nach seinem eindeutigen Wortlaut setzt § 170 BGB voraus, dass eine wirksame (!) Außenvollmacht erteilt wurde; es wird also **nur der gute Glaube in den Fortbestand der Vollmacht geschützt**. Bei nichtiger oder anfechtbarer Bevollmächtigung ist die Norm hingegen unanwendbar.[264] Erst recht greift sie nicht ein, wenn es – wie hier – an einer Außenvollmacht ganz fehlt (s.o.).

---

[264] *Bork*, BGB AT, Rn. 1519; MünchKomm-BGB/*Schramm*, § 170 Rn. 6; Staudinger/*Schilken* (2009), § 170 Rn. 2.

Hinweis: Wurde oben die Ansicht vertreten, dass eine Außenvollmacht erteilt wurde, so ist die Vollmacht als C gegenüber fortbestehend zu erachten, da ihm das Erlöschen nicht angezeigt wurde. A könnte sich dann nicht auf das Erlöschen der Vollmacht im Innenverhältnis berufen.

cc) Kundgetane Innenvollmacht (§ 171 BGB)

aaa) Voraussetzungen des § 171 BGB

Hat jemand durch besondere Mitteilung an einen Dritten kundgegeben, dass er einen anderen bevollmächtigt habe, so ist dieser auf Grund der Kundgebung dem Dritten gegenüber zur Vertretung befugt. Der Dritte soll bei der nach außen mitgeteilten Innenvollmacht nicht schlechter stehen als bei der Außenvollmacht, da in beiden Fällen der Rechtsschein einer Vollmacht gesetzt wird. Im Vergleich zu § 170 BGB reicht der Vertrauensschutz bei § 171 BGB allerdings weiter. Während § 170 BGB die wirksame Erteilung einer Außenvollmacht verlangt, **reicht bei § 171 BGB auch die Mitteilung einer unwirksamen bzw. nie erfolgten Bevollmächtigung.**[265]

§ 171 BGB verlangt zunächst, dass dem Dritten das Bestehen einer Vollmacht *deklaratorisch* mitgeteilt wurde. Diese Mitteilung muss bei Vornahme des Rechtsgeschäfts (noch) unrichtig sein. Denn sofern eine der Mitteilung entsprechende Vollmacht besteht, ergibt sich die Bindung des Vertretenen an das Rechtsgeschäft schon aus §§ 167 I Alt. 1, 164 BGB. Für Vertrauensschutz besteht dann kein Bedarf.

A hatte C telefonisch mitgeteilt, dass er B eine Vollmacht erteilte habe. Es handelte sich hierbei um eine lediglich deklaratorische Erklärung. Im Zeitpunkt des Vertragsschlusses war die Vollmacht allerdings bereits wirksam widerrufen und damit erloschen (s.o.), so dass B den Vertrag ohne Vertretungsmacht schloss.

Im Zeitpunkt der Mitteilung kann zwar noch nicht von einem Rechtsschein gesprochen werden, denn die Vollmacht bestand tatsächlich noch. Erlischt die Vollmacht nach der Mitteilung, aber vor Vornahme des Vertretergeschäfts, ist die Rechtslage im maßgeblichen Zeitpunkt des Vertragsschlusses gerade nicht mehr, wie sie scheint: der Vertreter hat tatsächlich keine Vollmacht mehr. Aufgrund der Mitteilung vertraut der Dritte auf den Fortbestand der Vollmacht. Er darf dies auch solange, bis er Kenntnis von ihrem Erlöschen erhält. Die Tatsache, dass sich die **Mitteilung erst nachträglich zum Träger eines Rechtsscheins entwickelt** hat, kann daran nichts ändern; Vertrauensschutz muss auch in dieser Konstellation gewährt werden.[266] Aufgrund der Mitteilung der Bevollmächtigung an C sah es so aus, als ob B Vollmacht hätte. Diesen Rechtsschein hat A nicht durch einen der Kundgebung entsprechenden Widerruf (*actus contrarius*) zerstört, so dass gegenüber C die Vertretungsmacht bestehen bleibt (§ 171 II BGB).

Da nur dem gutgläubigen Dritten Vertrauensschutz gewährt wird, darf C das Erlöschen der Vollmacht auch nicht gekannt haben bzw. ihm darf das Nichtwissen nicht vorzuwerfen sein (§§ 173, 171 II BGB). Für eine Bösgläubigkeit des C fehlt es jedoch an Anhaltspunkten.

bbb) Rechtsfolge des § 171 BGB

Als Rechtsfolge wird angeordnet, dass der Vertreter gegenüber dem Mitteilungsempfänger vertretungsbefugt ist (§ 171 I BGB) und dies bis zu einem in derselben Weise erfolgenden Widerruf auch bleibt (§ 171 II BGB). Wie diese Aussage zu verstehen ist, wird unterschiedlich beurteilt.

---

[265] Palandt/*Ellenberger*, § 171 Rn. 1; *Bork*, BGB AT, Rn. 1523.

[266] Soergel/*Leptien*, § 171 Rn. 1: „Regelfall“ des § 171 BGB; Bamberger/Roth/*Valenthin*, § 171 Rn. 3; undeutlich MünchKomm-BGB/*Schramm*, § 171 Rn. 1.

(1) Rechtsgeschäftstheorie

Teilweise wird angenommen, dass es sich bei der Mitteilung um eine rechtsgeschäftliche Bevollmächtigung handele, die durch einen rechtsgeschäftlichen *actus contrarius* wieder zurückgenommen werden müsse.[267] Bis dahin handele der Vertreter **mit Vertretungsmacht.** Demzufolge hätte B hier mit Vollmacht gehandelt, da ein Widerruf der Mitteilung nicht erfolgt ist.

(2) Rechtsscheinstheorie

Wie jedoch schon oben ausgeführt, fehlt dem Mitteilenden in aller Regel der (erneute) Rechtsbindungswille, sodass die Annahme einer (zweiten) Bevollmächtigung im Außenverhältnis zweifelhaft erscheint. Stattdessen geht die ganz überwiegende Ansicht davon aus, dass der Vertreter **ohne Vertretungsmacht** gehandelt habe, der Vertretene sich aber hierauf nicht berufen dürfe. Sie ordnet § 171 II BGB als Rechtsscheinsvollmacht ein.[268] B war demzufolge zwar *falsus procurator.* Allerdings muss sich A an dem gegenteiligen Rechtsschein festhalten lassen.

Letztlich gelangen allerdings beide Ansichten ohnehin zum gleichen Ergebnis, hier also zu einem Vertragsschluss zwischen A und C, da C das Angebot des B angenommen hat.

2. Ergebnis

C kann von A € 11.000 gemäß § 433 II BGB verlangen.

Lösung zur Abwandlung 1

Der Unterschied zum Ausgangsfall besteht darin, dass C von der Kundgabe über die Bevollmächtigung des B keine tatsächliche Kenntnis erlangt hat, weil er das Schriftstück versehentlich ungelesen weggeworfen hatte. Analog § 130 I 1 BGB ist die Mitteilung, bei der es sich um eine rechtsgeschäftsähnliche Erklärung handelt, C aber immerhin zugegangen. Sie ist in seinen Machtbereich gelangt und es bestand für ihn die Möglichkeit der Kenntnisnahme. Damit ist die Mitteilung zwar „wirksam" geworden. Da es aber bei § 171 BGB um Vertrauensschutz und nicht – wie bei der Bestimmung des Zugangs – um Aspekte der Risikozuweisung geht, **ist der Zugang der Mitteilung nur notwendige, nicht aber hinreichende Bedingung** für das Auslösen der Rechtsfolge des § 171 BGB. Erst die tatsächliche Kenntnisnahme der Mitteilung durch den Geschäftspartner rechtfertigt es, den Vertretenen an das Vertretergeschäft zu binden.[269] Erst in diesem Moment entsteht beim Geschäftspartner ein besonderes Vertrauen auf den (Fort-)bestand der Vollmacht, welches es auch besonders zu schützen gilt. Ohne diese Kenntnis von der Kundgabe stützt sich das Vertrauen auf das „bloße" Auftreten einer Person im Namen eines anderen. Dieses allgemeine Vertrauen wird aber nur nach Maßgabe der §§ 177ff. BGB geschützt.

Da C die Mitteilung nie zur Kenntnis genommen hat, kann sich A auf die fehlende Vertretungsmacht des B berufen. B handelte somit als *falsus procurator* und der von ihm im Namen des A geschlossene Vertrag war folglich schwebend unwirksam nach § 177 I BGB. In der Zahlungsverweigerung seitens A ist die konkludente Verweigerung der Genehmigung zu erblicken, so dass der Kaufvertrag endgültig unwirksam ist. C kann also von A keine Zahlung gem. § 433 II BGB verlangen.

---

[267] Vgl. v. a. *Flume*, AT II, § 49 2c (S. 825 ff.).

[268] Soergel/*Leptien*, § 171 Rn. 1; Bamberger/Roth/*Valenthin*, § 171 Rn. 10; *Bork*, BGB AT, Rn. 1522 m. w. N.; siehe auch MünchKomm-BGB/*Schramm*, § 171 Rn. 8.

[269] MünchKomm-BGB/*Schramm*, § 171 Rn. 12; *Bork*, BGB AT, Rn. 1523.

Lösung zur Abwandlung 2

Das Problem der zweiten Abwandlung besteht darin, dass A den B nicht wirksam bevollmächtigt hat. Bei Abgabe der Willenserklärung konnte A die Tragweite seiner Entscheidung nicht mehr einschätzen. Aufgrund des starken Alkoholkonsums, verbunden mit der Einnahme verschiedener Medikamente, befand er sich in einem Zustand vorübergehender Geistesstörung. Seine Vollmachtserklärung ist daher gemäß § 105 II BGB als nichtig anzusehen. B schloss den Vertrag somit als *falsus procurator*. Möglicherweise kann sich A aber hierauf nicht berufen, wenn zu seinen Lasten § 171 BGB eingreift. Dann müsste § 171 BGB auch bei der Mitteilung einer nie (wirksam) erteilten Vollmacht anwendbar sein. Dafür spricht nicht nur der Wortlaut von § 171 I BGB, der nur von der Mitteilung einer Vollmacht spricht, sondern auch der von § 170 BGB abweichende Rechtsscheinstatbestand. Während es bei § 170 BGB die ursprünglich wirksam erteilte (Außen-)vollmacht selbst ist, knüpft der Gutglaubensschutz i.R.d § 171 BGB an die Mitteilung einer Vollmacht an. Wird dem Dritten vom Vertretenen gesondert mitgeteilt, dass eine Vollmacht erteilt wurde, so darf er auf diese Mitteilung vertrauen, auch wenn nie eine wirksame Vollmacht bestand.[270] Demnach durfte der gutgläubige C nach § 171 BGB von einer wirksamen Bevollmächtigung ausgehen. B hat A kraft Rechtsscheins wirksam vertreten. Zwischen A und C besteht ein Kaufvertrag, so dass C nach § 433 II BGB Zahlung von A i.H.v. € 11.000 verlangen kann.

Lösung zur Abwandlung 3

1. Bedürfnis für eine analoge Anwendung des § 105 II BGB

Diese Abwandlung ist so konstruiert, dass A auch im Zeitpunkt der Mitteilung noch vorübergehend geschäftsunfähig war. Nach ganz überwiegender Ansicht handelt es sich bei der Mitteilung zwar nicht um eine Willenserklärung; jedoch wird die Mitteilung als rechtsgeschäftsähnliche Handlung angesehen[271], was hier zu einer analogen Anwendung des § 105 II BGB führen könnte. Dann müssten eine vergleichbare Interessenlage und eine planwidrige Regelungslücke vorliegen.

2. Vergleichbare Interessenlage

§ 171 BGB will den Dritten unter Vertrauensschutzgesichtspunkten wie bei der Erteilung einer Außenvollmacht (§ 170 BGB) stellen. Selbst wenn aus der Sicht eines objektiven, rechtlich versierten Empfängers der Unterschied zwischen einer Außenvollmacht und einer Mitteilung i.S.d. § 171 BGB erkennbar ist, wird dies für den Laien doch regelmäßig schwer fallen. Aufgrund der Ähnlichkeit beider Erklärungen vertraut er in beiden Fällen auf eine Vollmacht. § 170 BGB schützt ihn allerdings nicht davor, dass die Außenvollmacht unwirksam ist, sondern nur davor, dass sie ohne seine Kenntnis wieder erloschen ist. Dann kann ihn § 171 I BGB aber auch nicht davor schützen, dass der Erklärende im Zeitpunkt der Mitteilung „nicht bei Sinnen“ war. Eine im Zustand der vorübergehenden Geistesstörung erfolgte Kundgabe kann ihn nicht stärker binden als eine in diesem Zustand abgegebene Willens-

---

[270] *Köhler*, BGB AT, § 11 Rn. 38; *Leipold*, BGB AT, § 24 Rn. 29.
[271] *Köhler*, BGB AT, § 11 Rn. 38.

erklärung.[272] Andernfalls würde der Vorrang des Schutzes des Urteilsunfähigen vor sich selbst zu Gunsten des Vertrauensschutzes aufgegeben und das nur, weil keine Willenserklärung gegeben ist. Eine vergleichbare Interessenlage ist daher zu bejahen.

3. Planwidrige Regelungslücke

Angesichts der Zielsetzung von § 171 BGB kann nicht angenommen werden, dass der Gesetzgeber Mitteilung und Außenvollmacht in puncto Geschäftsunfähigkeit unterschiedlich behandeln wollte, bloß weil es sich bei der Mitteilung nicht um eine Willenserklärung handelt. Auch eine planwidrige Regelungslücke liegt vor. § 105 II BGB ist somit entsprechend anzuwenden mit der Folge, dass die Mitteilung „nichtig“ ist. Sie kann daher zu Gunsten des C nicht den Rechtsschein einer Vollmacht begründen. Ein Anspruch des C gegen A gem. § 433 II BGB besteht nicht.

Lösung zur Abwandlung 4

Die wirksam erteilte Vollmacht war im Zeitpunkt des Vertragsschlusses aufgrund des Widerrufs (§§ 168 S. 3, 167 I Alt. 1 BGB) bereits wieder erloschen. Man könnte aber an eine Anwendung von § 171 BGB denken, weil C immerhin mitbekommen hat, dass A den B bevollmächtigt hat. Auch hier ergibt sich die Lösung wieder aus einem Vergleich mit § 170 BGB. Eine Außenvollmacht setzt nämlich die Abgabe einer Willenserklärung, also das zielgerichtete „Auf den Weg Bringen“ der Erklärung in Richtung auf den Empfänger voraus. Fehlt diese Abgabe, wird Vertrauensschutz nach § 170 BGB – eine Rechtsscheinhaftung aus anderen Gründen bleibt unberührt – nicht gewährt. Gleiches muss dann aber auch für § 171 BGB gefordert werden. Die zufällige Kenntniserlangung von einer Innenvollmacht ist also nicht ausreichend. Für eine besondere Mitteilung i. S. d. § 171 BGB ist vielmehr eine bewusste, an einen bestimmten Adressaten gerichtete Erklärung notwendig.[273] Nur dieser bewusst geschaffene Vertrauenstatbestand vermag den starken Eingriff in die Privatautonomie des Vertretenen zu rechtfertigen, zumal der „Vertretene“ nur in diesem Fall Anlass hat, den Adressaten bei einem Erlöschen der Vollmacht auch darüber zu informieren. Die nur zufällige Kenntnisnahme eines Dritten kann ihm demgegenüber ganz verborgen geblieben sein, sodass die Beseitigung des Rechtsscheins durch einen *actus contrarius* unmöglich wäre.

§ 171 BGB ist deshalb zugunsten des C nicht einschlägig, weil dieser die Bevollmächtigung des B nur zufällig mitgehört hat. Da es für die Annahme einer Anscheinsvollmacht an ausreichenden Hinweisen im Sachverhalt fehlt, ist kein Vertrag zwischen A und C geschlossen worden.

Fall Nr. 62 – Schein oder Sein?

Der Gebrauchtwagenhändler G plant, seinen 17-jährigen „Filius“ (F) stärker in den laufenden Geschäftsbetrieb einzubinden. Er setzt daher eine Vollmachtsurkunde auf, in der er seinen Sohn zur Vornahme aller im Zusammenhang mit dem Gebrauchtwagenhandel stehenden Geschäfte ermächtigt. Allerdings möchte er mit der Bevollmächtigung noch ein wenig warten, damit F noch etwas mehr Erfahrung sammeln kann. Er schließt die Urkunde deshalb vorerst in seiner Schreibtischschub-

---

[272] In diesem Sinne etwa *Bork*, BGB AT, Rn. 1524.
[273] MünchKomm-BGB/*Schramm*, § 171 Rn. 3 a.

lade ein. Den Schlüssel hinterlegt er an einem sicheren Ort. Diesen scheinbar sicheren Ort kennt indes auch der tatenhungrige F. Er möchte seinem Vater beweisen, dass er dem „knallharten" Geschäftsleben schon jetzt gewachsen ist. Er entwendet daher die Urkunde und schließt in der Folgezeit unter Vorlage der Urkunde öfter Verträge über den Ankauf gebrauchter „Firmenwagen" der X-GmbH (X) zu einem angemessenen Preis. G erhält mehrere Rechnungen der X, die er jeweils anstandslos bezahlt. Dabei weiß er jedoch nicht, dass F die Urkunde aus der Schreibtischschublade entwendet hat. F gegenüber spricht er die Geschehnisse mit keinem Wort an. Er will in Ruhe beobachten, ob sich F weiter so „wacker" schlägt. Eines Tages erhält er erneut eine Rechnung der X. Die X fordert von G Zahlung von € 40.000 für 4 gebrauchte PKW, die F im Namen des G gekauft hat. Der tatsächliche Wert der Fahrzeuge beträgt nur € 30.000. Dieses Geschäft will G nicht gegen sich gelten lassen und verweigert die Zahlung.

Kann X Zahlung von € 40.000 von G verlangen?

Abwandlung: G erzählt F von seinem Plan, ihn stärker in den Geschäftsbetrieb einzubinden. Deshalb erteilt er F mündlich Generalvollmacht bezüglich des Unternehmens. Aus Unachtsamkeit überhört F jedoch, dass die Vollmacht erst an seinem 18. Geburtstag in Kraft treten solle. In der Folge schließt F mehrere Verträge mit X. In Betreff dieser Vertragsschlüsse schickt X dem G mehrfach Rechnungen, die G in dem Glauben begleicht, sie seien auf Vertragsschlüsse seines einzigen, zu derartigen Vertragsschlüssen berechtigten Angestellten A zurückzuführen. Dass diese Annahme falsch sein musste, hätte G indes anhand der Rechnungsdaten erkennen können. Zu dieser Zeit hatte sich A nämlich in seinem wohlverdienten Urlaub befunden. Einige Zeit später erhält G erneut eine Rechnung von X über € 40.000, die sich auf den ungünstigen Vertragsschluss des Ausgangsfalls bezieht. Nach kurzer Rücksprache mit A dämmert G, dass ihm F „diese Suppe eingebrockt hat", der auch reumütig alles beichtet. G setzt sich sogleich mit X in Verbindung. Mit den ersten Vertragsschlüssen durch F sei er einverstanden. Den letzten wolle er hingegen nicht gegen sich gelten lassen. X besteht jedoch auch auf Erfüllung des zuletzt geschlossenen Kaufvertrags. Zu Recht?

Lösung zum Grundfall

1. Anspruch von X gegen G auf Zahlung von € 40.000

Ein Anspruch von X gegen G auf Zahlung von € 40.000 ergibt sich aus § 433 II BGB, wenn zwischen den beiden ein wirksamer Kaufvertrag besteht. Voraussetzung dafür ist das Vorliegen zweier sich entsprechender Willenserklärungen. Weder X noch G haben selbst Willenserklärungen abgegeben. X ist wirksam i. S. v. § 164 I BGB durch ihr vertretungsberechtigtes Organ, d. h. ihren Geschäftsführer (§ 35 I GmbHG), vertreten worden. Fraglich ist aber, ob G wirksam durch F vertreten wurde. Ein Handeln in fremdem Namen sowie die Abgabe einer eigenen Willenserklärung können unschwer bejaht werden, so dass allein die Vertretungsmacht des F in Rede steht.

a) Bevollmächtigung des F (§ 167 I BGB)

Die Vertretungsmacht könnte sich aus einer Vollmacht (§ 167 I BGB) ergeben. Immerhin hatte G die Absicht, F stärker in den Betrieb einzubinden und ihm dazu eine umfassende Vollmacht zu erteilen. Dieser Rechtsfolgewillen hatte sich zwar bereits in der Vollmachtsurkunde manifestiert, weshalb man den Tatbestand einer Willenserklärung unter Umständen als erfüllt ansehen könnte. Für die Wirksamkeit einer empfangsbedürftigen Willenserklärung ist aber zusätzlich erforderlich, dass sie **abgegeben,** also mit Wissen und Wollen des Erklärenden in Richtung des Empfängers auf den Weg gebracht wurde (§ 5 Rn. 43). F hat sich jedoch eigenmächtig in den Besitz der Vollmachtsurkunde gebracht, ohne dass dies von einem entsprechenden Willen des G gedeckt war. Eine Abgabe der Erklärung durch G ist damit ausgeschlossen.

Die Vollmacht kann auch nicht nach den Grundsätzen über **abhandengekommene Willenserklärungen** (§ 5 Rn. 44ff.)[274] als durch G abgegeben angesehen werden. Diese an einem Fahrlässigkeitsvorwurf anknüpfende Zurechnung dient dem Schutz des gutgläubigen Empfängers der Erklärung. Abgesehen davon, dass G kein Fahrlässigkeitsvorwurf trifft, wusste F als Empfänger der Vollmacht auch, dass G die Erklärung noch nicht abgegeben hatte. Er ist deshalb nicht schutzwürdig. Folglich wurde F mangels Abgabe jedenfalls intern nicht wirksam bevollmächtigt.

In der anstandslosen Erfüllung der Kaufpreisforderungen durch G kann jedoch eine konkludente Außenbevollmächtigung (§ 167 I Alt. 2 BGB) gegenüber X zu sehen sein. Auch wenn G zweifelsohne keine Außenvollmacht erteilen wollte, kann sein Verhalten gleichwohl als Außenbevollmächtigung zu werten sein. Von der Warte eines objektiven Empfängers aus betrachtet müssen dafür sowohl äußerer als auch innerer Erklärungstatbestand den Schluss auf eine Außenbevollmächtigung zulassen. Das Verhalten des G (Bezahlen der Rechnungen) kann jedoch nicht als Erteilung einer Vollmacht gegenüber X, sondern allenfalls als Bestätigung einer zuvor erteilten Innenvollmacht interpretiert werden. Schon der äußere Erklärungstatbestand entspricht dabei nicht dem einer Außenbevollmächtigung. Gleiches gilt für den inneren Erklärungstatbestand. Das fehlende aktuelle Erklärungsbewusstsein könnte zwar mit Hilfe der Lehre vom **potentiellen Erklärungsbewusstsein** (§ 7 Rn. 14)[275] überwunden werden. Der Annahme einer Außenvollmacht steht jedoch auch hier das Ergebnis der Auslegung (§§ 133, 157 BGB) entgegen.[276] Der Handlung des G wird man nämlich nicht den Inhalt beimessen können, dass er F bevollmächtigen wollte, sondern nur den, dass er es bereits getan hat. Vom objektiven Empfängerhorizont aus betrachtet hat G daher keinen auf eine Bevollmächtigung gerichteten Rechtsfolgewillen geäußert. Auch aus einer Außenvollmacht lässt sich daher keine Vertretungsmacht des F herleiten. F war folglich Vertreter ohne Vertretungsmacht.

b) Fiktion der Vertretungsmacht nach § 172 BGB

Möglicherweise kann G sich aber auf die fehlende Vollmacht des F nicht berufen, weil F der X bei Vertragsabschluss eine echte Vollmachtsurkunde vorgelegt hat. Wie § 171 BGB – nicht aber § 170 BGB! – erfasst die Vorschrift auch die Konstellation, dass nie eine wirksame Vollmacht erteilt worden ist. Die Urkunde begründet, so weit sie inhaltlich reicht, den Rechtsschein einer wirksamen Bevollmächtigung zu Gunsten des gutgläubigen Geschäftspartners. Wie bei jeder Rechtsscheinhaftung muss der Betroffene den Rechtsschein aber in zurechenbarer Weise veranlasst haben. Konsequenterweise fordert § 172 BGB deshalb, dass die Urkunde dem Vertreter ausgehändigt wurde. Erforderlich ist ein willentliches In-Verkehr-Bringen der Urkunde. Wo dem Vertreter die **Urkunde gegen seinen Willen entwendet** wird, kann

[274] Siehe dazu Fall Nr. 13 – Kater und andere Tiere.
[275] Siehe dazu Fall Nr. 35 – Trierer Weinversteigerung.
[276] Dazu *Medicus*, BGB AT, Rn. 930.

ihm der Rechtsschein nicht zugerechnet werden. Aus genau diesem Grund greift § 172 BGB nicht ein. F hatte sich die Urkunde ohne Wissen und Wollen des G eigenmächtig beschafft. Da G bis zum Schluss nicht wusste, dass sich die Urkunde im Besitz des F befand, kann auch eine nachträgliche Gestattung des Gebrauchs nicht angenommen werde. G hat F die Urkunde somit nicht ausgehändigt. Die Vertretungsmacht wird nicht nach § 172 BGB fingiert.

c) Bestehen einer Duldungsvollmacht

Unter Umständen muss sich G aber wegen einer Duldungsvollmacht an dem Rechtsgeschäft festhalten lassen. Weil bestimmte Rechtsscheinstatbestände von §§ 170 bis 173 BGB nicht erfasst werden, der gutgläubige Geschäftspartner aber gleichwohl auf den Bestand einer Vollmacht vertraut – und es auch darf –, haben Rechtsprechung und Literatur dieses Rechtsinstitut geschaffen.[277] Es handelt sich um eine besondere Rechtsscheinvollmacht, die die beschriebene Lücke schließen soll.

aa) Rechtsscheinstatbestand

Nach allgemeinen Rechtsscheinsgrundsätzen[278] muss zunächst der Rechtsschein einer Vollmacht bestanden haben. Das Auftreten einer Person unter bloßer Behauptung der Vertretereigenschaft kann dabei noch keinen ausreichenden Rechtsscheintatbestand begründen. Das gilt selbst dann, wenn die Person mehrfach und über eine gewisse Zeit als Vertreter auftritt. Es ist nämlich nicht einsehbar, warum das „Gerede" des (vermeintlichen) Vertreters vertrauensbegründende Wirkung haben soll, bloß weil es wiederholt erfolgt. Es müssen daher besondere, durch den Vertretenen veranlasste vertrauensstiftende Umstände hinzutreten, die den Schluss auf eine Bevollmächtigung zulassen.[279] Auf solche objektiven Umstände kann sich X berufen. G beglich mehrfach und über einen gewissen Zeitraum hinweg die durch F begründeten Kaufpreisforderungen. Aufgrund dieser widerspruchslosen Vertragsabwicklungen schien es so, als ob F von G allgemein und damit auch zum Abschluss des streitbefangenen Kaufvertrags bevollmächtigt gewesen wäre.

bb) Zurechenbarkeit

Um G haftbar machen zu können, muss ihm der Rechtsschein zurechenbar sein. Die Zurechnung setzt bei der Duldungsvollmacht voraus, dass der (vermeintlich) Vertretene das Verhalten des (vermeintlichen) Vertreters kennt und es nicht verhindert, es also duldet (daher der Name: Duldungsvollmacht), obwohl es ihm möglich gewesen wäre, das Auftreten des (vermeintlichen) Vertreters zu verhindern.

Hinweis: Teilweise wird bereits in der Duldung des Verhaltens stets eine konkludente Bevollmächtigung gesehen.[280] Eine derartige Sichtweise ist indes zu pauschal. Das Dulden kann zwar bisweilen als konkludent abgegebene Willenserklärung verstanden werden; deshalb ist eine sorgfältige Prüfung geboten. Zwingend ist dieser Schluss gleichwohl nicht. Wie dieser Fall zeigt, begründet nämlich ein äußerlich erkennbares Verhalten des Geschäftsherrn nicht zwingend den äußeren Erklärungstatbestand einer Bevollmächtigung.

G wusste, dass F in seinem Namen mehrere Verträge mit X geschlossen hatte. Trotz bestehender Verhinderungsmöglichkeiten schritt er jedoch nicht ein. Das rechtfertigt es, ihn an dem existierenden Rechtsschein festzuhalten.

---

[277] *BGH* NJW-RR 2004, 1275, 1276 f.
[278] Dazu oben § 10 Rn. 129.
[279] *Rüthers/Stadler*, BGB AT, § 30 Rn. 43; Bamberger/Roth/*Valenthin*, § 167 Rn. 14.
[280] *Flume*, AT II, § 49 3 (S. 828 ff.); Jauernig/*Jauernig*, § 167 Rn. 8.

cc) Kausalität

Die Kausalität ist in zweierlei Hinsicht zu prüfen: Erstens muss der Geschäftspartner gerade wegen des Rechtsscheins an eine Vollmacht geglaubt haben, weshalb er den Rechtsscheintatbestand gekannt haben muss. Weil G mehrmals Kaufpreisforderungen aus von F geschlossenen Kaufverträgen widerspruchslos getilgt hatte, vertraute X darauf, dass G den F zur Vornahme der Rechtsgeschäfte bevollmächtigt hatte.

Zweitens muss der Geschäftspartner in Folge dieses Vertrauens rechtsgeschäftlich disponiert haben. In dem Glauben, einen bevollmächtigten Vertreter vor sich zu haben, schloss X den Vertrag über die vier PKW. Die doppelte Kausalität kann daher bejaht werden.

dd) Gutgläubigkeit

Zuletzt muss der Geschäftspartner gutgläubig sein. Er ist nicht schutzwürdig, wenn er wusste oder wissen musste, dass der Rechtsschein nicht der Wahrheit entsprach (Rechtsgedanke des § 173 BGB). Aus Sicht der X bestanden keinerlei Anhaltspunkte, die auf die fehlende Vollmacht des F hingedeutet hätten.

ee) Rechtsfolge

Wie im Rahmen des Anwendungsbereichs der §§ 170–173 BGB kann sich der Vertretene auf die fehlende Vollmacht nicht berufen. G muss sich daher so behandeln lassen, als habe er F wirksam Vollmacht erteilt. Der Annahme einer Duldungsvollmacht steht auch nicht entgegen, dass F mit seinen 17 Jahren noch nicht voll geschäftsfähig war. Das ergibt sich aus § 165 BGB. Folglich ist ein Vertrag zwischen X und G zustande gekommen.

2. Ergebnis

X kann von G Zahlung von € 40.000 gemäß § 433 II BGB verlangen.

Lösung zur Abwandlung

Wie im Ausgangsfall wäre G zur Zahlung von € 40.000 verpflichtet, wenn zwischen X und G ein Kaufvertrag zustande gekommen ist (§ 433 II BGB).

Bei Vertragsschluss kann G durch F vertreten worden sein (§ 164 I BGB). Fraglich ist, ob F Vertretungsmacht hatte. G wollte F eine aufschiebend befristete Vollmacht erteilen; F verstand jedoch, dass er ab sofort bevollmächtigt sein sollte. Wo Erklärtes und Verstandenes auseinanderfallen, ist der Inhalt der Erklärung vom **objektiven Empfängerhorizont** aus zu bestimmen (§§ 133, 157 BGB). Es ist danach zu fragen, wie ein verständiger und aufmerksamer Dritter in der Situation des Erklärungsempfängers die Erklärung verstanden hätte.[281] F hatte den Zusatz aus Unachtsamkeit überhört, was einem sorgfältigen Dritten nicht passiert wäre. Aus Sicht eines objektiven Empfängers hat G daher eine auf den Geburtstag des F aufschiebend befristete Vollmacht erteilt. Im Zeitpunkt des maßgeblichen Vertragsschlusses war F noch 17 Jahre alt, so dass er ohne Vertretungsmacht handelte.

---

[281] Allgemein zur Auslegung s. o. § 7 Rn. 16 ff.

1. Bestehen einer Anscheinsvollmacht

Die fehlende Vertretungsberechtigung des F bliebe allerdings unberücksichtigt, wenn sich X auf eine Anscheinsvollmacht berufen könnte. Es handelt sich um eine Rechtsscheinvollmacht, die ebenso wie die Duldungsvollmacht Schutzlücken schließen soll, die sich im Bereich der §§ 170–173 BGB auftun. Dem Vertretenen wird hierbei vorgeworfen, dass ein Rechtsschein besteht, den er bei sorgfaltsgemäßem Verhalten hätte erkennen und verhindern können.

a) Anerkennung der Anscheinsvollmacht

Teile der Literatur verweigern diesem Institut die Anerkennung.[282] Ein Verstoß gegen Sorgfaltspflichten vermöge keine rechtsgeschäftliche Bindung zu begründen, sondern könne allenfalls Anknüpfungspunkt für eine Haftung aus *c.i.c.* sein. Ein Rechtsgeschäft komme deshalb zustande, weil der Erklärende es wolle, was ein bewusstes Verhalten voraussetze. An einer solchen Willensäußerung fehle es in den Konstellationen der Anscheinsvollmacht gerade. Eine gleichwohl konstruierte rechtsgeschäftliche Bindung verstoße gegen den Grundsatz der Privatautonomie. Auf dieser Basis könnte sich X folglich von vorneherein nicht gegenüber G auf den eventuellen Anschein einer Bevollmächtigung berufen.

Rechtsprechung und h. L. sprechen sich dagegen für die Anwendung der Grundsätze über die Anscheinsvollmacht aus.[283] Das Rechtsinstitut sei seit langem gewohnheitsrechtlich anerkannt. Zudem bestehe ein praktisches Bedürfnis, da der Schutz über §§ 170–173 BGB nicht immer ausreichend sei. Danach käme grundsätzlich eine zugunsten der X wirkende Anscheinsvollmacht in Betracht.

Bereits der Ausgangspunkt der Mindermeinung trifft nicht zu. Die Lehre vom potentiellen Erklärungsbewusstsein (§ 7 Rn. 14) zeigt nämlich, dass ein Verstoß gegen im eigenen Interesse bestehende Sorgfaltsanforderungen sehr wohl rechtsgeschäftliche Bindungen auslösen kann. Der Handelnde muss sich hierbei gegenüber gutgläubigen Dritten so behandeln lassen, als ob er einen Rechtsfolgewillen gehabt habe, wenn ihn ein **Fahrlässigkeitsvorwurf** trifft. Hier wie dort wird ihm somit ein Rechtsgeschäft „aufgezwungen", weil er sich nicht sorgfaltsgemäß verhalten hat.

Überdies orientiert sich eine Rechtsscheinhaftung naturgemäß mehr an den schutzwürdigen Interessen des Rechtsverkehrs als an dem rechtsgeschäftlichen Selbstbestimmungsrecht des Betroffenen. Zu starke Eingriffe in die Privatautonomie werden durch das „Korrektiv" der Zurechenbarkeit vermieden. Im Ergebnis ist daher der h. M. zu folgen und die Anscheinsvollmacht anzuerkennen.

b) Rechtsscheinstatbestand

Wie bei der Duldungsvollmacht müssen objektive Umstände den Schluss zulassen, dass eine Vollmacht erteilt wurde.[284] Wie schon im Ausgangsfall hat G die Rechnungen beglichen und dadurch einen speziellen Vertrauenstatbestand geschaffen, aufgrund dessen X davon ausgehen durfte, dass G das Verhalten des S kennt und billigt.

Hinweis: An Verträge, die vor dem (ersten) Zahlungseingang bei X geschlossen wurden, ist G allerdings nicht aufgrund einer Anscheinsvollmacht gebunden, denn zu diesem Zeitpunkt lag

---

[282] V. a. *Flume*, AT II, § 49 4 (S. 834); *Medicus*, BGB AT, Rn. 969 ff.; *Wolf/Neuner*, BGB AT, § 50 Rn. 95 ff.

[283] BGHZ 166, 369, 374 f. = NJW 2006, 1972; BGHZ 5, 111, 116 = NJW 1952, 657, 658; *Leipold*, BGB AT, § 24 Rn. 36; wohl auch Erman/*Maier-Reimer*, § 167 Rn. 11 f.

[284] Erman/*Maier-Reimer*, § 167 Rn. 13.

noch kein besonderer Vertrauenstatbestand vor. Allerdings hat G diese früheren Vertragsschlüsse später durch Genehmigung „an sich gezogen".

c) **Zurechenbarkeit**

Der Rechtsschein muss G zurechenbar sein. Das ist der Fall, wenn der Vertretene die Entstehung des Rechtsscheins bei gehöriger Sorgfalt **hätte erkennen und verhindern können.** Der Vorwurf an den Vertretenen lautet also, sich nicht ordentlich um seine eigenen Angelegenheiten gekümmert zu haben. Ein genauer Blick auf das Rechnungsdatum hätte G vor Augen geführt, dass die Verträge nicht durch A geschlossen worden sein konnten. Unter diesen Umständen hätte er gewiss keinerlei Zahlungen an X geleistet, so dass ein besonderes Vertrauen auf Seiten der X niemals entstanden wäre. Von einem sorgfältigen Teilnehmer am Rechtsverkehr kann man erwarten, dass er seine Rechnungen inklusive Rechnungsdatum genau studiert und etwaige Ungenauigkeiten moniert. Gegen diese **Obliegenheit** verstieß G. Die bestehende, aber ungenutzt gebliebene Kenntnis- und Verhinderungsmöglichkeit führt also dazu, dass G der Rechtsschein zurechenbar ist.

d) **(Doppelte) Kausalität**

Die anstandslos geleisteten Zahlungen des G führten bei X zu der Annahme, dass F von G Vollmacht erhalten habe. Im Vertrauen darauf schloss X mit F als Vertreter des G den Kaufvertrag über die vier PKW. Der Rechtsschein war damit zum einen ursächlich für die Vertrauensbildung bei X, welche sich sodann auch in dem anschließenden Vertragsschluss niederschlug, so dass auch insoweit die geforderte Kausalität besteht.

e) **Guter Glaube, Rechtsfolge**

Anhaltspunkte für eine die Schutzwürdigkeit der X ausschließende Bösgläubigkeit existieren nicht, so dass sich G so behandeln lassen muss, als habe er F wirksam bevollmächtigt.

2. Ergebnis

X kann von G Zahlung des Kaufpreises i. H. v. € 40.000 verlangen.

Fall Nr. 63 – Vorteil oder Nachteil?

Der 16-jährige A ist momentan zur Ausbildung in einem Maler- und Lackiererbetrieb angestellt. Weil angesichts der angespannten Arbeitsmarktsituation noch nicht absehbar ist, ob A nach Beendigung seiner Ausbildung einen Job finden wird, wollen ihn seine gut betuchten Eltern für die Zukunft wirtschaftlich absichern. Die Eltern sind Eigentümer eines in der Innenstadt gelegenen Grundstücks, das sie an den Betreiber (B) einer Apotheke vermietet haben. Die monatlichen Mietzinseinnahmen betragen € 6.000. Dieses Grundstück wollen sie ihrem Sohn schenkungsweise übereignen. Sie suchen daher – ohne ihren Sohn – einen Notar auf, wo sie nach ordnungsgemäßer Beratung durch den Notar die für die Schenkung und die Eigentumsübertragung erforderlichen Erklärungen in notariell beglaubigter Form abgeben. Dabei handeln die Eltern hinsichtlich der Schenkung und der Auflassung sowohl im eigenen Namen als auch im Namen des A. Einige Monate später wird A als Eigentümer im Grundbuch eingetragen.

Später stellt sich die Lage wie befürchtet dar: Der gerade volljährige A ist arbeitslos und kann die Miete für seine eigene Wohnung nicht mehr aufbringen. Da überbringen ihm seine Eltern die frohe Kunde, dass A ganz beruhigt sein könne, weil er schon seit einigen Jahren Eigentümer eines ertragreichen Grundstücks sei. Froh gelaunt schreibt A daraufhin an B einen Brief, in dem er B mitteilt, dass nunmehr er Eigentümer und damit auch Vermieter sei. Er fordere B daher auf, die Miete in Zukunft an ihn zu überweisen.

Kann A von B Zahlung des Mietzinses verlangen?

Rechtsprechungs- und Literaturhinweise: BGHZ 161, 170 ff. = NJW 2005, 415, 418; *Jauernig*, JuS 1993, 614 f.

Lösung

1. Anspruch von A gegen B auf Mietzahlung

A kann gegen B einen Anspruch auf Zahlung der Miete gemäß § 535 II BGB haben. Dafür muss zwischen A und B ein wirksamer Mietvertrag bestehen.

Ein Mietvertrag bestand ursprünglich zwischen B und den Eltern des A. Zunächst waren also die Eltern Vermieter und damit nach § 535 II BGB anspruchsberechtigt. In die Vermieterstellung kann A aber eingerückt sein, wenn der Mietvertrag auf ihn übergegangen ist. Nach § 566 BGB tritt der Erwerber anstelle des Vermieters in die sich während der Dauer seines Eigentums aus dem Mietverhältnis ergebenden Rechte und Pflichten ein, wenn der vermietete Wohnraum nach der Überlassung an den Mieter von dem Vermieter an einen Dritten veräußert wird.

a) Anwendbarkeit des § 566 BGB

Neben einem wirksamen Mietvertrag setzt § 566 BGB voraus, dass die Veräußerung vermieteten Wohnraum betrifft. Zwar handelt es sich bei der vermieteten Sache nicht um Wohnraum, allerdings findet die Vorschrift über den Verweis in § 578 I BGB auch auf die Veräußerung vermieteter Grundstücke Anwendung.

b) Überlassung an den Mieter

Ferner muss das Grundstück dem Mieter im Zeitpunkt der Veräußerung bereits überlassen worden sein. Das bedeutet regelmäßig die Einräumung der tatsächlichen Sachherrschaft i. S. d. § 854 BGB. Von der tatsächlichen Sachherrschaft des B kann hier ohne Weiteres ausgegangen werden.

c) Veräußerung des Grundstücks

Das vermietete Grundstück muss vom Vermieter an einen Dritten veräußert worden sein. Gemeint ist dabei die Übertragung des Eigentums, mithin das dingliche Rechtsgeschäft. Insofern müsste die Überschrift zu § 566 BGB eigentlich „Verfügung bricht nicht Miete" lauten. Auch in einem zweiten Punkt ist die amtliche Überschrift irreführend. Nach einhelliger Ansicht muss das der Verfügung zugrunde liegende Kausalgeschäft kein Kaufvertrag sein. So genügt etwa auch die Eigentumsübertragung in Erfüllung eines Schenkungsvertrages. Der Mieter ist bei einem Herausgabeanspruch eines Beschenkten in gleicher Weise gefährdet wie bei dem eines Käufers.

Das Eigentum an einem Grundstück wird nach §§ 873 I, 925 I BGB übertragen. Erforderlich sind die Eintragung ins Grundbuch und die Auflassung, wobei Auflassung die dingliche Einigung zwischen Veräußerer und Erwerber meint (§ 925 I BGB). Da die Eintragung der dinglichen Rechtsänderung erfolgte, ist lediglich zu prüfen, ob die Eltern und A einen wirksamen dinglichen Vertrag über den Eigentumsübergang geschlossen haben. Das setzt die Abgabe zweier korrespondierender, wirksamer Willenserklärungen voraus. Hinsichtlich der Wirksamkeit der Angebotserklärung der Eltern bestehen keinerlei Bedenken. Problematisch ist aber, dass A auf Erwerberseite die Annahme des dinglichen Angebots nicht selbst erklärt hat. Er kann jedoch von den Eltern vertreten worden sein (§ 164 BGB). Einer Stellvertretung steht nicht schon entgegen, dass die Einigung des Veräußerers und des Erwerbers nicht bei gleichzeitiger Anwesenheit beider Teile vor einer zuständigen Stelle erklärt wurde (§ 925 I 1 BGB). Gefordert wird nicht die persönliche Anwesenheit der Vertragsparteien, sondern derjenigen Personen, die die Willenserklärungen abgeben. § 925 I 1 BGB schließt die Abgabe der **Auflassungserklärung durch einen Stellvertreter** daher nicht aus.[285]

Die Voraussetzungen wirksamer Stellvertretung sind grundsätzlich erfüllt. Insbesondere waren die Eltern vertretungsberechtigt. Die Vertretungsmacht ergibt sich aus §§ 1626 I, 1629 I 1 BGB, wonach die Eltern zur gemeinschaftlichen Vertretung des minderjährigen Kindes befugt sind. Mit seinen 16 Jahren war A im Zeitpunkt des in Rede stehenden Vertragsschlusses minderjährig und damit nur beschränkt geschäftsfähig (§§ 106, 2 BGB).

aa) Grundsätzlicher Ausschluss der Stellvertretung nach § 181 BGB

Jedoch kann einer wirksamen Stellvertretung das **Verbot des Insichgeschäfts** (§§ 1629 II 1, 1795 II, 181 BGB) im Wege stehen. Die erste Alternative verbietet es dem Vertreter nämlich, mit sich selbst im eigenen Namen zu kontrahieren. Der Vertretene soll dadurch vor Interessenkollisionen geschützt werden, die sich ergeben, wenn der Vertreter zugleich in beiden „Lagern" steht. Sind eigene Interessen mit im Spiel, ist die Gefahr groß, dass die Urteilsfähigkeit des Vertreters beeinträchtigt ist. Das Gesetz geht dabei von einer abstrakt-generellen Gefährdung der am Rechtsgeschäft Beteiligten aus; auf eine Interessenkollision im Einzelfall kommt es nach ganz h. M. dagegen nicht an.[286]

Die von § 181 BGB geforderte **Personenidentität** ist hier gegeben. Die Eltern standen sowohl auf Veräußerer- als auch auf Erwerberseite. Der Vertragsschluss erfolgte allein in Person der Eltern – und damit in sich –, weil sie neben der Angebotserklärung zugleich auch die erforderliche Annahmeerklärung im Namen des A an sich selbst abgaben.

Grundsätzlich folgt aus einem Verstoß gegen § 181 BGB die (schwebende) Unwirksamkeit des Rechtsgeschäfts.

bb) Ausnahmsweise zulässiges Insichgeschäft?

Das Rechtsgeschäft ist jedoch ausnahmsweise wirksam, wenn es ausschließlich in der **Erfüllung einer Verbindlichkeit** besteht (§ 181 BGB a. E.). Es kann dabei sowohl um eine Verpflichtung des Vertretenen gegenüber dem Vertreter als auch um die umgekehrte Konstellation gehen. Wo eine inhaltlich feststehende Verpflichtung bereits begründet wurde, gefährdet deren Erfüllung im Wege des Insichgeschäfts den Vertretenen nicht. Der Vertreter erledigt nur das, was von Rechts wegen sowieso zu geschehen hätte.[287]

---

[285] MünchKomm-BGB/*Kanzleiter*, § 925 Rn. 18.
[286] BGHZ 91, 334, 337 = NJW 1984, 2085; MünchKomm-BGB/*Schramm*, § 181 Rn. 3; *Wolf/Neuner*, BGB AT, § 49 Rn. 111.
[287] *Bork*, BGB AT, Rn. 1596.

aaa) Bestehen einer Verbindlichkeit

Zu prüfen ist daher, ob eine Verbindlichkeit der Eltern gegenüber A bestand, die durch die Übereignung erfüllt wurde. Die Übereignung könnte der Erfüllung eines Schenkungsvertrages (§ 516 BGB) dienen. Wie jeder Vertrag setzt auch die Schenkung zwei wirksame Willenserklärungen voraus. Da A auch bei der Annahme des Schenkungsangebots durch die Eltern vertreten wurde, ist erneut problematisch, ob diese den Schenkungsvertrag ausnahmsweise in sich schließen durften.

Einer der geschriebenen Ausnahmetatbestände des § 181 BGB ist nicht einschlägig. Nach Sinn und Zweck des § 181 BGB erstreckt sich das Verbot nach h.M. darüber hinaus aber auch nicht auf Rechtsgeschäfte, bei denen von vornherein eine **Interessenkollision generell ausgeschlossen** ist. Eine derartige ungeschriebene Ausnahme ist insbesondere zu bejahen, wenn das Rechtsgeschäft für den Vertretenen **lediglich rechtlich vorteilhaft** ist.[288] Nach der Wertung des § 107 BGB gehen von einem solchen Geschäft für den Begünstigten keine Gefahren aus. Das gilt zwar ausdrücklich nur für den beschränkt Geschäftsfähigen, muss aber sinngemäß auch für den Vertretenen gelten. Der Vertretene bedarf bei lediglich rechtlich vorteilhaften Geschäften des Schutzes durch § 181 BGB ebenso wenig wie der Minderjährige des Schutzes durch eine Einwilligung nach § 107 BGB. § 181 BGB ist daher bei rechtlich lediglich vorteilhaften Geschäften teleologisch zu reduzieren.[289]

Fraglich ist somit, ob die Annahme des Schenkungsangebots durch die Eltern für A *rechtlich* lediglich vorteilhaft war. Dabei sind wirtschaftliche Vorteile, und seien sie auch noch so groß, außer Acht zu lassen. Allein maßgeblich ist, ob die Willenserklärung ausschließlich eine Forderungsberechtigung begründet oder ob es auch zu einer unmittelbaren Erweiterung des Pflichtenprogramms kommt.

Eine Schenkung ist ein einseitig verpflichtender Vertrag, der allein den Schenkenden verpflichtet. Der Beschenkte erwirbt hingegen nur einen Anspruch. Zwar sind mit einem Grundstückserwerb zahlreiche Pflichten und Lasten verbunden (Grunderwerbssteuer, Gebühren etc.). Allerdings sind diese Belastungen erst an den nachfolgenden dinglichen Eigentumserwerb geknüpft und damit keine unmittelbare Folge der schuldrechtlichen Willenserklärung. Die Annahme des Schenkungsangebots war daher für sich genommen lediglich rechtlich vorteilhaft für den beschenkten A, so dass ihn die Eltern insoweit wirksam vertreten konnten. Da der Schenkungsvertrag auch die nach § 311b I 1 BGB erforderliche Form (§ 128 BGB) wahrt, wäre somit an sich ein Schenkungsvertrag zwischen den Eltern und A zustande gekommen, den die Eltern sodann wirksam nach § 181 BGB a.E. hätten erfüllen dürfen.

bbb) Problem: Umgehung des Minderjährigenschutzes?

Als problematisch erweist es sich jedoch, wenn man in Bezug auf das schuldrechtliche Geschäft – die Schenkung – darauf abstellt, sie sei rechtlich lediglich vorteilhaft, weil sie allein noch nicht die an den dinglichen Grundstückserwerb geknüpften Folgen auslöst, um sodann unter Hinweis auf die wirksame Verpflichtung auch das dingliche Geschäft nach dem Ausnahmetatbestand des § 181 BGB a.E. für wirksam zu erklären, weil es nur der Erfüllung einer bestehenden Verbindlichkeit diene. Mittelbar könnte der Vertretene dann doch ohne sein Zutun den an den dinglichen Rechtserwerb geknüpften Lasten ausgesetzt sein.

---

[288] BGHZ 59, 236, 240 = NJW 1972, 2262, 2263; Erman/*Arnold*, § 181 Rn. 23; *Bork*, BGB AT, Rn. 1593; zum Begriff des rechtlichen Vorteils i.S.d. § 107 BGB siehe oben § 9 Rn. 22 ff.

[289] Zur teleologischen Reduktion siehe allgemein *Bitter/Rauhut*, JuS 2009, 289, 294 f.

Derartige an den dinglichen Rechtserwerb geknüpfte Folgen kommen in zweierlei Hinsicht in Betracht: Dies sind zum einen die schon erwähnten Lasten wie Grunderwerbssteuer und Gebühren. Zum anderen kommt es infolge des Eigentumserwerbs an dem vermieteten Grundstück zu einem gesetzlichen Übergang des Mietvertrages zwischen A und B aufgrund von § 566 I BGB. A schuldet B nunmehr all das, wozu bisher die Eltern verpflichtet gewesen sind. Dazu gehören vor allem die Überlassung des Gebrauchs und die Erhaltung der Mietsache (§ 535 I BGB). Für die Erfüllung dieser Pflichten haftet der Erwerber grundsätzlich mit seinem gesamten Privatvermögen.

Falls nun in diesen beiden aufgezeigten Folgen ein rechtlicher Nachteil i. S. v. § 107 BGB zu sehen wäre, stellt sich die Frage, ob dieser Nachteil nun tatsächlich in der ersten Stufe – beim schuldrechtlichen Schenkungsvertrag – gänzlich außer Betracht bleiben kann, eben weil erst der dingliche Rechtserwerb diese Folgen mit sich bringt (Trennungsprinzip) und ob sodann in der zweiten Stufe – bei der Auflassungserklärung – die Nachteilhaftigkeit deshalb außer Betracht bleiben kann, weil der dingliche Vertrag nur der Erfüllung einer Verbindlichkeit dient (§ 181 BGB a. E.). Der gesetzliche Vertreter könnte auf diesem Wege wirksam Lasten auf den Minderjährigen „abschieben".[290] Vor diesem Hintergrund wäre ggf. an eine Korrektur der sich aus dem Wortlaut des § 181 BGB abgeleiteten Rechtsfolgen zu denken.

(1) Rechtliche Nachteile aus dem dinglichen Geschäft?

Darauf ist allerdings nur näher einzugehen, wenn sich die angeführten beiden Folgen des dinglichen Rechtserwerbs als rechtlicher Nachteil i. S. v. § 107 BGB darstellen, was jeweils getrennt zu beurteilen ist:

Nach ganz überwiegender Ansicht machen die öffentlich-rechtlichen Lasten auch den dinglichen Rechtserwerb nicht rechtlich nachteilhaft (§ 10 Rn. 33 f.). Teilweise wird darauf hingewiesen, dass es sich nicht um unmittelbare Folgen der Willenserklärung handle, sondern um vom Parteiwillen losgelöste, mittelbare Rechtsfolgen, die kraft Gesetzes eintreten.[291] Ob diese Begründung überzeugen kann, erscheint zweifelhaft, kann jedoch dahinstehen. Richtigerweise geht nämlich der *BGH* in einer neueren Entscheidung davon aus, dass solche öffentlich-rechtlichen Pflichten typischerweise ein so geringes Gefährdungspotential aufweisen, dass sie keinen rechtlichen Nachteil darstellen. Abzustellen ist also auf eine am Schutzzweck des § 107 BGB orientierte Auslegung.[292]

Anderes gilt hingegen für das durch den Eigentumserwerb aufgrund des Vertragsübergangs (§ 566 BGB) begründete Pflichtenprogramm des Vermieters, das nach allgemeiner Ansicht (auch) den dinglichen Rechtserwerb rechtlich nachteilig i. S. d. § 107 BGB macht (§ 10 Rn. 35).[293] Insoweit wird von vorneherein nicht argumentiert, der Vertragsübergang sei eine nur mittelbare, kraft Gesetzes eintretende Rechtsfolge, woraus sich die generell fehlende Überzeugungskraft dieses Begründungsansatzes ergibt.

(2) Korrekturbedarf bei potentiellen Interessenkonflikten

Erkennt man jedoch, dass der Minderjährige jedenfalls durch die dingliche Übereignung des Grundstücks Partner eines für ihn (auch) rechtlich nachteiligen Rechtsgeschäfts wird, ist nunmehr die Frage zu beantworten, ob es im Hinblick darauf einer Korrektur der sich aus dem Wortlaut ergebenden Rechtsfolgen des § 181 BGB

---

[290] *Martinek*, JuS 1993, L 19 ff.
[291] So z. B. *Rüthers/Stadler*, BGB AT, § 23 Rn. 13.
[292] BGHZ 161, 170, 178 ff. = NJW 2005, 415, 418.
[293] MünchKomm-BGB/*Schramm*, § 181 Rn. 15; *Bork*, BGB AT, Rn. 1002.

bedarf. Die Bindung des Minderjährigen an ein nachteiliges Rechtsgeschäft ist zwar nicht prinzipiell ausgeschlossen. Allerdings bedarf es zu dessen Wirksamkeit nach der Grundidee des Gesetzes der vorherigen Zustimmung durch eine Kontrollinstanz, die einzig die Interessen des Minderjährigen im Blick hat. Als Hüter dieser Interessen sieht das Gesetz grundsätzlich dessen gesetzlichen Vertreter an. Er schützt ihn vor möglichen Gefahren nachteiliger Rechtsgeschäfte. Dem trägt das Zustimmungserfordernis in §§ 107, 108 BGB Rechnung. Besteht jedoch ein (potentielles) Eigeninteresse des Hüters der Interessen an der Vornahme des Rechtsgeschäfts, wird er gleichsam zum „Richter in eigener Sache". Bei Abgabe der Erklärung handelt der gesetzliche Vertreter sowohl als schuldrechtlich Verpflichteter als auch als Kontrolleur des Minderjährigen, so dass ein (potentieller) Interessenkonflikt besteht. Effektiver Schutz durch ihn ist darum nicht mehr gewährleistet. Das gilt für einen allein in der Person des gesetzlichen Vertreters vollzogenen Vertragsschluss gleichermaßen wie für das Wirksamwerden des Rechtsgeschäfts aufgrund einer Einwilligung des gesetzlichen Vertreters. Man ist sich daher einig, dass das Ergebnis, das sich bei strenger Anwendung des Gesetzes ergibt, korrekturbedürftig ist.

(3) Lösung des BGH: Gesamtbetrachtung

Der *BGH* setzt dabei schon auf schuldrechtlicher Ebene an. Die Nachteilhaftigkeit der Schenkung sei in solchen Fällen anhand einer Gesamtbetrachtung des schuldrechtlichen und des dinglichen Vertrages zu bestimmen.[294] Wo die Erfüllung durch den gesetzlichen Vertreter dem Minderjährigen nicht nur einen rechtlichen Vorteil bringe, gelte das auch schon für die zugrunde liegende Schenkung. Danach hätten die Eltern des A in doppelter Hinsicht ein (schwebend) unwirksames Insichgeschäft getätigt. Bei der Prüfung des schuldrechtlichen Geschäfts wird der rechtliche Nachteil aus dem dinglichen Geschäft schon mitberücksichtigt, weshalb § 181 BGB beim schuldrechtlichen Geschäft regulär zur Anwendung kommt und dieses folglich schwebend unwirksam macht. Da es auf dieser Basis an einer wirksamen rechtlichen Verpflichtung des minderjährigen A fehlt, die die Eltern im Wege des Insichgeschäfts hätten erfüllen können, ist auch die Eigentumsübertragung (schwebend) unwirksam. Die Ausnahme des § 181 BGB a.E. greift nicht; vielmehr kommt die Vorschrift auch beim dinglichen Geschäft regulär zur Anwendung. Damit ist A bei Anwendung der Ansicht des *BGH* nicht Grundstückseigentümer geworden.

(4) Lösung der h.L.: Unwirksamkeit nur des dinglichen Geschäfts

Die h.L. lehnt diese unnötige Durchbrechung des Trennungsprinzips dagegen ab.[295] Die Gefahren für den Minderjährigen gingen allein vom dinglichen Rechtsgeschäft, d.h. von der Erfüllung des Schenkungsvertrags aus. Der Schenkungsvertrag selbst beschere dem Minderjährigen nur einen rechtlichen Vorteil; dieser sei deshalb wirksam. Das dingliche Rechtsgeschäft verstoße jedoch gegen das Verbot des Insichgeschäfts (§ 181 BGB). Die nicht ausschließlich rechtlich vorteilhafte Erfüllung einer Verbindlichkeit des gesetzlichen Vertreters gegenüber dem minderjährigen Vertretenen müsse zum Schutze des Minderjährigen aus dem Anwendungsbereich des § 181 BGB ausgeklammert werden. § 181 BGB a.E. sei insoweit teleologisch zu reduzieren.

---

[294] BGHZ 78, 29, 35 = NJW 1981, 109, 110f.; zustimmend *Gitter/Schmitt*, JuS 1982, 253, 256; Palandt/*Ellenberger*, § 181 Rn. 22; sodann aber offen gelassen von BGHZ 161, 170, 174 = NJW 2005, 415, 417; dazu *Emmerich*, JuS 2005, 457ff., der die Entscheidung als Aufgabe der Gesamtbetrachtungslehre wertet.

[295] *Jauernig*, JuS 1993, 614f.; *ders.*, JuS 1982, 576f.; *Bork*, BGB AT, Rn. 1002; Erman/*Arnold*, § 181 Rn. 23; *Schmitt*, NJW 2005, 1090ff.

Folgt man dieser Auffassung, ist zwar der Schenkungsvertrag wirksam. (Schwebend) unwirksam ist allerdings der dingliche Vertrag über den Eigentumsübergang. Nach seinem Sinn und Zweck kann die Ausnahme des § 181 BGB a.E. keine Geltung beanspruchen, wenn die Erfüllung für den Minderjährigen auch mit rechtlichen Nachteilen verbunden ist. A ist daher auch dann nicht Eigentümer des Grundstücks geworden, wenn man die Ansicht der h.L. zugrunde legt.

Hinweis: Der Mangel der Auflassung wird nicht nach § 311b I 2 BGB durch die Eintragung des A ins Grundbuch geheilt. Abgesehen davon, dass durch die Eintragung ohnehin nur Formmängel geheilt werden können, setzt der Eintritt der Heilungswirkung eine *wirksame* Auflassung voraus. Eine solche ist eben nicht erfolgt.

2. Ergebnis

Unabhängig davon, welcher der dargelegten Meinungen man folgt, ist A nicht nach § 566 BGB in die Vermieterstellung eingerückt. Vermieter und damit nach § 535 II BGB forderungsberechtigt sind weiterhin nur die Eltern. A hat folglich gegen B keinen Anspruch auf Zahlung der Miete.

Fall Nr. 64 – Mieser Enkel

Oma Otti (O) hat vor einiger Zeit eine beträchtliche Summe Bargeld von ihrem verstorbenen Mann geerbt. Das Geld zahlte sie auf ein gut verzinstes Tagesgeldkonto bei der B-Bank ein. Für das Konto erteilte sie ihrem Enkel Egon (E) umfassende Verfügungsvollmacht, um sich die mühsamen Gänge in die Stadt zu ersparen. Die Vollmacht ermächtigte E zu allen im Zusammenhang mit dem Konto stehenden Transaktionen. Seit Jahren hob E monatlich Beträge bis maximal € 500 im Namen der O ab, die mit dem Geld – wie E wusste – ihre niedrige Rente aufbesserte. Dabei bediente ihn regelmäßig der Angestellte Achim (A), der sowohl E als auch O recht gut kannte. Er wusste, dass ihr aufgrund ihres hohen Alters die Betreuung des Kontos zu mühselig war, weshalb sie E mit allen Angelegenheiten „rund um das Konto" betraut hatte. Eines Tages kam E wieder an den Schalter und verlangte von A Auszahlung von € 50.000 – nahezu das gesamte Kontoguthaben – im Namen der O. A wunderte sich: Erstens hatte E in den ganzen Jahren noch nie einen so hohen Betrag abgehoben. Zweitens erschien ihm das Ganze auch deshalb merkwürdig, weil E sich erst vor einigen Tagen einen luxuriösen Sportwagen zugelegt hatte, den er sich angesichts seines Studentenstatus eigentlich nicht leisten konnte; E hatte überall erzählt, dass er den Wagen mit dem Gewinn aus einer Sportwette bezahlt habe. Dabei wusste A, dass E das Wetten eigentlich verabscheute. Obwohl A starke Zweifel hat, dass alles mit rechten Dingen zugeht, zahlt er E das Geld widerspruchslos aus. Inzwischen sind die Zinsen bei der B-Bank so stark gesunken, dass O ihr Geld bei einer anderen Bank anlegen will. Da sie zufällig einmal selbst in der Stadt ist, sucht sie die Filiale der B-Bank auf, um das Geld von ihrem Konto abzuheben. Am Schalter wird O ihr gesamtes Guthaben – ein Restbetrag von € 700 – ausgezahlt. O ist entsetzt und verlangt Auszahlung weiterer € 50.000. Zu Recht?

Literaturhinweis: *Medicus*, BGB AT, Rn. 965 ff.

Lösung

1. Anspruch von O gegen die B-Bank auf Zahlung von € 50.000

Ein Anspruch auf Zahlung von € 50.000 kann sich aus § 700 I 3 BGB i.V.m. § 695 BGB ergeben.

a) Anspruch entstanden

Zwischen O und der B-Bank muss ein wirksamer Vertrag über eine unregelmäßige Verwahrung zustande gekommen sein. Dieser Vertragstyp setzt sich aus darlehens- und verwahrungsrechtlichen Elementen zusammen. Mit dem Darlehensvertrag hat er gemein, dass das Eigentum an den (vertretbaren) Sachen (§§ 90, 91 BGB) auf den Verwahrer übertragen wird (§§ 929ff. BGB). Seine gemäß § 700 I 1 BGB bestehende Rückgewährpflicht erfüllt der Verwahrer durch Übereignung von Sachen gleicher Art, Güte und Menge. Beim „regelmäßigen“ Verwahrungsvertrag (§ 688 BGB) schuldet der Verwahrer dagegen Rückgabe *derselben* Sache, an welcher der Verwahrer nur Besitz, aber kein Eigentum erlangt. Im Hinblick auf die Fälligkeit des Rückforderungsanspruchs unterscheidet sich der unregelmäßige Verwahrungsvertrag wiederum vom Darlehensvertrag. Nach § 700 I 3 BGB i.V.m. § 695 BGB kann der Hinterleger jederzeit die Rückgabe der hinterlegten Sache verlangen; er kann daher jederzeit über Sachen gleicher Art, Güte und Menge verfügen. Insoweit besteht die Parallele zum „regelmäßigen“ Verwahrungsvertrag. Die Fälligkeit eines Rückforderungsanspruchs aus Darlehen setzt indes dessen vorhergehende Kündigung voraus (§§ 488 III, 608 BGB).

O hatte bei der B-Bank eine hohe Summe Bargeld auf ein „Tagesgeldkonto“ eingezahlt. Das Einzahlen bedeutet dabei nichts anderes, als dass das Bargeld bei der Bank (der Verwahrerin) hinterlegt wird. An *diesem* Geld erlangt die Bank Eigentum, weshalb es sich nicht um einen „regelmäßigen“ Verwahrungsvertrag handelt. Der Hinterleger kann aber Sachen gleicher Art, Güte und Menge, d.h. eine *entsprechende* Geldsumme fordern.

Hinweis: Bei „Tagesgeld“ handelt es sich – wie beim Girokonto – um eine sog. Sichteinlage. Sichteinlagen zeichnen sich – im Gegensatz zu Termin- und Spareinlagen – durch die jederzeitige Verfügungsmöglichkeit des Einlegers aus; es handelt sich um täglich fällige Gelder.[296] Diese allzeitige Verfügbarkeit schließt einen Darlehensvertrag aus (*arg.:* §§ 488 III, 608 I BGB).

Indem O das Bargeld bei der B-Bank einzahlte, einigten sich die beiden über den Abschluss eines unregelmäßigen Verwahrungsvertrags. Ein Anspruch auf Auszahlung von € 50.000 ist somit entstanden.

b) Anspruch erloschen durch Erfüllung?

Der Anspruch kann aber erloschen sein, wenn die B-Bank ihn bereits durch die Auszahlung des Betrags von € 50.000 an E wirksam erfüllt hat.

Erfüllung tritt nach § 362 I BGB ein, wenn *die geschuldete Leistung an den Gläubiger bewirkt wird.* Dazu hat der Schuldner den vereinbarten Leistungserfolg zur **richtigen Zeit**, am **richtigen Ort** gegenüber dem **richtigen Gläubiger** herbeizuführen. Was „richtig“ in diesem Sinne ist, bestimmt sich in erster Linie nach dem Schuldverhältnis. Bei einem unregelmäßigen Verwahrungsvertrag schuldet der Verwahrer v.a. Rückgewähr von Sachen gleicher Art, Güte und Menge, bei Geld also

[296] Derleder/Knops/Bamberger/*Batereau*, Handbuch zum deutschen und europäischen Bankrecht, 2. Aufl. 2009, § 40 Rn. 7ff.

die Rückgewähr der geforderten Wertsumme begrenzt durch die Höhe des Guthabens; die konkrete Stückelung wird dabei i.d.R. zweitrangig sein. Bei einer solchen **Geldschuld** wird der Leistungserfolg durch Übereignung, d.h. Einigung und Übergabe, des Bargeldes bewirkt.[297] Richtiger Gläubiger des Anspruchs ist grundsätzlich die hinterlegende Person, also O. Zur Erfüllung des Anspruchs muss die B-Bank somit € 50.000 an O übereignet haben. Das gilt es im Folgenden zu prüfen.

Eine Übereignung nach den §§ 929ff. BGB setzt in jedem Fall voraus, dass sich O und die B-Bank über den Eigentumsübergang geeinigt haben. Dafür müssen zwei korrespondierende Willenserklärungen abgegeben worden sein. Für die B-Bank hat der Mitarbeiter A eine entsprechende Willenserklärung abgegeben. Aus Sicht eines objektiven Empfängers war diese auf Übereignung an O gerichtet, weil E in ihrem Namen auftrat. A wusste also, dass nicht E Eigentümer werden sollte.

Auch auf der Gegenseite muss ein darauf gerichteter Wille erklärt worden sein. O selbst hat keine Willenserklärung abgegeben, kann jedoch bei der dinglichen Einigungserklärung durch E vertreten worden sein.

aa) Voraussetzungen der Stellvertretung

E verlangte von A im Namen der O Auszahlung eines Betrages von € 50.000; er gab also eine eigene Willenserklärung in fremdem Namen ab. Sofern er insgeheim eine Übereignung an sich selbst beabsichtigte, ist dieser Wille nach § 116 S. 1 BGB unbeachtlich. Problematisch erscheint allein seine Vertretungsberechtigung. O hatte E eine umfassende Bankvollmacht erteilt, die keinerlei Beschränkungen enthielt. Daher war E an sich zur Abhebung des Geldes legitimiert. Allerdings lief dieses Verhalten offensichtlich den Interessen der O zuwider, die auf das Geld zur Aufbesserung ihrer Rente angewiesen war. Es stellt sich die Frage, ob dieses eindeutige Fehlverhalten unter rechtlichen Gesichtspunkten Berücksichtigung finden kann.

bb) Korrektur wegen Missbrauchs der Vertretungsmacht

E verhielt sich im Innenverhältnis zu O zweifellos pflichtwidrig. Er wusste, dass O ihm die Kontovollmacht im eigenen und nicht in seinem Interesse erteilt hatte. Die Anschaffung eines Sportwagens zum Preis von € 50.000 erfolgte gewiss nicht zum Wohle der O. Gleichwohl ermöglichte es ihm die durch O eingeräumte umfassende Verfügungsbefugnis, im Außenverhältnis rechtswirksam das Konto betreffende Erklärungen mit Wirkung für und gegen O abzugeben und entgegenzunehmen. Dieses aus der Diskrepanz von rechtlichem Können und rechtlichem Dürfen (*Abstraktionsprinzip*[298]) resultierende Missbrauchsrisiko hat prinzipiell der Vertretene zu tragen. Den Vertragspartner trifft keine Prüfungspflicht, ob und inwieweit der Vertreter im Innenverhältnis gebunden ist.[299] Aus seiner Sicht soll es nur darauf ankommen, ob der Vertreter Rechtswirkungen herbeiführen kann und nicht, ob er sie auch herbeiführen darf. Der Dritte erscheint aber ausnahmsweise nicht schutzwürdig, wenn er bösgläubig hinsichtlich des Missbrauchs der Vertretungsmacht war.

Unstreitig schadet dem Dritten **positive Kenntnis**, die bei A jedoch nicht bejaht werden kann. Darüber hinaus tangiert der interne Pflichtenverstoß das Außenverhältnis nach h.M. auch dann, wenn der Missbrauch evident war, wobei **Evidenz des Missbrauchs** in etwa mit grober Fahrlässigkeit gleichgesetzt werden kann. Hat der Vertreter von seiner Vertretungsmacht in ersichtlich verdächtiger Weise Gebrauch gemacht, sodass sich dem Dritten geradezu aufdrängen musste, dass der Vertreter

---

[297] MünchKomm-BGB/*Fetzer*, § 362 Rn. 16.
[298] Zum stellvertretungsrechtlichen Abstraktionsprinzip siehe oben § 10 Rn. 92ff.
[299] *BGH* NJW 2011, 66, 69 (Rn. 29); 1999, 2883.

im Innenverhältnis seine Befugnisse überschreitet, erscheint der Dritte nicht schutzwürdig.

A wusste, dass E von O Kontovollmacht erhalten hatte. Bisher hatte E allerdings immer nur kleine Beträge abgehoben. Die Auszahlung nahezu des gesamten Guthabens war deshalb zumindest ungewöhnlich. Hinzu kommt, dass A wusste, dass E sich vor Kurzem einen luxuriösen Sportwagen zugelegt hatte, den er sich angesichts seiner limitierten Vermögensverhältnisse eigentlich nicht hätte leisten können. Die Angabe des E, er habe beim Wetten gewonnen, war nur eingeschränkt glaubwürdig, weil E das Wetten hasste, wovon A ebenfalls Kenntnis hatte. Bei einer Gesamtschau all dieser Verdachtsmomente drängte sich dem A das pflichtwidrige Verhalten des E geradezu auf. Der Missbrauch seiner Vertretungsmacht war damit objektiv evident. Diese Bösgläubigkeit des A muss sich die B-Bank dabei nach § 166 I BGB zurechnen lassen.

Hinweis: Nach teilweise vertretener Ansicht soll das Institut des Missbrauchs der Vertretungsmacht nur Platz greifen, wenn der Vertreter sich des internen Pflichtverstoßes bewusst gewesen ist. Abgesehen davon, dass diese Voraussetzung *in casu* erfüllt ist, kann auf sie verzichtet werden. Die Risikoverteilung zu Lasten des Vertretenen erfolgt aufgrund von Schutzwürdigkeitserwägungen. Ob der Geschäftspartner Schutz verdient, bemisst sich allein nach seiner Person.

Die **Rechtsfolgen** des Missbrauchs der Vertretungsmacht **sind umstritten.** Die Rechtsprechung geht davon aus, dass der Vertreter mit Vertretungsmacht gehandelt hat, der Dritte sich aber gemäß § 242 BGB hierauf nicht berufen darf. Die dingliche Einigung zwischen der B-Bank und O ist danach zwar wirksam. Hierauf darf sich die B-Bank der O gegenüber aber nicht berufen.

Eine echte Durchbrechung des Abstraktionsprinzips nimmt hingegen die h. L. an. Das Innenverhältnis bestimme ausnahmsweise auch den Umfang der Rechtsmacht im Außenverhältnis. Dementsprechend seien die §§ 177 ff. BGB anzuwenden. Der Vertreter habe ohne Vertretungsmacht gehandelt; das weitergehende Schicksal der Erklärung hänge von der Genehmigung des Vertretenen ab. Das (erneute) Auszahlungsverlangen der O macht deutlich, dass sie der Auszahlung an E nicht durch eine Genehmigung Erfüllungswirkung verleihen will. O hat daher die Genehmigung verweigert, weshalb die Erklärung des E endgültig unwirksam geworden ist.

Im Ergebnis unterscheiden sich beide Ansichten nicht. Mangels wirksamer Übereignung bei der Auszahlung an E wurde der Anspruch der O auf Auszahlung bislang nicht erfüllt. Er besteht deshalb weiter fort.

2. Ergebnis

O kann von der B-Bank Zahlung von € 50.000 gemäß §§ 700 I 3 i. V. m. 695 BGB verlangen.

Fall Nr. 65 – Sport ist Mord

Gundula (G) hat schon seit vielen Jahren ein paar Kilos zu viel auf der Hüfte. Schon seit fast genauso vielen Jahren ringt sie mit sich, endlich einem Fitnessstudio beizutreten. Ihre Tochter Tine (T) kann die ständige „Nörgelei" ihrer Mutter über ihr „Hüftgold" nicht mehr ertragen. Kurz entschlossen sucht sie daher die „Rank und Schlank-GmbH" (R-GmbH) auf, deren Geschäftsführer Berni (B) ein Bekannter der beiden ist. Dort unterschreibt sie im Namen ihrer Mutter einen einjährigen Sportstudiovertrag und vereinbart auch gleich ein erstes angeleitetes Training, das in dreieinhalb Wochen stattfinden soll. Dabei rechnet B damit, dass T ohne das Wissen der G handelt, weil er weiß, wie schwer sich G mit sportlichen Aktivitäten tut. Gleichwohl unterschreibt auch er. Wieder zu Hause erzählt sie G von ihrem „Coup“. G zeigt sich anfangs zwar etwas skeptisch; die Aussicht, bald wieder in ihre alten Lieblingsjeans zu passen, bewegt sie aber letztendlich dazu, den Vertragsschluss gegenüber T zu billigen. Zwei Tage später ruft B bei G an. Er müsse nun Bescheid wissen, ob er G als neues Mitglied begrüßen könne, da seine Kapazitäten sehr limitiert seien und er anderen Interessenten ungern Absagen erteile. Getreu dem Motto „Sport ist Mord“ nutzt sie die Gelegenheit und „bläst“ das Ganze doch wieder ab. Sie erklärt B, dass T auf eigene Faust gehandelt habe; G habe sich nie in einem Fitnessstudio anmelden wollen.

Ist ein wirksamer Sportstudiovertrag zustande gekommen?

Abwandlung 1: B hat G angerufen und seine Erklärung widerrufen, noch bevor T ihrer Mutter „Bericht erstatten“ konnte. G weigerte sich jedoch, den Widerruf zu akzeptieren. Sie begrüße das Verhalten der T sogar und machte B klar, dass es ganz in ihrem Sinne gewesen sei. Besteht ein wirksamer Vertrag?

Abwandlung 2: B trifft noch am Tag des Vertragsschlusses Manni (M) – den Lebensgefährten der G – beim Einkaufen. M erzählt B, dass G zwar anfangs nicht besonders erfreut über den „Schnellschuss“ der T gewesen sei, sich aber schließlich damit einverstanden erklärt habe. Nun hat inzwischen Arnold (A) einen unbefristeten Sportstudiovertrag bei B unterschrieben. Da die Kapazitäten des Sportstudios mittlerweile völlig ausgeschöpft sind, würde B vom Vertrag mit G gerne wieder Abstand nehmen. Er schreibt daher an G einen Brief, in dem er sie zur Erklärung über die Genehmigung auffordert. Eine Antwort auf den Brief erhält G nicht. Zweieinhalb Wochen nach Zugang des Briefs erscheint G im Sportstudio und verlangt Durchführung des ersten Trainings. Zu Recht?

Lösung zum Grundfall

1. Wirksamer Sportstudiovertrag

Ein Sportstudiovertrag kann zwischen G und der R-GmbH zustande gekommen sein. Wie jeder Vertrag setzt auch der Sportstudiovertrag die Abgabe zweier korrespondierender Willenserklärungen, Angebot und Annahme (§§ 145, 147 BGB), voraus.

a) Willenserklärung der R-GmbH

Die R-GmbH ist als juristische Person nicht in der Lage, eigene Willenserklärungen abzugeben. Zur Teilnahme am Rechtsverkehr muss die GmbH daher durch eine natürliche Person vertreten werden. Das kann durch B geschehen sein.

B hat eine eigene Willenserklärung abgegeben. Dies geschah im Namen der R-GmbH, weil bei lebensnaher Betrachtung davon ausgegangen werden kann, dass die R-GmbH auf dem Sportstudiovertrag aufgeführt war. Selbst wenn dies nicht der Fall gewesen sein sollte, kann sich das Handeln im Namen der R-GmbH aus den Umständen ergeben (§ 164 I 2 BGB a.E.). Es war klar erkennbar, dass B nicht in Person, sondern für das Unternehmen, das Fitnessstudio, handeln wollte. Sogar in solchen Fällen, in denen dem Gegenüber der konkrete, das Unternehmen betreibende Rechtsträger – hier die GmbH – nicht bekannt ist, wird nach den Grundsätzen des **unternehmensbezogenen Rechtsgeschäfts**[300] im Zweifel angenommen, dass die Erklärung diesen Unternehmensträger und nicht die handelnde Person binden soll.[301] B handelte also in jedem Fall im Namen der R-GmbH.

Weiterhin muss B zur Vertretung berechtigt gewesen sein. Die Vertretungsmacht des B ergibt sich aus seiner Geschäftsführereigenschaft. Der Geschäftsführer ist das Organ einer GmbH und als solches nach §§ 35 I 1, 37 II 1 GmbHG umfassend vertretungsberechtigt. Damit wirkt die Willenserklärung des B für und gegen die R-GmbH (§ 164 I 1 BGB).

b) Willenserklärung der G

G selbst hat ebenfalls keine Willenserklärung abgegeben. Möglicherweise muss sich G aber die Willenserklärung der T gemäß § 164 I BGB zurechnen lassen, welche T bei ihrer Unterschrift unter den Sportstudiovertrag abgegeben hat. Maßgeblich ist hierfür, ob T die G wirksam vertreten hat.

aa) Wirksame Stellvertretung durch T?

T hat zweifelsfrei eine eigene Willenserklärung im Namen der G abgegeben. Zugerechnet werden kann sie G aber nur, wenn T bei Abgabe der Willenserklärung auch Vertretungsmacht hatte. Das ist zu verneinen. G wusste von dem Verhalten ihrer Tochter nichts. T handelte gänzlich auf eigene Faust. Sie war daher Vertreterin ohne Vertretungsmacht. Ihre Erklärung kann G nicht zugerechnet werden. Der Sportstudiovertrag war deshalb zunächst gemäß § 177 I BGB schwebend unwirksam.

bb) Genehmigung

G kann aber durch eine Genehmigung nachträglich einen Zurechnungsgrund geschaffen und den Vertrag damit an sich gezogen haben. Die Genehmigung ist eine einseitige, empfangsbedürftige Willenserklärung und kann sowohl dem Vertreter als auch dem Geschäftspartner gegenüber erklärt werden (§ 182 I BGB). Kurz nach dem (unwirksamen) Vertragsschluss durch T billigte G ihn ihr gegenüber. Es handelt sich um eine Innengenehmigung nach § 182 I Alt. 1 BGB, die den Sportstudiovertrag rückwirkend in Kraft gesetzt hat (§ 184 I BGB).

cc) Unwirksamkeit der Innengenehmigung

Allerdings kann diese Genehmigung sodann wieder nach § 177 I 1 Hs. 2 BGB unwirksam geworden sein, wenn die R-GmbH die G im Sinne dieser Vorschrift zur Erklärung über die Genehmigung aufgefordert hat. Die Vorschrift bezieht sich nur auf eine Innengenehmigung. Die Möglichkeit der Aufforderung wahrt die berechtigten Interessen des Geschäftsgegners. Um nicht „ewig" auf eine Entscheidung des Vertretenen warten zu müssen, soll er sich selbst vor unabsehbar lange andauernden Schwebezuständen schützen können. Das setzt zunächst voraus, dass der Geschäftsgegner weiß, dass ein Schwebezustand überhaupt besteht. So lag der Fall: B rechnete damit, dass T den Vertrag ohne Vertretungsmacht geschlossen hatte, weil er wusste, dass G ein „Sportmuffel" ist. Um Klarheit zu erhalten, rief er deshalb G an und wollte von ihr wissen, ob er sie als neues Mitglied begrüßen dürfe. Aufgrund seiner knappen Kapazitäten müsse sich G entscheiden. Nach §§ 133, 157 BGB ist diese Aussage als Aufforderung zu verstehen, weil er von G eindeutig und bestimmt verlangte, sich über die Wirksamkeit des Vertragsschlusses zu erklären. Diese Aufforderung, bei der es sich um eine geschäftsähnliche Handlung handelt, wirkte analog § 164 I BGB für und gegen die

[300] Dazu oben § 10 Rn. 51 ff., ferner Fall Nr. 56 – Wen geht es an?
[301] BGHZ 91, 148, 152 = NJW 1984, 2164.

R-GmbH. Die bereits erteilte Innengenehmigung ist dadurch hinfällig und der Sportstudiovertrag (erneut) schwebend unwirksam geworden.

Die Aufforderung bewirkt des Weiteren, dass eine **Genehmigung nur noch gegenüber dem Geschäftsgegner** erklärt bzw. verweigert werden kann (§ 177 II 1 Hs. 1 BGB). Es gilt eine Zwei-Wochen-Frist, deren Verstreichenlassen das Gesetz als Verweigerung wertet (§ 177 II 2 BGB).

G nutzte die günstige Gelegenheit, sich noch einmal anders entscheiden zu können, und „blies" das „Vorhaben Fitnessstudio" kurz entschlossen wieder ab. Darin ist eine Verweigerung der Genehmigung gegenüber dem vertretungsberechtigten B zu sehen (§ 164 III BGB). Der Sportstudiovertrag ist damit endgültig unwirksam.

2. Ergebnis

Zwischen G und der R-GmbH ist kein wirksamer Sportstudiovertrag zustande gekommen.

Lösung zur Abwandlung 1

1. Wirksamer Vertragsschluss

Mangels Vertretungsmacht ist der Sportstudiovertrag auch in der Abwandlung schwebend unwirksam. Neben der Möglichkeit, den Vertretenen zur Genehmigung aufzufordern, kann der Vertragspartner seine Willenserklärung auch nach § 178 BGB widerrufen, um den Schwebezustand zu beenden. Widerrufsgrund muss dabei gerade der Mangel der Vertretungsmacht sein.[302] Das Widerrufsrecht besteht allerdings nicht, wenn der Geschäftsgegner den Mangel der Vertretungsmacht bei Vertragsschluss kannte (§ 178 S. 1 BGB). Er lässt sich dann nämlich sehenden Auges auf den Schwebezustand und das damit verbundene Risiko einer Genehmigungsverweigerung ein, weshalb er sich nicht mehr einseitig von seiner Erklärung lösen können soll. Das **Widerrufsrecht** besteht mithin **nur bei nachträglicher Kenntniserlangung.** Vor allzu langen Schwebezuständen ist er durch § 177 I BGB geschützt; die Aufforderungsmöglichkeit verbleibt ihm trotz Kenntnis.

Aus dem Gesagten ergibt sich, dass B seine Erklärung nicht widerrufen kann. Obwohl er damit rechnete, dass T ohne Vertretungsmacht handelte, nahm er dies billigend in Kauf (*dolus eventualis*) und schloss mit T ab.

Den schwebend unwirksamen Vertrag setzte G durch eine Außengenehmigung endgültig in Kraft. Um nichts anderes handelt es sich nämlich bei der Aussage, dass das Verhalten der T in ihrem Sinne gewesen sei.

2. Ergebnis

Zwischen G und der R-GmbH besteht ein wirksamer Sportstudiovertrag.

Lösung zur Abwandlung 2

1. Anspruch der G gegen die R-GmbH auf Durchführung des Trainings

Ein Anspruch kann sich aus dem Sportstudiovertrag ergeben, wenn ein solcher wirksam zustande gekommen ist.

---

[302] *Wolf/Neuner*, BGB AT, § 51 Rn. 10.

Wie bereits im Ausgangsfall hat G den schwebend unwirksamen Vertrag gegenüber T genehmigt. Die Innengenehmigung kann auch in dieser Abwandlung nach § 177 I 1 Hs. 2 BGB unwirksam geworden sein, als B die G schriftlich zur Erklärung über die Genehmigung aufgefordert hat. Allerdings hatte M – der Lebensgefährte der G – dem B zuvor berichtet, dass G sich mit dem Abschluss des Vertrages durch die vollmachtslose T einverstanden erklärt hatte. Hat der Geschäftspartner im Zeitpunkt der Aufforderung **zuverlässige Kenntnis von einer** bereits **erteilten Innengenehmigung**, zeitigt die Aufforderung keinerlei Rechtsfolgen.[303] Das ergibt sich aus ihrem Sinn und Zweck, Unklarheiten beim Geschäftsgegner zu beseitigen. Ebenso wenig, wie eine Aufforderung die Wirksamkeit einer bereits erteilten Außengenehmigung berühren kann, vermag sie dies bei einer dem Geschäftsgegner bekannten Innengenehmigung. In beiden Fällen besteht keine Unklarheit (mehr); er weiß, dass der Vertrag wirksam geworden ist. Der Tatbestand des § 177 I 1 BGB ist also um das ungeschriebene Merkmal der Unkenntnis von der Innengenehmigung zu ergänzen.

B hatte von der Innengenehmigung Kenntnis, die der R-GmbH gemäß § 166 I BGB zugerechnet wird. Die Aufforderung war damit (rechts-)folgenlos. Die Genehmigung führte zur endgültigen Wirksamkeit des Sportstudiovertrages.

2. Ergebnis

G kann von der R-GmbH Durchführung des Trainings aus dem Sportstudiovertrag verlangen.

Fall Nr. 66 – Omas Liebling

Die abenteuerlustige Rentnerin (R) möchte ein Darlehen zur Finanzierung einer Luxuskreuzfahrt im Golf von Aden aufnehmen. Sie selbst ist in finanziellen Angelegenheiten nicht besonders bewandert. Deshalb wendet sie sich an ihren gerade 18-jährigen Lieblingsenkel (E), zu dem sie vollstes Vertrauen hat und beauftragt ihn formlos mit dem Abschluss eines Darlehensvertrages bei der B-Bank GmbH (B). Aus Liebe zu seiner Oma tut der nicht gerade unter mangelndem Selbstbewusstsein leidende E ihr den Gefallen, obwohl er in geschäftlichen Dingen völlig unerfahren ist. Schon am Anfang der Vertragsverhandlungen fällt dem vertretungsberechtigten Angestellten (A) das unsichere Verhalten des E auf. Die Unerfahrenheit des E macht A sich zunutze. Er schließt im Namen der B mit E, der offen im Namen der R auftritt, einen schriftlichen Darlehensvertrag über € 15.000 mit einer Laufzeit von 2 Jahren, der alle in § 492 II BGB i.V.m. Art. 247 §§ 6 bis 13 EGBGB genannten Angaben enthält. Der vereinbarte Zinssatz beträgt 24% pro Jahr; der marktübliche Zinssatz liegt zu dieser Zeit bei 8%. Das Geld soll in den nächsten Tagen auf das Konto der R überwiesen werden. Noch bevor das Darlehen ausgekehrt wird, kommen A Zweifel an der Wirksamkeit des Vertragsschlusses. Er erinnert sich nämlich „dunkel" an die Schuldrechtsreform, in deren Zuge sich auch „irgend etwas im Stellvertretungsrecht" geändert habe. Zur Sicherheit ruft er R deshalb an und fordert sie zur Erklärung über die Genehmigung auf. R, die mittlerweile zu der Erkenntnis gekommen ist, dass eine Reise in den Golf von Aden vielleicht doch etwas zu abenteuerlich sei, verweigert die Genehmigung. Daraufhin wendet sich B an E und verlangt von ihm Schadensersatz. Zu Recht?

---

[303] *Brox/Walker*, BGB AT, Rn. 599; *Bork*, BGB AT, Rn. 1611.

Lösung

1. Anspruch der B gegen E auf Schadensersatz

Ein Schadensersatzanspruch der B gegen E kann sich aus § 179 I BGB ergeben.

a) Handeln eines falsus procurator

Der Anspruch verlangt zunächst, dass alle Voraussetzungen wirksamer Stellvertretung mit Ausnahme der Vertretungsmacht erfüllt sind.

E hat eine eigene auf Abschluss des Darlehensvertrages gerichtete Willenserklärung abgegeben und dies geschah ausdrücklich im Namen der R. Entscheidend ist daher, ob die Abgabe dieser Erklärung nicht durch eine entsprechende Vertretungsmacht gedeckt war. R beauftragte E ausdrücklich mit der Aufnahme eines Darlehens in ihrem Namen. Darin ist zugleich die Erteilung einer (Innen-)vollmacht zu sehen. Die Bevollmächtigung muss als Willenserklärung allgemeinen Wirksamkeitsanforderungen genügen. Die **Vollmacht** kann **formnichtig** sein (§ 125 S. 1 BGB), wenn sie abweichend vom Grundsatz der Formfreiheit einer Formpflicht unterlag.

Bei den gesetzlichen Formgeboten ist sauber danach zu differenzieren, ob sie sich auf den vom Vertreter zu schließenden (Haupt)Vertrag oder auf die Vollmacht beziehen. Ein Darlehensvertrag muss nach § 492 I 1 BGB die Schriftform (§ 126 BGB) wahren, sofern der Darlehensgeber ein Unternehmer (§ 13 BGB) und der Darlehensnehmer ein Verbraucher (§ 14 BGB) ist. Darüber hinaus sind bestimmte Pflichtangaben in die Erklärung des Darlehensnehmers aufzunehmen (vgl. § 492 II BGB i. V. m. Art. 247 §§ 6 bis 13 EGBGB).

Gemäß § 167 II BGB bedarf die Vollmachtserklärung grundsätzlich nicht der für das Vertretergeschäft bestimmten Form. Von diesem Grundsatz macht § 492 IV 1 BGB aber eine Ausnahme: Die **Vollmacht** des (zukünftigen) Darlehensnehmers ist gleichfalls schriftlich zu erteilen, wenn sie **auf den Abschluss eines Verbraucherdarlehensvertrags i. S. v. § 491 I 1 BGB abzielt.** Auch die nach § 492 II BGB i. V. m. Art. 247 §§ 6 bis 13 EGBGB erforderlichen Pflichtangaben müssen bereits in der Vollmachtserklärung enthalten sein. Das Gesetz will auf diese Weise den Verbraucher davor bewahren, dass ihm der von § 492 I BGB intendierte Schutz (Warnung durch Schriftform und ausreichende Information vor Vertragsschluss) durch Einsatz eines Vertreters verloren geht.

B als juristische Person ist zweifellos Unternehmer i. S. d. § 14 BGB. Der Abschluss von Darlehensverträgen unterfällt dem „klassischen" Tätigkeitsbereich einer Bank und erfolgt somit in Ausübung ihrer gewerblichen Tätigkeit. Bei dem Vollmachtgeber muss es sich um einen Verbraucher (§ 13 BGB) handeln. Auch das kann bejaht werden. Der Vertragsschluss sollte der Finanzierung einer Urlaubsreise der R, mithin einem privaten Zweck, dienen. Damit war die Vollmacht nach § 492 IV 1, I BGB formpflichtig, weil sie den Abschluss eines Verbraucherdarlehensvertrags bezweckte. Die mündliche Bevollmächtigung entsprach dieser Form nicht. Gemäß § 494 I BGB hat der Formverstoß die Nichtigkeit der Vollmacht zur Folge.

Eine Heilung des Formmangels nach § 494 II 1 BGB ist jedenfalls deshalb nicht erfolgt, weil R das Darlehen weder empfangen noch sonst wie in Anspruch genommen hat. Mangels wirksamer Vollmacht schloss E den Vertrag daher als Vertreter ohne Vertretungsmacht.

Hinweis: Da die Heilung schon an der fehlenden Auszahlung scheitert, kann offen bleiben, ob die Erfüllung ohnehin nur Formmängel des Vertrages, nicht aber solche der Vollmacht heilt.[304]

---

[304] So MünchKomm-BGB/*Schürnbrand*, § 494 Rn. 17.

b) Verweigerung der Genehmigung

Ein ohne Vertretungsmacht geschlossener Vertrag ist grundsätzlich schwebend unwirksam (§ 177 I BGB), kann aber durch Genehmigung des Vertretenen wirksam werden. Ist der Vertrag durch Genehmigung doch noch zur Wirksamkeit gelangt, wird das Vertrauen des Geschäftspartners nicht enttäuscht. Ein Anspruch aus § 179 I BGB setzt darum voraus, dass die Genehmigung verweigert worden ist. Nachdem B, vertreten durch A (§ 164 BGB analog), die R zur Erklärung über die Genehmigung aufgefordert hatte, verweigerte sie diese (§ 177 II 1 Hs. 1 BGB). Dadurch wurde der Vertrag endgültig unwirksam.

Hinweis: Da R die Genehmigung verweigert hat, muss nicht geklärt werden, ob R den Vertrag überhaupt mündlich hätte genehmigen können oder ob auch insoweit die besondere Form des § 492 BGB hätte beachtet werden müssen.[305]

c) Fehlen sonstiger Unwirksamkeitsgründe

Aus Sinn und Zweck der Schadensersatzhaftung nach § 179 I BGB ergibt sich eine zusätzliche ungeschriebene Tatbestandsvoraussetzung. Dem Geschäftspartner tritt stets eine Person gegenüber, die sich als Vertreter geriert. Ob diese Person tatsächlich zur Vornahme des Rechtsgeschäfts autorisiert ist, ist für den Geschäftspartner regelmäßig nicht erkennbar, da er in die Interna zwischen Vertreter und Vertretenem keinen Einblick hat. Vor dem damit verbundenen Risiko schützt ihn § 179 I BGB. Der Vertreter, der das Vertrauen des gutgläubigen Geschäftspartners enttäuscht hat, haftet ihm darum wahlweise auf Erfüllung oder Schadensersatz statt der Leistung. Auf ein Verschulden des Vertreters kommt es dabei grundsätzlich nicht an. § 179 I BGB will ihn aber nur vor der Gefahr schützen, dass der Vertreter keine Vertretungsmacht hat. Darum ist man sich einig, dass eine Haftung des Vertreters entfällt, wenn das Vertretergeschäft auch unwirksam gewesen wäre, wenn er Vertretungsmacht gehabt hätte.[306] Dann hat sich nämlich nicht ein **speziell aus der Vertretung resultierendes Unwirksamkeitsrisiko**, sondern das bei jedem Rechtsgeschäft bestehende allgemeine Unwirksamkeitsrisiko realisiert. Vertrauensschutz findet dann jedenfalls nicht über § 179 I BGB statt; eine Haftung des Vertreters aus anderen Gründen – z.B. *culpa in contrahendo* (§§ 311 II, 241 II, 280 I BGB) – bleibt dagegen unberührt.

Zu prüfen ist somit, ob der Darlehensvertrag noch unter anderen Mängeln leidet.

aa) Nichtigkeit wegen Anfechtung (§ 142 I BGB)

In Erwägung zu ziehen ist weiterhin eine Nichtigkeit des Vertrages infolge Anfechtung wegen arglistiger Täuschung (§§ 142 I, 123 I Alt. 1 BGB).[307] Dazu muss bei dem Vertreter E (vgl. § 166 I BGB) durch Vorspiegelung falscher Tatsachen ein Irrtum erregt worden sein. Eine Täuschung über die Höhe des Zinssatzes scheidet jedoch aus, da B den Zinssatz i.H.v. 24% klar benannt hat.

Man könnte noch daran denken, dass bei E die falsche Vorstellung erweckt wurde, dass es sich bei einem Zinssatz von 24 % um den marktüblichen handele. Abgesehen davon, dass der Sachverhalt nichts zu den diesbezüglichen Vorstellungen des E aussagt, kann eine allgemeine Aufklärungspflicht über nicht marktübliche Konditionen nicht anerkannt und deshalb bei fehlender Aufklärung auch keine Täuschung

---

305 Dazu MünchKomm-BGB/*Schürnbrand*, § 492 Rn. 50.

306 RGZ 145, 40, 43; 106, 68, 71; MünchKomm-BGB/*Schramm*, § 179 Rn. 22; *Bork*, BGB AT, Rn. 1622.

307 Allgemein zu diesem Anfechtungsgrund oben § 7 Rn. 141 ff.

durch Unterlassen bejaht werden. Vielmehr darf ein Darlehensgeber das legitime Anliegen verfolgen, einen möglichst hohen Zinssatz zu vereinbaren, ebenso wie der Darlehensnehmer das umgekehrte Anliegen verfolgen kann und wird. Der Privatautonomie werden insoweit nur durch § 138 BGB Grenzen gezogen (dazu sogleich).

Mangels Täuschung kommt eine Anfechtung nach § 123 I Alt. 1 BGB folglich nicht in Betracht.

bb) Nichtigkeit wegen Formmangels (§ 494 I BGB)

Der Darlehensvertrag kann wegen Nichteinhaltung der nach § 492 II BGB i.V.m. Art. 247 §§ 6 bis 13 EGBGB erforderlichen Form gemäß § 494 I BGB – eine vorrangige Spezialregel im Verhältnis zu § 125 BGB – nichtig sein. Allerdings wurde der Vertrag schriftlich abgeschlossen (§§ 492 I 1, 126 BGB) und enthielt zudem alle nach § 492 II BGB i.V.m. Art 247 §§ 6 bis 13 EGBGB erforderlichen Angaben.

cc) Nichtigkeit wegen Wuchers (§ 138 II BGB)

Der Darlehensvertrag kann aber nach § 138 II BGB wegen Wuchers nichtig sein.[308]

aaa) Auffälliges Missverhältnis

Objektiv muss ein Austauschverhältnis ein auffälliges Missverhältnis zwischen Leistung und Gegenleistung aufweisen. Bei einem Darlehensvertrag ist der Zinssatz der entscheidende Ansatzpunkt für die Beurteilung einer solchen Inkongruenz. Nach der Rechtsprechung ist der objektive Tatbestand erfüllt, wenn der vereinbarte Zins um 12% absolut oder um 100% relativ über dem marktüblichen Zinssatz liegt.[309] An diesem Maßstab gemessen war der Darlehensvertrag objektiv wucherhaft. Bei einem marktüblichen Zinssatz von 8 % beträgt der zulässige Höchstzinssatz 16 %; vereinbart wurde indes ein Zinssatz von 24 %. Der marktübliche Zinssatz wird hier sowohl absolut um 16 % als auch relativ um 200% durch den verlangten Zinssatz überschritten. Leistung und Gegenleistung stehen damit in einem auffälligen Missverhältnis.

bbb) Ausbeutung der Schwäche des Vertragspartners

Subjektiv muss der Wuchernde eine Schwäche des Vertragspartners ausgebeutet haben. Gefordert wird ein bewusstes Ausnutzen der Situation in Kenntnis des objektiven Tatbestandes.[310] Die wucherrelevanten Schwächen zählt § 138 II BGB abschließend auf. In Frage kommt ein Ausnutzen der Unerfahrenheit des E, wobei Unerfahrenheit einen Mangel an allgemeiner Lebenserfahrung in geschäftlichen Dingen meint.[311] Entsprechend dem Repräsentationsprinzip und dem in § 166 I BGB verankerten Rechtsgedanken muss bei der Stellvertretung der Vertreter unerfahren sein. Er ist die vertragsschließende Partei; auf seinen Kenntnis-, Erfahrungs-, und Wissensstand kommt es daher an. Der gerade volljährige E war – wie B auch sogleich erkannte – völlig unerfahren in geschäftlichen Dingen. Diesen Umstand nahm B zum Anlass, ihm besonders ungünstige Darlehenskonditionen unterzuschieben. Insofern nutzte er die Unerfahrenheit des E gezielt aus. Nach § 166 I BGB ist dieses subjektive Moment der B zuzurechnen.

---

[308] Zu § 138 BGB siehe oben § 6 Rn. 35 ff. sowie die Fälle Nr. 33 – Die Geliebte, Nr. 34 – Pecunia non olet.

[309] BGHZ 128, 255, 265 = NJW 1995, 1019, 1022.

[310] *BGH* NJW 1982, 2767, 2768.

[311] *Wolf/Neuner*, BGB AT, § 46 Rn. 56.

Damit ist festgestellt, dass der Darlehensvertrag selbst dann nichtig gewesen wäre, wenn E Vertretungsmacht gehabt hätte. Nach seinem Schutzzweck greift § 179 I BGB folglich nicht ein.

Hinweis: Man hätte das Problem auch schon unter 1. b) diskutieren können. Die Verweigerung der Genehmigung setzt nämlich voraus, dass überhaupt ein *genehmigungsfähiges Rechtsgeschäft* vorliegt. Das ist nicht der Fall, wenn das Rechtsgeschäft aus weiteren Gründen unwirksam ist.

2. Ergebnis

B hat gegen E keinen Anspruch auf Schadensersatz gemäß § 179 I BGB.

Fall Nr. 67 – Die Waschmaschine

Frisörin F hat am 1.2.2008 eine gebrauchte Waschmaschine zum Preis von € 300 bei Händler H gekauft und sogleich mitgenommen. Nach knapp zwei Jahren gibt die Waschmaschine plötzlich „ihren Geist auf". Schuld daran ist ein irreparabler Defekt an der elektronischen Steuerung. F beschwert sich bei ihrem Lebensgefährten L darüber, dass sie keine Lust habe, jetzt alles per Hand zu waschen. Hilfesuchend wendet sich L an den 22-jährigen Sohn S der F, der im zweiten Semester Jura studiert. Angesichts seiner profunden Kenntnisse im Gewährleistungsrecht beschließt S, sich der Sache anzunehmen. Am 29.1.2010 sucht S kurzerhand den H auf und erklärt im Namen seiner Mutter den Rücktritt vom Kaufvertrag. H akzeptiert den Rücktritt jedoch nicht, weil die Maschine bei ihrer Übergabe funktioniert habe. Nach einem kurzen Wortgefecht tritt S siegessicher den Heimweg an. Einige Tage später, am 3.2.2010, berichtet er seiner Mutter von den Vorkommnissen, die sogleich H anruft und unter Hinweis auf den Rücktritt den Kaufpreis zurückfordert. H bestreitet erneut das Vorhandensein eines Mangels und verweist zusätzlich darauf, dass die ganze Sache schon viel zu lange her sei.

Kann F Rückzahlung des Kaufpreises gegen Rückgabe der Waschmaschine verlangen?

Bearbeitervermerk: Es ist davon auszugehen, dass ein Mangel schon bei Übergabe der Waschmaschine bestand und die Lieferung einer gleichwertigen Ersatzmaschine nicht möglich ist.

Lösung

1. Anspruch von F gegen H auf Rückzahlung von € 300

Ein Anspruch auf Rückzahlung des Kaufpreises ergibt sich aus § 346 I BGB, wenn F wirksam vom Kaufvertrag zurückgetreten ist. Wie jedes Gestaltungsrecht setzt auch der Rücktritt ganz allgemein einen Rücktritts*grund* bzw. ein Rücktritts*recht*, eine Rücktritts*erklärung* sowie das *Fehlen von Ausschlussgründen* voraus.

a) Rücktrittsrecht der F

F muss zum Rücktritt berechtigt gewesen sein. Ein Rücktrittsrecht kann sich aus dem kaufrechtlichen Gewährleistungsrecht ergeben (§§ 437 Nr. 2 Alt. 1, 434, 323 I BGB). Der dafür erforderliche Kaufvertrag wurde unmittelbar zwischen F und H geschlossen.

aa) Sachmangel bei Gefahrübergang

Zu prüfen ist ferner, ob die verkaufte Sache bereits bei Gefahrübergang mangelhaft war. Das Gesetz erklärt in § 434 BGB nur, wann die Kaufsache frei von Sachmängeln ist, enthält aber keine positive Definition des Sachmangels. Auch nach der Schuldrechtsreform wird aber der Mangel allgemein definiert als das negative Abweichen der Ist- von der Sollbeschaffenheit zu Lasten des Käufers.

Nach § 434 I 1 BGB kommt es in erster Linie auf die vereinbarte Beschaffenheit an (*subjektiver Fehlerbegriff*). Eine solche Beschaffenheitsvereinbarung ist weder ausdrücklich noch konkludent getroffen worden.

Die Kaufsache ist auch dann nicht mangelfrei, wenn sie sich nicht für die nach dem Vertrag vorausgesetzte Verwendung eignet (§ 434 I 2 Nr. 1 BGB). Erforderlich ist eine zumindest konkludente Verwendungszweckabrede, für die aber ebenfalls nichts ersichtlich ist.

Der weiteren Regelung in § 434 I 2 Nr. 2 BGB liegt ein *objektiver Fehlerbegriff* zugrunde: Die Sache ist danach sachmangelfrei, wenn sie sich für die gewöhnliche Verwendung eignet und eine Beschaffenheit aufweist, die bei Sachen der gleichen Art üblich ist und die der Käufer nach der Art der Sache erwarten kann. Gewöhnlicherweise wäscht man mit einer Waschmaschine. Auch von einer gebrauchten Waschmaschine, die für € 300 verkauft wird, kann man erwarten, dass sie diese Funktion erfüllt, was bei dieser Waschmaschine später nicht mehr der Fall war. Folglich fehlte ihr die gewöhnliche Verwendungseignung, so dass ein Sachmangel zu bejahen ist. Laut Bearbeitervermerk haftete dieser ihr bereits im Zeitpunkt des Gefahrübergangs, d. h. bei Übergabe (§ 446 BGB) an.

bb) Nachfristsetzung

Vor Erklärung des Rücktritts hat der Käufer dem Verkäufer grundsätzlich eine angemessene Frist zur Nacherfüllung zu setzen, wie sich aus §§ 437 Nr. 2, 323 I BGB ergibt. Dem Verkäufer soll dadurch eine zweite Chance gegeben werden, seiner Pflicht aus § 433 I 2 BGB nachzukommen und sich so den Kaufpreis doch noch zu verdienen. Die Nacherfüllung kann auf zweierlei Weise erfolgen: Der Käufer kann entweder die Lieferung einer anderen Sache gleicher Art und Güte verlangen (Nachlieferung) oder er kann sich für eine Nachbesserung, i. d. R. eine Reparatur der mangelhaften Sache entscheiden. Zwischen diesen beiden Alternativen hat der Käufer grundsätzlich die freie Wahl. Allerdings ist dem H weder eine Frist zur Nachbesserung noch zur Nachlieferung gesetzt worden.

Eine **Fristsetzung** ist nach § 326 V Hs. 2 BGB **ausnahmsweise entbehrlich**, wenn die Nacherfüllung unmöglich ist (§ 275 I–III BGB). Es ist sinnlos, dem Schuldner eine Frist zur Vornahme von etwas Unmöglichem zu setzen. Die Unmöglichkeit muss sich aber auf beide Nacherfüllungsalternativen beziehen. Dem Sachverhalt ist zu entnehmen, dass die elektronische Steuerung irreparabel defekt ist, so dass eine Beseitigung des Mangels durch Nachbesserung ausscheidet. Aber auch die Lieferung einer gleichwertigen Waschmaschine ist laut Bearbeitervermerk nicht möglich. Auf die äußerst umstrittene Frage, ob eine Nachlieferung bei einer Stückschuld überhaupt in Frage kommt, muss daher nicht eingegangen werden.[312] Da die Nacherfüllung für H insgesamt unmöglich war, war eine Fristsetzung nach § 326 V Hs. 2 BGB ausnahmsweise nicht erforderlich.

---

[312] Vgl. dazu etwa *Bitter*, ZIP 2007, 1881 ff.

cc) Keine Unerheblichkeit des Mangels

Der Käufer soll sich jedoch nicht aufgrund völlig marginaler Mängel vom Kaufvertrag lösen können. Deshalb legt § 323 V 2 BGB fest, dass ein Rücktritt ausgeschlossen ist, wenn die Pflichtverletzung, d.h. der Mangel, unerheblich ist. Infolge der defekten Steuerung konnte F die Waschmaschine überhaupt nicht mehr bestimmungsgemäß verwenden. Es handelt sich daher nicht um einen nur unerheblichen Mangel. Ein Rücktritt scheitert mithin nicht an § 323 V 2 BGB.

b) Rücktrittserklärung

Der Rücktritt muss gegenüber dem Vertragspartner erklärt werden (§ 349 BGB). Es handelt sich um eine einseitige, empfangsbedürftige Willenserklärung.

aa) Wirksame Rücktrittserklärung durch F?

Indem F bei H anrief und den Kaufpreis zurückforderte, brachte sie jedenfalls durch schlüssiges Verhalten zum Ausdruck, dass sie sich vom Kaufvertrag lösen will; dies ist als Rücktrittserklärung zu werten. Fraglich ist allerdings, ob F den Rücktritt zu diesem Zeitpunkt überhaupt noch wirksam erklären konnte, da seit dem Kauf der Waschmaschine immerhin schon über zwei Jahre vergangen waren. Als Gestaltungsrecht unterliegt der Rücktritt zwar grundsätzlich nicht der Verjährung (arg. § 194 I BGB).[313] Jedoch ist der Rücktritt hier im Zusammenhang mit dem kaufrechtlichen Gewährleistungsregime zu betrachten.

Die Gewährleistungs*ansprüche* des Käufers (Nacherfüllung, Schadensersatz, Ersatz vergeblicher Aufwendungen) unterliegen nach § 194 I BGB der Verjährung. Dabei hat der Gesetzgeber in § 438 I–III BGB von den allgemeinen Vorschriften abweichende Verjährungsfristen kodifiziert und auch deren Beginn unterschiedlich bestimmt. Ein potenzieller Nacherfüllungs-, Schadensersatz- oder Aufwendungsersatzanspruch der F wäre hier bereits verjährt, da zwischen Ablieferung der Waschmaschine und Zugang der Rücktrittserklärung bereits mehr als zwei Jahre verstrichen sind (vgl. § 438 I Nr. 3, II BGB).

Das nicht verjährungsfähige Rücktrittsrecht könnte F dagegen nach allgemeiner Systematik weiterhin ausüben. Warum der Käufer allerdings nur zwei Jahre lang Nacherfüllung oder Schadensersatz verlangen können, zu Rücktritt oder Minderung dagegen zeitlich unbeschränkt berechtigt sein soll, ist nicht einzusehen. Der im Interesse der Rechtssicherheit bestehende, einredeweise geltend zu machende Ausschluss der Käuferansprüche drohte (partiell) unterlaufen zu werden, wenn man dem Käufer ein Rücktrittsrecht trotz Ablaufs der Verjährungsfrist zugestehen würde. Folgerichtig hat der Gesetzgeber deshalb auch die Ausübung des gewährleistungsrechtlichen Rücktritts- und Minderungsrechts denselben zeitlichen Grenzen unterworfen. Rechtstechnisch hat er das dadurch erreicht, dass er das Rücktrittsrecht an die Verjährung des Nacherfüllungsanspruchs „gekoppelt" hat. Nach §§ 438 IV 1, 218 I BGB ist ein Rücktritt wegen nicht vertragsgemäß erbrachter Leistung unwirksam, wenn der Nacherfüllungsanspruch verjährt ist. Bei Unmöglichkeit (§ 275 BGB) des Nacherfüllungsanspruchs ist gemäß § 218 I 2 BGB auf die Verjährung eines hypothetischen Nacherfüllungsanspruchs abzustellen. Auch diese „Gestaltungsrechtsverjährung" ist als Einrede ausgestaltet. Der Rücktritt ist daher nur unwirksam, wenn sich der Verkäufer auf den Zeitablauf beruft. Das hat H hier getan, indem er darauf hinwies, dass die ganze Sache schon zu lang her sei. F selbst ist daher nicht wirksam vom Kaufvertrag zurückgetreten.

---

[313] Zur Verjährung siehe oben § 3 Rn. 30ff.

bb) Wirksame Rücktrittserklärung durch S?

Einige Tage vor F hatte aber schon S gegenüber H den Rücktritt erklärt. Dieser kann gemäß § 164 I BGB für und gegen F wirken, wenn sie wirksam durch S vertreten worden ist.

aaa) Eigene Willenserklärung, Handeln in fremdem Namen

S agierte ausdrücklich im Namen der F, so dass für H sowohl erkennbar war, dass S nicht im eigenen Namen handelte, als auch, dass S nicht nur – als Bote – eine Erklärung der F überbrachte.

bbb) Vertretungsmacht

Ferner muss S Vertretungsmacht gehabt haben. F hat S jedenfalls nicht bevollmächtigt, den Rücktritt für sie zu erklären. Vielmehr wurde S durch L auf das Problem der F aufmerksam gemacht. Selbst wenn man dies nach §§ 133, 157 BGB als Erteilung einer Vollmacht durch L werten wollen würde, so könnte S gleichwohl aus dieser Vollmacht nicht die Berechtigung herleiten, die F bindende Erklärungen abzugeben. Anders wäre dies nur, wenn L zuvor durch F bevollmächtigt worden wäre. Dann könnte man darüber nachdenken, ob S von L eine **Untervollmacht** erhalten hätte.[314] Die Beschwerde der F bei L kann aber nicht als Erteilung einer Hauptvollmacht verstanden werden. Es handelt sich um eine bloße Mitteilung ohne Rechtsbindungswillen. S war damit **Vertreter ohne Vertretungsmacht.**

ccc) Genehmigung des Rücktritts durch F

Indem F bei H anrief und den Kaufpreis zurückforderte, kann sie den Rücktritt genehmigt haben (§§ 177 I, 182 I Alt. 2 BGB). Das setzt aber zunächst voraus, dass es sich bei einem Rücktritt überhaupt um ein **genehmigungsfähiges Rechtsgeschäft** handelt. § 180 S. 1 BGB bestimmt, dass bei einseitigen Rechtsgeschäften Vertretung ohne Vertretungsmacht unzulässig ist. Durch sie wird einseitig auf Rechtspositionen des Erklärungsempfängers eingewirkt, ohne dass er eine Mitwirkungsmöglichkeit hat. Der Empfänger steht diesen Rechtsgeschäften daher besonders hilflos gegenüber. Deshalb soll ihm beim Handeln eines (möglichen) *falsus procurator* nicht auch noch ein rechtsunsicherer Schwebezustand zugemutet werden, wie er bei Verträgen die Regel ist (vgl. § 177 I BGB). Zu seinem Schutz sind **einseitige Rechtsgeschäfte**, die ohne Vertretungsmacht vorgenommen wurden, deshalb **grundsätzlich unwirksam** also auch nicht genehmigungsfähig.

Bei der aktiven Stellvertretung entfällt jedoch ausnahmsweise das Schutzbedürfnis des Geschäftsgegners, wenn er damit einverstanden war, dass der Vertreter ohne Vertretungsmacht gehandelt hat (§ 180 S. 2 Alt. 2 BGB) oder er die vom Vertreter behauptete **Vertretungsmacht nicht beanstandet** hat (§ 180 S. 2 Alt. 1 BGB). H hat sich jedenfalls nicht mit dem Handeln ohne Vertretungsmacht einverstanden erklärt. Fraglich ist aber, ob H es unterlassen hat, die von S behauptete Vertretungsmacht zu beanstanden, und ob er damit gegen die Obliegenheit verstoßen hat, sich im eigenen Interesse über die Vertretungsverhältnisse zu vergewissern.

Der Vertreter behauptet seine Vertretungsberechtigung i. d. R. schon dadurch, dass er – wie S – für einen anderen als Vertreter auftritt.[315] Auf eben diese Behauptung muss sich auch die Beanstandung des Geschäftsgegners beziehen. Sie muss erkennen lassen, dass er das Rechtsgeschäft wegen Zweifeln an der Vertretungsmacht nicht gegen sich gelten lassen will.[316] H wendete gegenüber S ein, die Waschmaschine

[314] Zur Untervertretung siehe oben § 10 Rn. 190ff.
[315] Erman/*Maier-Reimer*, § 180 Rn. 6; MünchKomm-BGB/*Schramm*, § 180 Rn. 7.
[316] MünchKomm-BGB/*Schramm*, § 180 Rn. 8.

habe bei der Übergabe noch funktioniert. Damit bestreitet er zwar die Wirksamkeit des Rücktritts, allerdings nicht weil er Zweifel an der Vertretungsberechtigung, sondern an einer (allgemeinen) Voraussetzung des Rücktrittsrechts hatte. Die Obliegenheit nach § 180 S. 2 Alt. 1 BGB erfüllt aber nur, wer sich gegen die Gefahr einer (schwebenden) Unwirksamkeit des Rechtsgeschäfts wendet, die gerade aus der Einschaltung eines Vertreters resultieren kann. An der Vertretungsberechtigung des S hat H jedoch keinerlei Zweifel angemeldet. Bei einer unterbliebenen Beanstandung finden nach § 180 S. 2 BGB a. E. die Vorschriften über Verträge entsprechende Anwendung. Das bedeutet: Der Rücktritt ist nach § 177 I BGB (schwebend) unwirksam und kann genehmigt werden.

Die Bezugnahme auf den Rücktritt durch S macht deutlich, dass sich F mit dem Verhalten des S einverstanden erklärt und die beabsichtigten Rechtsfolgen für und gegen sich gelten lassen will. F hat somit eine Außengenehmigung nach §§ 182 I Alt. 2, 184 BGB erteilt.

ddd) Wirkung der Genehmigung

Nach § 184 I BGB hat die Genehmigung **grundsätzlich *ex-tunc*-Wirkung**, d. h. es wird fingiert, dass das Rechtsgeschäft von Anfang an wirksam vorgenommen worden ist. S hat den Rücktritt am 29.1.2010 – also zwei Tage vor Ablauf der Verjährungsfrist eines hypothetischen Nacherfüllungsanspruchs – erklärt. Aufgrund der rückwirkenden Kraft der Genehmigung gilt der Rücktritt auch zu diesem Zeitpunkt als wirksam vorgenommen, obwohl die Genehmigung selbst zu einem Zeitpunkt erteilt wurde, zu dem das Rücktrittsrecht eigentlich wegen des von H angeführten Zeitablaufs nicht mehr wirksam ausgeübt werden konnte.

Allerdings sind anerkanntermaßen in bestimmten Fällen Ausnahmen zu machen, wenn eine Rückwirkung zu sachwidrigen Ergebnissen führen würde. Die Genehmigung hat dann **ausnahmsweise *ex-nunc*-Wirkung**. An solche Ausnahmen ist insbesondere im Zusammenhang mit dem Rechtsfrieden und der Rechtssicherheit – also auch öffentlichen Interessen – dienenden Ausschluss- und Verjährungsfristen zu denken.[317] Die Rückwirkung darf hier nicht zu einer unzulässigen Fristverkürzung oder Fristverlängerung führen. Auch eine bereits eingetretene Verjährung kann die Genehmigung nicht aufheben.[318] Ansonsten wäre es dem Rechtsinhaber möglich, auch nach Jahren und Jahrzehnten ein eigentlich schon lange verjährtes Recht durch Genehmigung zu „reaktivieren". Daraus folgt, dass die Genehmigung durch F hier nur ex-nunc-Wirkung haben kann, weil sie sich andernfalls eine gesetzlich nicht vorgesehene Fristverlängerung für die Ausübung des Rücktrittsrechts verschaffen könnte. Die Genehmigung wurde drei Tage nach Ablauf der Verjährungsfrist des hypothetischen Nacherfüllungsanspruchs erteilt, worauf sich H auch berufen hat. Der durch S erklärte Rücktritt ist somit nach §§ 438 IV 1, 218 I BGB unwirksam. Daran kann auch die Tatsache, dass H sich die Genehmigungsfähigkeit selbst zuzuschreiben hat, nichts ändern. Den durch die Nichtbeanstandung der Vertretungsmacht verursachten Schwebezustand muss H allenfalls bis zum Ablauf der gesetzlich vorgesehenen Fristen „ertragen".

2. Ergebnis

F hat keinen Anspruch auf Rückzahlung des Kaufpreises i. H. v. € 300 gemäß § 346 I BGB gegen H.

---

[317] *Bork*, BGB AT, Rn. 1707.

[318] *Schubert*, JR 1974, 415, 416.

Stichwortverzeichnis

Paragraphen in Fettdruck, Randnummern in magerem Druck
F = Fall, Fallnummer in magerem Druck